Judith Kemp

»Ein winzig Bild vom großen Leben«
Zur Kulturgeschichte von Münchens erstem Kabarett *Die Elf Scharfrichter* (1901–1904)

Für Anatol
mit großem herzlichem Dank
für die Unterstützung bei
der Präsentation dieses Buches!

Judith 18. X. 2017

Bavaria
Münchner Schriften zur Buch- und Literaturgeschichte

Herausgegeben von Waldemar Fromm und Christine Haug

Band 4

Bislang erschienen:

Kristina Kargl: Die *Weiße Rose* – Defizite einer Erinnerungskultur. Einfluss und Wirkung des Exils auf die Publizität der Münchner Widerstandsgruppe (Band 1)

Sophie Strelczyk: Friedrich Mann und Christian Buddenbrook. Eine literaturanthropologische Analyse der Fiktionalisierungsmechanismen bei Thomas Mann (Band 2)

Katharina Osterauer: Der *März* – Geschichte und Profil einer Rundschauzeitschrift. Ein Beitrag zur Kulturpublizistik des Deutschen Kaiserreichs (Band 3)

Kleine Reihe:
Waldemar Fromm (Hg.), Statt einer Literaturgeschichte. Wege der Forschung. Literatur in Bayern (Band 1)

Judith Kemp

»Ein winzig Bild vom großen Leben«

Zur Kulturgeschichte von Münchens erstem Kabarett *Die Elf Scharfrichter* (1901–1904)

Allitera Verlag

Weitere Informationen über den Verlag und sein Programm unter:
www.allitera.de

Gedruckt mit Unterstützung
des Förder- und Beihilfefonds Wissenschaft der VG WORT
sowie der Gerda Henkel Stiftung, Düsseldorf.

Trotz intensiver Bemühungen ist es in vereinzelten Fällen nicht gelungen, Inhaber von Bildrechen ausfindig zu machen. Sollte sich jemand in seinen Rechten verletzt sehen, bitten wir, sich mit dem Verlag in Verbindung zu setzen.

September 2017
Allitera Verlag
Ein Verlag der Buch&media GmbH, München
© 2017 Buch&media GmbH, München
Herstellung Johanna Conrad
Printed in Europe · ISBN 978-3-86906-921-0

Dem Andenken an Stefan Füssl

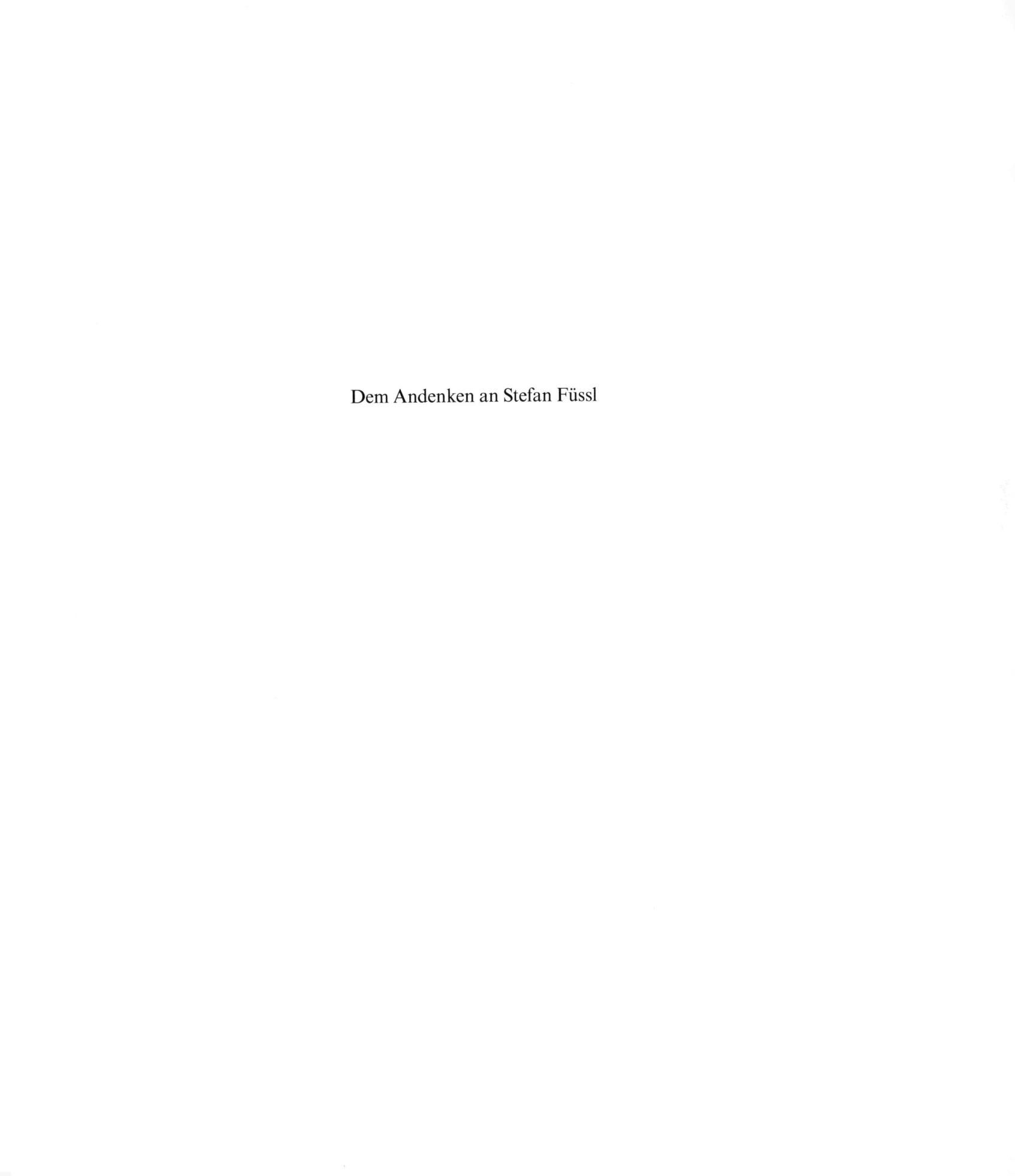

Inhalt

Vorwort 9

I Einleitung 11

   Zur Wortgeschichte und Definition des Begriffs »Kabarett« 12

   Aufbau der Arbeit 14

   Forschungsstand 15

   Quellen 18

   Weitere Materialien 19

II Vorgeschichte 21

1 München um 1900 21

2 Private Theatervereine, Künstlerzirkel und die Volkssängerszene in München 25

3 Das Varieté als strukturelles Vorbild 35

4 Das Cabaret und andere Pariser Einflüsse 37

III Der ideengeschichtliche Hintergrund des frühen deutschen Kabaretts 43

1 Die Veredelung des Varietés: Zwischen Unterhaltungsbühne und ernstem Theater – eine Theaterreform? 43

2 »Volkserziehung« durch das Kabarett 50

3 Synthese von Kunst und Leben: Kunsthandwerk und Gesamtkunstwerk 52

4 Friedrich Nietzsche und das Überbrettl 56

IV *Die Elf Scharfrichter* 59

1 Die Gründung 59

2 Der Spielbetrieb 1901–1904 64

2.1 Die 1. Saison: April–Juli 1901 65

2.2 Die 2. Saison: Oktober 1901–Juli 1902 70

2.3 Die 3. Saison: September 1902–Juni 1903 78

2.4 Die 4. Saison: Oktober 1903–Mai 1904 88

3 Struktur, Organisation und Betrieb 95

3.1 Geschäftliches: Organisation, Finanzen, Werbung 95

3.2 Druckgraphik und Programmhefte 103

3.3 Ablauf der Vorstellungen 106

3.4 Die Qualität der Darbietungen 109

4 Das Theater 111

4.1 Vor, auf und hinter der Bühne 111

4.2 Unter der Bühne: Das Orchester der *Elf Scharfrichter* 116

4.3 Technische Ausstattung 119

4.4 Inszenierungen und Kostüme 120

5 Mitwirkende 124

5.1 *Scharfrichter* und *Henkersknechte* 124

5.2 Vortragskünstler 134

5.2.1 Marc Henry 134

5.2.2 Marya Delvard 143

5.2.3	Frank Wedekind	154	9.2.1 Gegen Obrigkeit und Gesellschaft	304
5.2.4	Robert Kothe	159	Politik	304
5.2.5	Weitere Vortragskünstler	163	Kirche	311

5.2.3 Frank Wedekind 154
5.2.4 Robert Kothe 159
5.2.5 Weitere Vortragskünstler 163
5.3 Komponisten, Dirigenten, Instrumentalisten .. 166
5.3.1 Hans Richard Weinhöppel 169
      Biographie 169
      Hans Richard Weinhöppels *Scharfrichter*-Lieder 190
5.3.2 Sandro Blumenthal 245
5.4 Weitere Mitwirkende 248
6 Das Publikum der *Elf Scharfrichter* 249
7 »Durch's dunkelste Deutschland« – Die Zensur 253
8 Das Repertoire 263
8.1 Dramatische Szenen und Puppenspiele 264
8.1.1 Stücke der *Scharfrichter*-Autoren ... 265
8.1.2 Werke zeitgenössischer Autoren 271
8.1.3 Werke der Klassiker 274
8.2 Gesprochene Solovorträge 276
8.3 Musiknummern 278
8.3.1 Instrumentalmusik 278
8.3.2 Musikalische Ensembleszenen, dramatische Nummern mit Musik 278
8.3.3 Lieder und Chansons 290
9 Themen 299
9.1 Bürgerlicher Konformismus 299
9.1.1 Kunstpflege 300
9.1.2 (Lokal-)Patriotismus 300
9.1.3 Harmlosigkeiten? 302
9.2 Formen der Kritik 303

9.2.1 Gegen Obrigkeit und Gesellschaft 304
      Politik 304
      Kirche 311
      Die (bürgerliche) Gesellschaft 312
9.2.2 Parodie verschiedener Literatur- und Musikströmungen 316
      Lyrik- und Theaterparodie 316
      Musikparodie 321
9.2.3 Flucht in heile Welten: historischer und exotischer Eskapismus 326
9.3 Boheme zwischen Vitalismus und Décadence: Das Gegenmodell der *Elf Scharfrichter* 329
9.3.1 Figuren der *Scharfrichter*-Bühne 330
      Der Scharfrichter 330
      Reale gesellschaftliche Außenseiter: Lumpen, Vagabunden, Verbrecher und Dirnen ... 332
      Fiktive gesellschaftliche Außenseiter: Schelme, Narren und Pierrots 337
9.3.2 Motive 341
      Eros 342
      Thanatos 344

V Die Elf Scharfrichter und die Folgen 349

VI Anhang 358

Verzeichnis der Siglen 358
Quellen- und Literaturverzeichnis 359
Abbildungsverzeichnis 370
Geplantes und aufgeführtes Repertoire der *Elf Scharfrichter* 371
Personen- und Werkeregister 376

Vorwort

Die vorliegende Arbeit ist die Publikation meiner im März 2015 von der Fakultät für Geschichts- und Kunstwissenschaften der Ludwig-Maximilians-Universität München angenommenen Dissertation.

Sehr herzlich möchte ich mich bei allen bedanken, die mir bei der Umsetzung meiner Arbeit zur Seite standen, ganz besonders aber bei meinem Doktorvater Prof. Dr. Wolfgang Rathert. Seine wertvollen wissenschaftlichen Anregungen und Ratschläge sowie seine große Hilfsbereitschaft in allen organisatorischen Belangen haben entschieden zum Gelingen dieses Buches beigetragen. Auch Prof. Dr. Jens Malte Fischer, dem Zweitgutachter meiner Arbeit, danke ich für viele anregende Gespräche und sein starkes Interesse an dem Thema sowie Prof. Dr. Waldemar Fromm für seine große Unterstützung und die Aufnahme meiner Dissertation in die von ihm mitherausgegebene Reihe Bavaria. Sehr zu danken habe ich außerdem der Gerda Henkel Stiftung für das großzügige Promotionsstipendium, das mir ein konzentriertes und unabhängiges wissenschaftliches Arbeiten ermöglichte.

Eine große Bereicherung war der intensive Austausch mit Dr. Heinrich Otto, dem Autor der ersten bedeutenden Studie zu den *Elf Scharfrichtern* aus dem Jahr 2004, der für alle Fragen stets ein offenes Ohr und einen klugen Rat hatte und dem ich darum zu größtem Dank verpflichtet bin. Ein herzlicher Dank gebührt außerdem Prof. Dr. Hartmut Vinçon, dem Leiter der Editions- und Forschungsstelle Frank Wedekind, der wichtige Hinweise zum »Star« der *Scharfrichter* beisteuerte, Dr. Monika Dimpfl für die großzügige Überlassung ihrer Materialsammlung zu Richard Weinhöppel sowie Dr. Bernd Wuttke für seine Auskünfte zum *Überbrettl*.

Zu meiner großen Freude konnte ich im Zusammenhang dieser Arbeit auch einige Nachfahren der *Elf Scharfrichter* kennenlernen. Claudia Augustin, Ingrid Großhauser und Jo-Alessandro Amann, die mir zum Teil wertvolle Originaldokumente liehen, danke ich für ihr Interesse und ihr Vertrauen sehr. Auch den Mitarbeiterinnen und Mitarbeitern der verschiedenen Archive schulde ich großen Dank, ganz besonders dem Team der Monacensia, aber auch Matthias Thiel vom Kabarettarchiv Mainz als einem ganz entscheidenden Weichensteller.

Stefan Huber und Dr. Bernd Edelmann danke ich herzlich für ihre wichtigen Anmerkungen zu musikalischen Fragen, ebenso wie Frank Hermann für seine große, geduldige Hilfe bei der Bildbearbeitung, meinem immer hilfsbereiten IT-Fachmann Robert Jacobs, Jutta Fank, der treuen »Promotionsbüro«-Kollegin, Dr. Cornelia Kemp, Prof. Dr. Thomas Raff, Dr. Tanja Pröbstl und Michael Fritsch für ihre vielen redaktionellen Hinweise. Meiner Familie und allen Freundinnen und Freunden, die die Entstehung dieser Arbeit mit viel Interesse und Unterstützung begleitet, sowie allen Personen, die mir mit Auskünften und Materialien weitergeholfen haben, gilt mein innigster Dank. Ein besonders erfreuliches »Nebenprodukt« dieser Arbeit war das Theaterprojekt »Die Elf Scharfrichter. Münchner Kabarett um 1900 – Ein Überabend«, das 2013 im Münchner *theater … und so fort* auf die Bühne gebracht wurde und für dessen Umsetzung ich allen Mitgliedern des Kulturvereins kombinaTON e. V. sehr verpflichtet bin.

Die Publikation dieser Arbeit wurde ermöglicht durch den Förder- und Beihilfefonds Wissenschaft der VG WORT sowie die Gerda Henkel Stiftung, Düsseldorf. Auch an diese Institutionen ist ein großer Dank gerichtet.

München, im März 2017　　　　　　　　　　*Judith Kemp*

I Einleitung

»Die beste Bühne, die wir zur Zeit in München haben, ist die der Elf Scharfrichter«,[1] so berichtet die *Münchener Zeitung* im Dezember 1901. Ein Dreivierteljahr zuvor hatten *Die Elf Scharfrichter* die erste Kabarettbühne der Stadt eröffnet. Seitdem strömte die Münchner Boheme allabendlich in das kleine Theater in der Türkenstraße 28, um den »Exekutionen« der bunten Künstlerschar beizuwohnen, und bald waren *Die Elf Scharfrichter* zu einem festen Bestandteil der legendären Schwabinger Kunstszene geworden.[2]

Obgleich das Theater bereits nach drei Jahren wieder geschlossen wurde, ist das Interesse an dem Ensemble bis heute ungebrochen. Dies hängt zu einem großen Teil mit Frank Wedekind zusammen, dem »Primus inter pares« und prominentesten Mitglied der Theatergruppe, vor allem aber mit der Sonderstellung der *Elf Scharfrichter* als dem ersten wirklichen Kabarett Deutschlands, mit dem die Geschichte der deutschen kabarettistischen Kleinkunst beginnt.[3] Umso erstaunlicher ist es, dass das Ensemble bisher keine wirklich umfassende Darstellung erfahren hat.

Die vorliegende Arbeit möchte diesen Missstand erstmalig durch eine systematische und umfassende Untersuchung der *Elf Scharfrichter* beheben. Ziel ist es, Münchens erstes Kabarett in seiner Gänze zu dokumentieren und zugleich auch zu analysieren, um dem spezifischen Wesen dieser Bühne auf den Grund zu gehen und es in seiner kulturhistorischen Bedeutung zu bestimmen. Von zentralem Interesse ist dabei auch die Frage, welche Absichten die *Scharfrichter* verfolgten und inwiefern es ihnen gelang, diese zu realisieren. Sie selbst beschrieben es wiederholt als ihr Ziel, »die Kunst in den Dienst der leichten, gefälligen Unterhaltung zu stellen«[4] und auf diese Weise zugleich auch verbessernd auf die Unterhaltungskultur ihrer Zeit zu wirken. Tatsächlich wird man den *Scharfrichtern* jedoch nicht gerecht, wenn man sie ausschließlich auf eine gehobene Unterhaltungsbühne reduzieren wollte. Den eigentlichen Kern ihres Wesens hat Willy Rath in seinem programmatischen *Vor-*

---

[1] E.[duard] E.[ngels], *Die Elf Scharfrichter*, in: *MZ*, Nr. 299, 15.12.1901, S. 2.

[2] Die Türkenstraße liegt im Münchner Stadtteil Maxvorstadt, der an Schwabing angrenzt. Bereits um 1900 waren, wenn man von der Schwabinger Kunstszene sprach, beide Stadtteile gemeint. Wenn daher die *Elf Scharfrichter* im Folgenden immer wieder als Schwabinger Kabarett bezeichnet werden, so entspricht dies zwar nicht dem realen Ort des Theaters, wohl aber ihrer Zugehörigkeit zum Phänomen Schwabing um 1900.

[3] Ernst von Wolzogen eröffnete sein Berliner *Buntes Theater (Überbrettl)* im Januar 1901 tatsächlich etwas früher, doch hat er später selbst die *Scharfrichter* als das »erste deutsche Künstlerkabarett« bezeichnet, Ernst von Wolzogen, *Wie ich mich ums Leben brachte. Erinnerungen und Erfahrungen*, Braunschweig und Hamburg 1922, S. 188. Tatsächlich wies seine Bühne mehrere Charakteristika auf, die für das Kabarett eher untypisch sind, nämlich einen sehr großen Theatersaal und professionelle Vortragskünstler, die fremde Texte und Lieder vortrugen, sowie einen inhaltlichen Schwerpunkt auf konformen Themen und harmloser Unterhaltung. Das *Überbrettl* ist daher in der bisherigen Kabarettforschung häufig eher als ein Vorläufer der eigentlichen deutschen Kleinkunst dargestellt worden. Dass diese Einschätzung allerdings nur begrenzt zutreffend ist, hat Ernst König in seiner Dissertation über das *Bunte Theater* dargelegt, vgl. Ernst König, *Das Überbrettl Ernst von Wolzogens und die Berliner Überbrettl-Bewegung*, Diss. Christian-Albrechts-Universität Kiel 1956. Aktuell arbeitet Bernd Wuttke an einer größeren Untersuchung über das *Überbrettl*, von der zu erhoffen ist, dass sie genauere Erkenntnisse über dieses noch immer unzureichend erforschte Ensemble liefern wird.

[4] *Wie die Elf Scharfrichter wurden und was sie sind*, in: Balthasar Starr, Dionysius Tod und Peter Luft (Hg.), *Die Elf Scharfrichter-Nummer, Bühne und Brettl* 4 (1903), S. 3. Vgl. auch den Zeichnungsschein, MSB Mon., L 2924.

spruch wohl sehr viel besser getroffen, wenn er schreibt: »So seht Ihr unser Bühnlein geben / Ein winzig Bild vom großen Leben«.⁵ Wie sehr die *Elf Scharfrichter* diesem Diktum tatsächlich entsprachen, ja angesichts der Vielfalt der auf und im Umfeld ihrer Bühne behandelten Themen geradezu als ein Spiegel der wilhelminischen Gesellschaft und Kultur um 1900 zu betrachten sind – dies anschaulich zu machen, ist das Anliegen dieser Arbeit.

Zur Wortgeschichte und Definition des Begriffs »Kabarett«

Eine erste Schwierigkeit bei dem Versuch, das Phänomen *Elf Scharfrichter* zu beschreiben, ergibt sich aus dem Umstand, dass ihre charakteristische Erscheinung nur bedingt durch ihre Zugehörigkeit zur Gattung Kabarett zu erklären ist, zumal eine eindeutige Definition dessen, was Kabarett eigentlich ist, bis heute aussteht.

Der Begriff »Cabaret« bezeichnete im französischen Sprachraum zunächst »eine runde, mit fächerartig angeordneten Schüsselchen bestückte Speiseplatte und danach jene Schenken, in denen [...] solche bunten Platten serviert wurden.«⁶ Im Paris der 1880er Jahre etablierte sich die Praxis, jene Lokale, in denen die Künstler ihre Darbietungen vor zahlendem Publikum präsentierten, als »Cabarets artistiques« zu titulieren und sie so von den gewöhnlichen Kneipen zu unterscheiden. Später wurde der Zusatz »artistique« wieder fallengelassen und der Begriff »Cabaret« oder »Kabarett« avancierte zur Bezeichnung einer bestimmten Form von Kleinkunst.

Darüber, wie diese Form genau zu definieren sei, herrscht jedoch bis heute Uneinigkeit. Von den zahlreichen, mal humoristischeren, mal ernsten Versuchen einer Definition seien hier nur einige der jüngeren skizziert, wobei zu prüfen ist, inwieweit sie sich auf die *Scharfrichter* anwenden lassen.

Michael Fleischer nennt in seiner 1989 erschienenen *Theorie des Kabaretts* als einige der wichtigsten Parameter des Kabaretts die Personalunion zwischen Textautor und Vortragendem, den häufigen Nummerncharakter der Darbietungen, die aus verschiedenen Gattungen bestehen, den improvisatorischen Charakter der Vorstellungen, die Vermeidung einer Bühnenillusion durch begrenzte Ausstattung sowie die stumme Übereinkunft über die Absicht der Darbietung zwischen Vortragenden und Publikum, das direkt angesprochen wird und sich auch aktiv beteiligt.⁷ Obgleich viele dieser Merkmale auf die *Scharfrichter* zutreffen, ist gerade das zuletzt genannte stillschweigende Einverständnis zwischen Akteuren und Zuhörern über die Aussage der Präsentationen bei dem Schwabinger Ensemble nicht immer gegeben. Da das Kabarett noch in den Anfängen steckte und sich seine Ziele und Absichten erst mit der Zeit herauskristallisierten, bestand, wie zu zeigen sein wird, auch unter den Zuschauern nicht immer Klarheit darüber, was die *Scharfrichter* mit ihren Darbietungen eigentlich bezweckten.

Einen weiteren Versuch einer Kabarettdefinition liefert Benedikt Vogel in seiner *Poetik und Geschichte des Kabaretts* aus dem Jahr 1993:

*Kabarett ist (1) eine simultan rezipierte Gattung der darstellenden Kunst, organisiert als (2) Abfolge von Nummern (von durchschnittlich weniger als fünfzehn Minuten Dauer), die in ihrer Gesamtheit (3a) zeitkritisch oder auch (3b) komisch sind und (4) aus Conferencen und mindestens zwei der folgenden szenischen Modi bestehen: a) Einzelvortrag, b) Chanson, c) Zwiegespräch, d) Duett, e) Mehrgespräch, f) Gruppenlied, g) textloses Spiel.*⁸

Wenngleich auch diese Beschreibung in weiten Teilen richtig erscheint, so ergibt sich doch eine gewisse Schwierigkeit aus der hier getroffenen Beschränkung des Kabaretts auf die darstellende Kunst, da somit die bildende Kunst aus

---

5 Willy Rath, *Vorspruch*, in: *Die Elf Scharfrichter. Münchner Künstlerbrettl.* Bd. 1: *Dramatisches*, Berlin und Leipzig 1901, S. 8.

6 *Kabarett*, in: Klaus Budzinski, Reinhard Hippen (Hg.), *Metzler Kabarett Lexikon*, Stuttgart und Weimar 1996, S. 164.

7 Vgl. Michael Fleischer, *Eine Theorie des Kabaretts. Versuch einer Gattungsbeschreibung (an deutschem und polnischem Material)*, Bochum 1989 (Bochumer Beiträge zur Semiotik, 19), S. 136.

8 Benedikt Vogel, *Fiktionskulisse. Poetik und Geschichte des Kabaretts*, Paderborn 1993, S. 46.

dieser Definition ausgeschlossen ist, die jedoch im Kontext der *Scharfrichter*, etwa in ihrer Graphik oder der Ausstattung ihres Theaters, eine nicht unwesentliche Rolle spielte. Wenn außerdem das Wesen der Nummern als »zeitkritisch oder auch komisch« charakterisiert wird, so entsteht der Eindruck, als ob ernste Stücke ohne zeitkritische Absichten – ein fester Bestandteil der *Scharfrichter*-Bühne – der Gattung Kabarett fremd seien.

Das gleiche Problem ergibt sich aus der Definition im *Metzler Kabarett Lexikon* von 1996, in der es heißt, das Kabarett sei ein »zeitlich und örtlich begrenztes Miteinander verschiedener Kunstformen wie Drama, Dichtung, Tanz, schöne Literatur und bildende Kunst zum Zwecke leichter und teilweise oder durchgehend zeitkritischer Unterhaltung.«[9] Sehr problematisch ist hier auch der Versuch, verschiedene Typen des Kabaretts wie das »artistische«, das »literarische«, das »politisch-literarische« und das »politisch-satirische Kabarett«[10] zu benennen, da eine eigentliche Definition dieser Kategorien ausbleibt und sich das Wesen dieser unterschiedlichen Gruppen dem Leser offensichtlich durch die schiere Auflistung diverser Ensembles von selbst erschließen soll. Wie unzulänglich diese Unterteilung ist, ergibt sich auch aus dem eigenartigen Umstand, dass die *Elf Scharfrichter* hier in der Sektion »literarisches Kabarett« erscheinen, in ihrem eigenen Artikel dann aber als »politisch-literarisches Kabarett«[11] bezeichnet werden, wodurch ihre satirische Komponente, die ja de facto sehr viel bedeutsamer war als ihre sehr begrenzten politischen Absichten, völlig unterschlagen wird.

Einen gelungenen Versuch, das literarische Kabarett zu definieren, liefert Roger Stein in seiner 2006 erschienenen Betrachtung über *Das deutsche Dirnenlied*, der für diese Arbeit insofern von Interesse ist, als er zum Verständnis der *Scharfrichter* als einem typischen literarischen Kabarett beiträgt:

1. Das »Literarische Kabarett« und seine Programme wurden durch Autoren und Literaten geschaffen, die auch durch andere Publikationen ihren Platz in der Literaturgeschichte […] einnehmen – oder zumindest im zeitgenössischen literarischen Leben von Bedeutung waren. In den Programmen des »Literarischen Kabaretts« dominieren Wort und Sprache (auch in Liedern). […]

2. Das »Literarische Kabarett« wurde von der zeitgenössischen Literatur- und Theaterkritik als Teil des Literatur- und Theaterlebens wahrgenommen.[12]

Steins Definition des Kabaretts als »ein kulturhistorisches Phänomen, das durch gesellschaftliche, kollektive Übereinkunft als solches vom Produzenten wie Rezipienten benannt, wahrgenommen und erkannt wird«,[13] erscheint dagegen in ihrer allgemein gehaltenen Formulierung wenig hilfreich.

Wie aus diesen Darstellungen hervorgeht, steht eine wirklich umfassende und auf alle Ensembles und Erscheinungen der inzwischen über hundertjährigen deutschen Kabarettgeschichte zutreffende Definition noch aus und es ist fraglich, ob sie überhaupt möglich ist. Zu einer Beschreibung der *Scharfrichter* liefern die genannten Kategorien nur einen ersten, oberflächlichen Ansatz, da einige Parameter auf sie zutreffen, andere dagegen nicht, und über diese Feststellung hinaus kein weiterer Erkenntnisgewinn zu erzielen ist. Wie für alle Kabaretts so gilt auch für die *Scharfrichter*, dass ihr eigentlicher Wesenskern durch keine pauschalisierende Klassifizierung zu erfassen ist, sondern erst durch die genauere Betrachtung ihres kulturhistorischen Umfelds erklärlich wird.

---

[9] *Kabarett*, in: Budzinski, Hippen (Hg.), *Metzler Kabarett Lexikon*, S. 164.
[10] Ebd., S. 165–167.
[11] Vgl. *Die Elf Scharfrichter*, in: ebd., S. 83.

[12] Roger Stein, *Das deutsche Dirnenlied. Literarisches Kabarett von Bruant bis Brecht*, Köln [u. a.] 2006 (Literatur und Leben, 67), S. 29.
[13] Ebd., S. 27.

Aufbau der Arbeit

Die vorliegende Untersuchung beginnt daher mit einem kurzen Streifzug durch die Kunst- und Unterhaltungsszene der Stadt München um 1900, aus der die *Scharfrichter* wichtige formale, stilistische und inhaltliche Anregungen empfingen. Als weitere Inspirationsquellen des Schwabinger Kabaretts werden außerdem das Varieté und die Pariser Cabarets kursorisch beleuchtet.

Wirklich begreiflich wird das Wesen der frühen deutschen Kabaretts aber erst vor dem ideengeschichtlichen Hintergrund um 1900, denn anders als das eher zufällig entstandene Pariser Cabaret war das deutsche Kabarett das Ergebnis langjähriger kulturphilosophischer und -soziologischer Entwicklungen und Tendenzen. Obgleich dieser Zusammenhang in der Forschungsliteratur bereits verschiedentlich angeschnitten wurde, fehlt dazu bislang eine ausführlichere Darstellung, wie sie hier erstmals versucht wird.

Der Hauptteil beginnt mit der Gründungsgeschichte der *Elf Scharfrichter*, die bereits wiederholt behandelt wurde, am ausführlichsten in Heinrich Ottos Monographie über das Ensemble aus dem Jahr 2004.[14] Otto hat auch erstmals den Spielbetrieb von 1901 bis 1904 skizziert und die wichtigsten Ereignisse der verschiedenen Spielzeiten beschrieben. Aufbauend auf seiner Darstellung sowie unter Verwendung zahlreicher zusätzlicher Quellen wie der Zensurakten, der Unterlagen der Lokalbaukommission, zahlreicher Briefe, biographischer Aufzeichnungen und Zeitungsartikel erfolgt hier eine sehr viel detailliertere chronologische Rekonstruktion des Spielbetriebs.

Das dritte Kapitel beschäftigt sich mit der Struktur und Organisation des Theaters und untersucht Fragestellungen der geschäftlichen Organisation sowie des Marketings der *Scharfrichter*. Auch der Ablauf und die Qualität der Darbietungen werden hier behandelt.

Es folgt eine genaue Darstellung des Theaters und seiner Ausstattung, wobei hier die erstmalige Auswertung des Bestandsakts Türkenstraße 28 der Münchner Lokalbaukommission wertvolle neue Ergebnisse zutage brachte.

Ein besonderes Augenmerk gilt den Mitwirkenden des Theaters, die im fünften Kapitel dargestellt sind. Auch Heinrich Otto hat in seiner Monographie bereits viele biographische Fakten der Ensemblemitglieder zusammengetragen, doch beschränkt er sich auf sehr knappe Ausführungen und bringt vor allem zahlreiche Zitate und Aussagen von Zeitgenossen. Hier wurde versucht, den Einzelbiographien noch einmal genauer nachzugehen und weitere Informationen über die Mitwirkenden aufzuspüren, was in vielen Fällen auch gelungen ist. Ein besonderer Schwerpunkt gilt dabei den wichtigsten musikalischen Protagonisten des Ensembles, Sandro Blumenthal, Marya Delvard, Marc Henry, Robert Kothe, Frank Wedekind und Richard Weinhöppel. In einer Darstellung über die *Elf Scharfrichter* darf ein Kapitel über Frank Wedekind als ihrem prominentesten Mitglied selbstverständlich nicht fehlen, doch können aufgrund der sehr guten Forschungslage kaum noch neue Erkenntnisse über seine Zeit und Bedeutung als Brettlsänger erlangt werden. Blumenthal, Delvard, Henry und Kothe dagegen erfahren hier erstmalig eine genauere Betrachtung, bei der es galt, einen möglichst umfassenden Überblick über ihre Biographien zu liefern, ohne jedoch allzu sehr vom eigentlichen Thema dieser Arbeit abzuschweifen. Gerade über Kothes Laufbahn als berühmter Liedersänger und Henry als deutsch-französischen Übersetzer wäre jedoch mit Sicherheit noch vieles zu sagen.

Die ausführlichste Darstellung aber erhält Richard Weinhöppel, der Hauskomponist des Brettls, der zuerst mein Interesse weckte und somit die eigentliche Keimzelle dieser Arbeit war. Obwohl Weinhöppel in den Memoiren seiner Zeitgenossen zahlreiche Spuren hinterlassen hat, die ihn als überaus faszinierende Künstlerpersönlichkeit ausweisen, und mit nachweislich 140 Kompositionen das Erscheinungsbild der *Scharfrichter* maßgeblich geprägt hat, hat ihn die Forschung bisher fast vollständig übergangen und auch seinen Kompositionen kaum Beachtung geschenkt.[15]

---

[14] Vgl. Heinrich Otto, *Die Elf Scharfrichter. Das Münchner Künstlerbrettl 1901–1904. Geschichte, Repertoire, Who's Who*, München 2004, S. 17–22.

[15] Ausnahmen bilden die Darstellungen von Monika Dimpfl und Walter Rösler, vgl. Monika Dimpfl, *»Mähneumwallter Musiker«. Hans Richard Weinhöppel alias Hannes Ruch (1867–1928)*. Eine Sendung des BR vom 13.11.2001; Walter Rösler, *Der musikalische »Scharfrich-*

Erstmals wird daher neben seiner Biographie hier auch das Korpus seiner 58 erhaltenen *Scharfrichter*-Kompositionen, die auch in den zeitgenössischen Rezensionen kaum jemals genauer beschrieben wurden, unter verschiedenen Gesichtspunkten untersucht.

Dem Kapitel über die Personen *auf* der Bühne folgen eine kurze Darstellung der Personen *vor* der Bühne – des Publikums, ebenfalls basierend auf Heinrich Ottos Untersuchungen, sowie ein Kapitel über die Theaterzensur, die einen nicht unwesentlichen Einfluss auf die Erscheinungsform der Schwabinger Brettlbühne hatte, wie aus den Unterlagen des Staatsarchivs München ersichtlich wird.

Auskunft über das Repertoire der *Scharfrichter* geben die verschiedenen Varianten der erhaltenen Programmhefte, die Zensurakten sowie die Meldungen in der Tagespresse. Wie diesen Quellen zu entnehmen ist, gelangten in der Türkenstraße gut 400 Einzelnummern zur Aufführung. Erneut ist es Heinrich Otto zu verdanken, dass ein Teil des verloren geglaubten Repertoires doch noch ausfindig gemacht werden konnte. Seine Textfunde wurden hier durch die Zusammenstellung sämtlicher überlieferter Noten ergänzt. Gut 200 Nummern und damit etwa die Hälfte des Repertoires sind demnach erhalten. Rechnet man außerdem die französischen Szenen hinzu, die nur in der Originalversion, nicht aber in der Fassung der *Scharfrichter* überliefert sind, und die vielen Liedtexte, die in den Programmheften abgedruckt sind, zu denen jedoch die Noten fehlen, kommt man sogar auf einen Gesamtbestand von knapp 350 erhaltenen Titeln. Im achten Kapitel dieser Arbeit wird dieses Repertoire ausführlich dargestellt. Während hier die verschiedenen Gattungen der *Scharfrichter* aufgezeigt werden, widmet sich das letzte Kapitel des Hauptteils ihren Themen, durch die sich die eingangs aufgestellte Charakterisierung der *Scharfrichter* als ein Abbild des wilhelminischen Deutschland eindeutig bestätigen lässt.

Das Schlusskapitel zeigt, wie die *Elf Scharfrichter* die Münchner Kabarett-Tradition begründeten und im Laufe der Zeit zu einem Mythos wurden, der allerdings nur sehr bedingt den Tatsachen entspricht, da wirkliche Nachwirkungen des Schwabinger Brettls kaum zu belegen sind. Abschließend erfolgt der Versuch ihrer Wesensbestimmung.

Es wurde versucht, die einzelnen Themenbereiche möglichst klar zu umreißen und vollständig darzustellen, sodass auch ein Leser, der gezielt nach Informationen zu bestimmten Fragestellungen sucht, schnell fündig wird. Gelegentliche Wiederholungen bereits geschilderter Fakten waren dabei unvermeidlich.

Forschungsstand

Der Grund für die bislang ausstehende detaillierte Gesamtdarstellung der *Elf Scharfrichter* liegt wohl vor allem in der sehr unübersichtlichen Quellenlage, denn die Spuren der *Scharfrichter* sind weit verstreut und oftmals schwer oder nur durch Zufall zu finden. In den meisten der bisherigen Schilderungen des Ensembles wurde daher auf die immer gleichen, weil leicht zugänglichen Quellen zurückgegriffen: die gedruckten Memoiren ehemaliger Mitglieder, darunter besonders die von Otto Falckenberg und Hanns von Gumppenberg, aber auch von Marya Delvard, Robert Kothe, Willy Rath, Paul Schlesinger und Marc Henry,[16] die gedruckten Erinnerungen von Zeitzeugen,[17] die Programmhefte der *Scharfrichter* aus den Beständen der Monacensia und des Staatsarchivs München, die Publikationen der *Scharfrichter*, so ihr Repertoireband (1901), ihr *Musenalmanach*

---

ter«. *Hans Richard Weinhöppel zum 100. Geburtstag*, in: *Melodie und Rhythmus* 22 (1967), S. 26–28; Walter Rösler, *Das Chanson im deutschen Kabarett 1901–1933*, Berlin 1980, S. 99–102. Das Kapitel über Weinhöppel enthält zwei kurze Analysen der Lieder *Sommermädchenküssetauschelächelbeichte* und *Des Pfarrers Tochter zu Taubenheim*.

[16] Wolfgang Petzet, Otto Falckenberg, *Otto Falckenberg. Mein Leben, mein Theater; nach Gesprächen und Dokumenten aufgezeichnet*, München [u. a.] 1944; Hanns von Gumppenberg, *Lebenserinnerungen*, Berlin 1929; Bayerisch-Französische Gesellschaft (Hg.), *Marya Delvard*, München 1964 (Große Münchner); Robert Kothe, *Saitenspiel des Lebens*, München 1944; Willy Rath, *Vom Schreibtisch und aus dem Atelier. Münchener Künstlerbrettl. Erinnerungen an die Zeit von 1901*, in: *Velhagen & Klasings Monatshefte* 2 (1912), S. [364]–372; Sling, *Die 11 Scharfrichter. Zu ihrem 25. Geburts- und ihrem 22. Todestage*, in: *Uhu* 8 (1926), S. 116–123; Marc Henry, *Au Pays des Maîtres-Chanteurs*, Paris 1916; Marc Henry, *Trois Villes. Viennes – Munich – Berlin*, Paris 1917.

[17] Besonders häufig wird die Beschreibung aus Hans Carossa, *Der Tag des jungen Arztes*, Wiesbaden 1955, wiedergegeben.

(1902) und die Sonderausgabe der Theaterzeitschrift *Bühne und Brettl* (1903),[18] ausgewählte Zeitungsartikel, meist über den Eröffnungsabend des Kabaretts, sowie seltener die Unterlagen der Zensurbehörde im Staatsarchiv München. Die beiden ersten Historiographen des deutschen Kabaretts Klaus Budzinski und Heinz Greul hatten zudem in den frühen 1960er Jahren noch Gelegenheit, Wilhelm Hüsgen und Marya Delvard, die letzten noch lebenden Mitwirkenden, persönlich zur Geschichte der *Scharfrichter* zu befragen, was allerdings vielfach eher der Legendenbildung als der Wahrheitsfindung diente.

Den Auftakt der deutschen Kabarettforschung bildet Klaus Budzinskis 1961 erschienene erste Gesamtdarstellung der deutschen Kabarettgeschichte *Die Muse mit der scharfen Zunge*, die, wenngleich auch ohne Quellenangaben, erstmalig eine ausführliche Schilderung der *Elf Scharfrichter* bringt.[19] Seiner Einschätzung nach gebührt den Münchner Kleinkünstlern das »Erstgeburtsrecht in der deutschen Kabarett-Familie«.[20] Budzinskis Behauptung, das spezifische Wesen der *Scharfrichter* sei besonders durch ihre »politische Schärfe«[21] zu beschreiben, ist jedoch falsch, wie auch Heinz Greul in seiner 1962 erschienenen ersten Kurzmonographie über die *Elf Scharfrichter* bemerkt.[22] Neben zahlreichen Bildern, Liedtexten, Ausschnitten aus den Programmheften sowie Aussagen von Zeitzeugen bringt Greul hier einige neue Fakten zu diversen Mitwirkenden und verweist erstmals knapp, aber explizit auf die geistige Affinität der *Scharfrichter* zu Friedrich Nietzsche und zur Décadence-Mode des Fin de siècle. Die weiteren Kabarettmonographien der Folgejahre von Heinz Greul, Rudolf Hösch, Lisa Appignanesi, Volker Kühn und Hermann Wilhelm liefern nur wenig neue Informationen.[23]

Eine sehr gelungene Schilderung, deren Wert vor allem in dem Verzicht auf sämtliche Anekdoten und der Konzentration auf die eigentlichen Fakten besteht, liefert Walter Rösler in seiner gemeinsam mit Rainer Otto verfassten *Kabarettgeschichte* aus dem Jahr 1977.[24] Nicht nur benennt er einige der bis zu diesem Zeitpunkt noch nirgendwo erwähnten Mitwirkenden des Ensembles, sondern er beschreibt auch das Repertoire erstmals sehr viel genauer. Eine treffende Charakterisierung des Münchner Kabaretts findet sich dann in seiner drei Jahre später erschienenen Monographie über *Das Chanson im deutschen Kabarett 1901–1933*:

Gegensätze kennzeichnen ihr kabarettistisches Wirken: auf der einen Seite ihr Hang zum romantisch Stimmungshaften, zur Melancholie des Volksliedes – auf der anderen Seite ihre Bürgerverachtung, ihr Drang zum gesellschaftlichen Affront. Bei genauerer Betrachtung enthüllen diese scheinbaren Gegensätze ihre Gemeinsamkeiten: In den neoromantischen Neigungen der »Scharfrichter« war ein guter Teil Opposition gegen die gesellschaftliche Realität enthalten, eine Flucht in verlorene Paradiese als Protest gegen die Zeit; in ihrem Auftreten als Bürgerschreck, in ihrer Antibürgerlichkeit, genauer: ihrer Antiphilistrosität, steckte eine gehörige Portion anarchistischer Romantik.[25]

---

[18] *Die Elf Scharfrichter. Dramatisches*; *Die Elf Scharfrichter. Ein Musenalmanach*, München [1902]; Balthasar Starr, Dionysius Tod und Peter Luft (Hg.), *Elf Scharfrichter-Nummer, Bühne und Brettl* 4 (1903).

[19] Vgl. Klaus Budzinski, *Die Muse mit der scharfen Zunge. Vom Cabaret zum Kabarett*, München 1961, S. 47–[65]. In ihrem fünf Jahre zuvor erschienenen essayistischen Büchlein *Narren, Henker, Komödianten* widmen C. Wolfgang Müller und Konrad Hammer den *Elf Scharfrichtern* ein Kapitel, das bereits einige recht gelungene Deutungsversuche beinhaltet, vgl. C. Wolfgang Müller, Konrad Hammer (Hg.), *Narren, Henker, Komödianten. Geschichte und Funktion des politischen Kabaretts*, Bonn 1956, S. [40]–55.

[20] Budzinski, *Muse*, S. 47.

[21] Ebd., S. 63.

[22] Vgl. Heinz Greul, *Die Elf Scharfrichter. Mit Texten von Frank Wedekind* […], Zürich 1962 (Europäisches Cabaret), S. 78–80.

[23] Vgl. Heinz Greul, *Bretter, die die Zeit bedeuten. Die Kulturgeschichte des Kabaretts*, Köln und Berlin 1967, S. 141–156; Rudolf Hösch, *Kabarett von gestern nach zeitgenössischen Berichten, Kritiken und Erinnerungen*. Bd. 1: *1900–1933*, Berlin 1967, S. 101–118; Lisa Appignanesi, *The Cabaret*, New York 1976, S. 39–47; Volker Kühn, *Das Kabarett der frühen Jahre. Ein freches Musenkind macht erste Schritte*, Berlin 1988, S. 88–109; Ders., *Die zehnte Muse. 111 Jahre Kabarett*, Köln 1993, S. 36–[39]; Hermann Wilhelm, *Die Münchner Bohème. Von der Jahrhundertwende bis zum Ersten Weltkrieg*, München 1993, S. 37–56.

[24] Vgl. Rainer Otto, Walter Rösler, *Kabarettgeschichte. Abriß des deutschsprachigen Kabaretts*, Berlin 1977, S. 40–[51].

[25] Rösler, *Chanson*, S. 86.

Erstmals sind hier auch die Lieder der *Scharfrichter* in Bezug auf ihre Inhalte, ihre musikalische Gestalt und die Art, wie sie in der Türkenstraße präsentiert wurden, sowie ihre Komponisten, Interpretinnen und Interpreten genauer beleuchtet.[26]

Eine weitere, sehr lesenswerte Darstellung findet sich in Peter Jelavichs Monographie *Munich and Theatrical Modernism* aus dem Jahr 1985.[27] Anhand verschiedener Nummern aus dem Repertoire benennt und interpretiert Jelavich die wichtigsten Aspekte des Schwabinger Kabaretts: die kritische Haltung gegenüber Kirche, Staat, Gesellschaft und Kunst, die vitalistische und erotische Ausrichtung und die neoromantischen Tendenzen als einen Ausdruck sozialer Isolation.

Ausführliche, zum Teil interessante, zum Teil jedoch auch fragwürdige Darstellungen liefern des weiteren Harold B. Segel in seiner 1987 erschienenen Monographie über das *Turn-of-the-Century Cabaret* sowie Barbara Schuster in ihrer Magisterarbeit über die *Elf Scharfrichter* aus dem Jahr 2002.[28]

Die bisher bedeutendste Darstellung der *Scharfrichter* ist zweifellos die über 400 Seiten starke Monographie von Heinrich Otto aus dem Jahr 2004, die allerdings nie im Druck erschienen und daher nur in einigen vom Autor hergestellten Exemplaren in ausgesuchten Bibliotheken und Archiven zugänglich ist. Erstmals sind hier neben den bereits bekannten Quellen auch zahlreiche unveröffentlichte Dokumente aus den Beständen der Monacensia mit eingeflossen. Durch das genaue Studium der *Münchner Neuesten Nachrichten* sowie der *Freistatt* der Jahre 1900 bis 1904 ist es Otto gelungen, die Aufführungen der *Scharfrichter* chronologisch zu rekonstruieren. Sein genauer Vergleich der verschiedenen Varianten der Programmhefte aus unterschiedlichen Archiven resultiert in einer erstmaligen genauen Auflistung fast aller Repertoire-Nummern. Auch ein Großteil der aus dem Kontext der *Scharfrichter* erhaltenen Fotos und Graphiken ist hier wiedergegeben. Nach einer kurzen Einleitung, in der vor allem die Gründung des Brettls ausführlich geschildert ist, folgen im Hauptteil der Arbeit: 1. Die Chronologie der *Scharfrichter*-Programme, bestehend jeweils aus einer kurzen Beschreibung und Ausschnitten der von ihm ausgewerteten Zeitungsrezensionen; 2. Der Repertoireteil, in dem sämtliche in Programmheften, Zeitungsrezensionen und Zensurakten genannten Titel aufgelistet sind, häufig, besonders bei den Liedern, auch mit dem Abdruck der Texte; 3. Die Darstellung der Mitwirkenden sowie der prominentesten Besucher, denen neben einer kurzen biographischen Angabe zahlreiche zeitgenössische Beschreibungen beigegeben sind. Ganz bewusst verzichtet der Autor auf jegliche Analyse, Interpretation und Einordnung, doch liefert er erstmals eine systematische, kritisch durchdachte und lückenlose Dokumentation des Schwabinger Brettls, auf die auch im Folgenden immer wieder dankbar zurückgegriffen wurde.

Neben den bisher geschilderten Arbeiten zu den *Scharfrichtern*, die sich in erster Linie auf die Darstellung der Faktenlage konzentrieren, existieren auch einige wenige Texte, die sich intensiver einer Einordnung und Analyse des Schwabinger Brettls widmen. Zu nennen wären hier Rita Frischkopfs 1976 veröffentlichte Dissertation über *Die Anfänge des Cabarets in der Kulturszene um 1900*, Peter Jelavichs Aufsätze »*Die Elf Scharfrichter*«. *The Political and Sociocultural Dimensions of Cabaret in Wilhelmine Germany* (1981) und *Die »Elf Scharfrichter«. Ein Münchener Vorbild für das Kabarett Fledermaus* (2007) sowie Walter Schmitz' Essay »*Die Elf Scharfrichter*«, *Ein Kabarett in der Kunststadt München* (1988).[29] Die in diesen Texten geäußerten

---

[26] Vgl. ebd., S. 85–102. Auch Wedekinds Liedern widmet Rösler ein umfangreiches Kapitel, vgl. ebd., S. 103–123.

[27] Vgl. Peter Jelavich, *Munich and Theatrical Modernism. Politics, Playwriting, and Performance 1890–1914*, Cambridge, MA, und London 1985, S. 167–185.

[28] Vgl. Harold B. Segel, *Turn-of-the-Century Cabaret. Paris, Barcelona, Berlin, Munich, Vienna, Cracow, Moscow, St. Petersburg, Zurich*, New York 1987, 143–182. Vgl. auch die ähnliche Darstellung bei Harold B. Segel, *Fin de siecle Cabaret*, in: *Performing Arts Journal* 1 (1977), S. 41–57; Barbara Schuster, »*Wir wollen lachen und weinen, wie wir müssen – lieben und hassen, wie es kommt!*« (Heinrich Lautensack, *Die Elf Scharfrichter*). *Das Aufkeimen einer sozialkritischen Kleinkunstszene in Schwabing um die Jahrhundertwende*, Magisterarbeit Institut für Theaterwissenschaft LMU München 2002.

[29] Rita Frischkopf, *Die Anfänge des Cabarets in der Kulturszene um 1900. Eine Studie über den »Chat Noir« und seine Vorformen in Paris, Wolzogens »Überbrettl« in Berlin und die »Elf Scharfrichter« in München*, Diss. McGill Universität Montreal 1976, hier besonders S. 292–330; Peter Jelavich, »*Die Elf Scharfrichter*«. *The Political and*

interpretatorischen Ansätze werden im Schlusteil dieser Arbeit noch einmal genauer ausgeleuchtet und hinterfragt.

Weiterer Aufsätze, die die *Elf Scharfrichter* streifen, sind Hans-Peter Bayerdörfers *Überbrettl und Überdrama* (1978), Jennifer Hams *Galgenlieder und Tantenmörder* (2000), Siegfried Bushuvens *Ernst Neumann und die Anfänge des literarischen Kabaretts in Deutschland* (2004), Martin Laus Aufsatz über *Hanns von Gumppenberg* (2013) sowie die zahllosen Aufsätze und Publikationen zu Frank Wedekind als Brettlsänger.[30]

Wie aus Obigem hervorgeht, ist bereits einiges, darunter viel Richtiges wie auch beinahe ebenso viel Falsches über das Schwabinger Brettl geschrieben worden. Eine umfassende Darstellung, die das Phänomen sowohl deskriptiv als auch analytisch umfassend beleuchten würde, steht jedoch bislang aus.

Sociocultural Dimensions of Cabaret in Wilhelmine Germany, in: Gerald Chapple, Hans H. Schulte (Hg), *The Turn of the Century. German Literature and Art, 1890–1915*, Bonn 1981, S. [507]–525; Ders., *Die »Elf Scharfrichter«. Ein Münchener Vorbild für das Kabarett Fledermaus*, in: Michael Buhrs, Barbara Lesák und Thomas Trabitsch (Hg.), *Kabarett Fledermaus. 1907 bis 1913. Ein Gesamtkunstwerk der Wiener Werkstätte. Literatur. Musik, Tanz*, Wien 2007, S. 17–29; Walter Schmitz, *»Die Elf Scharfrichter«. Ein Kabarett in der Kunststadt München*, in: Friedrich Prinz, Marita Krauss (Hg.), *München – Musenstadt mit Hinterhöfen. Die Prinzregentenzeit 1886–1912*, München 1988, S. 277–283.

[30] Hans-Peter Bayerdörfer, *Überbrettl und Überdrama. Zum Verhältnis von literarischem Kabarett und Experimentierbühne*, in: Ders., Karl Otto Conrady und Helmut Schanze (Hg.), *Literatur und Theater im Wilhelminischen Zeitalter*, Tübingen 1978, S. [292]–325; Jennifer Ham, *Galgenlieder und Tantenmörder: Criminal Acts as Entertainment in Early Munich Cabaret*, in: Sigrid Bauschinger (Hg.), *Die freche Muse. The imprudent Muse. Literarisches und politisches Kabarett von 1901 bis 1999*, Tübingen 2000, S. [39]–58; Siegfried Bushuven, *Ernst Neumann und die Anfänge des literarischen Kabaretts in Deutschland*, in: Reinhold Kraft, Thomas Müller und Georg Solms (Hg.), *Ernst Neumann-Neander 1871–1954*, Düren 2004, S. 19–33. Martin Lau, *Hanns von Gumppenberg (1866–1928). Bohemien, Schriftsteller, Okkultist und Mitglied bei den Elf Scharfrichtern*, in: Waldemar Fromm, Wolfram Göbel und Kristina Kargl (Hg.), *Freunde der Monacensia e. V., Jahrbuch*, München 2013, S. 206–225. Martin Lau hat auch eine Doktorarbeit zu Hanns von Gumppenberg verfasst, die allerdings zum Zeitpunkt der Drucklegung dieser Arbeit noch nicht vorlag. Zu den Wedekind-Publikationen siehe S. 154 dieser Arbeit.

Quellen

Für die vorliegende Untersuchung wurde neben der im Forschungsbericht skizzierten Sekundärliteratur und besonders der Darstellung von Heinrich Otto eine Vielzahl an Quellen herangezogen. Hierzu zählen die bereits genannten – stets kritisch zu bewertenden – Memoiren von Mitwirkenden und Zeitzeugen sowie zahlreiche Dokumente, darunter Baupläne, Briefe, Fotos, die Jahreschroniken der Stadt München, Meldebögen der Mitwirkenden, Noten, Programmhefte, Tagebücher, spätere Ton- und Filmaufnahmen, Werbematerialien, Zeitschriften- und Zeitungsartikel und Zensurakten aus den Beständen des Bayerischen Rundfunks München, der Bayerischen Staatsbibliothek München, des Deutschen Theatermuseums München, der Lokalbaukommission München, der Monacensia. Literaturarchiv und Bibliothek München, des Münchner Stadtmuseums, des Stadtarchivs München, des Staatsarchivs München, der Universitätsbibliothek der Humboldt-Universität zu Berlin, der Staatsbibliothek zu Berlin, der Forschungsstelle Frank Wedekind Darmstadt, des Heinrich-Heine-Instituts, Rheinisches Literaturarchiv Düsseldorf, der Theaterwissenschaftlichen Sammlung der Universität zu Köln, Schloß Wahn, des Friedrich Hofmeister Musikverlags Leipzig, der Stiftung Deutsches Kabarettarchiv e. V. Mainz sowie des Deutschen Literaturarchivs Marbach. Weitere Anfragen bezüglich der verschiedenen Künstlerbiographien gingen u. a. an das Institut für Zeitforschung Dortmund, das Archiv der Staats- und Universitätsbibliothek Hamburg, die Hochschule für Musik und Tanz Köln, das Liechtensteinische Landesarchiv Vaduz, die New Orleans Collection sowie die New Orleans Opera Association, das Standesamt in Saint-Raphaël, das Stadtarchiv Straubing sowie das Archiv der Universität für Musik und darstellende Kunst Wien. Es sei nicht verschwiegen, dass sich die Kommunikation mit den Archiven wie auch die Recherche aufgrund der zahlreichen Internetdatenbanken und der Masse an Bibliotheksdigitalisaten heute sehr viel einfacher gestaltet als in einer Zeit, da das Internet den Forschern noch nicht zur Verfügung stand und die folgende Arbeit in dieser Form daher kaum durchführbar gewesen wäre.

Ein besonderes Augenmerk galt der zeitgenössischen Berichterstattung der Münchner Tagespresse. Die Jahrgänge 1901 bis 1904 der *Münchner Neuesten Nachrichten* als der wichtigsten Tageszeitung der Stadt wurden vollständig nach Hinweisen auf die *Scharfrichter* durchgesehen. Weiterhin sind hier auch erstmals sämtliche Premierenberichte dreier weiterer wichtiger Münchner Zeitungen, der *Allgemeinen Zeitung*, der *Münchener Post* sowie der *Münchener Zeitung*, mit eingeflossen. Zusätzliche Berichte stammen vor allem aus der Berliner Theaterzeitschrift *Das moderne Brettl* und der Münchner Zeitschrift *Freistatt*. Als besonderer Glücksfall erwies sich der Fund einer in Privatbesitz befindlichen Mappe mit Zeitungskritiken, die der Sänger Robert Kothe auf der zweiten Tournee der *Scharfrichter* durch ganz Deutschland zusammengestellt hat. Weiterhin sind einige neue Bilder hinzugekommen, die hier erstmals reproduziert sind.

Ton- und Filmaufnahmen der *Scharfrichter* sind leider nicht überliefert. Die wenigen erhaltenen Aufnahmen von Robert Kothe und Marya Delvard stammen aus späteren Jahren und können daher nur begrenzt einen Eindruck des Schwabinger Brettls vermitteln.

Weitere Materialien

Unter dem Link www.allitera.de/files/Elf-Scharfrichter.html sind folgende weitere Materialien einsehbar:

1. Eine Liste des *Scharfrichter*-Repertoires mit sämtlichen Angaben zu den Urhebern, Interpreten, Aufführungsdaten, Quellen und Zeitungskommentaren. Da die Nennung dieser Fakten im Text den Lesefluss eher behindert, sind diese Informationen sämtlich hier zu finden.
2. Eine Liste der Ensemblemitglieder, Mitarbeiter und Mitarbeiterinnen mit biographischen Daten, der Art ihrer Mitwirkung bei den *Scharfrichtern* und Zeitungskommentaren.

Sperrungen in Zitaten wurden übernommen, Ergänzungen in Zitaten in eckige Klammern gesetzt. Eine Liste der im Folgenden verwendeten Siglen befindet sich vor der Bibliographie auf Seite 358.

II Vorgeschichte

1 München um 1900

Es ist mehr als nur ein Zufall, dass München zur Heimat jenes Ensembles wurde, das als das erste wirkliche Kabarett Deutschlands in die Geschichte einging. Der ungeheure »Reichtum der Gestalten, der Richtungen, der Ideen in diesem München um die Jahrhundertwende«[1] veranlasste viele Künstler, in die bayerische Hauptstadt zu ziehen – und nicht etwa nach Berlin, dessen Kunstszene um 1900 allerdings kaum weniger bedeutsam war.[2] Viele gaben jedoch München den Vorzug, da das geistige Klima der Stadt den idealen Nährboden für ihre Schöpfungen lieferte. So urteilte auch Frank Wedekind:

Die Münchener Bevölkerung ist wohl die naivste in Deutschland [...]. Das ist auch der Grund dafür, daß sich die Kunst in München so wohlfühlt und so üppig gedeiht. Die Naivität ist der Nährboden der Kunst. [...] In Berlin will jeder etwas anderes scheinen, als er ist; deshalb wird die Kunst dort niemals heimisch.[3]

Es wäre jedoch zu kurz gegriffen, das München der Jahrhundertwende zu einer »Insel der Seligen« zu stilisieren, da zu dieser Zeit tiefgreifende politische, gesellschaftliche, ideologische und künstlerische Umbrüche die Stadt prägten.

München wächst

Im ausgehenden 19. Jahrhundert befand sich München im Wandel von der geruhsamen Residenz- zur urbanen Großstadt, deren Erscheinungsbild von Expansion, einer verbesserten Infrastruktur, Bauboom und Bevölkerungsexplosion bestimmt war. Durch die Eingemeindung mehrerer Vororte wie Neuhausen, Schwabing, Bogenhausen und Nymphenburg wuchs die Stadtfläche in den 1890er Jahren beträchtlich, neue infrastrukturelle Errungenschaften wie die elektrische Straßenbeleuchtung und die Straßenbahnen veränderten mehr und mehr das Stadtbild.[4] Kaum vorstell-

---

[1] Petzet, Falckenberg, *Leben*, S. 62.

[2] Problematisch sind daher die stark stilisierten Vergleiche in den Äußerungen der Zeitgenossen wie auch in der neueren Forschung, in denen München in künstlerischer Hinsicht immer wieder der Vorzug vor Berlin gegeben oder es gar auf eine Stufe mit Paris gestellt wird, worauf auch Ludwig M. Schneider hinweist, vgl. Ludwig M. Schneider, *Die populäre Kritik an Staat und Gesellschaft in München. 1886–1914. Ein Beitrag zur Vorgeschichte der Münchner Revolution von 1918/19*, München 1975, S. 58–67. »Wohlmöglich war München um 1900 neben Paris das Nonplusultra der ästhetischen Möglichkeiten und allen Kampagnen zum Trotz Berlin weit überlegen«, Rainer Metzger, Christian Brandstätter, *München. Die große Zeit um 1900. Kunst, Leben und Kultur 1890–1920*, München 2008, S. 64; »München war [...] Ende des 19. Jahrhunderts neben Paris und London die dritte europäische Kunstmetropole«, Helga Abret, *Kunst und Kommerz zwischen Schwabing und Paris. Der Verleger Albert Langen*, in: Helmut Bauer, Elisabeth Tworek (Hg.), *Schwabing – Kunst und Leben um 1900*. Bd. 1: *Essays*, Münchner Stadtmuseum, München 1998, S. 140; »Munich was a German Paris«, Segel, *Turn-of-the-Century Cabaret*, S. 143.

[3] Frank Wedekind, *Interview II: Iwan Michailowitsch Rogoschin*, in: *Simplicissimus* 31 (1896), S. 6.

[4] Vgl. Uli Walter, *Stadtentwicklung*, in: Norbert Götz, Clementine Schack-Simitzis (Hg.), *Die Prinzregentenzeit*, Münchner Stadtmuseum, München 1988, S. 144, und Norbert Götz, *Verkehrsentwicklung*, in: ebd., S. 241. Zur Entwicklung Münchens im 19. Jahrhundert vgl.

bar ist die Masse der Großbaustellen, auf denen Münchens Prunkbauten wie der Justizpalast, das *Müller'sche Volksbad*, das *Bayerische Nationalmuseum*, das *Prinzregententheater* oder das *Künstlerhaus* am Lenbachplatz in diesen Jahren entstanden, hinzu kamen zahllose Mietshäuser, Wohnanlagen und Brücken. Durch die Expansion der Stadtgrenzen und die zunehmende Attraktivität der Großstadt, die viele arbeitsuchende Menschen gerade aus ländlichen Gegenden anlockte, wuchs die Bevölkerung in den Jahren von 1850 bis 1900 um ein Fünffaches und machte München um die Jahrhundertwende mit 500.000 Bewohnern zur viertgrößten Stadt Deutschlands.[5] Trotz bedeutender Unternehmen wie etwa der beiden führenden deutschen Lokomotiven-Hersteller *Krauss* und *Maffei* oder der vielen Brauereien, die zahlreichen Menschen Arbeitsplätze garantierten, entwickelte sich München nicht zu einer Industriestadt, die etwa mit Berlin zu vergleichen gewesen wäre. Vielmehr dominierten die Dienstleistungsbranchen, der Handel, das Baugewerbe sowie ganz besonders der Tourismus. Um 1900 lag München in seiner Bedeutung als wichtigste Fremdenverkehrsstadt Deutschlands vor Berlin.[6] Nach außen hin pflegte München sein Image als Stadt einer klassenlosen Gesellschaft, die jedoch in der Realität nicht existierte.[7] Vielmehr vergrößerte sich die Schere zwischen Reich und Arm und während die einen in Bogenhausen oder Nymphenburg luxuriöse Villen bauten und damit den Reichtum und die Modernität der Stadt zur Schau stellten, wunderten sich andere über die unverändert ärmlich-dörflichen Zustände. Viele Straßen blieben nachts unbeleuchtet und noch 1904 waren knapp 50 Prozent der gesamten Fahrbahnfläche Münchens, darunter sogar zentrale Bereiche, ungepflastert.[8] Ein Journalist des *Fremdenblatts* klagte: »[D]ie Ludwigstrasse wird, zum Beispiel an den Tagen, wo es regnet zu einer wahren Kothgrube.«[9]

Kulturpolitischer Hintergrund

Konnte München sich hinsichtlich seiner Urbanität auch nicht mit Städten wie Berlin oder Paris messen, so stand seine Kunst- und Kulturszene den großen Metropolen in nichts nach, genossen doch seine Hochschulen, Museen und Theater internationales Ansehen. Münchens Bedeutung als Kunststadt gründete auf der Tradition der Kunstförderung durch das bayerische Königshaus der Wittelsbacher, das seit Generationen die kreativen Geister protegierte und dabei meist eine tolerante Haltung vertrat. Seit der Säkularisation bemühten sich Bayerns Regenten, den Einfluss der katholischen Kirche sowie der konservativen, katholischen Parteien innerhalb der Regierung möglichst klein zu halten und ihre Kabinette mit liberal gesinnten Mitgliedern zu besetzen. Ab den 1860er Jahren entstand mit dem Erstarken der katholischen, konservativen Seite, die sich vom protestantischen Preußen absetzen und die bayerische Unabhängigkeit bewahren wollte, jedoch ein neues politisches Klima in Bayern, das die Münchner Kunstszene in mancher Hinsicht einschränkte, andererseits aber auch ihre Produktion beflügelte.[10] Auch die *Elf Scharfrichter* erwuchsen aus den Protesten der Münchner Künstlerkreise gegen die Einschränkungen und Engstirnigkeit des herrschenden Konservatismus. Das liberale Klima der Stadt, das »sowohl mit dem traditionellen bayrischen Separatismus als auch mit der gegenüber den deutschen Industriegebieten zurückgebliebenen ökonomischen Entwicklung des Agrarlandes Bayern zusammenhing«,[11] wirkte wie ein Magnet auf Kunstschaffende aller Bereiche, die es in Scharen in die bayerische Hauptstadt zog. Die Popularität des Prinzregenten Luitpold, der seit 1886 das Land regierte, und sein

---

auch Stefan Fisch, *Stadtplanung im 19. Jahrhundert. Das Beispiel München bis zur Ära Theodor Fischer*, München 1988.

[5] Vgl. Gerdi Huber, *Das klassische Schwabing. München als Zentrum der intellektuellen Zeit- und Gesellschaftskritik an der Wende des 19. zum 20. Jahrhundert*, München 1973 (Miscellanea Bavarica, 37), S. 5, und Stephan Bleek, *Quartierbildung in der Urbanisierung. Das Münchner Westend 1890–1933*, München 1991, S. 28.

[6] Vgl. Martin W. Rühlemann, *Variétes und Singspielhallen – Urbane Räume des Vergnügens. Aspekte der kommerziellen populären Kultur in München Ende des 19. Jahrhunderts*, München 2012 (Forum Kulturwissenschaften, 13), S. 163.

[7] Vgl. Schneider, *Kritik*, S. 67.

[8] Vgl. ebd., S. 8.

[9] [Ein Münchner], *Münchner Strassenzustände*, in: *Fremdenblatt. Gazette des Etrangers* 8 (1898), S. 2.

[10] Vgl. Jelavich, *Munich*, S. 12–15.

[11] Rösler, *Chanson*, S. 85.

enger Kontakt zu diversen Künstlerkreisen verstärkten die angesehene Stellung der Künstler in München – Luitpolds Freundschaft zu Franz von Lenbach und seine Überraschungsbesuche in den verschiedenen Künstlerateliers sind Legende.[12] Der Regent pflegte eine »mäzenatische duldsame Kunstliebe, die wohltuend von den kunstdiktatorischen Versuchen Kaiser Wilhelms II. abstach«[13] und sich befruchtend auf die Kunstlandschaft der Stadt auswirkte: 1895 lebten laut Statistik des *Allgemeinen Gewerbe-Vereins* 1.857 Künstler in München.[14] Allerdings beschränkte sich die Protektion des Prinzregenten auf einen überschaubaren Personenkreis. Viele andere hatten dagegen hart mit den Anfeindungen konservativer Strömungen zu kämpfen:

It was not some ineffable gemütlich quality of Bavarian life that led to Munich's modernist fluorescence, but rather a myriad of tensions, uncertainties, and frustrations. Modernism was the product of a game played with diverse cultural pieces on a political, social, and commercial terrain that was constantly shifting.[15]

Trotz oder gerade wegen dieser keineswegs unproblematischen Bedingungen entstand in München eine Kulturlandschaft, die die Stadt zu einer der zentraleuropäischen Hauptstädte der Avantgarde-Kultur machte.[16]

Die Kunststadt München
Stilrichtungen, Programme und Überzeugungen unterschiedlichster Couleur trafen hier aufeinander. Im Bereich der bildenden Kunst organisierte sich 1892 die *Münchner Secession (Verein bildender Künstler Münchens)* mit Mitgliedern wie Franz Stuck, Lovis Corinth und Max Liebermann, die den Historismus, wie ihn etwa Münchens Malerfürst Franz von Lenbach pflegte, als überholte Form der künstlerischen Weltbetrachtung verwarfen und ihm fortschrittliche Kunstideale entgegensetzten. Mit der Gründung der *Vereinigten Werkstätten für Kunst im Handwerk* 1898 durch Richard Riemerschmid, Hermann Obrist und andere erhielt das Kunstgewerbe eine ganz neue Bedeutung, die die gestalterischen Bestrebungen des Jugendstils als Gegenbewegung zur verschulten, konservativen Akademiekunst beförderte. Das Kunstgewerbe wurde zu einem wichtigen Industriezweig der Stadt und beschäftigte um 1900 über 20.000 Menschen.[17] Auch die Verlagsstadt boomte: Allein in Schwabing existierten um die Jahrhundertwende an die siebzig Unternehmen, die Bücher verlegten und verkauften, eine Dichte, die in Deutschland nur noch von Leipzig übertroffen wurde.[18] Darüber hinaus boten an die 230 Zeitungen und Zeitschriften – häufig kurzlebige Organe diverser Künstlerkreise – Arbeits- und Verdienstmöglichkeiten für junge Schriftsteller.[19] Berühmtheit weit über die Stadtgrenzen hinaus erlangten die beiden 1896 gegründeten Zeitschriften *Jugend* und *Simplicissimus*. Die von Georg Hirth, dem Herausgeber der liberalen *Münchner Neuesten Nachrichten*, gegründete *Jugend* beschäftigte viele Künstler der *Secession* und wurde zum führenden Sprachrohr einer neu entdeckten Sinnlichkeit:

The goal of this literary and artistic journal was, as its title proclaimed, »youth« – a rejuvenation of the liberal middle classes, not just politically but also psychologically and aesthetically. The bourgeoisie was supposed to overcome its subservience to Prussian elites and its creeping accommodation to Catholic majorities by adopting an exuberant spirit that would allow it to face vigorously and successfully the challenges of the day. The morally ascetic and politically subservient aspects of bourgeois behavior

---

[12] Vgl. Walter Schmitz, *Die Münchner Moderne. Die literarische Szene in der »Kunststadt« um die Jahrhundertwende*, Stuttgart 1990, S. 57.

[13] Ebd., S. 57.

[14] Vgl. Rühlemann, *Variétes*, S. 162.

[15] Jelavich, *Munich*, S. 9f.

[16] Vgl. ebd., S. VII.

[17] Vgl. Friedrich Prinz, *Annäherung an München. Postmoderne Rückblicke auf die Geburt einer Großstadt*, in: Ders., Marita Krauss (Hg.), *München – Musenstadt mit Hinterhöfen. Die Prinzregentenzeit 1886–1912*, München 1988, S. 11.

[18] Vgl. Reinhard Wittmann, *Verlage in Schwabing (1892–1914)*, in: Bauer, Tworek (Hg.), *Schwabing 1*, S. 160.

[19] Vgl. Karl-Maria Haertle, *Verlagsstadt*, in: Götz, Schack-Simitzis (Hg.), *Prinzregentenzeit*, S. 99.

were to be replaced by a more liberated attitude towards religion, culture, sexuality, and the state. In particular, Jugend *called for open enjoyment of life and sensuality without shame, in contrast to the ascetic public morality predominant at the time.*[20]

Eine noch größere Bedeutung erlangte das nach dem Vorbild der französischen Zeitschrift *Gil Blas Illustré* entstandene Satireblatt *Simplicissimus* von Albert Langen, der sich als Verleger moderner skandinavischer, französischer und deutscher Autoren bereits einen Namen gemacht hatte. Mit bissigen Texten von Autoren wie Otto Erich Hartleben oder Frank Wedekind und den frechen Zeichnungen von Bruno Paul, Eduard Thöny und anderen wurde das Blatt zum schärfsten politischen und gesellschaftlichen Satireorgan des wilhelminischen Deutschland. Der in dieser Zeitschrift angeschlagene Ton sollte auch zum Vorbild für das Münchner Kabarett der *Elf Scharfrichter* werden.

Ein weiteres wichtiges Organ war die von Michael Georg Conrad gegründete Zeitschrift *Die Gesellschaft*, Sprachrohr der Münchner naturalistischen Bewegung, die sich gegen die realitätsferne, romantisch ästhetisierende Literatur der Münchner Gründerzeitautoren Paul Heyse und Hermann Lingg richtete.[21] In der von ihm mitgegründeten *Gesellschaft für modernes Leben* scharte Conrad zahlreiche Autoren der sogenannten *Münchner Moderne* um sich: Oskar Panizza, der mit seiner Kirchensatire *Das Liebeskonzil* (1894) zum radikalsten deutschen Theaterautor der Jahrhundertwende neben Wedekind avancierte,[22] Heinrich von Reder, Detlev von Liliencron oder auch den vermögenden Jurastudenten Alfred Walter Heymel. 1899 gründete Heymel gemeinsam mit Otto Julius Bierbaum und Rudolf Alexander Schröder die Kunst- und Literaturzeitschrift *Die Insel*, aus der wenig später der *Insel-Verlag* hervorging, dessen Druckwerke die Buchgestaltung in Deutschland revolutionierten. Andere wie Karl Wolfskehl und Ludwig Klages versammelten sich um den prophetischen Lyriker Stefan George, der München zur »Stadt von Volk und Jugend«[23] ernannte, und gründeten den esoterisch-philosophischen Kreis der *Kosmiker*. Ein satirisches Bild dieses Zirkels zeichnete die berühmt-berüchtigte »wilde Gräfin« Franziska zu Reventlow, sicherlich die exzentrischste Frauengestalt der Schwabinger Boheme, in ihrem Schwabinger Schlüsselroman *Herrn Dames Aufzeichnungen oder Begebenheiten aus einem merkwürdigen Stadtteil* (1913). Weitere Frauen, die aus der männerdominierten Münchner Künstlerszene jener Jahre herausragen, sind die Schriftstellerin Mechtilde Lichnowsky und die Malerinnen Marianne von Werefkin und Gabriele Münter.

Maler, Schriftsteller, Komponisten und Fotografen, darunter Max Slevogt, Wassily Kandinsky, Heinrich und Thomas Mann, Rainer Maria Rilke, Max Reger, Richard Strauss, Anita Augspurg und Frank Eugene, sie alle fanden in München eine geistige Heimat. Und so unterschiedlich ihre Überzeugungen und Stilrichtungen auch waren, einte sie doch eines: ihre Begeisterung für den Stadtteil Schwabing, der unter dem sehr bezeichnenden Scherznamen »Schwabylon« zum Symbol für München als Kunststadt um 1900 wurde.[24] Hier, wo Vorortflair, Arbeiterschaft und – durch die Nähe der Universität und der *Akademie der Bildenden Künste* – Studenten und Bildungsbürgertum aufeinandertrafen, in dieser »Synthese von Genialität und Muff«[25] fanden die Münchner Bohemiens – und damit auch die *Elf Scharfrichter* – ihre Heimat.

---

[20] Jelavich, *Munich*, S. 144.

[21] Michael Bauer weist darauf hin, dass sich der Großteil der *Münchner Modernen* literarisch sehr viel weniger von den erklärten Antipoden unterschied, als vorgegeben wurde, vgl. Michael Bauer, *Oskar Panizza. Ein literarisches Porträt*, München 1984 (Literatur als Kunst), S. 118f.

[22] Vgl. Jelavich, *Munich*, S. 53.

[23] Zitiert nach Schmitz, *Münchner Moderne*, S. 19.

[24] Siehe hierzu auch Dirk Heißerer, *Wo die Geister wandern. Eine Topographie der Schwabinger Bohème um 1900*, München 1993.

[25] Peter Scher, Hermann Sinsheimer (Hg.), *Das Buch von München*, München 1928, zitiert nach Wolfgang Till, »Zum Mythos«. *Schwabing, Cliché und große Illusionen*, in: Bauer, Tworek (Hg.), *Schwabing 1*, S. 11.

2 Private Theatervereine, Künstlerzirkel und die Volkssängerszene in München

Noch ehe die *Elf Scharfrichter* sich im Jahr 1900 zusammenschlossen, hatten viele von ihnen bereits Gelegenheit gehabt, sich in den halb öffentlichen Kreisen und Initiativen der Münchner Kulturszene als Autoren, Künstler, Komponisten oder Schauspieler zu betätigen und auszuprobieren.

Private Theatervereine
Um 1900 existierten in München etwa 25 private Theatervereine, die sich der Pflege und Verbreitung des modernen Dramas verschrieben hatten, um damit eine als schmerzhaft empfundene Lücke innerhalb des institutionalisierten Münchner Theaterbetriebs zu schließen.[26] In diesen Kreisen konnten auch die von der Zensurbehörde verbotenen Stücke gezeigt werden, solange garantiert war, dass nur Vereinsmitglieder und geladene Gäste ohne bezahlten Eintritt an den Veranstaltungen teilnahmen.[27] Die vier großen Münchner Bühnen – das *Königliche Hof- und Nationaltheater*, das *Königliche Residenztheater*, das *Theater am Gärtnerplatz* und das private *Münchener Volkstheater* – nahmen moderne Stücke dagegen nur sehr zögerlich in ihr Repertoire auf. Ernst von Wolzogen, der Gründer des ersten Berliner Kabaretts, beklagte den rückständigen, provinziellen Umgang der etablierten Münchner Bühnen mit dem zeitgenössischen Drama:

Das Hoftheater stand damals noch ganz im Banne ängstlicher Überlieferungen und pflegte neben den Klassikern eigentlich nur jene gewisse Art von dramatischer Familienblatt-Literatur, wie sie damals noch überall, vielleicht mit einziger Ausnahme von Berlin, den Spielplan beherrschte. Das Theater am Gärtnerplatz beschränkte sich auf das oberbayrische Volksstück und die Operette, das Volkstheater kam literarisch erst recht nicht in Betracht, und die private Konkurrenzbühne für das höhere Drama gab es überhaupt noch nicht.[28]

In diversen, oft nur kurzlebigen Vereinigungen bemühten sich die Münchner Künstler, diesem Missstand zu begegnen und besonders dem naturalistischen Drama zu dem ihm gebührenden Rang zu verhelfen.[29] Vorbilder waren das Pariser *Théâtre Libre* von André Antoine sowie die 1889 und 1890 von Otto Brahm und Bruno Wille in Berlin gegründeten, mitgliederstarken Vereinstheater *Freie Bühne* und *Freie Volksbühne*, in denen die Werke bedeutender zeitgenössischer Autoren wie Gerhart Hauptmann, August Strindberg und Arthur Schnitzler aufgeführt wurden und die damit den Durchbruch des modernen Dramas in Deutschland herbeiführten. Berlin avancierte zum Zentrum des deutschen naturalistischen Theaters[30] und in München bemühte sich der Kreis um Michael Georg Conrad, diesem Vorbild nachzueifern. 1890 gründete Conrad gemeinsam mit Detlev von Liliencron, Otto Julius Bierbaum, dem Maler Rudolf Maison, den Journalisten Georg Schaumberg und Julius Schaumberger sowie dem Schriftsteller Hanns von Gumppenberg, der später einer der wichtigsten Autoren der *Scharfrichter* werden sollte, den Verein *Gesellschaft für modernes Leben*, der »»die Pflege und Verbreitung modernen, schöpferischen Geistes‹ auf allen Gebieten des sozialen Lebens beabsichtigte.«[31] Durch Vortrags- und Diskussionsabende über aktuelle Literatur, die Errichtung einer freien Bühne, Sonderausstellungen sowie die Gründung der Zeitschrift *Moderne Blätter* wollten die Anhänger der *Gesellschaft* das Volk sukzessive »mit dem ›modernen schöpfe-

---

[26] Vgl. Barbara Zuber, *Aufbruch und Antinomien der Moderne. Ein Beitrag zur Diskussion über Theater, Gesellschaft und Politik in München um 1900*, in: Hans-Michael Körner, Jürgen Schläder (Hg.), *Münchner Theatergeschichtliches Symposium 2000*, München 2000, S. 142.

[27] Vgl. Jelavich, *Munich*, S. 45.

[28] Wolzogen, *Leben*, S. 150.

[29] Von den so unterschiedlichen Theaterzirkeln Münchens um 1900 werden hier nur jene beleuchtet, die unmittelbar oder mit großer Wahrscheinlichkeit Einfluss auf die *Elf Scharfrichter* hatten. Eine umfassende Darstellung aller Kreise findet sich bei Rainer Hartl, *Aufbruch zur Moderne. Naturalistisches Theater in München*, München 1976 (Münchner Beiträge zur Theaterwissenschaft, 6). Auf seine Arbeit berufen sich die hier folgenden Darstellungen der Theaterkreise.

[30] Jelavich, *Munich*, S. 46.

[31] Hartl, *Aufbruch*, S. 18. Siehe für die folgende Darstellung der *Gesellschaft für modernes Leben* neben Hartl auch Jelavich, *Munich*, S. 26–44, und Bauer, *Panizza*, S. 112–134.

rischen Geist« vertraut machen.«[32] Nicht alle dieser ehrgeizigen Ziele konnten bis zur Auflösung des Vereins drei Jahre später verwirklicht werden. Weder ließ sich der Anspruch des Vereins realisieren, auch die ungebildete Unterschicht zu erreichen, noch wurde die Idee einer Bühnengründung in die Tat umgesetzt. Trotzdem trug die *Gesellschaft für modernes Leben* mit ihren Vortragsabenden entschieden dazu bei, das Münchner Publikum mit modernen Autoren wie Johannes Schlaf und Arno Holz bekannt zu machen.

Angeregt durch die Aktivitäten der *Gesellschaft für modernes Leben* formierte sich im November 1891 eine Gruppe theaterbegeisterter Studenten zum *Akademisch-dramatischen Verein*, der es sich zur Aufgabe machte, nach Berliner Vorbildern eine freie Bühne in München zu errichten, die die Theaterlandschaft der Stadt revolutionieren sollte. Während die *Gesellschaft* ihre Pläne einer Bühnengründung nie realisieren konnte, wurde der *Akademisch-dramatische Verein* mit seinen (Ur-)Aufführungen naturalistischer, symbolistischer, neoromantischer, impressionistischer, aber auch älterer Werke zum »Bahnbrecher für die moderne Literatur in München«[33] und beeinflusste die Repertoiregestaltung der großen Münchner Bühnen. So gelangten Dramen wie Ibsens *Gespenster* (1881), Halbes *Jugend* (1892) oder Bjørnsons *Über unsere Kraft* (1896) zuerst beim *Akademisch-dramatischen Verein* zur Aufführung, bevor sie im *Volkstheater*, dem *Theater am Gärtnerplatz* oder dem *Münchner Schauspielhaus* gezeigt wurden.[34]

Sehr viel kurzlebiger als der *Akademisch-dramatische Verein*, der bis 1903 bestand, war das *Intime Theater*, das 1895 auf Initiative Max Halbes, Autor des berühmten Dramas *Jugend*, gegründet wurde. Während sich der *Akademisch-dramatische Verein* an alle Gesellschaftsschichten wandte, betonte man hier den exklusiven, elitären Charakter der Theatergruppe, die sich explizit an ein ausgewähltes, »intimes« Publikum richtete. Die erklärte Absicht des *Intimen Theaters* war es darüber hinaus, jeden Realismus zu vermeiden, zum einen aus Widerwillen gegen die pompösen Prachtinszenierungen der institutionellen Theater, »aber auch aus Überdruß an der noch immer üblichen Prosa der Regieanweisungen, mit denen die Not in Dachkammern und Mietskasernen Parkett und Logen vermittelt werden sollte«.[35] Unter Verzicht auf aufwendige szenische Mittel sollte allein der Text im Vordergrund der Aufführungen stehen:

Keinen Bühnenapparat, keine gemalten Decorationen, keine Soffiten, keinen Vorhang, kein Rampenlicht! Und keine Berufsschauspieler, keinen Director, keine Censur, keinen Rothstift, keine die Darsteller schiebende und setzende Regie! Ein Drama, von Poeten als Schauspielern mitten unter Poeten als Zuhörern gespielt – das ist das Ideal des Intimen Theaters.[36]

Obgleich das *Intime Theater* 1895 nach nur zwei Vorstellungen, bei denen August Strindbergs Tragikomödie *Gläubiger* (1888) und zum ersten Mal überhaupt die 1836 entstandene Komödie *Leonce und Lena* von Georg Büchner gegeben wurden, ein baldiges Ende fand, bezeugt es doch den bemerkenswerten Versuch, die naturalistische Darstellung durch die reduzierte Form der Stilbühne zu ersetzen.

Eine weitere elitäre Vereinigung war die 1897 von Ernst von Wolzogen gegründete *Münchner Litterarische Gesellschaft*, die sich mit aufwendigen Theaterproduktionen an ein gebildetes, vornehmes Publikum richtete. In den drei Jahren seines Bestehens organisierte der Verein, der den Schwerpunkt auf symbolistische und neoromantische Werke setzte, achtzehn Vortragsabende, 21 Theateraufführungen und einen Parodien-Abend. Letzterer, der am 15. März 1900 im *Deutschen Theater* stattfand und in dessen Rahmen man verschiedene Literaturpersiflagen brachte, wurde im Nachhinein von den Zeitgenossen als unmittelbarer Vorläufer des Kabaretts bewertet. So heißt es im Dezember 1901 in einem Artikel der *Münchner Neuesten Nachrichten*:

Lange bevor Wolzogen mit seinem Unternehmen [dem Berliner Kabarett, J.K.] hervortrat, wurden

---

[32] Hartl, *Aufbruch*, S. 21.

[33] Otto Falckenberg, *Der Akademisch-dramatische Verein und die Moral*, in: *MZ*, Nr. 272, 26.11.1903, S. 2, zitiert nach ebd., S. 63.

[34] Vgl. ebd., S. 67 und 96f.

[35] Bauer, *Panizza*, S. 144.

[36] Rudolph Lothar, *Intimes Theater*, in: *Neue Freie Presse*, 19.7.1895, S. 1, zitiert nach ebd., S. 144.

auch bei uns schon praktische Versuche zu einer künstlerischen Reform des Variétés gemacht. Wir erinnern uns noch mit Vergnügen eines Abends, den die Münchner Literarische [sic] Gesellschaft im Deutschen Theater gab. Die Gesellschaft nannte die Veranstaltung damals »Parodien-Abend«; heute würden wir sagen, es sei eine Ueberbrettl- [= Kabarett, J.K.] *Vorstellung gewesen.*[37]

Um ein breiteres, einfacheres Publikum bemühte sich die 1898 entstandene *Freie Volksbühne* unter der Leitung von Conrad, Halbe und Wolzogen. Trotz der hehren Ziele, durch Theaterstücke, Konzerte und Vortragsabende »dem Volke die Kunst und der Kunst das Volk zu erobern« und »alle […] Schichten der Bevölkerung […] ohne größere pekuniäre Opfer an den höchsten Errungenschaften der Kultur«[38] Anteil haben zu lassen, erregte der Verein nur kurzzeitig Interesse und löste sich 1900 auf.

Personelle und inhaltliche Übereinstimmungen mit den *Elf Scharfrichtern*

Viele Künstler, die wenig später im Ensemble der *Scharfrichter* mitwirkten, waren auch in den genannten Münchner Theatervereinen tätig. So traten etwa Hanns von Gumppenberg und Richard Weinhöppel, der spätere musikalische Leiter des Schwabinger Brettls, bei den Vortragsabenden der *Gesellschaft für modernes Leben* und der *Münchner Litterarischen Gesellschaft* mit eigenen Kreationen in Erscheinung.[39] Otto Falckenberg sammelte im *Akademisch-dramatischen Verein* wichtige Erfahrungen als Regisseur, die seinen späteren Werdegang maßgeblich prägen sollten und ihm bei seinen *Scharfrichter*-Inszenierungen zugutekamen.[40] Auch der Lyriker Ludwig Scharf, der 1891 und 1892 bei den Vortragsabenden der *Gesellschaft für modernes Leben* wiederholt seine Dichtungen rezitierte, stieß zehn Jahre später zum Ensemble der *Scharfrichter*.[41] Ria Claassen, eine »dem George-Kreis nahestehende Rezitatorin und Publizistin«,[42] trat in der *Münchner Litterarischen Gesellschaft*, der *Freien Volksbühne* und im Kabarett in der Türkenstraße auf.[43] Der Kapellmeister des Münchner *Hoftheaters*, Bernhard Stavenhagen, der für die Uraufführung von Hugo von Hofmannsthals Drama *Der Tor und der Tod* (1893) in der *Litterarischen Gesellschaft* im November 1898 die Musik geschrieben hatte,[44] steuerte für das Repertoire der *Scharfrichter* eine Vertonung des Gumppenberg'schen Gedichts *Zwischen Feldern und Wäldern* bei.

Sowohl bei den Produktionen der Theatervereine als auch bei den *Scharfrichtern* waren zahlreiche Mitglieder der Münchner Kunstszene beteiligt. So schufen befreundete Künstler die Bühnenbilder für den *Akademisch-dramatischen Verein*[45] oder gestalteten für die *Scharfrichter* die Titelgraphiken der Programmhefte. Ein weiteres verbindendes Merkmal des *Akademisch-dramatischen Vereins*, des *Intimen Theaters* und der *Scharfrichter* war das spartenübergreifende Engagement der Mitwirkenden, denn hier wie dort traten Autoren und Regisseure zugleich auch als Schauspieler in ihren eigenen Stücken auf.[46] An der Uraufführung von Büchners *Leonce und Lena* durch das *Intime Theater* im Mai 1895 im Privatpark des Redakteurs Holz in der Nähe des Ungererbads waren fast alle Protagonisten der *Münchner Modernen* beteiligt.[47]

Die Durchbrechung der »vierten Wand«, wie sie für die *Scharfrichter* charakteristisch werden sollte, wurde als beliebtes Stilmittel auch bereits in den Produktionen des *Akademisch-dramatischen Vereins* angewendet, da auf diese Weise ein intimer Kontakt zwischen Schauspielern und

---

[37] *Die Hyänen des Ueberbrettls*, in: *MNN*, Nr. 563, GA, 4.12.1901, S. 1.

[38] StAM, Stadtchronik Destouches 1898 II, S. 1929ff., zitiert nach Hartl, *Aufbruch*, S. 137.

[39] Vgl. ebd., S. 137.

[40] Vgl. Petzet, Falckenberg, *Leben*, S. 91.

[41] Vgl. Hartl, *Aufbruch*, S. 45.

[42] Otto, *Scharfrichter*, S. 321.

[43] Vgl. Hartl, *Aufbruch*, S. 169f., und *Vortrag der Frau Ria Schmuljow Claassen*, in: *Fremdenblatt. Gazette des Etrangers* 2 (1898), S. 3f.

[44] Vgl. Hartl, *Aufbruch*, S. 176.

[45] Vgl. Angela Gudrun Schmitt, *Ernst von Wolzogen als Theatermacher. München – Berlin. Vom naturalistisch-orientierten Experimentiertheater zur literarischen Kleinkunstbühne*, Magisterarbeit, Institut für Theaterwissenschaft, Ludwig-Maximilians-Universität München 1984, S. 15.

[46] Vgl. ebd., S. 23.

[47] Vgl. Bauer, *Panizza*, S. 146f., und Hartl, *Aufbruch*, S. 60f.

Publikum entstand.⁴⁸ Weitere Anregungen empfing die Kleinkunstbühne in der Türkenstraße auch vom *Intimen Theater*, das in seinen Produktionen mit stark reduzierten Ausstattungen arbeitete. Der Erfolg dieser Stilbühne mag die *Scharfrichter* dazu ermutigt haben, auf die Wirkung ihrer kleinen Bühne zu vertrauen, auf der wegen der begrenzten finanziellen und räumlichen Mittel nur recht einfache Inszenierungen möglich waren.

Viele Bestandteile des *Scharfrichter*-Repertoires tauchen bereits in den Darbietungen der privaten Theatervereine auf. So verweisen Aufführungen des *Akademisch-dramatischen Vereins*, etwa von Hermann Sudermanns *Sodoms Ende* (1891), das in 77 Szenen unterteilt ist, oder die an einem Abend gezeigten Einakter *Zu Hause* (1894) von Georg Hirschfeld, *Musotte* (1891) von Guy de Maupassant und *L'intruse* (1890) von Maurice Maeterlinck auf die spätere Nummernstruktur der Kabarettvorstellungen.⁴⁹ Die um 1900 weit verbreitete Mode der Einakter erscheint auf der *Scharfrichter*-Bühne unter anderem in den sehr erfolgreichen parodistischen »Überdramen« Hanns von Gumppenbergs, in denen er Strömungen und Stile der zeitgenössischen Literatur persiflierte.⁵⁰ Ein Vorläufer hiervon war Gumppenbergs *Die Frau von der Isar* (1891), eine Parodie auf Henrik Ibsens 1888 in München entstandenes Schauspiel *Die Frau vom Meere*, die beim Sommerfest der *Gesellschaft für modernes Leben* im Juli 1891 gezeigt wurde.⁵¹ In seinen Memoiren erinnert sich Gumppenberg an die Aufführung:

> *Diese ulkende Burleske, die das ethische Pathos, wie auch die stilistischen Eigentümlichkeiten des Urbilds karikierte, [...] sollte auf einer »Reform-Freilichtbühne«, die auf heimat-künstlerischen Bierfässern montiert war, zur Darstellung gelangen; Freund Weinhöppel übernahm die Rolle der Frau, Schaumberg die des Flössers [...] während Panizza als »Reform-Inspizient« in Dienstmannsmontur fungieren sollte.*⁵²

Im Rahmen der Vortragsabende der *Gesellschaft* trat Gumppenberg auch mit seinen parodistischen Gedichten auf, die später Bestandteil des *Scharfrichter*-Repertoires werden sollten.⁵³ Moderne Satiren wie auch Puppenspiele wurden sowohl im *Litterarischen Verein* wie bei den Schwabinger Kabarettisten gepflegt.⁵⁴

Mit Otto Erich Hartleben, Kurt Aram, Frank Wedekind und Arthur Schnitzler brachten der *Litterarische Verein*, der *Akademisch-dramatische Verein* und die *Scharfrichter* auch die gleichen Autoren auf ihre Bühnen. Schnitzlers Skandalstück *Reigen* (1897), aus dem der *Akademisch-dramatische Verein* im Sommer 1903 drei Szenen zeigte, erregte in konservativen, antisemitischen Kreisen heftige Empörung und hatte letztlich die Auflösung des Ensembles zur Folge.⁵⁵ Möglicherweise angeregt durch diesen werbewirksamen Eklat nahmen auch die *Scharfrichter* im Oktober des gleichen Jahres eine Szene des *Reigen*, *Das süße Mädel*, in ihr Repertoire auf, die unter Einhaltung verschiedener Auflagen von der Zensurbehörde abgesegnet wurde.⁵⁶ Das im Februar 1900 im *Akademisch-dramatischen Verein* unter der Regie von Falckenberg aufgeführte Fastnachtspiel *Der Bauer im Fegefeuer* (1552) von Hans Sachs⁵⁷ kehrt auch im Repertoire der *Scharfrichter* wieder. Dagegen kam die Aufführung von Heinrich Leopold Wagners Sturm und Drang-Drama *Die Kindermörderin* (1776), das sowohl im *Intimen Theater* wie auch im Schwabinger Kabarett geplant war, auf keiner der beiden Bühnen zustande.⁵⁸

---

⁴⁸ Vgl. Schmitt, *Wolzogen*, S. 24.

⁴⁹ Vgl. ebd., S. 14–19.

⁵⁰ Strindberg erklärte 1889 den Einakter zur »Formel« des modernen Dramas, vgl. Bayerdörfer, *Überbrettl*, S. 296.

⁵¹ Vgl. Hartl, *Aufbruch*, S. 49.

⁵² Gumppenberg, *Lebenserinnerungen*, S. 196.

---

⁵³ Vgl. ebd., S. 158f.

⁵⁴ Im *Litterarischen Verein* waren das Maurice Maetelincks Puppenspiel *Der Tod des Tintagiles* (1894) und die beiden Satiren *Die Erziehung zur Ehe* (1899) von Otto Erich Hartleben und *Die Bürgermeisterwahl* (1897) von Max Burckhard, vgl. Hartl, *Aufbruch*, S. 193.

⁵⁵ Vgl. ebd., S. 88.

⁵⁶ Vgl. Vormerkung der kgl. Polizeidirektion vom 7.10.1903, StAM, Pol. Dir. 2057/3. Obwohl von der Polizei abgesegnet, erntete die Aufführung der *Reigen*-Szene bei den *Scharfrichtern* ebenfalls harsche Kritik von Seiten der Zentrumspartei, vgl. Hartl, *Aufbruch*, S. 91.

⁵⁷ Vgl. ebd., S. 97.

⁵⁸ Während der *Litterarische Verein* die Idee der Aufführung von selbst verwarf, wurde den *Scharfrichtern* das Stück von der Polizeidirektion verboten, vgl. ebd., S. 172, und Vormerkung der kgl. Polizeidirektion vom 23.10.1903, StAM, Pol. Dir. 2057/3.

Einen weiteren theatralen Vorläufer der *Scharfrichter* bildet zuletzt das *Boubouroche*-Projekt des späteren *Scharfrichter*-Direktors Marc Henry. Gemeinsam mit einer Reihe französischer Laienschauspieler, darunter auch Marya Delvard, die kurz darauf zur Diva der *Scharfrichter* avancierte, organisierte Henry im April 1900 eine einmalige Aufführung des Erfolgsstücks *Boubouroche* (1893) von Georges Courteline im *Münchner Volkstheater,* bei dem er selbst als Regisseur, Conférencier und Schauspieler in Erscheinung trat.[59] Wenngleich die Rezension der *Münchner Neuesten Nachrichten* nicht übermäßig positiv ausfiel,[60] mag der Erfolg der Aufführung die Mitwirkenden dennoch dazu ermutigt haben, auch als nicht ausgebildete Schauspieler den Versuch einer Bühnengründung zu wagen. Der freche Gedanke, sich hinter französischen Pseudonymen zu verbergen und den eigenen Laienstatus zu vertuschen, entspricht ganz der unbekümmert jugendlich-verspielten Grundhaltung der späteren *Scharfrichter*. Lobend erwähnt wird in der Besprechung Marc Henry, der hier bereits seine vielseitige Begabung unter Beweis stellte: »Besondere Anerkennung verdienen die Leistungen des Herrn Henry, der die einleitende Causerie hielt, Regie geführt hat und der dann selbst noch die Hauptrolle spielte.«[61] Die Werke des populären französischen Autors Courteline erschienen wenig später auch auf der Münchner Kabarettbühne.

Künstlerzirkel in Kneipen und Cafés
Neben den zahlreichen mehr oder minder öffentlichen Theaterkreisen bildeten diverse private Künstlerzirkel wie Josef Ruederers *Nebenregierung* oder Max Halbes *Unterströmung* Treffpunkte für die späteren Mitglieder der *Scharfrichter*. Die um 1893 von Ruederer gegründete *Nebenregierung* tagte drei Mal wöchentlich im *Café Minerva* in der Adalbertstraße und verstand sich als Gegenbewegung zu den künstlerischen »Hauptregierungen« Münchens wie der *Gesellschaft für modernes Leben* und den Kreisen um Franz Lenbach und Paul Heyse.[62] Im Mittelpunkt der Treffen stand der intellektuelle Austausch der Künstler und immer wieder gab es auch Lesungen eigener Werke. So trug Frank Wedekind in diesem Rahmen den wenig verständnisvollen Zuhörern einen Teil seines aufreizenden Dramas *Das Sonnenspektrum* (1894/95) vor, in dem auch sein berühmtes Lied *Ilse*, einer der späteren *Scharfrichter*-Schlager, erscheint.[63] Nach der Auflösung der *Nebenregierung* zogen viele der früheren Mitglieder, darunter auch Gumppenberg, Wedekind und Weinhöppel, in Max Halbes Kegelklub *Unterströmung* im Restaurant *Allotria* in der Türkenstraße 33, »allwo die Jungen und Jüngsten ihre Geistesorgien feierten und nächtens in Weltanschauungen wühlten und die tiefsten Fragen lösten.«[64] An den Treffen der *Unterströmung* nahmen auch der Architekt des *Scharfrichter*-Theaters Max Langheinrich und der Maler Heinrich Kunold, der wenig später als Schauspieler auf der Bühne des Münchner Kabaretts erscheinen sollte, teil.[65]

Weiterhin bildeten die zahlreichen Schwabinger Cafés und Kneipen, darunter besonders das *Café Stefanie*, Ecke Amalien- und Theresienstraße, und die Weinstube *Dichtelei* in der Türkenstraße 81, die Treffpunkte der Münchner Boheme. Wie sehr das *Café Stefanie* – ironisch auch *Café*

---

[59] Vgl. Nachdruck des Programmhefts, in: Bayerisch-Französische Gesellschaft (Hg.), *Marya Delvard*, S. 15–17. Hinter MM. C. Bastien verbirgt sich Marc Henry, Marya Delvard hatte das Pseudonym Mlle. Sujanne Rouvray gewählt. Mit dem ihr eigenen Hang zur melodramatischen Übertreibung schildert Delvard den Abend in ihren Memoiren, vgl. Marya Delvard, *Meine ersten Münchner Jahre*, in: ebd., S. 12.

[60] Vgl. [p.], *Boubouroche*, in: *MNN*, Nr. 160, 5.4.1900, S. 2f.

[61] Ebd., S. 2f.

[62] Vgl. Claudia Müller-Stratmann, *Josef Ruederer (1861–1915). Leben und Werk eines Münchner Dichters der Jahrhundertwende*, Frankfurt a. M. [u. a.] 1994 (Regensburger Beiträge zur deutschen Sprach- und Literaturwissenschaft, B 56), S. 67–74.

[63] Vgl. Otto, *Scharfrichter*, S. 16.

[64] Wolzogen, *Leben*, S. 174. Vgl. auch Max Halbe, *Jahrhundertwende. Geschichte meines Lebens; 1893–1914*, Salzburg 1945, S. 384f. Der Treffpunkt von Halbes Kegelclub wird in der Forschungsliteratur so gut wie nie genannt. Dirk Heißerer erwähnt in seiner Monographie *Wo die Geister wandern* die Türkenstraße 34 und bezieht sich dabei wohl auf ein Foto der *Unterströmung*, das im Münchner Stadtarchiv mit der Angabe »Türkenstraße 34« geführt wird (StadtAM, KV–1628). Wahrscheinlich handelt es sich hierbei jedoch um einen Fehler, da ein Gasthaus mit Kegelbahn für die Nummer 34 nicht nachweisbar ist, wohl aber für die Nummer 33. Hier unterhielt Josef Schmid für viele Jahre das Lokal *Allotria*, das auch über eine Kegelbahn verfügte, vgl. StadtAM, DE-1992-GEW-7654.

[65] Vgl. Artur Kutscher, *Frank Wedekind. Sein Leben und seine Werke*, Bd. 2, München 1927, S. 74.

Größenwahn genannt – das Zentrum der tatsächlichen oder selbsterklärten Geistesgrößen darstellte, belegt der im Fasching 1902 entstandene Karikaturenband *Café Größenwahn* des *Scharfrichters* Ernst Stern, der viele Intellektuelle wie Reventlow, Langen und Halbe bei ihren Cafébesuchen zeigt. Auch verschiedene Mitglieder der *Scharfrichter* sind hier wiedergegeben (siehe S. 202f.).[66]

Ein weiterer Ort der Zusammenkunft war die *Dichtelei*, wo Kathi Kobus sich als Kellnerin verdingte, ehe sie 1903 die legendäre Künstlerkneipe *Simplicissimus* in der Türkenstraße 57 gründete. In der *Dichtelei* trafen sich die späteren *Scharfrichter* Falckenberg, Greiner, der Bildhauer Wilhelm Hüsgen, Henry, Delvard und der Rechtsanwalt Robert Kothe zu launigen »Lumpen-« oder »Verbrecherabenden«, die in den Memoiren der Mitwirkenden als unmittelbare Vorläufer der *Scharfrichter*-Darbietungen bezeichnet werden, über deren Ablauf jedoch nichts weiter bekannt ist.[67] Durch die Bezeichnung dieser Zusammenkünfte als »Verbrecher«-Abende betonten die Initiatoren ihre selbstironische Haltung und karikierten »die Perspektive der Konservativen und Klerikalen, die die Mehrheit des bayerischen Landtags beeinflußten und sich vor dem modernen Anarchismus fürchteten«.[68]

Die verschiedenen Kneipen und Cafés bildeten auch immer wieder den Rahmen für ungezwungene musikalische Darbietungen der Münchner Künstlerschar. So wurde Robert Kothe, wie er selbst berichtet, während seiner Studienzeit wiederholt von seinen Freunden aufgefordert, »auf Kneipen, die mit künstlerischen und humorvollen Vorträgen gewürzt waren, zu singen«.[69] Auch Frank Wedekind, der mit seinen provokanten Liedern das Profil der *Scharfrichter* wesentlich mitgeprägt hat, trat hier bereits verschiedentlich als Liedermacher in Erscheinung. Eine pittoreske Schilderung eines dieser Auftritte entwirft Hanns von Gumppenberg in seinem Schlüsselroman *Der fünfte Prophet* (1895),

der die Münchner Künstlerszene, besonders aber den Kreis um Michael Georg Conrad, in satirischen Erzählungen umschreibt. Die Szene spielt in der »durch allabendlichen Ulk berühmte[n]«[70] *Tiroler Weinstube,* wo der Wirt, genannt Tirolermaxel, in bester Volkssängermanier mit umgehängter Gitarre seine »nicht für höhere Töchter berechneten ›G'sangln‹« zum besten gibt.[71] Unter den Gästen befindet sich auch ein

junger Mann von etwa zweiunddreißig Jahren, eine weiblich geschmeidige Gestalt mit aristokratischen Bewegungen, gelblichblassem, durch Ausschweifungen ausgebranntem Todtenkopfgesicht, noch ungelichtetem, glattangestrichenem schwarzem Haupthaar, martialischem Schnurr- und elegantem Napoleonsbart, die tiefliegenden dunklen Glühaugen hinter dem großen schwarzen Kautschuk-Pincenez bald in müder Nachlässigkeit halbgeschlossen, bald in kokettem Spotte aufleuchtend.[72]

»Ralph Dederich« heißt diese Figur und nicht zuletzt die Vokale dieses Namens verraten, dass sich hinter dem Pseudonym Frank Wedekind verbirgt.[73] Weiter heißt es bei Gumppenberg:

Ein Einziger blieb bei den »Gsangeln« kühl und einsilbig: der Todtenkopf. Er ennuyirte sich. – Das hat doch Boccaccio weit bässer gemacht! näselte er mißmuthig. Und wie der Tirolermaxel eben pausirte, trat er mit Grandezza auf ihn zu, bat sich selbst

---

[66] Vgl. Ernst Stern, *Cafe Größenwahn. Karikaturenfolge,* Dortmund 1980, [o. S.], und Otto, *Scharfrichter,* S. 368–374 und 407.

[67] Vgl. Rath, *Münchener Künstlerbrettl,* S. 366, und Wilhelm Hüsgen, *Die Elf Scharfrichter. Aufzeichnungen aus den Jahren 1950–1955,* MSB Mon., L 3573.

[68] Müller-Stratmann, *Ruederer,* S. 62.

[69] Kothe, *Saitenspiel,* S. 39.

[70] Hanns von Gumppenberg, *Der fünfte Prophet. Psychologischer Roman,* Berlin [1895], S. 61. In seinen Memoiren dechiffriert Gumppenberg das Lokal als die »Strasser'sche [...] Weinstube nächst dem Viktualienmarkt«, Gumppenberg, *Lebenserinnerungen,* S. 136.

[71] Gumppenberg, *Prophet,* S. 62.

[72] Ebd., S. 62.

[73] In Gumppenbergs Memoiren heißt es: »Auch Frank Wedekind, der damals einen Knebelbart trug und viel älter und müder aussah als in späteren Jahrzehnten, tauchte manchmal unter uns auf. [...] In der Strasser'schen Weinstube [...] griff er des öftern zur ›Klampfe‹ und sang in halb schnarrendem, halb larmoyant näselndem Ton seine Parodie auf die Heilsarmee«, Gumppenberg, *Lebenserinnerungen,* S. 136.

das Instrument aus, verbeugte sich tief nach allen Seiten, wobei er mit leidenschaftlich sittlicher Miene ein dreimaliges »Halleluja!« ertönen ließ, und sang dann in näselnd predigendem Ton, mit seinen dünnen weißen Händen gewandter als der Maxl selbst begleitend, das Erbauungslied:

Ehre, Ehre, Ehre[74]
– Willst Du, Sünder, glücklich werden?
Höre, was zu thun:
Sei fromm, und bät' ohn' Unterlaß',
Dann kannst Du sicher ruh'n.
Dann zieh' nur Deine Stra-ßäh,
Und freu' Dich jeden Tag:
Gieb Gott' Dein' Säl', Er ohne Fähl
Führt auf dem schmalen Pfad.
  Aehre, Aehre, die Aeh-räh,
  Die ist vom Sudermann[75] *–*
  Ach Halläluja! welch' ein Glück!
  Ich zieh' nach Kanaan.

Schallendes Gelächter dankte dem Vortragenden. Die stumpfsinnig-zynische Verballhornung eines gutgemeinten religiösen Liedes schoß den Vogel des Abends ab: mehr noch durch die vollendet frivole Art des Vortrags und der begleitenden Musik als durch die verulkenden Abänderungen. […] Mit langgezogenem »Aemen!« und grell gekrähtem »Halläluja!« schloß der Todtenkopf, unter dem brüllenden Lachsturm der Männer und dem Gewieher und Gekreisch der angeheiterten Ladenmamsells.[76]

---

[74] Wie es an gleicher Stelle in der Fußnote heißt, handelt es sich hierbei um »[e]ins der beliebtesten Lieder der ›Heilsarmee‹«, Gumppenberg, *Prophet*, S. 67. In Wedekinds Lieder-Repertoire bei den *Scharfrichtern* erscheint ein Lied mit dem Titel *Die Heilsarmee*, das jedoch nicht mit dem hier zitierten identisch ist.

[75] Anspielung auf das Theaterstück *Die Ehre* (1889), mit dem der naturalistische Autor Hermann Sudermann seinen internationalen Durchbruch feierte.

[76] Gumppenberg, *Prophet*, S. 67–69.

Auch bei den Treffen seines Stammtisches in der *Torggelstube*, einem Weinlokal neben dem Hofbräuhaus, trug Wedekind Jahre vor der *Scharfrichter*-Gründung gelegentlich im Kreis seiner Anhänger und Freunde seine später berühmt gewordenen Lieder vor.[77] Wie Erich Mühsam schildert, gelangten hier aber auch humorige musikalische und gesprochene Beiträge anderer Personen zur Aufführung:

Dann trug der Schauspieler August Weigert sächsische Biedermeierliedchen oder bayerische Schnadahüpfln vor, Gustl Waldau sang irgendein Ulklied oder hielt eine seiner italienischen Reden, die unbeschreiblich echt klangen, ohne eine richtige Vokabel zu enthalten, oder Josef Futterer holte seinen »Fotzhobel« aus der Tasche – das ist der Fachausdruck für die Mundharmonika, die dieser Maler mit erstaunlicher Virtuosität beherrschte.[78]

Die Volkssängerszene

Neben den privaten oder halböffentlichen Theaterinitiativen der Münchner Künstlerzirkel, dem Austausch in geschlossenen Künstlervereinigungen und den Darbietungen in öffentlichen Räumen wie Wirtshäusern und Cafés empfingen die *Scharfrichter* zusätzliche Anregungen aus einem weiteren Bereich, dessen Bedeutung für die Entstehung des Schwabinger Kabaretts bisher noch kaum Beachtung fand: der Münchner Volkssängerszene.

Mit dem Inkrafttreten des deutschen Reichsgesetzes zur Gewerbefreiheit 1872 stiegen die Beschäftigungszahlen im Unterhaltungssektor rasch an. Nach dem Vorbild der Wiener Volkssänger suchten nun auch im Deutschen Reich zahlreiche Personen, meist Männer aus dem Handwerkerstand, aber auch Frauen, als Unterhaltungskünstler, »Humoristen« und »Salonkomiker« aus dem zunehmenden Unterhaltungs- und Vergnügungsbedarf der expandierenden Großstädte Profit zu schlagen:[79] Allein in München gab

---

[77] Vgl. Erich Mühsam, *Namen und Menschen. Unpolitische Erinnerungen*, Leipzig 1949, S. 157.

[78] Ebd., S. 157.

[79] Vgl. Claudia Preis, *Volkssängerei in München 1870–1930. Zur Produktion von Unterhaltungskultur in der Stadt*, Diss. Ludwig-Maximilians-Universität München 2010, S. 21–23 und 55, und Schneider,

es um 1900 etwa 400 Volkssänger.⁸⁰ Als Einzelpersonen, meist aber in sogenannten »Volkssängergesellschaften« organisiert, traten sie zunächst in Wirtshäusern, dann auch in Singspielhallen und Varietés auf. Einen repräsentativen Einblick in das Repertoire der Münchner Volkssänger um die Jahrhundertwende vermittelt ein Programm der Jakob Geis'schen Singspielhalle im Hotel *Oberpollinger*, einer der berühmtesten Münchner Volkssängergesellschaften um 1900. Der aus vierzehn Nummern bestehende Ablauf setzt sich aus Instrumentalmusik, Liedern, Solovorträgen und kurzen dramatischen Szenen zusammen, die nach dramaturgischen Überlegungen angeordnet sind.⁸¹ Strukturell ist hierin eine deutliche Parallele zur Programmgestaltung der *Scharfrichter* erkennbar. Aber auch inhaltlich lassen sich zahlreiche Überschneidungen aufzeigen. Ein Kernthema in den Liedern und Szenen der Münchner Volkssänger bildeten die Stadt München, die Mentalität ihrer Bewohner, die unterschiedlichen Milieus sowie alltägliche Begebenheiten oder aktuelle Ereignisse.⁸² Bei den *Scharfrichtern* spielten bayerisches oder Münchner Lokalkolorit und mundartliche Rede zwar nur eine untergeordnete Rolle, waren aber durchaus auch vorhanden. Aktuelle gesellschaftliche Entwicklungen und Phänomene wurden sowohl auf den Volkssängerbühnen als auch im Münchner Kabarett in humoristischen Einaktern aufgegriffen und parodiert. Ähnliche Titel wie etwa *Eine Gemeindesitzung oder Der Verschönerungsverein* (ca. 1912) des Volkssängers Christian Seidenbusch und *Die Verschönerungskommission* des *Scharfrichters* Paul Schlesinger suggerieren jedoch nur vordergründig eine Übereinstimmung, da die ausgewählten Themen eine vollkommen unterschiedliche Behandlung erfahren.⁸³ In Stücken der Münchner Volkssänger wie etwa *Die Frauenrechtlerinnen oder Wehe den Männern* (ca. 1912) von R. Mann oder *Der Zeppelin kommt* (ca. 1910) von Alois Hönle bilden aktuelle gesellschaftliche Themen zwar den Rahmen der Handlung, im Mittelpunkt aber stehen allgemeinmenschliche Fragen, Probleme und Intrigen, mit denen sich das Publikum leicht identifizieren kann und die in jedem anderen Kontext ebenso denkbar wären.⁸⁴ Die *Scharfrichter* stellten in ihren Einaktern dagegen häufig ganz konkrete Bezüge zu aktuellen Ereignissen her wie etwa zur Verurteilung des Mathias Kneißl 1902 in Gumppenbergs *Die glückliche Kur* oder zur Berliner Theater- und Kritikerszene in Paul Schlesingers *Die Meisten-Dichter von Berlin*. Weitere Unterschiede lassen sich darüber hinaus auch in Hinblick auf das dargestellte Milieu und die Absicht des Gezeigten feststellen. Während die Szenen der Volkssänger größtenteils in einem bäuerlichen und kleinbürgerlichen Milieu angesiedelt sind,⁸⁵ spielen die auf der *Scharfrichter*-Bühne gezeigten Einakter fast ausnahmslos im städtischen Ambiente aller Klassen und Berufsstände, die sich u. a. aus Kleinbürgern (*Die Verlobung*), Beamten (*Der eingeschriebene Brief*), Großbürgertum (*Die unsittliche Ehe*), Studenten (*Die erste Hilfe; Die schwarze Flasche*), Künstlern (*Die Premiere; Leda*) oder Prostituierten (*Das Nachtasyl*) zusammensetzen. Ein wesentlicher Unterschied besteht weiterhin in der Absicht, mit der die Stücke in den verschiedenen Kontexten gezeigt wurden. Für die Volkssängerbühne gilt:

> *Das Unterhaltungsstück oder Gebrauchsstück ist zu definieren als ein Produkt, das nur zu dem Zweck hergestellt wird, den Zuschauer zu unterhalten, zu zerstreuen und zu amüsieren und – außer dem geschäftlichen Erfolg für Theaterunternehmen –*

Kritik, S. 95. Ihre Blütezeit hatten die Volkssänger etwa von den 1880er Jahren bis zum Beginn des Ersten Weltkriegs bzw. von 1870 bis 1920, vgl. ebd., S. 91, Preis, *Volkssängerei*, S. 137f., und http://volkssaengerei.de [14.9.2016]. Zum Repertoire der Volkssänger zählen, anders als ihr Name vermuten lässt, neben Liedern auch gesprochene Nummern.

⁸⁰ Vgl. Robert Eben Sackett, *Popular Entertainment, Class, and Politics in Munich, 1900–1923*, Cambridge, MA, und London 1982, S. 11.

⁸¹ Vgl. Preis, *Volkssängerei*, S. 106f.

⁸² Vgl. ebd., S. 121–126.

⁸³ Vgl. Christian Seidenbusch, *Eine Gemeindesitzung oder Der Verschönerungsverein. Ländlich-komische Szene für 4 Herren*, München [ca. 1912] (Münchner Blut, B 98). Schlesingers *Verschönerungskommission* ist nicht erhalten, ihr Inhalt lässt sich aber durch Zeitungsrezensionen und verschiedene Beschreibungen in der Memoiren-Literatur grob rekonstruieren, siehe S. 268 dieser Arbeit.

⁸⁴ Vgl. R. Mann, *Die Frauenrechtlerinnen oder Wehe den Männern. Eine lustige Szene aus der Gegenwart für 2 Herren und 3 Damen*, München [ca. 1912] (Münchner Blut, B 115), und Alois Hönle, *Der Zeppelin kommt. Humoristische, ländliche Szene für 5 Herren und eine Dame*, München [ca. 1910] (Münchner Blut, B 43).

⁸⁵ Vgl. Preis, *Volkssängerei*, S. 113–115.

keine weiteren Ziele verfolgt. Der Konsument wird nicht belehrt oder aufgeklärt; er bekommt das, was er gewohnt ist und erwartet. Dafür haben sich bewährte Muster herausgebildet, beispielsweise in der Schwankproduktion. Deren Motive sind nicht individuell oder bodenständig, sondern ohne weiteres über Landesgrenzen hinweg verpflanzbar, mit kleinen Änderungen und Aktualisierungen immer neu verwendbar.[86]

Der Humor der Volkssängerszenen ist daher, wenngleich auch oft recht frech, immer versöhnlich und harmlos, aber niemals tragisch, düster oder verstörend. Natürlich standen auch bei den *Scharfrichtern* das Amüsement und die Unterhaltung der Gäste im Vordergrund, beides jedoch in vielen Fällen gekoppelt an die Absicht, mit zum Teil beißendem Spott Missstände aufzuzeigen, das Publikum aufzurütteln und zum Nachdenken anzuregen. Viele Szenen setzten außerdem ein gewisses intellektuelles Hintergrundwissen der Kabarettbesucher voraus, das für das Verständnis der Volkssängervorstellungen nicht von Bedeutung war.

Aktuelle Ereignisse thematisierten die Volkssänger auch in ihren Parodien auf Darbietungen und Zugnummern aus dem Münchner Kultur- und Unterhaltungsbereich. Hierzu zählten etwa die spöttischen Imitationen verschiedener zeittypischer Tanzformen wie des Serpentinentanzes von Loïe Fuller oder der amerikanischen Modetänze Cakewalk und später des Shimmy. Innerhalb der Stadtgrenzen erlangte die Parodie »Biffalo Bull« oder der Indianerhäuptling »Hau-Wau« von Holzkirchen große Popularität, die im Juni 1890 von der Gruppe *D'Münchner* im *Bamberger Hof* aufgeführt wurde und sich auf die im April des gleichen Jahres auf der Theresienwiese gezeigte, sensationelle Show *Buffalo Bill's Wild West* bezog.[87] Auch im Kabarett der *Elf Scharfrichter* taucht die Parodie aktueller Varieténummern auf.

Ein anderes Thema, das in vielen Volkssängerliedern besungen wird, ist die Welt der Soldaten und des Militärs, die auch in den ungemein populären Soldatenliedern von Ludwig Thoma und Richard Weinhöppel, den wohl volkstümlichsten Nummern der *Scharfrichter*, auftaucht.[88] Hans Dorbe, der zu ihrem umjubelten Interpreten wurde, veröffentlichte später ein selbstkomponiertes Soldatenlied in der Reihe *Münchner Blut*, in der die Theaterstücke und Lieder der Volkssänger erschienen.[89]

Die prominenteste Gattung auf den Volkssängerbühnen aber war das Couplet, eine Liedform, bei der die Beziehung zwischen Strophe und Refrain einen komischen Effekt erzielt:

Es beruht auf der unerwarteten und daher witzigen Verknüpfung zweier Ebenen. Die eine Ebene stellt der Refrain – die andere die Vorstrophe dar. Beim Witz sind dem Hörer beide Ebenen unbekannt, beim Couplet aber nur in der ersten Strophe, die am wenigsten Wirkung hat. Von der zweiten Strophe ab ist der Refrain bekannt und nur noch jede Vorstrophe neu, bzw. die überraschende Koordinierung beider.[90]

Inhaltlich ging es in den Couplets häufig um das aktuelle Tagesgeschehen, von dem die Zeitungen berichteten und das aufgegriffen und textlich rasch verarbeitet wurde. Der damit einhergehende Zeitdruck führte zu der gängigen Praxis, auf bereits existierende Melodien anderer oder auf Volkslieder zurückzugreifen.[91] Mit dieser Vorgehensweise, aktuelle Ereignisse in den Couplets zu thematisieren, verfolgten die Volkssänger einen sehr viel spontaneren Ansatz als die *Scharfrichter*, auf deren Bühne diese Liedform und die darin behandelten Inhalte eine sehr geringe Rolle spielten.

Bei allen Verbindungen und partiellen Übereinstimmungen bleibt immer zu berücksichtigen, dass die *Scharfrichter* die Anregungen, die sie aus der Volkssängerszene empfingen, nie einfach nur nachahmten, sondern damit spielten, sie intellektuell überhöhten und dadurch eine deutliche iro-

---

[86] Hugo Aust, Peter Haida und Jürgen Hein (Hg.), *Volksstück. Vom Hanswurst zum sozialen Drama der Gegenwart*, München 1989, S. 250.
[87] Vgl. ebd., S. 117–121.

[88] *Der bayerische Chevauleger, Der Leiber, Reservemann* und *Untreue*.
[89] Vgl. R. Heymann, Hans Dorbe, *Der Kanonier. Soldatenlied*, München [o. J.] (Münchner Blut, 341).
[90] Wolfgang Victor Ruttkowski, *Das literarische Chanson in Deutschland*, München 1966 (Sammlung Dalp, 99), S. 25.
[91] Vgl. Preis, *Volkssängerei*, S. 111f.

nische Distanz zu diesem Bereich des Unterhaltungstheaters schufen. Doch auch der Großteil der Volkssänger selbst war um eine Abgrenzung von dem volksfernen »Überbrettltum Schwabinger Intellektueller«[92] bemüht:

> *Die Polemik der ›gesunden‹ »Heimatkunst« gegen die Unmoral der »nicht aus dem Volkstum hervorgegangenen« Überbrettl [...] setzte früh ein. [...] Überdies beruhte das ästhetische Verfahren der ›Modernen‹ – die Vorstellung einer traditionellen echten ›Volks‹-Kultur und die Karikatur der falschen – auf einer intellektuellen souveränen Distanzhaltung zu den ›unteren Schichten‹, die den Betroffenen mißfiel. Die populären Münchner Volkssänger verwahrten sich gegen die anmaßende Konkurrenz, [...] und sie erinnerten ihr Publikum daran, daß sie ja die Typen geschaffen hätten, mit denen sich nun die Witzblätter vom Schlage des ›Simplicissimus‹ brüsteten.*[93]

Bis auf zwei nachweisbare Ausnahmen gab es daher auch keinerlei personelle Überschneidungen zwischen den Münchner Volkssängerbühnen und dem Schwabinger Kabarett, wenngleich dies verschiedentlich behauptet worden ist.[94] Vergeblich versuchte Frank Wedekind, seine Lieder auf der Volkssängerbühne unterzubringen. Bereits 1886 war er mit dem berühmten Münchner Volkssänger Jakob »Papa« Geis in Kontakt gekommen und hatte sich um die Aufführung eines seiner Lieder, wahrscheinlich *Der Mensch ist ein Chamäleon*, bemüht. Geis' Antwort auf Wedekinds Anfrage war vernichtend: »Der Stoff, den Sie verwenden, ist ein ganz verbrauchter und oft besungen; das Publikum will drastische, komisch wirkende Sachen und kauft sich nichts dafür, wenn ich demselben Lebensereignisse, die täglich wiederkehren, erzähle.«[95]

Eine Sängerin, die sowohl im Kontext der Volkssängerbühne wie des Schwabinger Kabaretts erscheint, ist die Soubrette Anita Stanner. 1901 und 1902 trat sie wiederholt und sehr erfolgreich mit Operettenarien und volkstümlichen Liedern im Münchner *Café Leopold* bei den Vorstellungen des Volkssängers José Benz auf.[96] Sehr viel weniger positiv war dagegen die Resonanz auf ihr kurzes Zwischenspiel im 7. Programm der *Scharfrichter*. Offensichtlich erinnerte sie die Zuschauer zu sehr an die Darbietungen der einfacheren Unterhaltungsbühnen. So beurteilte die *Münchener Post* Stanner als eine Sängerin, »die sich in keiner Faser von den landläufigen Chansonetten unterschied und dabei ziemlich stark an Provinz gemahnte«,[97] und in den *Münchner Neuesten Nachrichten* heißt es ähnlich: »Die Dame weiß mit ihrem hübschen hellen Stimmchen recht gut umzugehen, es haftet ihr aber noch viel zu sehr das Ewig-Brettelhafte an und für die Scharfrichter scheint sie nicht eigenartig, nicht Persönlichkeit genug.«[98] Einen einmaligen Gastauftritt auf der *Scharfrichter-*

---

[92] Schneider, *Kritik*, S. 96f.

[93] Schmitz, *Elf Scharfrichter*, S. 283.

[94] Bei Gerdi Huber ist zu lesen, »die Urzelle des engagierten Kabaretts« sei im *Café Leopold*, das am 22.5.1900 von José Benz eröffnet wurde, entstanden, dem »ersten deutschen Kabarett«, in dem »auch die späteren Mitglieder der ›Elf Scharfrichter‹ ihre Gründung« vorbereiteten, Huber, *Schwabing*, S. 138. Bei Hans Wagner heißt es ähnlich: »Hier entstand das erste deutsche Kabarett, noch ehe Ernst von Wolzogen sein Überbrettl gründete. Aus der Enge zwangloser Vortragsabende, wo man u. a. Bierbaum, Wedekind und Hartleben sah, erwuchs die vornehmste Kleinbühne der Residenz. Bald war sie aus dem Schwabinger Künstlerleben nicht mehr wegzudenken. Hier haben die Elf Scharfrichter ihre Gründung vorbereitet«, Hans Wagner, *200 Jahre Münchner Theaterchronik 1750–1950. Theatergründungen, Ur- und Erstaufführungen, berühmte Gastspiele und andere Ereignisse und Kuriosa aus dem Bühnenleben*, München 1958, S. 140. Beide beziehen sich wahrscheinlich auf die Darstellung in Hans Brandenburgs Erinnerungsbuch *München leuchtete*, in dem es über die Darbietungen im *Café Leopold* heißt: »Dies waren die bescheidenen Anfänge einer später allbekannten Kleinkunstbühne.«, Hans Brandenburg, *München leuchtete. Jugenderinnerungen*, München 1953, S. 94. Wieso das deutsche Kabarett gerade hier seinen Anfang genommen haben soll, wird weiter nicht erklärt. Dass die *Scharfrichter* ihre Gründung dort vorbereiteten, ist nicht belegt.
Weiterhin trat der Volkssänger Joseph Schäffer, anders als Ludwig M. Schneider behauptet, nicht bei den *Scharfrichtern*, wohl aber bei ihrem Nachfolge-Unternehmen, den *Sieben Tantenmördern*, auf, vgl. Schneider, *Kritik*, S. 97, und *Bei den sieben Tantenmördern*, in: *MP*, Nr. 51, 3.3.1904, S. 2.

[95] Zitiert nach Kutscher, *Wedekind I*, 1922, S. 127.

[96] Vgl. *Leopold-Abende*, in: *AZ*, Nr. 268, MiB, 27.9.1901, S. 3, und [hlg.], *Café-Restaurant Leopold*, in: *MNN*, Nr. 268, GA, 12.6.1902, S. 8.

[97] [v.], [*Die elf Scharfrichter*], in: *MP*, Nr. 61, 14.3.1902, S. 3.

[98] [p.], *Die Elf Scharfrichter*, in: *MNN*, Nr. 123, 14.3.1902, S. 4.

Bühne absolvierte außerdem am Silvesterabend 1902 der beliebte Münchner Volkssänger Julius Thannhauser, der »lebhaften Beifall«[99] errang.

Für die späteren Mitglieder der *Elf Scharfrichter* bot die Münchner Künstlerszene um 1900 mit ihren privaten Theaterinitiativen sowie den Künstlertreffs in Zirkeln und Cafés eine reiche Auswahl an Begegnungsstätten und Auftrittsmöglichkeiten, bei denen verschiedene Theaterformen ausprobiert und auf ihre Bühnenwirksamkeit hin untersucht werden konnten. In ständiger Auseinandersetzung mit dem breiten kulturellen Angebot der Stadt entwickelten die Münchner Kabarettgründer ein Gefühl dafür, welche Aspekte sich zu übernehmen lohnten, wovon man sich abgrenzen wollte und welche Nische sie zu bespielen gedachten. Aus diesem geistigen Klima heraus, das schon alle Bestandteile des Kabaretts in sich vereinte, war es dann nur noch ein kleiner, aber umso wichtigerer Schritt zur Gründung der *Elf Scharfrichter*.

3 Das Varieté als strukturelles Vorbild

Entscheidende strukturelle Anregungen erhielt das frühe deutsche Kabarett aus dem Varieté, der populärsten Theaterform um 1900. Im ausgehenden 18. Jahrhundert war in Frankreich und England eine »Tradition von bühnengebundener Unterhaltung in Verbindung mit Gastronomie«[100] entstanden, aus der sich in der Folge das Café-Chantant und Café-Concert und die Music-Hall entwickeln sollten. Alle drei Formen nahmen wesentliche Merkmale des Varietés bereits vorweg. Die Pariser Cafés-Concert und Cafés-Chantant präsentierten ihren Gästen kulinarische Genüsse in mondänem Ambiente, die von musikalischen Darbietungen begleitet wurden.[101] In ähnlicher Form boten die englischen Music-Halls ihren Besuchern neben der Gastronomie Unterhaltung mit Liedern und Sketchen, aber auch akrobatischen Einlagen, Ballett und Tiernummern.[102] Auch in Deutschland fand ab Mitte des 19. Jahrhunderts in Lokalen und Gasthäusern die musikalische Unterhaltung immer mehr Verbreitung.[103] Aus diesen Vorformen und durch die Erweiterung des Repertoires entstand in der zweiten Hälfte des 19. Jahrhunderts das Varieté, das zur beliebtesten Gattung der Unterhaltungskultur avancierte. Allein in Deutschland existierten um 1900 etwa 300 Varietés in 100 Städten.[104]

Auch München konnte mit ca. 25 Varietés und Singspielhallen ein breites Angebot an Vergnügungsstätten vorweisen, darunter als berühmteste *Kils Kolosseum*, die *Blumensäle* und das *Deutsche Theater*.[105] Dank ihrer beachtlichen Größe – die Säle fassten zum Teil zwischen 1.000 und 1.500 Personen – und der gestaffelten Eintrittspreise, die auch weniger betuchten Schichten den Besuch ermöglichten, schufen sie Raum für ein breites, heterogenes Publikum und präsentierten ein buntes Repertoire, das für jeden Geschmack etwas zu bieten hatte:

Die Säulen, des oft auch ›Spezialitätentheater‹ genannten Varietés, waren Musik, Gesang, Tanz, Komik und die Artisten. Akrobatik, Äquilibristik, Jonglage, Dressur, Clownerie, Magie, Instrumentalvirtuosen, manchmal auch Zurschaustellung von Abnormitäten oder nichteuropäischen Menschen, Ringkämpfe und ›Lebende Bilder‹ sind nur einige weitere Beispiele für die Vielfalt der ›Nummern‹, wie die Aufführungen aufgrund der Durchnummerierung im Programm genannt wurden. Oft vermischten sich auch die ›Sparten‹ oder wurden kurze Theaterstücke (Einakter) und Operetten integriert. Auch Gesangsvorträge lokaler Komi-

---

[99] H.[ermann] R.[oth], *Sylvester bei den Elf Scharfrichtern*, in: *MNN*, Nr. 4, 3.1.1903, S. 3.

[100] Rühlemann, *Variétes*, S. 34f.

[101] Vgl. Giorgio Brunacci, *Caffè concerto*, in: Sandro D'Amico (Hg.), *Enciclopedia dello spettacolo*, Bd. 2, Rom 1954, S. 1463–1465.

[102] Vgl. Bernd-Peter Lange, *Music-Hall*, in: Manfred Brauneck (Hg.), *Theaterlexikon*, Bd. 1: *Begriffe und Epochen, Bühnen und Ensembles*, Reinbek bei Hamburg 2007, S. 683.

[103] Vgl. Rühlemann, *Variétes*, S. 34f., und Otto, Rösler, *Kabarettgeschichte*, S. 22–29.

[104] Vgl. Rühlemann, *Variétes*, S. 13.

[105] Vgl. Zuber, *Aufbruch*, S. 141.

ker (Volkssänger) waren häufig Bestandteil der Vorstellungen. Orchester leiteten die Vorführungen mit populären Musikstücken ein und begleiteten das Programm.[106]

Im bunten Durcheinander der Nummern, das keine inhaltliche oder formale Einheit bot, manifestierten sich die Modernität und die Popularität des Genres: »Der heutige Stadtmensch hat [...] Variéténerven; er hat nur noch selten die Fähigkeit, großen dramatischen Zusammenhängen zu folgen, sein Empfindungsleben für drei Theaterstunden auf einen Ton zu stimmen; er will Abwechslung – Variété.«[107] Die Nummernstruktur des Varietés wurde zum Vorbild für das frühe deutsche Kabarett. Auch hier sollten verschiedene Künstler in rascher Abfolge Beiträge ganz unterschiedlicher Art und somit ein gleichermaßen spannungsreiches wie entspannendes Programm zur Darbietung bringen.

Bei den *Scharfrichtern* bestand eine weitere Parallele zu den Varietés in der Dauer der Vorstellungen, die hier wie dort an die drei bis vier Stunden betragen konnte. In den Varietés sorgten die äußeren Bedingungen dafür, dass diese verhältnismäßig lange Zeitspanne als kurzweilig empfunden wurde: Man kam und ging während der Vorstellungen, verfolgte nach Belieben das Bühnengeschehen oder schlenderte umher und speiste mit alten und neuen Bekanntschaften. Das Publikum der *Scharfrichter* hingegen war nicht nur dazu angehalten, die Darbietungen in Gänze aufmerksam zu verfolgen, sondern aufgrund der beengten Verhältnisse des Theaterraums auch mehr oder weniger dazu gezwungen: Gerade zu Beginn waren die Vorstellungen häufig so überfüllt, dass ein Umhergehen schlicht unmöglich gewesen wäre. An solchen Abenden hatten auch die Kellner Schwierigkeiten, sich den Weg durch den Zuschauerraum zu bahnen, wie der Rezensent der *Münchner Neuesten Nachrichten* beklagt:

Es wurden [...] mindestens ein halbes Hundert Leute mehr eingeladen, als in dem Raume bei bescheidenster Verwendung ihrer Extremitäten eigentlich Platz haben, und so wurde den Festgekeilten das Wasser, bezw. das Bier, abgeschnitten auf Stunden lang, was bei der nothwendigerweise herrschenden hohen Temperatur nicht zu den Annehmlichkeiten zählte.[108]

Anders als in den Varietés wurden die *Scharfrichter*-Vorstellungen daher häufig als anstrengend und zu lang empfunden, wie aus verschiedenen Zeitungsberichten hervorgeht.[109]

Die Varietés mit ihren allabendlichen Vorstellungen lebten davon, ihren Gästen ständig etwas Neues zu präsentieren, und wechselten ihre Programme daher alle vierzehn Tage oder einmal im Monat. Eine Zeitlang bemühten sich auch die *Scharfrichter* um einen ähnlichen Turnus, der aber nur 1902 eingehalten wurde, als fast jeden Monat ein neues Programm erschien. Im Vergleich zu den Varietés, die als »kapitalistische, multifunktionale Großunternehmen«[110] betrieben wurden, über zahlreiche Mitarbeiter verfügten und internationale Stars an ihre Häuser verpflichteten, bestritt das Münchner Kabarettensemble zumindest in der Anfangszeit sein Programm inhaltlich und personell ausschließlich durch die Mitarbeit seiner eigenen Mitglieder. Die späteren Versuche der *Scharfrichter*, ihrem Publikum durch Engagements externer Schauspielerinnen und Schauspieler und die Erweiterung des Repertoires mehr Abwechslung zu bieten, scheiterten an den mangelnden finanziellen Mitteln und organisatorischen Kräften des Theaters. Das Konzept des modernen bunten Nummerntheaters der Varieté-Bühnen mit seiner personellen und inhaltlichen Vielfalt bildete somit zwar das Vorbild für die Gestaltung der *Scharfrichter*-Abende, erwies sich jedoch auf Dauer als undurchführbar, ein Manko, das ganz entscheidend zum Niedergang der Schwabinger Kleinkunstbühne beitragen sollte.

---

[106] Rühlemann, *Variétés*, S. 33. Die im folgenden angeführten Aspekte des Varietés stammen von ebd., S. 32–36.

[107] Otto Julius Bierbaum, *Ein Brief an eine Dame anstatt einer Vorrede*, in: *Deutsche Chansons (Brettl-Lieder) von Bierbaum, Dehmel, Falke, Finckh, Heymel, Holz, Liliencron, Schröder, Wedekind, Wolzogen: Mit den Portraits der Dichter und einer Einleitung von O. J. Bierbaum*, 41.–52. Tausend, Leipzig 1902, S. XIf.

[108] H.[ermann] R.[oth], [Die Elf Scharfrichter], in: *MNN*, Nr. 286, 23.6.1902, S. 4.

[109] Vgl. Eduard Engels, *Die elf Scharfrichter*, *MZ*, Nr. 89, 14.4.1901, S. 1f.; E.[duard] E.[ngels], [Die elf Scharfrichter], *MZ*, Nr. 236, 3.10.1901, S. 2; [p.], *Die Elf Scharfrichter*, *MNN*, Nr. 123, 14.3.1902, S. 4.

[110] Rühlemann, *Variétés*, S. 34.

4 Das Cabaret und andere Pariser Einflüsse

Die Geschichte der Theatergattung Kabarett beginnt mit dem *Chat Noir*, das am 18. November 1881 im Pariser Stadtteil Montmartre eröffnete und aufgrund seines immensen Erfolgs sofort unzählige Nachahmer auf den Plan rief, darunter das *Mirliton*, das *Chien qui fume*, das *Chat Botté*, das *Cabaret des Quat'z' Arts* oder das *Boîte à Fursy*.[111]

In Deutschland nahm man zunächst nur zögerlich Kenntnis von dem neuen Genre der französischen Nachbarn. Zwanzig Jahre sollten vergehen, ehe im Januar 1901 mit Ernst von Wolzogens Berliner *Buntem Theater (Überbrettl)* das Kabarett auch hierzulande Einzug hielt. Während Wolzogen sich jedoch explizit um eine Abgrenzung von den Pariser Pionieren bemühte,[112] griffen die *Elf Scharfrichter* sehr erfolgreich auf die Errungenschaften der französischen Vorbilder zurück. In ihrem Erscheinungsbild, ihren Mitwirkenden, ihrem Repertoire und ihrer ästhetischen Gesinnung werden zahlreiche Parallelen zu den Pariser Cabarets und deren erstem Repräsentanten, dem *Chat Noir*, erkennbar.

In seiner ursprünglichen Bedeutung bezeichnet das Wort »Cabaret« eine gewöhnliche Kneipe oder Weinstube, wie sie im Pariser Stadtbezirk Montmartre in den Jahrzehnten vor 1900 häufig zu finden waren. Rodolphe Salis, dem Initiator des *Chat Noir*, aber schwebte etwas Anderes, ganz Neuartiges vor: »[U]n cabaret artistique d'un genre nouveau, un rendez-vous des artistes et du monde élégant où un public d'élite viendra boire en compagnie d'hommes intelligents et spirituels.«[113] Unter Beibehaltung der geselligen Atmosphäre sollte die Kneipe durch den Zusatz »artistique« zur Künstlerbühne umgestaltet werden. Salis' Einfall, die bisher privaten Versammlungen der Maler, Dichter und Komponisten in den Kneipen einem zahlenden Publikum zugänglich zu machen, entpuppte sich als geniale Geschäftsidee: In Scharen strömte das zahlungskräftige, großbürgerliche Publikum ins *Chat Noir*, um in die halb verpönte, halb bewunderte Welt der Bohemiens einzutauchen. Dank des großen kommerziellen Erfolgs der Bühne konnte Salis' Truppe bereits nach vier Jahren die eher bescheidenen Räumlichkeiten am Boulevard de Rochechouart aufgeben und in der nahegelegenen Rue de Laval (heute Rue Victor Massé) ein Haus mit mehreren bespielbaren Sälen beziehen, wo das *Chat Noir* als »pikanteste artistische Sensation von Paris«[114] noch bis zu seiner Auflösung 1897 bestand.[115] Das Konzept der Künstlerkneipe als Ort theatraler Darbietungen wurde zum Vorbild für das Theater der *Scharfrichter*.

Künstler

Unter dem eigentümlichen Namen *Hydropathes* hatte sich bereits 1878 ein großer Teil der Pariser Künstlerschaft zusammengeschlossen, um den kreativen Austausch untereinander zu pflegen.[116] Mit dem *Chat Noir* erhielten sie nun ein Forum zur öffentlichen Darbietung ihrer Schöpfungen. Besondere Popularität erlangte hier wie auch auf anderen Pariser Cabaret-Bühnen der Typ des »auteur-compositeur-interprète«, also die Personalunion von Dichter, Komponist und Interpret.[117] Zu den berühmtesten Vertretern dieses Typus zählten u. a. Maurice Rollinat, der »große Darsteller des Makabren«,[118] und Aristide Bruant, dessen Lieder »im Argot der Vorstädte das Leben der Prostituierten und Zuhälter, der Bettler und Messerstecher schildern«.[119] In geistiger Nähe zu beiden stehen die Vorträge Frank Wedekinds, der als auteur-compositeur-interprète die französische Tradition bei den *Elf Scharfrichtern* fortsetzte und von den Zeitgenossen als »Rollinat des deutschen Brettl«[120] erkannt wurde. Aber auch bei anderen Mitwirkenden der *Scharf-*

---

[111] Vgl. Mariel Oberthür, *Le cabaret du Chat Noir à Montmartre (1881–1897)*, Genf 2007, S. 168, und Greul, *Bretter*, S. 86.

[112] Vgl. Wolzogen, *Leben*, S. 196f.

[113] Oberthür, *Chat Noir*, S. 15.

[114] Erich Klossowski, *Die Maler von Montmartre*, Berlin 1903, S. 8.

[115] Vgl. u. a. Otto, Rösler, *Kabarettgeschichte*, S. 15.

[116] Mehr zur Geschichte der *Hydropathes* bei Karen Elizabeth Petersen, *Music of the Chat Noir*, Diss. Northwestern University Evanston 1989, S. 18–29, und Frischkopf, *Anfänge*, S. 46–52.

[117] Eine Liste der Chansonniers des *Chat Noir* findet sich bei Petersen, *Chat Noir*, S. 33.

[118] Frischkopf, *Anfänge*, S. 45.

[119] Rösler, *Chanson*, S. 37.

[120] Wilhelm Mauke, *Musikalische Brettl-Lyrik*, in: *Das moderne Brettl* 6 (1902), S. 81.

richter-Bühne wie Otto Falckenberg und Paul Schlesinger, die als Autoren und Schauspieler ihrer eigenen Szenen in Erscheinung traten, oder Ernst Stern, der auf der Bühne Zeichnungen anfertigte, wird die aus den französischen Cabarets übernommene Idee der Einheit von Schöpfer und Interpret spürbar.

Zu den wichtigsten Persönlichkeiten des *Chat Noir* zählte sein Gründer Rodolphe Salis, der als charmanter Conférencier die verschiedenen Darbietungen anmoderierte. Nach seinem Vorbild sollte zwanzig Jahre später der gebürtige Franzose Marc Henry, ein »Salis im Salonrock«,[121] bei den *Scharfrichtern* als liebenswerter Vermittler zwischen Bühne und Publikum in Erscheinung treten.

Repertoire

Auch aus dem Repertoire der Pariser Cabarets und anderer Unterhaltungsbühnen empfingen die Münchner Künstler wesentliche Anregungen. Eine der Hauptattraktionen des *Chat Noir* bildeten die Schattenspiele Henri Rivières, von denen 46 zwischen 1885 und 1897 in der Rue de Laval gezeigt wurden.[122] Die enorme Popularität des Genres führte nicht nur zu zahllosen Nachahmungen auf den diversen Pariser Unterhaltungsbühnen, sondern inspirierte auch die *Scharfrichter*, die Gattung in ihr Repertoire aufzunehmen. Auf dem Schwabinger Brettl erlangte das Schattenspiel jedoch keine große Bedeutung, da hier nur zwei Titel nachweislich aufgeführt wurden: *Le Sphinx* von Amédée Vignola und Georges Fragerolle, eines der berühmtesten Schattenspiele des *Chat Noir*,[123] und *Moissons* von Albert Chantrier und Clément-George, das zuvor im Pariser *Pétit-Théâtre* gezeigt worden war.[124]

Neben dem Schattentheater zählte außerdem auch das Puppenspiel zu den beliebten Genres des *Chat Noir*.[125] Auch im Repertoire der *Scharfrichter* ist diese Gattung vertreten, spielte hier jedoch eine untergeordnete Rolle: Nur drei Puppentheaterszenen gelangten auf dem Schwabinger Brettl zur Aufführung.[126]

Weitere szenische Formen wie Kurzdramen und Einakter, die im *Chat Noir* keine Rolle spielten, übernahmen die *Scharfrichter* von anderen Pariser Unterhaltungsbühnen: Tristan Bernards *Le fardeau de la liberté* (UA 1897, *Théâtre de l'Œuvre*), George Courtelines *Une lettre chargée* und *Théodore cherche des allumettes* (UA 1897, *Théâtre du Carillon* und *Théâtre du Grand-Guignol*), Louis Marsolleaus *Mais quelqu'un troubla la fête* (UA 1900, *Théâtre du Château*) und Jules Laforgues *Pierrot fumiste*.[127]

Zu den gesprochenen Formen des *Chat Noir* zählte auch der große Monolog, der in kunstvoller Deklamation dargebracht wurde: »Le monologue renouvelle l'art de la diction; mi-facétieuses mi-sérieuses ces histoires sont en vers ou en prose, et il faut beaucoup de talent pour faire rire ou pleurer le public suivant l'intonation de la voix.«[128]

Der Monolog stellte besonders hohe Ansprüche an den Rezitator, dem einzig seine Stimme sowie sparsam eingesetzte mimische und gestische Mittel zur Verfügung standen, um die Zuhörer über einen längeren Zeitraum zu fesseln. Der Versuch der *Scharfrichter*, »den in Paris vielgepflegten [sic] Genre des zwar anspruchslosen, aber in seiner Art charakteristischen Monologs auf seine Wirkungsfähigkeit zu prüfen«,[129] stieß auf große Resonanz und bald wurden monologische Darbietungen, vor allem des Malers Emil Mantels alias Arcus Troll, zum Publikumsschlager. Mit seinen pointierten Rezitationen umfangreicher Versdichtungen von Gottfried August Bürger oder Christoph Martin Wieland erregte Troll »Stürme der Heiterkeit«.[130]

---

[121] Wilhelm Mauke, *Münchener Brettl-Briefe. I*, in: *Das moderne Brettl* 3 (1901), S. 42.

[122] Acht Titel sind in gedruckter Form erhalten, fünf davon enthalten die Begleitmusik, vgl. Petersen, *Chat Noir*, S. iii. Mehr zum Schattentheater des *Chat Noir* ebd., S. 54–61, und bei Segel, *Cabaret*, S. 66–79.

[123] Vgl. ebd., S. 79.

[124] Vgl. Léon de Bercy, *Montmartre et ses chansons. Poètes et chansonniers*, Paris 1902, S. 193.

[125] Vgl. Segel, *Cabaret*, S. 66f.

[126] Im April 1901 *Die feine Familie*, im Februar und März 1902 *Prinzessin Pim und Laridah, ihr Sänger* und *Die elf Scharfrichter aus der Westentasche gezogen*.

[127] Datum und Ort der Uraufführung sind nicht bekannt.

[128] Oberthür, *Chat Noir*, S. 142. Zur Form des Monologs im *Chat Noir* siehe auch Petersen, *Chat Noir*, S. 311–320.

[129] *Die elf Scharfrichter*, in: *MZ*, Nr. 133, 5.6.1902, S. 2.

[130] E.[ngels], *Die Elf Scharfrichter*, in: *MZ*, Nr. 299, 15.12.1901, S. 2.

Musikalische Beiträge für das *Chat Noir* lieferten vor allem seine Hauskomponisten, darunter Georges Fragerolle, der die Musik zu vielen Schattenspielen schrieb, Charles de Sivry, ein Freund Claude Debussys und Schwager Paul Verlaines, der gelegentlich als Erfinder des Pariser Jazz bezeichnet wird, und Erik Satie, der hier als Pianist und Orchesterleiter auftrat und seine berühmten *Gymnopédies* vortrug.[131] In den Konzerten des *Chat Noir* gelangten darüber hinaus aber auch Werke externer Komponisten zur Aufführung, wobei leichte und gefällige Tanzmusik bevorzugt wurde, wie aus einem Konzertprogramm vom November 1888 hervorgeht:

> *Pièces concertantes de Th. Dubois et la Reverie, pour violoncelle, de Hollmann [...], de délicates compositions de MM. Courbin et Babriel Marie [...], la fameuse Espana de Chabrier, arrangée en valse par Waldteuffel, les gavottes et pavanes de Roche et Tavan [...], une charmante mélodie de Palicot [...] et une partie importante de l'œuvre de Tchaikowsky [...].*[132]

Der hier beschriebene lieblich-romantische Ton und die Walzerseligkeit eines Émile Waldteufel wurden bei den *Scharfrichtern* nicht gepflegt, wohl aber finden sich auch auf ihrer Bühne Barocktänze, die als Eröffnungsnummern die Vorstellungen einleiteten. Anders als das *Chat Noir*[133] veranstalteten die Münchner Kabarettisten keine Konzertabende, verfügten jedoch, wie ihr französischer Vorgänger, über ein kleines Orchester.

Die berühmtesten musikalischen Nummern der Pariser Cabarets aber waren die Chansons:

> *Die Anfänge des Kabaretts sind ohne die französische Chansontradition nicht denkbar. [...] Das Chanson (das Lied), in Frankreich schon seit dem Mittelalter ein künstlerisches Medium zur Auseinandersetzung mit Zeitereignissen, entwickelte sich während der Französischen Revolution zum Sprachrohr der öffentlichen Meinung. Wie sehr es Allgemeinbesitz geworden war, davon zeugt das Entstehen von proletarischen und kleinbürgerlichen Chansongesellschaften in den ersten Jahrzehnten des 19. Jahrhunderts.*[134]

Die Lieder der Pariser Cabarets stehen in der Tradition dieser Chansongesellschaften (*Goguettes*): die gesellschaftskritischen, zum Teil aggressiven Chansons von Jules Jouy, die Kompositionen von Maurice Mac-Nab, in denen er die Bürokratie der Dritten Republik persiflierte, Xanrofs »Sittenschilderungen aus dem Paris der belle époque«[135] oder die folkloristisch geprägten Chansons von Gabriel Montoya. Viele Lieder aus dem Umkreis des *Chat Noir* wurden auch auf den großen Bühnen der Cafés-Concert gesungen und erlangten dort eine immense Popularität. Berühmt wurden sie vor allem durch die gefeierten Interpretationen von Yvette Guilbert, der erfolgreichsten Diseuse der Pariser Cafés-Concert im ausgehenden 19. Jahrhundert. Durch die unkonventionelle Art ihres Vortrags, ihre sehr reduzierte Gestik und den Sprechgesang sowie ihre weniger schöne als charakteristische Erscheinung unterschied sich Guilbert deutlich von den übrigen Sängerinnen der Unterhaltungsbühnen und wurde über die Landesgrenzen hinaus zur prominentesten Chansonsängerin der Jahrhundertwende – und damit auch zum Vorbild für Marya Delvard, den weiblichen Star der *Scharfrichter*.

An die vierzig Chansons aus Paris übernahmen die *Scharfrichter* in ihr Repertoire. Typische Figuren der Cabarets wie Dirnen, Verbrecher und Pierrots, die etwa in Bruants Liedern *À Saint-Ouen* und *Rosa, la rouge* oder Xavier Privas' *Le testament de Pierrot* beschworen wurden, kehrten nun auch auf der Münchner Bühne wieder.

---

[131] Vgl. Oberthür, *Chat Noir*, S. 79–81. Die verschiedentlich geäußerte Behauptung, Debussy habe ebenfalls beim *Chat Noir* mitgearbeitet, so bei Hösch, *Kabarett I*, S. 19, Klaus Budzinski, *Pfeffer ins Getriebe. So ist und wurde das Kabarett*, München 1982, S. 21, und Appignanesi, *The Cabaret*, S. 19, lässt sich nicht nachweisen.

[132] Petersen, *Chat Noir*, S. 58.

[133] Vgl. Oberthür, *Chat Noir*, S. 74. Auch ein Chor kam gelegentlich im *Chat Noir* zum Einsatz.

[134] Rösler, *Chanson*, S. 16.

[135] Ebd., S. 23f.

Und Xanrofs *Le fiacre* und Del Marcouds *La grosse dame* kreierten ein großstädtisches Flair, das in den Eigenproduktionen der *Scharfrichter* nur selten thematisiert wird.

Ästhetik der Décadence

Ebenso wenig wie die frühen deutschen Kleinkunstbühnen entspricht das *Chat Noir* unserem heutigen Verständnis des Kabaretts als Stätte der gesellschaftlichen und politischen Satire. Darüber, was sie sein oder erreichen wollten, haben sich die französischen Cabaret-Gründer jedoch ausgeschwiegen. Ein programmatisches Manifest oder eine theoretische Grundlegung zum *Chat Noir* und zur Entstehung des Kabaretts in Frankreich wurde, anders als in Deutschland, von seinen Initiatoren nie geschrieben.[136] Begründet auf einer »culture de l'intelligence et de l'absurde«,[137] wurden Kunst und Unterhaltung in jeder nur erdenklichen Erscheinungsform auf die Bühne gebracht, »à la fois blagueur, ironique, cynique, lyrique, fumiste, religieux, mystique, chrétien, païen, anarchiste, chauvin, républicain, réactionnaire, tous les genres, sauf […] le genre ennuyeux. Ses marraines, à ce Chat Noir, ce furent l'Indépendance et la Fantaisie.«[138]

Unter all diesen divergierenden Aspekten tritt die Ästhetik des Morbiden als charakteristisches Merkmal des *Chat Noir* deutlich hervor. Sie offenbart sich bereits in dem mit allerlei unheimlichen Assoziationen aufgeladenen Namen des Theaters *Le Chat Noir*,[139] wie auch in dem berühmten, geradezu blasphemischen Plakat von Théophile-Alexandre Steinlen, das eine diabolisch lächelnde schwarze Katze mit einem stilisierten Heiligenschein zeigt.

Satirische Anspielungen auf die Kirche sind auch in Alphonse Willettes Schöpfungen und den von ihm gewählten Titeln seiner Werke nicht zu übersehen: *Parce Domini* heißt das große Gemälde, *La Vierge Verte* und *Te Deum Laudamus* die beiden Glasfenster, die Willette für das *Chat Noir* schuf. Das Personal, das diese Darstellungen bevölkert, besteht durchweg aus düsteren und lasterhaften Gestalten: schwarzen Katzen, Prostituierten, Pierrots, Tänzerinnen, Kindsmörderinnen und Gerippen. Satanische und morbide Themen prägen auch die Lieder von Maurice Rollinat, dieses »methodische[n] Sammler[s] von Greueltaten«.[140]

Unschwer wird aus diesen Indizien die enge Verbindung des *Chat Noir* zu den zeitkritischen Strömungen der französischen Décadence erkennbar. Charles Baudelaire, der glühende Verehrer Edgar Allan Poes, hatte Mitte des 19. Jahrhunderts den bis dahin negativ belegten Begriff der Décadence aufgewertet und Verfall und Tod als Teil des Lebens zu bedeutenden Topoi der Kunst erklärt.[141] Sein Diktum beflügelte die Produktion der Künstler, die sich vermehrt mit dekadenten Themen wie Tod, Satanismus, Spiritismus oder mystischen Entrückungen beschäftigten. Viele von ihnen, darunter Félicien Rops, Jules Laforgue, Paul Verlaine oder Joris-Karl Huysmans, arbeiteten im *Chat Noir* mit oder waren ihm eng verbunden.

In anderen Pariser Cabarets nahm der verbreitete Kult des Morbiden geradezu absurde Züge an: »Im Cabaret *Coup de gueule* beispielsweise wurde das Publikum von livrier-

---

[136] Vgl. Oberthür, *Chat Noir*, S. 136, und ihre briefliche Auskunft vom 5.11.2012. Vgl. hierzu auch König, *Überbrettl*, S. 40: »Es ist häufig, besonders von deutschen Autoren – die Frage nach den Absichten und Zielen der ›Chat Noir‹-Begründer aufgeworfen worden, aber die Deutungsversuche bleiben vage und unbefriedigend. Im Gegensatz zur deutschen Überbrettl-Bewegung gibt es keinen Hinweis dafür, daß vorher von den Beteiligten theoretische Überlegungen über das angestellt wurden, was man wollte. Es gab kein vorher wohldurchdachtes, organisiertes Programm, man hatte keine ideellen Ziele oder pädagogischen Absichten«. Werner Schumann dagegen druckt in seinem Buch über die Geschichte des Kabaretts einen programmatischen Text ab, der angeblich von Salis am Abend der Eröffnung gesprochen wurde, vgl. Werner Schumann, *Unsterbliches Kabarett*, Hannover 1948, S. 17. Da Schumann keine Quelle angibt und aufgrund der Forschungsarbeit von Mariel Oberthür muss diese Angabe, die von Rudolf Hösch aufgegriffen wird, als falsch angesehen werden, vgl. Hösch, *Kabarett*, S. 19.

[137] Oberthür, *Chat Noir*, S. 135.

[138] Maurice Donnay, *Autour du Chat Noir*, Paris 1926, S. 46.

[139] Sämtliche Theorien zur Namenswahl des *Chat Noir* führt Oberthür an, vgl. Oberthür, *Chat Noir*, S. 13f. Zur Symbolik der schwarzen Katze siehe Petersen, *Chat Noir*, S. 10f.

[140] Mario Praz, *Liebe, Tod und Teufel*, Bd. 2, ungekürzte Ausgabe, München 1970, S. 335.

[141] Vgl. Wolfdietrich Rasch, *Die literarische Décadence um 1900*, München 1986, S. 23–25.

Théophile-Alexandre Steinlens Plakat für das Chat Noir aus dem Jahr 1896.

ten Dienern empfangen und von einem ›Conducteur‹ auf einer Art Haustramway zu seiner ›Hinrichtung‹ ins Innere kutschiert.«[142] Im *Cabaret du Néant* saßen die Gäste an Sarg-Tischen und wurden »von wandelnden Totenköpfen«[143] bedient. Die wohl krasseste Form des unterhaltsamen Quälens, Schlachtens und Mordens aber präsentierte das 1897 gegründete Horrortheater *Théâtre du Grand Guignol*, das als eine der berühmtesten Attraktionen von Paris noch bis 1962 bestand.[144]

Die Dekadenzästhetik des *Chat Noir* wurde auch für die Münchner Kabarettisten richtungsweisend. Bereits der von ihnen gewählte Name der *Scharfrichter* lässt keinen Zweifel an ihrer morbiden Gesinnung, die sich gleichermaßen in vielen ihrer Graphiken zeigt, so in Th. Th. Heines berühmtem Plakat, das Marya Delvard mit einem zum Totenkopf stilisierten Schädel als düstere Femme fatale vor elf Teufelsfratzen wiedergibt, oder in Josef Benedikt Engls Motiv für das Faschingsprogrammheft 1903 mit dem auf dem Richtblock angenagelten Kopf des Spießers, über dem der Henker mit Narrenkappe die Mundharmonika bläst (siehe S. 207 und 221). Auch das Repertoire der *Scharfrichter* orientiert sich mit dramatischen Szenen wie *Contraste, Die glückliche Kur* und *Die schwarze Flasche*, Gedichten wie *Hochsommer im Walde* und *Das tote Kind* und Liedern wie *Der Tod singt* und *Chanson d'une morte* deutlich an den extravaganten, künstlerischen Positionen der Décadence.

Das Cabaret kommt nach Deutschland

Mehrere Protagonisten der deutschen Kabarett-Bewegung, darunter Ernst von Wolzogen, Frank Wedekind und Richard Weinhöppel, der spätere musikalische Leiter der *Scharfrichter*, kamen während ihrer Aufenthalte in Paris in den 1890er Jahren mit den Cabarets in Berührung und empfingen dort wichtige Anregungen für ihre eigenen Brettl-Gründungen. Weitere Impulse lieferte 1899 das Pariser Cabaret-Ensemble *La Roulotte* auf seiner großen Tournee durch Deutschland und Österreich.[145] Auf das Münchner Kabarett mag auch das Gastspiel von Yvette Guilbert im März 1898 im *Theater am Gärtnerplatz* entscheidenden Einfluss gehabt haben. Die beiden ausverkauften Vorstellungen der Pariser Stardiseuse versetzten die Kritiker in Entzücken: »Yvettes Kunst greift uns an alle Sinne, an alle Empfindungen, die wir besitzen, deren wir fähig sind.«[146]

Die Kunde vom immensen Erfolg der neuen Pariser Theaterform hatte sich rasch unter den Künstlern und Intellektuellen Deutschlands herumgesprochen, doch sollten noch zwanzig Jahre vergehen, ehe 1901 die ersten deutschen Kabaretts in Berlin und München eröffnet wurden. Gründe für diese Verzögerung waren mit Sicherheit die Ressentiments gegen jegliche Importe aus dem Land des »Erbfeinds«,[147] aber auch der Wunsch, anstelle einer bloßen Nachahmung ein genuin deutsches Kabarett zu schaffen. Hierfür bedurfte es jedoch, in geradezu mustergültiger Erfüllung eines deutschen Klischees, zunächst einer theoretischen Grundlage.

---

[142] Greul, *Bretter*, S. 87.
[143] Ebd., S. 88.
[144] Vgl. Richard J. Hand, Michael Wilson, *Grand-Guignol. The French Theatre of Horror*, Exeter 2006 (Exeter performance studies), S. [IX].

[145] Hanns Heinz Ewers geht sogar davon aus, dass das deutsche Kabarett dem Gastspiel der *Roulotte* »seine Hauptanregung verdankt«, Hanns Heinz Ewers, *Das Cabaret*, Berlin und Leipzig 1904, S. 11.
[146] *Yvette Guilbert*, in: *MNN*, Nr. 106, 5.3.1898, S. 3. Für einen Überblick über Guilberts Münchner Repertoire vgl. *Chansons de Madame Yvette Guilbert pendant ses représentations à München Gartnerplatz-Theater*, Berlin [1898].
[147] Vgl. Frischkopf, *Anfänge*, S. 239f.

III Der ideengeschichtliche Hintergrund des frühen deutschen Kabaretts

Die spezifische Erscheinungsform des frühen deutschen Kabaretts wird erst vor dem ideengeschichtlichen Hintergrund der Wende zum 20. Jahrhundert begreiflich.

Ein zentraler Unterschied zu unserer heutigen Vorstellung von Kabarett liegt in der untergeordneten Rolle der politischen Satire auf Deutschlands Kleinkunstbühnen um 1900. Als Erklärung hierfür kann nur bedingt der Verweis auf die Theaterzensur und die daraus resultierenden inhaltlichen Einschränkungen herangezogen werden. Die Kabarettisten der Jahrhundertwende verfolgten erklärtermaßen andere Ziele, als in erster Linie Gesellschaft und Politik anzuprangern. Ihre Absichten werden aus dem umfangreichen theoretischen Diskurs, der der deutschen Kabarettgründung voranging, ersichtlich. Anders als in Frankreich, wo das Cabaret durch Rodolphe Salis' Geschäftsidee eher zufällig entstanden war, wurden in Deutschland bereits Jahre vor der Eröffnung der ersten Kleinkunstbühnen in zahlreichen Schriften die hohen Erwartungen an die neue Gattung formuliert: Das Kabarett sollte als »veredeltes Varieté« das Theater reformieren, als ästhetische Erziehungsanstalt für die Massen und »Kunsttempel für Nietzscheaner«[1] fungieren, Kunst und Leben vereinen und – in abgewandelter Form – Richard Wagners Gesamtkunstwerkidee umsetzen. Die bedrückend hohen Ansprüche an die noch ungeborene Gattung erklären sich aus dem zeitgenössischen Verständnis der Jahrhundertwende als Zeitpunkt eines Neubeginns:

So wie beide wirtschaftlichen Systeme, bürgerlicher Liberalismus und proletarischer Marxismus das gegenwärtige Jahrhundert als Durchbruch zum Endziel feiern, so glaubt man auch auf kulturellem Gebiet in der Auflösung bisher gültiger Normen die Voraussetzung für einen bevorstehenden, alles bisherige übertreffenden kulturellen Wiederaufstieg zu sehen [...].[2]

Zu den zahlreichen Erscheinungen, von denen man sich die Erfüllung dieser Vision erhoffte, zählte auch das Kabarett.

1 Die Veredelung des Varietés: Zwischen Unterhaltungsbühne und ernstem Theater – eine Theaterreform?

Mit dem rasanten Wachstum der Städte seit Mitte des 19. Jahrhunderts gewann auch die großstädtische Unterhaltungskultur in ganz Europa immer mehr an Bedeutung. Neben dem Vaudeville-Theater, der Music Hall und dem Zirkus erlangte besonders das Varieté, auch Spezialitätentheater genannt, immense Popularität bei einer breiten Bevölkerungsschicht: »[H]eute ist das Varieté-Theater obenauf [...]. Die Schauspiel- und Opernhäuser sind leer«.[3]

---

[1] Hans Bélart, *Friedrich Nietzsches Ethik*, Leipzig 1901, S. 63. Vgl. auch Ders., *Die moderne Kunstgattung Ueberbrettl*, in: *Das moderne Brettl* 11/12 (1902), S. 169–172.

[2] König, *Überbrettl*, S. 15.

[3] Ferdinand Avenarius, *Varíeté*, in: *Der Kunstwart. Rundschau über alle Gebiete des Schönen. Monatsheft für Kunst, Literatur und Leben* 12 (1898), S. 369.

Während die Darbietungen der Unterhaltungsbühnen in höheren Kreisen noch als triviale, künstlerisch minderwertige, »auf jeden Fall prostituierte Kunst«[4] galten, begannen sie gegen Ende des Jahrhunderts das Interesse der Künstler zu wecken: Als wichtigste und einflussreichste Theaterform des Volks, die offensichtlich das Bedürfnis vieler Menschen erfüllte, konnte das Varieté nicht länger als »vorübergehende Geschmacksverirrung«[5] abgetan werden. Die Welt des Varietés und ihre Stars inspirierten Künstler und Schriftsteller und beförderten das »Eindringen dieses Genres in die seriöse Kunst auf allen Gebieten, auf dem Gebiete der Litteratur wie der darstellerischen und bildenden Kunst«.[6] Noch bis in die 1930er Jahre künden die Bilder von Ernst Ludwig Kirchner, Max Beckmann, George Grosz oder Pablo Picasso von der Faszination, die die Sphäre von Zirkus und Varieté auf die Künstler ausübte.

Abkehr vom Drama – Hinwendung zum Varieté

Für viele Schriftsteller und Künstler um 1900 war die Reform des zeitgenössischen Theaters ein erklärtes Anliegen. Bereits 1891 hatte Hermann Bahr in seiner gleichnamigen Schrift eine *Überwindung des Naturalismus* gefordert, andere sprachen sich gegen die realistische Illusionsbühne aus, so etwa Peter Behrens in *Feste des Lebens und der Kunst* (1900):

Soll nun das Theater keine Illusion geben? Gewiss! es soll, denn es kann eine geben. Aber nicht die unmögliche der Natur, sondern die der Erhabenheit über sie: Kultur heisst diese Illusion! Wir sollen uns nicht aus der Wirklichkeit, aus der wir im alten Theater – der Kunst sei's geklagt – nie herauskamen, in eine andere Wirklichkeit versetzt fühlen, sondern eben ins Reich der Kunst, durch Sinnbilder unserer Geisteskultur.[7]

Konnte das Varieté ein Weg sein, um die beklagten Missstände in der zeitgenössischen Dramenpraxis zu beheben? An die Stelle der tragischen Themen des Naturalismus oder der aufgesetzten Mystik des Symbolismus traten im Varieté spielerische Leichtigkeit, Witz und Schnelligkeit:

Durch die grossen Erfindungen und geistigen wie technischen Umwälzungen des vergangenen Jahrhunderts ist das Tempo des Weltpulses wieder einmal beschleunigt worden. Wir haben keine Zeit mehr! Und daher wollen wir Kürze und Präzision [...], Tiefe und Grosszügigkeit! Es ist nicht wahr, [...] dass wir keinen Ernst mehr vertragen. Aber wir wollen ihn ohne Phrase [...]. Also wozu fünf Akte, wenn fünf Strophen dasselbe geben können? Zeit ist nicht nur Geld, sondern auch Entwickelung. Wir wollen Extrakte: weil wir sie vertragen können![8]

Wer in den modernen Dramen zeitgemäßen Humor vermisste, konnte diesen, so die Anhänger des Varietés, in den Darbietungen der Spezialitätentheater finden: »Das Varieté [...] hat sich als ein wirkliches Mittel ausgewiesen, dem humoristischen Empfinden unserer Zeit zu einer Auslösung zu verhelfen.«[9] Neben den übertriebenen Großformen und dem fehlenden Humor sahen die Verfechter des Varietés ein weiteres Problem der modernen Bühnenkunst in der Unfähigkeit der Schauspieler, die Werke Maurice Maeterlincks, Gabriele d'Annunzios oder Henrik Ibsens angemessen zu vermitteln. Kritisch wurde hier besonders das ungenügende und unzeitgemäße Ensemblespiel gesehen:

Da aber setzt das Varieté ein: all die Chansonnièren mit Yvette Guilbert, und alle die Danseusen mit

---

[4] Arthur Moeller-Bruck, *Das Variete*, Berlin 1902, S. 4.

[5] Karl von Levetzow, *Vorwort*, in: Ders. (Hg.), *Buntes Theater*, Berlin 1902 (*Ernst von Wolzogen's offizielles Repertoire*, Bd. 1), S. 6. In diesem Sinne äußern sich auch Otto Julius Bierbaum, vgl. Bierbaum, *Brief an eine Dame*, S. XIf., und der namenlose Autor des Artikels *Ueberbrettl und Variété*, in: *Das moderne Brettl* 4 (1902), S. 49.

[6] Oskar Panizza, *Der Klassizismus und das Eindringen des Varieté. Eine Studie über zeitgenössischen Geschmack*, in: *Die Gesellschaft* 12 (1896), S. 1253.

[7] Peter Behrens, *Feste des Lebens und der Kunst. Eine Betrachtung des Theaters als höchsten Kultursymbols*, Leipzig 1900, S. 15.

[8] Levetzow, *Vorwort*, S. 7f.

[9] [ck.], *Theater und Varieté*, in: *Das moderne Brettl* 7 (1902), S. 90.

Saharet und Loïe Fuller an der Spitze bestätigen es; und nicht bloss im Dekorativ-Linearen bestätigen sie es, sondern auch und gerade im Tragischen. Das Einzelspiel an sich kann Dekadenzanzeichen, Zeichen der Auflösung, Zersplitterung sein – oder aber das Anzeichen einer neuen bedeutenden Entwicklung dramatischer Kunst, Beweis nämlich, dass mancherlei Werte da sind, die wieder stark und frisch gesammelt werden können, zuvor aber auf sich selbst gestellt sein wollen.[10]

Mit der Abkehr vom großen Drama und der wachsenden Beliebtheit dramatischer Kleinformen, die mit ihrer Darstellung einzelner Momente und Emotionen dem modernen Weltempfinden entsprachen, verlagerte sich auch die Erwartung an die Schauspieler. Anstelle komplexer psychologischer Handlungen mit großem Personaleinsatz waren nun individuelle Stimmungsbilder von Solokünstlern gefordert. Das Varieté erfüllte dieses Bedürfnis einer impressionistischen Stimmungsschilderung auf überaus lebendige Art und Weise. Viele Autoren lobten auch die große Natürlichkeit der Darbietungen, die durch die »absolute Naivität in der Anwendung der Kunstmittel«[11] erlangt werde. Lebenskraft und Einfachheit fänden sich nur hier, nicht aber in den verstaubten konventionellen Theatern, deren weitere »Lebensmöglichkeit nur im Sinne eines alten Klassikerrepertoires [...] und des Rührstücks«[12] zu finden sei. Die Betonung des Gesunden und vor allem des Antiliterarischen, Körperlichen des Varietés begeisterte die Künstler, die hier die Ideale Friedrich Nietzsches und den von ihm propagierten Lebens- und Körperkult mustergültig umgesetzt sahen:

Der Deutsche ist im Allgemeinen dahin gekommen: das Körperliche, Sinnliche, Formale in den Künsten zu unterschätzen und allzu einseitig nur der Gehirnleistung oder dem, was er Gemüt nennt, das Interesse zu schenken. [...] Wer den Künsten so gegenüber steht, wird die rein oder vornehmlich körperlichen Künste, bei denen sich »nichts denken lässt«, natürlich nicht für voll ansehen, und er wird, wenn er sich herbeilässt, derartige Schaustellungen zu besuchen, die Empfindung haben, als lasse er sich zu Dingen herab, die seine hohe geistige Kultur eigentlich ignorieren müsste. Dieser Stolz ist unberechtigt. Alle grossen ästhetischen Kulturen haben die spezifisch körperlichen Künste hochgeschätzt [...]. Das Nachlassen des Interesses an körperlicher Kunst ist kein Höhezeichen für eine Kultur, sondern eine Dekadenzerscheinung, das heisst ein Beweis für Instinktverkrüppelung.[13]

Bei allem Enthusiasmus bestand jedoch auch in den Reihen der Anhänger ein nicht unbeträchtliches Ressentiment gegenüber der ursprünglichen Gestalt des Varietés, das abschätzig auch als »Tingeltangel« bezeichnet und auf diese Weise mit den niedrigsten Formen des Unterhaltungstheaters verglichen wurde.[14] So beklagte man unter anderem den fehlenden künstlerischen Anspruch der Darbietungen:

Das Varieté ist freilich eine aus dem Können der Artisten resultierende That. Es war in seiner jetzigen Höhe jedoch niemals ein von den Artisten erstrebtes Ziel! An dem objektiven Wert ihrer Leistungen hat ihnen von jeher recht wenig gelegen. Sie strebten niemals aus dem Trieb, eine Mission zu erfüllen – dem Merkmal wahren Künstlertums – zum Besseren empor, sondern vervollkommneten sich lediglich aus subjektiven Erwerbsgründen. [...]

---

[10] Ebd., S. 91.
[11] Panizza, *Variété*, S. 1253.
[12] [ck.], *Theater und Varieté*, S. 90.

[13] *Randbemerkung zum Ueberbrettl-Kapitel*, in: *Das moderne Brettl* 8 (1902), S. 125.
[14] Vgl. *Tingeltangel*, in: Budzinski, Hippen (Hg.), *Metzler Kabarett Lexikon*, S. 393. Die seit den 1870er Jahren nachgewiesene Bezeichnung wurde zum »vornehmlich (bildungs)bürgerlichen Kampfbegriff gegen die neuen populären Vergnügungslokale.« »In der Hierarchie standen die Tingeltangel unter der Singspielhalle und waren in der Regel mit unmoralischem Auftreten der Sängerinnen oder Artistinnen und Prostitution verknüpft«, Rühlemann, *Variétes*, S. 37. Der Ursprung des Begriffs ist ungeklärt. Wenngleich der Bezeichnung etwas Anrüchiges anhaftet, taucht sie verschiedentlich auch wertfrei als Synonym für »Varieté« oder »Kabarett« auf, vgl. u. a. [p.], [*Das Programm der Elf Scharfrichter*], in: *MNN*, Nr. 526, 13.11.1901, S. 4.

*Gewollt haben die Artisten immer nur – höhere
Gagen, niemals höhere »Kunst«.*[15]

Durch den Verzicht auf allzu anrüchige und triviale Aspekte[16] und eine ideelle Aufwertung und künstlerische Erhöhung sollte ein neues, verbessertes Varieté geschaffen werden. Zahlreiche Künstler und Intellektuelle meldeten sich in den Jahren vor 1900 zu Wort, um die ideale Form des Varietés der Zukunft und späteren Kabaretts zu definieren.[17]

Die Veredelung des Varietés

1890 entwickelte der dänische Schriftsteller Holger Drachmann in seinem Roman *Forskrevet* (*Verschrieben*) als erster die Idee, ein künstlerisch veredeltes, literarisches Varieté auf die Bühne zu bringen.[18] Sieben Jahre später thematisierte Otto Julius Bierbaum in *Stilpe. Ein Roman aus der Froschperspektive* die Gründung des verbesserten Varietés erstmals auch in einem Werk der deutschen Belletristik. Sein Titelheld Willibald Stilpe, Autor, Kritiker und Bohemien, gründet mit einem Kreis Gleichgesinnter das Literatur-Varieté-Theater *Momus* und proklamiert jene berühmt gewordenen Zeilen, die in allen Standardwerken der deutschen Kabarettliteratur als frühestes programmatisches Manifest des deutschen Kabaretts wiedergegeben sind:

*Die Renaissance aller Künste und des ganzen
Lebens vom Tingeltangel her!* [...] *Unter ihrem
Zeichen werden wir das neue, echte, ganze, das lachende Heidentum heraufführen mit Bocksprüngen
und höchst edlen Faltenwürfen zärtlicher Gewänder.
In unserm Schlepptau wird Alles hängen: Malerei, Poeterei, Musikerei und Alles überhaupt, was
Schönheit und genießendes Leben will. Was ist die
Kunst jetzt? Eine bunte, ein bischen [sic] glitzernde
Spinnwebe im Winkel des Lebens. Wir wollen sie
wie ein goldenes Netz über das ganze Volk, das
ganze Leben werfen.*[19]

Die vornehmlich körperlichen Aspekte des Varietés sollten in seiner veredelten Form durch eine Akzentuierung der geistigen Unterhaltung ersetzt und somit »die künstlerische Umwertung der Kunstfertigkeit des Variétés in wirkliche Kunst«[20] erreicht werden. An die Stelle artistischer Sensationen wie der Tierdressur oder der Akrobatennummern sollten ästhetische Sensationen, darunter »künstlerische [...] Persiflagen, literarische [...] Satiren und Mysterien, parafaelitische [sic] [...] Reigentänze [...] und cynische [...] Dirnenlieder«[21] treten. Durch die Wahrung des Unterhaltungscharakters der Darbietungen würde die Kunst auf die denkbar angenehmste Weise vermittelt werden und nahezu unbemerkt in das alltägliche Leben eindringen. In seiner idealen Mittelstellung zwischen den ernsten Präsentationen der Opern- und Theaterhäuser und den banalen Darbietungen der Unterhaltungsbühnen könne das literarische Varieté sein Publikum auf die natürlichste Art und Weise künstlerisch unterhalten:

*[E]ine Sängerin singt ein Lied. Sie braucht gar keine
pompöse Stimme zu haben. Wenn wir die hören
wollen, können wir ja in den Konzertsaal gehen und
dort große Kunst kritisch genießen. Hier aber wollen*

---

[15] Theodor Etzel, *Das Ueberbrettl als Stein des Anstosses II*, in: *Das moderne Brettl* 3 (1901), S. 34.

[16] Vgl. Moeller-Bruck, *Variete*, S. 4.

[17] Walter Rösler verweist auf die Aufsätze von Richard Dehmel, Carl Busse und Konrad Alberti, vgl. Rösler, *Chanson*, S. 336. Weitere Titel finden sich bei König, *Überbrettl*, S. 27, und in *Deutschland*, in: *Das litterarische Echo. Halbmonatsschrift für Litteraturfreunde* 8 (1901), S. 548.

[18] Vgl. *Drachmann, Holger*, in: Klaus Budzinski, *Das Kabarett. 100 Jahre literarische Zeitkritik – gesprochen – gesungen – gespielt*, Düsseldorf 1985, S. 62. Drachmanns Landsmann Hermann Bang setzte diese Idee 1892 in seinem kurzlebigen *Literaere Varieté* im Tivoli von Oslo um.
Der Begriff der »Veredelung« von Mensch und Kunst zählt zu den Schlagworten der Lebensreform-Bewegung um 1900, vgl. Kai Buchholz, *Begriffliche Leitmotive der Lebensreform*, in: Ders., Rita Latocha, Hilke Peckmann und Klaus Wolbert (Hg.), *Die Lebensreform. Entwürfe zur Neugestaltung von Leben und Kunst um 1900*, Bd. 1, Darmstadt 2001, S. 42.

[19] Otto Julius Bierbaum, *Stilpe. Ein Roman aus der Froschperspektive*, Berlin 1909, 7. Aufl., S. 357f.

[20] *Ueberbrettl und Variété*, S. 50.

[21] Wilhelm Mauke, *Die elf Scharfrichter. Ein Münchener Künstlerbrettlbrief*, in: *Das Neue Jahrhundert* 39 (1901), S. 970.

wir einfach unterhalten sein. Deswegen braucht aber der Text des Liedes noch lange nicht stumpfsinnig zu sein [...]. Es wird uns Allen lieber sein, wenn das Lied unterhaltend im besten Sinne ist: sentimental, ironisch, satirisch, pikant oder schelmisch, immer aber künstlerisch; als Begleitung wird uns eine einfache Mandoline, ein Klavier [...] immer noch lieber sein, als eine lärmende Zirkusmusik; und endlich werden wir es lieber sehen, wenn die Sängerin nicht in einem schreiend bunten, flitterbehangenen, oben und unten möglichst verkürzten Kleide sporenklirrend vor der Rampe auf- und abmarschirt und à la Gardefähnrich thut, als zwirbelte sie den Schnurrbart auf, sondern wenn sie in einem geschmackvollen modernen Gewande erscheint und mit einer diskreten Mimik die Ausdrucksfähigkeit des Gesanges ergänzt.[22]

Auch die *Scharfrichter* erklärten die Verbindung von Kunst und Unterhaltung und die Verbesserung der verschiedenen Aspekte des Varietés zu ihrem Ziel, zuerst in ihrem Zeichnungsschein vom Dezember 1900, mit dem sie die nötigen Gelder für ihre Gründung einwarben, und noch einmal deutlicher in der Zeitschrift *Bühne und Brettl* im März 1903:

Variété und ernste Kunst, diese beiden scheinbar äussersten Extreme unseres kulturellen Lebens zu vereinigen, war die Losung. Das heisst mit anderen Worten: die Kunst in den Dienst der leichten, gefälligen Unterhaltung zu stellen, die literarischen Elemente des Variété zu verfeinern, Alles was dort einer künstlerischen Entwicklung fähig war, den Tanz, die Pantomime, die grotesken Unsinnigkeiten des Excentrik, das Puppenspiel, die politischen Seitenhiebe des Coupletkomikers, die flachen Eindeutigkeiten der Soubrette, – Alles dies in eine andere, künstlerische Sphäre emporzurücken und so eine Unterhaltungsstätte zu schaffen, die alle äusseren Annehmlichkeiten des Spezialitäten-Theaters mit echtem Kunstgenuss vereinigen sollte.[23]

---

[22] Ernst Posselt, *Die Elf Scharfrichter*, in: *MNN*, Nr. 178, 17.4.1901, S. 2.
[23] *Wie die Elf Scharfrichter wurden*, S. 2. Vgl. auch den Zeichnungsschein, MSB Mon., L 2924.

Die Realisierung des veredelten Varietés: Ein Balanceakt
Im Januar 1901 nahmen die theoretischen Vorüberlegungen konkrete Formen an, als Ernst von Wolzogen in Berlin sein *Buntes Theater (Überbrettl)* eröffnete. Wie zuvor in Paris rief auch diese Premiere sofort zahlreiche Nachahmer auf den Plan. Doch blieb ungeachtet der hohen Ziele des verbesserten literarischen Varietés auch die Kritik an der neuen Gattung nicht aus. So zeigten sich viele besorgt, dass die allzu aufdringlichen Pikanterien und Anzüglichkeiten der ursprünglichen Spezialitätentheater unverändert übernommen würden. Die Anhänger der Kabaretts verteidigten sich jedoch gegen diese Unterstellung:

Zugestehen müssen und wollen wir, dass die Ueberbrettlbühne vom Pikanten nicht frei ist, so wenig wie Leben und Liebe selbst. Und die Liebe ist interessant, Herr Moralist, sehr interessant! Sie bietet in ihren sehr verschiedenen Gestalten und Aeusserungen bei den untereinander sehr verschiedenen Menschen sehr viel Anlass zu Witz und Satire, aber auch zu innigem Mitgefühl. Ein kleiner, verhältnismäßig sehr kleiner Teil des Ueberbrettl-Repertoires behandelt dieses zwar steinalte, aber zweifelsohne immer noch recht belebte Gebiet der Liebe zwischen Männlein und Weiblein. [...] Wenn das Ueberbrettl pikante Stoffe von vornherein völlig verworfen hätte, dann würde es, nachdem der erste Sturm der Neugier sich gelegt, auf Zulauf aus dem mit dem Variété-Chanson zufrieden gestellten Publikum kaum noch zu hoffen haben. Diese Leute sollen sich aber sagen: »auch auf dem Ueberbrettl wird ein freies Wort geredet; wie ganz anders, feiner und geschmackvoller, wirkt dieses jedoch gegenüber dem Wort und Vortrag im Variété!« Dass die Leute so und nicht anders darüber denken müssen, dafür hat natürlich jede Ueberbrettl-Leitung peinlich Sorge zu tragen. Sie muss bei Aufnahme eines etwas pikanten Textes in ihre Liedervorträge und Rezitationen sich vorher genau über die ästhetische Wirkung desselben auf ein grösseres Publikum klar sein, damit das Wort von der Ueberbrettl-Bühne als einer »ästhetischen Anstalt« auch in dieser Hinsicht nicht zu einer leeren Phrase herabgedrückt wird. [...] Schliesslich möge der Herr Moralist auch das nicht vergessen, dass das Ueberbrettl die Trikotbeine abgeschafft und für ein dezentes und künstlerisch-schönes Damenkostüm auf der Bühne Sorge getragen hat.[24]

Übereinstimmend urteilt der Rezensent der *Münchner Neuesten Nachrichten* über eine der ersten Vorstellungen der *Scharfrichter*: »[E]s geht dort – wenn man zwei oder drei derbe Worte nicht zu streng nimmt – eigentlich sittsamer zu als in jedem anderen Varieté [...]. Nicht einmal fleischfarbene Trikots oder weiße Gazeröckchen sieht man bei den Elf Scharfrichtern«.[25]

Auch die Einwände, das Kabarett würde zu einem gefährlichen Konkurrenzunternehmen für die ursprünglichen Varietés werden, ließen sich schnell zerstreuen. Zwar habe man aus dem Varieté »Soubrette, Chansonette, Komiker« übernommen, aber man verzichte auf »Gymnastik, Athletik, Dressur, Exentriques [= Exzentriker, überzeichnete, clownhafte Figur, J.K.], Musikal-Clowns, Jonglerie, Equilibristik, Zauberei, Bauchreden und hundert andere Spezialitäten, die wohl recht schwierige Sachen darstellen, aber keine Stimmungskunst bieten, wie wir sie im modernen Brettl geniessen wollen.«[26] Der Unterschied zwischen der Spezialitätenbühne und dem modernen Brettl sei damit klar umrissen: »Dort würde der Einzelne in schwierigem Können seine Triumphe feiern, hier würde intime Stimmungskunst durch Einzelne zur Wirkung gebracht!«[27] Wie genau dieses Ziel jedoch erreicht werden sollte, blieb trotz der vielen Ideen, die im Vorfeld formuliert worden waren, zunächst unklar. In der 1901 gegründeten Berliner Zeitschrift *Das moderne Brettl – Überbrettl. Organ für die gesammte Ueberbrettl-Bewegung und alle Bestrebungen zur literarischen und künstlerischen Hebung des Varietés* wurden etliche Vorschläge artikuliert, wie das Überbrettl inhaltlich und personell zu gestalten sei. Nach dem Vorbild des berühmten *Simplicissimus* sollten die Kabaretts »so etwas wie lebendige Witzblätter« sein und das Publikum mit »politischen Kouplets und Bonmots«[28] unterhalten. Hierfür brauche es neue Typen, wie sie etwa Th. Th. Heine oder Eduard Thöny für die Satirezeitschrift geschaffen hatten:

Warum wendet man nicht den im Volksgefühl vorhandenen, urdeutschen Micheltyp als modernisierten Hans Wurst an? [...] Warum verwendet man nicht etwa die politischen Parteien als stehende Figur? Ein konservativer, klerikaler, sozialdemokratischer und antisemitischer Exzentrik, dem Michel gegenübergestellt, könnte beispielsweise eine vorzügliche Reichstagsnummer werden.[29]

Bei den *Scharfrichtern* erscheinen Typen dieser Art in dem politischen Puppenspiel *Die feine Familie*, das in ihrem 1. Programm gezeigt wurde. Später mussten jedoch aufgrund der Auflagen der Zensurbehörde solche Darstellungen meist unterbleiben. Dass sich die *Scharfrichter* den *Simplicissimus* zum Vorbild gewählt hatten, geht aus ihrem Zeichnungsschein sowie aus den Erklärungen zu ihrer Tournee 1903 hervor.[30] Ihre Bemühungen, »das Genre Simplizissimus zu beleben und die von Thöny, Wilke, Paul, Schlemihl, Schulz auf dem Papier stilisierten Gestalten auf dem Brettl Fleisch und Blut annehmen zu lassen«,[31] waren für das Publikum deutlich zu erkennen. So wurde der Sänger Robert Kothe im Kostüm eines Biedermeier-Wanderburschen zu einer leibhaftigen *Simplicissimus*-Figur von Wilhelm Schulz, erweckte Hans Dorbe mit seinen Soldatenliedern die Karikaturen Eduard Thönys oder Rudolf Wilkes zum Leben.[32] Auch Wedekind, der viele wichtige Beiträge für Langens Satireblatt lieferte, und Weinhöppel wurden von der Presse als »Sänger des Simplicissimus«[33] und »Simp-

---

[24] Theodor Etzel, *Das Ueberbrettl als Stein des Anstoßes*, in: *Das moderne Brettl* 2 (1901), S. 18.

[25] Posselt, *Die Elf Scharfrichter*, in: *MNN*, Nr. 178, 17.4.1901, S. 2.

[26] Etzel, *Das Ueberbrettl als Stein des Anstosses II*, S. 34.

[27] Ebd., S. 35.

[28] *Was den Ueberbrettln noch fehlt*, in: *Das moderne Brettl* 5 (1902), S. 65.

[29] Ebd., S. 66.

[30] Vgl. Zeichnungsschein, MSB Mon., L 2924, und [B.], *Die elf Scharfrichter*, in: *Hamburger Zeitung*, 10.3.1903, MaK.

[31] W.[ilhelm] Mauke, *Die Elf Scharfrichter*, in: *Das moderne Brettl* 7 (1902), S. 96.

[32] Vgl. ebd., S. 96, und [e.], [*Die elf Scharfrichter*], in: *MP*, Nr. 29, 5.2.1902, S. 3.

[33] Hans Brennert, *Zu den Elf Scharfrichtern ...*, in: *Berliner Tageblatt*, Nr. 364, AB, 20.7.1901, DKA, Ordner LK/C/1.

licissimus-Musiker«³⁴ tituliert. Und nicht zuletzt tragen auch die zahlreichen Lumpen, Verbrecher und Dirnen der Rollenlieder häufig karikatureske Züge, die Assoziationen etwa zu den Zeichnungen von Heinrich Zille oder aus dem *Simplicissimus* und der *Jugend* erwecken und zum Teil direkte szenische Umsetzung dieser Vorbilder gewesen sein mögen.

Hinsichtlich des Repertoires sollte aus den Varietés der Tanz übernommen werden, dem im Kontext der Überbrettlbühne »naturgemäss eine sezessionistische Idee«³⁵ zugrunde liegen müsse. Auch Literaturparodien seien für das Repertoire geeignet, solange sie allgemein bekannte Dramen oder Gedichte persiflierten.³⁶ Vor allem aber galt: »Die Ueberbrettl müssen strikt modern sein, statt archaisch stilisierend.«³⁷ Jegliche Form des Epigonentums wie etwa das bei Wolzogen gepflegte Biedermeier war ebenso zu vermeiden wie altmodische Ausstattungen, verstaubte Requisiten oder unmoderne Kleidung. Auch die Darsteller – zumal die weiblichen – sollten einen zeitgemäßen Typ repräsentieren:

*Als die Ueberbrettl aufkamen, da erwartete man im Publikum zu allererst jene sezessionistischen Frauengestalten zu sehen, die nach Figur, Bewegung, vor allen Dingen nach Gesicht und Haartracht das Ideal sozusagen der modernen bildenden Kunst sind; man spitzte sich darauf, dass sie nun zum ersten Mal auf die Bühne gebracht würden: jene Wesen mit den unwillkürlich, jedoch in einem neuen Sinne stilisirten Bewegungen der verfeinertesten Ausdrucksweise, wie man sie in der internationalen Gesellschaft schon antraf.*³⁸

Unter allen Darstellerinnen der frühen deutschen Kabaretts war es Marya Delvard, der weibliche Star der *Scharfrichter*, die diesem Ideal am ehesten entsprach. Die Presse bezeichnete sie als »echt sezessionistische Figur«,³⁹ ihren Stil als »exzentrischen Symbolismus«.⁴⁰ In den meisten Fällen aber blieb der Wunsch nach zeitgemäßen Darstellern unerfüllt und so klagte ein Autor im *Modernen Brettl* über das Personal der Kabarettbühnen: »Halb verbrauchte Schauspieler und Konzertsänger gehören nicht auf die Ueberbrettl. Weg mit ihnen!«⁴¹ Geeignete Darsteller kämen weniger von den großen Bühnen als vielmehr von den Unterhaltungstheatern und Varietés, und alle »Chansoniers und Chansonièren, Diseurs und Diseusen sollten eine gewisse Varietéschulung haben.«⁴² Der ideale Brettlkünstler hatte sich einer schwierigen Aufgabe zu stellen: Eine »gewisse Varietéschulung« sollte er zwar mitbringen, dabei aber in seinen Darbietungen nie zu sehr an die triviale Unterhaltungsbühne erinnern. So wurden etwa bei den *Scharfrichtern* die Darstellerinnen Anita Stanner und Hedi Wenk für ihre allzu erkennbare Nähe zu den Varietés von der Presse mit deutlichen Worten abgestraft.⁴³ Das Gleiche galt für das Repertoire, denn auch dramatische Szenen wie *Um halb ein Uhr nachts* oder die von Paul Larsen in der Nummer *Variationen über Scharfrichtermotive* vorgetragenen Couplets stießen bei den Kritikern aufgrund ihrer varietéhaften Züge auf Ablehnung.⁴⁴ Die viel diskutierte Idee vom veredelten Varieté war mit der Gründung der ersten Kabarettbühnen Wirklichkeit geworden. Zentrale Aspekte des Spezialitätentheaters wie die Nummernstruktur mit ihrem schnellen Wechsel der Impressionen oder die sinnliche Leichtigkeit der Kunst im Gegensatz zu den ernsten Darbietungen der großen Theaterbühnen hatten wesentliche Anregungen für das neue Genre geliefert. Eine wirklich eigene Sprache zu finden und damit

---

³⁴ Hans Junker, *Ueberbrettlkrach und Scharfrichterei*, in: *Illustriertes Salonblatt*, 4. Jg. München 1901, S. 116, zitiert nach Schuster, *Scharfrichter*, S. 72.

³⁵ *Was den Ueberbrettln noch fehlt*, S. 66. Mit dem sezessionistischen Tanz in den Kabaretts ist der Ausdruckstanz gemeint, der sich deutlich von den in erster Linie aufreizenden und anzüglichen Tänzen auf den Varietébühnen unterscheidet.

³⁶ Vgl. *Was nicht auf die Ueberbrettl gehört*, in: *Das moderne Brettl* 6 (1902), S. 77f.

³⁷ *Was den Ueberbrettln noch fehlt*, S. 66.

³⁸ Ebd., S. 67.

³⁹ Heinrich Aldegrever, *Die »Elf Scharfrichter« auf Reisen*, in: *Dresdner Neueste Nachrichten*, 11.3.1903, MaK.

⁴⁰ *Köln*, in: *Kölner Zeitung*, 29.4.1903, MaK.

⁴¹ *Was nicht auf die Ueberbrettl gehört*, S. 78.

⁴² *Was den Ueberbrettln noch fehlt*, S. 66.

⁴³ Vgl. [v.], [Die elf Scharfrichter], in: *MP*, Nr. 61, 14.3.1902, S. 3, und Oscar Geller, *Die 11 Scharfrichter*, in: *MZ*, Nr. 226, 3.10.1903, S. 3.

⁴⁴ Vgl. [b. g.], [Die elf Scharfrichter], in: *MNN*, Nr. 523, 8.11.1903, S. 5, und [J. F. W.], [Das Karnevalsprogramm der 11 Scharfrichter], in: *MZ*, Nr. 24, 30.1.1903, S. 2.

eine stabile wirtschaftliche Existenz zu begründen, fiel den frühen Kabaretts aber offensichtlich schwer. Obgleich Wolzogens *Überbrettl*-Erfolg einen wahren Kabarett-Boom auslöste, wurden die meisten Bühnen bereits nach kurzer Zeit wieder geschlossen.[45] Die *Scharfrichter* mit ihrer Lebensdauer von nur drei Jahren zählten damit sogar zu den langlebigsten unter den frühen Kabaretts. Die Phase, in der die Kleinkunstbühnen nach einem funktionierenden eigenen Stil suchten, der ihnen ein längeres Bestehen ermöglichte, sollte noch einige Jahre dauern und so existierten in der Zeit vor 1945 die meisten Brettl kaum länger als ein paar Jahre.[46] Wirklich langlebige Kabarettbühnen mit eigenem Ensemble gibt es in Deutschland erst seit der Nachkriegszeit.

2 »Volkserziehung« durch das Kabarett

In den theoretischen Schriften zur Veredelung des Varietés erscheint als ein weiteres zentrales Motiv die ästhetische Erziehung des Publikums durch das Kabarett. Zu den zahlreichen Maßnahmen der Volkserziehung und -bildung, die in der zweiten Hälfte des 19. Jahrhunderts unter anderem durch die Einrichtung von Schulen, Volkshochschulen und -bibliotheken oder die Gründung von Museen und Kunst- und Literaturvereinen ergriffen worden waren, sollten nun auch die Überbrettl hinzukommen.[47]

Die Erziehung oder Läuterung des Publikums, wie sie von den Kabarett-Theoretikern gefordert wurde, zählt seit jeher zu den mehr oder weniger deutlich erklärten Absichten des Theaters. Ein berühmtes frühes Zeugnis hiervon liefert Aristoteles in seiner *Poetik* (um 335 v. Chr.) und seinem dort beschriebenen Konzept der »Katharsis«, der Reinigung der Seele durch Schrecken und Rührung, die der Zuschauer angesichts des Heldenschicksals der Protagonisten durchleben soll. Während in der Epoche der Aufklärung die Katharsis durch Gotthold Ephraim Lessing als ein Instrument der *moralischen* Publikumserziehung interpretiert wurde, erhofften sich die Anhänger des Kabaretts an der Wende zum 20. Jahrhundert in erster Linie eine ästhetische Läuterung und einen *geistig-körperlichen* Reinigungsprozess. Das Kabarett sollte für einen raschen Wechsel der Themen und Empfindungen sorgen, der »die Muskeln erfrischt, den Kopf befreit, die Nerven erweckt, und das Herz kräftiger schlagen macht«:[48]

Die ganze Skala menschlicher Gefühle in kurzer Zeit, mit Abwechslung, daher ohne Ermüdung durcheilend, soll die Menge hier alles Menschliche begreifen und durchfühlen, und gestärkt und erholt nach Hause gehen. Das Variete, wie wir es wollen, ist das Dampfbad der modernen Seele.[49]

Das Bild vom reinigenden und erholsamen Bad findet sich auch im Kontext der *Scharfrichter*:

Auch sie wollen aus dem Variété eine ästhetische Anstalt machen, einen Kulturfaktor, der neben künstlerischer Erziehung dem Unterhaltungsbedürfnis dient. Eine Ferienanstalt für die müden Nerven der Großstadt, ein Bad, in dem man sich von den Mühen des Tages rein badet.[50]

Von unserem heutigen Standpunkt aus mag es überraschen, dass die Kabaretttheorie der Jahrhundertwende in erster Linie das Ideal einer rein auf die Ästhetik ausgerichteten Kunst beschwört, die nicht im »Dienst einer politischen noch weltanschaulichen Ideologie« steht, und »nicht nach ethischer Bedeutsamkeit, sondern vielmehr nach dem Grad des künstlerisch Raffinierten«[51] fragt. Im Zentrum dieses

---

[45] Vgl. Budzinski, *Muse*, S. 44.

[46] Einige der wichtigsten Kabaretts dieser Zeit sind Rudolf Nelsons *Chat Noir* (1907–1914), das zweite *Schall und Rauch* (1919–1924) und die *Katakombe* (1928–1935), alle in Berlin. Langlebigere Bühnen waren die Münchner *Bonbonniere* (1910–1944), das Berliner *Kabarett der Komiker* (1924–1950) und im deutschsprachigen Ausland das *Cabaret Cornichon* (1934–1951) in Zürich. Eine absolute Ausnahme bildet das 1912 gegründete Wiener *Kabarett Simpl*, das bis heute existiert.

[47] Vgl. König, *Überbrettl*, S. 18f.

[48] Levetzow, *Vorwort*, S. 8.

[49] Ebd., S. 8.

[50] [V.], *Die elf Scharfrichter*, in: *MP*, Nr. 86, 16.4.1901, S. 2.

[51] Frischkopf, *Anfänge*, S. 198.

Kunstverständnisses steht »das Problemlose, das Spielerische und Genüssliche«,⁵² während gesellschaftliche oder politische Aspekte oft nur am Rande behandelt werden. Die Kunst des literarischen Varietés ist eine eskapistische, die sich überwiegend in das Reich der sinnlichen Einzeleindrücke und seelischen Empfindungen zurückzieht.⁵³

Die Brettlbühnen zielten mit ihrer ästhetizistischen Erziehungsidee darauf ab, »verbessernd auch auf den Geschmack der größeren Menge«⁵⁴ zu wirken, und wollten dies als »ein Stück sozial-ästhetischer Arbeit im besten Sinne«⁵⁵ verstanden wissen. In Abgrenzung zu Friedrich Schillers Konzept von der »Schaubühne als moralischer Anstalt« definiert Otto Julius Bierbaum die Absichten der Kabaretts:

*Alles Gesunde, Lebendige, alles, was heiter und gut aus unseren Sinnen kommt, soll hier seine Stätte und seinen geraden, schönen Ausdruck finden. Wir denken uns das Variété der Zukunft als eine Schaubühne, die keine moralische, sondern eine ästhetische Anstalt sein will. Es soll schön und heiter auf ihm zugehen, vielleicht – nein: gewiß auch übermütig, aber alles bloß Rohe und Wüste, alles was des Maßes der Schönheit entbehrt, soll keinen Platz auf ihm haben.*⁵⁶

Gewisse erzieherische Tendenzen erkannten manche auch in den Darbietungen des Varietés:

Die Schaunummern leisten heute ohne Zweifel ausserordentlich Hohes, und deshalb wirken sie auch in dem Sinne erzieherisch, als sie sowohl unser sportliches Interesse in hohem Masse anregen, wie sie uns auch den menschlichen Körper in seiner schönsten und besten Form zeigen, die Training, fester Wille, Unerschrockenheit und Selbstzucht erzielen. […]

---

⁵² Ebd., S. 197.
⁵³ Zur Nähe des frühen deutschen Kabaretts zum Impressionismus siehe ebd., S. 197–201 und 266–282.
⁵⁴ Bierbaum, *Brief an eine Dame*, S. X.
⁵⁵ Ferdinand Hardekopf, *Das litterarische Variété*, in: *Freisinnige Zeitung*, Nr. 294, 2. Beiblatt, Nachtausgabe, 16.12.1900.
⁵⁶ Bierbaum, *Brief an eine Dame*, S. XVf.

*Auch die Tierdressur kann erzieherisch wirken, denn sie zeigt uns, wie der menschliche Wille die Natur der Bestie bändigt und sie bezwingt, wie er die natürlichen Feinde des Tierreichs zu gemeinsamer Arbeit erzieht.*⁵⁷

Beklagt wurde jedoch die »triviale, brutale Banalität«⁵⁸ vieler Wortbeiträge, besonders die der anzüglichen Lieder der Chansonetten. In ständiger Wiederholung habe sich dieser schlechte Stil im Laufe der Zeit verfestigt und zu einer Geschmacksverirrung beim Publikum geführt, die nun durch niveauvolle gesprochene und gesungene Beiträge behutsam behoben werden sollte. Unter Anwendung einer »homöopathische[n] Heilmethode«, indem etwa pikante Inhalte zwar weiterhin, jedoch in kultivierterer Form gezeigt wurden, sollten die »reuigen Sünder«,⁵⁹ die gegen das Gebot des guten Geschmacks verstoßen hatten, im Kabarett geläutert werden:

*Wir behandeln diese reuigen Sünder wie ein Kind, das sich durch allzuviel Süssigkeiten den Magen verdorben hat und doch davor zurückschreckt, die heilkräftigen Tropfen einzunehmen; wir tröpfeln sie deshalb auf ein neues Stück Zucker, und mit diesem wird das kranke Kind die Medizin schmerzlos geniessen, ohne sich dessen bewusst zu sein. Aber es wird gesund werden! Das ist die Hoffnung, die wir an die ästhetische Wirkung der in Frage gestellten Repertoirestücke [der pikanten Chansons, J.K.] knüpfen. Vorläufig wird man nicht daran denken dürfen, diese Stücke gänzlich auszumerzen, denn gerade durch diese kann man einen gewissen Teil des Publikums am nachdrücklichsten zu einer Gegenüberstellung mit dem Tingeltangel- und Variété-Chanson veranlassen und zur Erkenntnis der Plattheiten des letzteren bringen.*⁶⁰

---

⁵⁷ *Ueberbrettl und Variété*, S. 50.
⁵⁸ Ebd., S. 50.
⁵⁹ Etzel, *Das Ueberbrettl als Stein des Anstoßes*, S. 18.
⁶⁰ Ebd., S. 18.

Tatsächlich hofften die Kabarett-Theoretiker, mit den Darbietungen der Brettlbühnen merklich Einfluss auf breite Volksschichten zu nehmen. So fordert Ernst von Wolzogen in seinem Manifest *Das Ueberbrettl*:

Die naturalistische Schule hat das Volk bei der Arbeit aufgesucht – mögen nunmehr wirkliche Dichter das Volk bei seinem Vergnügen aufsuchen, […] das Volk im Sinne der Hunderttausende, bei denen geistige Bedürfnisse vorhanden und die einer Veredelung ihres Geschmackes zugänglich sind.[61]

Andere formulierten etwas zurückhaltender ihre Hoffnung, dass die »großen Variétés und die Menge […] schon nachfolgen«[62] würden, wenn sich die Kabaretts erst einmal etabliert hätten. Am realistischsten sollte sich jedoch die Einschätzung des Komponisten und *Scharfrichter*-Rezensenten Wilhelm Mauke erweisen:

»Hors de débat« schließlich steht, daß die »angewandte Ästhetik« der rasenden Jünglinge stehs [sic] nur ein Genuß für geistig und akademisch priviligierte [sic] Stände sein kann, daß aber die von einseitigen »Artisten« (im Sinne Nietzsches) stilisierte und frisierte Kunst niemals auf das hohe Niveau einer sittlich wirksamen Volkskunst, eines Volksbedürfnisses hinaufzusteigen vermag.[63]

Einen »verstehenden Ausgleich der sozialen Affinitäten«,[64] wie ihn Wolzogens Mitarbeiter Karl von Levetzow sich erhoffte, konnte das Kabarett nicht leisten. Das einfache Volk erschien nicht *vor*, sondern höchstens *auf* der Bühne: als Genrebild und unterhaltsames Studienobjekt wie etwa bei den *Scharfrichtern* in den Liedern Frank Wedekinds, den Gedichten Ludwig Scharfs oder Oskar Wagners dramatischer Szene *Die Trockenwohner*. Anders als Wolzogen hatten die *Scharfrichter* die Volkserziehung jedoch auch nie zu ihrem Ziel erklärt. Die von ihnen gepflegte »erlesene und geschmackvolle Salonkultur«[65] richtete sich an einen verhältnismäßig kleinen Publikumskreis von »Eingeweihten«, die weder erweckt, noch erzogen werden mussten, da ihr künstlerischer Geschmack ohnehin im Einklang mit dem Gezeigten stand:

[E]s verkehrten als Gäste der Scharfrichter durchaus nur Leute von litterarischem Geschmack und aparten Neigungen, Musensäuglinge, jüngere Litteraten, Mäcene, Schauspieler, Künstler, Gelehrte und andere hommes d'esprit. Das eigentliche »grosse Publikum«, dessen Variété-Instinkte eben veredelt werden sollten, blieb fern.[66]

3 Synthese von Kunst und Leben: Kunsthandwerk und Gesamtkunstwerk

Ein weiterer Kerngedanke der frühen deutschen Kabarett-Theorie ist die Verbindung von Kunst und Leben.[67] Nach dem Vorbild der Jugendstilkünstler, die Gebrauchsgegenstände wie Geschirr oder Möbel in dekorativ-modernem Design gestalteten, sollte das Kabarett als Podium künstlerisch anspruchsvoller Gebrauchsliteratur und -musik zum »Theater für den Alltag«[68] werden. So verweist Ernst von Wolzogen in seinem Manifest zum Überbrettl auf das englische *Arts and Crafts Movement* und dessen sezessionistische Nachahmer in Deutschland, dank derer »endlich auch die Massenfabrikation aller Gegenstände, die zum Hausgebrauch auch des Aermsten dienen, unter den Einfluß wirklich modernen künstlerischen Geistes und Wesens zu gera-

---

[61] Ernst von Wolzogen, *Das Ueberbrettl*, in: *Das litterarische Echo* 3 (1900/01), S. 544.

[62] Posselt, *Die Elf Scharfrichter*, in: *MNN*, Nr. 178, 17.4.1901, S. 2.

[63] Mauke, *Scharfrichter Künstlerbrief*, S. 970. Vgl. hierzu auch das Kapitel IV.6 Das Publikum der *Elf Scharfrichter*.

[64] Levetzow, *Vorwort*, S. 12f.

[65] Frischkopf, *Anfänge*, S. 329.

[66] Mauke, *Münchener Brettl-Briefe I*, S. 42.

[67] »Einheit von Kunst und Leben ist das Grundanliegen der Stilkunst der Jahrhundertwende«, Kai Buchholz, *Kunsttheorie und Ästhetik um 1900*, in: Buchholz [u.a.] (Hg.), *Die Lebensreform 1*, S. 265.

[68] Schmitz, *Scharfrichter*, S. 279.

ten beginnt«. Analog hierzu forderte er von den Vertretern der übrigen schönen Künste: »Es ist wirklich höchste Zeit, daß nun auch die Dichter und die Musiker anfangen, sich in so schönem Sinne *gemein* zu machen wie die bildenden Künstler«.[69] Und Otto Julius Bierbaum erklärte:

Wir haben nun einmal die fixe Idee, es müßte jetzt das ganze Leben mit Kunst durchsetzt werden. Maler bauen heute Stühle, und ihr Ehrgeiz ist, daß das Stühle seien, die man nicht bloß in Museen bewundern kann, sondern mit denen sich die vier Buchstaben ohne Einbuße an ihrem Wohlbefinden wirklich in Berührung setzen können. So wollen auch wir Gedichte schreiben, die nicht bloß im stillen Kämmerlein gelesen, sondern vor einer erheiterungslustigen Menge gesungen werden mögen. Angewandte Lyrik, – da haben Sie unser Schlagwort.[70]

Ein Musterbuch dieser »angewandten Lyrik« lieferte der von Alfred Walter Heymel zusammengestellte und von Otto Julius Bierbaum eingeleitete Sammelband *Deutsche Chansons (Brettl-Lieder)*, der 1900 erschien und Beiträge von Otto Julius Bierbaum, Richard Dehmel, Gustav Falke, Ludwig Finckh, Alfred Walter Heymel, Arno Holz, Detlev von Liliencron, Rudolf Alexander Schröder, Frank Wedekind und Ernst von Wolzogen enthielt.[71] Im Vorwort heißt es:

Wir wollen zeigen, daß unsere lyrische Kunst schon früher [...] kleine anspruchslose Dinge geschaffen hat, unter denen sich wohl das eine und andere Brauchbare finden möchte. Es werden sich, wenn einmal die Theater dafür da sind, viele einstellen, die mehr und vielleicht Besseres bringen; hier ist ein kleiner Grundstock. Es soll nur gezeigt werden,

daß es an dichterischen Kräften für das deutsche Chanson nicht fehlt, und daß diese Kräfte mannigfaltig genug sind, um auch damit dem Wesen des Variétés zu genügen.[72]

Das Werk, das in seiner fünften Auflage im April 1901 bereits mit 30.000 gedruckten Exemplaren vorlag,[73] fand nicht nur einen reißenden Absatz bei Lyrikliebhabern, die »bescheidene Gabe von Baubeiträgen«[74] wurde auch in der von Bierbaum vorgesehenen Weise als Kabarett-Repertoire verwendet: Auf der Bühne der *Elf Scharfrichter* gelangten 26 Vertonungen von Gedichten aus der Sammlung zur Aufführung.

Die *Scharfrichter* »waren mit den ›Secessionisten‹ in den bildenden Künsten [...], mit den Programmatikern des Jugendstils [...] und mit der ›Phalanx‹, dem ersten Künstlerkreis um Wassily Kandinsky, [...] einig in der ›Sehnsucht nach einem Neuwerden in Kunst und Leben‹«.[75] Das Ideal einer vergnüglichen Alltagskunst, dem sie sich offiziell verschrieben hatten, war jedoch nicht immer einfach zu realisieren. Vorstellungen, in denen die leichte Unterhaltung überwog, wurden von der Presse als allzu harmlos kritisiert, an anderen Abenden erregte ein Übermaß an ernsthaften Beiträgen das Missfallen der Zuschauer, die sich mehr Unterhaltung wünschten.[76] Die *Scharfrichter* hatten dieses Dilemma schon früh in einem programmatischen Gedicht formuliert: »Die zehnte Muse wiegt nicht schwer,/ Doch sie zu fassen, ist es sehr.«[77]

Die Idee der Synthese von Kunst und Leben ist um 1900 nicht neu, sondern erscheint bereits in der Romantik und seit Mitte des 19. Jahrhunderts in den Schriften Richard Wagners, die einen maßgeblichen Einfluss auf die Künstler

---

[69] Wolzogen, *Ueberbrettl*, S. 544.

[70] Bierbaum, *Brief an eine Dame*, S. IXf.

[71] Bierbaum wird immer wieder fälschlich als Herausgeber der Sammlung genannt, die aber von Alfred Walter Heymel zusammengestellt wurde. Allerdings ist auch dieser als Herausgeber nicht angeführt, vgl. Klaus Peter Muschol, *Otto Julius Bierbaums dramatisches Werk*, München 1961, S. 104.

[72] Ebd., S. XIIIf.

[73] 1919 erreichte die Auflage 107.000 Stück, vgl. König, *Überbrettl*, S. 69.

[74] Bierbaum, *Brief an eine Dame*, S. XIII.

[75] Schmitz, *Scharfrichter*, S. 281.

[76] Vgl. [J.F.W.], [Das Karnevalsprogramm der 11 Scharfrichter], in: *MZ*, Nr. 24, 30.1.1903, S. 2, und [fo.], *Bei den Elf Scharfrichtern*, in: *MNN*, Nr. 461, 3.10.1903, S. 2.

[77] *Von den elf Scharfrichtern*, in: *MNN*, Nr. 177, 16.4.1901, S. 3. Die »zehnte Muse«, die Muse der Kleinkunst, ist eine Erfindung der frühen deutschen Kabarettisten.

und Intellektuellen der Jahrhundertwende hatten. In *Das Kunstwerk der Zukunft* von 1849 schuf Wagner eine Kunst- und Gesellschaftsutopie, in der Kunst und Leben nicht mehr getrennt sind, sondern im Gesamtkunstwerk, dem Drama, verschmelzen. Kunst meint in diesem Zusammenhang den Tanz, die Musik, die Literatur, die Architektur, die Bildhauerei und die Malerei, die im Gesamtkunstwerk gleichberechtigt Verwendung finden sollten:

> *Das große Gesammtkunstwerk, das alle Gattungen der Kunst zu umfassen hat, um jede einzelne dieser Gattungen als Mittel gewissermaßen zu verbrauchen, zu vernichten zu Gunsten der Erreichung des Gesammtzweckes aller, nämlich der unbedingten, unmittelbaren Darstellung der vollendeten menschlichen Natur, – dieses große Gesammtkunstwerk erkennt er [der »Geist, in seinem künstlerischen Streben nach Wiedervereinigung mit der Natur der Kunstwerke«, J.K.] nicht als die willkürlich mögliche That eines Einzelnen, sondern als das nothwendig denkbare gemeinsame Werk der Menschen der Zukunft.*[78]

Wagners »Idee eines integrativen und soziokulturell innovativen, die menschliche Gemeinschaft regenerierenden Kunstwerks«[79] erlangte in den Jahren nach 1900 in weiten Kreisen große Bedeutung. Die Beschäftigung mit dem Gesamtkunstwerk-Konzept findet sich u. a. bei avantgardistischen Künstlern wie Wassily Kandinsky, Kasimir Malewitsch, Marcel Duchamp, Walter Gropius oder Antonin Artaud, wie auch bei den Dadaisten und den italienischen Futuristen[80] – und im Kabarett. So forderte der Chefredakteur der *Münchner Neuesten Nachrichten*, Ernst Posselt:

> *Das künstlerische Variété soll nichts Anderes sein als eine Art Gesammtkunstwerk im Wagnerschen Sinne des Wortes, natürlich in ganz anderen Verhältnissen. Ein junges Mädchen tanzt. Und Alles soll ihrem Tanze angemessen sein: Kostüm, Beleuchtung, Musik. Ja, der Hintergrund und die Beleuchtung wechseln sogar nach den verschiedenen Stadien des Tanzes, je nachdem er elegisch, feurig-bewegt oder bacchantisch-wirbelnd ist.*[81]

In ihrer Absichtserklärung hatten die *Scharfrichter* dargelegt, »alle Kunstgattungen zugleich in den Dienst der leichten Unterhaltung«[82] stellen zu wollen, und tatsächlich erschienen zumindest anfänglich alle bei Wagner genannten Kunstformen auch auf der Bühne in der Türkenstraße. Die Innenarchitektur des kleinen Theaters hatte Max Langheinrich übernommen, die Bildhauerei war durch Wilhelm Hüsgen und Waldemar Hecker vertreten. Hüsgens Masken der *Elf Scharfrichter* und die Statuette des Sängers Robert Kothe als Pierrot schmückten den Theatersaal, die von Hecker modellierten Puppenköpfe kamen beim Puppenspiel *Die feine Familie* zum Einsatz (siehe S. 125, 161 und 308).[83] Weitere bildhauerische Arbeiten wurden von befreundeten Künstlern beigesteuert. Mathias Gasteiger schenkte den *Scharfrichtern* ein Relief für den Zuschauerraum,[84] Eduard Beyrer fertigte eine Statuette von Marya Delvard, die ebenfalls im Theater ausgestellt war (siehe S. 143), und Vittorio Güttner schuf für das satirische Karnevalsfest *Durch's dunkelste Deutschland*, das 1903 von den *Scharfrichtern* veranstaltet wurde, groteske Skulpturen.[85] Einen sehr wichtigen Platz nahm die Malerei bei den *Scharfrichtern* ein, weniger mit den Bühnenbildern, die Willy Oertel etwa für die Tanzgroteske *Der Verliebte* anfertigte, als vielmehr durch die Gebrauchsgraphik der Programmhefte und Plakate.

---

[78] Richard Wagner, *Das Kunstwerk der Zukunft*, Leipzig 1850, S. 32. Vgl. auch Jens Malte Fischer, *Richard Wagner und seine Wirkung*, Wien 2013, S. 17–27.

[79] Anke Finger, *Das Gesamtkunstwerk der Moderne*, Göttingen 2006, S. 10.

[80] Vgl. ebd., S. 53f.

[81] Posselt, *Die Elf Scharfrichter*, in: *MNN*, Nr. 178, 17.4.1901, S. 2f.

[82] Zeichnungsschein, MSB Mon., L 2924.

[83] Vgl. Otto, *Scharfrichter*, S. 328.

[84] Es handelte sich hierbei um das Brunnenrelief *Mutter mit jungem Faun*, das im Jahr zuvor bei einer Gasteiger-Ausstellung im Glaspalast gezeigt worden war und den *Scharfrichtern* vom Künstler geschenkt wurde, vgl. *Die elf Scharfrichter*, in: *AZ*, Nr. 127, MB, 8.5.1901, S. 6.

[85] Vgl. H.[ermann] R.[oth], *Durchs dunkelste Deutschland. Satirisches Karnevalsfest der Elf Scharfrichter*, in: *MNN*, Nr. 85, 21.2.1903, S. 3.

In diesem Bereich waren neben dem Hausgraphiker Ernst Neumann bedeutende Künstler wie Th. Th. Heine oder Olaf Gulbransson für die *Scharfrichter* tätig. In der 1903 erschienenen Sondernummer der Zeitschrift *Bühne und Brettl* über die *Scharfrichter* steht an zweiter Stelle – und damit noch vor der Beschreibung des Theaters, der Mitwirkenden oder des Repertoires – ein Artikel über *Die elf Scharfrichter-Plakate*.

Allein schon eine solche Positionierung scheint auf einen hohen Rang der bildnerischen Komponenten im Rahmen einer künstlerischen Gesamtkonzeption hinzudeuten. […] Offensichtlich war man sich im Kreise der »Scharfrichter« einig darüber, welche entscheidende Rolle die Werke der Münchener Illustratoren für die Propagierung des »modernen Lebens«, einer modernen Kunst im allgemeinen und – nicht zuletzt der Intentionen einer »Brettlbühne« spielten. Und es ist dies sicherlich auch der Grund, warum die »Elf Scharfrichter-Nummer« […] etwa 20 Plakate, Programmheftillustrationen, Detailentwürfe und Karikaturen Neumanns, Heines, Schmidhammers, Wilkes, Pauls und Diez' wiedergibt.[86]

Während der Tanz mit nur zwei Nummern, der im 2. Programm gezeigten Tanzgroteske *Der Verliebte* sowie dem im 10. Programm aufgeführten *Menuett*, im Repertoire der *Scharfrichter* vertreten ist, spielten Literatur und Musik naturgemäß eine gleichbleibend zentrale Rolle.

Im Unterschied zu Wagners Gesamtkunstwerk-Konzept, das idealerweise ein Verschmelzen der Künste anstrebt, stehen die einzelnen Kunstsparten bei den *Scharfrichtern* meist für sich, obgleich in Einzelfällen auch die Verbindung verschiedener Kunstgattungen auf geradezu mustergültige Weise gelang. So urteilte die *Münchener Post* über das Terzett *Die Totengräber*, in dem »im Stile der Hamletszene drei Todtengräber eine schaurige Weisheit singen«: »Es war ein kleines Beispiel der Harmonie der Schwesterkünste, Ton, Wort und Bild gleich plastisch von künstlerischem Sinne durchdrungen.«[87] Eine andere Nummer, die Musik, Malerei und Bühnenperformance verband, waren die Auftritte des »Musikzeichners« Ernst Stern, der zu den Klängen des Klaviers Zeichnungen anfertigte. Auch die bei den *Scharfrichtern* gezeigten Pantomimen *Die Kaiserin von Neufundland* und *Der böse Traum* stellten »mit der Verbindung von Handlung, Tanz, Musik und kunstvoller Inszenierung eine Theaterform dar, die den um 1900 programmatischen Anspruch des Kabaretts als Gesamtkunstwerk mustergültig erfüllt.«[88]

Das Bestreben der *Scharfrichter*, alle Künste gleichermaßen in ihr Unternehmen einzubinden, war jedenfalls groß: Bald nach der Gründung entwarfen sie Pläne, ihrem Theater »eine ›belletristische Zeitschrift‹, einen ›Kunstsalon‹, eine ›Abteilung für architektonische u. kunstgewerbliche Arbeiten‹, einen ›Ueberbrettlverlag‹ anzugliedern und so in allen Organisationsformen der ›Moderne‹ ›für die Kunststadt München‹ zu wirken.«[89] Keines dieser Vorhaben ließ sich jedoch realisieren. Erst einige Jahre später konnten die ehemaligen Mitglieder der *Scharfrichter* mit ihrem Folgeprojekt, dem Wiener *Kabarett Fledermaus*, ihren Traum von der alle künstlerischen Bereiche gleichermaßen erfassenden Jugendstilbühne erfüllen. Dank der Entwürfe von Josef Hoffmann, die von der *Wiener Werkstätte* ausgeführt wurden, gelang es hier tatsächlich, allen Gegenständen vom Essbesteck bis zum Programmzettel ein künstlerisches Erscheinungsbild zu verleihen und damit den passenden Rahmen für die exquisiten Kunstdarbietungen auf der Bühne zu schaffen. Doch auch bei den *Scharfrichtern* waren die *Vereinigten Werkstätten für Kunst im Handwerk* beteiligt und lieferten nach Entwürfen von Max Langheinrich die Stühle, Tische und Bänke des Theaters.[90]

---

[86] Bushuven, *Neumann*, S. 26f.

[87] [V.], [Die elf Scharfrichter], in: *MP*, Nr. 288, 17.12.1901, S. 3.

[88] Vgl. Hartmut Vollmer, *Die literarische Pantomime. Studien zu einer Literaturgattung der Moderne*, Bielefeld 2011, S. 28.

[89] Schmitz, *Scharfrichter*, S. 281.

[90] Vgl. Rath, *Münchener Künstlerbrettl*, S. 369f., und Edgar Steiger, *Die elf Scharfrichter*, in: *Das literarische Echo. Halbmonatsschrift für Litteraturfreunde* 15 (1901), S. 1071. »Das Meublement ist einfach, aber modern, licht und freundlich«, Posselt, *Die Elf Scharfrichter*, in: *MNN*, Nr. 178, 17.4.1901, S. 2.

Ein anderer Gedanke aus Wagners *Kunstwerk der Zukunft* ist die Verschmelzung des Publikums mit dem Gezeigten. Im Gesamtkunstwerk existiert die Schranke zwischen Auditorium und Bühne nicht mehr: »[A]us dem Zuschauerraume aber verschwindet das Publikum [...]; es lebt und athmet nur noch in dem Kunstwerke, das ihm das Leben selbst, und auf der Scene, die ihm der Weltraum dünkt.«[91] Auch bei den *Scharfrichtern* wurden die Aufhebung der »vierten Wand« und eine »fortwährende enge Fühlung zwischen Darbietenden und Zuhörern« als »unerlässliche Voraussetzung für glückliches Gelingen«[92] ausgerufen. Während Wagner die Utopie einer Synthese von Mensch und Kunstwerk beschwört, ging es den *Scharfrichtern* um eine direkte Ansprache ihrer Gäste. In beiden Fällen war jedoch letztlich die Identifikation des Publikums mit dem Bühnengeschehen das eigentliche Ziel.

Weitere Topoi des *Kunstwerks der Zukunft* sind die Feier des Lebens und das Primat von Natürlichkeit, Lebendigkeit und Sinnlichkeit.[93] Damit erscheint auch bei Wagner ein Themenkreis, der in den Künstlerzirkeln um 1900 und somit auch bei den *Scharfrichtern*, große Popularität besaß. Der berühmteste Verfechter dieser Ideologie aber war für die Künstler der Jahrhundertwende Wagners großer Antipode: Friedrich Nietzsche.

4 Friedrich Nietzsche und das Überbrettl

Die Affinität zur Gedankenwelt Friedrich Nietzsches war für die frühe deutsche Kabarettbewegung von zentraler Bedeutung. Mit dem Einsetzen der Nietzsche-Rezeption in den 1890er Jahren avancierte der Autor bald zum »›Modeschriftsteller‹ und schließlich gar zur Kultfigur beachtenswerter Kreise zumal der großstädtischen, oftmals jüdischen, sich dezidiert als anti-bürgerlich verstehenden linksintellektuellen Jugend«[94] und damit auch zum erklärten Leitstern der Kabarettisten. In Nietzsches Lehren, dem von ihm geforderten Bruch mit den Konventionen und Traditionen durch eine »Umwertung aller Werte«, seinem Lebens- und Körperkult und der damit einhergehenden Befreiung des Eros sowie den im *Zarathustra* (1883–85) formulierten Gedanken vom Postulat des schöpferischen Übermenschen, der das ganze Leben durch die Kunst befreit, von der Erschaffung einer neuen, besseren Welt durch den Tanz und von der Bewältigung des Lebens durch das Lachen, erblickten sie die ideelle Basis, die es nun, wenn auch in verkürzter und für den eigenen Zweck vereinfachter Form, auf der Bühne umzusetzen galt:

Man muß sich die einzigartige Wirkung Nietzsches auf alle Bereiche des geistigen Lebens der Jahrhundertwende vor Augen halten, um die ideellen Intentionen des deutschen Überbrettls *zu verstehen. Nietzsche, der »Gegenspieler« christlicher Moral, der Kritiker und Erzieher der Deutschen, der seinen Landsleuten zur Entwagnerung der Kunst Georges Bizet und Offenbach verordnet, Nietzsche, der Künstler, der – mit Panizza zu reden – »mit seinem utrierten und bis zur Politurglätte abgefeimten Feuilletonstil die letzten Fragen der Menschheit in jonglierender Weise behandelt hat«. Nietzsches Gedanken, Postulate von der Vermählung des Dionysischen und Apollinischen, sein Wort »Wir müssen erst wieder den Mimus haben, um zum Drama zu kommen«, ließen sich mühelos auch auf die Utopie vom künstlerischen Varieté anwenden.*[95]

Bereits in Bierbaums Roman *Stilpe*, der 1897 erschien und die deutsche Kabarettgründung literarisch vorwegnahm, verweist der Titelheld in seiner Proklamation der Kleinkunstbühne auf die genannten Topoi Nietzsches:

Und bei uns [im Tingeltangel, J.K.] *werden sie, die blos ein bischen bunte Unterhaltung suchten, das finden, was ihnen fehlt: Den heiteren Geist, das Leben zu verklären, die Kunst des Tanzes in Worten, Tönen, Farben, Linien, Bewegungen.*

---

[91] Wagner, *Kunstwerk der Zukunft*, S. 189.
[92] *Wie die Elf Scharfrichter wurden*, S. 3.
[93] Vgl. Wagner, *Kunstwerk der Zukunft*, S. 4–8 und 29.
[94] Christian Niemeyer, *Nietzsche-Kult*, in: Christian Niemeyer (Hg.), *Nietzsche-Lexikon*, Darmstadt 2009, S. 252.

[95] Greul, *Bretter*, S. 96.

Die nackte Lust am Schönen, der Humor, der die Welt am Ohre nimmt, die Phantasie, die mit den Sternen jongliert und auf des Weltgeistes Schnurrbartenden Seil tanzt, die Philosophie des harmonischen Lachens [...] Wir werden eine neue Cultur herbeitanzen! Wir werden den Übermenschen auf dem Brettl gebären! Wir werden diese alberne Welt umschmeißen! Das Unanständige werden wir zum einzig Anständigen krönen! Das Nackte werden wir in seiner ganzen Schönheit neu aufrichten vor allem Volke![96]

Auch in Deutschlands erstem Kabarett, dem *Bunten Theater (Überbrettl)* Ernst von Wolzogens in Berlin, mangelte es nicht an deutlichen Hinweisen auf das verehrte Idol. Beim Betreten des Theaters in der Köpenickerstraße erblickte das Publikum im Foyer einen Abguss der berühmten Nietzsche-Büste von Max Kruse und erhielt damit sogleich einen deutlichen Hinweis auf den ideellen Hintergrund des Unternehmens. Als überzeugter Anhänger Nietzsches forderte Wolzogen ein »frisches, fröhliches Niederreißen morscher alter Zäune‹, die ›Umwertung alter, verbrauchter Werte‹ sowie die Verachtung des ›Banausentums, der Philisterei, der absurd gewordenen Autorität‹«,[97] und erklärte seine »Lieblingsideen vom dionysischen Menschen, vom Tänzer, von der fröhlichen Wissenschaft, von der Bändigung der blonden Bestie durch eine Kultur der Anmut, der vornehmen Haltung«[98] zum ästhetischen Fundament seiner Bühne. Dass die inhaltliche Verbindung des *Überbrettl* zu Nietzsche auch von den Zeitgenossen wahrgenommen wurde, geht aus einigen Anmerkungen des Nietzsche-Forschers Hans Bélart hervor. Dieser erblickte in der spezifischen Erscheinungsform der Berliner Bühne, ihrer Heiterkeit, ihren Freizügigkeiten, ihrer Leichtigkeit und ihrer Lebendigkeit die Erfüllung der Lehren Nietzsches und erklärt das *Überbrettls* gar zum »Kunsttempel für Nietzscheaner«.[99]

Nicht zuletzt der Beiname *Überbrettl*, eine Kombination aus Nietzsches »Übermensch« und der bayerischen Bezeichnung für eine Kleinkunstbühne, fungierte als deutlicher Fingerzeig auf den geistigen Vater des Theaters. Wolzogens Namensfindung, die ihn maßgeblich zur Gründung seiner Bühne angeregt hatte,[100] begeisterte nicht nur ihren Schöpfer, sondern auch die Zeitgenossen. Bald stand der Begriff »Überbrettl« nicht mehr nur für das Berliner Unternehmen, sondern wurde zur gängigen Gattungsbezeichnung für die neue Theaterform (die Bezeichnung »Kabarett« ist in dieser Zeit dagegen nur selten zu finden).

Die schnell einsetzende Popularität des Begriffs befeuerte die allgemeine parodistische Mode des »Über«-Präfixes. Herausgelöst aus ihrem ursprünglichen Kontext, dem »Übermensch«-Konzept Friedrich Nietzsches, aber immer darauf Bezug nehmend, diente die Vorsilbe in vielen Fällen der ironischen Betonung von Modernität, Exklusivität oder Exzentrik: Becher wurden zu »Überbechern«, Hunde zu »Überhunden«, die Niagarafälle gar zur »Ueberdouche«.[101] In Darmstadt erschien zur gleichen Zeit, als die Künstlerkolonie ihre erste Ausstellung *Ein Dokument deutscher Kunst* im Mai 1901 eröffnete, unter dem Titel *Überdokument* ein satirischer *Überhaupt-Katalog*, der die architektonische Anlage und die ausgestellten Schöpfungen in geistreichen Absurditäten persiflierte.[102] In der ubiquitären Verwendung des Präfixes und unzähligen Wortspielen und Wortwitzen nahm die »Über«-Mode solche Ausmaße an, dass die *Fliegenden Blätter* in Anlehnung an die Nationalhymne des deutschen Kaiserreichs witzelten: »Deutschland, Deutschland, alles ›über‹«.[103]

Auch im Repertoire der *Scharfrichter* finden sich diverse »Über«-Nummern wie z. B. die »staunenerregenden Produktionen« des zeichnenden *Überhunds Caro* oder die

---

[96] Bierbaum, *Stilpe*, S. 358f.
[97] Rösler, *Chanson*, S. 61f.
[98] Wolzogen, *Leben*, S. 197.
[99] Bélart, *Nietzsche*, S. 63. Vgl. auch Ders., *Ueberbrettl*, S. 169–172.

[100] Vgl. Wolzogen, *Leben*, S. 195.
[101] »Überbecher«: [R.], *Der »Ueberbecher«*, in: *MNN*, Nr. 478, 15.10.1902, S. 4; »Überhund«: Gemälde Wilhelm Trübners in der *Neuen Pinakothek* München: *Sitzende Dogge* (»Cäsar« mein Überhund); »Ueberdouche«: Willy Rudinoff an Frank Wedekind, 29.3.1902, MSB Mon., FW B 147.
[102] *Überdokument. Überhaupt-Katalog*, Darmstadt 1901, Reprint Darmstadt [o. J.]
[103] Zitiert nach König, *Überbrettl*, S. 145.

Überdramen Hanns von Gumppenbergs, die den Literaturbetrieb und die Gesellschaft satirisch kommentierten. In Weinhöppels »Über-Ouverture« *Also sprach Hannes Ruch* sollte in parodistischer Anspielung auf Richard Strauss' Tondichtung *Also sprach Zarathustra* (1896) die Vormachtstellung der Programmmusik über alle anderen musikalischen Gattungen endgültig bewiesen werden.[104] Obgleich das Werk inhaltlich keine direkte Verbindung zum *Zarathustra* herstellt, greift es Nietzsches zentralen Gedanken vom Kampf gegen die konservative Wertegesellschaft auf. In der Gegenüberstellung und Verarbeitung der beiden Hauptmotive der Ouvertüre, der »Überbrettl-Idee« und des »Lex Heinze-Motivs«, thematisiert Weinhöppel die Auflehnung der jungen, progressiven Künstlergeneration gegen das rückständige Beamtentum, die mit dem Sieg der Jugend endet.

Im Unterschied zu Wolzogen verzichteten die *Scharfrichter* auf eine explizite Erklärung ihrer Anhängerschaft an Nietzsche, doch waren ihre künstlerischen Absichten gleichwohl wesentlich von den Lehren des Philosophen geprägt:

Weder eine parteipolitische Doktrin noch ein soziales Anliegen lenkten die Angriffe der »Elf Scharfrichter« auf Politik und Gesellschaft: Als Schüler Nietzsches fordern sie die Welt vor das Gericht des »großen Lebens«. Deshalb war die kabarettistische Darbietung »ins unmittelbare Leben hineingesetzt«, und ein von Dionysius Tod gedichteter Begrüßungschor versprach den Besuchern der »Elf Scharfrichter« »im kleinsten Spiel das große Leben«: das Autorenpseudonym verkündete vorweg jene »dionysische« Einheit von Tod und Leben, von satirischer »Hinrichtung« und einer wiedergeborenen Lebens-Kunst, die sich auf Friedrich Nietzsche als Propheten des Dionysos berief.[105]

Das Wesen der frühen deutschen Kabaretts und somit auch der *Scharfrichter* erklärt sich maßgeblich durch die Bewunderung der Mitwirkenden für Friedrich Nietzsche und die daraus resultierenden Versuche, seine Ideale von einer freien, besseren Gesellschaft auf ihren Bühnen umzusetzen und zu konkretisieren. Es sollte jedoch nicht übersehen werden, dass Nietzsche gelegentlich auch dazu herhalten musste, freizügige oder auch derbe Darstellungen, von denen sich die Betreiber der Kleinkunstbühnen in erster Linie einen kommerziellen Erfolg versprachen, zu legitimieren.[106]

---

[104] Vgl. Arthur Schoppen, *Also sprach Hannes Ruch. Über-Ouverture op. 12437*, [München, 1901] (Der Musikführer, 130), [o. S.], StAM, Pol. Dir. 2057/2.

[105] Schmitz, *Scharfrichter*, S. 280.

[106] So verweist etwa Hans Bélart auf Nietzsches Lehren, um mögliche Angriffe gegen die Darstellungen des *Überbrettls* abzuwehren, vgl. Bélart, *Ueberbrettl*, S. 169–172.

IV *Die Elf Scharfrichter*

1 Die Gründung

Ab 1895 verdichteten sich die konkreten Pläne für eine deutsche Kabarettgründung. Frank Wedekind diskutierte die Idee mit Otto Julius Bierbaum und später mit dem Regisseur Carl Heine, der 1898 in Leipzig Wedekinds *Erdgeist* aus der Taufe hob, – beide Male ohne Erfolg.[1] Auch dem Verleger Albert Langen gelang es nicht, ein deutsches Kabarett, über das im Kreise seiner *Simplicissimus*-Mitarbeiter beraten wurde, ins Leben zu rufen.[2] Ebenso vergeblich plante Ernst von Wolzogen die Eröffnung einer Brettlbühne in der Jugendstil-Kolonie auf der Mathildenhöhe in Darmstadt.[3] Erst nachdem er sein Vorhaben nach Berlin verlegt hatte, wurde der Traum vom veredelten Varieté endlich Wirklichkeit: Am 8. Januar 1901 eröffnete das *Bunte Theater (Überbrettl)* als das erste deutsche Kabarett in der Berliner Alexanderstraße 40.

Wie die *Scharfrichter* in ihrem 1902 erschienenen *Musenalmanach* berichten, hatte auch der spätere Kabarettleiter Marc Henry bereits um 1898 erste Überlegungen zu einer Münchner Bühnengründung angeregt.[4] Doch vergingen weitere zwei Jahre, ehe das Vorhaben Anfang 1900 ernsthaft in Angriff genommen wurde. Den entscheidenden Impuls hierfür lieferten die Proteste der Münchner Künstlerschaft gegen die sogenannte *Lex Heinze*, das wohl umstrittenste Zensurgesetz der wilhelminischen Ära.[5]

Die Proteste gegen die *Lex Heinze*
Der wachsende Einfluss der konservativen, katholischen und antisemitischen Parteien im Deutschen Reichstag führte in den 1890er Jahren zu einer Reihe von Gesetzen, die die freie Meinungsäußerung in Politik, Hochschule und Kunst stark einschränkten.[6] Hierzu zählte auch die *Lex Heinze*, eine Neufassung des § 184 »Verbreitung pornographischer Schriften« des Reichsstrafgesetzbuchs. Benannt nach einem Berliner Zuhälter und Mörder, dessen Prozess 1891 heftige Empörung über die haarsträubenden Zustände in bestimmten Berliner Milieus hervorrief, richtete sich das Gesetz zunächst nur gegen Kuppelei und Prostitution und diente der »Stärkung der staatlichen Macht gegen städtische Kriminelle«.[7] In den Folgejahren wurde es wiederholt neu verhandelt, fallengelassen, umformuliert und schließlich auch auf verschiedene Bereiche des öffentlichen Lebens übertragen:

---

[1] Vgl. Frank Wedekind, *Werke. Kritische Studienausgabe* (im Folgenden KSA), Bd. 1/IV: *Kommentar (Teil 2) zu den Liedern, Liedfragmenten und -entwürfen*, hg. v. Friederike Becker, Darmstadt 2007, S. 1223, und Kutscher, *Wedekind 2*, S. 81.

[2] Vgl. Budzinski, *Muse*, S. 47f.

[3] Vgl. Greul, *Bretter*, S. 100.

[4] Vgl. *Scharfrichter Musenalmanach*, [o. S.].

[5] An vielen Stellen werden die *Lex Heinze*-Proteste als direkter Auslöser für die Münchner Kabarettgründung bezeichnet, vgl. u. a. Jelavich, *Munich*, S. 140, Budzinski, *Muse*, S. 48, Greul, *Bretter*, S. 141. Die in den vorangegangenen Kapiteln geschilderte Vorgeschichte legt jedoch nahe, dass die Münchner Kabarettgründung auch ohne diesen Impuls stattgefunden hätte.

[6] Vgl. Jelavich, *Munich*, S. 141.

[7] Robin Lenman, *Die Kunst, die Macht und das Geld. Zur Kulturgeschichte des kaiserlichen Deutschlands 1871–1918*, Frankfurt a. M. [u. a.] 1994 (Edition Pandora), S. 37.

Den sich berufen fühlenden Vertretern der herkömmlichen Begriffe von Anstand und Sitte schienen die Wurzeln der betrüblichen Symptome nicht in den von der sozialdemokratischen Opposition immer wieder betonten sozialen Mißständen zu liegen. Schuldig war vielmehr der »immer größer und aufdringlicher werdende Vertrieb unzüchtiger Schriften, Bildwerke und Darstellungen, was eine große sittliche Gefahr für das Volk ... bedeutete«.[8]

Nach der Neufassung des § 184a konnte jeder mit Geld- oder Gefängnisstrafe bedacht werden, der

Schriften, Abbildungen oder Darstellungen, welche, ohne unzüchtig zu sein, das Schamgefühl gröblich verletzen, einer Person unter achtzehn Jahren überläßt oder anbietet oder zu geschäftlichen Zwecken oder in der Absicht, das Schamgefühl zu verletzen, an öffentlichen Straßen, Plätzen oder anderen Orten, die dem öffentlichen Verkehr dienen, in Ärgerniß erregender Weise ausstellt oder anschlägt [...].[9]

Ähnliches galt für den das Theater betreffenden § 184b. Das in seiner vagen Formulierung beliebig auslegbare Gesetz ließ Zensoren und Polizeidienststellen nahezu absolute Handlungsfreiheit, um öffentliche Darstellungen und Präsentationen jeglicher Art nach persönlichem Ermessen und Schamgefühl einzuschränken oder sogar zu verbieten.[10] Der vermeintliche Sittenschutz, der etwa den antiken Statuen der Münchner *Glyptothek* über Nacht Feigenblätter wachsen ließ,[11] nahm bisweilen abstruse Formen an:

Als Mathias Gasteiger im Jahr 1895 sein wunderbar neckisches Brunnenbuberl *am Stachus aufstellte – die Bronzegestalt eines sehr nackten, sein Geschlecht in aller demonstrativen Unschuld vorführenden Knaben, der einem sprudelnden Quellgott das Wasserrohr zuhält und im Gegenzug von ihm angespuckt wird –, kam es tatsächlich zum Tumult. Ein Spottgedicht wusste, warum: »Und ist das Buberl noch so klein, / so muss es doch bekleidet sein, / denn einmal wird es doch ein Mann, / und dann.«*[12]

Überall im Deutschen Reich reagierten Künstler und Autoren mit Entsetzen, Kritik und scharfem Spott auf diesen Knebelparagraphen. Hiervon zeugt u. a. *Das Buch von der Lex Heinze* (1900), in dem Otto Falckenberg kritische Stellungnahmen renommierter Persönlichkeiten zu dem Gesetz zusammentrug, oder auch die *Stimmen zur lex Heinze* »hervorragender Gelehrter, Künstler und Schriftsteller«, die in der Zeitschrift *Jugend* publiziert wurden.[13] Eine breitere Öffentlichkeit erreichten die *Lex Heinze*-Gegner mit ihren Protestzügen – ganz besonders in München, der Stadt mit der schärfsten Opposition gegen den Paragraphen.[14] Im März 1900, nachdem das Gesetz zwischenzeitlich ausgesetzt worden war, im Frühling des gleichen Jahres jedoch im Reichstag wieder aufgenommen und erneut verabschiedet werden sollte, nahmen die landesweiten Proteste in der bayerischen Hauptstadt ihren Anfang. Mehrere tausend Personen, darunter zahllose Mitglieder der Münchner Künstlerschaft, versammelten sich wiederholt zu Demonstrationszügen durch die Stadt.[15] Auf Anregung Max Halbes gründeten die Münchner Künstler noch im gleichen Monat den *Goethebund zum Schutze freier Kunst und Wissenschaft*, der es sich zur Aufgabe machte, »die Freiheit der Kunst und

---

[8] Gerhard F. Kramer, *Gerhard F. Kramer über Ernst Buchholz: »Kunst, Recht und Freiheit« ... und die sogenannte Unzucht*, in: *Der Spiegel* 38 (1966), S. 139.

[9] RT 10. Leg.-Periode, I. Sess. 1898–1900, Dr. 571, 3635, zitiert nach Lenman, *Kunst*, S. 43.

[10] Vgl. Schmitz, *Münchner Moderne*, S. 365.

[11] Vgl. Peter Prange, Raimund Wünsche, *Das Feige(n)blatt ...: Millenniumausstellung, Glyptothek München, 18. Juli–29. Oktober 2000*, München 2000.

[12] Metzger, Brandstätter, *München*, S. 186.

[13] Vgl. Otto Falckenberg (Hg.), *Das Buch von der Lex Heinze. Ein Kulturdokument aus dem Anfange des zwanzigsten Jahrhunderts*, Leipzig 1900, und *Stimmen zur lex Heinze*, in: *Jugend* 12 (1900), S. 216a–d. Zahllos sind die in den Zeitungen und Zeitschriften geführten Debatten für und wider das Gesetz.

[14] Vgl. Jelavich, *Munich*, S. 146.

[15] Vgl. ebd., S. 147.

Wissenschaft im Deutschen Reich gegen Angriffe jeder Art zu schützen«,[16] und dem neben renommierten Persönlichkeiten wie Paul Heyse, Franz Stuck oder Franz von Lenbach auch die späteren *Scharfrichter* Falckenberg, Greiner, Wedekind und Weinhöppel angehörten:

> *By calling their organization Goethebund, the modern writers and artists deliberately challenged conservative morality campaigners with the suggestion that anything written or done by Germany's greatest poet could not be considered immoral or un-German – and there were precious few things that Goethe did not write or do. The spirit of the group was best expressed by its unofficial slogan, »Lex mihi ars.« When read on paper, it seemed to state: »for me, art is (its own) law.« But when spoken aloud with a German accent, it was an invitation to* leck mich am Arsch.[17]

Dem Münchner Vorbild folgten bald weitere Gründungen von *Goethebünden* in allen größeren deutschen Städten, deren anhaltender Protest schließlich die Rücknahme der Gesetzesänderung bzw. eine für die Künstler ungefährliche Neuformulierung zur Folge hatte.[18] In seiner verschollenen Über-Ouverture *Also sprach Hannes Ruch*, die im Oktober 1901 bei den *Scharfrichtern* uraufgeführt wurde, thematisiert der Komponist Richard Weinhöppel den Sieg der Künstlerschaft über die *Lex Heinze*. Im humoristischen Konzertführer zu diesem Werk, der sich mehrfach erhalten hat, werden die beiden Hauptmotive, das »Überbrettl-Motiv« und das »Lex Heinze-Motiv«, vorgestellt:

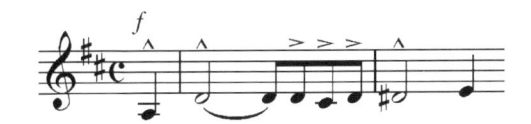

Notenbsp. 1 »Überbrettl-« und »Lex Heinze-Motiv« aus dem Konzertführer zur Über-Ouverture »Also sprach Hannes Ruch«.

Weiter heißt es im Konzertführer:

> *Es entspinnt sich nun zwischen den beiden […] Motiven ein Kampf, aus dem das Überbrettlmotiv siegreich hervorgeht. Das lex-Heinze Motiv schrumpft allmählich zusammen, so dass bald nur noch »lex«*
>
> *übrig bleibt und schliesslich ganz verschwindet, worauf das erweiterte Überbrettlmotiv (Überbrettlkunst-Motiv) ertönt. Fast buchstäblich klar können wir das ergänzende »mihi ars« vernehmen, welches das schadenfroh triumphierende Überbrettl-Motiv der glücklich hinausgekelten lex nachruft: —*[19]

---

[16] Georg Hirth, *Der Goethebund*, in: Falckenberg (Hg.), *Buch von der Lex Heinze*, S. 64.

[17] Jelavich, *Munich*, S. 148.

[18] Vgl. ebd., S. 148f., und Lenman, *Kunst*, S. 46–49.

[19] Vgl. Schoppen, *Über-Ouverture*, [o. S.], StAM, Pol. Dir 2057/2.

Die Elf Scharfrichter schließen sich zusammen

In seinen Memoiren zieht Otto Falckenberg eine direkte Linie zwischen den Protesten gegen die *Lex Heinze* und der Entstehung der *Scharfrichter*. Erste Überlegungen zu einer Kabarettgründung kamen nach seiner Darstellung im Fasching 1900 auf:

Damals gingen wir, Studenten und Schauspieler vom Akademisch-Dramatischen Verein, als ein kleiner improvisierter Faschingszug mit einem großen satirischen Plakat gegen das verhaßte Gesetz […] und sangen einen Kampfgesang; darinnen hieß es mit Anspielung auf den geplanten Paragraphen, daß wir bereit seien, alles nur Erdenkliche an bösen Taten zu tun, nur eines nicht, nämlich:
»*Aber nacket, nacket, nacket gehn wir nicht!*«
So lautete der drohende Refrain. […] *Als dieser* [Kampf, J.K.] *mit der Ablehnung des Gesetzes im Reichstag und der Gründung des Goethebunds zunächst einmal siegreich beendet war, suchten auch wir, die Jugend dieser Kämpfe, unserer Kraft und Leidenschaft eine dauernde, fortwirkende Form zu geben.*[20]

Die *Scharfrichter*-Bühne sollte den jungen Stürmern und Drängern den Wunsch nach einer Plattform für ihre künstlerischen und gesellschaftskritischen Absichten erfüllen.

Hatte es bereits 1898 erste Vorüberlegungen gegeben, so wurden die Pläne zu Beginn des Jahres 1900 konkreter. Robert Kothe schreibt über eine erste, die geplante Kleinkunstbühne betreffende Zusammenkunft, bei der neben Leo Greiner, Otto Falckenberg, Richard Weinhöppel und dem Bildhauer Wilhelm Hüsgen auch Marc Henry zugegen war:

Er erzählte nun von dem eigenartigen Reiz der Pariser Kabaretts und gab die Anregung, nicht ein Kabarett nach Pariser Art zu gründen, sondern eine Kleinbühne zu errichten, auf der Kunst aller Art in intimstem Rahmen den Zuhörern vermittelt werden solle. Sie sollte, wie sich im bunten Durcheinander der Aussprache herausschälte, die Pflegestätte werden für neue Lyrik, für kleine ernste und heitere Stücke, für Kritik und Satire, für Parodie und Scherz; für alte und neue Lieder, für deutsche und französische Chansons, für Lieder mit szenischer Umrahmung und Ausgestaltung, für Schattenbilder, für Tanzszenen, für Humor in Lied und Szene. Bekannte Namen der Münchener Schriftstellerwelt, Künstler der Zeitschrift Simplicissimus wurden als Mitarbeiter in Aussicht gestellt.
Die ersten Anregungen waren so bunt und zahlreich, daß die Anwesenden, soweit sie noch nicht eingeweiht waren, ziemlich stumm dasaßen, aber erfreut waren über die Aussichten, die sich hier eröffneten, und ihren Beitritt zu dieser Künstlergilde erklärten. Das war der erste vorbereitende Abend der nachmals berühmten »*Elf Scharfrichter*«.[21]

Henry berichtet, er habe sich für die Kabarettgründung zunächst an arrivierte Künstler wie Max Halbe oder Otto Julius Bierbaum gewandt, die jedoch aufgrund der noch vollkommen ungeklärten Finanzierung kein Interesse an einer Mitarbeit zeigten.[22] Daraufhin bemühte er sich um jüngere, meist noch unbekannte Künstler und Autoren, die sich von der Aussicht begeistern ließen, das Projekt nach ihren visionären Vorstellungen zu realisieren. Dies waren neben Henry, später Direktor, Conférencier und Chansonier des Theaters, die Schriftsteller Willy Rath, Otto Falckenberg und Leo Greiner, die als Autoren und Regisseure mitwirkten, der Komponist Hans Richard Weinhöppel, musikalischer

---

[20] Petzet, Falckenberg, *Leben*, S. 105f. Eine ähnliche Darstellung findet sich bei Rath, *Münchener Künstlerbrettl*, S. 366. Raths Behauptung, es sei in diesem Zusammenhang zu der schicksalhaften ersten Begegnung zwischen den »Ur-Scharfrichtern« Otto Falckenberg, Leo Greiner und Marc Henry gekommen, ist falsch, da Falckenberg und Greiner bereits seit 1899 in der von Marc Henry herausgegebenen *Revue franco-allemande* mitarbeiteten.

[21] Kothe, *Saitenspiel*, S. 70f. Vgl. auch *Wie die Elf Scharfrichter wurden*, S. 2.

[22] Vgl. auch zum Folgenden Henry, *Trois Villes*, S. 152–160. Eine ähnliche Darstellung findet sich bei Marya Delvard, *Histoire des Onze*, in: Hans K. E. L. Keller (Hg.), *Wahlverwandtschaften. Zeugnisse guten Willens*, München 1962, S. 108f.

Leiter und Hauskomponist des Ensembles, der Rechtsanwalt Robert Kothe, der seinen Beruf zugunsten seiner Theaterleidenschaft aufgab und ein berühmter Lautensänger wurde, die Maler und Graphiker Ernst Neumann, Willy Oertel und Viktor Frisch, die Plakate, Postkarten und Programmhefte schufen und Bühnenbilder fertigten, der Bildhauer Wilhelm Hüsgen, dessen berühmtester Beitrag in der Anfertigung der *Scharfrichter*-Masken bestand, sowie der Architekt Max Langheinrich, der den Theatersaal schuf.

Für die elf Künstler, die sich in dem Projekt zusammengefunden hatten, ging es nun darum, einen passenden Namen für das zukünftige Kabarett zu finden. Nach langen Diskussionen einigte man sich auf *Die Elf Scharfrichter*. Die Behauptung, es habe sich hierbei nur um eine »Verlegenheitslösung«[23] gehandelt, ist zu bezweifeln, da sowohl die Zahl wie das Subjekt des Namens ein weites Feld möglicher Assoziationen eröffnen. Unmittelbar verständlich ist das Bild vom »Scharfrichter«, der mit geschliffenem Beil bzw. geschliffener Satire den Verbrecher – in diesem Fall das verachtete »Mucker- und Spießertum«[24] – exekutiert. Aber auch die Entscheidung, die »Elf« in den Namen des Ensembles aufzunehmen, scheint nicht allein durch die Zahl der Gründungsmitglieder motiviert gewesen zu sein. Wie die 3, die 7 oder die 9 zählt auch die 11 zu den Primzahlen, die seit jeher eine besondere Faszination ausüben. Im 19. Jahrhundert erhielt die 11 eine deutlich humoristische Färbung, als sie zur Zahl des rheinischen Karnevals wurde und der *Elferrat* seitdem jedes Jahr am 11.11. um 11:11 Uhr die »närrische Zeit« eröffnet. Der Karneval steht aber nicht nur für Ausgelassenheit und Frohsinn, sondern auch für die Aufhebung der gesellschaftlichen Normen und Hierarchien und harmoniert daher auch mit der gesellschaftskritischen Haltung der *Scharfrichter*. Darüber hinaus war die 11 um 1900 eine wohlbekannte Zahl in studentischen Kreisen. Der berühmteste Passus des *Allgemeinen deutschen Biercomments* (1899), einer Art Gesetzbuch für Studentenverbindungen, das das korrekte Verhalten in Kneipen und bei Festivitäten regelt, ist der § 11: »Es wird fortgesoffen.« Feuchtfröhlich ging es auch bei den *Scharfrichtern* zu und so mag der studentische Trinkparagraph mit der Nummer 11, der kleinsten Schnapszahl, auch in ihrem Theater als Richtlinie gegolten haben.[25] Denkbar ist auch ein bewusster Reflex auf die sogenannten *Elfmänner*, eine hoch angesehene Regierungsbehörde des antiken Athen in der Zeit von etwa 485 bis 315 v. Chr., die das Gefängniswesen und die Exekutionen der zum Tode Verurteilten überwachte.[26] Nicht zuletzt mag der Name *Die Elf Scharfrichter* auch als satanisches Pendant zu den zwölf Aposteln gelesen werden.

Um ihr ironisch-morbides Erscheinen noch zu unterstreichen, legte sich jeder der elf einen unheimlich klingenden Künstlernamen zu:

Marc Henry – Balthasar Starr
Willy Rath – Willibaldus Rost
Otto Falckenberg – Peter Luft
Leo Greiner – Dionysius Tod
Richard Weinhöppel – Hannes Ruch
Robert Kothe – Frigidius Strang
Ernst Neumann – Kaspar Beil
Willy Oertel – Serapion Grab
Viktor Frisch – Gottfried Still
Wilhelm Hüsgen – Till Blut
Max Langheinrich – Max Knax.

Die Finanzierung der Brettl-Gründung

Das nötige Kapital für ihre Bühnengründung erhofften sich die *Scharfrichter* von Münchner Industriellen, Künstlern und Privatiers. Zu diesem Zweck entwarfen sie einen Zeichnungsschein, auf dem sie ihre Absichten erläuterten und dazu einluden, Bons à 100 Mark zu erwerben, die ihren Besitzern den exklusiven Zutritt zu allen Premieren garantier-

---

[23] Kothe, *Saitenspiel*, S. 71f.
[24] Ebd., S. 71f.

[25] Der Rezensent der *Freistatt* berichtet über die Vorstellungen der *Scharfrichter*: »Man betrank sich gewissenhaft jeden Abend und wackelte mit dem stolzen Gefühl nach Haus: Vive la bohême!«, Adolf Danegger, Die »Elf Scharfrichter«, in: *Freistatt* 42 (1903), S. 831.

[26] Vgl. Franz Wolfgang Ullrich, *Anmerkungen zu den platonischen Gesprächen: Menon, Kriton und dem zweiten Alkibiades, mit einem Anhang über die Eilfmänner zu Athen*, Berlin 1821, S. 56, 68–70, 87–96.

ten.²⁷ Eine freche Karikatur von Ernst Neumann, der Kopf eines Kommerzienrats, in dem ein Beil steckt und aus dessen Mund Goldstücke quellen, schmückte den Umschlag. Der dazugehörige spaßhaft-drohende Slogan lautete: »Und so sprach der Herr von Roeder – Geld her, oder sterbt entwöder« (siehe S. 211).²⁸

Wie Henry berichtet, wurden die drei Elegantesten und Weltgewandtesten aus ihrem Kreis, Henry selbst, Falckenberg und Greiner, damit beauftragt, die potenziellen Geldgeber mit dem Zeichnungsschein aufzusuchen und ihre Unterschrift zu erwirken.²⁹ Tatsächlich gelang es den *Scharfrichtern* auf diese Weise, das nötige Kapital zusammen zu bringen. Eindrucksvoll ist die Liste ihrer Sponsoren: Neben Industriellen wie den Besitzern der Brauereien *Pschorr* und *Franziskaner* oder dem Papierfabrikanten Max Bullinger, Verlegern wie Rudolf von Oldenbourg, oder Carl von Thieme, dem schwerreichen Mitgründer der *Münchener Rückversicherung* und der *Allianz*, sind die Namen vermögender Konsuln und prominenter Münchner Intellektueller wie Georg Hirth, Alfred Walter Heymel oder Alfred Pringsheim angeführt.³⁰

Nachdem die personellen und finanziellen Fragen geklärt waren, galt es, die geeigneten Räumlichkeiten für das Theater zu finden. Der Plan, die Kabarettbühne im Hof der beliebten Künstlerkneipe *Café Stefanie*, Ecke Amalien- und Theresienstraße, zu eröffnen, konnte nicht realisiert werden.³¹ Nicht weit davon entfernt fanden die *Scharfrichter* im Hinterhaus des Gasthofs *Zum Goldenen Hirschen* in der Türkenstraße 28 schließlich ihre Bleibe. Am 15. Februar 1901 wurde der Verein *Die Elf Scharfrichter* mit Marc Henry als Vereinsvorstand, Robert Kothe als Schatzmeister und Viktor Frisch als Schriftführer in das Münchner Vereinsregister eingetragen.³² Der Theaterbau, der am 26. Januar von der Lokalbaukommission bewilligt worden war, wurde am 4. April als abgeschlossen gemeldet.³³ Bereits neun Tage später erfolgte die Eröffnung von Münchens erster Kabarettbühne.

2 Der Spielbetrieb 1901–1904

Am 13. April 1901 veranstalteten *Die Elf Scharfrichter* ihre »Galaeröffnungsexekution«³⁴ in der Türkenstraße 28 in München, bereits drei Jahre später, im Mai 1904, fand in Berlin ihre letzte Vorstellung statt. Es war ihnen demnach keine besonders lange Lebensdauer beschieden gewesen, und doch hatten sie es verstanden, diese Frist vollauf zu nutzen: In vier Spielzeiten wurden sechzehn verschiedene Programme gezeigt, vier Gastspielreisen absolviert und fast 600 Vorstellungen gegeben.³⁵ Mit ihren bunten Programmen aus Instrumentalmusik, dramatischen Szenen, Gedichtrezitationen, Liedervorträgen, musikalischen Ensemblenummern und anderem waren sie zu einer wichtigen Institution innerhalb der Münchner Theaterszene geworden. Dabei waren bereits am Premierenabend weit mehr Personen als die ursprünglichen elf Gründungsväter beteiligt und über die Jahre standen viele weitere Vortragskünstler und -künstlerinnen auf den Brettern des kleinen Theaters.

Dank des Elans, der Kreativität und des künstlerischen Sendungsbewusstseins ihrer Mitglieder gelang es den *Scharfrichtern*, eine Bühne zu etablieren, die in ganz Deutschland Beachtung fand. Doch der naive Idealismus, mit dem das Unternehmen angetreten war, wurde bald

---

²⁷ Vgl. Zeichnungsschein, MSB Mon., L 2924. 1900 kostete in München ein halbes Kilogramm gemischtes Brot 15, ein Liter Milch 20 und ein Liter Sommerbier 26 Pfennig, vgl. *Statistisches Jahrbuch für das Königreich Bayern*, Bd. 6, München 1901, S. 106.

²⁸ Den Slogan entschlüsselt Klaus Budzinski als »Anspielung auf die sprichwörtlich gewordene Moritatenzeile über die Festnahme des Jud Süß, 1737, durch einen Major von Roeder«, Budzinski, *Pfeffer*, S. 61.

²⁹ Vgl. Henry, *Trois Villes*, S. 158f., Petzet, Falckenberg, *Leben*, S. 107, und Marya Delvard an Wilhelm Hüsgen, 25.9.1957, MSB Mon., WH B 7.

³⁰ Vgl. Liste der Bon-Besitzer, *Elf Scharfrichter* an kgl. Polizeidirektion, 21.10.1903, StAM, Pol. Dir. 2057/3.

³¹ Vgl. *Scharfrichter Musenalmanach*, [o. S.]. Heinrich Otto zitiert darüber hinaus Berichte der *Münchner Neuesten Nachrichten* vom 12.1. und 7.3.1901, die ein Bild von der mühsamen Raumsuche der *Scharfrichter* vermitteln, vgl. Otto, *Scharfrichter*, S. 19.

³² Vgl. kgl. Amtsgericht München an kgl. Polizeidirektion, 20.2.1901, StAM, Pol. Dir. 2057/1, und Akte der *Elf Scharfrichter* aus dem Vereins-Verzeichnis, StAM, Pol. Dir. 2057/2.

³³ Vgl. Ad Nr. 1986, Beschluß vom 31.1.1901 und Anzeige vom 4.4.1901, LBK München, Bestandsakt Türkenstr. 28, Akte 1.

³⁴ *Von den elf Scharfrichtern*, in: *MNN*, Nr. 177, 16.4.1901, S. 3.

³⁵ Vgl. Otto, *Scharfrichter*, S. 41.

Die Elf Scharfrichter tanzen um den Richtblock, Graphik von Ernst Stern.

durch die Realität des Alltags beeinträchtigt. Unter den gleichberechtigten Mitwirkenden dauerte es naturgemäß nicht lange, bis die künstlerischen und organisatorischen Vorstellungen auseinander driftteten; Streit und Intrigen innerhalb des Ensembles waren die Folge. Mangelnde betriebswirtschaftliche Fähigkeiten brachten die *Scharfrichter* mehrmals an den Rand des Ruins. Und die Münchner Zensurbehörde tat ein Übriges, um den Schwabinger Kabarettisten das Leben zu erschweren. Zuletzt war es ein Konglomerat all dieser Faktoren, das zur Auflösung der *Scharfrichter* führte.

2.1 Die 1. Saison: April–Juli 1901

Am 12. April 1901 präsentierten sich die *Elf Scharfrichter* erstmals in einer Art öffentlicher Generalprobe für geladene Freunde und die Presse, am 13. April folgte die »Galaeröffnungsexekution« und damit die eigentliche Einweihung des Theaters.[36] Zu den Klängen des *Scharfrichter-Marsches* von Greiner und Weinhöppel zogen die *Scharfrichter* in roten Henkerskutten singend und tanzend in den Saal ein.

Danach folgten Gitarrenlieder von Weinhöppel, das Überdrama *Der Veterinärarzt* von Gumppenberg, Willy Raths Puppenspiel *Die feine Familie*, Gedichtrezitationen von Marie von Bülow sowie weitere Liedervorträge von Friederika Gutmann-Umlauft und Marya Delvard.[37] Über die Eröffnung des Kabaretts berichtet der Schriftsteller Eduard von Keyserling:

Der Gesamteindruck war gut. Ich hatte das Gefühl, dass etwas Neues und ernst Künstlerisches geschaffen war. Das Lokal ist gemütlich und das Publikum animiert. Die Scharfrichter von unglaublicher

---

[36] Die *Scharfrichter* selbst haben den 13.4.1901 auf den Titelseiten ihres 1. Programmhefts und des Programmhefts der ersten Saison eindeutig als Eröffnungstermin benannt. Auch in den Zensurakten, in der Chronik der Stadt München sowie in allen Darstellungen in der Memoirenliteratur ist der 13. als Eröffnungstag angeführt. Rösler und Otto hingegen benennen den 12.4. als den Tag der eigentlichen Eröffnung, vgl. Otto, Rösler, *Kabarettgeschichte*, S. [43]. Tatsächlich berichten die *Allgemeine Zeitung* und die *Münchner Neuesten Nachrichten,* dass die »Ehrenexekution« am Freitag, den 12.4. stattfand, vgl. [lt.], *Die elf Scharfrichter*, in: *AZ*, Nr. 102, AB, 13.4.1901, S. 1f., und Posselt, *Die Elf Scharfrichter*, in: *MNN*, Nr. 178, 17.4.1901, S. 2. Es ist also davon auszugehen, dass am 12. eine Art öffentliche Generalprobe abgehalten wurde, vgl. Vorstellungsbericht vom 14.4.1901, StAM, Pol. Dir. 2057/1, und StadtAM: Chronik, 13.4.1901, S. 1112.

[37] Vgl. Willy Röllinghoff, *Bei den »elf Scharfrichtern«*, in: *MNN*, Nr. 174, 14.4.1901, S. 1.

Nervosität. Damen weinten, Männer schrien – hinter den Kulissen, wie ich höre.[38]

Weinhöppel, der im Troubadours-Gewand seine Lieder vortrug, war »von Nervosität heiser«,[39] und Marya Delvard musste, wie sie in ihren Memoiren schreibt, mit Gewalt auf die Bühne gestoßen werden, wo sie sich, von Angst gelähmt, kaum zu rühren wagte.[40] Später sollten ihre reduzierten Bewegungen und ihre statuenhafte Erscheinung zu ihrem Markenzeichen werden. Noch aber war vieles unausgereift, der eigentliche *Scharfrichter*-Stil nicht gefunden.[41] In Gedichtform baten die Kabarettisten ihr Publikum um Verständnis:

Was wir uns Alles vorgenommen,
Kann nicht an einem Tage kommen.
Nicht Alles wird uns gleich gelingen –
D'rum nehmt, was wir Euch heute bringen,
Nur als den Anlauf zu den Dingen,
Zu denen wir wohl fürder dringen!
Und nehmt in uns'rer winzigen Klause,
In diesem schlichten Künstlerhause,
Was nicht vollkommen ist, nicht krumm.
Nicht wahr, geliebtes Publikum?[42]

Die großen Erwartungen, die man an das veredelte Varieté gestellt hatte, sah der Rezensent der *Münchener Post* durch die *Scharfrichter* noch nicht erfüllt: »Alles schmeckt noch nach Schreibstube, nach Absicht, in den Falten des Pierrots hängt noch der Staub der Gelehrsamkeit, der Abstraktion, der Schwergeistigkeit.«[43] Was genau hatte man aber erwartet? Das Publikum war angetan, aber kaum weniger verunsichert als die *Scharfrichter* selbst. Entsprach die neuartige Theaterform den eigenen Vorstellungen, ja, hatte man überhaupt eine Vorstellung gehabt?

Bei den elf Scharfrichtern war's nett. Man ist anfangs allerdings ein wenig rathlos. Weiß nicht, was man mit dieser Art Kunstgenuß anfangen soll. Die Sache ist ja noch so neu – für uns Münchener. [...] ist ein solcher Abend bei den Scharfrichtern vielleicht verlorene Zeit? Wird man sich dieser neuen Art Belustigung des Verstandes und des Witzes adaptiren dürfen? Adaptiren können? Schließlich stellen sich auch noch ästhetische Bedenken ein. Man spürt die Absicht und den Styl des Ganzen nicht heraus. Man weiß sich keinen Standpunkt zur Beurtheilung des Gebotenen. Alles ist so fragwürdig, am fragwürdigsten der eigene Zustand, in dem man sich befindet. Wenn man nur einen Moment zum Nachdenken, zur Sammlung hätte. Aber Nummer auf Nummer vergeht, man kommt vor lauter Schauen und Hören nicht zum Denken. Wie in einer Verzauberung sitzt man da. Halb willig, halb unwillig, halb wie ein Lohgerber, dem seine Felle fortgeschwommen sind, halb wie ein Müller, dem der Mühlbach ein fesches, resches Nixlein an das Wehr des Wasserrades geschwemmt hat.[44]

Bei aller Verwirrung und trotz der Kritik an den partiell noch unausgereiften Darstellungen war die allgemeine Resonanz überwiegend positiv und die konservative Presse konstatierte erleichtert, dass alles »viel harmloser ist als der etwas schreckliche Name der Gesellschaft anfänglich vermuthen läßt«.[45]

Doch nicht nur die Presse und das Publikum verfolgten aufmerksam das Debüt der *Scharfrichter*. Unter den Zuschauern der Premiere war inkognito auch ein Polizeibe-

---

[38] Eduard von Keyserling an Max Halbe, 14.4.1901, zitiert nach Otto, *Scharfrichter*, S. 354.

[39] Keyserling an Halbe, 14.4.1901, zitiert nach ebd., S. 354.

[40] Vgl. Delvard, *Erste Münchner Jahre*, S. 14.

[41] So schreibt sich Marya Delvard in den Programmheften der ersten Saison noch Delvart. Auch fehlten Marc Henrys später berühmt-berüchtigte Conférencen, stattdessen führten die beiden Regisseure Otto Falckenberg und Leo Greiner abwechselnd durch die Abende, vgl. Programmhefte der ersten Saison und Engels, *Die elf Scharfrichter*, in: *MZ*, Nr. 89, 14.4.1901, S. 2. Auch die Aufmachung der Programmhefte war noch sehr viel schlichter als in den späteren Spielzeiten.

[42] *Von den elf Scharfrichtern*, in: *MNN*, Nr. 177, 16.4.1901, S. 3.

[43] [V.], *Die elf Scharfrichter*, in: *MP*, Nr. 86, 16.4.1901, S. 2.

[44] Engels, *Die elf Scharfrichter*, in: *MZ*, Nr. 89, 14.4.1901, S. 1f.

[45] [lt.], *Die elf Scharfrichter*, in: *AZ*, Nr. 102, AB, 13.4.1901, S. 1.

amter, der im Auftrag der Zensurbehörde kontrollierte, ob die Grenzen des Anstands und der öffentlichen Ordnung gewahrt blieben und die Vorstellung tatsächlich vor einem geschlossenen Zuschauerkreis stattfand, wie es der Vereinsstatus der *Scharfrichter* suggerierte. Am ersten Abend registrierte der Beamte allerdings bereits Unregelmäßigkeiten bei der Kartenvergabe und stufte die Veranstaltung daher als öffentlich ein.[46] Am 17. April wurde Marc Henry vorgeladen, um zu den Vorwürfen Stellung zu nehmen, doch gelang es ihm diesmal noch, die Behörde zu beruhigen. Einen Monat später bestätigte ein Polizeifunktionär jedoch erneut die Eindrücke seines Kollegen und kritisierte außerdem die Nichteinhaltung der feuerpolizeilichen Auflagen.[47] Sein Urteil über die inhaltlichen Darbietungen fiel dagegen sehr wohlwollend aus, sodass die Polizeidirektion vorerst keinen Grund sah, gegen die *Scharfrichter* vorzugehen:

Unsittliches, oder auch nur direkt Anstoß Erregendes wurde weder dargestellt, noch gesungen, vorgetragen oder sonst zur Schau geboten. Die einzelnen Texte entbehren ja wohl in den meisten Fällen nicht eines sinnlichen Hintergrundes, doch glaube ich kaum, daß hierin – und zwar auch nicht von Nörglern – thatsächlich eine auffällige Verletzung der guten Sitten und des Anstandes erblickt werden kann.[48]

Die Eröffnung der ersten Münchner Kabarettbühne stieß auf große Resonanz und das Publikum strömte in Scharen in das kleine Theater an der Türkenstraße. Drei Wochen nach der Premiere schrieb Weinhöppel an Otto Julius Bierbaum, dessen Gedicht *Im Schlosse Mirabel* er vertont hatte, über die ausgelassene Stimmung während der Vorstellungen: »Hast Du eigentlich den ›Erzbischof‹ schon gehört? Es verlohnte sich, einmal das ›Halloh‹ zu beobachten, das er […] hervorruft. Letzthin hat die ganze Gesellschaft mitgejubelt.«[49]

In der ersten Saison war das Theater der *Scharfrichter* täglich ab 11 Uhr vormittags als »Café-Restaurant«[50] geöffnet, die Vorstellungen fanden montags, mittwochs und samstags ab 20 Uhr statt. Wegen der großen Nachfrage veranstalteten die *Scharfrichter* wiederholt sogenannte »Kategorievorstellungen« für Künstler und Studenten an den Freitagen, die sich im Laufe der ersten Spielzeit als feste Institution etablierten.[51] Den offiziellen Vorführungen folgte jeweils ein inoffizieller Teil, bei dem die Bühne den Besuchern als offenes Podium zur Verfügung stand.[52] Nach der Schilderung des Journalisten Adolf Danegger wurde das Theater auch an den vorstellungsfreien Tagen in dieser Form genutzt:

Ein paarmal pro Woche wurde vor dem Publikum gespielt, die anderen Tage spielte man sich selber etwas vor, alles, was malte und modellierte, dichtete oder Artikel schrieb, sang und studierte, saß in der gemütlichen Kneipe, die »Elfe« mitten unter uns, und wer was singen, sagen oder tanzen wollte, stieg auf die Bühne und tat seinen Gefühlen keinen Zwang an. Dann wieder brüllte die ganze Gesellschaft Bierbaum-Weinhöppels »Erzbischof von Salzburg« oder Wedekinds »Ilse« und so war's gut. Man betrank sich gewissenhaft jeden Abend und wackelte mit dem stolzen Gefühl nach Haus: Vive la bohême![53]

Am 29. Mai gaben die *Scharfrichter* die letzte Vorstellung ihres 1. Programms[54] und Marc Henry, berauscht vom immensen Erfolg des Premierenmonats, äußerte erste Gedanken über eine mögliche Tournee im Oktober und November 1901.[55]

---

[46] Vgl. Vorstellungsbericht vom 14.4.1901, StAM, Pol. Dir. 2057/1.

[47] Vgl. Vorstellungsbericht vom 12.5.1901, StAM, Pol. Dir. 2057/1.

[48] Ebd.

[49] Richard Weinhöppel an Otto Julius Bierbaum, 9.5.1901, MSB Mon., OJB B 250.

[50] Vgl. *Mitteilungen*, 1. PH, S. 19, DKA, Ordner LK/C/1.

[51] Vgl. *Die Elf Scharfrichter*, in: *MNN*, Nr. 198, 28.4.1901, S. 5, und *Die Elf Scharfrichter*, in: *MNN*, Nr. 289, 24.6.1901, S. 3.

[52] Vgl. [ff.], *Die Elf Scharfrichter*, in: *MNN*, Nr. 195, 26.4.1901, S. 3.

[53] Danegger, *Die »Elf Scharfrichter«*, S. 831.

[54] Vgl. *Die Elf Scharfrichter*, in: *MNN*, Nr. 244, 26.5.1901, S. 4. Otto nennt in seiner Dokumentation ohne Angabe von Quellen den 3.6. als den letzten Tag des 1. Programms, vgl. Otto, *Scharfrichter*, S. 47.

[55] Marc Henry an Michael Georg Conrad, 29.5.1901, MSB Mon., MGC B 342.

Bereits am 4. Juni folgte die »Ehrenexekution« des 2. Programms,[56] das von Regisseur Leo Greiner unter größten Mühen vorbereitet worden war: »Ich habe unser zweites Programm einstudirt und bin dabei fast wahnsinnig geworden, weil nichts zusammen ging.«[57] Auch die Tagespresse reagierte zunächst zurückhaltend, würdigte zwar die Leistungen des Ensembles, war jedoch vom Inhalt der Darbietungen nicht gänzlich überzeugt:

Zu viel der Tragik, der bitteren Satire und des galligen Humors – zu wenig zum Lachen. [...] Alles in Allem: Das neue Programm der »Elf« zeugt von ehrlichem, künstlerischem Streben, das höchste Anerkennung verdient. Wenn die Herren Scharfrichter auch noch dem Wunsche des gern lachenden Publikums entsprechen wollten [...], so wird ihr gemüthliches Cabaret auch in diesem Monat den ihm gebührenden Zuspruch finden.[58]

Anfang Juli hatte sich die Gesamtsituation deutlich verbessert: Die größere Routine der Schauspieler sowie einige kleinere Änderungen im Programm zeigten Wirkung, so dass in den *Münchner Neuesten Nachrichten* zu lesen war: »Ein Abend bei den Elf Scharfrichtern gehört jetzt zu den amüsantesten und eigenartigsten, die man in München erleben kann.«[59] Ihr großer Erfolg ermutigte die *Scharfrichter*, über eine Vergrößerung des Theaterraums und die Angliederung eines Verlags, einer Zeitschrift und eines Kunstsalons nachzudenken.[60] Und durch die gefeierten Auftritte von Marya Delvard, die gemeinsam mit Wolzogens *Überbrettl* in Darmstadt gastierte, verbreitete sich der Ruhm des Schwabinger Kabaretts auch außerhalb von München.[61]

Gleichzeitig meldeten sich jedoch auch erste kritische Stimmen innerhalb des Ensembles. So brachte Leo Greiner in einem Brief offen seine Vorbehalte gegen das Kabarett an sich zum Ausdruck und beklagte den immer größer werdenden Arbeitsaufwand, der in keinem Verhältnis zur fehlenden Ernsthaftigkeit und künstlerischen Bedeutsamkeit des Unternehmens stünde:

Im übrigen verbrettle ich von Tag zu Tag mehr und verfluche in stillen Stunden, die jetzt allerdings recht selten sind, den ganzen, alles Tiefere auf die Dauer ausrottenden Rummel [...]. Wenn es mir nicht gelingt, mich im Sommer auf eine stille Insel zu retten, auf der ich <u>meinem</u> Beruf nachgehen kann, werde ich mich mit dem Gedanken vertraut machen müssen, dereinst als zünftiger Variété Director in den Annalen der Weltgeschichte einer p. t. Nachwelt genannt zu werden.[62]

Andere Gründungsmitglieder wie etwa Willy Rath zogen Konsequenzen aus ihrer Unzufriedenheit und schieden noch während der ersten Saison aus.[63] Rath hatte vergeblich versucht, die Führung über das Ensemble zu übernehmen und es nach seinen Vorstellungen umzuformen.[64] Da ihm beides missglückte, verließ er die *Scharfrichter* und bemühte sich nun um eine eigene Kabarettbühne, die »im Geiste des Ueberbrettls mehr nur das Pretiös-Anmutige, die Rokoko- und Biedermeier-Zierlichkeit pflegen sollte«.[65] Unterstützt wurde er von dem Bildhauer Waldemar Hecker, der

---

[56] Vgl. Hedwig Pringsheim, Tagebucheintrag vom 4.6.1901, in: Dies., *Tagebücher*, hg. u. kommentiert v. Cristina Herbst, Bd. 3: *1898–1904*, Göttingen 2014, S. 329f.

[57] Leo Greiner an Wilhelm von Scholz, 20.[?, evtl. 6.]1901, DLA, A: Scholz, Zugangsnummer HS.1989.0002.

[58] [ff.], [Die Elf Scharfrichter], in: *MNN*, Nr. 264, 9.6.1901, S. 4. Ähnlich urteilt auch die *Allgemeine Zeitung*, vgl. [lt.], *Die elf Scharfrichter*, in: *AZ*, Nr. 154, AB, 5.6.1901, S. 1.

[59] [p.], [Ein Abend bei den Elf Scharfrichtern], in: *MNN*, Nr. 302, 3.7.1901, S. 4.

[60] Vgl. ebd., S. 4, und Otto, *Scharfrichter*, S. 387.

[61] Vgl. *Die »Elf Scharfrichter«*, in: *MNN*, Nr. 310, 7.7.1901, S. 2, und Frank Wedekind an Martin Zickel, 12.7.1901, in: Frank Wedekind, *Gesammelte Briefe*, hg. v. Fritz Strich, Bd. 2, München 1924, S. 75.

[62] Greiner an Scholz, 20.[?, evtl. 6.]1901, DLA.

[63] Vgl. [Der Verein die Elf Scharfrichter], in: *MNN*, Nr. 313, 9.7.1901, S. 2, *Die elf Scharfrichter*, in: *MNN*, Nr. 319, 12.7.1901, S. 2, und [Herr Willy Rath], in: *MNN*, Nr. 322, 14.7.1901, S. 3.

[64] Vgl. Willy Rath an Hanns von Gumppenberg, 19.7.1901, und Rath an Max Halbe, 2.8.1901, MSB Mon., Rath, Willy A III/2–7 und MH B 222.

[65] Gumppenberg, *Lebenserinnerungen*, S. 296.

gemeinsam mit Rath die *Scharfrichter* verließ, während die Abwerbung weiterer Mitglieder misslang.⁶⁶ Im September 1901 eröffnete Rath sein *Lyrisches Theater* in einem Saal des *Hotel Trefler* in der Sonnenstraße und Otto Falckenberg berichtete:

*Am Abend seiner Eröffnungsvorstellung in einem Saale der Sonnenstraße zogen wir bei uns in der Türkenstraße alle die roten Röcke an – was wir damals nur noch zu besonderen Anlässen taten – und es wurde in feierlicher Zeremonie mittels einer Leiter die Hüsgensche Maske Willibaldus Rosts von der Wand heruntergeholt, mit einem Trauerflor umhüllt und so wieder an ihrem Platze aufgehängt.*⁶⁷

Zwischen den ehemaligen Kollegen entbrannte nun ein Konkurrenzkampf um Mitarbeiter und Publikum. Im August 1901 äußerte Falckenberg in einem Brief an Josef Ruederer seine Sorgen, dass den *Scharfrichtern* durch Raths Kabarett wichtige Einnahmen entgehen würden.⁶⁸ Doch seine Bedenken waren unbegründet. Obgleich Raths Bühne durchaus auf positive Resonanz stieß,⁶⁹ war ihr Bestehen nur von kurzer Dauer, und nachdem Rath auch dem *Lyrischen Theater* bereits im November den Rücken kehrte, musste es nur vier Monate nach seiner Gründung im Januar 1902 wieder seine Pforten schließen (siehe die Graphik von Ernst Stern auf S. 203).⁷⁰

Nachdem auch der Maler Viktor Frisch die *Scharfrichter* verlassen hatte,⁷¹ wurde Frank Wedekind, der bereits im Eröffnungsmonat zu dem Ensemble gestoßen war, zum *Scharfrichter* ernannt. Hanns von Gumppenberg dagegen lehnte den ihm angebotenen *Scharfrichter*-Posten ab, da er als Theaterkritiker der *Münchner Neuesten Nachrichten* Bedenken hegte, »mit einem Fusse auf dem exponierten Posten des einflussreichsten Münchner Schauspielkritikers und mit dem anderen auf dem Ueberbrettl-Podium des Hirschengasthofs zu stehen.«⁷²

Am 18. Juli beschlossen die *Scharfrichter* ihre erste Saison⁷³ und begaben sich am nächsten Tag auf eine zweiwöchige Tournee, die sie nach Stuttgart (*Wilhelma Theater*), Darmstadt (*Spielhaus der Künstler-Kolonie auf der Mathildenhöhe*), Bad Kreuznach (*Kurtheater*) und Bad Ems führte.⁷⁴ In Stuttgart erlebten sie einen »energischen Durchfall«,⁷⁵ was die *Münchner Neuesten Nachrichten* vor allem auf den viel zu großen Saal zurückführten, der nicht zur intimen Stimmung des Dargebotenen passte.⁷⁶ Sehr positiv wurden sie dagegen auf der Mathildenhöhe in Darmstadt aufgenommen: »herzlicher Erfolg, interessante Menschen, schöne Abende in Künstlerhäusern«.⁷⁷ Über die Vorstellungen in Bad Kreuznach und Bad Ems ist nichts bekannt, doch schildert Falckenberg in seinen Memoiren die Wirkung der exotisch anmutenden Truppe auf die Kleinstädter:

---

⁶⁶ Vgl. Otto Falckenberg an Josef Ruederer, 30.6.1901, MSB Mon., JR B 124. Wie Falckenberg berichtet, versuchte Rath mit Versprechungen hoher Gagen von monatlich 400 Mark und mehr die *Scharfrichter*-Mitglieder für sein eigenes Theater abzuwerben.

⁶⁷ Petzet, Falckenberg, *Leben*, S. 116. Otto weist darauf hin, dass die Zeremonie allerdings nicht erst bei der Eröffnung des *Lyrischen Theaters*, sondern bereits bei Raths Ausscheiden vollzogen wurde. Im Herbst 1901 wurde Raths Maske durch diejenige Wedekinds ersetzt, vgl. Otto, *Scharfrichter*, S. 384.

⁶⁸ Falckenberg an Ruederer, 14.8.1901, MSB Mon., JR B 124.

⁶⁹ Vgl. *Lyrisches Theater*, in: *Illustriertes Salonblatt* Nr. 109 (1900/01), S. 675, und [Das neue, »Lyrisches Theater« getaufte Münchner Ueberbrettl], in: *MNN*, Nr. 410, 5.9.1901, S. 3.

⁷⁰ Vgl. *Lyrisches Theater*, in: *MNN*, Nr. 511, 4.11.1901, S. 4, und [Das Lyrische Theater], in: *MNN*, Nr. 10, 8.1.1902, S. 4.

---

⁷¹ Vgl. Otto, *Scharfrichter*, S. 47.

⁷² Gumppenberg, *Lebenserinnerungen*, S. 297. Vgl. Robert Kothe an Hanns von Gumppenberg, 12.7.1901, MSB Mon., Kothe, Robert A III/1-3.

⁷³ Vgl. [Die Elf Scharfrichter], in: *MNN*, Nr. 328, 18.7.1901, S. 2.

⁷⁴ Vgl. Otto, *Scharfrichter*, S. 53. Die Tournee begann am 19.7. und dauerte bis zum 4.8.1901. Am 20. und 21. waren die *Scharfrichter* in Stuttgart, vom 26. bis zum 29. in Darmstadt und am 31.7. in Bad Kreuznach, vgl. Wedekind, KSA 1/IV, S. 1267–1269. Als weitere Tournee-Orte waren ursprünglich auch Frankfurt und Breslau geplant, vgl. Greiner an Scholz, 20.[?, evtl 6.]1901, DLA. Kothe nennt in seinen Memoiren fälschlich (?) auch die Tournee-Orte Heidelberg und Mainz, vgl. Kothe, *Saitenspiel*, S. 91.

⁷⁵ Greiner an Scholz, 7.9.1901, DLA.

⁷⁶ Vgl. [Die Elf Scharfrichter], in: *MNN*, Nr. 338, 24.7.1901, S. 2.

⁷⁷ Greiner an Scholz, 7.9.1901, DLA. Vgl. auch [Die Elf Scharfrichter], in: *MNN*, Nr. 348, 30.7.1901, S. 3.

Als wir nach Bad Ems fuhren, mussten wir in Koblenz umsteigen und vom Bahnhof zur Rheindampfer-Anlegestelle durch die Stadt gehen: Wedekind, seine Gitarre unterm Arm, die in einem grünen Sack steckte; die Delvard, wie stets, in ihrem langen schwarzen Kleid, mit kreideweißem Gesicht und blutrot geschminktem Mund; Henry im Zylinder, den Schnurrbart hochgezwirbelt; Leo Greiner im verschlissenen Havelock; der schlankrige Lautensack, wild auf den starr-schweigsamen Wedekind einredend – so zogen wir durch die Straßen. Die Leute blieben stehen und sahen uns nach [...].[78]

Auf ihrer ersten Tournee stießen die außerhalb von München noch weitgehend unbekannten *Scharfrichter* mit ihrem bohemienhaften Auftreten und ihrer morbiden Ästhetik gerade in kleineren Orten auf Verwunderung, ja sogar Ablehnung und spielten oft vor fast leeren Häusern. Das Gastspiel endete in einem finanziellen Debakel. So schrieb Wedekind Anfang August an Otto Julius Bierbaum, die Tournee habe mit einem »Deficit für jeden der Theilnehmer«[79] geendet, und auch Leo Greiner berichtet:

Im übrigen kamen wir mit einem Deficit von M. 1000- nach München zurück, die ganze Scharfrichterei stob in alle Winde auseinander. Henry wurde zum Direktor ernannt mit dem Auftrag, einen Kapitalisten zu suchen, da keiner von uns beiden [wahrscheinlich Falckenberg und Greiner, J.K.] gewillt war, seine gesamte Zeit für nichts zu opfern. Japhet sucht noch immer den pater pecuniae, so dass die Scharfrichterei wohl nach Abspielung der noch bestehenden Schulden von Zehntausend Mark entschlafen wird [...]. Ich werde wohl zu meinem Journalismus zurückkehren, der mich von Tag zu Tag mehr anekelt, und durch ihn die Schulden abzuzahlen versuchen, in die ich durch die Scharfrichterei geraten bin.[80]

2.2 Die 2. Saison: Oktober 1901–Juli 1902

Unter diesen schwierigen Voraussetzungen begann am 1. Oktober 1901 die zweite Saison der *Scharfrichter*. Um sich finanziell zu sanieren, spielte das Ensemble von nun an jeden Abend.[81] Das Lokal öffnete jetzt täglich erst um 19 Uhr, die Vorstellungen begannen eine Stunde später, ab März 1902 um 20.15 Uhr, den inoffiziellen Teil nach den Vorstellungen hatte man gestrichen.[82] Trotz der angespannten Finanzlage war der Elan ungebrochen.

Im Oktober 1901 veröffentlichten die *Scharfrichter* im Berliner Verlag *Schuster & Loeffler* einen Band mit Ausschnitten aus dem Repertoire[83] und präsentierten sich in ihrem 3. Programm so witzig und einnehmend wie nie zuvor. Von der Presse wurden sie dafür einmütig gefeiert:

Noch nie waren die Vorträge und Szenen so gut vorbereitet, noch nie ging durch das Programm ein so leichter, gefälliger Rhythmus wie eben jetzt. Die Sturm- und Drangzeit scheint nun überwunden, man geberdet sich weniger und leistet mehr. Dabei ist jeder Reiz des Dilettantischen, der das Ueberbrettl vom Brettl und den Brettern unterscheidet, durchaus gewahrt. Nirgendwo zeigt sich der berufsmäßige Schauspieler, Sänger oder Deklamator, und

---

[78] Petzet, Falckenberg, *Leben*, S. 137. Falckenberg datiert dieses Ereignis fälschlicherweise auf das Jahr 1903. Stark überzeichnet erscheint diese Episode auch in Falckenbergs fiktivem Prosatext *Die Todte*, der im Oktober 1901 in den *Münchner Neuesten Nachrichten* erschien, vgl. Peter Luft, *Die Todte. Erinnerungen an eine Ueberbrettl-Gastreise*, in: *MNN*, Nr. 482, 17.10.1901, S. 1.

[79] Wedekind an Bierbaum, 7.8.1901, in: Wedekind, KSA I/IV, S. 1269.

[80] Greiner an Scholz, 7.9.1901, DLA.

[81] Vgl. [Die elf Scharfrichter], in: *MNN*, Nr. 433, 18.9.1901, S. 3

[82] Vgl. *Mitteilungen*, 3. PH, [o. S.], DKA, Ordner LK/C/1, und *Die Elf Scharfrichter*, in: *MNN*, Nr. 127, 16.3.1902, S. 4.

[83] Vgl. *Das Buch von den Elf Scharfrichtern*, in: *MNN*, Nr. 480, 16.10.1901, S. 4. Der Band enthält einen *Vorspruch*, das Puppenspiel *Die feine Familie* und die Szene *Serenissimus* von Willy Rath sowie die beiden Überdramen *Der Veterinärarzt* und *Der Nachbar* von Hanns von Gumppenberg. Die Beiträge für den Band waren bereits im Sommer 1901 ausgewählt worden. Als Rath seinen Austritt bekanntgab, war der Druck schon zu weit fortgeschritten, um ihn noch umzugestalten oder abzubrechen, vgl. Rath an Gumppenberg, 19.7.1901, MSB Mon., Rath, Willy A III/2–7. Das Buch trägt den Untertitel »erster Band«, es folgten jedoch keine weiteren.

doch wirkt Alles in seiner Simplizität so rund und sauber, wie man es eben zum Genusse braucht.[84]

Auch was den technischen Ablauf der Vorstellungen betraf, hatten die Kabarettisten Fortschritte gemacht, sodass die Nummern nun ohne störende Umbaupausen aneinander anschlossen.[85] Die *Scharfrichter* hatten ihren Stil gefunden. Es begann ihre inhaltlich stärkste und auch kreativste Zeit, fast jeden Monat brachten sie ein neues Programm und in Schwabing waren sie inzwischen so berühmt, dass sogar die Kinder »Scharfrichter« spielten.[86]

Allerdings begann nun auch die Zensurbehörde, das Schwabinger Brettl immer schärfer ins Visier zu nehmen. Anfang Oktober äußerte das Innenministerium seine »ernstesten Bedenken«[87] gegenüber den Vorstellungen der *Scharfrichter* und wies die königliche Polizeidirektion an, dem Ensemble den Vereinsstatus zu entziehen. Die Polizeidirektion, die den *Scharfrichtern* bis zu diesem Zeitpunkt eher wohlgesonnen gewesen war und toleriert hatte, dass es sich bei den Vorstellungen keinesfalls um geschlossene Vereinsdarbietungen, sondern um öffentliche und kommerzielle Theaterabende handelte, war nun gezwungen, zu reagieren. Mit Aufhebung des Vereinsstatus trat auf der Schwabinger Kabarettbühne die Zensur in Kraft. Die ersten Stücke, die aus dem Spielplan verschwanden, waren Otto Falckenbergs kirchenkritischer Dialog *Das Geständnis* und die anzügliche Polit-Pantomime *Der böse Traum* von Falckenberg und Paul Schlesinger.[88] Die *Scharfrichter* versuchten sich zu wehren und gaben Ende Oktober in den *Münchner Neuesten Nachrichten* bekannt: »Um vielfach geschehene Mißbräuche des Vereinscharakters der Elf Scharfrichter zu vermeiden, wird nochmals darauf aufmerksam gemacht, daß ausschließlich gegen Einladung Eintrittskarten erhältlich sind.«[89] Doch auch im November wurde der öffentliche Charakter der Vorstellungen von verschiedenen Beamten wiederholt bestätigt.[90] Nachdem ihre Beschwerden bei der königlichen Regierung von Oberbayern und dem Innenministerium zurückgewiesen worden waren, mussten die *Scharfrichter* schließlich einlenken.[91] Bis zum Erhalt der Theaterkonzession durfte das Ensemble unter Einhaltung der Zensurauflagen in München weiterspielen, nicht jedoch an anderen Orten auftreten. Das von der Polizeidirektion auferlegte Verbot einer geplanten Gastspielreise wurde nach außenhin durch die Behauptung vertuscht, die *Scharfrichter* hätten ihrerseits verschiedene Gastspieleinladungen in ganz Deutschland abgelehnt.[92]

Nachdem am 8. November 1901 die letzte Vorstellung des 3. Programms zu Ende gegangen war, begann bereits zwei Tage später das 4. Programm.[93] Bis auf die *Allgemeine Zeitung*, die beklagte, dass dem Humor erneut zu wenig Raum gegeben worden sei und »die Schatten wieder die Oberhand gewonnen«[94] hätten, reagierte die Presse einhellig positiv. Die *Münchener Post* wies auf die permanente qualitative Steigerung der *Scharfrichter*-Darbietungen hin,[95] die *Frankfurter Zeitung* beschrieb das Programm als »das Beste, was die Elf bisher zu Stande gebracht haben«[96] und in den *Münchner Neuesten Nachrichten* hieß es:

---

[84] E.[ngels], [Die elf Scharfrichter], in: *MZ*, Nr. 236, 3.10.1901, S. 2. Ähnlich lautet das Resümee der *Münchener Post*, [V.], *Die elf Scharfrichter*, in: *MP*, Nr. 226, 4.10.1901, S. 3. Weniger euphorisch, aber wohlwollender als in den meisten Fällen ist auch die Rezension der *Allgemeinen Zeitung*, [lt.], [Die elf Scharfrichter], in: *AZ*, Nr. 273, AB, 2.10.1901, S. 1.

[85] Vgl. [p.], [Die Elf Scharfrichter], in: *MNN*, Nr. 487, 19.10.1901, S. 3.

[86] Vgl. Bericht von Bothilde Hüsgen, der zweiten Frau von Wilhelm Hüsgen. Kassettenaufnahme in Privatbesitz.

[87] Kgl. Staatsministeriums des Innern an kgl. Polizeidirektion, 5.10.1901, StAM, Pol. Dir. 2057/1.

[88] Vgl. *Die Elf Scharfrichter*, in: *MNN*, Nr. 482, 17.10.1901, S. 4, und [lt.], *Die Elf Scharfrichter*, in: *AZ*, Nr. 288, AB, 17.10.1901, S. 1f.

[89] *Die Elf Scharfrichter*, in: *MNN*, Nr. 504, 30.10.1901, S. 3.

[90] Vgl. Vorstellungsberichte vom 19. und 29.11.1901, StAM, Pol. Dir. 2057/1.

[91] Vgl. kgl. Regierung von Oberbayern an kgl. Polizeidirektion, 29.10.1901, StAM, Pol. Dir. 2057/1, und Otto, *Scharfrichter*, S. 385.

[92] Vgl. ebd., S. 54, und *Die Elf Scharfrichter*, in: *MNN*, Nr. 540, 21.11.1901, S. 3: »Die Elf Scharfrichter haben in letzter Zeit verschiedene Anträge zu Gastspielreisen durch die bedeutendsten Städte Deutschlands abgewiesen.«

[93] Vgl. *Die Elf Scharfrichter*, in: *MNN*, Nr. 519, 8.11.1901, S. 3.

[94] [lt.], [Die elf Scharfrichter], in: *AZ*, Nr. 314, MiB, 12.11.1901, S. 1.

[95] Vgl. [V.], *Die elf Scharfrichter*, in: *MP*, Nr. 226, 4.10.1901, S. 3.

[96] *Sittlichkeit und »Frankfurter Zeitung«*, in: *Augsburger Postzeitung*, Nr. 259, 14.11.1901, StAM, Pol. Dir. 2057/1.

Das Programm der Elf Scharfrichter zeigt auch diesmal wieder die Lebensfähigkeit und Berechtigung dieses originellen Unternehmens. Selbst wenn man sich einzelne Nummern wegdächte, blieben die mannigfachen Darbietungen immer noch hervorragend in Quantität und Qualität. Wedekinds Leistungen sind allein schon wert, daß man die Scharfrichter aufsucht.[97]

Weniger Grund zur Freude hatte dagegen der *Scharfrichter* Robert Kothe – tagsüber Anwalt, abends erfolgreicher Kabarettsänger. Da er durch seine »Komikerproduktionen«[98] im Pierrot-Kostüm angeblich den Anwaltsstand kompromittiere, war Kothe von verschiedenen Kollegen bei der Anwaltskammer angezeigt worden.[99] Der »Fall Kothe«, der im November 1901 – zunächst noch recht unspektakulär – seinen Anfang nahm, sollte das Gericht bis in den Herbst 1902 beschäftigen. Eine Katastrophenmeldung, die das ganze Ensemble betraf, erreichte die *Scharfrichter* am 4. Dezember: Der Vereinsstatus wurde ihnen nun endgültig aberkannt. Um weiterspielen zu können, reichten sie kurz darauf ihr Konzessionsgesuch für ein Theaterunternehmen bei der Münchner Polizeidirektion ein.[100]

Die Kunde von der Neuorganisation des Theaters und den zukünftigen Einschränkungen durch die Zensurbehörde wurde von der Presse jedoch optimistisch kommentiert: »Es ist [...] zuversichtlich zu hoffen, daß die Polizei in Anbetracht des eigenartigen Genres, das die Elf Scharfrichter pflegen, sowie des ganz exklusiven und urtheilsfähigen Publikums, das diese Vorstellungen besucht, die größte Milde wird walten lassen.«[101]

Nach außen hin war von den formalen Schwierigkeiten zunächst auch noch wenig zu spüren. Am 13. Dezember – wiederum nur zwei Tage nach Ende des 4. Programms[102] – erfolgte die Premiere des 5. Programms, über das die *Münchener Zeitung* euphorisch schrieb: »Es bleibt dabei: Die beste Bühne, die wir zur Zeit in München haben, ist die der Elf Scharfrichter. Das neue Programm mag wohl das leichteste und lustigste sein, das uns bisher geboten wurde.«[103] Einen Tag später veranstalteten Marc Henry, Marya Delvard und Richard Weinhöppel im *Bayerischen Hof* eine Werbeaktion für die *Scharfrichter*. Die Veranstaltung mit dem Titel *Das Pariser Cabaret und das deutsche Ueberbrettl* war allerdings nur schlecht besucht.[104]

Am 31. Dezember gaben die *Scharfrichter* ihre Silvestervorstellung vor geladenen Gästen und präsentierten Schlager aus ihrem Repertoire sowie einige Neuheiten, die extra für diesen Anlass geschrieben worden waren. Die *Münchener Zeitung* berichtete begeistert:

Ihre Feier blieb nicht hinter den Erwartungen zurück und das will viel sagen. – [...] Herzlich und schelmisch ertönte ihr Prosit Neujahr und herzlich und kräftig stimmten alle mit ein, [...] – die Tische erglühten in blendend rothem Scheine – hie und da erklangen leise ein paar Gläser, da und dort schüttelte man sich die Hände und – wir waren ein Jahr älter. [...] älter sind wir heute um die Erinnerung an eine Sylvesterfeier, die echt empfunden war, die durchtränkt war von dem Geist der Boheme, einem Geist, der, wenn er echt ist wie hier, alle anderen Geister in sich schließt und zu sich zwingt.[105]

Trotz aller formalen und finanziellen Schwierigkeiten hatten die *Scharfrichter* ihr erstes Jahr mit großem Erfolg beschlossen und sich als feste Institution im Münchner Kulturleben

---

[97] [p.], [Das Programm der Elf Scharfrichter], in: *MNN*, Nr. 526, 13.11.1901, S. 4.

[98] Kothe, *Saitenspiel*, S. 93.

[99] Vgl. *Der Rechtsanwalt auf dem Ueberbrettl*, in: *MNN*, Nr. 314, 10.7.1902, S. 3.

[100] Vgl. kgl. Polizeidirektion an *Elf Scharfrichter*, 4.12., und Konzessionsgesuch der *Scharfrichter* bei der kgl. Polizeidirektion, 15.12.1901, StAM, Pol. Dir 2057/1.

[101] [Die Elf Scharfrichter (e. V.)], in: *MNN*, Nr. 17, 11.1.1902, S. 3. Vgl. auch [th.], *Die Elf Scharfrichter und die Zensur*, in: *AZ*, Nr. 10, AB, 11.1.1902, S. 4.

[102] Vgl. *Die Elf Scharfrichter*, in: *MNN*, Nr. 570, 8.12.1901, S. 4.

[103] E.[ngels], *Die Elf Scharfrichter*, in: *MZ*, Nr. 299, 15.12.1901, S. 2.

[104] Vgl. *Das Pariser Cabaret und das deutsche Ueberbrettl*, in: *MNN*, Nr. 585, 17.12.1901, S. 3, und [Le Cabaret litteraire Paris et L'Ueberbrettl en Allemagne], in: *MZ*, Nr. 300, 17.12.1901, S. 1.

[105] [K.], *Sylvester-Feier bei den Elf Scharfrichtern*, in: *MZ*, Nr. 3, 3.1.1902, S. 2.

etabliert.¹⁰⁶ Innerhalb des Ensembles herrschte jedoch nicht nur Zufriedenheit. So klagte Leo Greiner Anfang 1902 erneut in einem Brief: »Ich verbrettle vollständig und werde mich eines Tages wie Stilpe in Anwesenheit der Schaulustigen zum mindesten künstlerisch erhängen.«¹⁰⁷

München aber befand sich ganz und gar im »Kabarett-Fieber«: Am 13. Januar 1902 veranstalteten führende Personen aus dem Münchner Theater- und Pressebereich das *Presse- und Bühnenfest »Ueberbrettl«* im *Deutschen Theater*.¹⁰⁸ Bei der Kostümwahl sollte allerdings weniger das »Überbrettl« an sich, sondern vielmehr die »Über«-Mode im Zentrum stehen. So heißt es in den Kostümvorschlägen des Festkomitees: »Es wird am Besten sein, den Schwerpunkt auf das Wort ›Ueber‹ zu legen; Ueber im Sinne der Karikatur.«¹⁰⁹ Die Faschingsgäste setzten diese Vorgabe phantasievoll um:

*Da war z. B. der Ueberleutnant mit seinem hohen Uniformkragen; auf dem unendlich langen Spitz seiner Pickelhaube hatten sich mehrere Herzen aufgespießt. Er mußte fortwährend Liebesbriefe öffnen. [...] Biedermeier in den verschiedensten Abarten und mit Karikatur der Modernen hatten sich ebenfalls viele eingefunden. [...] Als Knopflochblumen trugen diese modernen Ueberjünglinge große Feuerlilien und dergleichen. Ein Uebergeisbub, der auf den Zukunfts-Almen zu finden sein wird, lief mit der Bartbinde: »Es ist erreicht!« herum, ein Ueberbauer mit apartem, niederem Zylinder deutete mit dem Sektflaschenpfropfen als Kokarde auf seinem Hut an, daß er sich Champagner leisten kann.*¹¹⁰

Ob die wirklichen *Scharfrichter* den Ball besuchten, ist nicht bekannt, doch waren sie immerhin als Kostüm vertreten: Elf Fußballspieler eines »Männer-Turnvereins« erschienen als *Elf Scharfrichter* in historischen Henkers-Kostümen. Die Rezension der *Münchner Neuesten Nachrichten* bringt eine detaillierte Beschreibung der Gruppe:

*Sehr charakteristisch waren die 11 Scharfrichter, die gleich zu Beginn des Balles im Gänsemarsch durch den Saal zogen. Jeden, der dafür einen Blick hat, mußte das historisch getreue Kostüm interessieren. Die Aermel des rauen Hemdes bis zum Oberarm aufgestülpt, ein rothes Wams mit kurzem Schurzfell und Ledertasche, mit der enganliegenden rothen Beinbekleidung, auf dem Kopf die Lederkappe, über der Schulter das Richtschwert, sahen sie wirklich aus wie die blutigen Gesellen des hochnothpeinlichen Halsgerichtes im 16. Jahrhundert. Das Gesicht deckte eine kurze Tuchmaske nach Art der Vehmrichter. Modern waren die Herren insofern als sie rothe Zigaretten rauchten und rothe Visitenkarten ausgaben. Als Glücksringe verschenkten sie zusammengebogene Hufnägel vom Schindanger. Die originelle Gruppe stellte die Fußballmannschaft des Männer-Turnvereins, die schon oft in solchen Sachen etwas zu leisten verstand.*¹¹¹

Ein Programmpunkt des bunten Abends stammte aus dem Repertoire der *Scharfrichter*: Der Tenor Fritz Werner¹¹² vom *Gärtnerplatztheater* sang Soldatenlieder von Ludwig Tho-

---

¹⁰⁶ Vgl. [Herzbub], *Münchner Brief, 31. Januar 1902,* in: *Bühne und Brettl* 3 (1902), S. 11f.

¹⁰⁷ Greiner an Scholz, 7.1.1902, DLA. Greiner spielt hier auf das traurige Schicksal des Titelhelden in Bierbaums Roman *Stilpe* an.

¹⁰⁸ Vgl. [Presse- und Bühnenfest »Ueberbrettl«], in: *MNN*, Nr. 7, 5.1.1902, S. 3.

¹⁰⁹ [Ankündigung Presse- und Bühnen-Fest Ueberbrettl], StadtAM: Chronik 1902, Beilage Nr. 6 und 7.

¹¹⁰ H.[ermann] R.[oth], *Vom Ueberbrettl-Ball*, in: *MNN*, Nr. 22, 15.1.1902, S. 3. »Es ist erreicht« ist der Markenname einer vom Hoffriseur Wilhelms II. entwickelten Barttinktur. Kaiser Wilhelm II. trug nachts eine Bartbinde, um die aufgezwirbelte Form seines Barts zu wahren.

¹¹¹ Ebd., S. 3. Die genaue Beschreibung dieser Gruppe ermöglicht erstmals die Zuordnung des Fotos auf der folgenden Seite, von dem bisher fälschlicherweise angenommen wurde, dass es die *Elf Scharfrichter* selbst zeigen würde. Mit falscher Zuordnung ist es u. a. abgedruckt in: *Die Elf Scharfrichter*, in: *Metzler Kabarett Lexikon*, S. 85; Helmut Bauer, *Schwabing – Kunst und Leben um 1900*. Bd. 2: *Katalog*, Münchner Stadtmuseum, München 1998, S. 110; Wilhelm, *Münchner Bohème*, S. 44; Volker Kühn, *Die zehnte Muse. 111 Jahre Kabarett*, Köln 1993, S. 36; Bushuven, *Neumann*, S. 24. Einzig Peter Jelavich schreibt ohne genauere Angabe, dass es sich bei den Abgebildeten um eine verkleidete Faschingsgruppe handelt, vgl. Jelavich, *Munich*, S. 170.

¹¹² Vgl. *Werner, Fritz*, in: Karl J. Kutsch, Leo Riemens (Hg.) unter Mitw. v. Hansjörg Rost, *Großes Sängerlexikon* (im Folgenden Kutsch-Riemens), Bern und München 1999, Bd. 5, S. 3698f.

Nicht die Elf Scharfrichter, sondern die verkleideten Fußballspieler eines »Männer-Turnvereins« auf dem Presse- und Bühnenfest »Überbrettl« im Deutschen Theater, Fasching 1902.

ma und Richard Weinhöppel, die bei der Silvesterfeier der *Scharfrichter* erstmals von Weinhöppel vorgetragen worden waren und die mit zu den berühmtesten Nummern ihres Kabaretts werden sollten. Zu später Stunde erschien als »Special Guest« dann sogar noch die berühmte Pariser Chanteuse Yvette Guilbert, die sich auf Tournee in München befand, und sang einige ihrer Lieder.[113]

Das 5. *Scharfrichter*-Programm neigte sich seinem Ende zu, als Ende Januar 1902 erneut Querelen innerhalb der Truppe die Gemüter erregten. So ließen die *Scharfrichter* in der Presse verlauten, die beliebte Soubrette Olly Bernhardi habe aus unbekannten Gründen ihr Engagement auf dem Schwabinger Brettl beendet, es sei jedoch bereits ein passender Ersatz gefunden worden. Bereits einen Tag später meldete Bernhardi sich an gleicher Stelle selbst zu Wort, um die Behauptungen zu dementieren.[114] War Marc Henry als Leiter der *Scharfrich-*

ter von seiner missgünstigen Lebensgefährtin Marya Delvard dazu überredet worden, die Verleumdung gezielt zu lancieren und somit der unliebsamen Konkurrentin zu schaden? Der unangenehme Zwischenfall markiert den Auftakt der Affäre um Olly Bernhardi, die Ende Februar zu ihrem Ausscheiden aus dem Ensemble führte und ein gerichtliches Nachspiel im Sommer des gleichen Jahres nach sich zog.

Am 29. Januar endete das 5. Programm und zwei Tage später hob sich der Vorhang über dem sechsten, dem »Carnevals-Programm«.[115] Die *Münchner Neuesten Nachrichten* lobten, die *Scharfrichter* hätten sich von der Zensurbehörde nicht einschränken lassen, seien »außerordentlich thätig und fleißig gewesen«,[116] und die *Münchener Zeitung* beschrieb die »Vortrefflichkeit dieses Carneval-Programms«.[117] Auch für das darauf folgende 7. Programm, das am 11. März Premiere hatte,[118] fanden die *Münchner Neuesten Nachrichten* begeisterte Worte:

---

[113] Vgl. R.[oth], *Vom Ueberbrettl-Ball*, in: *MNN*, Nr. 22, 15.1.1902, S. 3. Über Yvette Guilberts Münchner Gastspiel berichteten die *MNN* am 11. (Nr. 16, S. 2), 12. (Nr. 18, S. 2) und 16.1.1901 (Nr. 24, S. 2f.).

[114] Vgl. H.[ermann] R.[oth], [»Ick pfeif auf det Janze«], in: *MNN*, Nr. 45, 28.1.1902, S. 3, und [Fräulein Olly Bernhardy], in: *MNN*, Nr. 46, 29.1.1902, S. 4.

[115] Vgl. *Die Elf Scharfrichter*, in: *MNN*, Nr. 42, 26.1.1902, S. 3

[116] [p.], [Die Elf Scharfrichter], in: *MNN*, Nr. 55, 3.2.1902, S. 3.

[117] [K.], [Die Elf Scharfrichter], in: *MZ*, Nr. 28, 2.2.1902, S. 2.

[118] Vgl. *Die Elf Scharfrichter*, in: *MNN*, Nr. 113, 8.3.1902, S. 3. Das 6. Programm endete am 9.3.1902.

Es kann ihnen das Kompliment nicht verweigert werden, daß sie zwar das kleinste, dafür aber auch das originellste und rührigste Theaterunternehmen Münchens sind. [...] Sie bringen immer nur Eigenbau auf den Tisch, dichten, komponieren, illustrieren und inszenieren ihre Sachen selber. Welch eine fieberhafte Thätigkeit das erfordern mag, erräth man, wenn man sich die Fülle und Mannigfaltigkeit des gegenwertigen Programms vor Augen führt. Die Ehrenexekution am Dienstag hat von acht Uhr bis nach Mitternacht gedauert. Und dabei gab es nur ganz kurze Pausen. Es folgte Schlag auf Schlag – Schlager auf Schlager.[119]

Die *Scharfrichter* trugen sich überdies mit mancherlei Plänen: In der Fastenzeit sollte ein »Salvator«-Abend »mit Salvatorgesängen und Salvatorszenen«[120] realisiert werden, außerdem war in der Presse von einem Berliner Gastspiel die Rede.[121] In beiden Fällen blieb es jedoch bei Ankündigungen und auch die Meldung, dass Olly Bernhardi zum Ensemble zurückkehren würde, erwies sich als falsch.[122]

Am 1. April wurde der Verein der *Elf Scharfrichter* aufgelöst und das Theater ging in den Besitz des Musikverlegers und Musikalienhändlers Wilhelm Salzer über, der in Leipzig ein Verlagshaus führte.[123] Wie es zu dem Kontakt zu Salzer gekommen war, ist ebenso unbekannt wie die Gründe, die Salzer dazu bewegten, sich mit einer enormen Summe für die Sanierung des Theaters einzusetzen. Doch die *Scharfrichter* benötigten das Geld dringend: Sie mochten talentierte Künstler sein, gewissenhafte Buchhalter waren sie nicht und nun steckten sie tief in Schulden.

Trotz der geschäftlichen Neuorganisation waren die Kabarettisten sehr darum bemüht, ihr Erscheinungsbild so wenig wie möglich zu verändern.[124] Sie pflegten weiter ihr Image als freche und selbstironische Bohemiens und veröffentlichten Anfang April 1902 den *Musenalmanach der Elf Scharfrichter* im *Verlag der Elf Scharfrichter*, in dem die wichtigsten Mitglieder in satirischen Texten von Heinrich Lautensack und Karikaturen von Ernst Neumann vorgestellt wurden.[125]

Am 13. April feierten sie ihr einjähriges Bestehen mit einer »Gala-Ehrenexekution«,[126] – während Salzer sich im Hintergrund bemühte, die finanziellen Probleme des Theaters in den Griff zu bekommen. Die Gründe für die prekäre Finanzlage der *Scharfrichter* lagen nicht am mangelnden Interesse des Münchner Publikums oder den geringen Einnahmen, denn das Theater war fast jeden Abend ausverkauft. Doch das Ensemble war beständig angewachsen, während das abendliche Kartenkontingent gleich blieb, sodass die Einnahmen in keinem Verhältnis zu den immer größeren Ausgaben standen.

Salzers erste Amtshandlung war die Abfindung der Gläubiger, doch als bekannt wurde, dass er nur 20 Prozent der Schulden zurückzahlen wolle, war die allgemeine Empörung groß. Es folgten Beschuldigungen der Leidtragenden in verschiedenen Blättern, die den *Scharfrichtern* vorwarfen, sich selbst unverhältnismäßig hohe Gagen ausgezahlt zu haben, was die Kabarettisten in einer Gegendarstellung dementierten.[127] Die *Jugend* beschloss die Debatte schließlich mit einem spöttischen Gedicht:

---

[119] [p.], *Die Elf Scharfrichter*, in: *MNN*, Nr. 123, 14.3.1902, S. 4.

[120] *Die Elf Scharfrichter*, in: *MNN*, Nr. 136, 22.3.1902, S. 4.

[121] Vgl. [*Die Elf Scharfrichter*], in: *MNN*, Nr. 134, 21.3.1902, S. 3.

[122] Vgl. *Elf Scharfrichter*, in: *MNN*, Nr. 150, 31.3.1902, S. 3.

[123] Vgl. Anmerkung Marc Henrys auf Empfangsbestätigung des Schreibens der kgl. Polizeidirektion an *Elf Scharfrichter*, 9.4.1902, StAM, Pol. Dir. 2057/2. Am 25.5. wurden die *Scharfrichter* aus dem Vereinsregister gelöscht, vgl. Eintrag aus dem Vereinsregister, StAM, Pol. Dir. 2057/2. Vgl. Schreiben vom 30.[?]11.1902, [o. Abs. u. Adr.], StAM, Pol. Dir. 2057/2. Der Musikverlag W. Salzer hatte seinen Sitz in der Querstr. 13 in Leipzig, vgl. *Leipziger Adreß-Buch für 1900*. 79. Jg., Bd. 1, Leipzig 1900, S. 826. Sonst ist nichts über ihn bekannt.

[124] Vgl. [*Die Elf Scharfrichter*], in: *MNN*, Nr. 182, 19.4.1902, S. 3.

[125] Vgl. *Die Elf Scharfrichter*, in: *MNN*, Nr. 161, 8.4.1902, S. 4. Der *Musenalmanach* erschien als einzige Publikation im Selbstverlag der *Elf Scharfrichter*, alle Noten der *Scharfrichter*-Komponisten hingegen wurden in dem vom Salzer gegründeten und später von *Friedrich Hofmeister* übernommenen *Scharfrichter-Verlag* in Leipzig, teilweise auch mit Ortsangabe München, publiziert, ohne dass dieser Verlag Teil des Unternehmens der *Scharfrichter* gewesen wäre. Das Buch kostete 50 Pfennig.

[126] Vgl. *Die Elf Scharfrichter*, in: *MNN*, Nr. 175, 16.4.1902, S. 4.

[127] Vgl. *Die Elf Scharfrichter*, in: *MNN*, Nr. 183, 20.4.1902, S. 3; *Die 11 Scharfrichter im Konkurs*, in: *Münchener Ratsch-Kathl*, Nr. 33, 23.4.1902, S. 1; [*Die Elf Scharfrichter*], in: *MNN*, Nr. 187, 23.4.1902, S. 4.

*Am gleichen Orte gab es, ach! –
Just einen kleinen Ueberkrach:
Es fehlte den Elf scharfen Richtern,
Den Malern, Componisten, Dichtern,
An blauen und an braunen Lappen,
Die Manichäer zu berappen!
Was aber diese auch verloren –
Kreuzlustig sind die Debitoren
Und wie es freien Geistern ziemt
Wird flott und munter fortgemimt! –*[128]

Die unglückliche finanzielle Situation der *Scharfrichter* ist selbstironisch auf dem Titelblatt zum 8. Programm, das am 5. Mai begann,[129] dargestellt: Das Bild zeigt »eine köstliche Selbstpersiflage: Einer der Elf Scharfrichter sitzt ziemlich abgerissen auf einer Kiste, während die Guitarre, zu der er seine Lieder singt, mit dem bekannten ominösen Gerichtsvollzieherwapperl geschmückt ist.«[130] (siehe S. 206).

Wie die *Münchener Zeitung* urteilte, hatte sich die finanzielle Krise jedoch nicht negativ auf das neue Programm ausgewirkt, vielmehr schienen die *Scharfrichter* »nun mit noch mehr Feuereifer daran zu gehen, ihre Abende recht amüsant zu gestalten.«[131] Doch die Zukunft des Schwabinger Brettls blieb ungewiss und sorgenvoll kommentierte Josef Ruederer:

Wird sie wiederkehren im nächsten Winter, diese echt künstlerische Atmosphäre des einzigen deutschen Cabarets, das sich mit berechtigtem Erfolge siegreich behauptet hat? Ich weiß es nicht, mir war's schon diesmal, als sei's nicht der sentimentale Wonnemonat allein, der sich lähmend auf das ganze Programm legte. Die Scharfrichter haben mit dem Frühling tatsächlich ein anderes Gewand angelegt. Sie bestehen nicht mehr als die lose Vereinigung junger Künstler, die so mühelos Geld verdiente, um es noch müheloser auszugeben. Die heillosen Schulden, die sie gemacht haben, zwangen sie schließlich, ein Abkommen mit einem Geschäftsmann zu treffen, der nun die ganze Hinrichtungsstätte mit allen Requisiten käuflich erworben hat. Alles sehr schön vom Standpunkt der sittlichen Weltordnung aus und, wie Kaufleute sagen, im Interesse der Sanierung. Wie sich aber Frigidus Strang, Peter Luft, Balthasar Starr, und wie sie alle heißen, die bis jetzt als freie Henker gehaust haben, nunmehr als Angestellte im geregelten Dienste einer kaufmännischen Verwaltung ausnehmen werden, das will ich bei allem Glauben an die Einräumung voller künstlerischer Bewegungsfreiheit erst abwarten.[132]

Ebenso pessimistisch äußerte sich Wilhelm Mauke im *Modernen Brettl*:

Vorläufig scheint mit der Befriedigung der Hauptgläubiger der drohende Konkurs abgewendet zu sein. Jedenfalls aber wird das kecke Schifflein der lustigen und vielseitigen Bohèmes [sic] mit einem rechnerisch veranlagten Steuermann am Ruder in ein ruhiges, weniger aufgeregtes, weniger freies, seichteres Fahrwasser einlenken müssen, wo das grosse ›zahlende Publikum‹ verständnisvoll mit herumplätschern kann und nachschwimmend seinem Intellekt nicht zuviel zuzumuten braucht. Schade, ich glaube, damit ist die beste Zeit der Elf Scharfrichter vorüber. Die Allgemeinverständlichkeit und das Zielen nach Popularität wird an Stelle geistiger Originalität und litterarischer Intimität treten müssen. Die Physiognomie der Zuhörerschaft wird damit eine ganz andere werden.[133]

---

[128] [Herodot], *Weltchronik der »Jugend«*, in: *Jugend* 18 (1902), S. 301.

[129] Vgl. *Die Elf Scharfrichter*, in: *MNN*, Nr. 207, 4.5.1902, S. 4. Das 7. Programm war am 3.5. zu Ende gegangen.

[130] H.[ermann] R.[oth], [*Die Elf Scharfrichter*], in: *MNN*, Nr. 211, 7.5.1902, S. 4. Wilhelm Hüsgen schreibt in seinen Memoiren, der polnische Maler Jan Wisocki sei das Modell für den heruntergekommenen Musiker gewesen, vgl. Hüsgen, *Elf Scharfrichter*, MSB Mon., L 3573.

[131] [P.], *Die 11 Scharfrichter*, in: *MZ*, Nr. 108, 7.5.1902, S. 1.

[132] Josef Ruederer, *Die elf Scharfrichter im Frühlingsgewande*, in: *Der Tag*, Nr. 243, 1. Teil: *Illustrierte Zeitung*, 28.5.1902, [o. S.].

[133] Wilhelm Mauke, *Aus München*, in: *Das moderne Brettl* 8 (1902), S. 119.

Auch innerhalb des Ensembles hatten die geschäftliche Neustrukturierung und die Schuldenaffäre deutliche Spuren hinterlassen. In seinem Tagebuch berichtet Otto Falckenberg über die schlechte Stimmung und notiert am 15. April 1902:

Diese Arbeit, der ich in der ersten Zeit mit Leidenschaft oblag, ist mir gleichgiltig geworden, jetzt, durch den Verkauf des Unternehmens vollends. […] Im »Brettl« herrschen unausstehliche Zustände. Ich bin froh, seit 4 Monaten durch meine Krankheit verhindert, dort fern geblieben zu sein. Vorgestern haben Henry und Wedekind sich geohrfeigt.[134]

Am 21. April heißt es an gleicher Stelle:

Herr Salzers Abfindung der Gläubiger mit 20 % bringt uns um unser Renomé un[d] unsern Credit. Es ist mir sehr peinlich, umsomehr, als ich der ganzen Angelegenheit prinzipiell feindlich gegenüberstand von Anfang an, wenn auch wohl mehr aus dem Grunde, uns das Unternehmen zu erhalten.[135]

Den neuen Inhaber Wilhelm Salzer bezeichnet er als »entgegenkommend aber trottelhaft«[136] und als »Dummkopf«[137] und sieht sich nicht in der Lage, eine positive Haltung zu ihm vorzutäuschen, anders als Greiner, der Salzer Freundschaft vorheuchelt, »um die Macht in Händen zu behalten«.[138] Trotzdem sollte es noch über ein Jahr dauern, ehe Falckenberg dem Ensemble den Rücken kehrte. Dagegen schieden mit Ernst Neumann, Willy Oertel, Wilhelm Hüsgen und Max Langheinrich sämtliche bildenden Künstler der Ur-*Scharfrichter* etwa zu dieser Zeit aus dem Theater aus.[139] Von den Gründungsvätern waren damit ein Jahr nach der Eröffnung nur noch der künstlerische Leiter Marc Henry, der Sänger Robert Kothe, der Komponist Richard Weinhöppel sowie die beiden Regisseure und Autoren Leo Greiner und Otto Falckenberg übrig geblieben.[140]

Der Juni 1902 brachte neben der Premiere des 9., »im Ganzen guten Programm[s]«[141] auch den Abschluss der seit Anfang des Jahres schwelenden Affäre um die Sängerin Olly Bernhardi. Bernhardi hatte Klage gegen Marya Delvard und Marc Henry erhoben, über ihre Person »allerlei ihre Ehre schwer verletzende Gerüchte«[142] in Umlauf gebracht zu haben. Glaubt man einem späteren Bericht Wedekinds, so hatte Delvard versucht, »sich ihrer hübschen Kolleginnen bei den Elf Scharfrichtern dadurch zu entledigen, daß sie von ihnen erzählte, sie litten an ansteckenden Geschlechtskrankheiten.«[143] Bernhardi erklärte sich im Interesse des Theaters mit einem Vergleich einverstanden und Delvard, die abstritt, die Gerüchte in die Welt gesetzt zu haben, und lediglich zugab, sie eventuell verbreitet zu haben, musste eine Geldstrafe von 50 Mark sowie die durch den Prozess entstandenen Kosten zahlen.[144] Die Unstimmigkeiten und der abschließende Gerichtsprozess verursachten innerhalb des ganzen Ensembles höchst unerfreuliche »Reibereien und Schmutzigkeiten«.[145]

Ein geplantes *Sommernachtsfest*, das in der *Floriansmühle* von »Fahrendem Volk« gegeben werden sollte, konnte nicht realisiert werden, da Salzer sich weigerte, Geld für das bereits in weiten Teilen vorbereitete Projekt vorzuschießen.[146] Am 12. Juli gaben die *Scharfrichter* die letzte Vorstellung ihres 9. Programms und begaben sich in die Sommerferien.[147] Hin-

---

[134] Otto Falckenberg, Tagebucheintrag, 15.4.1902, Nachlass Otto Falckenberg, DTM, Inv.-Nr. 2006/25.

[135] Ebd., 21.4.1902.

[136] Ebd., 17.4.1902.

[137] Ebd., 27.4.1902.

[138] Ebd., 27.4.1902.

[139] Vgl. Otto, *Scharfrichter*, S. 55.

[140] Die Zahl der eigentlichen *Scharfrichter* nahm stetig ab, doch stießen immer neue Mitglieder zu dem Ensemble.

[141] R.[oth], [Die Elf Scharfrichter], in: *MNN*, Nr. 286, 23.6.1902, S. 4. Das 8. Programm wurde am 17.6. zum letzten Mal gegeben, das 9. hatte am 19.6. Premiere, vgl. Otto, *Scharfrichter*, S. 64 und *Die Elf Scharfrichter*, in: *MNN*, Nr. 277, 18.6.1902, S. 3.

[142] *Aus dem Kreise der Elf Scharfrichter*, in: *MNN*, Nr. 281, 20.6.1902, S. 4.

[143] Karl Kraus, *Nachtlicht*, in: *Die Fackel* 203 (1906), S. 24.

[144] Vgl. *Aus dem Kreise der Elf Scharfrichter*, in: *MNN*, Nr. 281, 20.6.1902, S. 4.

[145] Falckenberg, Tagebucheintrag, 17.4.1902, Nachlass Otto Falckenberg, DTM, Inv.-Nr. 2006/25.

[146] Ebd., 2.7.1902.

[147] Vgl. *Die Elf Scharfrichter*, in: *MNN*, Nr. 309, 7.7.1902, S. 4.

ter ihnen lag eine Saison voller künstlerischer Höhenflüge, aber auch voller großer personeller und organisatorischer Schwierigkeiten. In banger Vorahnung schrieb Wedekind im August 1902 an Beate Heine: »Ob sich unsere Elf Scharfrichter im nächsten Winter noch halten werden ist eine Frage, die sich nur durch das Experiment entscheiden läßt.«[148]

2.3 Die 3. Saison: September 1902–Juni 1903

Am 29. September 1902 begann die dritte Saison der *Scharfrichter* mit weiteren Umstellungen und Neuerungen.[149] Vom Magistrat wurde die maximale Auslastung des häufig völlig überfüllten Theaters auf 84 Personen festgelegt.[150] Um den Publikumsstamm zu erweitern, veranstalteten die *Scharfrichter* von nun an kostengünstigere Vorstellungen am Sonntagnachmittag[151] und rührten eifrig die Werbetrommel: Für die neue Saison versprachen sie bisher ungeahnte Kunstgenüsse wie etwa eine »Art Brettl-Oper [...], die etwas vollständig Neues auf dem Gebiete humoristisch-satirischer Musik bedeuten dürfte«,[152] die jedoch nicht zur Aufführung gelangte. Einmütig lobte die Presse den Beginn der neuen Saison und das 10. »nie von künstlerischem Witz und Geiste verlassene [...] Programm«. Noch seien die *Scharfrichter* weit davon entfernt, »den moralischen und materiellen Bankerott der anderen deutschen Ueberbrettl zu theilen«:[153]

Theils haben die Scharfrichter Manches neu gelernt, theils hat man sie Manches gelehrt. Sie haben gelernt, das Programm nicht mehr durch die Ueberfülle des Gebotenen zu erdrücken, die Feuerpolizei hat sie gelehrt, das kleine Lokal nicht mehr mit Gästen übermäßig vollzustopfen, und beides kam dem Abend sehr zu statten. [...] Der erste Abend stellt den Elf Scharfrichtern ein günstiges Prognostikon, denn, um ein Wort Grabbes zu gebrauchen, es fehlt nicht an »Scherz, Satire und tiefer Bedeutung«.[154]

Weniger erfreulich begann die Saison für Robert Kothe, gegen den die Anwaltskammer des Oberlandesgerichtsbezirks München ein ehrengerichtliches Verfahren eingeleitet hatte, da er in den Augen seiner Kollegen durch seine Mitwirkung auf der Kabarettbühne die Standesehre der Juristen verletzt hatte.[155] Zahlreiche Münchner Intellektuelle und *Scharfrichter*-Freunde, darunter Max Halbe und Franz von Lenbach,[156] sprangen Kothe bei und erklärten öffentlich,

daß sie durch das Auftreten des Herrn Kothe den Anwaltsstand in keiner Weise kompromittirt finden könnten, daß man diese Kunstgattung nicht etwa mit einem Tingeltangel auf eine Stufe stellen dürfe, daß die Eigenart der Elf Scharfrichter in Deutschland einzig dastehe und endlich daß Geist und Anmuth ganz besonders die Ausführungen des Angegriffenen auszeichnen.[157]

Trotz der prominenten Unterstützung sprach das Gericht eine Verwarnung aus, gegen die Kothe zwar zunächst Einspruch erhob, dann jedoch den zähen Kampf um die Vereinbarkeit von Beruf und Berufung aufgab, um sich fürderhin ausschließlich der Kunst zu widmen.[158] Ende Oktober meldeten die *Münchner Neuesten Nachrichten*, dass erste Lieder von Richard Weinhöppel aus dem Kabarettrepertoire im *Scharfrichter-Verlag* erschienen seien.[159] In den nächsten Jahren wurden hier insgesamt 36 Titel von Richard Weinhöppel,

---

[148] Wedekind an Beate Heine, 5.8.1902, in: Wedekind, *Briefe 2*, S. 91.
[149] Vgl. *Die Elf Scharfrichter*, in: *MNN*, Nr. 448, 27.9.1902, S. 3.
[150] Vgl. Magistrat an *Elf Scharfrichter*, 25.9.1902, StAM, Pol. Dir. 2057/2.
[151] Vgl. [Die Elf Scharfrichter], in: *MNN*, Nr. 456, 2.10.1902, S. 3.
[152] [Die Elf Scharfrichter], in: *MNN*, Nr. 440, 23.9.1902, S. 4.
[153] [e.], [Die elf Scharfrichter], in: *MP*, Nr. 223, 2.10.1902, S. 3.
[154] R.[oth], H.[ermann], [Die Elf Scharfrichter], in: *MNN*, Nr. 454, 1.10.1902, S. 3f. Ein ähnliches Urteil bei [J. F. W.], *Premiere bei den Elf Scharfrichtern*, in: *MZ*, Nr. 234, 1.10.1902, S. 3.
[155] Vgl. *Der Rechtsanwalt auf dem Ueberbrettl*, in: *MNN*, Nr. 314, 10.7.1902, S. 3.
[156] Vgl. *Der Rechtsanwalt auf dem Ueberbrettl*, in: *MNN*, Nr. 318, 12.7.1902, S. 4.
[157] H.[ermann] R.[oth], [Rechtsanwalt und Scharfrichter], in: *MNN*, Nr. 480, 16.10.1902, S. 4.
[158] Vgl. ebd., S. 4, und Kothes eigene Darstellung der Affäre in: Kothe, *Saitenspiel*, S. 92–95.
[159] Vgl. [Die Kompositionen von Hannes Ruch], in: *MNN*, Nr. 495, 24.10.1902, S. 3. Ein Heft kostete 1,50 Mark.

Die Titelseite der im Scharfrichter-Verlag erschienenen Notendrucke von Richard Weinhöppel alias Hannes Ruch.

sieben von Sandro Blumenthal und vier von Frank Wedekind und damit knapp fünfzig Einzeldrucke aus dem Lieder-Repertoire der *Scharfrichter* herausgegeben.

Nachdem das 10. Programm am 9. November 1902 abgespielt war, folgte bereits einen Tag später die »Ehrenexekution« des 11. Programms,[160] über das die *Münchener Zeitung* lobend berichtete:

> *Es war eine Ehrenexekution, Mir war es nicht nur eine Ehre, sondern […] sogar ein außerordentliches Vergnügen. […] Ist die Menge des Gebotenen viel zu groß, und das ist kein kleiner Fehler eines Künstlerbrettlprogramms, so überragen im Ganzen die litterarischen und künstlerischen Qualitäten bei Weitem den Spielplan der letzten Wochen.*[161]

Am 4. Dezember erhielt Wilhelm Salzer endlich, nachdem sein Strafregister, seine Bonität und seine künstlerische Eignung zur Theaterleitung geprüft worden waren, die Gewerbeerlaubnis, die *Scharfrichter* als Theaterunternehmen

---

[160] Vgl. *Die Elf Scharfrichter*, in: *MNN*, Nr. 519, 8.11.1902, S. 3, und *Die Elf Scharfrichter*, in: *MNN*, Nr. 523, 11.11.1902, S. 4.

[161] [J. F. W.], *Das neue Scharfrichterprogramm*, in: *MZ*, Nr. 270, 12.11.1902, S. 2.

SYLVESTER-FEIER

SYLVESTER 1902

In einem Akt von PAUL SCHLESINGER

Der Minister . . Paul Larsen
Seine Frau . . . Adele Baumbach
Brand, ein sozial-
  demokratischer
  Abgeordneter . Carl Neubert
Bimstein, Kanzlei-
  sekretär . . . Paul Schlesinger
Babette, Zimmer-
  mädchen . . . . Gertrud Steiner
Ein Arbeiter . . Hans Dorbe
Ein Lakai . . . Otto Schlosser

Eine Arbeiterdeputation
Die Handlung spielt in einer kleinen Residenz

MAZURKA BRILLANTE

Von LEONHARDT BULMANS

VILANELLE

Paroles et musique de M. HENRY

Chantée par MARYA DELVARD et M. HENRY

DER LUMPENSAMMLER

Gedicht von DIONYSIUS TOD — Musik von L. BULMANS

Gesungen vom Scharfrichter FRIGIDIUS STRANG

? ? ?

Von DIONYSIUS TOD — HANNES RUCH

(Lichteffekte von Carlo di Domizio)

1903

INOFFIZIELLER TEIL

STIMMZETTEL

Wählt Nachbar!
 „ Hochzeitsmusikanten!
 „ Lebensläufe!
 „ Wir zwei!
 „ Delvard!
 „ Henry!
 „ Strang!
 „ Dorbe!
 „ Larsen!
 „ Tod!
 „ Troll!
 „ Bulmans!
 „ Wedekind — sofern er da ist!

Der Programmzettel der Silvesterfeier 1902.

zu führen.[162] Über das 12. Programm, das am 20. Dezember Premiere hatte,[163] urteilte die *Münchener Zeitung* kritisch, dass in erster Linie der »Verkaufswerth« der einzelnen Nummern berücksichtigt worden sei: »Das ist der Grund, warum […] sich litterarisch oft so bedeutsames mit so Minderwerthigem mischt, warum das aus einem glücklichen Einfall heraus frisch Empfundene mit Gewaltsam-Gesuchtem abwechselt«.[164] Am 31. Dezember gaben die *Scharfrichter,* wie bereits im Vorjahr, eine sehr erfolgreiche Silvesterfeier.[165]

Ende Januar 1903 erfolgte die Premiere des 13. Programms[166]

---

[162] Erlaubnisschein vom 4.12.1902, StAM, Pol. Dir. 2057/2.

[163] Vgl. *Die Elf Scharfrichter*, in: *MNN*, Nr. 593, 21.12.1902, S. 4, und Otto, *Scharfrichter*, S. 91.

[164] [M. N.], *Die Ehrenexekution der 11 Scharfrichter*, in: *MZ*, Nr. 305, 23.12.1902, S. 1.

[165] Vgl. R.[oth], *Sylvester bei den Elf Scharfrichtern*, in: *MNN*, Nr. 4, 3.1.1903, S. 3.

[166] Das 12. Programm endete am 27., das neue Programm begann bereits am 28.1.1903, vgl. *Die Elf Scharfrichter*, in: *MNN*, Nr. 41, 27.1.1903, S. 4.

mit dem Titel *Vom Charfreitag bis Fasching*, das von der Presse wiederum nur mittelmäßige Rezensionen erhielt:

Wer außer den Scharfrichtern hätte in deutschen Landen das verbriefte Recht, das Kind beim rechten Namen zu nennen und noch zumeist einen recht dicken Strich unter den rechten Namen zu setzen? Wer indessen gestern Abend eine recht bissige politische Satire erwartet hatte, kam nicht auf seine Kosten. Offenbar hatte das Prinzip des Karnevals »Allen wohl, keinem wehe!« das Programm beeinflußt, das mehr Harmlosigkeiten, weniger Curarepfeile aufwies wie sonst.[167]

Obwohl die finanzielle Lage weiterhin angespannt war,[168] veranstalteten die *Scharfrichter* bereits zwei Wochen später ein Karnevalsfest von gigantischen Ausmaßen.[169] Der Titel des Fests *Durch's dunkelste Deutschland* wurde von einer Folge von Karikaturen Th. Th. Heines aus dem *Simplicissimus* übernommen, in der Heine über Jahre immer wieder die politischen und sozialen Missstände des Deutschen Reichs scharf aufs Korn genommen hatte.[170] Dass ein solches Thema keinesfalls als öffentliche Veranstaltung, sondern nur für ein geschlossenes Publikum angeboten werden konnte, liegt auf der Hand. Es waren daher nur geladene Gäste anwesend, die ihre Eintrittskarten persönlich im Büro der *Scharfrichter* abholen mussten und dabei zugleich eine Liste mit Kostümvorschlägen erhielten. Unter den Verkleidungen für die Herren sind u. a. angeführt: Minister, Richter, Kirchendiener, Leichenträger, Anstandsdame, Hofnarr, Reichsadler, Deutscher Michel, Übermensch, Torpedoboot, Barbarossa und Tolstoi; die Damen wurden dazu eingeladen, etwa als Cosima Wagner, Tierbändigerin, Deutsche Kolonialnegerin, Allegorien von Tugend, Unsittlichkeit oder Sünde, als Sektflasche oder Telegramm zu erscheinen (siehe S. 82).[171] Den passenden Ort für ihre Feier fanden die *Scharfrichter* in den sehr großen Räumlichkeiten der *Schwabinger Brauerei* (Ecke Leopold- und Feilitzschstraße), die angemietet und aufwendig dekoriert wurden. Das rauschende Fest am 19. Februar wurde zum Höhepunkt der Saison. Ein lebhaftes Bild hiervon gibt die detailreiche Rezension der *Münchner Neuesten Nachrichten*:

»Die Elf Scharfrichter« haben […] schon oft die Geißel ihres Witzes geschwungen, aber kaum waren sie jemals beißender und lustig-boshafter als gestern, Donnerstag, da sie uns durchs dunkelste Deutschland führten. […] Gleich beim Eintritt konnte man sich überzeugen, daß man in einem wohlgeordneten Polizeistaat sich befand, in dem jedem Bürger seine Befugnisse genau abgegrenzt sind. Plakate mit der Aufschrift: »Hier ist überhaupt alles verboten!« ließen keine Zweifel darüber aufkommen, was erlaubt sei, und Maueranschläge: »Maul halten! Der Magistrat« warnten vor einem losen Spazierengehenlassen des […] Mundwerks. Zwei Gendarmen mit martialischen Schnurrbärten kommandierten unablässig »Rechts gehen!« und kontrollierten jeden Eintretenden, ob er auch einen Ehering habe. Wer nicht im Besitz dieses Fangeisens war, mußte sich im Interesse der »allgemeinen Sittlichkeit« eines beilegen; die zierlichen runden Reifchen waren in allen Größen unentgeltlich zu haben. Während so die Ledigen in den Besitz eines Ehrings kamen, setzte man den Verheirateten, so sie eines Maskenzeichens bedurften, ein zierlich vergoldetes Hirschgeweih auf […]. Wie sichs für das dunkelste Deutschland gehört, lag der Saal nur in einem gewissen Dämmerschein. […] Aus grünen Bäumen blitzten grüne Lichter, zur Rechten vom Eingang

---

[167] [J. F. W.], [Das Karnevalsprogramm der 11 Scharfrichter], in: *MZ*, Nr. 24, 30.1.1903, S. 2. Ähnlich urteilen H.[ermann] R.[oth], *Die Elf Scharfrichter*, in: *MNN*, Nr. 49, 31.1.1903, S. 3; *Die elf Scharfrichter*, in: *MP*, Nr. 25, 31.1.1903, S. 2f.; [O. M.], *Die elf Scharfrichter*, in: *AZ*, Nr. 30, Stadtanzeiger, 30.1.1903, S. 3.

[168] Vgl. Paul Schlesinger an Hanns von Gumppenberg, 6.1.1903, MSB Mon., Sling A III / 1–3.

[169] Das Fest wurde groß in der Presse angekündigt, vgl. *MNN* vom 10. (Nr. 14, S. 3), 14. (Nr. 20, S. 3), 23. (Nr. 35, S. 4) 30.1. (Nr. 48, S. 3), 11. (Nr. 68, S. 3), 17. (Nr. 78, S. 2), 19.2.1903 (Nr. 81, S. 3).

[170] Heine schuf in den Jahren 1899 bis 1910 insgesamt zwanzig Graphiken unter dem Übertitel *Durch's dunkelste Deutschland*, die zum größten Teil als Titelbilder des *Simplicissimus* erschienen.

[171] Vgl. *Kostüm-Vorschläge*, StadtAM: Chronik 1903, Beilagen Nr. 60 und 61.

Damen

*Kellnerin	*Lola Montez	*Denkmalkarikaturen
*Scharfrichterin	Cosima Wagner	*Missionarin
*Page	*Sarah Bernhard	*Deutsche Kolonialnegerin
*Königin	Gartenlaube	*Berliner Range
*Kaiserin	Woche	Überweib
*Prinzessin	Eiserne Jungfrau	Absinth
*Engel	Bertha v. Suttner	Alkohol
*Malweib	Betschwester	Sektflasche (Söhnlein & Co.)
Sämtliche Fahnen	Kaffeeschwester	Die Tugend
*Germania	*Zopfkostüm	Die Theologie
*Bavaria	*Krinolinenkostüm	Die Dummheit
*Berolina	*Borussia	Die Unsittlichkeit
Stadt- und Länderwappen	*Saxonia	Die Zensur
*Lorelei	*Oenania	Verbrecherin
Drittes Geschlecht	*Wingolfia	Die Sünde
*Polin	Braut	Die Perversität
*Jüdin	Ehrenjungfrau	*Die Katze
Telegramm	*Tierbändigerin	*Rheintochter
Postkarte		*Demimondaine

Die obigen Vorschläge enthalten naturgemäss nur einen geringen Prozentsatz der Möglichkeiten und geben blos Andeutungen, deren Ausführung unseren Gästen überlassen bleiben muss. Doch sind die elf Scharfrichter (täglich von 3 bis 5 Uhr im Bureau, Türkenstrasse 28 — Telephon 4799) gerne bereit, den Festteilnehmern mit Rat und Tat beizustehen.

Die Firma F. und A. Diringer, Hochbrückenstrasse 13, ist über unsere künstlerischen und satirischen Absichten bei dem Fest im Detail orientiert und empfiehlt sich daher besonders. Die mit * bezeichneten Kostüme sind bei dieser Firma auf Lager.

Ballkostüm und Domino gilt nicht als Maske.

Die elf Scharfrichter

Kostümvorschläge für das Faschingsfest der Scharfrichter 1903.

sah man die Häuserreihe einer Vorstadt mit allerlei Läden im Erdgeschoß. Da war ein Café zum Sächsischen Hof, die Storchenapotheke, eine Schnaps- und Weinbude von R. Ampolla Söhne, in der das »Baden verboten« war, eine Zeitungsbude, in der als Extrafestausgabe die periodisch verbotene Zeitschrift »Der Hurra«[172] zur Ausgabe gelangte. […] In der Festschrift persiflierte Ernst Stern mit viel Humor das Wesen verschiedener Zeitungen. […] Zur Linken standen zwei plastische Bildwerke, der Siegesalle [sic] frei nachempfunden. Da war die »Schönheit« in Gestalt eines schneidigen, im Vollbewußtsein seines Ichs dastehenden Reiterleutnants, die »Weisheit«, die von einem Trinker aus einer Schnapsflasche gesogen wird. An den Aesten der hochstämmigen Fichten baumelten Kritiker, Proletarier der Landstraße, Chinesen, die man an ihren Zöpfen dahin gehängt hatte.[173]

---

[172] Persiflage auf den deutschen Hurra-Patriotismus, der auch im *Simplicissimus* gern karikiert wurde.

[173] Die aufgehängten Chinesen spielen auf den sog. Boxeraufstand an, siehe S. 307 dieser Arbeit.

Einladungskarte zum Faschingsfest »Durch's dunkelste Deutschland«.

Der Festbeginn brachte eine feierliche Denkmalsenthüllung mit all' den Vorgängen, die einen derartigen Akt zu begleiten pflegen. Unter Musik schoben sich zahlreiche Gruppen des Festzuges heran.[174] Voraus natürlich berittene Gendarmerie, welche die Beschauer auseinander drängte, Militär zog auf, sie in Schranken zu halten. »Deutschland über alles« präsentierte sich in Urgermanen aus dem Teutoburger Walde. Als Gegenstück kamen als Vertreter heutiger Decadence blasse Studenten und Studentinnen mit Zwickern und Augengläsern, unsere »Zukunft« saß in der Person Maximilian Hardens[175] in einer Badewanne, die deutsche Kunst hatte ebenfalls ein Sitzbad genommen und wehrte sich mit Boxerhandschuhen der bösen Kritiker. Zur Illustration der lex Heinze brachte man Spanferkel in einem Käfig; Schiller, Goethe, Shakespeare folgten den lieblich grunzenden Borstentieren. Frau Justitia ward von Dienstmännern getragen, Verbrecher verschiedener Art, geleitet von männlichen und weiblichen Staatsanwälten, folgten ihr, Chinesen brachten erbeutetes Porzellan, Waldersee und Offiziere in Tropenuniform, ein Hunnenbriefträger mit blutigen Schriftstücken erinnerten an die Erfolge in China,[176] das »dritte Geschlecht« war durch Annita Augspurg und andere Frauenrechtlerinnen vertreten, die Reformkleider-Anhängerinnen hatten »Nieder mit dem Mieder« auf ihr Panier geschrieben […].[177] Den »Niedergang Münchens als Kunststadt« zeigten viele im Zug mitgetragenen Plakate, wonach die Villa Lenbach, die Villa Stuck, das Künstlerhaus u. s. w. »wegen Umzugs nach Berlin« zum Verkauf angeboten wurden. Der letzte Besucher des Glaspalastes ging trauernd hinter dieser Gruppe her.[178] Um

---

[174] Der Festzug setzte sich aus etwa 200 Menschen und elf verschiedenen Gruppen zusammen, vgl. [Das satirische Karnevalsfest der Elf Scharfrichter], in: *MNN*, Nr. 81, 19.2.1903, S. 3.

[175] Maximilian Harden, Berliner Kritiker und Journalist, gründete 1892 die Wochenzeitschrift *Die Zukunft*.

[176] Gemeint sind die Niederschlagung und die Folgen des Boxeraufstands in China durch die deutschen Truppen unter Alfred von Waldersee. Im Vorfeld der Militäraktion hatte Wilhelm II. am 27.7.1900 in Bremerhaven seine sog. »Hunnenrede« gehalten, in der er ein brutales, gnadenloses Vorgehen gegen die Chinesen forderte.

[177] *Das dritte Geschlecht* (1899), berühmter Roman von Ernst von Wolzogen. Hier steht der Begriff für die emanzipierte Frau, die sich weigert, sich einer klassischen Rolle zu unterwerfen. Anita Augspurg, Gründerin des berühmten Münchner Fotoateliers *Elvira*, setzte sich wie viele Frauenrechtlerinnen für bequeme »Reformkleidung« ohne Korsett ein.

[178] Anspielung auf die durch den Berliner Kunstkritiker Hans Rosenhagen 1901 ausgelöste Debatte um *Münchens Niedergang als Kunststadt*, die in der Folge in München vielfach diskutiert wurde.

einen gefesselten Juden bemühten sich ein protestantischer Pastor und ein katholischer Geistlicher in sehr deutlichen Bekehrungsversuchen. Das »Crimen laesae majestatis« versinnbildlichte ein auf einer Stange einhergetragener Truthahn, ein bekanntlich sehr leicht reizbarer Vogel. Es sind das nur einige von den witzigen Anspielungen. Der Festzug defilierte vor dem noch sehr jugendlichen Sohne Seiner närrischen Hoheit, der die Gnade hatte, einige Worte an die Versammlung zu richten, auf die der Bürgermeister (Hans Dorbe) erwiderte. Als dann auf den Befehl seiner Hoheit die Hülle des Denkmals fiel, erblickte man Aegir in einer sinngemäßen Darstellung in Interimsrock und Pickelhaube, beide Hände auf einem vorgestreckten Dreizack – alias Heugabel – gestützt, während aus dem forschen Gesicht mit dem »Es ist erreicht-Schnurrbart« zwei gewaltige Augen als Glühlichter auf die versammelte Menge starrten.[179] *Neue Hurrarufe, – nur die böse Oposition [sic], die auch hier der Regierung Verlegenheiten bereiten wollte, begleitete den Enthüllungsakt mit Pfeifen und Heulen. Die Männergesangsvereine »Mir san von Byzanz« und »Tu nicht gut« stimmten dann einen Festgesang an, womit die erhebende Feier beendet war. Den Festzug hatte Leo Greiner inszeniert, die ulkige Gestalt des Aegir und auch die anderen Plastiken waren von Bildhauer Güttner modelliert, der sich durch verschiedene Ueberfiguren einen Namen gemacht hat. Auf der rückwärtigen Bühne gabs ein echtes und rechtes Cabaret: Marya Delvard persiflierte sehr gelungen ihre französische Kollegin Yvette Guilbert, ein anderer sehr beifälliger Scherz war die Belebung des sie darstellenden, nun sprechend gewordenen Heineschen Plakats.*[180] *[...] Die Herren hatten des öfteren das weibliche Kostüm gewählt, manchmal mit einer Freiheit, die sich eben nur das starke Geschlecht erlauben kann. [...] Aber auch die Weiblichkeit steckte mehrfach in Männertracht. Staatsanwälte, Richter, Gerichtsvollzieher, dann Redakteure und andere Verbrecher, typische Figuren aus dem »Simplicissimus« tummelten sich in der bunten und dichtgedrängten Menge, sogar der Alte Fritz hatte sich in Begleitung seines treuen Ziethen eingefunden, um zu sehen, was aus Deutschland geworden sei. Unter den Festgästen waren viele aus der literarischen Welt. [...] Es war Stimmung und künstlerischer Schwung in dem ganzen Abend, bei dem auch nach den packenden Weisen des Orchesters Karl Maria Schmid und nach der Musik einer aus Herren gebildeten Damenkapelle fleißig getanzt wurde. Das Publikum sah sein Vertrauen in die »Elf Scharfrichter« nicht getäuscht und wie gut man sich amüsierte, bewies, daß man von Schwabing erst schied, als es selbst im dunkelsten Deutschland schon lichter geworden war.*[181]

Das 13. Programm wurde am 24. Februar zum letzten Mal gezeigt, dann folgten bis zum 1. März sogenannte »Mustervorstellungen«, in denen das Ensemble sein neues Tourneeprogramm vorstellte und einübte.[182] Am 2. März begaben sich die *Scharfrichter* auf ihre zweite, über zwei Monate währende Gastspielreise, die sie nach Nürnberg, Hamburg, Breslau, Dresden, Leipzig, Darmstadt, Frankfurt, Mainz, Hannover, Düsseldorf, Köln, Karlsruhe und Mannheim führte.[183] Eine werbewirksame Begleitpublikation für die Gastspiele lieferte die Sondernummer der Berliner Kabarettzeitschrift *Bühne*

---

[179] Aegir oder Ägir, germanischer Meeresriese. Wilhelms II. ausgesprochene Vorliebe für die mythologische Figur – 1894 komponierte er seinen *Sang an Aegir*, ein Jahr später taufte er ein Panzerschiff auf den Namen Ägir – wurde vielfach satirisch aufgegriffen, u. a. vom *Simplicissimus*, vgl. Julia Zernack, *Kaiserkunst und Propaganda. Bemerkungen zum Titel »Sang an Aegir«*, in: Katja Schulz, Florian Heesch (Hg.), *Sang an Aegir: Nordische Mythen um 1900*, Heidelberg 2009, S. [13]–29. »Es-ist-erreicht-Schnurrbart«, siehe S. 73 dieser Arbeit.

[180] Gemeint ist das bekannteste Plakat der *Scharfrichter* von Th. Th. Heine, auf dem die geisterhafte, schwarze Gestalt Marya Delvards vor dem Hintergrund von elf Teufelsmasken dargestellt ist, siehe S. 207 dieser Arbeit.

[181] R.[oth], *Durchs dunkelste Deutschland*, in: *MNN*, Nr. 85, 21.2.1903, S. 3f.

[182] Vgl. *Die Elf Scharfrichter*, in: *MNN*, Nr. 92, 25.2.1903, S. 4.

[183] Der glückliche Zufallsfund einer Mappe mit Zeitungsausschnitten aus dem Besitz Robert Kothes ermöglicht erstmals die genaue Rekonstruktion der Tournee. Die Mappe befindet sich in Privatbesitz.

und Brettl über die *Elf Scharfrichter*, die am 2. März erschien und den berichtenden Journalisten in den Tourneestädten als Informationsquelle diente.¹⁸⁴

Die Ausgabe brachte in fünf Kapiteln einen Überblick über die Gründungsgeschichte und die Absichten der Künstlergruppe, Erläuterungen zur Bedeutung der druckgraphischen Werke für das Theater, eine Beschreibung des Theaterraums und der Bühne, die Vorstellung der wichtigsten Mitglieder sowie ausgewählte Beispiele aus dem Repertoire. Das Erscheinen der Zeitschrift führte zu neuen Querelen, diesmal zwischen Ernst Neumann, dem vormals wichtigsten Graphiker der *Scharfrichter*, der mit der Geschäftsübernahme Salzers das Ensemble verlassen hatte, und Otto Falckenberg als dem Vertreter des Ensembles. Neumann warf seinen ehemaligen Kollegen vor, seinen Beitrag für das Kabarett in dem Artikel über die Druckgraphik der *Scharfrichter* nicht ausreichend gewürdigt zu haben, was Falckenberg entschieden zurückwies. Die unschöne, in der Münchner Zeitschrift *Freistatt* öffentlich ausgetragene Debatte wogte hin und her und wurde schließlich ohne Versöhnung beendet.¹⁸⁵

Auch der Auftakt der *Scharfrichter*-Tournee war von Unstimmigkeiten überschattet. Nach dem ersten Auftritt im *Intimen Theater* in Nürnberg kam es zum Streit zwischen der Regie und Wedekind, woraufhin dieser seine Teilnahme an der Tournee frühzeitig beendete und abreiste.¹⁸⁶ Ohne ihren eigentlichen Star fuhren die *Scharfrichter* weiter nach Hamburg, wo sie am 8. oder 9. März im *Saal bei Sagebiel* gastierten. Wie in vielen anderen Städten hatten die *Scharfrichter* auch hier mit den ungünstigen Gegebenheiten eines viel zu großen Saals zu kämpfen, der ihnen die Vermittlung ihrer intimen Kunst erschwerte. Ihre Vorstellungen waren jedoch ausverkauft und wurden überwiegend positiv aufgenommen.¹⁸⁷ Nach einem weiteren Auftritt im Hamburger *Salon*

Die erste Seite der Sondernummer der Kabarettzeitschrift »Bühne und Brettl« über Die Elf Scharfrichter vom März 1903. Die hier abgebildete Tänzerin ziert auch ein Plakat von Ernst Neumann (siehe S. 214).

---

¹⁸⁴ Immer wieder finden sich deutlich erkennbare Zitate in den Rezensionen, die aus der Zeitschrift entnommen sind, so z. B. in [G. J.], *Die elf Scharfrichter*, in: *Dresdner Anzeiger*, 21.3.1903, und *Die elf Scharfrichter*, in: *Mainzer Anzeiger*, 17.4.1903, MaK.

¹⁸⁵ Eine ausführliche Darstellung der Kontroverse bringt Bushuven, *Neumann*, S. 28–31.

¹⁸⁶ Vgl. Wedekind an Beate Heine, 18.3.1903, in: Wedekind, *Briefe 2*, S. 95.

¹⁸⁷ Vgl. [B.], *Die elf Scharfrichter*, in: *Hamburger Zeitung*, 10.3.1903, MaK.

Bock am 13. März gastierten die *Scharfrichter* als Nächstes in Breslau.[188] Wie sein Hamburger Kollege hätte sich auch der Rezensent der *Schlesischen Zeitung* schärfere Töne erwartet, doch resümiert er lobend: »Nicht Alles, was die elf Scharfrichter producirten, war gleichwerthig, aber nichts langweilig (mit Ausnahme einiger Pausen), Alles hochinteressant.«[189]

Am 19. März waren die Kabarettisten bereits in Dresden, wo sie im Saal des *Neustädter Casinos* in der Königstraße spielten und abermals mit unvorteilhaften räumlichen Bedingungen, die sich so grundlegend von ihrem Schwabinger Theater unterschieden, zu kämpfen hatten.[190] Wenige Tage später folgte eine Vorstellung im *Saal des Künstlerhauses* in Leipzig, über die der Rezensent des *Leipziger Generalanzeigers* urteilte: »Mein Gesamturteil: Diese elf Scharfrichter sind ganze Kerle,... es lebe ihre frische, ungebundene, hoch ihre gesunde Kunst!«[191] Einem Auftritt in Darmstadt Anfang April folgten zwei weitere Vorstellungen in Frankfurt, wo die *Scharfrichter* einen großen Erfolg erlebten.[192] Der Rezensent der Frankfurter *Kleinen Presse* jubelte: »Wirklich, wenn ich nicht Zeitungsschreiber wäre [...] möchte ich wohl Scharfrichter sein, oder mindestens Scharfrichtergehilfe!«[193] Hinter den Kulissen kämpfte das Ensemble jedoch mit massiven personellen Problemen. So gab Marc Henry am 6. April in den *Münchner Neuesten Nachrichten* die Mitteilung heraus, er werde »wegen Differenzen mit dem geschäftlichen Leiter, Herrn Salzer, von dem Unternehmen der Elf Scharfrichter vollständig zurücktrete[n].«[194] Doch die melodramatische Ankündigung blieb ohne direkte Folgen und Marc Henry nahm weiterhin als künstlerischer Leiter und Conférencier an der Tournee teil. Mitte April gastierte das Ensemble im *Stadttheater Mainz*,[195] ehe es nach Hannover weiterreiste und dort am 23. April im *Tivoli-Saal* eine Vorstellung gab. Auch hier waren die Publikumsreaktionen überwiegend positiv, aber »an manchen unbekümmerten Freiheiten wurde doch Anstoß genommen, weil eben der Henker eine anstößige Person ist, von der viele Leute keinen Spaß verstehen wollen.«[196] Jeweils zwei Vorstellungen gaben die *Scharfrichter* Ende April in Düsseldorf und Köln und reisten anschließend für einen weiteren Auftritt nach Karlsruhe.[197] Auf ihrer letzten Tourneestation in Mannheim wurden sie so stürmisch gefeiert, dass das *Saalbau-Theater* sie für mehrere Zusatzvorstellungen engagierte.[198]

Am 10. Mai kehrten die *Scharfrichter* nach gut zwei Monaten nach München zurück.[199] Ihre Tournee war ein großer Erfolg gewesen, stets hatten sie vor vollen Häusern gespielt[200] und wenngleich das Publikum auch nicht in allen Fällen nur begeistert gewesen war, so überwog doch deutlich die positive Resonanz.[201] Auch die oftmals ungeeigne-

---

[188] Etwa am 15. und 16.3.1903. Der Auftrittsort in Breslau ist nicht bekannt, vgl. [v. R.], *Gastspiel der »Elf Scharfrichter«*, in: *Schlesische Zeitung*, 16.3.1903, MaK.

[189] [K. M.], *Die elf Scharfrichter*, in: *Breslauer General-Anzeiger*, 17.3.1903, MaK.

[190] Vgl. [G.J.], *Die elf Scharfrichter*, in: *Dresdner Anzeiger*, 21.3.1903, MaK.

[191] Artur Pleissner, *Die elf Scharfrichter*, in: *General-Anzeiger für Leipzig und Umgebung*, 25.3.1903, MaK. Der Auftritt fand wahrscheinlich am 23.3.1903 statt.

[192] In Darmstadt etwa am 1.4., vgl. [Die elf Scharfrichter], in: *Neue Hessische Volksblätter*, 3.4.1903, MaK, in Frankfurt am 2.4. in kleinem Kreis ohne Nennung des Ortes und am 3.4.1903 im *Hochschen Konservatorium*, vgl. *Die elf Scharfrichter*, in: *Frankfurter Zeitung*, 4.4.1903, und [Bill.], *Von den elf Scharfrichtern*, in: *Kleine Presse*, 5.4.1903, MaK.

[193] Ebd.

[194] *Von den Elf Scharfrichtern*, in: *MNN*, Nr. 161, 6.4.1903, S. 3.

[195] Ca. am 15.4.1903, vgl. *Die elf Scharfrichter*, in: *Mainzer Anzeiger*, 17.4.1903, MaK.

[196] *Hannover-Linden u. Umgegend. Die elf Scharfrichter*, 25.4.1903, MaK.

[197] In Düsseldorf wahrscheinlich am 26. oder 27. und 30.4. im *Uraniasaal im Artushof*, in Köln am 27. oder 28. und 28. oder 29.4. im großen Saal der *Philharmonie*, in Karlsruhe wahrscheinlich am 4.5.1903 im *Museumssaal*, vgl. *Die elf Scharfrichter*, in: *Düsseldorfer Neueste Nachrichten*, 29.4.1903; *Köln*, in: *Kölner Zeitung*, 29.4.1903; *Karlsruhe, 5. Mai*, in: *Badische Presse*, 4.5.1903, MaK.

[198] Vgl. [Die Elf Scharfrichter], in: *MNN*, Nr. 210, 8.5.1903, S. 3.

[199] Vgl. Falckenberg, Tagebucheintrag, 10.5.1903, Nachlass Otto Falckenberg, DTM, Inv.-Nr. 2006/25.

[200] Vgl. u. a. [B.], *Die elf Scharfrichter*, in: *Hamburger Zeitung*, 10.3.1903; *Die elf Scharfrichter*, in: *Mainzer Anzeiger*, 17.4.1903; *Hannover-Linden u. Umgegend. Die elf Scharfrichter*, 25.4.1903; *Düsseldorf [Bei den elf Scharfrichtern]*, 29.4.1903; *Köln*, in: *Kölner Zeitung*, 29.4.1903; *Karlsruhe, 5. Mai*, in: *Badische Presse*, 4.5.1903, MaK.

[201] Während die *Scharfrichter* laut den Zeitungsberichten in Hamburg, Dresden, Hannover und Köln freundlich aufgenommen wurden, feierten sie in Breslau, Leipzig, Darmstadt, Frankfurt und Düsseldorf große Erfolge.

ten Theatersäle, in denen die Kabarettisten während ihrer Reise auftreten mussten und die sich so grundlegend von dem kleinen, intimen Raum in der Türkenstraße unterschieden, hatten dem Erfolg nicht geschadet.²⁰² Nach ihrer Rückkehr brachten die *Scharfrichter* bis zum Ende der Saison am 1. Juni weiterhin ihr Gastspielprogramm zur Aufführung.²⁰³ Doch innerhalb des Ensembles kriselte es weiterhin heftig. Falckenberg erwähnt in seinem Tagebuch ab Mitte Mai fast tägliche Treffen mit Greiner und Schlesinger, mit denen er ein eigenes Theater gründen oder das Schwabinger Brettl grundlegend umgestalten wollte.²⁰⁴ In einem Brief an Josef Ruederer kündigte er an, die *Scharfrichter* zu verlassen, falls die angestrebten Veränderungen der Bühne sich weder inhaltlich – im Hinblick auf die Entwicklung des Theaters zu einem »großen ernsten Stil«²⁰⁵ – noch räumlich – in Bezug auf den Wechsel in einen größeren Saal für bis zu 300 Zuschauer – würden realisieren lassen. Schließlich vollzogen Greiner und er den entscheidenden Schritt: »Gr. und ich lassen die Sch.[arfrichter, J.K.] fallen.«²⁰⁶

Am 20. Mai gab Wilhelm Salzer bei einer Regiesitzung bekannt, dass er, vierzehn Monate nach seiner geschäftlichen Übernahme der *Scharfrichter*, aus dem Unternehmen austreten werde.²⁰⁷ Im Juni 1903 verkaufte Salzer das Theater für 5.000 Mark an Henry und behielt lediglich die Rechte für die im *Scharfrichter-Verlag* bisher erschienenen Lieder.²⁰⁸ Das nötige Kapital hatte Henry von dem 23-jährigen »Maler und Elf-Scharfrichter-Enthusiasten«²⁰⁹ Otto Miethke, Sohn des renommierten Wiener Galeristen Hugo Othmar Miethke, erhalten. Miethkes Name taucht bereits am 17. Mai 1903 in Falckenbergs Tagebuch auf, wo es heißt: »Besprechung mit Greiner, Schlesinger, Mietke. Mietke soll Geld haben.«²¹⁰ Miethke hatte nicht nur Geld, sondern ließ sich auch sehr schnell von Henry dazu überreden, die *Scharfrichter* zu kaufen.²¹¹ Für ein Darlehen von insgesamt 10.000 Mark verpfändete Henry das Theater und alle Rechte an den *Scharfrichtern* an Miethke, der außerdem die Stelle des technisch-künstlerischen Leiters des Ensembles erhielt. Gleichzeitig verpflichtete sich Henry als neuer Eigentümer, das Theater bis mindestens Oktober 1906 weiterzuführen.²¹² Die von Henry am 18. Juli beantragte Theaterkonzession wurde im September 1903 erteilt.²¹³ Henry teilte der Polizeidirektion mit, dass »das Unternehmen in Zukunft in keiner Weise seine ursprüngliche Bedeutung und Ziele ändern« werde, man jedoch das Angebot erhalten habe, »einen bequemeren und künstlerischeren Theatersaal (voraussichtlich Türkenstr. 24) mit eigenem Vorderrestaurant und allen nothwendigen Nebenräumen bis 1. Jänner 1904 zu bekommen.«²¹⁴ Weitere Veränderungen wurden im August 1903 in der *Münchener Zeitung* verlautbar:

Man will ferner den Mitarbeiterkreis vergrößern und nicht mehr so sehr nur auf die eigene Produktion der »Elf« angewiesen sein, was ein sehr guter Gedanke ist, da das bisherige Verfahren die »Elf« über Gebühr in Anspruch nahm, erschöpfte und auf die Dauer auch das Publikum ermüden mußte. [...] Die neue Bühne hat ferner zum Engagement einer besonderen Schauspieler- und Sängertruppe geführt, während man sich bisher auch in dieser Beziehung auf die internen Scharfrichterkräfte beschränkt

---

²⁰² Die unpassenden Säle werden in den Rezensionen vielfach kritisiert.

²⁰³ Vgl. *Die Elf Scharfrichter*, in: *MNN*, Nr. 226, 15.5.1903, S. 3, und [Die Elf Scharfrichter], in: *MNN*, Nr. 244, 27.5.1903, S. 4.

²⁰⁴ Vgl. Falckenberg, Tagebucheinträge, 14., 15., 16., 17., 20., 22., 23.5. und 3.6.1903, Nachlass Otto Falckenberg, DTM, Inv.-Nr. 2006/25. Angedachte Orte waren das *Künstlerhaus* und das *Hotel Trefler* in der Sonnenstraße, wo schon Willy Rath den Sitz seines *Lyrischen Theaters* gehabt hatte.

²⁰⁵ Falckenberg an Ruederer, 30.5.1903, MSB Mon., JR B 124.

²⁰⁶ Falckenberg, Tagebucheintrag, 23.5.1903, Nachlass Otto Falckenberg, DTM, Inv.-Nr. 2006/25.

²⁰⁷ Vgl. ebd., 20.7.1903.

²⁰⁸ Vgl. Kaufvertrag zwischen Wilhelm Salzer und Marc Henry, 6.5.1903, StAM, Pol. Dir. 2057/3.

²⁰⁹ Otto, *Scharfrichter*, S. 98.

²¹⁰ Falckenberg, Tagebucheintrag, 17.5.1903, Nachlass Otto Falckenberg, DTM, Inv.-Nr. 2006/25.

²¹¹ Vgl. ebd., 20.5.1903.

²¹² Vgl. Vertrag zwischen Otto Miethke und Marc Henry, 5.6.1903, StAM, Pol. Dir. 2057/3.

²¹³ Vgl. Beschluss der kgl. Polizeidirektion, [?].9.1903, StAM, Pol. Dir. 2057/3.

²¹⁴ Marc Henry an kgl. Polizeidirektion, 18.7.1903, StAM, Pol. Dir. 2057/3. Den neuen Theatersaal sollte wieder Max Langheinrich bauen, vgl. Keyserling an Wedekind, [o. O.], 1904, MSB Mon., FW B 84.

hatte. [...] Bleiben sie ihrem bisherigen Geist treu, erweitern und verfeinern sie nur ihr Programm, [...] so werden sie gewiß auch in Zukunft florieren, was man dieser in Deutschland einzigartigen Institution nur wünschen kann. Vielleicht wird auch die politische Satire wieder mehr gepflegt, denn das verdiente die Politik, und auch dem Publikum könnte es nicht schaden.[215]

2.4 Die 4. Saison: Oktober 1903–Mai 1904

Am 1. Oktober 1903 eröffneten die *Elf Scharfrichter* mit dem 14. Programm ihre vierte und letzte Spielzeit.[216] Die vergangenen zweieinhalb Jahre hatten ihnen Ruhm und große Erfolge beschert, doch eine wirklich sorgenfreie Zeit hatte es für das Schwabinger Brettl nie gegeben. Seit seiner Gründung kämpfte das Ensemble mit massiven finanziellen, personellen und behördlichen Problemen und schlitterte von einer Krise in die nächste. Und wenngleich diese Schwierigkeiten auch nicht immer existenzieller Natur waren und partiell von der Außenwelt unbemerkt blieben, behinderten sie die Weiterführung des Unternehmens doch zunehmend.

Noch vor Beginn der vierten Saison verließ eines der wichtigsten Mitglieder, der Hauskomponist Richard Weinhöppel, das Ensemble.[217] Wie bei fast allen Gründungsvätern hatte sich auch bei ihm die anfängliche Begeisterung für die Mischform von Kunst und Unterhaltung inzwischen verflüchtigt. Die Arbeit bei den *Scharfrichtern* wurde zunehmend als redundant und in künstlerischer Hinsicht als zu wenig ernsthaft empfunden.[218] Damit waren von den ursprünglichen *Elf Scharfrichtern* nur noch Robert Kothe und Marc Henry übrig geblieben. Doch Henry suchte weiterhin eifrig nach Wegen und Möglichkeiten, um die *Scharfrichter* am Leben zu halten und partiell auch zu reformieren. Gemeinsam mit dem neu engagierten Regisseur Franz Blei, der bereits in gleicher Funktion in Otto Julius Bierbaums kurzlebigem Berliner *Trianon-Theater* Erfahrungen mit dem Kabarett-Genre gemacht hatte,[219] plante Henry, neben den regulären Kabarettvorstellungen zusätzliche Theaterabende zu veranstalten. Bei dieser Gelegenheit sollten vor geschlossenem Publikum Werke hauptsächlich moderner, aber auch älterer und antiker Autoren gezeigt werden, die an den großen Theatern nur selten gespielt wurden, darunter Aristophanes' *Lysistrata* (411 v. Ch.), Hermann Bahrs *Die Mutter* (1891), Henry Becques *Die Raben* (*Les Corbeaux*, 1882), André Gides *Philoktet* (*Philoctète*, 1898), Herondas' *Mimen* (3. Jh. v. Chr.), Jakob Michael Reinhold Lenz' *Die Soldaten* (1776), August Strindbergs *Fräulein Julie* (*Fröken Julie*, 1888), Frank Wedekinds *Der Liebestrank* (1892) und *Die Büchse der Pandora* (1901) und Oscar Wildes *Ernst muss man sein* (*The Importance of Being Ernest*, 1895).[220] In seinen Memoiren nennt Franz Blei außerdem noch Georg Büchners *Dantons Tod* (1835), Johann Wolfgang von Goethes *Die natürliche Tochter* (1801–03), Carlo Goldonis *La Casa Nova* (1761), Hugo von Hofmannsthals *Die Bergwerke zu Falun* (1899), Ben Johnsons *Volpone* (1606), Lenz' *Der Engländer* (1777) und George Bernard Shaws *Candida* (1894).[221] Die ambitionierte Werkliste verdeutlicht die Absicht der *Scharfrichter*, vor allem aber wohl von Franz Blei, der Schwabinger Bühne ein neues Gepräge zu geben und sie zur Plattform für internationale moderne Dramatiker und ältere Erfolgsstücke zu machen. Um dieses Vorhaben umzusetzen, sollten mindestens 200 Subskribenten je ein Gesamtpaket für acht Vorstellungen à 30 Mark erwerben.[222]

Das Publikum quittierte diesen Versuch einer Neuerfindung der *Scharfrichter* jedoch mit Desinteresse. Das ehrgeizige Projekt wurde daher bald wieder aufgegeben und keines der genannten Stücke gelangte in der Türkenstraße

---

[215] *Was die 11 Scharfrichter planen*, in: *MZ*, Nr. 184, 14.8.1903, S. 2.

[216] Vgl. [Die Elf Scharfrichter], in: *MNN*, Nr. 451, 27.9.1903, S. 2.

[217] Vgl. Otto, *Scharfrichter*, S. 98. Weinhöppels Austritt wurde in der Presse wiederholt thematisiert, vgl. [Hannes Ruch], in: *MNN*, Nr. 476, 12.10.1903, S. 2; *Von den elf Scharfrichtern*, in: *MNN*, Nr. 495, 23.10.1903, S. 3; [Die Elf Scharfrichter], in: *MNN*, Nr. 497, 24.10.1903, S. 2; [Hannes Ruch], in: *MNN*, Nr. 500, 26.10.1903, S. 3.

[218] Vgl. Weinhöppel an Bierbaum, 5.9.1903, MSB Mon., OJB B 250, und Petzet, Falckenberg, *Leben*, S. 138.

[219] Vgl. Fotografie *Otto Julius Bierbaum und die Künstlerschaar des Trianon-Theaters*, in: *Bühne und Brettl* 1 (1902), [o. S].

[220] Vgl. *Die Elf Scharfrichter*, in: *MNN*, Nr. 435, 18.9.1903, S. 2, und Subskriptionsformular der *Elf Scharfrichter*, StAM, Pol. Dir. 2057/3.

[221] Vgl. Franz Blei, *Erzählung eines Lebens*, Leipzig 1930, S. 342f.

[222] Vgl. Vormerkung der kgl. Polizeidirektion an *Elf Scharfrichter*, 5.11.1903, StAM, Pol. Dir. 2057/3.

jemals zur Aufführung. Auch der geplante Umzug in ein größeres Theater scheiterte und zu allem Überfluss erwiesen sich nun auch noch die neu engagierten Bühnenkräfte fast ausnahmslos als Enttäuschung. Vernichtend urteilte die *Münchener Zeitung*:

> *Nach viermonatlicher Pause sind die 11 Scharfrichter gestern wieder in ihr hiesiges Heim eingezogen. Es ist in der Zwischenzeit eine große Wandlung mit ihnen vorgegangen; was früher streng intime und stilisierte Kleinkunst war, ausgeübt von dilettierenden Freunden [...] für eine auserlesene Schar Gleichgesinnter, tritt uns jetzt mit der Prätension des Theaters entgegen, das seine berufsmäßigen Interpreten und Vermittler vor die Rampen stellt. Eine Anzahl fest engagierter Kunstkräfte soll den größten Teil des Programms [...] bestreiten. So sind die Scharfrichter dort angelangt, wo Wolzogen vor Jahren in Berlin begonnen [...]. »Blutiges Anfängertum«, das ist das Resultat der gestrigen Generalprobe [...], – unbeholfenes Stammeln dort, wo wir Geist suchen, Tappigkeit an Stelle der eleganten Finesse und Schablone statt individueller Eigenart.*[223]

Henrys Hoffnung, die Qualität der Vorstellungen mithilfe professioneller Schauspieler und Schauspielerinnen zu steigern, erfüllte sich nicht. Das Publikum empfand im Gegenteil sehr deutlich, dass das ursprüngliche künstlerische Sendungsbewusstsein der *Scharfrichter* nun durch das Profitdenken von Berufsschauspielern abgelöst wurde, und missbilligte diese Veränderung entschieden. Die *Scharfrichter* waren nur so lange interessant gewesen, wie sie sich von den üblichen Theaterbetrieben unterschieden, »mit den regulären Schauspielern war [...] der ganze Spaß zuende.«[224]

Überaus pessimistisch beurteilte auch der Rezensent der *Freistatt*, was aus den *Scharfrichtern* im Laufe der Zeit geworden war:

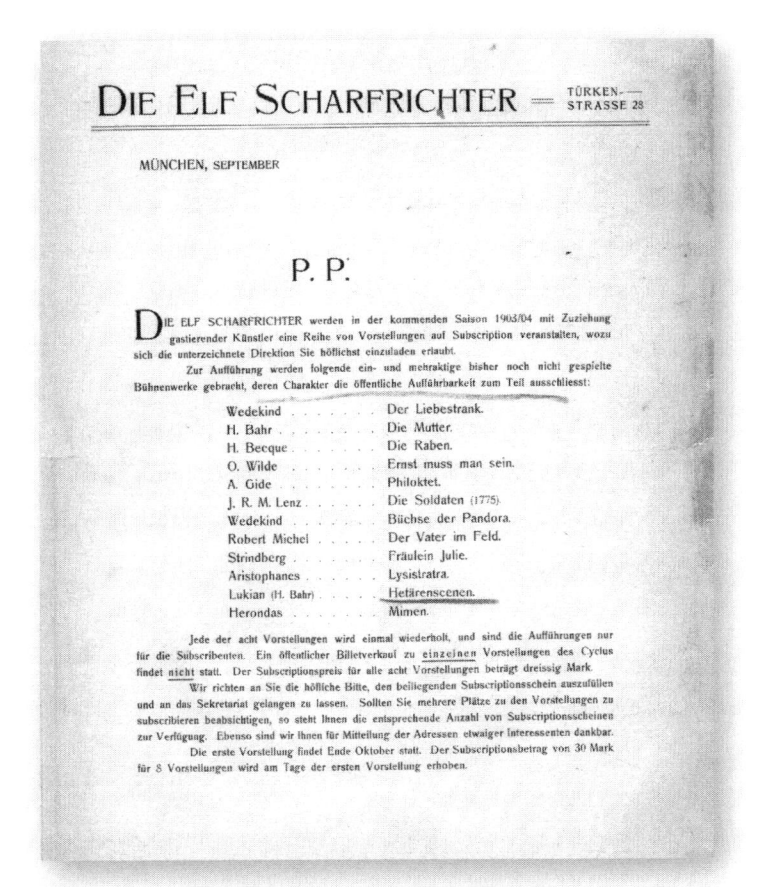

Ankündigung der in der letzten Saison geplanten Stücke.

> *Noch immer hängen die Masken der Elf an der linken Wand und repräsentieren – die Vergangenheit. Denn die »Elf« sind auf zwei zusammengeschmolzen. Fort sind die Maler Neumann, Oertel und Frisch; fort der Bildhauer Hüsgen, der Architekt Langheinrich, die Regisseure Falkenberg und Greiner, fort Hannes Ruch und fort vor allem der Star des Unternehmens, seine Seele oder, wie man im Variétéstil sagt, seine Grande attraction: Frank Wedekind. Wir haben uns mit Resten abzufinden. [...] Allerdings ist die Erwartung nicht mehr so sehr gespannt wie früher, auch der Beifall ist mehr wohlwollend als stürmisch, kurz, der ganze Abend ist zahmer, moderato, ohne Sensationen.*[225]

---

[223] Geller, *Die 11 Scharfrichter*, in: *MZ*, Nr. 226, 3.10.1903, S. 3.
[224] Blei, *Erzählung*, S. 341.

[225] Danegger, *Die »Elf Scharfrichter«*, S. 831.

Hanns von Gumppenberg schreibt über den Niedergang des Ensembles in seinen Memoiren:

Bei seinen literarischen Hauptstützen stellte sich bald arge Uebermüdung ein, ihre Nerven konnten eine so allseitige Inanspruchnahme als Stückeschreiber, Liederdichter, Darsteller, Conferenciers, Monteure und Geschäftsführer nicht lange aushalten, so sahen sie sich schliesslich genötigt, sich wieder auf ihr Literatentum zurückzuziehen und alles übrige durchschnittlichen und unterdurchschnittlichen Handwerkskräften zu überlassen, die dann das Gesamtbild mehr und mehr vergröberten und trivialisierten.[226]

Während die Rezensionen der *Münchner Neuesten Nachrichten* und der *Münchener Post* zur Premiere des 14. Programms am 1. Oktober trotz des beklagten Mangels an Humor und Heiterkeit relativ wohlwollend ausfielen,[227] beobachtete der Polizeispitzel eine deutliche negative Reaktion des Publikums, das den Großteil der Darbietungen »mit eisigem Schweigen«[228] aufnahm. Auch bei einem weiteren Kontrollbesuch des Zensors drei Wochen später dominierte die »kühle und ablehnende Haltung« der Zuschauer, die selbst die Auftritte des Stars Marya Delvard mit »heftige[m] Zischen« quittierten. Grund hierfür, so der Zensor, sei die »teils bis ans Kindisch-Läppische streifende Qualität des Gebotenen«[229] gewesen. Doch auch inhaltlich entsprach das Gezeigte nicht mehr dem Geschmack des Publikums, das sich seinerseits ebenfalls sehr verändert hatte. Anstelle des früheren Stammpublikums aus Künstlern und Intellektuellen besuchten nun zunehmend Touristen, Studenten und Militärs die Vorstellungen.[230] Diese neue Zuhörerschaft interessierte sich weniger für die ehemaligen, künstlerisch anspruchsvollen Nummern, sondern forderte immer öfter pikante Sensationen.[231] Und die *Scharfrichter* kamen diesem Wunsch – zumindest teilweise – nach. So zeigten sie in der Premiere des 14. Programms unter anderem Kurt Arams Szene *Das Nachtasyl*, die in einem Bordell spielt und von den *Münchner Neuesten Nachrichten* als der »Gipfel der Gewagtheit«[232] beschrieben wurde. Der *Bayerische Kurier* empörte sich: »Es scheint nachgerade keine Schweinereien mehr zu geben, die in München nicht zur ›dramatischen‹ Darstellung gelangte.«[233] Nach dem Verbot der Nummer durch die Polizeibehörde nahmen die *Scharfrichter* stattdessen eine Szene aus Arthur Schnitzlers *Reigen* in ihr Programm und die *Allgemeine Zeitung* kommentierte dies:

Interessant war, daß der Leiter, Herr Henry, auf das vom Publikum mehrfach geäußerte Verlangen nach dem mit Verbot belegten »Nachtasyl« tröstend meinte, man würde auch in dem »süßen Mädel« etwas »Pikantes« bekommen. Nichts wäre geeigneter gewesen, die Situation besser zu charakterisieren und aufzudecken, wohin eigentlich die Reise geht. Das Publikum hat sich demaskiert und gezeigt, was es eigentlich dort sucht, und die Direktion hat dieses Verlangen verständnisvoll quittiert. Von den ursprünglichen Schlagworten, vom Kampf gegen das engherzige Philisterium und die falsche Prüderie, ist es bei den Scharfrichtern stille geworden.[234]

Noch schärfer griff die Polizeidirektion im 15. Programm ein, das am 6. November Premiere hatte,[235] und belegte zwei der geplanten Szenen und ein Lied mit einem Aufführungsverbot. Das strengere Vorgehen der Behörde war allerdings nicht allein auf die gewagtere Stückeauswahl der Kabarettisten zurückzuführen, sondern resultierte auch

---

[226] Gumppenberg, *Lebenserinnerungen*, S. 293f.

[227] Vgl. [fo.], *Bei den Elf Scharfrichtern*, in: *MNN*, Nr. 461, 3.10.1903, S. 2f., und [V.], *Die elf Scharfrichter*, in: *MP*, Nr. 223, 4.10.1903, S. 2f.

[228] Vorstellungsbericht vom 3.10.1903, StAM, Pol. Dir. 2057/3.

[229] Vorstellungsbericht vom 21.10.1903, StAM, Pol. Dir. 2057/3.

[230] Vgl. die Vorstellungsberichte vom 10.10., 8.11.1903 und 9.2.1904, StAM, Pol. Dir. 2057/3.

[231] Vgl. Jelavich, *Munich*, S. 183.

[232] [fo.], *Bei den Elf Scharfrichtern*, in: *MNN*, Nr. 461, 3.10.1903, S. 3.

[233] *Sittenbild aus Capua*, in: *Bayerischer Kurier*, 4., 5.10.1903, StAM, Pol. Dir. 2057/3.

[234] [lt.], *Die elf Scharfrichter*, in: *AZ*, Nr. 281, Stadtanzeiger, 10.10.1903, S. 3.

[235] Vgl. *Die Elf Scharfrichter*, in: *MNN*, Nr. 521, 7.11.1903, S. 4. Das 14. Programm endete am 5.11.1903, vgl. *Die Elf Scharfrichter*, in: *MNN*, Nr. 517, 5.11.1903, S. 4.

aus dem Rechtsruck der bayerischen Regierung. Im Frühjahr 1903 war der liberale Friedrich von Crailsheim vom konservativen Clemens von Podewils-Dürnitz in seinem Amt als Vorsitzender des Ministerrates (heute Ministerpräsident) abgelöst worden.[236] Die neue Regierung forderte auch von der Exekutive ein strengeres Vorgehen. Und nachdem im Herbst des gleichen Jahres der Zentrumsabgeordnete Franz Xaver Schädler im Landtag in seiner »Brandrede« die Vorstellungen diverser Münchner Theatergruppen, darunter die *Scharfrichter*, als moralisch verderblich gegeißelt hatte, verschärfte die Polizei ihre Maßnahmen zusätzlich.[237]

Trotz der Verstümmelung des Programms durch die Zensurbehörde urteilte die *Münchener Post* weiterhin wohlwollend: »die Scharfrichter bleiben immer interessant, weil man bei ihnen sicher ist, an einem Abend auf ihren [sic] kleinen Bühnchen immer mehr Geist zu finden, als in der Regel auf drei großen Brettlbühnen und manchmal auch anderen Bühnen zusammen.«[238] Und auch die *Münchener Zeitung* schrieb hoffnungsvoll: »Kein Zweifel, die 11 Scharfrichter werden mit diesen Exekutionen den Vogel abschießen«.[239] Die *Münchner Neuesten Nachrichten* dagegen resümierten: »Ausgelassene Fröhlichkeit gibt es nicht mehr bei den Elf Scharfrichtern. Sie haben den Blütenstaub der lustigen, erfindungsfrohen Bohêmien-Kneipengenialität längst abgestreift und sind wacker, brav und bieder geworden.«[240] Die Rezension endet mit einer zynischen Aufforderung an den Zensor, doch auch einmal jene Stücke zu streichen, die das Publikum nur langweilten, sowie mit Klagen über die allzu lange Dauer des zähen Programms und die unerfreulichen Leistungen der schlecht vorbereiteten Schauspieler. Und auch der Polizeispitzel konstatiert in seinem Bericht den »dürftigen Erfolg«[241] der »Ehrenexekution«.

Nachdem das 15. Programm am 2. Dezember abgespielt war, wurden in den folgenden Tagen verschiedene Schlager der Bühne, darunter Schlesingers *Verschönerungskommission*, Wedekinds *Rabbi Esra* sowie Weinhöppels Terzette *Lebensläufe* und *Die Hochzeitsmusikanten* aufgeführt und für das anstehende Wiener Gastspiel eingeübt.[242] Mit der ersten Vorstellung im Wiener *Hotel Savoy* am 9. Dezember begann die dritte Tournee,[243] die jedoch in einem Fiasko endete. Die Mehrheit der Presse verriss die ersten Vorstellungen[244] und Peter Altenberg urteilte in der *Fackel* mit ätzendem Spott:

Ich sah viele, recht ehrliche mannhafte Anständigkeit, so Chorgesangmäßiges von echtem Schrot und Korn, aus wirklicher »Begeisterung für die Sache«, ohne Anmut, ohne Esprit, ohne Salz und Pfeffer und edle Gewürze. Ich sah […] treuherziges, sangeslustiges Wesen, in poetisch-sentimentaler, nobler und diskreter Weise aufgetischt. So kernig echt und ohne Falsch. Das Alles rann an meinem höchst verderbten und irregeleiteten Inneren aber herab wie Öl an Wasser. […] Nach drei Stunden solchen Herabrieselns von Öl an Wasser erschien der Conférencier Monsieur Henry, sang von Menschen, die Nachts durch Großstadt-Straßen torkeln, oder Ähnliches auf französisch.[245] Das Schicksal der Menschheit brachte er vor, in Ausdruck und Geberde. Niemand verstand ein Wort. Aber man war sehr, sehr ergriffen. […] Bei den deutschen Vorträgen aber gab es keinerlei mysteriöse Ergriffenheiten, über die wir uns selbst nicht klar sind; Alles war flach deutlich oder so, daß hinter der Undeutlichkeit nichts anderes vermutet wurde als Undeutlichkeit. Keine Blicke

---

[236] Vgl. Jelavich, *Munich*, S. 180.

[237] Vgl. Roger Engelmann, *Öffentlichkeit und Zensur. Literatur und Theater als Provokation*, in: Prinz, Krauss (Hg.), *Musenstadt*, S. 274.

[238] [V.], *Die elf Scharfrichter*, in: *MP*, Nr. 254, 10.11.1903, S. 3.

[239] O.[scar] G.[elle]r, [Die elf Scharfrichter], in: *MZ*, Nr. 257, 8.11.1903, S. 6.

[240] [b. g.], [Die elf Scharfrichter], in: *MNN*, Nr. 523, 8.11.1903, S. 5.

[241] Vorstellungsbericht vom 8.11.1903, StAM, Pol. Dir. 2057/3.

[242] Vgl. *Die Elf Scharfrichter*, in: *MNN*, Nr. 563, 2.12.1903, S. 4, und *Die Elf Scharfrichter*, in: *MNN*, Nr. 567, 4.12.1903, S. 3.

[243] Vgl. *Die elf Scharfrichter*, in: *MZ*, Nr. 263, 15.11.1903, S. 3. Ursprünglich waren als weitere Tourneestationen noch Brünn und Prag angedacht, doch ließ sich die Ausweitung der Gastspielreise nicht realisieren, vgl. [Die elf Scharfrichter], in: *MZ*, Nr. 265, 18.11.1903, S. 4.

[244] Vgl. [S. V.], *Die Elf Scharfrichter in Wien*, in: *MNN*, Nr. 581, 12.12.1903, S. 3; *Die Elf Scharfrichter im Urteil der Wiener*, in: *MZ*, Nr. 285, 12.12.1903, StAM, Pol. Dir. 2057/3; Leo Feld, *Die elf Scharfrichter in Wien*, in: *Freistatt* 41 (1903), S. 1014.

[245] Gemeint ist Henrys Lied *La Marche*, Musik von Richard Weinhöppel.

*in Welten, für die das Auge noch zu trübe wäre!
Man applaudierte bei allen Nummern. Denn wir
haben gute Manieren Fremden gegenüber.*[246]

Trotz der negativen Stimmen zu ihrem Debüt stießen die *Scharfrichter* in Wien auf großes Interesse und verlängerten ihren Aufenthalt mehrmals, um Zusatzvorstellungen zu geben.[247] Der anfängliche finanzielle Erfolg war jedoch bald zunichte gemacht, da es der Geschäftsleitung an einer wohlüberlegten Werbestrategie mangelte und daher die Gäste ausblieben.[248] In zunehmender Krisenstimmung reiste das Ensemble zurück nach München, wo ab dem 4. Januar die Nummern des Wiener Gastspiels gezeigt wurden.[249] Die Situation verschärfte sich weiterhin, als das Ensemble, das über mehrere Wochen keine Gagen mehr bekommen hatte, am 6. Januar drohte, den Spielbetrieb einzustellen. In Abwesenheit von Henry, der zur Regelung geschäftlicher Angelegenheiten in Wien verblieben war, versprach Miethke, neue Gelder von seinem wohlhabenden Vater aufzutreiben, und überredete die Ensemblemitglieder, die Vorstellungen bis zum 16. Januar fortzusetzen.[250] An diesem Tag überschlugen sich die Meldungen: Das Vorabendblatt der *Münchner Neuesten Nachrichten* kündigte einen neuerlichen *Scharfrichter*-Ball an, der diesmal in dem Ambiente eines fiktiven Kaiserreichs in der Sahara spielen sollte, das Morgenblatt brachte wenige Stunden später ohne Angabe von Gründen den Hinweis, dass die *Scharfrichter* ihre Vorstellungen bis auf Weiteres eingestellt hätten.[251] Hugo Othmar Miethke, der Vater des inzwischen mittellosen – und nach österreichischem Recht noch nicht einmal volljährigen – *Scharfrichter*-Eigentümers, hatte sich nicht dazu bewegen lassen, weiteres Geld in das Schwabinger Kabarett zu investieren. Und so blieb dem aus Wien heimgekehrten Henry nichts weiter übrig, als den Konkurs anzumelden.[252] Das Ende der *Scharfrichter* schien gekommen – und man bedauerte es nicht. Die *Münchener Zeitung* kommentierte:

Wir sind weit entfernt davon, über dies Ereignis zu trauern, im Gegenteil, wir hätten gewünscht, daß ein Unternehmen, wie das der Elf Scharfrichter, den guten Geschmack einer rechtzeitigen Verabschiedung bewiesen hätte. Noch vor einem Jahre konnte man freiwillig und in künstlerischen Ehren das Feld räumen, gegenwärtig dürfte man recht unfreiwillig und mit dem Bewußtsein einer Niederlage scheiden. Die Scharfrichterei war gerichtet in dem Augenblick, wo man aus dem künstlerischen Spiel ein Geschäft machte; nun hat das »Geschäft« die Beschämung zu tragen, zunächst die Künstler verscheucht und dann selber seine Unzulänglichkeit dargetan zu haben.[253]

Doch die Proklamation vom Ende der *Scharfrichter* war zu früh erfolgt. Das Ensemble spaltete sich nun in zwei Parteien aus denjenigen, die sich unter Henrys Fahne sammelten, und jenen, die sich aufgrund der ausstehenden Gagenzahlung dazu entschlossen hatten, ihn zu verklagen. Die zersetzende Polemik beider Seiten wurde öffentlich in der Presse ausgetragen. Henry erklärte, er habe zur Rettung des Unternehmens das Angebot gemacht, die Leitung des Ensembles an eine Kommission von Mitgliedern abzugeben. Sein Vorschlag sei jedoch von verschiedenen Personen abgelehnt worden, die schon vor Monaten ge-

---

[246] Peter Altenberg, *Monsieur Henry, der Conférencier*, in: *Die Fackel* 149 (1903), S. 24f.

[247] Vgl. Kothe, *Saitenspiel*, S. 95; [Die Elf Scharfrichter], in: *MNN*, Nr. 585, 15.12.1903, S. 4; *Die Elf Scharfrichter*, in: *MNN*, Nr. 596, 21.12.1903, S. 4; [Die Elf Scharfrichter], in: *MNN*, Nr. 600, 23.12.1903, S. 3.

[248] Vgl. *Das letzte Gericht der Elf Scharfrichter*, in: *MZ*, Nr. 15, 19.1.1904, S. 2.

[249] Vgl. Otto, *Scharfrichter*, S. 103.

[250] Vgl. *Die Elf Scharfrichter vor dem Gewerbegericht*, in: *MNN*, Nr. 33, 22.1.1904, S. 4.

[251] Vgl. [Die Elf Scharfrichter], in: *MNN*, Nr. 23, 16.1.1904, S. 3, und [Die Elf Scharfrichter], in: *MNN*, Nr. 24, 16.1.1904, S. 4.

[252] Vgl. *Der Krach bei den Elf Scharfrichtern*, in: *MNN*, Nr. 29, 18.1.1904, S. 4, und Kothe, *Saitenspiel*, S. 96. In ihren Memoiren behauptet Marya Delvard, sie habe vergeblich versucht, die Schulden der *Scharfrichter* durch den Verkauf ihres gesamten Besitzes zu begleichen, vgl. Delvard, *Erste Münchner Jahre*, S. 14.

[253] [Das Ende der Scharfrichterei], in: *MZ*, Nr. 13, 17.1.1904, S. 2. Im gleichen Ton äußern sich die *MNN*, in: *Der Krach bei den Elf Scharfrichtern*, in: *MNN*, Nr. 29, 18.1.1904, S. 4, und Karl Kraus, *Die »Scharfrichter« sind dahin …*, in: *Die Fackel* 152 (1904), S. 21.

plant hätten, ein eigenes Ensemble zu gründen.²⁵⁴ In ihrem Widerruf verwiesen Henrys Kontrahenten Robert Kothe, Paul Schlesinger und Heinrich Lautensack auf das bereits seit Langem herrschende Ungleichgewicht hinsichtlich der Gagen, das immer zugunsten von Henry und Delvard und auf Kosten der übrigen Mitglieder ausgefallen sei. Die geschädigten Mitglieder beabsichtigten, die beiden Geschäftsführer Henry und Miethke zu verklagen, stritten jedoch ab, Pläne zu einem Konkurrenzunternehmen zu hegen, und erklärten sich zu einer weiteren Mitarbeit bei den *Scharfrichtern* bereit, sobald die ausstehenden Honorare bezahlt seien und Henry als einfaches Mitglied in den Kreis der Übrigen zurückkehre.²⁵⁵ Der geplante Faschingsball solle unter allen Umständen stattfinden und die Einnahmen zugunsten des Schauspiel- und Orchesterpersonals verwendet werden.²⁵⁶ Auch Weinhöppel bezog Stellung gegen Henry und verkündete in der Zeitung, dass er »nie und nimmer weiter mit Herrn Direktor Henry zusammen arbeiten«²⁵⁷ werde, ein Vorsatz, dem er allerdings nicht allzu lange treu bleiben sollte.

In dem nun folgenden Prozess wurden Henry und Miethke von fünfzehn Mitgliedern des Ensembles verklagt und zu gleichen Teilen vom Gericht zu einer Zahlung von insgesamt 2.184,90 Mark sowie zur Begleichung der Prozesskosten verurteilt.²⁵⁸

---

²⁵⁴ Vgl. *Der Krach bei den Elf Scharfrichtern*, in: *MNN*, Nr. 29, 18.1.1904, S. 4.

²⁵⁵ Vgl. *Das letzte Gericht der Elf Scharfrichter*, in: *MZ*, Nr. 15, 19.1.1904, S. 2. An die ungleiche Gagenverteilung erinnert sich auch Kothe in seinen Memoiren, vgl. Kothe, *Saitenspiel*, S. 95, und Hanns von Gumppenberg urteilt in seinen *Lebenserinnerungen*, Henry habe sich als Leiter der *Scharfrichter* »manche üppige Henkersmahlzeit« herausgewirtschaftet und dass er »sich auch über die Anrechte der ursprünglich massgebenden Begründer, Teilhaber und Mitarbeiter immer skrupelloser hinwegsetzte, bis er ihre Namen – auch den meinen – zuletzt nurmehr zur Reklame missbrauchte«, Gumppenberg, *Lebenserinnerungen*, S. 193f.

²⁵⁶ Vgl. *Der Krach bei den Elf Scharfrichtern*, in: *MNN*, Nr. 29, 18.1.1904, S. 4.

²⁵⁷ [*Die Spaltung unter den Elf Scharfrichtern*], in: *MZ*, Nr. 15, 20.1.1904, S. 4.

²⁵⁸ Vgl. *Die Elf Scharfrichter vor dem Gewerbegericht*, in: *MNN*, Nr. 33, 22.1.1904, S. 4; [n.b.], *Von den Elf Scharfrichtern*, in: *MNN*, Nr. 39, 26.1.1904, S. 4; *Die »Elf Scharfrichter« ein Kunstinstitut?*, in: *MNN*, Nr. 47, 30.1.1904, S. 3.

Das Aus der *Scharfrichter* schien besiegelt, Henry stand vor dem völligen finanziellen Ruin. Doch wieder fand sich ein Retter. Diesmal war es der italienische Bankierssohn und Kapellmeister des Theaters Sandro Blumenthal alias Leonhard Bulmans, der die *Scharfrichter* kaufte und sich außergerichtlich mit den Gläubigern einigte. Wedekind und Weinhöppel kehrten als Mitarbeiter zurück und Henry behielt seinen Posten als künstlerischer Leiter.²⁵⁹ Andere Mitglieder wie Heinrich Lautensack, der Sänger Hans Dorbe und die Schauspielerin Dora Stratton schieden jedoch aus dem Ensemble aus und gründeten bereits Ende Januar 1904 ein eigenes Kabarett: *Die Sieben Tantenmörder*.²⁶⁰

Am 7. Februar 1904 erfolgte die 16. und letzte Premiere der *Elf Scharfrichter* in der Türkenstraße. Unter den Besuchern der Ehrenexekution befanden sich auch an diesem Abend wieder renommierte Mitglieder der Münchner Künstlerschaft wie Max Halbe, Eduard von Keyserling, Korfiz Holm und Olaf Gulbransson, die dem Schwabinger Brettl nach wie vor freundlich gesinnt waren.²⁶¹ Doch der einstige Glanz der *Scharfrichter* war erloschen. Schon der Programmzettel, der den Gästen an diesem Abend in die Hände gedrückt wurde, war ein deutliches Signum des Niedergangs: Ein schmuckloses, schnell zusammengestelltes Papier ersetzte die bisherigen, aufwendig gestalteten Programmhefte. Wie dem Blatt zu entnehmen ist, war das Programm auf gesungene und gesprochene Solovorträge zusammengeschrumpft. Und dann begann Henry den Abend mit einer resignierten Ansprache an das Publikum:

Zu Beginn der Ehrenexekution begrüßte Direktor Henry die Anwesenden, indem er kurz die schwere Krise besprach, welche über das Unternehmen hereingebrochen war um sodann die Freunde und Gönner der »Elf« um tatkräftige Unterstützung zu bitten, damit der Fortbestand des von den Scharfrichtern bisher gepflegten künstlerischen Genres

---

²⁵⁹ Vgl. [*Die Elf Scharfrichter*], in: *MNN*, Nr. 51, 2.2.1904, S. 4, und [gl.], *Die Elf Scharfrichter*, in: *MNN*, Nr. 149, GA, 29.3.1904, S. 12.

²⁶⁰ Vgl. Jelavich, *Munich*, S. 239.

²⁶¹ Vgl. O.[scar] G.[elle]r, [*Die 11 Scharfrichter*], in: *MZ*, Nr. 33, 8.2.1904, StAM, Pol. Dir. 2057/3.

gesichert werde. Henry wies endlich daraufhin, daß das Gebot größter Sparsamkeit die Erhaltung eines Orchesters bis auf Weiteres ausschließe und daß vorerst die Vorführung größerer Szenen unterbleiben müsse. Mit der Bitte, das derzeitige Programm mit Rücksicht auf die durch die Kürze der Zeit bedingte beschleunigte Zusammenstellung wohlwollend zu beurteilen, beschloß Henry seine Begrüßungsrede.[262]

Henry hatte sich die Einwände gegen die Berufsschauspieler zu Herzen genommen und noch einmal ein neues Ensemble zusammengestellt. Von den alten Mitgliedern traten in diesem letzten Programm neben Marc Henry Marya Delvard, Frank Wedekind, die Sänger Heinrich Rettig und Sandro Blumenthal sowie die Rezitatoren Arcus Troll, Ludwig Scharf und Franz Blei auf. An neuen Kräften hatte man den Sänger Hans Strick (August Böndel) sowie den Maler Tobias Loch (Ernst Stern), der als »Musikzeichner« einen großen Erfolg hatte, gewinnen können.

Die Einschätzungen der Münchner Tagespresse ähnelten denen des vorhergegangenen Programms. So berichteten die *Münchener Zeitung* und die *Münchener Post* überwiegend positiv von dem Eröffnungsabend und Letztere betonte sogar die Daseinsberechtigung der *Scharfrichter* als wichtiges »Mittelglied zwischen Bühne und Variété«.[263] Zurückhaltender äußerten sich die *Münchner Neuesten Nachrichten*, die in dem neuen Programm vor allem die »kleinen Komödien und parodistisch-satirischen Spiele – einst der Stolz der Scharfrichter«[264] vermissten. Während die hier zitierten Zeitungsrezensionen wenn auch kein enthusiastisches, so doch ein recht günstiges Bild von der »Ehrenexekution« schildern, vermittelt der Bericht des Zensors einen anderen Eindruck: »Allgemein hörte man ein abfälliges Urteil über das Gebotene und die Prophezeiung des baldigen Endes des ganzen Unternehmens.«[265] An einem Abend entbrannte unter den anwesenden Gästen ein regelrechter Kampf zwischen denen, die das Gezeigte befürworteten, und jenen, die es ablehnten:

Alle Nummern außer der verbotenen kamen zum Einsatz ja es wurden noch zahlreiche Nummern eingelegt, infolge des ostentativen Beifalls, der, besonders von Studenten, die Form ödester Claque annahm u. besonders einsetzte, als sich gegen Pierrot Fumiste [...] heftiger Widerspruch, ja direkte Aeußerungen des Unwillens und der Ablehnung erhoben.[266]

Die schlechte Stimmung während der Vorstellungen führte dazu, dass die *Scharfrichter* bereits am 18. Februar, nur elf Tage nach der Premiere, ihr Theater schlossen und abermals ihr Heil in der Flucht suchten. Es folgte ihre vierte und letzte Tournee.[267] Die Reise führte sie unter anderem nach Graz, Prag, Breslau, Hamburg, Osnabrück und Berlin.[268] Erfolgreich waren die Auftritte in Graz[269] und

---

[262] Vorstellungsbericht vom 8.2.1904, StAM, Pol. Dir. 2057/3.

[263] [Sa.], [Die Elf Scharfrichter], in: *MP*, Nr. 32, 10.2.1904, S. 2. Vgl. auch G.[elle]r, [Die 11 Scharfrichter], in: *MZ*, Nr. 33, 8.2.1904, StAM, Pol. Dir. 2057/3.

[264] [Die Elf Scharfrichter], in: *MNN*, Nr. 65, 10.2.1904, S. 4.

[265] Vorstellungsbericht vom 8.2.1904, StAM, Pol. Dir. 2057/3.

[266] Vorstellungsbericht vom 10.2.1904, StAM, Pol. Dir. 2057/3. Franz Blei las Ausschnitte aus der sehr anzüglichen Pantomime von Jules Laforgue *Pierrot fumiste*.

[267] Vgl. *Die Elf Scharfrichter*, in: *MNN*, Nr. 77, 16.2.1904, S. 4; [Die Elf Scharfrichter], in: *MNN*, Nr. 87, 22.2.1904, S. 4; [Die elf Scharfrichter], in: *MZ*, Nr. 44, 23.2.1904, S. 2.

[268] Die Gastspiele in diesen Städten sind durch Zeitungsrezensionen der Vorstellungen nachgewiesen, siehe weiter unten. Ohne detaillierte Besprechungen meldet die *MP* weitere erfolgreiche Auftritte in Würzburg, Nürnberg, Coburg und Chemnitz, vgl. [Die Elf Scharfrichter], in: *MP*, Nr. 53, 5.3.1904, S. 2. Weiterhin war ein Auftritt in Regensburg geplant, dessen Zustandekommen ebenfalls ungewiss ist, vgl. Henry an kgl. Polizeidirektion, 2.2.1904, StAM, Pol. Dir. 2057/3. Ernst Stern nennt in seinen Memoiren die folgenden Tourneestationen: Nürnberg, Würzburg, Bamberg, Regensburg, Coburg, Graz, Pilsen, Prag, Dresden, Breslau, Stettin, Stralsund, Rostock, Schwerin, Lübeck, Flensburg, Kiel, Hamburg, Bremen, Osnabrück und Berlin, vgl. Ernst Stern, *My Life, my Stage*, London 1951, S. 28–33. Laut dem Theateralmanach auf das Jahr 1904 traten die *Scharfrichter* außerdem im *Residenz-Theater* in Wiesbaden auf, vgl. Genossenschaft Deutscher Bühnen-Angehöriger (Hg.), *Neuer Theater-Almanach 1904*, 15. Jg., Berlin 1904, S. 551.

[269] Vgl. *Die Elf Scharfrichter in der Fremde*, in: *MZ*, Nr. 45, 24.2.1904, S. 5.

Prag, wo sie drei Abende im Saal des *Zentralhotels* gaben und von der Presse umjubelt wurden: »Die Scharfrichter kamen, wurden gehört und gesehen und siegten.«[270] Ebenfalls positiv, aber weniger enthusiastisch waren die Reaktionen auf die Vorstellungen in Breslau, Hamburg und Osnabrück.[271] Ende Mai erreichten die *Scharfrichter* ihre letzte Tourneestation Berlin. Zweimal waren ihre Pläne für einen dortigen Auftritt gescheitert und erst jetzt, wo das Ensemble weder inhaltlich noch personell seiner ursprünglichen Form mehr entsprach, konnte das langgehegte Vorhaben realisiert werden.[272] Obgleich der Rezensent des *Vorwärts* das Programm als mittelmäßig und partiell etwas langatmig beschrieb und auch der renommierte Theaterkritiker Alfred Kerr sich eher zurückhaltend äußerte, waren die drei Vorstellungen doch sehr gut besucht. Besonders die Darbietungen von Henry, Delvard und Arcus Troll stießen auf große Resonanz.[273]

Das Ende der Tournee bedeutete zugleich auch das Ende der *Elf Scharfrichter*. Das Theater in der Türkenstraße blieb geschlossen. Als sich im September 1904 das Oberpostamt an die Polizeidirektion wandte, um wegen nicht bezahlter Telefongebühren die Kontaktdaten von Marc Henry zu erfragen, konnte keine Auskunft über seinen derzeitigen Aufenthaltsort gegeben werden.[274] Möglicherweise war Henry in Berlin geblieben, wo er eine Weiterführung der *Scharfrichter* plante.[275] Doch seine Bemühungen blieben ergebnislos: Die *Elf Scharfrichter* waren Geschichte.

3 Struktur, Organisation und Betrieb

3.1 Geschäftliches: Organisation, Finanzen, Werbung

Organisation

Als sich die *Elf Scharfrichter* zusammenschlossen, organisierten sie sich zunächst als eingetragener Verein.[276] Dass die erklärten Bohemiens damit eine Form wählten, die gerade in bürgerlichen Kreisen sehr beliebt war, mag auf den ersten Blick überraschen, zumal sie aus ihrer Abneigung gegen das spießbürgerliche Vereinswesen keinen Hehl machten: In der musikdramatischen Szene *Die Vereinsprobe* von Otto Falckenberg und Richard Weinhöppel, die im März 1902 Premiere hatte, wurde die Verspottung der deutschen »Vereinsmeierei [...] geradezu mustergiltig dargestellt.«[277] Doch gab es gute Gründe für diese Rechtsform, denn sie gestattete dem Schwabinger Kabarett eine künstlerische und organisatorische Freiheit, die den gewerblichen Theaterunternehmen verwehrt war. Da man – zumindest offiziell – vor einer geschlossenen Gesellschaft geladener Gäste spielte, unterlagen die vorgetragenen Texte nicht der Zensur und damit entfielen auch die Konzessionsgebühr sowie

---

[270] [B.], *Die Elf Scharfrichter in Prag*, in: *MNN*, Nr. 122, 13.3.1904, S. 3.

[271] Vgl. *Die Elf Scharfrichter in Breslau*, in: *MZ*, Nr. 67, 20.3.1904, S. 3. In Hamburg gastierten die *Scharfrichter* im *Hamburger Hof*, vgl. *MNN*, Nr. 186, 20.4.1904, StAM, Pol. Dir. 2057/3, in Osnabrück im *Harmonieclub*, vgl. Christiana Keller, *»Tragische Arbeiterlieder« im Kabarett. Osnabrück im April 1904: Von Unterhaltungskünstlern und Feiertagsvergnügungen*, in: *Neue Osnabrücker Zeitung*, 22.4.2004, BR Zeitungsarchiv.

[272] Bereits im Frühjahr 1902 sowie im Herbst 1903 waren Auftritte in Berlin geplant gewesen. Das für 1902 angesetzte Gastspiel, das die *Scharfrichter* vor einem geschlossenen Publikumskreis geben wollten, wurde von der Berliner Polizei nicht genehmigt, vgl. Perkeo, [*Die »Elf Scharfrichter«*], in: *Bühne und Brettl* 8 (1902), S. 18. Zum Gastspiel 1903: [Ankündigung eines Berlin-Gastspiels der Elf Scharfrichter], in: *Bühne und Brettl* 4 (1903), S. 28.

[273] Vgl. [dt.], *Künstlerhaus. »Die elf Scharfrichter«*, in: *Vorwärts*, Nr. 123, 21.5.1904, StAM, Pol. Dir. 2057/3; Alfred Kerr, *Die elf Scharfrichter (In Berlin)*, in: Ders., *Gesammelte Schriften in zwei Reihen*, Bd. 1,4: *Eintagsfliegen oder die Macht der Kritik*, Berlin 1917, S. 344–346; Oskar Ungnad, *Rundschau*, in: *Bühne und Brettl* 12 (1904), [o. S.].

[274] Vgl. Oberpostamt an kgl. Polizeidirektion, 9.9.1904, StAM, Pol. Dir. 2057/3.

[275] Vgl. [Die Elf Scharfrichter], in: *MNN*, Nr. 270, 12.6.1904, S. 6, und [Die elf Scharfrichter], in: *MP*, Nr. 285, 16.12.1904, S. 2.

[276] Vgl. Akte der *Elf Scharfrichter* aus dem Vereins-Verzeichnis, StAM, Pol. Dir. 2057/2.

[277] [p.], *Die Elf Scharfrichter*, in: *MNN*, Nr. 123, 14.3.1902, S. 4. Hans-Peter Bayerdörfer irrt, wenn er schreibt: »Die Matadoren des Kabaretts verwarfen die Möglichkeiten des Vereins und richteten ihr Augenmerk auf den Bereich, der sich von allen Formen bürgerlichen Vereinslebens diametral unterschied«, Bayerdörfer, *Überbrettl*, S. 302.

die Gewerbesteuer,²⁷⁸ die von kommerziellen Theaterunternehmen bezahlt werden mussten. Einen Nachteil hatte diese Organisationsform jedoch: Da eingetragene Vereine keine nennenswerten Gewinne erwirtschaften durften, gab es nichts zu verdienen. Bei den *Scharfrichtern* aber hielten sich künstlerischer Idealismus und wirtschaftliches Interesse durchaus die Waage.²⁷⁹ Ihre Besucher konnten das Theater daher zwar ohne Eintrittskarte betreten, mussten dann allerdings einen Garderobeschein für 2,99 Mark lösen, was einem satten Eintrittspreis entsprach.²⁸⁰ Auch war der Zutritt keineswegs nur auf geladene Gäste beschränkt, wie ein getarnter Polizeispitzel im Selbstversuch schnell herausfand.²⁸¹

Die finanzielle und künstlerische Freiheit der *Scharfrichter* währte nicht lange: Nachdem die Polizeidirektion die Vorstellungen mehrere Monate lang beobachtet hatte, zwang sie das Ensemble im Winter 1901 unter Androhung der Schließung, den Vereinsstatus abzulegen und – wie alle Unterhaltungsbühnen – die Konzession für ein gewerbliches Theater zu beantragen.²⁸² Der Versuch der *Scharfrichter*, sich als ernsthaftes Kunstinstitut zu deklarieren, um dadurch die Gewerbeform und die damit verbundenen Auflagen zu umgehen, wurde abgewiesen:

Mag auch einzelnen Darbietungen ein gewisser künstlerischer Wert innewohnen, so bestimmen diese doch nicht den Gesamtcharakter des Unternehmens, das in seinen allgemeinen Darstellungen sich im großen und ganzen an das Genre des Variétés und des sogenannten »Ueberbrettl« und ähnlicher Vergnügungsetablissements anschließt, die Verkörperung künstlerischer Ideen also nicht zu seiner eigentlichen Aufgabe macht.

*Es kann daher nicht in gleiche Linie mit den Kunstinstituten gestellt werden und wird auch allgemein vom Publikum nicht dazu gerechnet.*²⁸³

Um die Gewerbekonzession zu erhalten, mussten verschiedene feuerpolizeiliche Auflagen erfüllt werden, die umfangreiche Veränderungen des Theaters mit sich brachten. So mussten u. a. ein feuersicherer Requisitenraum geschaffen und die im ersten Stock des Gebäudes befindliche Schreinerei entfernt werden, weiterhin waren verschiedene Öfen und Türstöcke mit Blechverkleidungen zu versehen, Türen und Fenster feuersicher zu machen und der Hauptvorhang mit feuerfester Farbe zu imprägnieren, außerdem musste ein neuer Notausgang geschaffen werden. Ein späterer Bescheid forderte die Bereithaltung diverser Löschgegenstände, permanente Notbeleuchtungen und die deutliche Beschilderung der Notausgänge.²⁸⁴ Auch der ständigen Überfüllung des Theaters wurde durch das Einschreiten der Feuerpolizei Einhalt geboten. Hatten zu Beginn an manchen Abenden bis zu 150 Personen in dem winzigen Theater gesessen, wurde die zulässige Personenzahl nun auf 70 und später auf 84 festgelegt.

Erst im Mai 1902, nachdem der Magistrat mehrfach die feuerpolizeilichen Verhältnisse als unzureichend angemahnt und mit der Schließung des Theaters gedroht hatte, wurden die Auflagen als erfüllt anerkannt.²⁸⁵ Im Dezember 1902 erhielt der Theaterbesitzer Wilhelm Salzer von der Ortspolizei gemäß § 32 der Gewerbeordnung des Deutschen Reichs den Erlaubnisschein, nachdem er in finanzieller, sittlicher und künstlerischer Hinsicht als dafür befähigt beurteilt worden war. Wie aus dem Dokument hervorgeht, beschränkten sich die für die *Scharfrichter* genehmigten Genres »auf das künstlerische Schauspiel, die literarischer Parodie, die moderne Pantomime, das

---

²⁷⁸ Über die Höhe der zu entrichtenden Gewerbesteuer konnte nichts in Erfahrung gebracht werden.

²⁷⁹ Vgl. Jelavich, *Political Dimensions*, S. 515f.

²⁸⁰ Eine empörte Reaktion auf diesen Schwindel druckte das Klatschblatt *Münchener Ratsch-Kathl*, vgl. L. Sixtus, *Die elf Scharfrichter und das Ueberbrettl*, in: *Münchener Ratsch-Kathl*, Nr. 29, 10.4.1901, S. 3.

²⁸¹ Vgl. Vorstellungsbericht vom 12.5.1901, StAM, Pol. Dir. 2057/1.

²⁸² Am 15.12.1901 reichten die *Scharfrichter* bei der Polizeidirektion den Konzessionsantrag ein, vgl. StAM, Pol. Dir. 2057/1.

²⁸³ *Die »Elf Scharfrichter« ein Kunstinstitut?*, in: *MNN*, Nr. 47, 30.1.1904, S. 3. Vgl. auch Beschluss vom 4.12.1902, StAM, Pol. Dir. 2057/2.

²⁸⁴ Vgl. Magistrat an *Elf Scharfrichter*, 25.1.1902, StAM, Pol. Dir. 2057/2, und Magistrat an kgl. Polizeidirektion, 10.3.1903. StAM, Pol. Dir. 2057/3.

²⁸⁵ Vgl. Magistrat an kgl. Polizeidirektion, 21.2. und 2.4.1902, und Polizei-Bezirks-Commissär für den 5. Polizei-Bezirk an kgl. Polizeidirektion, 22.5.1902, StAM, Pol. Dir. 2057/2.

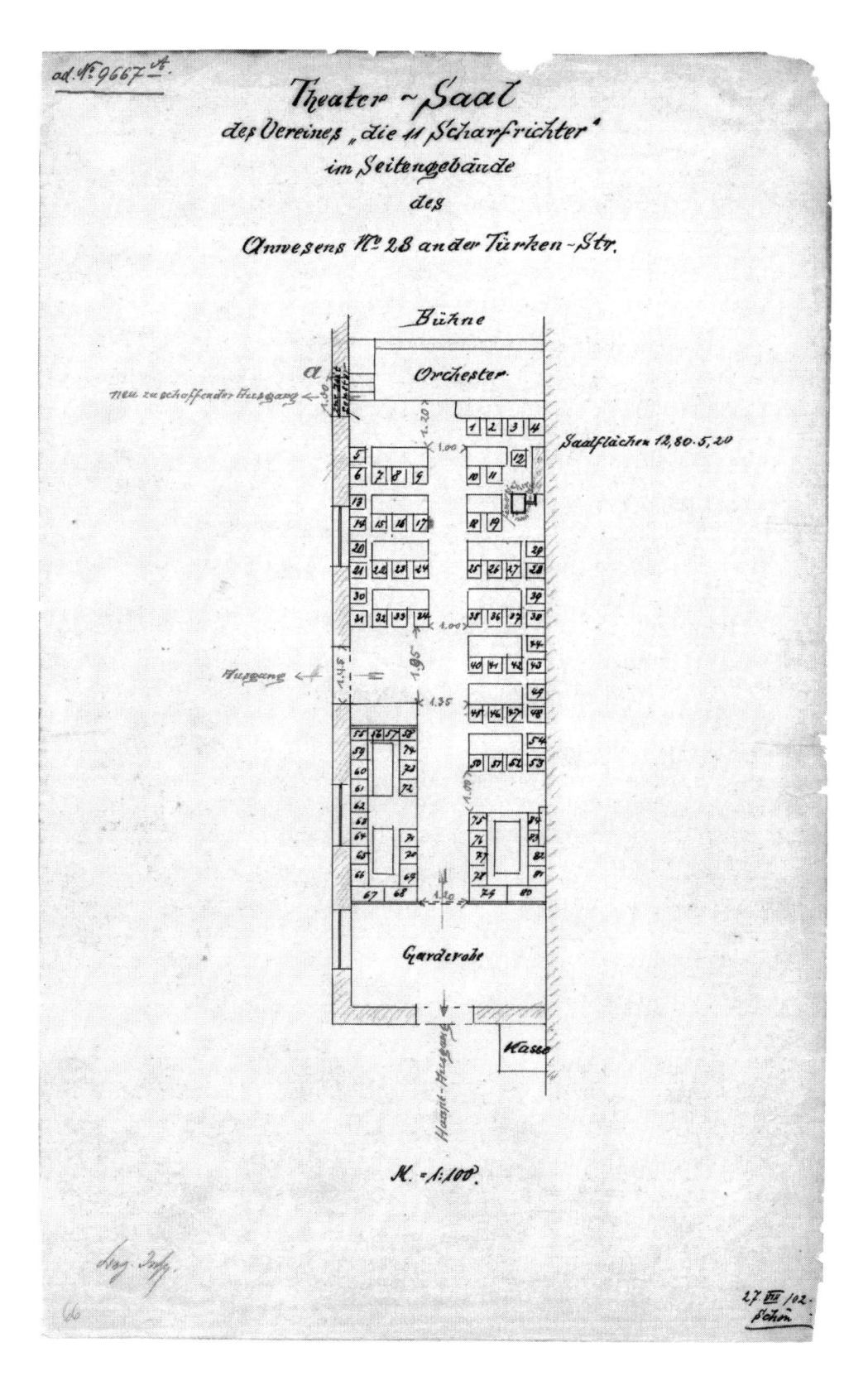

Einrichtungsplan des Scharfrichter-Theaters vom September 1902 mit der genauen Kennzeichnung der 84 vom Magistrat zugelassenen Sitzplätze.

psychologische Couplet, die Revue, die plastische Carrikatur, den Farbentanz, den Volks- und Sprechgesang und theatralische Scenen mit oder ohne Gesang und Musik.«[286] Zusätzlich zu dem Erlaubnisschein erhielt Salzer die ortspolizeilichen Produktionsbedingungen mit den Angaben zur Handhabung der Vorzensur.

Die Umwandlung der *Scharfrichter* vom privaten Vereinstheater zum gewerblichen Theaterunternehmen hatte weitreichende Folgen. Statt der ursprünglich basisdemokratischen Organisationsform, in der die mitwirkenden Künstler ein gleichberechtigtes Mitspracherecht gehabt hatten, wurde dem Theater nun ein Leiter vorangestellt, der in allen geschäftlichen Fragen das letzte Wort hatte und damit die Produktionen wesentlich beeinflusste. Der Leipziger Musikverleger Wilhelm Salzer war der Erste, der im April 1902 die Leitung der *Scharfrichter* übernahm, im Juni 1903 verkaufte er an Marc Henry, der von Otto Miethke, dem Sohn eines österreichischen Galeristen, das nötige Darlehen erhalten hatte. Nach dem großen Krach im Januar 1904 wurde der italienische Bankierssohn und Kapellmeister des Theaters Sandro Blumenthal der Inhaber der *Scharfrichter*, ehe sich das Ensemble im Mai 1904 endgültig auflöste.[287]

Die strengen Kontrollen der Zensurbehörde erschwerten es zunehmend, den frechen, kritischen Ton der Anfangszeit beizubehalten. Und in finanzieller Hinsicht mussten die *Scharfrichter* aufgrund der amtlichen Begrenzung der Zuschauerzahl schwere Einbußen hinnehmen. Durch die behördlichen Interventionen wurde ihr künstlerischer Elan immer wieder regelrecht ausgebremst und viele visionäre Ideen blieben damit unrealisiert. Von ihrem ursprünglichen Plan, dem Theater einen Kunstsalon, eine kunstgewerbliche Abteilung, eine Zeitschrift und einen Verlag anzugliedern, konnte nur die Verlagsgründung umgesetzt werden. Im Eigenverlag veröffentlichen die Kabarettisten im April 1902 den *Musenalmanach der Elf Scharfrichter*, ihren ersten und zugleich letzten Textband. Alle weiteren Publikationen der *Scharfrichter* waren Noten der Lieder von Weinhöppel, Wedekind, Blumenthal, Henry und Delvard, die in dem von Wilhelm Salzer gegründeten *Scharfrichter-Verlag* erschienen.[288] Dieser wurde später vom Leipziger *Friedrich Hofmeister Verlag* in Kommission genommen, der zahlreiche volkstümliche Kompositionen und Liedersammlungen, darunter auch den berühmten *Zupfgeigenhansl*, veröffentlichte. Während sich die *Scharfrichter* 1904 trennten, erschienen noch bis ca. 1918 Notendrucke mit der Angabe *Scharfrichter-Verlag* bei *Hofmeister*.[289]

Finanzen

Über die Finanzen der *Scharfrichter*, den Wert ihres Theaters, ihre Einnahmen und Ausgaben lassen sich so gut wie keine Aussagen machen, da die Geschäftsbücher des Theaters nicht erhalten sind und nur vereinzelt Zahlen vorliegen, deren Wahrheitsgehalt nicht zu überprüfen ist. Glaubt man einer späteren Darstellung Marc Henrys, so trugen die *Scharfrichter* durch den Verkauf der Bons ein Startkapital von 37.000 Mark zusammen.[290] Nur ein Jahr nach der Gründung hatten sie jedoch bereits Schulden in Höhe von ca. 9.000 Mark angehäuft, die teilweise durch Wilhelm Salzer beglichen wurden.[291] Ein halbes Jahr später hatte Salzer

---

[286] Erlaubnisschein, 4.12.1902, StAM, Pol. Dir. 2057/2. Die gattungsspezifische Begrenzung der Privattheater diente dem Schutz der staatlichen Bühnen vor einer übermäßigen Konkurrenz, vgl. Preis, *Volkssängerei*, S. 29. Die Produktionsbedingungen galten gleichermaßen für die späteren Inhaber der *Scharfrichter* Otto Miethke bzw. Marc Henry und Sandro Blumenthal.

[287] Vgl. Anmerkung Marc Henrys auf Empfangsbestätigung des Schreibens der kgl. Polizeidirektion an *Elf Scharfrichter*, 9.4.1902, StAM, Pol. Dir. 2057/2, Kaufvertrag zwischen Wilhelm Salzer und Marc Henry, 5.6.1903, Vertrag zwischen Miethke und Henry, 5.6.1903, StAM, Pol. Dir. 2057/3, und [Die Elf Scharfrichter], in: *MNN*, Nr. 51, 2.2.1904, S. 4.

[288] Vgl. Wedekind, KSA 1/III: *Lieder, Liedfragmente und -entwürfe; Kommentar (Teil 1)*, hg. v. Friederike Becker, Darmstadt 2007, S. 332f. Hier heißt es, der *Hofmeister-Verlag Leipzig* habe den *Scharfrichter-Verlag* bereits im Herbst 1902 in Kommission genommen. Wie es zu dieser Übernahme kam, ist nicht bekannt. Im *Handbuch der musikalischen Literatur* (im Folgenden Hofm.) 12, 1 (1898–1903), hg. v. Friedrich Hofmeister, Leipzig [o. J.], ist als Verlagsort des *Scharfrichter-Verlags* München angegeben, vgl. ebd., S. 769. Erst im nachfolgenden Band der Jahre 1904–1908 lautet die Ortsbeschreibung des *Scharfrichter-Verlags* Leipzig, vgl. Hofm. 13, 1 (1904–1908), S. 653.

[289] Vgl. u. a. die Liedersammlungen von Henry und Delvard, in: Hofm. 15, 1 (1914–1918), S. 173.

[290] Vgl. Henry, *Trois Villes*, S. 160.

[291] Vgl. *Die Elf Scharfrichter*, in: *MNN*, Nr. 183, 20.4.1902, S. 3.

15.000 Mark in das Theater investiert.²⁹² Im Juni 1903 erwarb Marc Henry das Theater für 5.000 Mark von Salzer. Den Kaufbetrag sowie weitere 5.000 Mark zur Führung des Theaters hatte Henry als Darlehen von Otto Miethke erhalten, den man zum technisch-künstlerischen Leiter des Unternehmens ernannte und dem als Sicherheit die gesamte Einrichtung des Theaters sowie die Namens- und Schutzrechte des Begriffs *Die Elf Scharfrichter* überschrieben wurden. Henry verpflichtete sich, den Kredit mit einer Zinsrate von 3 Prozent in monatlichen Teilzahlungen à 250 Mark zurückzuerstatten, bis das Theater in seinen Besitz überginge.²⁹³ Das Geld reichte jedoch nicht und ein halbes Jahr später konnte Henry seinen Mitarbeitern keine Gagen mehr zahlen. In dem folgenden Gerichtsprozess wurden Henry und Miethke zu Honorarzahlungen in Höhe von 2.184,90 Mark verurteilt. Die Begleichung dieser Schulden übernahm Sandro Blumenthal, der Henry die *Scharfrichter* im Frühjahr 1904 abkaufte. Wie viel Geld Blumenthal insgesamt in die *Scharfrichter* investierte, ist nicht bekannt.²⁹⁴

Wenngleich aus diesen Zahlen kaum etwas über den tatsächlichen finanziellen Wert der *Scharfrichter* hervorgeht, so ist der defizitäre Charakter des Unternehmens doch sehr deutlich zu erkennen: Die *Elf Scharfrichter* waren ein Verlustgeschäft, das immer wieder Finanzspritzen brauchte, um fortbestehen zu können. Dabei waren die Einnahmen – soweit bekannt – nicht gering. Die Karten für die Theaterabende, die im Sekretariat des Kabaretts sowie bei einer Reihe von Buchläden und Musikalienhandlungen in der Innenstadt erworben werden konnten,²⁹⁵ waren teuer.

Eine Karte für die Premiere eines neuen Programms kostete 9,99 Mark, bei normalen Vorstellungen betrug der Kartenpreis zunächst 2,99 und später 3 oder 4 Mark, für einen Aufpreis von 1 Mark konnte eine Platzreservierung erworben werden. Sogenannte Kategoriekarten, die an Studenten und »einem künstlerischen Berufe angehörige Herren und Damen«²⁹⁶ ausgegeben wurden, kosteten anfänglich 99 Pfennig, später 1,50 Mark.²⁹⁷ Damit bewegten sich die Kartenpreise der *Scharfrichter* an der Obergrenze dessen, was in den Münchner Theatern um 1900 generell verlangt wurde: Im *Königlichen Hoftheater* wie auch im *Residenztheater* zahlte man zwischen 3 und 4 Mark, günstiger war der Besuch des *Prinzregententheaters* mit 2,50 Mark oder des *Theaters am Gärtnerplatz*, wo Plätze zwischen 50 Pfennig und 3 Mark kosteten. Der Eintritt in das Spezialitätentheater *Hammers Panoptikum* kostete 1 Mark.²⁹⁸ Dennoch bezifferten die *Scharfrichter* ihre Einnahmen im ersten Jahr auf lediglich 57.000 Mark und damit weniger als 5.000 Mark brutto im Monat.²⁹⁹

Hinsichtlich ihrer laufenden Ausgaben sind nur zwei Zahlen tatsächlich belegt: 1.100 Mark betrug die Jahresmiete für das Theater, die an die Familie Sedlmayr, Eigentümer der Türkenstraße 28 und Besitzer des *Franziskaner-Leistbräu*, zu zahlen war,³⁰⁰ und 100 Mark betrug das Gehalt, das Miethke

---

²⁹² Vgl. Schreiben vom 30.[?]11.1902, [o. Abs. u. Adr.], StAM, Pol. Dir. 2057/2.

²⁹³ Vgl. Kaufvertrag zwischen Salzer und Henry, 5.6.1903, und Vertrag zwischen Miethke und Henry, 5.6.1903, StAM, Pol. Dir. 2057/3.

²⁹⁴ Vgl. *Die Elf Scharfrichter vor dem Gewerbegericht*, in: *MNN*, Nr. 33, 22.1.1904, S. 4; [n. b.], *Von den Elf Scharfrichtern*, in: *MNN*, Nr. 39, 26.1.1904, S. 4; *Die »Elf Scharfrichter« ein Kunstinstitut?*, in: *MNN*, Nr. 47, 30.1.1904, S. 3; [Die Elf Scharfrichter], in: *MNN*, Nr. 51, 2.2.1904, S. 4.

²⁹⁵ Vorverkaufsstellen waren neben dem *Scharfrichter*-Sekretariat: Karl Schüler, Hofbuchhandlung, Maximilianstr. 2; Alfred Schmid Nachf., Musikalienhandlung, Theatinerstr. 34; Jos. Seiling, Hofmusikalienhandlung, Dienerstr. 16; später kamen außerdem der »Billetenkiosk«, Maximilianplatz, die Musikalienhandlung Max Hieber, Marienplatz, sowie die 1902 gegründete, berühmte Buchhandlung Heinrich Jaffés in der Briennerstr. 54 hinzu, vgl. *Mitteilungen*, 1. PH, S. 19, und *Mitteilungen*, 14. PH, [o. S.], DKA, Ordner LK/C/1.

²⁹⁶ *Mitteilungen*, 1. PH, S. 19, DKA, Ordner LK/C/1.

²⁹⁷ »Die Karten zur ersten Vorstellung – Eintritt pro Person: 9 Mark 99 ₰ – sind alle verkauft«, Heinrich Lautensack an seine Eltern, 4.4.1901, in: Ders., *Das verstörte Fest. Gesammelte Werke*, hg. v. Wilhelm Lukas Kristl, München 1966, S. 522. Die Kartenpreise von 2,99 Mark bzw. 99 Pfennig sowie der Preis für die Reservierung sind in den Programmheften der ersten Saison genannt, in einer späteren Zeitungsanzeige sind 3 und 4 Mark angegeben, vgl. Anzeige *Die Elf Scharfrichter*, in: *MNN*, Nr. 604, GA, 30.12.1902, S. 1. Ein Plakat vom November 1902 nennt einen Kartenpreis von 1,50 Mark für Studenten, vgl. StadtAM: Plakatsammlung 16502 1902 121159.

²⁹⁸ Vgl. Anzeigen *K. Hoftheater* und *K. Residenztheater*, in: *MNN*, Nr. 104, GA, 3.3.1902, S. 1; Anzeige *Gärtnertheater*, in: *MNN*, Nr. 604, GA, 30.12.1902, S. 1; Anzeige *Münchens Sehenswürdigkeiten*, in: *MNN*, Nr. 318, 12.7.1902, S. 6.

²⁹⁹ [Die Elf Scharfrichter], in: *MNN*, Nr. 187, 23.4.1902, S. 4. Es ist dies die einzige überlieferte Jahresbilanz.

³⁰⁰ Vgl. Mietvertrag zwischen Josef Sedlmayr und den *Elf Scharfrichtern*, 28.2.1901, Nachtrag vom 29.3.1901, StAM, Pol. Dir. 2057/1.

als technisch-künstlerischer Leiter der *Scharfrichter* erhielt.[301] Über die Höhe weiterer Gagen gibt es keine genaueren Anhaltspunkte. Wilhelm Hüsgen berichtet in seinen Memoiren, das monatliche Honorar habe zu Anfang 100 Mark betragen, manche Mitglieder hätten später sogar bis zu 600 Mark erhalten.[302] Weitere Zahlen wurden während des großen Krachs zu Beginn des Jahres 1904 in der Tagespresse genannt: Wie Marc Henry angab, erhielt Marya Delvard in der vierten Saison ab Oktober 1903 350 Mark im Monat, von denen sie allerdings auch ihre Kostüme selbst beschaffen musste. Der gleiche Betrag ging an Henry und Robert Kothe, ein weiteres, nicht namentlich genanntes Mitglied erhielt 300 Mark, alle übrigen Solisten zwischen 180 und 250 Mark.[303] Da das Ensemble mit der Zeit auf 33 und zuletzt sogar 47 Mitglieder angewachsen war, verschlangen die Honorare einen Großteil der Einnahmen.[304]

Werbung

Sehr viel mehr Aufwand als in ihre Buchhaltung steckten die *Scharfrichter* in die Werbung für ihr Theater. Hiervon zeugen u. a. die zahlreichen Meldungen, die sie während ihrer Spielzeiten in der Münchner Tagespresse abdrucken ließen: Immer wieder – und häufig in sehr kurzen Abständen – erschienen hier Hinweise auf Programmänderungen oder Zusatzvorstellungen, wurden die letzten Vorstellungen eines Programms und die nächsten Premieren angekündigt oder auf die Publikationen des Brettls aufmerksam gemacht.

Im Münchner Straßenbild warben die *Scharfrichter* mit großen Plakaten,[305] deren Motive pro Saison wechselten. Eine barbusige, tanzende Salome, zu deren Füßen das abgeschlagene Haupt Johannes des Täufers liegt, während im Hintergrund die Erhängten am Galgen baumeln, ziert das Plakat von Willy Oertel für die erste Spielzeit (siehe S. 216). Die drei Plakate von Ernst Neumann zeigen 1) ein riesiges Beil, das in Anspielung auf den *Scharfrichter-Marsch* die Stricke einer mit Escarpins und Zopfperücke geschmückten Marionette zerteilt (siehe S. 303),[306] 2) elf brennende Kerzen (siehe S. 201) und 3) eine Tänzerin mit wallenden Röcken und hochgeworfenem Bein (siehe S. 214 und das Plakat über der Toreinfahrt auf der folgenden Seite).

Nach dem Ausscheiden der hauseigenen Graphiker wurden für die letzten beiden Spielzeiten externe Künstler beauftragt: Thomas Theodor Heine schuf für die dritte Saison das berühmteste *Scharfrichter*-Plakat, auf dem die schwarze Silhouette Marya Delvards als Femme fatale vor elf Teufelsmasken erscheint (siehe S. 207). Bruno Pauls Plakat der letzten Saison gibt einen nur spärlich bekleideten Henker mit Narrenkappe und Richtbeil wieder, an den sich eine Biedermeierdame anschmiegt (siehe S. 220). Neben diesen auffällig illustrierten Bild-Plakaten ließen die *Scharfrichter* auch Text-Plakate drucken, auf denen Teile des Programms sowie die Namen der beliebtesten Stars zu lesen waren (siehe S. 210).[307] Wo die Plakate hingen und wie weit sie im Stadtgebiet verteilt waren, ist nicht zu ermitteln. Es existiert lediglich eine Fotografie, die ein großes *Scharfrichter*-Plakat über der Toreinfahrt an der Häuserwand der Türkenstraße 28 zeigt.[308] Und aus Leipzig berichtete der Rezensent des *Generalanzeigers*, dass vor dem Tourneestart des Münchner

---

[301] Vertrag zwischen Miethke und Henry, 5.6.1903, StAM, Pol. Dir. 2057/3.

[302] Vgl. Hüsgen, *Elf Scharfrichter*, MSB Mon., L 3573.

[303] Vgl. [Von den Mitgliedern der Elf Scharfrichter], in: *MNN*, Nr. 29, 20.1.1904, S. 4. Die Zuverlässigkeit dieser Angabe darf angezweifelt werden. Kothe nennt in einem Widerruf dieser Darstellung ein Monatsgehalt von 250 Mark, vgl. *Die Elf Scharfrichter*, in: *MNN*, Nr. 37, 24.1.1904, S. 4.

[304] Vgl. *Scharfrichter Musenalmanach*, [o. S.], und *Neuer Theater-Almanach 1904*, S. 444.

[305] Bis auf sehr wenige Ausnahmen sind alle Bildmotive der *Elf Scharfrichter*, Postkarten, Plakate, Programmhefttitelseiten, Vignetten etc. abgedruckt bei Otto, *Scharfrichter*. Neben der vorliegenden Arbeit handelt es sich dabei um die mit Abstand umfangreichste Zusammenstellung des Bildmaterials.

[306] In der dritten Strophe des *Scharfrichter-Marsches* heißt es: »Ein Schattentanz, ein Puppenspott! / Ihr Glücklichen und Glatten, / Im Himmel lenkt der alte Gott / Die Puppen und die Schatten. / Er lenkt zu Leid, er lenkt zu Glück, / Hoch dampfen die Gebete, / Doch just im schönsten Augenblick / Zerschneiden wir die Drähte«, 1. PH, S. 8, DKA, Ordner LK/C/1.

[307] Ein Plakat mit kleinem Bild – ein rot vermummtes Gesicht mit schwarzer Augenmaske – und Text sowie ein reines Textplakat befinden sich im StadtAM, Plakatsammlung 16502 1902 121159 und Chronik 1902, Beilage Nr. 106. Weitere Plakate mit kleinem Bild (wie Stadtarchiv) und Text befindet sich im Deutschen Theatermuseum München, DTM, Inv.-Nr. XII 119 (F 4679) sowie in der Aargauer Kantonsbibliothek (Wedekind-Archiv B, Nr. 18).

[308] Vgl. *Das Heim der Elf Scharfrichter*, in: *Bühne und Brettl* 4 (1903), S. 8.

Ernst Neumanns Scharfrichter-Plakat mit dem Motiv der Tänzerin über der Toreinfahrt zum Theater, Türkenstraße 28.

Postkartenmotive der Elf Scharfrichter von Ernst Neumann und Willy Oertel, MSB Mon. Blei, Franz A I/1.

Brettls »T. T. Heines Riesenplakat mit der Delvard und deren elf Teufelsgenossen an allen Leipziger Affichesäulen über Platz und Straßen schrie«.[309]

Weitere Werbematerialien der *Scharfrichter* waren ihre Postkarten mit acht verschiedenen Motiven: Eine peinvolle, abgemagerte Gestalt mit Beil neben einem umgekehrten Nachttopf, der wohl auch als Richtblock zu verstehen ist, zwei Stiche, die einen Teil des Zuschauerraums und die Bühne des Theaters zeigen (siehe S. 115 und 120) sowie einen Henker mit Beil schuf Willy Oertel (siehe S. 210), weiterhin existieren eine Fotografie der *Scharfrichter*-Masken von Wilhelm Hüsgen (siehe S. 125), das Plakatmotiv der Tänzerin (siehe S. 214) sowie das Bild einer dürren Biedermeiergestalt mit dem Titel *Der Überbrettlbaron*[310] von Ernst Neumann und das Plakatmotiv Th. Th. Heines. Die Druckgraphiken der *Scharfrichter* trugen wesentlich dazu bei, den Ruhm des Schwabinger Brettls in ganz Deutschland zu verbreiten.

---

[309] Pleissner, *Die elf Scharfrichter*, in: *General-Anzeiger für Leipzig und Umgebung*, 25.3.1903, MaK.

[310] »Überbrettlbaron« war ein Spottname Ernst von Wolzogens. Dass die *Scharfrichter* mit dieser Postkarte – und sei es auch satirisch – auf ihren Berliner Konkurrenten verwiesen, ist verwunderlich.

Der Chansonnier Aristide Bruant auf einem Plakat von Henri de Toulouse-Lautrec, 1892.

3.2 Druckgraphik und Programmhefte

Das Paris des ausgehenden 19. Jahrhunderts war nicht nur die Geburtsstätte des Cabarets – auch die moderne Plakatkunst und Druckgraphik nahmen hier ihren Anfang. Nichts war naheliegender als die Verbindung dieser beiden Kunstformen. Den Cabarets dienten die Bilder als einprägsame Reklame und die Künstler erreichten durch die Plakatierungen in der ganzen Stadt eine breite Öffentlichkeit. Vom erfolgreichen Zusammenschluss des Cabarets und der modernen Graphik zeugen noch heute das berühmte Plakat mit der schwarzen Katze, das Théophile-Alexandre Steinlen für das *Chat Noir* schuf (siehe S. 41), oder Henri de Toulouse-Lautrecs Bild von Aristide Bruant mit Schlapphut und rotem Schal.[311]

Abermals wurden hier die Pariser Cabarets zum Vorbild für das Schwabinger Brettl, zumal sich die Verknüpfung der beiden Kunstformen ideal in das Gesamtkunstwerk-Konzept der Kabarettisten fügte. Und München, das um 1900 durch Zeitschriften wie den *Simplicissimus*, die *Jugend* und *Die Insel* zu einer Hochburg moderner Graphik wurde, lieferte die besten Bedingungen, dem französischen Modell erfolgreich nachzueifern. Zum wichtigsten *Scharfrichter*-Graphiker wurde der Maler Ernst Neumann, der später unter dem Namen Ernst Neumann-Neander als Karosseriedesigner und Motorradkonstrukteur Berühmtheit erlangte. Von ihm stammen, neben den bereits erwähnten drei Plakat- und zwei Postkartenmotiven, sieben Titelbilder für die Programmhefte der *Scharfrichter*. Zu den Hausgraphikern zählte außerdem der Mitarbeiter der *Jugend* Willy Oertel, der drei Postkarten- und ein Plakatmotiv kreierte. Nach Neumanns und Oertels Ausscheiden aus dem Ensemble im Mai 1902 wurden Plakate und Programmhefttitel von anderen namhaften Künstlern gestaltet: den renommierten Zeichnern und Graphikern des *Simplicissimus* und der *Jugend* Julius Diez, Josef Benedikt Engl, Olaf Gulbransson, Thomas Theodor Heine, Bruno Paul, Arpad Schmidhammer und Rudolf Wilke. Jean Émile Laboureur, der später besonders durch seine Buchillustrationen der Werke von Colette, Jean Giraudoux, Marcel Proust und anderer populär wurde, schuf das Titelbild des vorletzten Programmhefts vom November 1903.

Motive

Ein naheliegendes Motiv, das in mehreren Graphiken wiederkehrt, ist das des Scharfrichters oder auch des Gerichteten. Ein dekorativer Henker, der sich auf sein riesiges Beil stützt, ziert sowohl eine Postkarte von Willy Oertel als auch das Plakat von Bruno Paul (siehe S. 210 und 220). Eine bildliche Umsetzung des *Scharfrichter-Marsches* schuf Arpad Schmidhammer für das 13. Programmheft: Aufgereiht wie Revuegirls schwingen die *Elf Scharfrichter* über abgeschla-

---

[311] Vgl. Sylvie Buisson, Christian Parisot, *Paris Montmartre. Die Maler und ihre Welt 1860–1920*, Paris 1996, S. 56 und 67.

Titelgraphik von Jean Émile Laboureur für das 15. Programmheft, November 1903.

Wer aber sind die Opfer der gestrengen Richter? Es sind: der Konservatismus, personifiziert durch die »verzopfte« Marionette, deren Schnüre von einem Riesenbeil zerschnitten werden (1. Programmheft, Ernst Neumann, siehe S. 303), die Staatsgewalt in Gestalt eines Polizisten, der wie ein böser Geist hinter einer grazilen Tänzerin aufscheint (4. Programmheft, E. Neumann, siehe S. 223), das gut situierte Bürgertum, dessen abgeschlagenen feisten Kopf ein neckischer Henker an den Ohren an das Richtpodest genagelt hat (13. Programmheft, Josef Benedikt Engl, siehe S. 221), und das arrivierte Künstlertum, das in der Figur eines alten Mannes mit Lorbeerkranz von einer überdimensionalen Krabbe mit gigantischen Scheren gejagt wird (9. Programmheft, Julius Diez, siehe S. 317). Thematisieren diese Graphiken das erklärte Feindbild der *Scharfrichter*, so sind auf anderen Programmheft-Titeln die von ihnen propagierten Kunst- und Lebensideale abgebildet: morbide Dekadenzästhetik, versinnbildlicht in der düsteren Gestalt Marya Delvards und der elf Teufelsfratzen (10. Programmheft, Thomas Theodor Heine, siehe S. 207), sinnliche Lebensfreude in Gestalt einer spanischen Tänzerin (3. Programmheft, E. Neumann, siehe S. 215) und die Welt der Boheme in der Personifikation des verarmten Gitarre-spielenden Künstlers (8. Programmheft, Rudolf Wilke, siehe S. 206).

Eine dritte Gruppe von Bildern umfasst Darstellungen, die *auf* der *Scharfrichter*-Bühne niemals erlaubt gewesen wären. So blieb etwa Ernst Neumanns Titelbild des 5. Programmhefts, das die Beine einer Dame im Unterrock vor einem Bett mit beigestelltem Nachttopf zeigt (siehe S. 262), von der Zensurbehörde unbeanstandet. Dagegen wurde es den *Scharfrichtern* verboten, in dem Dialog *Um halb ein Uhr nachts* einen Nachttopf auf der Bühne zu zeigen.[312] Während die szenische Darstellung von Nacktheit vollkommen undenkbar war, ist der unbekleidete Frauenkörper ein wiederkehrendes Motiv der *Scharfrichter*-Graphiken (siehe S. 216–219). Auf Willy Oertels Plakat der ersten Saison tanzt eine barbusige Salome, auf Neumanns Titelbild des Karneval-Programms 1902 reitet als Parodie des Raubes der Europa ein nacktes lassoschwingendes Cowgirl auf einer

genen Köpfen ihre sehr individuell beschuhten Beine (siehe S. 224). Auf Laboureurs Titelgraphik des 15. Programms baumeln am vorderen Bildrand die Beine eines Erhängten, während sich im Hintergrund elf Scharfrichter aus dem Staub machen. Das Motiv des Galgens erscheint auch auf Willy Oertels Salome-Plakat (siehe S. 216). Olaf Gulbranssons brutales Titelbild des 14. Programms zeigt den Henker als Folterknecht, der auf dem Kopf seines Opfers sitzt und ihm eine spitze Zeichen- oder Schreibfeder in den weit aufgerissenen Mund bohrt, ihm also ganz bildlich, »auf den Zahn fühlt« (siehe S. 220).

---

[312] Vorstellungsbericht vom 8.11.1903, StAM, Pol. Dir 2057/3.

Vignetten von Ernst Neumann.

Kuh. Das »etwas kräftige Titelblatt«[313] von Bruno Paul zum 11. Programm zeigt eine bis auf Hut, Strümpfe und Schuhe unbekleidete junge Frau, die sich im Handspiegel betrachtet und dabei von missgünstigen alten Frauen beobachtet wird. Perspektivisch interessant ist Neumanns Titelbild des 7. Programmhefts, auf dem eine nackte Frau dem Betrachter ihre Handschuhe geradezu ins Gesicht wirft (siehe S. 219):

Das Programm [...] zeigt [...] eine weibliche Gestalt, der als einziges Kleidungsstück die Handschuhe übriggeblieben sind. Auch diese müssen ihr lästig geworden sein, denn sie schleudert sie weit von sich. Soll es ein Fehdehandschuh sein, den sie den Muckern in's Gesicht wirft? Oder spürt sie den nahenden Frühling mit seiner überschäumenden Lebenskraft und fürchtet sich in ihrem Uebermut nicht mehr vor den in München so leicht erhältlichen Erkältungen? Wohl Beides zugleich![314]

Für die Kabarettisten war die bildende Kunst von gleicher Wichtigkeit wie die anderen Künste, die auf ihrer Bühne gepflegt wurden – nicht zuletzt, da die Zensurbehörde gegenüber den graphischen Erzeugnissen der *Scharfrichter* die größte Milde walten ließ und somit zumindest auf diesem Gebiet jene künstlerische Freiheit und Frechheit ausgelebt werden konnte, die auf der Bühne untersagt waren.

---

[313] H.[ermann] R.[oth], [Die Elf Scharfrichter], in: *MNN*, Nr. 526, 12.11.1902, S. 3.
[314] [p.], *Die Elf Scharfrichter*, in: *MNN*, Nr. 123, 14.3.1902, S. 4.

Graphiken in den Programmheften

Im Innenteil der Programmhefte etablierte sich im Laufe der Zeit ein spezielles Design. Die beiden Hefte der ersten Saison enthielten nur Text, im ersten Heft der zweiten Saison kamen Jugendstil-Ornamente und -Rahmen hinzu (siehe S. 265). Im 4. Heft vom November 1901 erschienen schließlich erstmals jene charakteristischen Vignetten von Ernst Neumann, die bis zu Beginn der vierten Spielzeit die Programmhefte illustrieren sollten. Es handelte sich hierbei um allerlei karikierte Figuren, Tiere und Gegenstände, die häufig einem bestimmten Interpreten oder einer Gattung zugeordnet waren. Die Ankündigung der Lieder von Marya Delvard etwa schmückte ein schwarzer Schwan, Wedekind erhielt eine Tänzerin, Robert Kothe eine schwarze Domino-Maske und Marc Henry einen Zylinder, in den Geldstücke fallen. Weitere häufig wiederkehrende Motive sind ein Stehgeiger, der durch sein eigenes Spiel dahinschmilzt, oder ein Schwarzer mit nacktem Oberkörper und Zylinder, der erstmals zu der Eröffnungsnummer *Rastus on Parade*, einem amerikanischen Cakewalk, abgedruckt wurde (siehe S. 284). Eine andere Bildsprache sprechen die Hefte der letzten Saison. Für das 14. und 15. Heft im Oktober und November 1903 übernahm Jean Émile Laboureur die Gestaltung des Innenteils, die Vignetten für das Heft des Wiener Gastspiels im Dezember 1903 schließlich schuf der Graphiker und seit Juni 1903 Besitzer der *Scharfrichter* Otto Miethke, der die wichtigsten Interpreten in Vogelgestalt karikierte, darunter Wedekind als weißen, auf einer Gitarre sitzenden Raben oder Robert Kothe als Hahn.

Es fällt auf, dass einige Hefte viele Vignetten enthalten, andere dagegen so gut wie keine. Auch hierin spiegelt sich das

Vignetten von Otto Miethke.

wirtschaftliche Auf und Ab der Schwabinger Kabarettbühne. In Zeiten, da die finanzielle Lage schwierig war, wurde weitgehend auf Verzierungen verzichtet. Dann beschränken sich die Programmhefte auf die Nennung der einzelnen Nummern, meist in der folgenden Anordnung: Ouvertüren – dramatische Szenen – weitere szenische Nummern (Schatten- oder Puppenspiele, musikalische Ensembles etc.) – Sololieder – Gedichte – Mitteilungen über Mitwirkende, Vorverkaufsstellen und geplante zukünftige Nummern. Die einzelnen Beiträge sind hier nach Gattungen geordnet und entsprechen nicht ihrer tatsächlichen Abfolge in den Vorstellungen. Für ihre Darbietungen wählten die *Scharfrichter* allabendlich eine Anzahl der angegebenen Nummern aus und arrangierten sie zu einem ansprechenden dramaturgischen Ablauf.

3.3 Ablauf der Vorstellungen

Die Vorstellungen begannen stets mit einer Musiknummer für großes Ensemble wie z. B. dem *Scharfrichter-Marsch*, der Über-Ouverture *Also sprach Hannes Ruch* oder den meist rein instrumentalen Eröffnungsstücken von Sandro Blumenthal. Sodann ertönte ein Pauken- oder Gongschlag[315] und auf der Bühne erschien der Conférencier Marc Henry, der in charmantem Plauderton die nächste Nummer ankündigte, während hinter dem geschlossenen Hauptvorhang die Vorbereitungen für die folgende Darbietung getroffen wurden. Henrys sehr beliebte Ansagen waren allerdings nicht von Anfang an Teil des Programms, vielmehr traten in der ersten Saison die beiden Regisseure Otto Falckenberg und Leo Greiner als Vermittler zwischen Bühne und Publikum in Erscheinung.[316] Zu Beginn der zweiten Spielzeit präsentierte sich dann der Franzose erfolgreich als neuer Zeremonienmeister und die *Münchener Post* sah in seinen Moderationen »an sich schon eine Varieténummer edleren Stils [...], die zur Beibehaltung in allen Fällen zu empfehlen wäre.«[317] Es folgten dann, genau wie in den Vorstellungen der Varieté-Theater, die einzelnen Nummern, die sich idealerweise in einer ausgewogenen Dramaturgie aus ernsten und humoristischen, spannenden und unterhaltsamen Beiträgen zusammenfügten. Beispielhaft sei hier der Ablauf von fünf Abenden aus den vier Spielzeiten aufgezeigt:[318]

1. Saison, 1. Programm, Mai 1901: *Die Elf Scharfrichter*, grotesker Marsch; dramatische Szene: *Der Veterinärarzt*; drei Lieder (Richard Weinhöppel); drei Lieder (Friederike Gutmann-Umlauft); Puppenspiel: *Die feine Familie*; drei Lieder (Frank Wedekind); drei Lieder (Marya Delvard); drei Lieder (unbekannt); inoffizieller Teil.[319]

2. Saison, 3. Programm, Oktober 1901: *Also sprach Hannes Ruch*; dramatische Szene: *Die Verlobung*; zwei Gedichte (Giulia Mannhardt); drei Lieder (Robert Kothe); zwei Lieder (Olly Bernhardi); dramatische Szene: *Das Geständnis*; Pause (15 Minuten); musikalische Ensembleszene: *Der Tannenzapf*; drei Lieder (Marya Delvard); Pantomime: *Der böse Traum*.[320]

---

[315] Vgl. Heinrich Mann, *Münchner Theater*, in: Ders., *Essays und Publizistik. Kritische Gesamtausgabe*, Bd. 1: *Mai 1889–August 1904*, hg. v. Wolfgang Klein, Peter Stein, Bielefeld 2013, S. 437, und [K. M.], *Die elf Scharfrichter*, in: *Breslauer General-Anzeiger*, 17.3.1903, MaK.

[316] Vgl. Engels, *Die elf Scharfrichter*, in: *MZ*, Nr. 89, 14.4.1901, S. 2, und *Mitteilungen*, 1. PH, S. [20], DKA, Ordner LK/C/1.

[317] [V.], *Die elf Scharfrichter*, in: *MP*, Nr. 226, 4.10.1901, S. 3.

[318] Über die Abfolge der einzelnen Nummern während der Vorstellungen sind nur wenige Zeugnisse erhalten. Wie im vorangegangenen Kapitel geschildert, lässt sich der tatsächliche Verlauf der Aufführungen nicht aus den Programmheften nachvollziehen. Auch in den Rezensionen der Tagespresse wurden die Nummern meist nach Gattungen besprochen. Die in Klammern angegebenen Namen bezeichnen die jeweiligen Interpreten.

[319] Vgl. Vorstellungsbericht vom 12.5.1901, StAM, Pol. Dir. 2057/1.

[320] Vgl. Otto Falckenberg an Marc Henry, 22.9. [1901], MSB Mon., Henry, Marc A III/Konv. Genannt sind hier außerdem noch Lieder des

2. Saison, 8. Programm, Juni 1902: *Serenata Napoletana* für Solo, Chor und Instrumentalbegleitung; ein Lied (Stefanie Martin); dramatische Szene: *Die Trockenwohner*; zwei Lieder (Robert Kothe); humoristischer Vortrag: *Eine chinesische Kriegsepisode* (Paul Larsen); ein Lied (Hans Dorbe); musikalische Ensembleszene: *Die Pedalsymphonie*; drei Lieder (Marya Delvard); Gedicht und Lieder (Frank Wedekind); dramatische Szene: *Das Denkmal*.[321]

2. Tournee, April 1903: Begrüßung Marc Henry; *Die Elf Scharfrichter*; dramatische Szene: *Die Verlobung*; zwei Lieder (Fritz Quidam); Lyrikparodien: *Fischerin, du kleine* (Leo Greiner); Terzett: *Die Hochzeitsmusikanten* (Sandro Blumenthal, Hans Dorbe, Robert Kothe); Pause; Lieder (Marya Delvard); drei Lieder (Robert Kothe); zwei Lieder (Marc Henry); dramatische Szene: *Die Verschönerungskommission*.[322]

4. Saison, 16. Programm, Februar 1904: Begrüßung Marc Henry; dramatischer Monolog: *Pierrot fumiste* (Franz Blei); zwei Lieder (Heinrich Rettig); drei Lieder (August Böndel); *Der Musikzeichner* (Ernst Stern); drei Gedichte (Frank Wedekind); Pause; vier Lieder (Marya Delvard); zwei Terzette (unbekannt); drei Lieder (Marc Henry); Gedicht: *Das Urlachen* (Ludwig Scharf); Gedichte (Emil Mantels).[323]

Aus den angeführten Beispielen wird die eminente Bedeutung der Musik für die Vorstellungen der *Scharfrichter* ersichtlich: In allen genannten Fällen waren über die Hälfte der Programmnummern musikalischer Art, wobei besonders dem Sololied eine herausragende Rolle zukam.

Die Theaterabende begannen mit einem eröffnenden Musikstück, dem in den meisten Fällen eine dramatische Szene folgte, die von mindestens zwei, meist aber mehr Personen gespielt wurde. Als Kontrast schloss als Nächstes eine Reihe von Solovorträgen gesungener oder gesprochener Art an, der dann wieder eine Ensembleszene entgegengesetzt wur-

Das noch sehr schlichte Titelbild des 1. Programmhefts, April 1901.

de. In jeder Vorstellung gab es eine oder auch zwei Pausen,[324] vor denen besondere Zugnummern gespielt wurden, um einem vorzeitigen Heimgehen der Gäste entgegenzuwirken. Diese Nummern zeichneten sich entweder durch ihre besondere Komik aus wie etwa das Terzett *Die Hochzeitsmusikanten* oder aber durch eine besonders drastische Thematik, die das Publikum schockieren sollte. So beobachtete der Polizeispitzel im Oktober 1901 die erregten Diskussionen der Gäste, nachdem vor der Pause mit Otto Falckenbergs Dialog *Das Geständnis* eine beißende Kirchensatire gezeigt

---

Sängers Heinrich Rettig, die aber in der Presse nicht besprochen und daher wahrscheinlich auch nicht dargebracht wurden.

[321] Vgl. E.[duard] E.[ngels], [Die elf Scharfrichter], in: *MZ*, Nr. 147, 21.6.1902, S. 2.

[322] Vgl. *Die elf Scharfrichter*, in: *Mainzer Anzeiger*, 17.4.1903, MaK.

[323] Vgl. Vorstellungsbericht vom 8.2.1904, StAM, Pol. Dir. 2057/3.

[324] Nur in wenigen Ausnahmen ist überliefert, an welchem Moment die Vorstellungen durch Pausen unterbrochen wurden. Von mehreren Pausen berichtet der Polizeispitzel im Vorstellungsbericht vom 12.11.1902, StAM, Pol. Dir. 2057/2.

worden war.³²⁵ Im letzten Programm im Februar 1904 rezitierte Frank Wedekind vor der Pause seine drei Gedichte *Der Prügelheini*, *Die Keuschheit* und *Schweig und sei lieb*, die wegen ihrer Brutalität und Anzüglichkeiten den Zensor in größte Aufregung versetzten, sicher aber auch beim Publikum für kontroverse Pausengespräche sorgten.

Im zweiten Teil der Vorstellungen, der gelegentlich erneut von einer Instrumentalnummer eingeleitet wurde,³²⁶ lockte als besonderes Highlight Marya Delvard, der Star des Ensembles. Glaubt man den Erinnerungen Hans Carossas, so bedeuteten ihre Auftritte einen geradezu übersinnlichen Moment, auf den die Gäste den ganzen Abend warteten: »Auf einmal schwebte das kleine Theater in magischem Lilalicht, und wie aus ihrem Sarge aufgestiegen stand Marya Delvard vor dem fahlen Vorhang. Es wurde still wie in der Kirche, kein Teller klapperte mehr.«³²⁷

Bei aller nachträglichen Stilisierung bleibt doch festzuhalten, dass der Zeitpunkt von Delvards Auftritten ganz offensichtlich von klaren dramaturgischen Überlegungen bestimmt war: In allen bekannten Fällen erschien sie erst im zweiten oder sogar dritten Teil der Vorstellung, entweder als wirkungsvoller Einstieg gleich nach der Pause oder als finaler Höhepunkt kurz vor Ende des Programms.

Auch nach der Pause wurde die kontrastierende Abfolge von solistischen Auftritten und Ensembleszenen fortgeführt. Dieser Wechsel zwischen den Solovorträgen der Stars wie Bernhardi, Delvard, Kothe, Wedekind oder Larsen und den handlungsreichen gesprochenen oder gesungenen Gruppenszenen war von essenzieller Bedeutung für die Dramaturgie der Vorstellungen. Welches Ärgernis es bedeutete, wenn das Verhältnis von Solo- und Ensemblenummern unausgeglichen war, vermittelt ein Brief Marc Henrys an Hanns von Gumppenberg, in dem sich Henry – in nicht ganz fehlerfreiem Deutsch – bitter über den Hauskomponisten Weinhöppel beklagt, durch dessen Verschulden das neue Programm ohne musikalische Ensembleszene auskommen musste:

*Ich möchte gern, dass Sie nicht glauben, dass auf irgend einer Nachlässigkeit meinerseits Ihre Quartette nicht an Ehrenexecution zum Vortrag gelangen ____ Sie wissen ganz genau welche Gewicht ich auf die beide ensemblescenen, so münchnerisch, typisch und humoristisch, gelegt habe: ich wollte par force diese Note in unserem Programm haben. Delvard, die andern Damen und sämtliche Herren haben Richard um Ihr Partie gefleht; Richard hat's versprochen; und in dem letzten Moment (heute morgen) teilt er plötzlich dass er nicht dazu gekommen ist, dass er die beide Sachen nicht schmieren will, sondern anständig componieren, und dass er dazu Zeit haben muss ____ Was kann ich jetzt [...] thun??? Wir haben jetzt keine musik ensemblescene mehr für das Programm!!!*³²⁸

Es fällt auf, dass im letzten der oben angeführten Beispiele (16. Programm, Februar 1904) der Wechsel zwischen solistischem Vortrag und Gruppenszene fast gänzlich fehlte und das Programm bis auf die beiden Terzette ausschließlich aus Solonummern bestand. Kritisch bemerkten hierzu die *Münchner Neuesten Nachrichten*: »Vor allem fehlten die kleinen Komödien und parodistisch-satirischen Spiele – einst der Stolz der Scharfrichter. Das Vorlesen literarischer Produkte, das an die Stelle getreten ist, wurde mit nicht mißzuverstehendem und berechtigtem Proteste abgelehnt.«³²⁹ Die unglückliche Gestaltung dieses letzten *Scharfrichter*-Programms, für die sich Marc Henry sogar bei seinen Gästen entschuldigte, lässt sich unschwer als Vorzeichen auf die bald darauf erfolgte Auflösung der Schwabinger Bühne deuten und illustriert die Problematik, an der das Theaterunternehmen zu diesem Zeitpunkt krankte: Die *Scharfrichter* bestanden nur noch aus »Einzelkämpfern« und der Teamgeist, der sie ursprünglich beseelt hatte, war erloschen.

Die Vorstellungen der *Scharfrichter* endeten meistens mit einer dramatischen Ensembleszene, wobei sich die Schlussnummern, genau wie die Beiträge vor der Pause, durch ihre Komik

---

³²⁵ Nach Beobachtung des Zensors bezeichneten auch viele Gäste das Stück in der Pause als »zu stark«, vgl. Vorstellungsbericht vom 10.10.1901, StAM, Pol. Dir. 2057/1.

³²⁶ Vgl. E.[duard] E.[ngels], [Die Elf Scharfrichter], in: *MZ*, Nr. 270, 12.11.1901, S. 1.

³²⁷ Carossa, *Der Tag*, S. 136.

³²⁸ Marc Henry an Hanns von Gumppenberg, [o. D.], MSB Mon., Henry, Marc A III/Konv.

³²⁹ [Die Elf Scharfrichter], in: *MNN*, Nr. 65, 10.2.1904, S. 4.

oder Drastik dem Publikum besonders einprägen sollten. So brachten sie etwa am Ende ihres 3. Programms die scharfe, später verbotene Politsatire *Der böse Traum* und konnten sicher sein, dass die zündende Nummer einen bleibenden Eindruck beim Publikum hinterließ und sicher so manchen zu einem neuerlichen Besuch des Theaters motivierte.

Die Vorstellungen der *Scharfrichter* begannen um 20 Uhr und dauerten häufig bis zu vier Stunden oder sogar noch länger. Ob das Publikum diesen Umstand schätzte, ist nicht überliefert, offene Kritik übten jedoch die Journalisten der *Münchener Zeitung*, da sie die unangenehme Aufgabe hatten, noch in derselben Nacht ihre Besprechungen zu verfassen:

Bis halb Zwölf hat's gedauert. Ich möchte am liebsten schlafen gehen. Aber um 7 Uhr in der Früh will der Mann an der Setzmaschine sein Manuskript haben. Da hilft kein Säumen.[330]

Dankbar konstatire ich am Schlusse meines Referates, daß die Exekution schon um halb 11 Uhr und nicht wie früher erst gegen Mitternacht beendet war.[331]

Nur zu lange währte die Freude, und wenn ich jetzt – Nachts 1 Uhr – Alles aufzählen sollte, was die Gestrengen seit 8 Uhr hingerichtet haben, so könnte ich in dieser Nacht mein Lager überhaupt meiden.[332]

Es war halb Eins, als die Vorstellung – noch nicht zu Ende war. Jetzt ist es Zwei. In Anbetracht dieser Thatsache darf ich wohl den Leser bitten, sich das Fazit des neuen Programms selbst zusammen zu addiren.[333]

In der ersten Saison schloss sich den Vorstellungen immer noch ein inoffizieller Teil an, in dem die Zuschauer dazu eingeladen waren, selbst etwas zum Besten zu geben. So trug an einem Abend ein Gast »ein sehr wenig Witz und Geist enthaltendes Gedicht« vor, ein zweiter deklamierte eine »schaurige Ballade« und ein dritter brachte ein Stück von Chopin »auf der Violine sehr wirkungsvoll zum Vortrage.«[334] Durch die Mitwirkung des Publikums sollte die Grenze zwischen Bühne und Zuschauerraum aufgehoben werden und das Gefühl entstehen, dass alle Anwesenden vom gleichen Geist beseelt seien. Doch die Vision der *Scharfrichter* vom künstlerischen Miteinander scheiterte an der Realität. Denn das, was geboten wurde, entsprach häufig weder inhaltlich noch qualitativ den Vorstellungen der Kabarettisten und in der zweiten Spielzeit wurde der inoffizielle Teil daher gestrichen. Nachdem die *Scharfrichter* ihren Status als privates Vereinstheater hatten aufgeben müssen, war jegliche Form der Improvisation ohnehin von der Polizeibehörde verboten.

3.4 Die Qualität der Darbietungen

Die Qualität der Darbietungen schwankte häufig stark und »dass alles höchste Perfektion ausstrahlte«,[335] wie Georg Forcht behauptet, lässt sich nicht bestätigen. Gerade in der Anfangszeit bestand das Ensemble überwiegend aus Laien ohne schauspielerische Erfahrung. Die *Scharfrichter* kamen aus allen möglichen Kunstrichtungen, eine darstellerische Ausbildung aber hatte kaum einer genossen und häufig wurden auch Freunde und Familienmitglieder in die Ausführung einzelner Nummern miteingebunden.[336] Diese familiäre Atmosphäre und die übermütige Art, mit der sich die dilettierenden Mitwirkenden zuweilen gebärdeten, machten jedoch den speziellen Reiz des Theaters aus: »[D]er künstlerische Geist, der das Ganze beherrscht,

---

[330] Engels, *Die elf Scharfrichter*, in: *MZ*, Nr. 89, 14.4.1901, S. 1.

[331] E.[ngels], [Die elf Scharfrichter], in: *MZ*, Nr. 236, 3.10.1901, S. 2.

[332] [J. F. W.], *Das neue Scharfrichterprogramm*, in: *MZ*, Nr. 270, 12.11.1902, S. 2.

[333] E.[duard] E.[ngels], [Die elf Scharfrichter], in: *MZ*, Nr. 61, 13.3.1902, S. 2.

[334] Vorstellungsbericht vom 26.6.1901, StAM, Pol. Dir. 2057/1.

[335] Georg W. Forcht, *Frank Wedekind und die Anfänge des deutschsprachigen Kabaretts*, Freiburg 2009, S. 84.

[336] Hüsgen und Gumppenberg berichten etwa von der Mitwirkung der Ehefrauen von Falckenberg, Kothe und Rath, vgl. Gumppenberg, *Lebenserinnerungen*, S. 286, und Hüsgen, *Elf Scharfrichter*, MSB Mon., L 3573.

der kecke Jugendübermut, der überall durchleuchtete, gewann sofort alle Herzen.«[337] Mitunter herrschte auf der Bühne eine ausgelassene Improvisationsstimmung, so etwa in dem Einakter *Die Verschönerungskommission*, der von einer Sitzung der Baukommission über die Errichtung einer Bedürfnisanstalt handelte. Otto Falckenberg erinnert sich:

> [Es] *gab [...] eine uferlose Debatte, die plötzlich durch das unerwartete Erscheinen eines Dienstmannes beendet wurde. Ich weiß [...] noch, daß dieser stumme Dienstmann von Marc Henry gespielt wurde, der viel Humor und Phantasie besaß und nun, um uns Mitspielende – ernsthafte Stadtväter – zum Lachen zu bringen, jeden Abend in einer anderen Maske als nicht wiederzuerkennende, völlig veränderte Figur erschien. Nicht nur alle erdenkbaren Arten Münchener Dienstmänner [...] wurden von ihm auf die Bühne gebracht, auch alle nur denkbaren Arten, einen Brief zu transportieren und zu überbringen, wurden von ihm dargestellt. Wir beschworen ihn mit gerungenen Händen: »Bitte, bitte, Henry, tue das nicht mehr – wir können sonst einfach nicht weiter vor Lachen«, wir drohten ihm mit Geldstrafen – es half nichts: wir wußten nie, was uns bevorstand. Einmal brachte er ein riesiges Paket mit, aus dem er nun Schachtel um Schachtel, Schächtelchen um Schächtelchen hervorgehen ließ. Bis sich schließlich im allerkleinsten ein winziges, zusammengeklebtes Zettelchen von Briefchen fand; am nächsten Abend hatte er ein Fahrrad auf den Schultern, das er mit viel Umständlichkeit zu Boden setzte, um auf ihm eine kleine Rundfahrt zur Übergabe des Briefes zu veranstalten. Das gelang freilich nicht, weil wir vor Lachen einfach durcheinanderpurzelten und der Vorhang fallen mußte, ehe die Pointe des Briefchens gefallen war.*[338]

Andererseits stieß der Dilettantismus der Darbietungen auch wiederholt auf Kritik. So schrieb die *Allgemeine Zeitung* über die Aufführung des Fastnachtsspiels *Der Bauer im Fegefeuer* von Hans Sachs, dass es »wünschenswert wäre, daß einzelne der Mitwirkenden nicht gar so häufig und gar zu auffällig an Gedächtnisschwäche laborierten«.[339] Die *Münchener Zeitung* hoffte nach Wedekinds *Frühlingsstürmen*, »bei der nächsten Premiere [...] wieder den Dichter und auch weniger den Souffleur zu hören«,[340] und die *Münchner Neuesten Nachrichten* urteilten ganz allgemein, dass die Texte »dort auffallenderweise [...] schlechter als in anderen Variétés«[341] eingeübt würden. Auch Hedwig Pringsheim, die mit ihrem Mann Alfred, einem der Sponsoren der *Scharfrichter*, häufig die Vorstellungen besuchte, bemängelt in ihrem Tagebuch wiederholt »viel langweiliges, dilettantenhaftes«,[342] das an den Abenden gezeigt wurde.

Unter den solistischen Sängern und Sängerinnen gab es dagegen mehrere, die sich – mehr oder weniger gründlich – privat oder an der Musikhochschule hatten ausbilden lassen, so Marya Delvard, August Böndel (Hans Strick), Hans Dorbe, Emanuel Franz, Robert Kothe und Richard Weinhöppel. Die Vorträge dieser Künstler wurden daher in den meisten Fällen auch positiv bewertet.

---

[337] Steiger, *Die elf Scharfrichter*, S. 1071.

[338] Petzet, Falckenberg, *Leben*, S. 123f. Eine ähnliche Geschichte beschreibt Falckenberg auch in seinem Bericht über die Tournee der

Scharfrichter, Peter Luft, *Die Todte. Erinnerungen an eine Ueberbrettl-Gastreise*, in: *MNN*, Nr. 482, 17.10.1901, S. 1f., vgl. die Kommentare zur *Verschönerungskommission* in der Repertoireliste auf www.allitera.de/files/Elf-Scharfrichter.html.

[339] [O. M.], *Die elf Scharfrichter*, in: *AZ*, Nr. 30, Stadtanzeiger, 30.1.1903, S. 3.

[340] [J. F. W.], *Premiere bei den Elf Scharfrichtern*, in: *MZ*, Nr. 234, 1.10.1902, S. 2.

[341] [b. g.], [*Die elf Scharfrichter*], in: *MNN*, Nr. 523, 8.11.1903, S. 5. Vgl. auch [J. F. W.], *Premiere bei den Elf Scharfrichtern*, in: *MZ*, Nr. 234, 1.10.1902, S. 2.

[342] Pringsheim, Tagebucheintrag vom 10.11.1901, in: Dies., *Tagebücher 3*, S. 363.

4 Das Theater

4.1 Vor, auf und hinter der Bühne

Das Haus Nr. 28 in der Türkenstraße (gegenüber dem 2009 eröffneten Museum *Brandhorst*) verrät heute nichts mehr über das kurzlebige, aber legendäre Theater, das es einst beherbergte. Das Gebäude wurde im Krieg zerstört und durch einen Neubau ersetzt.[343] Der Theatersaal der *Elf Scharfrichter* existiert nicht mehr und keine Gedenktafel markiert diesen stadtgeschichtlich bedeutsamen Ort.

Nachdem das Vorhaben, das *Scharfrichter*-Theater im Hof des *Café Stefanie* zu errichten, gescheitert war, stellte Gabriel von Sedlmayr, der Eigentümer der Türkenstraße 28 und Besitzer des *Franziskaner-Leistbräu*, dem Ensemble Räumlichkeiten im Hinterhof der Anlage zur Verfügung.[344] Im vorderen Teil des Hauses, gegenüber einer »unschönen Kaserne«,[345] war die Wirtschaft *Zum Goldenen Hirschen* untergebracht und dieses schlichte und bodenständige Milieu erwies sich als ideales Umfeld für Münchens erstes Kabarett, denn es verlieh der Bühne einen urtümlichen Charme und unterstrich ihre Nähe zu den Pariser Cabarets, die im kleinbürgerlichen und proletarischen Ambiente des Montmartre entstanden waren. An der Häuserfront der Türkenstraße 28 war im ersten Stock ein großes Plakat angebracht, das auf das Theater der *Scharfrichter* hinwies (siehe S. 101). In der dritten Saison zeigte ein »hängendes Beil unter einer rothen Laterne [...] an der Tür-

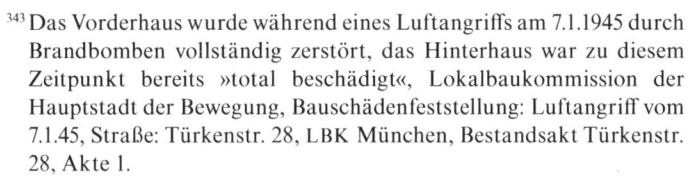

Der Innenhof der Türkenstraße 28, rechts das Theater der Scharfrichter mit der Eisentreppe, die in das Sekretariat im ersten Stock führte.

kenstraße ihre Richtstätte an.«[346] An der südlichen Seite des Hauses führte eine Einfahrt in einen unwirtlichen Hof, wo »man sich zunächst hinter die Kulissen eines Schankbetriebes versetzt [sah, J.K.] – leere Fässer, Stapel von Bierkisten, Handwagen und Abfälle.«[347] Die Toreinfahrt führte direkt auf den Eingang des *Scharfrichter*-Theaters zu, linker Hand befanden sich die Toiletten für das Gasthaus und das Theater sowie ein weiterer länglicher Raum, der an den *Münchner Orchester-Verein* vermietet war. Felix Schlagintweit, Schriftsteller, Arzt und zu jener Zeit Mitglied dieses Orchesters, erinnert sich in seinen Memoiren:

Unsere Nachbarn im Hofe des Goldenen Hirschen waren ab 1901 vier Jahre lang die Elf Scharfrichter. Mit Wedekind, Hannes Ruch, der Delvard, Monsieur Henry, Gumppenberg, [...] dem baltischen Maleringenieur Mantels [...] traf ich da häufig auf dem Hofe im Vorübergehen zusammen. Noch deut-

---

[343] Das Vorderhaus wurde während eines Luftangriffs am 7.1.1945 durch Brandbomben vollständig zerstört, das Hinterhaus war zu diesem Zeitpunkt bereits »total beschädigt«, Lokalbaukommission der Hauptstadt der Bewegung, Bauschädenfeststellung: Luftangriff vom 7.1.45, Straße: Türkenstr. 28, LBK München, Bestandsakt Türkenstr. 28, Akte 1.

[344] Laut den Unterlagen der Lokalbaukommission war Gabriel von Sedlmayr der Besitzer der Anlage Türkenstraße 28, der Mietvertrag wurde allerdings zwischen seinem Vater (?) Josef Sedlmayr und den *Elf Scharfrichtern* geschlossen, vgl. Mietvertrag zwischen Josef Sedlmayr und den *Elf Scharfrichtern*, 28.2.1901, StAM, Pol. Dir. 2057/1.

[345] René Prévot, *Kleiner Schwarm für Schwabylon*, München 2008 (Edition Monacensia), S. 36.

[346] R.[oth], [Die Elf Scharfrichter], in: *MNN*, Nr. 454, 1.10.1902, S. 3.

[347] Prévot, *Schwabylon*, S. 36. Ganz ähnlich berichtet Hans Carossa: »Im Hof deutete nichts auf ein künstlerisches Unternehmen; alles war durchaus werktäglich«, Carossa, *Der Tag*, S. 125.

lich sehe ich, wie wir Bayern vom Orchesterverein diese [...] Ganz- und Halbgenies zuerst wohlwollend anstaunten, dann tolerant sich tummeln ließen und unsere stille Freude und unseren harmlosen Spott an ihnen hatten [...].[348]

Am hinteren Ende des Hofs, den die *Scharfrichter* selbstironisch als ihren »Wintergarten«[349] bezeichneten, befand sich eine eiserne Treppe, die in das Obergeschoss des Theaters führte, wo sich eine Requisitenkammer sowie das Sekretariat – mit Telefonanschluss – befanden.

Für die Errichtung des Theaters mussten der gesamte südliche Hoftrakt sowie ein Teil des Erdgeschosses des Hinterhauses umgebaut werden. Das »ganze rückwärtige Seitengebäude, das [...] bisher ein großes Studentenkneipzimmer, 1 Dienstbotenzimmer und Stallungen mit Zubehör enthalten hat,«[350] sowie die Räumlichkeiten einer Weinhandlung und eines Fechtmeisters wurden den *Scharfrichtern* zur Verfügung gestellt und von Max Langheinrich zum Theater umgebaut. Der neu entstandene schlauchartige Raum war der Länge nach unterteilt in eine Garderobe, den Zuschauerraum – »so lang wie zwei Stadtbahnwagen und etwa sechs Meter breit«[351] –, den Orchestergraben, die Bühne und »die rückwärtigen Räumlichkeiten, wo die Künstlergarderoben, das Requisitenmagazin und das Maleratelier eingerichtet sind.«[352] Ein Hauptmerkmal der ganzen Anlage waren die beengten Verhältnisse, die in der zeitgenössischen Presse immer wieder angesprochen wurden. Diese begannen bereits in dem ca. 12 m² großen Vorraum mit Zuschauergarderobe, die zwar in Willy Raths Erinnerung »nicht wesentlich schlechter funktionierte als die Garderoben der allermeisten großen Prunktheater«,[353] von den Gästen aber als »Prokrustesbett«[354] empfunden wurde. Ähnliche Zustände herrschten im Zuschauerraum mit seiner Größe von gerade einmal 65 m². Im Januar 1902 begrenzte der Magistrat die zugelassene Anzahl der Gäste auf maximal 70 und später 84 Personen.[355] In der Anfangszeit waren manchmal jedoch bis zu 150 Personen anwesend[356] und die permanente Überfüllung des Theaters wirkte sich häufig negativ auf die Stimmung der Gäste aus. So bemängelte die Tagespresse wiederholt eine »Plazirung à la Hering«[357] und dass »der Aufenthalt in dem Lokal an vielen Stellen dem auf einer Trambahnplattform während eines Platzregens ähnlich war.«[358]

Auch der Polizeispitzel der Zensurbehörde schilderte in einem Vorstellungsbericht: »Alle Vorführungen wurden mit nicht zu großem Beifall aufgenommen, was wohl darin seine Gründe haben mußte, weil das Lokal zugig u. für eine größere Anzahl von Gästen zu klein ist u. sich alle stark gedrängt fühlten.«[359] Im Einvernehmen mit ihren Zuschauern, die »die Eingangs-, Platz-, Ventilations- und Bewirthungsverhältnisse für auf die Dauer unhaltbar erklärten«,[360] waren auch die *Scharfrichter* alles andere als zufrieden mit ihren Räumlich-

---

[348] Felix Schlagintweit, *Ein verliebtes Leben. Erinnerungen eines Münchner Arztes*, München 1946, S. 215.

[349] *Heim der Elf Scharfrichter*, S. 9.

[350] Mietvertrag zwischen Josef Sedlmayr und den *Elf Scharfrichtern*, 28.2.1901. Vgl. auch den Nachtrag vom 29.3.1901, StAM, Pol. Dir. 2057/1.

[351] Brennert, *Zu den Elf Scharfrichtern*.

[352] *Heim der Elf Scharfrichter*, S. 9.

[353] Rath, *Münchener Künstlerbrettl*, S. 369.

[354] [V.], *Die elf Scharfrichter*, in: *MP*, Nr. 86, 16.4.1901, S. 2.

[355] Vgl. Magistrat an *Elf Scharfrichter*, 25.1. und 25.9.1902, StAM, Pol. Dir. 2057/2. Wie nachlässig und zögerlich die *Scharfrichter* den behördlichen Vorgaben Folge leisteten, geht aus zahlreichen Dokumenten des Münchner Staatsarchivs sowie der Münchner Lokalbaukommission hervor.

[356] Im Juni 1902 berichtet der Polizeispitzel von 150 Gästen der »Ehrenexekution«, vgl. Vorstellungsbericht vom 20.6.1902, StAM, Pol. Dir. 2057/2. In den Erinnerungen der Mitwirkenden und der Gäste variieren die Angaben der Besucherzahlen. So schreibt z. B. Alexander von Bernus, es hätten nur »50 bis 60 Leute« Platz gehabt, während der Saal in der Erinnerung Robert Kothes »etwa 120 Personen faßte«, Alexander von Bernus, *Damals in München*, in: Otto Heuschele (Hg.), *In memoriam Alexander von Bernus. Ausgewählte Prosa aus seinem Werk*, Heidelberg 1966, S. 19, und Kothe, *Saitenspiel*, S. 72.

[357] [lt.], *Die elf Scharfrichter*, in: *AZ*, Nr. 102, AB, 13.4.1901, S. 1. Auch noch ein knappes Jahr später kritisiert die *Münchener Post*, der Zuschauerraum sei »immer zu eng«, [e.], [Die elf Scharfrichter], in: *MP*, Nr. 29, 5.2.1902, S. 3.

[358] R.[oth], [Die Elf Scharfrichter], in: *MNN*, Nr. 211, 7.5.1902, S. 4. Vgl. auch [lt.], *Die Elf Scharfrichter*, in: *AZ*, Nr. 288, AB, 17.10.1901, S. 2.

[359] Vorstellungsbericht vom 2.2.1902, StAM, Pol. Dir. 2057/2.

[360] [Die Elf Scharfrichter (e. V.)], in: *MNN*, Nr. 17, 11.1.1902, S. 3.

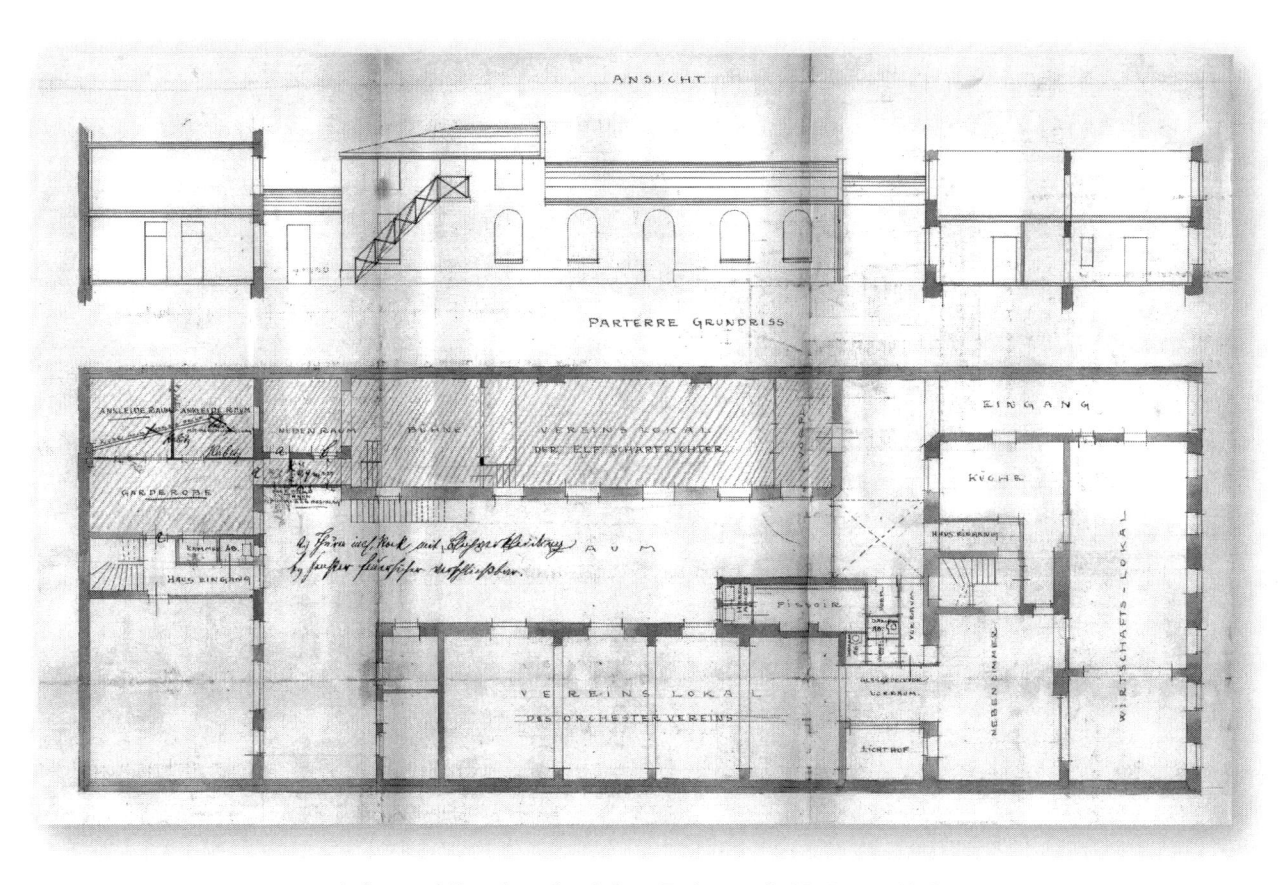

Aufriss und Grundriss der Anlage Türkenstraße 28, Januar 1902.

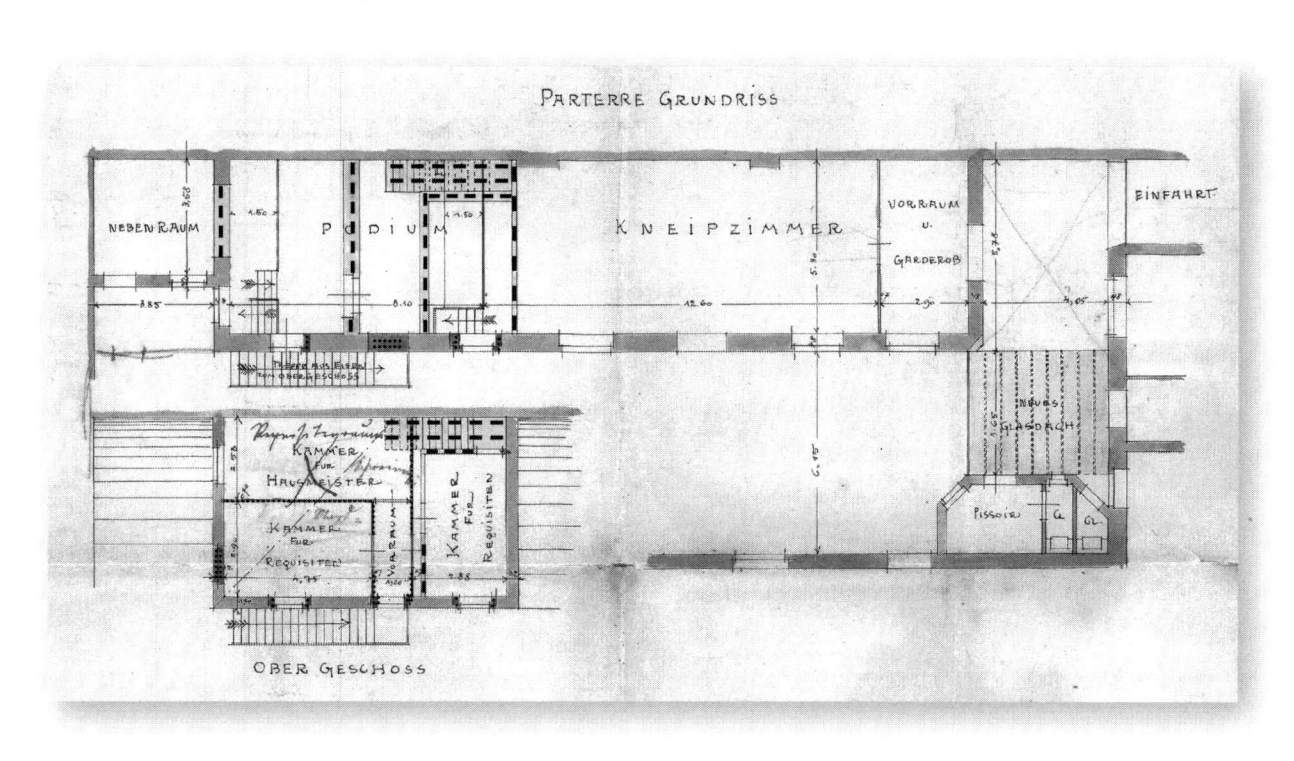

Der Grundriss des Theaters vom April 1901 mit den Umbauten: Die gestrichelt markierten Einbauten wurden entfernt, die gepunktet markierten Abschnitte zugemauert bzw. neu geschaffen.

»Plazirung à la Hering« – *der Zuschauerraum des Scharfrichter-Theaters von der Bühne aus gesehen.*

keiten und hegten immer wieder Veränderungswünsche, die jedoch sämtlich unerfüllt blieben. Bereits drei Monate nach der Eröffnung berichtete die Münchner Presse von den Plänen für ein »größeres und luftigeres Heim«,[361] in dem bis zu 300 Zuschauer Platz finden sollten. Im Januar 1902 kündigten die *Scharfrichter* an, das »Lokal ohne wesentliche Vergrößerung für das Publikum und die Bühnenerfordernisse bequemer zu gestalten.«[362] Und noch im Sommer 1903, nach der ersten großen geschäftlichen Krise, bemühten sich die Kabarettisten – erfolglos – um eine neue Bleibe.[363] Alle Pläne zerschlugen sich und im Oktober 1903 hieß es in der *Freistatt*: »Noch immer geht man durch den schmutzigen Vorplatz, wo Maurer und Soldaten an Klapptischen sitzen und Bier trinken, zwängt sich durch die fürchterliche ›Garderobe‹ und erstickt beim Eintritt beinahe vor Rauch und Dampf.«[364]

Trotz der beschriebenen Nachteile beförderte der kleine Raum aber auch die gemütliche Stimmung und den intimen Charakter der Darbietungen und erleichterte den Kontakt zwischen Schauspielern und Publikum. Denn wie bei den Pariser Vorbildern, wo die Conférenciers ihre Besucher häufig direkt ansprachen, bemühten sich auch die *Scharfrichter*, eine klare Trennung von Bühne und Zuschauerraum zu vermeiden. Das Theater in der Türkenstraße sollte das Flair des »Zwanglosen, Improvisirten«[365] ausstrahlen und seinen Gästen einen rundum angenehmen Aufenthalt bescheren. Umgesetzt wurde dieses Konzept auch durch die lockere Kneipenatmosphäre im Saal, wo man »sich auf bequemem Stuhl am sauber gedeckten Tischl nieder[läßt], um bei Speis und Trank der kommenden Dinge zu warten.«[366] Die Bewirtung und den Bierausschank des Theaters übernahm der Pächter des *Goldenen Hirschen*,[367] und Hans Carossa berichtet über die gutbürgerliche Münchner Küche:

Mir gegenüber saßen zwei gutgekleidete Paare, denen eben eine junge Kellnerin Salzbrezen und eine Leberknödelsuppe auftrug, ein echtes Münchener

---

[361] [p.], [Ein Abend bei den Elf Scharfrichtern], in: *MNN*, Nr. 302, 3.7.1901, S. 4. Angedacht war, »den benachbarten Saal des *Münchner Orchestervereins* zu erwerben, ihn um ein Bühnenhaus zu erweitern und auf 300 Sitzplätze auszubauen«, Otto, *Scharfrichter*, S. 387.

[362] [Die Elf Scharfrichter (e. V.)], in: *MNN*, Nr. 17, 11.1.1902, S. 3.

[363] Vgl. kgl. Polizeidirektion an Magistrat, 13.5.1904, StAM, Pol. Dir. 2057/3.

[364] Danegger, *Die »Elf Scharfrichter«*, S. 831f.

[365] *Wie die Elf Scharfrichter wurden*, S. 3.

[366] [V.], *Die elf Scharfrichter*, in: *MP*, Nr. 86, 16.4.1901, S. 2.

[367] Vgl. Mietvertrag zwischen Josef Sedlmayr und den *Elf Scharfrichtern*, 28.2.1901, StAM, Pol. Dir. 2057/1.

»Die gemüthliche Ecke mit dem Schandpfahl«, Stich von Willy Oertel.

Gericht, das ich mir gleichfalls bestellte, obwohl es der dämonischen Umwelt, die mich als Gast erwartete, wenig entsprach.[368]

Vor und nach den Vorstellungen sowie während der Pausen bot sich den Gästen Gelegenheit, die Ausstattung des Theaters zu bewundern. Das besondere Kuriosum war der »Schandpfahl«, eine im Saal aufgestellte Säule, die oben einen »zopfperückengekrönten Todtenschädel«[369] trug, in dem ein Henkerbeil steckte. An diesem Schandpfahl befestigten die *Scharfrichter* Texte wie etwa die neuesten Zensurbescheide oder Zeitungsartikel über »la dernière insanité politique, la dernière bévue impériale, l'ultime loi réactionnaire, le dernier cri du snobisme, ce que la réclame stupide exaltait sans raison, ce qui insultait au bon sens ou à l'esthétique«,[370] kurz, alles, was ihnen verachtenswert erschien und in ihren Augen verdiente, angeprangert zu werden.

An den Wänden des Theaters, die »bis zu halber Höhe mit Holz verkleidet, darüber mit Stoff bespannt«[371] waren, hingen zahlreiche »seltsame oder wilde Kunstwerke«[372] sowie die *Scharfrichter*-Reliefmasken von Wilhelm Hüsgen.[373] An der Nordseite »war der Bühnenbreite ein Stückchen abge-

---

[368] Carossa, *Der Tag*, S. 126.

[369] *Heim der Elf Scharfrichter*, S. 8. Die Zopfperücke symbolisiert das überkommene, »verzopfte« Spießbürgertum und wird auch auf einem Plakat Ernst Neumanns für die erste Saison aufgegriffen (siehe S. 303).

[370] Henry, *Au Pays*, S. 163.

[371] *Heim der Elf Scharfrichter*, S. 8.

[372] Mann, *Münchner Theater*, S. 438. In der Selbstdarstellung der *Scharfrichter* ist die Rede von »auserlesenen Gemälden, Lithographien, Radirungen und Zeichnungen moderner Meister [...] von Léandre, Steinlen, Rops, Schmidhammer, Vrieslander u. A., ferner japanische Holzschnitte, ein Brunnenrelief von Gasteiger«, *Heim der Elf Scharfrichter*, S. 8. Eine tatsächliche Aufstellung der bei den *Scharfrichtern* gezeigten Kunstwerke ist nicht möglich, da über ihren Verbleib nichts bekannt ist. Auch Hüsgens Masken sind, bis auf die von Frank Wedekind, die in der Monacensia aufbewahrt wird, verschollen.

[373] Beschreibungen des *Scharfrichter*-Theaters, zum Teil mit falschen Angaben, finden sich u.a. bei: Kothe, *Saitenspiel*, S. 72; Gumppenberg, *Lebenserinnerungen*, S. 282; Delvard, *Erste Münchner Jahre*, S. 13; Marya Delvard, *Extrait des Mémoires de Marya Delvard. Die Elf Scharfrichter (Les onze francs-juges)*, in: *La Revue des Visages* 26 (1931), S. 18; Henry, *Au Pays*, S. 162; Prévot, *Schwabylon*, S. 3; Rath, *Münchener Künstlerbrettl*, S. 369, sowie in den Berichten der Tagespresse: [V.], *Die elf Scharfrichter*, in: *MP*, Nr. 86, 16.4.1901, S. 2; Brennert, *Zu den Elf Scharfrichtern*; [lt.], *Die elf Scharfrichter*, in: *AZ*, Nr. 102, AB, 13.4.1901, S. 1; Engels, *Die elf Scharfrichter*, in: *MZ*, Nr. 89, 14.4.1901, S. 1. Spätere Angaben aus der Sekundärliteratur sind hier nicht angeführt.

spart und mit einer kleinen Tür versehen, von der ein paar Stufen zum Sälchen hinabführten.«[374] Aus dieser Tür trat allabendlich Marc Henry, um von der Höhe der kleinen Treppe seine Conférencen zu sprechen (siehe S. 120 und 270). Neben der Treppe befand sich die ca. 20 m² große Bühne, auf der kaum mehr als fünf Personen Platz fanden,[375] auf der aber trotzdem z. T. Stücke mit großer Besetzung wie Wedekinds Pantomime *Die Kaiserin von Neufundland* erfolgreich aufgeführt wurden. Eine kleine Treppe an der Rückseite der Bühne führte hinab in den Orchestergraben sowie zu den hinteren Räumlichkeiten. Hier wiederholten sich die sehr gedrängten Verhältnisse des Zuschauerraums, denn anfänglich stand den *Scharfrichtern* lediglich ein etwa 12 m² großer Nebenraum zur Verfügung. Wilhelm Hüsgen erinnert sich:

Man muß sich nun nicht vorstellen, daß hinter den Kulissen der Scharfrichter-Bühne alles immer in friedlicher Harmonie verlief. Der Raum war eng. In einen großen Topf mit Vaseline zum Abschminken fuhr jeder mit seinen Händen hinein. Wenig Spiegel, einer schubste den anderen zur Seite. Man war aufgeregt und nervös und es kam auch schon zu Handgemengen.[376]

Wenig später entspannte sich die Situation, als die *Scharfrichter* weitere Zimmer im Hinterhaus erhielten, die als Garderoben genützt wurden.

4.2 Unter der Bühne: Das Orchester der *Elf Scharfrichter*

Durch die völlige Ausschöpfung der räumlichen Kapazitäten gelang es dem Architekten Max Langheinrich, trotz der beengten Verhältnisse auch noch Platz für ein Orchester zu schaffen. Hierbei kam ihm zugute, dass sich unter dem Theatergebäude ein Kellergewölbe befand, sodass das Bodenniveau unter der Bühne bis zur Kellerdecke abgesenkt werden konnte.

Der so entstandene Raum mit einer Höhe von 1,90 m und einer Fläche von ca. 25 m² lag größtenteils unter der Bühne. Durch eine etwa 0,85 m hohe und 4 m breite Öffnung an der Vorderseite drang die Musik in den Zuschauerraum. Nach Bayreuth und dem *Prinzregententheater* besaß somit auch das Kabarett in der Türkenstraße ein versenktes Orchester, wie die *Scharfrichter* nicht ohne Selbstironie verlauten ließen.[377] Carl Georg von Maassen schreibt über die Klangwirkung, die sich aus dieser Konstruktion ergab: »Das Wunderbarste aber war das kleine versenkte Orchester, bei dem es mir nie möglich war, zu erraten, aus welchen Instrumenten es sich zusammensetzte, so eigenartig einheitlich war deren Zusammenklang.«[378] Die Musiknummern der *Scharfrichter* wurden von »etlichem Tongerät«[379] begleitet. An Tasteninstrumenten kamen neben einem Klavier auch ein Spinett und ein Harmonium zum Einsatz, dessen eigentümlicher Klang die düstere Stimmung der Delvardschen Klagelieder ausdrucksstark untermalte.[380] Das Harmonium fand übrigens nicht nur bei den *Scharfrichtern* Verwendung: Dank seines Farbenreichtums wurde es als »zweihändiges Orchester« zum idealen Begleitinstrument für die Kleinkunstbühnen und von einer Reihe »delikater Überbrettler«[381] wie Oskar Bie, Bogumil Zepler und Oscar Straus in einer Vielzahl von Kabarettliedern eingesetzt.

Weitere Instrumente, die bei den *Scharfrichtern* gespielt wurden, waren Streichinstrumente wie Violine, Viola und Cello, Blasinstrumente wie Flöte, Oboe, Klarinette, Fagott und Horn sowie Schlagwerk.[382] Für Wilhelm Mauke,

---

[374] Rath, *Münchener Künstlerbrettl*, S. 369.

[375] Vgl. Carl Georg von Maassen, *Die elf Scharfrichter. Ein Rückblick nach 30 Jahren*, in: *MNN*, Nr. 64, 6.3.1932, S. 3.

[376] Hüsgen, *Elf Scharfrichter*, MSB Mon., L 3573.

[377] Vgl. *Heim der Elf Scharfrichter*, S. 8f.

[378] Maassen, *Rückblick*, in: *MNN*, Nr. 64, 6.3.1932, S. 3.

[379] Kerr, *Die elf Scharfrichter*, S. 345.

[380] Nachgewiesen ist die Verwendung des Harmoniums in *Des Pfarrers Tochter zu Taubenheim*, vgl. Brennert, *Zu den Elf Scharfrichtern*.

[381] Edwin Neruda, *Harmonium und Kabaret*, in: *Neue Zeitschrift für Musik* 99 (1903), S. 35. Kritisch bemerkt der Autor allerdings, dass das Instrument besonders dazu geeignet sei, melodische Einfallslosigkeit durch Klangeffekte zu vertuschen.

[382] Lieder mit Violinbegleitung: *Die Dirne* (Karl Henckell), *Der Arbeitsmann, Die Judentochter, Lied in der Nacht* und *Des Pfarrers Tochter zu Taubenheim*, vgl. Röllinghoff, *Bei den »elf Scharfrichtern«*, in: *MNN*, Nr. 174, 14.4.1901, S. 1, und die entsprechenden Notendrucke

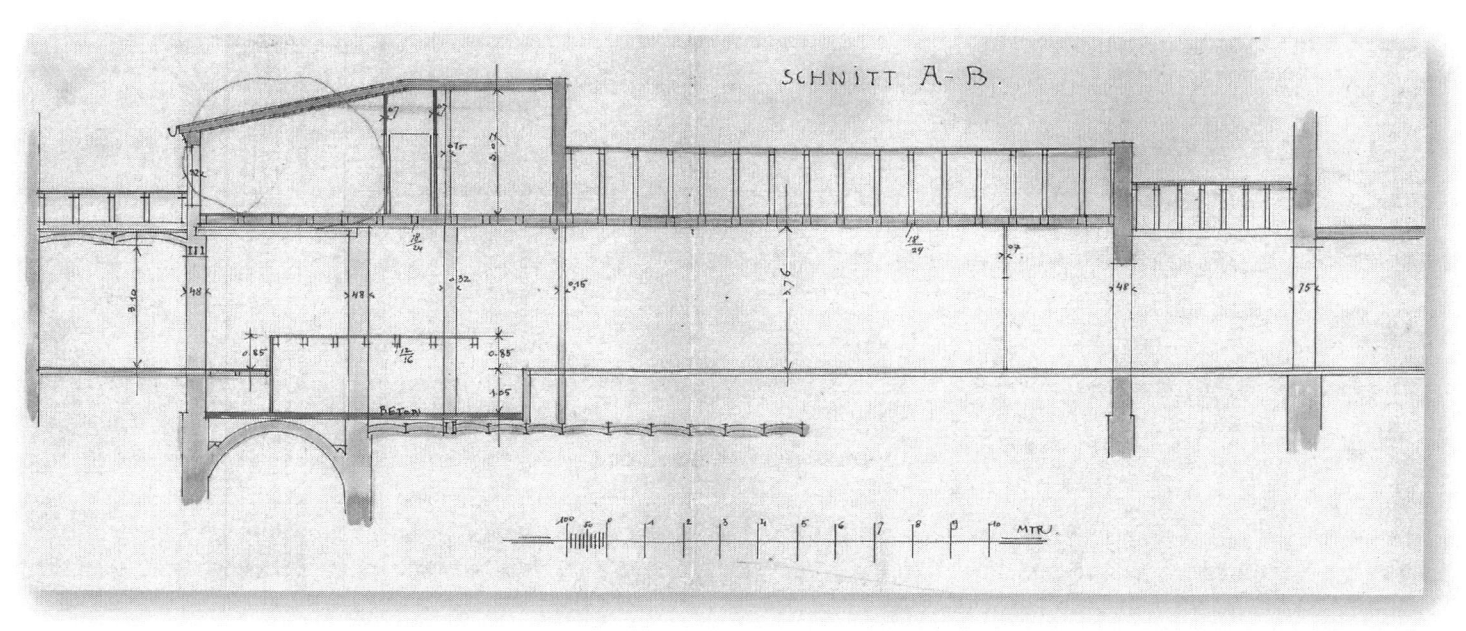

Auf dem Schnitt durch das Scharfrichter-Theater sind das abgesenkte Bodenniveau des Orchestergrabens und das darunter liegende Kellergewölbe deutlich erkennbar, Plan vom April 1901.

Rheinberger-Schüler, Komponist und Rezensent des *Modernen Brettls*, prägte das »eigentümliche Hervortreten der schnarrenden und trockenen Holzblasinstrumente Fagott und Clarinette«[383] den spezifischen Klang des *Scharfrichter*-Orchesters, der sich damit deutlich vom leichten, gefälligen Ton der typischen Berliner Kabarett-Kompositionen, etwa eines Oscar Straus, unterschied.

Über die technischen Fähigkeiten und die Professionalität der Orchestermusiker ist so gut wie nichts bekannt. Lediglich von dem Geiger Gottlieb Gärtner ist überliefert, dass er drei Jahre lang Violine und Kontrapunkt an der *Königlichen Akademie der Tonkunst* in München studiert hatte, ehe er zu den *Scharfrichtern* stieß, und also über eine gute instrumentale Ausbildung verfügte.[384] Über die Qualität der orchestralen Musikdarbietungen äußerte sich die Presse auch nur dann, wenn es etwas auszusetzen gab. So schrieb etwa die *Allgemeine Zeitung* im November 1902, dass bei der Aufführung der Über-Ouverture »zu wünschen gewesen wäre, daß sich die instrumentale Begleitung, namentlich jene am Klavier, bei den einzelnen Gesängen hinter der Szene etwas diskreter gehalten

---

von Hannes Ruch. Viola und Cello spielten u. a. Hans Dorbe und Paul Schlesinger, vgl. *Scharfrichter Musenalmanach*, [o. S.]. Der *Vorwärts* berichtet von »kriegerischem Klarinettenklang« zum Lied *Der arme Kunrad*, [dt.], *Künstlerhaus*. »Die elf Scharfrichter«, in: *Vorwärts*, Nr. 123, 21.5.1904, StAM, Pol. Dir. 2057/3. Der Notendruck des *Arbeitsmann* gibt Stichnoten für Flöten und Hörner an. Den *Schusterjungen* vertonte Weinhöppel für Klavier, Flöte, Oboe und Fagott, vgl. Richard Weinhöppel an Hanns von Gumppenberg, MSB Mon., Weinhöppel, Hans R. A I/7, 8, 12. Stichnoten für Flöte, Oboe und Viola finden sich in dem Lied *In aller Herrgottsfruh*. Weitere Zeitungsrezensionen erwähnen Paukenwirbel im Lied *In der Nacht* und Becken im *Arbeitsmann*, vgl. [B.], *Die elf Scharfrichter*, in: *Hamburger Zeitung*, 10.3.1903, und [K. M.], *Die elf Scharfrichter*, in: *Breslauer General-Anzeiger*, 17.3.1903, MaK. Nicht nachgewiesen ist dagegen die Verwendung des Trumscheits, das angeblich von Ernst von Wolzogen bei den *Scharfrichtern* gespielt wurde, vgl. Exponatbeschreibung »Einsaitiger Streichbass«, Inv.-Nr. 61–64, Münchner Stadtmuseum, Sammlung Musik.

[383] Wilhelm Mauke, *Münchener Brettl-Briefe. II*, in: *Das moderne Brettl* 4 (1902), S. 59.

[384] Vgl. Jahrbücher der *K. Akademie der Tonkunst* in München (im Folgenden JB AdT) 1898/99, S. [16], 1899/1900 und 1900/1901, S. [17], und Zeugnis von Richard Weinhöppel für Gottlieb Gärtner, 19.7.1902, MSB Mon., Weinhöppel, Hans R. A III/3.

hätte«,[385] und die *Münchner Neuesten Nachrichten* urteilten im November 1903 über die Aufführung des *Sang an Aegir*, das Stück sei »ganz miserabel gespielt«[386] worden. Angesichts der räumlichen Verhältnisse sowie der unterschiedlichen Stimmungen der Lieder ist anzunehmen, dass die begleitenden Instrumente wechselten und sich für gewöhnlich nur wenige Musiker im versenkten Orchestergraben aufhielten. In manchen Fällen drängten sich jedoch angeblich bis zu vierzehn oder fünfzehn Musiker auf der beengten Fläche,[387] so etwa bei den verschiedenen instrumentalen Eröffnungsnummern von Sandro Blumenthal. Auch Richard Weinhöppels Über-Ouverture *Also sprach Hannes Ruch* und sein *Scharfrichter-Marsch* wurden von größerem Instrumentalensemble vorgetragen. So kamen in der Über-Ouverture Flöte und Piccolo, Oboe, Fagott und Violinen zum Einsatz.[388] Wie aus der folgenden amüsanten Passage aus dem Konzertführer der Über-Ouverture hervorgeht, wurde außerdem eines der wichtigsten Motive des Werks, das bedrohliche »Lex Heinze«-Thema, von einem extra für dieses Stück entwickelten Instrument, dem »Ruchophon«, vorgetragen:

> *Zur Ausführung dieses Themas hat das von Wagner, Liszt, Berlioz, Strauss u. A. bis zur Bewusstlosigkeit verwendete gestopfte Horn nicht mehr ausgereicht. Dem Komponisten schwebte ein anderer, viel intensiverer, mit dumpfbrodelnden Galltönen vermischter Klang vor, so dass er schliesslich selbst ein Instrument erfand, welches seinen Bedürfnissen absolut entspricht. Das imposante Instrument, welches noch dazu den Vorzug hat, dass es Jeder blasen kann, wurde nach seinem Erfinder »Ruchophon« genannt, als welches dasselbe in der Geschichte der Programmmusik [...] noch zweifellos eine grosse Rolle spielen dürfte.*[389]

Über die tatsächliche Beschaffenheit des Instruments, mit dessen angeblicher Erfindung Weinhöppel alias Ruch sich selbstironisch in eine Reihe mit Instrumentenerfindern wie Richard Wagner oder Adolphe Sax stellt, ist nichts weiter bekannt. Besonders komisch wirkt allerdings der Hinweis, dass das Instrument, anders als etwa die Wagnertuba oder das Saxophon, sofort von jedem gespielt werden könne.

Lediglich zwei der größer besetzten Musiknummern der *Scharfrichter* sind nicht nur als Klavierfassung, sondern auch als Partitur-Autographe erhalten: Sandro Blumenthals *Serenata Napoletana* und Richard Weinhöppels grotesker Marsch *Die Elf Scharfrichter*.[390] Die Partitur der *Serenata* führt einfach besetzte Flöte, Oboe, Fagott, Horn sowie Violinen, Celli, ein Klavier, vierstimmigen Chor und Solostimme an. Dies entspricht wohl sehr viel eher dem bei den *Scharfrichtern* verfügbaren Instrumentarium als die große Symphonieorchesterbesetzung, die Weinhöppel im Autograph seines Marsches vorsieht: Neben dem vollständigen Streicherapparat erscheinen eine einfach besetzte Flöte mit Piccolo und Oboe sowie doppelt besetzte Klarinetten, Fagotte, Hörner, Trompeten und Posaunen, das Schlagwerk besteht aus Triangel, Becken und kleiner Trommel, hinzu kommt außerdem ein Klavier, die Gesangsstimmen fehlen jedoch. Während Blumenthal in der *Serenata* durchaus eigene Stimmen für die einzelnen Begleitinstrumente erfindet, ist das gesamte Tonmaterial des *Scharfrichter-Marsches* in der Klavierstimme enthalten, wodurch die übrigen Instrumente lediglich zur Erweiterung des Ambitus sowie zur Bereicherung der Klangfarben dienen. Umso mehr handelt es sich bei der Partitur nur um eine Zusammenstellung instrumentaler Möglichkeiten, die je nachdem, welche Musiker zur Verfügung standen, realisiert wurden.[391] Die Mappe mit der Partitur enthält weiterhin eine Anzahl von Einzel-

---

[385] [O. M.], [Die elf Scharfrichter], in: *AZ*, Nr. 312, Stadtanzeiger, 12.11.1902, S. 3.

[386] [b. g.], [Die elf Scharfrichter], in: *MNN*, Nr. 523, 8.11.1903, S. 5.

[387] Vgl. *Neuer Theater-Almanach 1904*, S. 444, und Delvard, *Mémoires*, S. 17.

[388] Vgl. Schoppen, *Über-Ouverture*, [o. S.], StAM, Pol. Dir 2057/2.

[389] Ebd.

[390] Vgl. Sandro Blumenthal, *Serenata*, auch: *A Mergellina*, Notenautograph in Privatbesitz; Richard Weinhöppel, *Die elf Scharfrichter*, Notenautograph, NL Hans Richard Weinhöppel, MSB Gasteig, Musikbibliothek, Mappe 1188/59.

[391] Hiervon zeugen auch die Stichnoten der Violinen und Viola in den beiden Klarinetten und dem Horn sowie die untypische Anordnung verschiedener Stimmen in der Partitur (etwa der Fagotte unter den Streichern oder der Trompeten am Fuße der Seite unter dem Schlagwerk), die vermuten lassen, dass diese Instrumente erst später zur Verfügung standen und daher ergänzt wurden.

stimmen sowie einen Zettel, auf dem eine zwanzigköpfige Orchesterbesetzung vermerkt ist: 3 I. Violinen – 2 II. Violinen – 1 Viola – 1 Cello – 1 Bass – 2 Klarinetten – 2 Fagotte – 2 Hörner – 2 Trompeten – 2 Posaunen – Schlagzeug – Klavier. Es ist nicht zu ermitteln, ob dies die Besetzung im *Scharfrichter*-Theater wiedergibt oder sich möglicherweise auch auf ein Ensemble bezieht, das für eine der Gastspielreisen zusammengestellt wurde oder den *Scharfrichtern* an einem Tourneeort zur Verfügung stand. Dass örtliche Orchester Gastauftritte des Kabaretts begleiteten, ist immerhin in einem Fall belegt: Bei einer Vorstellung in Dresden im März 1903 wurde für den *Scharfrichter-Marsch* »die Gärtnersche Kapelle von hier gewonnen [...], die ihre Aufgabe ausgezeichnet löste«.[392]

Nach dem großen Krach unter den *Scharfrichtern* im Januar 1904 musste das Orchester aus finanziellen Gründen aufgegeben werden.[393] Bis zur Auflösung des Ensembles wenige Monate später wurden die Musiknummern nur noch von Gitarre oder Klavier begleitet.

4.3 Technische Ausstattung

Das einzige bekannte Bild der *Scharfrichter*-Bühne ist in einem Stich von Willy Oertel überliefert (siehe folgende Seite). Deutlich erkennbar sind hier der Orchestergraben zwischen Zuschauerraum und Bühne sowie die Treppe an der linken Seite, von der aus Marc Henry seine Conférencen sprach. An der rechten Seite der gerahmten Bühne ist der schwarze Hauptvorhang zu sehen, der seitlich auf- und zugezogen werden konnte. Anstelle von Kulissen waren an beiden Seiten weitere schwarze Vorhänge angebracht. Nach hinten war die Bühne durch einen halbrunden, blaugrauen Satinvorhang begrenzt, der auf zwei halbrunden Eisenschienen lief und bei den solistischen Vorträgen als Hintergrund diente.[394]

Es trifft allerdings nicht zu, dass der Rundhorizont hier zum ersten Mal verwendet wurde, wie die *Scharfrichter* behaupteten.[395] Das 1882 in Wien entwickelte System kam erstmals 1884 im Budapester Opernhaus zur Anwendung und wurde in den folgenden Jahren in verschiedenen Theatern in Halle, Prag, London, Wien und Chicago eingesetzt. In München war erstmals 1896 bei einer Aufführung von Mozarts *Don Giovanni* im *Residenztheater* ein Bühnenbild mit Rundhorizont zu sehen, bei der auch die Drehbühne zum ersten Mal zum Einsatz kam. Die *Scharfrichter* waren somit zwar nicht *das* erste, aber immerhin doch *eines* der ersten Theater, die dieses moderne System verwendeten, ehe es sich ab 1903 durch die Inszenierungen von Max Reinhardt zum gängigen Modell der hinteren und seitlichen Bühnenbegrenzung entwickelte.[396] Gerne protzten die *Scharfrichter* auch mit ihrer Beleuchtungsanlage, die, »von den Grössenverhältnissen abgesehen, mit den Beleuchtungsanlagen unserer ersten Bühnen wetteifern kann« und mit der sich »scenische Effekte höchst origineller und überraschender Art erzielen lassen.«[397] Aufregende lilafarbene, grüne oder blaue Lichtstimmungen erhielt vor allem Marya Delvard bei ihren solistischen Liedvorträgen.[398] Mitunter tröstete die »raffinierte [...] Farbenwirkung«[399] auch über sprachliche und kompositorische Mängel der Stücke hinweg. Bei besonderen Anlässen konnte die Lichtanlage auf den Zuschauerraum ausgeweitet werden. So berichten die *Münchner Neuesten Nachrichten* über das Silvesterstück der *Scharfrichter* von 1901, das in der Hölle spielt:

---

[392] [G.J.], *Die elf Scharfrichter*, in: *Dresdner Anzeiger*, 21.3.1903, MaK.

[393] Vgl. Vorstellungsbericht vom 8.2.1904, StAM, Pol. Dir. 2057/3.

[394] Vgl. *Heim der Elf Scharfrichter*, S. 9. Welcher Hintergrund in den dramatischen Szenen verwendet wurde, ist nicht bekannt.

[395] Vgl. ebd., S. 9.

[396] Vgl. Michael Hampe, *Die Entwicklung der Bühnendekoration von der Kulissenbühne zum Rundhorizont-System*, Diss. Universität Wien 1961, S. 100–111.

[397] *Heim der Elf Scharfrichter*, S. 9. Das Gerücht, der Architekt August Endell habe für Wolzogens *Überbrettl* in Berlin die »in ihrer Art völlig neuen Beleuchtungsanlagen der Scharfrichterbühne«, ([Die Elf Scharfrichter], in: *MNN*, Nr. 305, 4.7.1901, S. 2) übernehmen wollen, war wahrscheinlich von den *Scharfrichtern* selbst in die Welt gesetzt worden und wurde bald darauf dementiert, vgl. [Der Verein »Die Elf Scharfrichter«], in: *MNN*, Nr. 382, 20.8.1901, S. 3.

[398] Delvard berichtet von grünem und blauem, Hans Carossa von lilafarbenem Licht, vgl. *Interview mit der Schauspielerin und Chansonsängerin Marya Delvard (Gründungsmitglied der 11 Scharfrichter)*, Aufnahme des BR vom 7.8.1958, BR Schallarchiv, DK 125720, und Carossa, *Der Tag*, S. 136.

[399] [p.], *Die Elf Scharfrichter*, in: *MNN*, Nr. 123, 14.3.1902, S. 4.

Die Bühne des Theaters auf einem Stich von Willy Oertel.

Auf alle die Zuschauer ergießt sich plötzlich ein blutrother Widerschein der Hölle. Es waren nämlich unter den Tischen rothe Glühlampen angebracht, die mit einem Schlag ihr Licht erstrahlen ließen, wodurch die herabhängenden Tischtücher wie in Feuer getaucht schienen – ein reizvoller und überraschender Effekt.[400]

Das gleiche Verfahren wurde auch bei der Silvesterfeier des Folgejahrs angewendet, als eine »feenhafte Beleuchtung mit einem milden blauen Licht« die Bühne erhellte, während »an der Unterseite der Tische farbige Lichteffekte eine ganz geisterhafte Wirkung hervorbrachten.«[401]

Neben der Beleuchtungsanlage verfügte das Theater auch über einen Projektionsapparat, der bei den beiden Schattenspielen *Die Sphynx* und *Ernte* zum Einsatz kam. Bei der *Sphynx* wurden damit wechselnde Bilder von hinten auf eine weiße Leinwand projiziert, die den Hintergrund für die einzelnen Szenen bildeten.[402]

Entgegen einer – wohl von den *Scharfrichtern* lancierten – Darstellung in den *Münchner Neuesten Nachrichten*[403] spielte diese Art der Projektion weder bei ihnen noch sonst in den frühen deutschen Kabaretts eine besondere Rolle, war sie doch um 1900 alles andere als modern, wie auch die *Allgemeine Zeitung* feststellt: »Im Zeitalter des Kinematographen ist unser Publikum doch schon anspruchsvoller geworden«.[404] Der Film war für die Unterhaltungstheater längst die interessantere mediale Technik. Auf die ab dem 1. November 1895 im Berliner Varieté *Wintergarten* laufenden Vorführungen der Gebrüder Skladanowsky, die als die ersten öffentlichen Filmvorführungen in Europa gelten, folgte ab 1896 ein wahrer Film-Boom auf den großen Varietébühnen, die bald europaweit über Projektionsapparate verfügten und regelmäßig kurze Filme zeigten.[405] Auf den frühen deutschen Kabarettbühnen mit ihren räumlich und vor allem auch finanziell sehr begrenzten Mitteln spielte der Film dagegen so gut wie keine Rolle.[406]

4.4 Inszenierungen und Kostüme

Über die Kostüme, Ausstattungen und Inszenierungen der *Scharfrichter*-Bühne ist nur wenig bekannt, da keine Kostüm- oder Szenenentwürfe, Regiebücher oder ähnliche Aufzeichnungen überliefert sind – von Kostümen oder Requisiten ganz zu schweigen – und auch von Fotos oder Zeichnungen von den Vorstellungen nichts bekannt ist.[407] Einen Eindruck vermittelt jedoch immer wieder die Tagespresse, in der zwar vor allem der Inhalt der Szenen und

---

[400] H.[ermann] R.[oth], *Sylvester bei den Elf Scharfrichtern*, in: *MNN*, Nr. 3, 3.1.1902, S. 4.

[401] R.[oth], *Sylvester bei den Elf Scharfrichtern*, in: *MNN*, Nr. 4, 3.1.1903, S. 3.

[402] Vgl. [ff.], [Die Elf Scharfrichter], in: *MNN*, Nr. 264, 9.6.1901, S. 4.

[403] Vgl. ebd., S. 4.

[404] [lt.], *Die elf Scharfrichter*, in: *AZ*, Nr. 273, Stadtanzeiger, 2.10.1903, S. 2.

[405] Vgl. Corinna Müller, *Frühe deutsche Kinematografie. Formale, wirtschaftliche und kulturelle Entwicklungen*, Stuttgart und Weimar 1994, S. 16–23.

[406] Die Preise für Projektoren schwankten zwischen 600 und 5.000 Mark. Auch waren die Filme oft sehr teuer und von minderer Qualität, vgl. ebd., S. 17. Ein früher deutscher Kleinkünstler, der erfolgreich mit Filmen arbeitete, ist Karl Valentin.

[407] In einer in Privatbesitz befindlichen Aufstellung seines Kabarett-Archivs vom August 1993 listet Klaus Budzinski Kostümzeichnungen von Wilhelm Hüsgen für die *Elf Scharfrichter*, die bedauerlicherweise nicht mehr auffindbar sind.

die schauspielerischen Leistungen, gelegentlich aber auch Kostüme, Inszenierungen und Bühnenbilder beschrieben wurden. Wie aus diesen Besprechungen hervorgeht, waren die Darstellungen auf der *Scharfrichter*-Bühne meist weniger phantastisch, abstrakt oder experimentell als vielmehr realistisch. Ob diese Beschränkung unfreiwillig der immer kritischen Finanzlage oder einem Mangel an künstlerischen Kräften geschuldet war, oder ob sich die *Scharfrichter* bewusst dafür entschieden hatten, muss offen bleiben. Für ihr Nachfolgeprojekt, das Wiener *Kabarett Fledermaus*, sind ab 1906 ausgefallene künstlerische Kostüme und Bühnenbilder nachweisbar,[408] bei den *Scharfrichtern* aber dominierte eine naturalistische Darstellung. Durch die Verwendung einiger weniger, aber aussagekräftiger Elemente ließ sich recht einfach ein bestimmtes Ambiente in Szene setzen. So wurde für den auf einem Heuboden spielenden Dialog *Glühhitze* von Heinrich Lautensack Stroh auf der Bühne verstreut und für die Szene *Um halb ein Uhr nachts* ein Sofa sowie ein Nachtkästchen aufgestellt.[409] Besonders verstörend wirkte ein Kindersarg in Marc Henrys Szene *Contraste*, die im Arme-Leute-Milieu einer düsteren Kneipe spielt.[410] Bei kleiner besetzten Stücken wie etwa Gumppenbergs Überdrama *Das Spitzhütlin* lobte die Presse: »Bemerkenswerth ist übrigens, wie hübsch und stimmungsvoll dergleichen Dramolette bei den Scharfrichtern inszenirt werden, in dem kleinen Raume, der an das ›Flohtheater‹ Arthur Schnitzlers erinnert«.[411] Dagegen stieß die Bühne bei größer angelegten Inszenierungen schnell an ihre Grenzen. So urteilten die *Münchner Neuesten Nachrichten* über die Aufführung des Einakters *Verstörtes Fest*: »Die Scharfrichter-Bühne, deren Kleinheit und Primitivität grotesken Effekten so sehr zu Statten kommt, ist übrigens den Anforderungen an den Coulissenzauber, die das ›Verstörte Fest‹ stellt, nicht gewachsen.«[412] Ähnlich heißt es in der *Freistatt* über den Aufführungsversuch des *Satyros*, eines Jugendwerks von Goethe: »[D]ie Bühne ist eben doch zu klein und manches ist kaum vor der Lächerlichkeit zu bewahren.«[413] Hierzu bemerkte auch die *Allgemeine Zeitung*: »Das aus drei Mann bestehende Volk und der Wald mit ebenso viel Bäumen können trotz der vorausgeschickten Erklärungen des Herrn Henry, die an jene der Schauspieler im Sommernachtstraum erinnern, nicht anders als komisch wirken.«[414] Die Bühnendekorationen wurden in der Anfangszeit direkt in den Räumlichkeiten hinter der Bühne hergestellt, wo die *Scharfrichter* zum Entsetzen des Magistrats, der die Einhaltung der feuerpolizeilichen Auflagen kontrollierte, »eine vollständige Schreinereiwerkstätte errichtet [haben, J.K.], in welcher massenhaft Bretter, sowie sonstige Holzteile und Hobelspähne herum liegen.«[415] Angesichts der bereits geschilderten räumlichen Enge müssen die Zustände hinter der Bühne vollkommen chaotisch gewesen sein. Wo Dekorationen und Bühnenbilder produziert wurden, nachdem der Magistrat die Auflösung der Schreinerei durchgesetzt hatte, ist nicht bekannt.

Nicht nur Szenen, auch manche Gedichte und viele Musiknummern wurden inszeniert und dramatisch vorgetragen. So präsentierte Emil Mantels, der erfolgreichste Gedichtrezitator der *Scharfrichter*, etwa Gottfried August Bürgers *Prinzessin Europa* »in Reifrock und gepudertem Haarthurm als [...] behäbige Groteske«.[416] In Robert Kathans Moritatenparodie *Graf Udos Töchter* trat er dagegen »ganz bescheiden im langen Gehrock wie ein protestantischer Geistlicher«[417] auf die Bühne.

Das prominenteste Beispiel der inszenierten Musiknummern ist der »groteske Marsch« *Die elf Scharfrichter*, der bei besonderen Anlässen den Abend eröffnete. Dann erschienen die Elf »in rothen Mänteln, Larven und Schuhen und sangen und tanzten den von Scharfrichter Dyonisius

---

[408] Vgl. die Darstellungen in Buhrs, Lesák, Trabitsch (Hg.), *Kabarett Fledermaus*.

[409] Vgl. R.[oth], [Die Elf Scharfrichter], in: *MNN*, Nr. 526, 12.11.1902, S. 3; *Elf Scharfrichter* an kgl. Polizeidirektion, 30.10.1903, und Vorstellungsbericht vom 8.11.1903, StAM, Pol. Dir. 2057/3.

[410] Vgl. Edgar Steiger, *Bei den elf Scharfrichtern*, in: *Freistatt* 46 (1902), zitiert nach Otto, *Scharfrichter*, S. 91.

[411] [p.], [Die Elf Scharfrichter], in: *MNN*, Nr. 487, 19.10.1901, S. 3.

[412] [p.], [Das Programm der Elf Scharfrichter], in: *MNN*, Nr. 526, 13.11.1901, S. 4.

[413] Danegger, *Die »Elf Scharfrichter«*, S. 831.

[414] [lt.], *Die elf Scharfrichter*, in: *AZ*, Nr. 273, Stadtanzeiger, 2.10.1903, S. 2.

[415] Magistrat an Lokalbaukommission, 30.10.1901, LBK München, Bestandsakt Türkenstr. 28, Akte 1.

[416] Mann, *Münchner Theater*, S. 439.

[417] Schlagintweit, *Verliebtes Leben*, S. 339.

Tod verfaßten Prolog«,[418] wobei sie mit Holzschwertern auf einen auf der Bühne aufgestellten Richtblock schlugen (siehe S. 65).[419] Wie Willy Rath schreibt, war der »grotesk-feierliche [...] Reigen [...] gar nicht ohne Schwierigkeiten [...]. Es klappte denn auch nicht immer; und das ergab manchen komischen Augenblick ...«.[420] Bühnenbilder, Requisiten und Kostüme kamen auch in vielen Sololiedern und kleiner besetzten Ensembleszenen zum Einsatz. So berichtet die *Münchener Zeitung* von den Liedern *Die Spinne* und *Der Tod singt*, sie seien mit großem Aufwand inszeniert und »von dem Coulissenverfertiger so liebevoll gemalt worden«,[421] dass die beiden inhaltlich und musikalisch wohl recht schwachen Nummern trotzdem eine positive Aufnahme erfuhren. Emanuel Franz sang das Lied *Diogenes* »aus dem Bauche einer Tonne«[422] heraus und Olly Bernhardi saß bei dem Lied *Die Schaukel* auf einer »blumenumwundenen Schaukel«.[423] In den Rollenliedern, die den Großteil der Gesangsnummern ausmachen, traten die Sängerinnen und Sänger in den jeweiligen Kostümen der von ihnen dargestellten Figuren auf. Besonders von Robert Kothe ist überliefert, dass er in zahlreichen Verkleidungen – als Wanderbursche mit einem Felleisen auf dem Rücken, als ungarischer Hirt, als Pierrot und als Narr mit Kappe und Schellenstock – auf der Bühne erschien.[424] Weitere Phantasieverkleidungen waren das Puck-Kostüm von Olly Bernhardi, das sie in dem Scherzlied *Aus allen Zweigen* trug, oder die Vogelscheuchen-Kostüme, in die Adele Baumbach, Paul Larsen und Hans Dorbe für das gleichnamige Terzett schlüpften:

Die beiden männlichen Vogelscheuchen konnten nicht realistischer dargestellt werden, während man gegen die Dame so galant war, wenigstens ihr Gesichtchen frei zu lassen, was, wenn man dem weiblichen Geschlecht überhaupt eine derartige Rolle zumutet, nur recht und billig genannt werden muß.[425]

Historisch gewandet trat Stefanie Martin zum *Schlummerliedchen* im Biedermeierkleid auf und in der Nummer *Menuett* »kam Ruch gar als Mozart verkleidet und ließ zu seiner girrenden Rokokomusik zwei Schäferpärchen [...] tanzen und singen.«[426] Aber auch zeitgenössische Gestalten bevölkerten die Bühne des Schwabinger Kabaretts. So erschien Fritz Quidam im Lied vom *Arbeitsmann* im Arbeiterkostüm, Hans Dorbe im *Plakatlied* als Plakatkleber und in seiner Zugnummer *Der Schwalanscher* in einer »verblüffend echten Maske«,[427] also in Uniform. Gemeinsam mit Adele Baumbach trat er darüber hinaus als zerlumptes Bänkelsängerpaar in der *Goldenen Hochzeit* auf.[428] »Lebende Lieder« nannte man diese inszenierten Musiknummern, wohl in Anspielung auf die Tableaux vivants, in denen alte Bilder oder Bildmotive nachgestellt wurden. Die *Münchner Neuesten Nachrichten* erklären:

Eine besondere Spezialität der Scharfrichter sind die »lebenden Lieder«. Sie nehmen irgend ein neues oder altes Gedicht, vertonen es und bringen es dann auf ihrer Bühne, die eine feinsinnig angepaßte, stimmungsvolle Dekoration zeigt, zur Aufführung. Damit werden oft die überraschendsten Wirkungen erzielt.[429]

---

[418] Engels, *Die elf Scharfrichter*, in: *MZ*, Nr. 89, 14.4.1901, S. 2.

[419] Vgl. Hüsgen, *Elf Scharfrichter*, MSB Mon., L 3573.

[420] Rath, *Münchener Künstlerbrettl*, S. 370. Weitere Beschreibungen des berühmten Auftrittslieds der *Scharfrichter* finden sich bei Röllinghoff, *Bei den »elf Scharfrichtern«*, *MNN*, Nr. 174, 14.4.1901, S. 1, und Petzet, Falckenberg, *Leben*, S. 109–111.

[421] E.[ngels], [Die elf Scharfrichter], in: *MZ*, Nr. 61, 13.3.1902, S. 2.

[422] Ebd., S. 2.

[423] [lt.], [Die elf Scharfrichter], in: *AZ*, Nr. 314, MiB, 12.11.1901, S. 1.

[424] Vgl. E.[ngels], [Die elf Scharfrichter], in: *MZ*, Nr. 61, 13.3.1902, S. 2; E.[ngels], [Die elf Scharfrichter], in: *MZ*, Nr. 147, 21.6.1902, S. 2; Brennert, *Zu den Elf Scharfrichtern*; E.[ngels], *Die Elf Scharfrichter*, in: *MZ*, Nr. 299, 15.12.1901, S. 2.

---

[425] [O. M.], [Die elf Scharfrichter], in: *AZ*, Nr. 353, Stadtanzeiger, 23.12.1902, S. 3.

[426] [e.], [Die elf Scharfrichter], in: *MP*, Nr. 223, 2.10.1902, S. 3.

[427] Wilhelm Mauke, *Die elf Scharfrichter*, in: *Das moderne Brettl* 5 (1902), S. 75.

[428] Vgl. *Die elf Scharfrichter*, in: *MP*, Nr. 25, 31.1.1903, S. 3.

[429] [p.], *Die Elf Scharfrichter*, in: *MNN*, Nr. 123, 14.3.1902, S. 4. Der Begriff der »lebenden Lieder« erscheint u. a. auch bei [V.], *Die elf Scharfrichter*, in: *MP*, Nr. 226, 4.10.1901, S. 3. Über das Phänomen der »lebenden Lieder« auf der Kabarettbühne um 1900 lassen sich nur vereinzelte Hinweise finden, eine eingehende Beschäftigung mit dem Thema scheint bisher nicht erfolgt zu sein.

Die Ursprünge dieser Art der Darstellung von Musiknummern werden auf das Pariser Kabarett *La Roulotte* zurückgeführt, wo Lieder ihrem Inhalt entsprechend inszeniert und ausgestattet als »chansons animées« gezeigt wurden.[430] Durch seine Gastspielreisen nahm das Ensemble bedeutenden Einfluss auf die Entwicklung der deutschen Kabaretts und weckte auch hierzulande das Interesse an den »lebenden Liedern«.[431] Auf manchen Bühnen bildeten diese sogar den Schwerpunkt der Programme, so in den Berliner Theatern *Cabarett für Höhenkunst Teloplasma*, dem *Charivari* und dem *Trianon-Theater*, das den Beinamen *Lebende Lieder* trug.[432] Bei aller Beliebtheit äußerten sich jedoch auch kritische Stimmen, die die dramatische Darstellung lyrischer Musikstücke und die damit einhergehende Verwischung der Gattungsgrenzen von Oper und Lied ablehnten – ganz besonders, wenn es sich um klassisches Liedrepertoire handelte. So fällte etwa der Theaterkritiker Alfred Kerr über die Darbietungen des *Trianon-Theaters* das vernichtende Urteil:

Meine Lieben! ich könnte meine Zeit auf Erden mit Besserem ausfüllen, als solchen Seuchen beizuwohnen. Ein Teil dieses Abends war Musik, das ist für den Musikkritiker, ein Teil waren Bilder, das ist für den Kunstkritiker – que diable allais-je faire dans cette galère? Meine Lieben! die ihr das veranstaltet, Gott hat euch geschlagen. Laßt mich in Ruhe![433]

Auch bei den *Scharfrichtern* gab es kritische Stimmen, die »vor einem Allzuviel der ›lebenden Lieder‹«[434] warnten. Viele Lieder wurden jedoch auch rein konzertant dargebracht. Dann standen die Sängerinnen und Sänger wie Friederike Gutmann-Umlauft in einem »mehr gut bürgerlich[en], denn sezessionistisch[en]«[435] Kostüm oder Wedekind im Straßenanzug vor dem neutralen Rundvorhang und unterhielten ihr Publikum einzig durch den musikalischen Vortrag. Besondere Beachtung fanden stets die unkonventionellen Roben von Marya Delvard. An erster Stelle ist hier das enge, schwarze, hochgeschlossene Kleid zu nennen, das so sehr mit ihrer Erscheinung verbunden war, dass jedes abweichende Kostüm der Presse eine Erwähnung wert war. Auch manches andere ihrer Kleider entbehrte nicht einer gewissen phantastischen Note wie etwa das »glänzende […] Schuppengewand einer schönen grünen Schlange«[436] oder ein scharlachrotes Kleid, das sie »vom Kinn bis zu den Zehen« verhüllte und den Rezensenten kurioserweise an »ein weibliches ›Siegellackstangerl‹«[437] denken ließ. Im Gegenzug äußerten sich die Rezensenten in manchen Fällen jedoch auch wieder kritisch über die rein konzertante Darbietung von Liedern, die sie lieber inszeniert gesehen hätten. So wurde etwa beanstandet, dass Robert Kothe zu den Minneliedern von Walther von der Vogelweide unkostümiert auftrat und das *Tagelied* Wolframs von Eschenbach nicht im Ambiente einer Frauenkemenate spielte.[438] Ganz besonders echauffierte sich der Rezensent der *Freistatt*, als Marya Delvard die Szene *Sulamith* in ihrem üblichen schwarzen Schlauchkleid auf die Bühne brachte:

Warum erschien aber Fräulein Marya Delvard […] nicht in altorientalischem Kostüm? Wenn man bei den Pierrotliedern vorher schon mit Streichhölzchen Farben zauberte, so durfte hier die Blume von Saron nicht in einem modernen schwarzen Kleide im Jugendstil auf die Bühne treten. Sulamith als Salondame mit dekadenter Einschnürung alles dessen, was sie selbst an sich preist, – welche Geschmacklosigkeit![439]

---

[430] Vgl. König, *Überbrettl*, S. 161.

[431] Das Motto des Kölner Rosenmontagszugs im Jahr 1903 »Lebende Lieder« zeugt von der Beliebtheit und Allgegenwart des Themas, vgl. http://wikipedia.org/wiki/Kölner_Rosenmontagszug [14.11.2014].

[432] Vgl. König, *Überbrettl*, S. 161.

[433] Alfred Kerr, *Die Seuche*, in: Ders., *Gesammelte Schriften in zwei Reihen*, Bd. 1,4: *Eintagsfliegen oder die Macht der Kritik*, Berlin 1917, S. 340. Kerr spottet hier böse über die Darstellung von Robert Schumanns *Zigeunerleben* und Antonín Dvořáks *Zigeunermelodien* im *Trianon-Theater*, vgl. ebd., S. 338f.

[434] R.[oth], [Die Elf Scharfrichter], in: *MNN*, Nr. 211, 7.5.1902, S. 4.

[435] Mauke, *Münchener Künstlerbrettlbrief*, S. 972.

[436] *Die elf Scharfrichter*, in: *MP*, Nr. 25, 31.1.1903, S. 3.

[437] [fo.], *Bei den Elf Scharfrichtern*, in: *MNN*, Nr. 461, 3.10.1903, S. 2.

[438] Vgl. R.[oth], [Die Elf Scharfrichter], in: *MNN*, Nr. 211, 7.5.1902, S. 4.

[439] Steiger, *Bei den elf Scharfrichtern*, zitiert nach Otto, *Scharfrichter*, S. 91.

5 Mitwirkende

5.1 *Scharfrichter* und *Henkersknechte*

Die Zahl der Gründungsväter gab Münchens erstem Kabarett seinen Namen.[1] Für jeden dieser Ur-Elf schuf Wilhelm Hüsgen eine Reliefmaske, die im Theatersaal zu bestaunen waren.[2] Eine Fotografie dieser Masken schmückte die Programmhefte der ersten Saison und wurde auch als Postkarte verlegt. Die obere Reihe dieser Fotografie zeigt von links nach rechts Robert Kothe, Max Langheinrich, Richard Weinhöppel, Otto Falckenberg und Leo Greiner, in der mittleren Reihe Wilhelm Hüsgen, Viktor Frisch, Marc Henry und Willy Rath sowie in der unteren Reihe Willy Oertel und Ernst Neumann.[3]

Max Langheinrich – Max Knax: Architekt
Max Langheinrich war der Architekt des Theaters und für die technische Ausstattung der Bühne zuständig. Im *Musenalmanach* der *Scharfrichter* heißt es ironisch über ihn:

Äusserst sparsam mit dem Geld der andern. Äusserst. Unser Lokal ist von einer Primitivität – Langheinrich hats ausgedacht. Unsere Bühne – hören Sie selbst: »Kulissen? Hintergründe? Geht doch – – Schwarze Vorhänge links und hinten sind das Einfachste und Billigste. Zum Donner – ich halte es mit Shakespeare – und will keine Widerrede!« [...] Langheinrich ist als Vereinsmitglied, Kassenrevisor und technischer Leiter Freund aller Warenhäuser, Trödler, Totalausverkäufe und Versteigerungen. Keine Ahnung – jawohl, im Grunde keine Ahnung von Bühnenverhältnissen, wobei er dennoch das blinde Grunzende ist, das stets und überall eine Eichel findet.[4]

Langheinrich war in der Folge auch für sämtliche Umbaumaßnahmen, die Erweiterung des Bereichs hinter der Bühne und die Veränderungen der Toilettenanlagen im Hof, verantwortlich.[5] Die im Sommer 1903 geplante Vergrößerung des Theaters sollte Langheinrich ebenfalls übernehmen, doch konnte dieses Vorhaben nicht mehr realisiert werden.[6]

1869 in Hof geboren, studierte er von 1892 bis 1894 Architektur bei Friedrich von Thiersch in München und arbeitete danach einige Zeit im Architekturbüro von Martin Dülfer, ehe er sich 1902 selbstständig machte. Zu den heute noch existierenden Bauten von Langheinrich zählen der Häuserblock Friedrichstr. 18 / Franz-Joseph-Str. 21 und 23 in Schwabing (1903/04), das Landhaus für seinen Freund und *Scharfrichter*-Kollegen Otto Falckenberg in Emmering bei Fürstenfeldbruck (1905) und die Thermalanlage, heute *Kurmittelhaus*, in Meran (1907).[7] 1908 erwarben Max Langheinrich und seine Frau Anna, geborene von Seidlitz und ehemalige Geliebte von Frank Wedekind,[8] eine sehr ertragreiche Graphitgrube in Hauzenberg, etwa 25 km östlich von Passau.[9] Das *Graphitwerk Kropfmühl*, seit 2012 *AMG Mining AG*, existiert heute noch und hat seinen Sitz in der Langheinrichstraße.[10]

---

[1] Vgl. *Wie die Elf Scharfrichter wurden*, S. 1.

[2] Die Maske von Hüsgen modellierte Waldemar Hecker, vgl. Hüsgen, *Elf Scharfrichter*, MSB Mon., L 3573.

[3] Kothe, Weinhöppel und Henry sind in der folgenden Darstellung ausgelassen und werden an anderer Stelle ausführlich behandelt.

[4] Heinrich Lautensack, *Max Langheinrich (Scharfrichter Max Knax)*, in: *Scharfrichter Musenalmanach*, [o. S.].

[5] Vgl. *Vergrößerung der Abortanlage Türkenstrasse No. 28 Commerzienrath Gabr. Sedlmayr*, 14.4.1901, und *Plan über Errichtung eines Vordaches u. Beheizung der Ankleideräume des Vereinslokales der Elf Scharfrichter im Anwesen des Herrn Commerzienrath Gabriel Sedlmayr, Türkenstr. 28*, 6.1.1902, LBK München, Bestandsakt Türkenstr. 28, Akte 1.

[6] Vgl. Keyserling an Wedekind, [o. O.], 1904, MSB Mon., FW B 84, und *Vormerkung zum Act*, 18.1.1905, LBK München, Bestandsakt Türkenstr. 28, Akte 1.

[7] Vgl. Bernd Mollenhauer, *Jugendstil in München*, München 2014, S. 113f.; Petzet, Falckenberg, Leben, S. 153–156, und Birgit Pargner, *Otto Falckenberg. Regiepoet der Münchner Kammerspiele*, Deutsches Theatermuseum München, München 2005, S. 113; http://meran.e/ultur-tradition/denkmaeler/kurmittelhaus [13.10.2014].

[8] Vgl. Anatol Regnier, *Frank Wedekind. Eine Männertragödie*, München 2008, S. 226–228 und 257, und Hartmut Vinçon, *»Am Ende war ich doch ein Poet ...« Frank Wedekind: Ein Klassiker der Literarischen Moderne. Werk und Person*, Würzburg 2014, S. 170–173.

[9] Vgl. Karl-Heinz Gohla, *Die Geschichte des Passauer Graphitgebietes. Mit einem Exkurs zu Eisenerz, Kaolin und Opal*, in: Martin Ortmeier, Winfried Helm (Hg.), *»Millionenbauern«. Bäuerlicher Graphitbergbau im Unteren Bayerischen Wald*, 2., erw. Aufl., Finsterau 2011, S. 74.

[10] Vgl. http://gk-graphite.com [2.12.2014]. Langheinrichs Sterbedatum ist nicht bekannt.

*Wilhelm Hüsgens Scharfrichter-Masken, v. l. n. r. oben: Robert Kothe, Max Langheinrich,
Richard Weinhöppel, Otto Falckenberg, Leo Greiner.
Mitte: Wilhelm Hüsgen, Viktor Frisch, Marc Henry, Willy Rath.
Unten: Willy Oertel, Ernst Neumann.*

Otto Falckenberg – Peter Luft: Dramatiker und Regisseur
Der 1873 in Koblenz geborene Sohn eines Musikalienhändlers kam 1896 nach München, wo er Philosophie, Geschichte, Literatur- und Kunstgeschichte studierte. Zu dieser Zeit schrieb er bereits erste Dramen und versuchte sich im *Akademisch-dramatischen Verein* als Regisseur. Bei den *Scharfrichtern* war er anfänglich als Conférencier, vor allem aber als Schauspieler, Regisseur und Dramatiker tätig. Neun dramatische und drei musikdramatische Szenen schrieb Falckenberg für die *Scharfrichter*, vier davon mit Paul Schlesinger, wobei es sich zumeist um harmlose komödiantische Einakter handelte, die das Publikum zwar gut unterhielten, aber selten wirklich mitrissen.

Nach seinem Ausscheiden aus dem Schwabinger Kabarett war Falckenberg weiterhin als Theaterautor und Regisseur privater Laientheatervorstellungen tätig, ehe er 1914/15 als Dramaturg und Oberspielleiter an die Münchner *Kammerspiele* wechselte, deren künstlerische Leitung er von 1917/18 bis 1944 als Direktor innehatte. Falckenbergs Inszenierungen der Stücke von August Strindberg und William Shakespeare erlangten große Berühmtheit. 1944 von Hitler in die »Gottbegnadeten-Liste« aufgenommen, erhielt er nach dem Zweiten Weltkrieg Inszenierungsverbot. 1947 wurde Falckenberg rehabilitiert, verstarb jedoch noch im gleichen Jahr. Die den *Kammerspielen* angeschlossene Schauspielschule ist ebenso nach ihm benannt wie auch die kleine, vor den *Kammerspielen* abzweigende Querstraße.[11]

Leo Greiner – Dionysius Tod: Lyriker und Regisseur

Falckenbergs engster Gefährte der *Scharfrichter*-Zeit und auch danach einer seiner wichtigsten Freunde war der Schriftsteller Leo Greiner. 1876 in Brünn geboren, kam Greiner 1895 nach München, wo er Literaturwissenschaft und Ästhetik studierte. Gemeinsam mit Wilhelm von Scholz gab er die Zeitschrift *Der Frühling* heraus und war Leiter der deutschen Abteilung von Marc Henrys *Revue franco-allemande*, in deren Verlag im Jahr 1900 auch sein erster Gedichtband *Das Jahrtausend* erschien.[12] Falckenberg beschreibt den Freund: »Greiner war […] etwas ungarisch zigeunerhaft und äußerst schwabingerisch. Eine geniale Veranlagung vom Blute Nikolaus Lenaus und der Sturm- und Drangpoeten. Wenn es erlaubt ist, von Dämonie zu sprechen, so bei ihm.«[13] Damit war Greiner der ideale Mann für die *Scharfrichter* mit ihrem Hang zum Morbiden. Die schaurigen Geschichten und grotesken Figuren seiner Gedichte avancierten in den Vertonungen von Richard Weinhöppel und Sandro Blumenthal zum charakteristischen Bestand des *Scharfrichter*-Repertoires. Aus seiner Feder stammt auch der Text des berühmten grotesken *Scharfrichter-Marsches*, zu dem Weinhöppel die Musik schrieb. Gut zwei Dutzend seiner Gedichte wurden als Sololieder auf dem Schwabinger Brettl vorgetragen, darunter die bizarren Pierrotlieder *In der Nacht* und *Laternenlied*, aber auch morbide Stücke wie *Das schlagende Herz*, das an Edgar Allan Poes Kurzgeschichte *The Tell-Tale Heart* (1843) erinnert. Als sehr wirkungsvoll erwiesen sich auch seine von Weinhöppel vertonten grotesken Ensembleszenen *Die goldene Hochzeit*, *Das lahme Singquartett*,

Leo Greiners Porträt von Karl Bauer.

Die Hochzeitsmusikanten und *Die Vogelscheuchen*. Beliebt waren außerdem seine Parodien älterer und neuerer Dichter, die er mit viel Erfolg selbst vortrug. Als weniger publikumswirksam erwies sich dagegen seine Szene *Das Momentan-Weibliche*, Greiners einziger Beitrag zum dramatischen Repertoire des Ensembles. Greiner fungierte in der Anfangszeit auch als Conférencier, wirkte als Schauspieler mit und bildete bis zu seinem Ausscheiden aus dem Ensemble im Sommer 1903 gemeinsam mit Falckenberg das Regieteam.

In späteren Jahren lebte Greiner in Berlin, wo er als Dramaturg im *S. Fischer-Verlag* tätig war. Greiner veröffentlichte mehrere Gedichtbände und Dramen, die jedoch nur wenig Beachtung fanden. Größerer Erfolg war ihm als Übersetzer mittelhochdeutscher, griechischer und chinesischer Werke beschieden. Greiner starb 1928 in Berlin.[14]

---

[11] Weiterführende Literatur zu Falckenberg: Petzet, Falckenberg, *Leben*, und Pargner, *Falckenberg*.

[12] Vgl. Wilhelm Bietak, *Greiner, Leo*, in: *Neue Deutsche Biographie*, Bd. 7 (1966), S. 39, http://deutsche-biographie.de [13.10.2014].

[13] Petzet, Falckenberg, *Leben*, S. 92.

[14] Vgl. Bietak, *Greiner*.

Wilhelm Hüsgen – Till Blut: Bildhauer

Zu den bildenden Künstlern des *Scharfrichter*-Kreises zählte der Bildhauer Wilhelm Hüsgen, als jüngstes Mitglied der Ur-Elf scherzhaft »Bubi-Hüsgen«[15] genannt. Hüsgen wurde 1877 in Wuppertal-Barmen geboren und ließ sich in seiner Heimatstadt und in Berlin zum Bildhauer ausbilden, ehe er 1899 nach München kam und rasch Anschluss an die dortige Künstlerschaft fand. Hüsgens wichtigster Beitrag für die *Scharfrichter* bestand in den von ihm modellierten Reliefmasken der elf Gründungsväter, die im Theatersaal die Wände zierten, sowie in einer Statuette von Robert Kothe, die ebenfalls im Theater ausgestellt war (siehe S. 161). In der ersten Saison und auf der ersten Tournee war Hüsgen auch als Schauspieler in den Überdramen von Hanns von Gumppenberg beschäftigt und riskierte hier buchstäblich Kopf und Kragen. In der Szene *Der Nachbar* spielte er das Dienstmädchen Rosa, das sich zuletzt erhängt. Bei einer Vorstellung versagte jedoch die technische Konstruktion:

Mit staunender Bewunderung sahen wir, wie lebensecht Hüsgen diesmal spielte. Zuerst wurde sein Gesicht rot, er blickte mit entsetzten Augen umher, schnappte ein paarmal mit dem Mund und tat einige hastige, höchst ungeschickt zuckende Bewegungen, ganz unähnlich seinem gewohnten vergnüglichen Gezappel. Wir waren entzückt: wir hätten nie geglaubt, einen so großartigen Schauspieler unter uns zu haben – da merkten wir endlich doch, daß hier etwas anderes als virtuose Kunst walten müsse und ließen schleunigst den Vorhang fallen. [...] Gerade, daß wir ihn noch rechtzeitig von seinem Galgen befreien konnten und ein Kognak seine schon fast entflohenen Lebensgeister wieder zurückrief.[16]

Etwa zur gleichen Zeit wie die *Scharfrichter* entstand in München die Künstlervereinigung *Phalanx*, der neben Wassily Kandinsky und John J. Vriesländer auch Wilhelm Hüsgen angehörte. Er schied daher bald wieder aus dem Ensemble der *Scharfrichter* aus und konzentrierte sich auf seine Arbeit für die *Phalanx*, in der er auch als Lehrer, u. a. von Gabriele Münter, tätig war. Aufgrund seiner schwierigen wirtschaftlichen Situation begann Hüsgen ab 1904 ein unstetes Wanderleben, das ihn u. a. nach Barmen, Breslau und Berlin führte, und kehrte erst 1918 nach München zurück, wo er bis zu seinem Tod 1962 lebte. Hüsgens spezielles bildhauerisches Interesse galt Zeit seines Lebens dem menschlichen Porträt. Besondere Beachtung fanden seine *Doris-Köpfe*, eine über dreißig Jahre währende Beschäftigung mit Bronze-Porträts seiner Tochter, sowie seine Beethoven-Büste, die er für das *Beethoven-Haus* in Bonn anfertigte. Nach dem Zweiten Weltkrieg war Hüsgen Mitglied des *Rings Bergischer Künstler* in Wuppertal und der *Neuen Münchener Künstler-Genossenschaft* und seine Werke waren in zahlreichen Ausstellungen u. a. in Aachen, Solingen, Leverkusen und München zu sehen. 1957 wurde er Ehrenmitglied des Münchner Kabaretts *Katakombe*, 1960 erhielt er den *Ludwig-Lindner-Preis* seiner Geburtsstadt Barmen und 1961 den *Schwabinger Kunstpreis*. Als letzter der ursprünglichen *Elf Scharfrichter* starb Hüsgen 1962 in München.[17]

Viktor Frisch – Gottfried Still: Bildhauer

Der zweite Bildhauer der *Scharfrichter* neben Hüsgen war Viktor Frisch, der 1876 in Wien geboren wurde und sich 1899 an der *Akademie der Bildenden Künste* in München einschrieb.[18] Frisch war Schriftführer des Vereins *Die Elf Scharfrichter* und beteiligte sich an der Ausstattung des Theaters, trat aber sonst nicht in Erscheinung und verließ das Ensemble bereits nach kurzer Zeit. Wie Frisch in seiner Biographie über Auguste Rodin schreibt, lernte er den französischen Bildhauer in München kennen und folgte

---

[15] Delvard an Hüsgen, 8.9.1957, MSB Mon., WH B 7.

[16] Petzet, Falckenberg, *Leben*, S. 130. Vgl. auch: *Einer der Elf Scharfrichter in Lebensgefahr*, in: *MNN*, Nr. 371, 12.8.1901, S. 3.

[17] Vgl. tabellarischer Lebenslauf von Wilhelm Hüsgen, Privatbesitz. Vgl. auch Susanna Partsch, *Hüsgen, Wilhelm*, in: Andreas Beyer, Bénedicte Savoy und Wolf Tegethoff (Hg.), *Allgemeines Künstlerlexikon: Die bildenden Künstler aller Zeiten und Völker*, Bd. 75, Berlin [u. a.] 2012, S. 370f.

[18] Vgl. Matrikeleintrag Viktor Frisch, http://matrikel.adbk.de [14.10.2014].

dessen Einladung, ihn als Assistent nach Frankreich zu begleiten, wo er zwölf Jahre für ihn arbeitete.[19] 1925 emigrierte Viktor Frisch in die USA, wo er weiterhin als Bildhauer tätig war. Hier entstanden u. a. seine *Snow Babies*, zwei auf Schlitten sitzende Kinderstatuen, die einen Zugang zum New Yorker *Central Park* säumen, sein Bronzekopf der berühmten Balletttänzerin Anna Pavlova (*Fine Arts Museum of San Francisco*) und seine Figur einer Tänzerin mit Tamburin (*Brookgreen Gardens*, Myrtle Beach, South Carolina). Frisch verstarb 1939 in New York.[20]

Willy Rath – Willibaldus Rost: Dramatiker
Eine eher unbedeutende Rolle spielte auch der Dramatiker Willy Rath, der die *Scharfrichter* nur wenige Monate nach der Gründung wieder verließ. 1872 als Sohn des Bauunternehmers Jakob Rath in Wiesbaden geboren, versuchte sich Rath zunächst in juristischen und philosophischen Studien in München, Rom, Lausanne und Berlin, ehe er sich seiner wirklichen Leidenschaft, dem Theater und der Schriftstellerei, zuwandte. 1897 bis 1899 leitete er das von seinem Vater miterbaute *Walhalla-Theater* in Wiesbaden, kam dann nach München und wurde Theaterkritiker der *Münchner Neuesten Nachrichten*.[21] Für die *Scharfrichter* schrieb Rath das politische Puppenspiel *Die feine Familie*, eine »mit viel Geist durchgeführte Persiflage auf Europens Völkerherrlichkeit«,[22] das großen Erfolg hatte und zu den politischsten Nummern der *Scharfrichter* zählte. Für den ersten und einzigen Repertoireband der *Scharfrichter* steuerte Rath außerdem einen *Vorspruch* sowie den Einakter *Serenissimus* bei,[23] der bei den *Scharfrichtern* zwar geprobt, nicht aber aufgeführt wurde.[24] Noch während der ersten Spielzeit schied Rath aus dem Ensemble aus, um sein eigenes Kabarett *Lyrisches Theater* zu gründen, das im September 1901 eröffnete, jedoch nur von kurzer Lebensdauer war.

Ab 1906 war Rath als stellvertretender Direktor und Regisseur am *Düsseldorfer Schauspielhaus*, ab 1909 lebte er als freier Schriftsteller und Herausgeber in Berlin, wo er 1940 starb. Rath schrieb mehrere Theaterstücke, darunter *Ramon der Abenteurer* (1905) und *Maria Walewska* (1931), Romane, Novellen, zahlreiche Zeitungsrezensionen sowie gemeinsam mit Rosa Porten das Drehbuch zu Franz Ecksteins Film *Die Schmetterlingsschlacht* (1924).[25]

Willy Oertel – Serapion Grab: Graphiker
Zu den bildenden Künstlern der *Scharfrichter* zählte Willy Oertel, der 1868 in Langendreer geboren wurde und in Düsseldorf seine Ausbildung zum Aquarellisten und Graphiker erhielt.[26] 1895 erschien sein deutlich im Stil von Wilhelm Busch geschriebenes und illustriertes Buch *Der Cylinderhut: sein Leben, seine Thaten und Leiden geschildert in Reim und Bild*, das mehrfach neu aufgelegt wurde.[27] Von 1896 bis 1904 arbeitete Oertel als Illustrator für die *Jugend*.[28] 1901 war er als Gründungsmitglied bei der Eröffnung der *Scharfrichter* dabei, für die er ein Plakat, mehrere Postkartenmotive sowie die Kulissen für die Tanzgroteske *Der Verliebte* schuf, ehe er das Ensemble im Frühjahr 1902 wieder verließ. Auch nach seinem Weggang fertigte er aber gelegentlich graphische Arbeiten für die *Scharfrichter* an. Über seinen weiteren Werdegang ist nichts bekannt. Oertel starb 1933 in Mannheim.

---

[19] Vgl. Victor Frisch, Joseph T. Shipley, *Auguste Rodin. A Biography*, New York 1939, S. 1–6. Frisch schreibt hier fälschlich, er habe Rodin bereits 1894 kennengelernt und sei dann mit ihm nach Frankreich gegangen. Er berichtet von seinem ehemaligen *Scharfrichter*-Kollegen Leo Greiner, den er einmal mit Rodin bekannt machte (vgl. ebd., S. 206–208), erwähnt aber die *Scharfrichter* mit keinem Wort.

[20] Vgl. *Frisch, Victor*, in: Peter C. Merrill, *German Immigrant Artists in America. A biographical Dictionary*, Lanham (Maryland) und London 1997, S. 67.

[21] Vgl. Gerhard J. Bellinger, Brigitte Regler-Bellinger, *Schwabings Ainmillerstraße und ihre bedeutendsten Anwohner. Ein repräsentatives Beispiel der Münchner Stadtgeschichte von 1888 bis heute*, Norderstedt 2003, S. 214.

[22] [V.], *Die elf Scharfrichter*, in: *MP*, Nr. 86, 16.4.1901, S. 2.

[23] Vgl. *Die Elf Scharfrichter, Dramatisches*, S. [7]–9 und [129]–200.

[24] Vgl. Rath, *Münchener Künstlerbrettl*, S. 372. Glaubt man Raths Erinnerungen, so kam *Serenissimus* hingegen im *Lyrischen Theater* fünfzig Mal zur Aufführung.

[25] Vgl. Bellinger, Regler-Bellinger, *Ainmillerstraße*, S. 214.

[26] Vgl. Otto, *Scharfrichter*, S. 332.

[27] Vgl. *Oertel, Wilhelm Richard*, in: Ulrich Thieme, Felix Becker (Hg.), *Allgemeines Lexikon der Bildenden Künstler von der Antike bis zur Gegenwart* (im Folgenden Thieme-Becker), Bd. 25/26, Leipzig [1931], Reprint München 1992, S. 571.

[28] Vgl. Personenliste, http://jugend-wochenschrift.de [16.10.2014].

Ernst Neumann – Kaspar Beil: Graphiker
Der wichtigste Graphiker der *Scharfrichter* aber war Ernst Neumann. 1871 in Kassel geboren, studierte er zunächst Malerei an der Kunstakademie seiner Heimatstadt und kam 1893 nach München, wo er seine Studien an der Malschule von Friedrich Fehr fortsetzte und sich außerdem an der Technischen Hochschule einschrieb. Neumann zeichnete für die *Jugend* und den *Simplicissimus* und gründete 1901 gemeinsam mit Heinrich Wolff die *Graphische Schule Neumann-Wolff* für Lithographie und Holzschnitt. Für die *Scharfrichter* schuf Neumann mehrere Plakate, Postkartenmotive, sieben Titelbilder und zahlreiche Vignetten für die Programmhefte sowie die Karikaturen für den *Musenalmanach*. Nach einem mehrjährigen Studienaufenthalt in Paris gründete Neumann 1909 die *Ateliers Ernst Neumann für Moderne Reklame* in Berlin, die sich auf den Automobilbereich spezialisierten. Neumann hegte schon früh eine Leidenschaft für Motorräder und Autos, wie u. a. aus Heinrich Lautensacks scherzhafter Beschreibung seines *Scharfrichter*-Kollegen hervorgeht:

Es gibt Menschen, in denen sich alles vereinigen lässt, an denen nichts unschön erscheint, die trotz der schreiendsten Gegensätze äusserlich und innerlich eine beruhigende Stille bewahren. Neumann ist bestrafter Automobilist, Inhaber einer Malschule, Besitzer eines wunderschönen lahmen Windhundes und womöglich auch Vegetarianer und fährt auf seinem Automobil [...] und – hinter ihm sein wunderschöner lahmer Windhund – mit einer Ruhe über unsere verschiedensten Strassenpflaster – schmerzstillend![29]

Die Automobilbranche war es schließlich auch, die Neumann, nun unter dem Namen Neumann-Neander, von seinen Freunden N² genannt, internationalen Ruhm einbrachte: Neumann entwarf Karosserien, entwickelte Rahmenkonstruktionen und beeinflusste mit seinen Patenten die Entwicklung der deutschen Kraftfahrzeuge. 1924

Hegte schon früh eine Leidenschaft für Motorräder und Autos: Ernst Neumann, 1904.

gründete er die *Neander Motorfahrzeug GmbH* in Euskirchen, die 1939 nach Düren-Rölsdorf umzog. In seinen letzten Jahren war Neumann vermehrt wieder als Maler tätig. Er starb 1954 in Düren-Rölsdorf.[30]

In ihren Vereinsstatuten hatten die Kabarettisten festgelegt, dass die Zahl Elf der eigentlichen *Scharfrichter* nicht überschritten werden durfte. Trat allerdings ein *Scharfrichter* aus, konnte der Posten nachbesetzt werden, so geschehen im Fall von Frank Wedekind. Schon nach kurzer Zeit wurde die Zahl der Gründungsmitglieder jedoch unterschritten und offensichtlich spielte es bald keine Rolle mehr, ob wirklich elf Männer hinter den *Elf Scharfrichtern* standen. Hanns von Gumppenberg, der wichtigste Dramatiker der *Scharfrichter*, lehnte den ihm angetragenen *Scharfrichter*-Titel sogar ausdrücklich ab.

---

[29] Heinrich Lautensack, *Ernst Neumann (Scharfrichter Kaspar Beil)*, in: *Scharfrichter Musenalmanach*, [o. S.].

[30] Vgl. Roland Opschondek, *Neumann, Ernst*, in: *Neue Deutsche Biographie*, Bd. 19 (1998), S. 143f., http://deutsche-biographie.de [14.10.2014]. Zu Ernst Neumann siehe auch Reinhold Kraft, Thomas Müller und Georg Solms (Hg.), *Ernst Neumann-Neander 1871–1954*, Düren 2004.

Hanns von Gumppenberg – Jodok: Autor

1866 in Landshut geboren, begann Gumppenberg 1885 ein Philosophiestudium in München, zog aber bald den Kontakt mit Münchens Künstlerschaft dem akademischen Betrieb vor. Enge Kontakte pflegte er zum Kreis um Michael Georg Conrad und wurde Mitglied der *Gesellschaft für modernes Leben*, in deren Rahmen er ein regimekritisches Gedicht vortrug, das ihm eine zweimonatige Haftstrafe einbrachte. Eine Zeitlang beschäftigte er sich intensiv mit dem Okkultismus.[31] 1901 stieß er zu den *Elf Scharfrichtern*, lehnte den *Scharfrichter*-Titel jedoch ab, da er zur gleichen Zeit eine Stelle als Theaterkritiker der *Münchner Neuesten Nachrichten* angenommen hatte und diese Aufgabe für unvereinbar mit einer offiziellen Kabarettisten-Tätigkeit hielt. Trotzdem wurde Gumppenberg unter dem Pseudonym Jodok einer der wichtigsten Autoren des Schwabinger Brettls. Große Erfolge feierte er mit seinen satirischen Überdramen, seinen Gedichtparodien und seinen zahlreichen Liedertexten. Wilhelm Mauke urteilte: »Neben Frank Wedekind […] ist die künstlerisch bedeutendste Persönlichkeit Hans v. Gumppenberg.«[32] Gumppenberg selbst jedoch betrachtete seinen Triumph auf der Unterhaltungsbühne mit eher gemischten Gefühlen, da er Zeit seines Lebens davon träumte, als ernster Dramatiker wahrgenommen zu werden:

> *Unablässig schrieb er Theaterliteratur des »großen Stils«, historische Ideen- und Königsdramen, die er immer wieder und meist vergeblich den großen Theatern anbot. Trotz etlicher Misserfolge zweifelte er selten an seiner Berufung als Retter und seriöser Erneuerer der Dichtkunst.*[33]

Hanns von Gumppenberg um 1900.

Als Theaterkritiker der *Münchner Neuesten Nachrichten* nahm Gumppenberg »erheblichen Einfluss auf die Entwicklung des Münchner Theater- und Kunstwesens«,[34] der Durchbruch als Dramatiker aber blieb ihm verwehrt. Verarmt und verbittert starb Gumppenberg 1928 in München.

Andere Mitwirkende der *Scharfrichter* wurden als *Henkersknechte* apostrophiert, etwa der Komponist und Kapellmeister Sandro Blumenthal oder der spätere Verleger Reinhard Piper, dessen Mitwirkung allerdings nur kurz währte und sich auf das Puppenspiel *Die feine Familie* beschränkte.[35]

---

[31] In diesem Zusammenhang hatte Gumppenberg eine Eingebung, aus der heraus seine prophetische Schrift *Das dritte Testament* entstand. Zu seiner großen Verwunderung stieß diese Schrift jedoch nur auf Hohn und Desinteresse, vgl. Gumppenberg, *Lebenserinnerungen*, S. 166–172. Gumppenberg hat diese eigenartige Episode seines Lebens später in dem Schlüsselroman *Der fünfte Prophet* selbstironisch verarbeitet.

[32] Mauke, *Münchener Brettl-Briefe II*, S. 59.

[33] Lau, *Gumppenberg*, S. 224.

[34] Ebd., S. 225.

[35] Vgl. Otto, *Scharfrichter*, S. 332.

Waldemar Hecker: Bildhauer

Ein wichtiger *Henkersknecht* war der Bildhauer Waldemar Hecker. Der 1873 in Wiesbaden geborene Schüler von Auguste Rodin kam 1899 nach München, wo er gemeinsam mit Wilhelm Hüsgen eine Bildhauerschule gründete, aus der später die bereits erwähnte *Phalanx* hervorging.[36] Für die *Scharfrichter* modellierte Hecker die Puppenköpfe zu Willy Raths Puppenspiel *Die feine Familie*, »künstlerisch feine Karikaturen von mitunter verblüffender Porträtähnlichkeit«[37] bekannter europäischer Politiker oder nationaler Stereotypen. Kurz darauf verließ er die *Scharfrichter*, um sich dem *Lyrischen Theater*, Willy Raths neuer Kabarettgründung, anzuschließen, dessen Leitung er nach Raths Ausscheiden übernahm.[38] Nach dem Ende der *Scharfrichter* war Hecker auch für deren Nachfolgeprojekt, das *Münchener Künstler-Kabarett* tätig.[39] In den 1910er Jahren wandte sich Hecker erfolgreich dem Film zu und führte zwischen 1912 und 1920 Regie in achtzehn Filmen, die vermutlich alle verschollen sind.[40] 1919 trat er in Max Reinhardts zweitem *Schall und Rauch* in Berlin noch einmal auf dem Kabarett in Erscheinung. Bei dem von Walter Mehring verfassten und von Friedrich Hollaender komponierten Puppenspiel *Einfach klasse! Eine Orestie mit glücklichem Ausgang*, zu dem George Grosz die Puppen lieferte, übernahm Hecker die Leitung.[41] In den letzten Jahrzehnten seines Lebens bis zu seinem Tod 1958 im hessischen Johannisberg war Hecker vornehmlich als Bildhauer tätig.[42]

Heinrich Lautensack: Das »Faktotum«

Der »treueste [...] der Henkersknechte«[43] aber war Heinrich Lautensack. 1881 in einer strengkatholischen Familie im niederbayerischen Vilshofen geboren, begann Lautensack 1899 ein Mathematikstudium in München, das er jedoch abbrach, als er sich 1901 den *Scharfrichtern* anschloss.[44] In der Welt der Münchner Boheme und besonders in der Begegnung mit Frank Wedekind, den er glühend verehrte, erfuhr Lautensack seine schriftstellerische Erweckung. Für die *Scharfrichter* schrieb Lautensack einige Liedertexte sowie die beiden wenig erfolgreichen Szenen *Sommernacht* und *Glühhitze*, in erster Linie fungierte er jedoch als »Jüngling für alles«,[45] wie Franz Blei beschreibt:

Bei den Scharfrichtern war Lautensack Faktotum, soweit dieses Totum alles Unangenehme bedeutete, das sonst niemand zu tun Lust hatte. Er war Souffleur und Billetteur, Rollenausschreiber und Sekretär. Er hatte die anstürmenden kleinen Gläubiger abzuwehren, die Explosionen der Diva auszuhalten, Mitspieler aus der Kneipe zu holen. Er hätte, außerordentlich bescheiden, wie er war, in christlichster Demut und Kameradschaftlichkeit auch den Mann auf der Toilette gemacht, wenn es so was wie eine Toilette in dem Theater gegeben hätte.[46]

Nach dem Ende der *Scharfrichter* wirkte Lautensack bei deren Nachfolgeunternehmen *Die Sieben Tantenmörder* mit. 1908 übersiedelte er nach Berlin, wo er als Dramatiker (*Hahnenkampf*, 1908, *Pfarrhauskomödie*, 1911, *Das Gelübde*, 1916), Journalist, Übersetzer und Drehbuchautor arbeitete. Bei der Beerdigung Frank Wedekinds 1918 in München zeigten sich erste Anzeichen seiner geistigen Verwirrung,

---

[36] Vgl. Beate Dry von Zezschwitz, *Der Faun und die Schöne*, in: *Weltkunst* 20 (1988), S. 3060. Laut Heinrich Otto, der sich auf Aufzeichnungen von Wilhelm Hüsgen beruft, stammt Hecker aus Wiesbaden, wikipedia nennt dagegen Görlitz als seinen Geburtsort, vgl. Otto, *Scharfrichter*, S. 326, und Waldemar Hecker auf http://wikipedia.de [20.10.2014].

[37] [lt.], *Die elf Scharfrichter*, in: *AZ*, Nr. 102, AB, 13.4.1901, S. 1.

[38] Vgl. *Lyrisches Theater*, in: *AZ*, Nr. 305, 3.11.1901, S. 6.

[39] Vgl. *Münchener Cabaret-Nummer*, Bühne und Brettl 23 (1905), [o. S.].

[40] Vgl. Waldemar Hecker auf http://filmportal.de [20.10.2014].

[41] Vgl. Otto, Rösler, *Kabarettgeschichte*, S. 78.

[42] Vgl. Waldemar Hecker auf http://wikipedia.de [20.10.2014].

[43] Otto, *Scharfrichter*, S. 329.

[44] Vgl. Rolf Selbmann, *Lautensack, Heinrich*, in: *Neue Deutsche Biographie*, Bd. 13 (1982), S. 730f., http://deutsche-biographie.de [15.10.2014].

[45] Gumppenberg, *Lebenserinnerungen*, S. 284.

[46] Blei, *Erzählung*, S. 343f. Ganz ähnlich beschreibt Lautensack selbstironisch seine Tätigkeiten bei den *Scharfrichtern* im *Musenalmanach der Elf Scharfrichter*, [o. S.]. Zahlreiche Schreiben Lautensacks im Namen der *Scharfrichter* an die königliche Polizeidirektion vermitteln ein Bild von seinen Tätigkeiten als Sekretär.

als Lautensack sich in rasender Verzweiflung in das offene Grab seines verehrten Meisters stürzen wollte. Die letzten Monate bis zu seinem frühen Tod im Januar 1919 verbrachte Lautensack in verschiedenen Heilanstalten.[47]

Paul Schlesinger: Dramatiker, Schauspieler, Komponist
Ein weiteres wichtiges Mitglied war der 1878 in Berlin geborene *Henkersknecht* Paul Schlesinger. Nach einer abgebrochenen Lehre in einer Textilfirma kam Schlesinger nach München, wo er als Journalist für den *Ullstein Verlag* arbeitete und zwei Jahre an der *Königlichen Akademie der Tonkunst* bei Josef Rheinberger Kontrapunkt studierte.[48] 1901 trat er dem Kabarett der *Scharfrichter* bei. Schlesinger wirkte als Schauspieler in zahlreichen Szenen mit, komponierte mehrere Lieder, arrangierte die Musik zur Pantomime *Der böse Traum* und schrieb neun Kurzdramen (drei davon mit Otto Falckenberg), von denen seine *Verschönerungskommission* zu den erfolgreichsten Nummern des Schwabinger Brettls gehörte. Falckenberg äußert sich in seinem Tagebuch über Schlesingers »spezivischen berliner Witz, oft scharf und schlagend« und seinen »scharfe[n] Blick für Menschen und Dinge des äußeren Lebens«.[49]

Später lebte Schlesinger in Frankreich, der Schweiz und dann wieder in Berlin, wo er eine Stelle bei der *Vossischen Zeitung* annahm und unter dem Pseudonym »Sling« zum berühmtesten Gerichtsreporter der Weimarer Republik wurde. Schlesinger starb 1928 in Berlin.[50]

Die Bezeichnung *Scharfrichter* oder *Henkersknecht* wurde bald fallengelassen, nicht jedoch die Mode der unheimlichen oder grotesken Pseudonyme. Ernst Stern etwa, der in den letzten Monaten der *Scharfrichter* als Schnellmaler

Paul Schlesinger um 1900.

in der Türkenstraße mitwirkte, nannte sich Tobias Loch. Später wurde er zum wichtigsten Bühnenbildner von Max Reinhardt, avancierte zum Ausstattungsleiter der großen Revuen von Erik Charell und schuf zahlreiche Filmkulissen für namhafte Regisseure wie Friedrich Wilhelm Murnau oder Ernst Lubitsch. Nach Hitlers Machtergreifung emigrierte Stern nach London, wo er bis zu seinem Tod 1954 an großen Theatern wie dem *Savoy Theatre* oder dem *Adelphi Theatre* tätig war.[51]

Nachdem Falckenberg und Greiner das Ensemble im Sommer 1903 verlassen hatten, kam in der letzten Spielzeit Franz Blei als Regisseur zu den *Scharfrichtern* und gab sich das Pseudonym Armandus Nacht. Obgleich Blei in dieser Funktion bei den *Scharfrichtern* durchaus Erfolge verbuchen konnte,[52] blieb sein Beitrag zu Münchens erstem Kabarett eher gering und in der Rückschau ließ er kein gutes Haar an den *Scharfrichtern*.[53] Blei machte sich als »Essayist, Kritiker, einfühlsamer Übersetzer (u. a. A. Gide, P. Claudel, O. Wilde, W. Whitman, N. Hawthorne),

---

[47] Zu Heinrich Lautensack siehe auch Petra Ernst, *Via Crucis. Heinrich Lautensacks Leben und Werk*, Passau 1993 (Arbeiten zur Literaturgeschichte, 1).

[48] Vgl. JB AdT 1898/99 und 1899/1900, S. 19.

[49] Falckenberg, Tagebucheintrag, 21.6.1902, Nachlass Otto Falckenberg, DTM, Inv.-Nr. 2006/25.

[50] Vgl. Paul Schlesinger auf http://lilienfeld-verlag.de [20.10.2014]. Erst kürzlich erschien hier die bisher größte Auswahl seiner Texte unter dem Titel *Der Mensch, der schiesst*.

[51] Vgl. Lothar Georgi, *Der Bühnenbildner Ernst Stern*, Diss. Freie Universität Berlin 1971, insbesondere S. 143–152.

[52] Vgl. [fo.], *Bei den Elf Scharfrichtern*, in: *MNN*, Nr. 461, 3.10.1903, S. 3, und G.[elle]r, [Die elf Scharfrichter], in: *MZ*, Nr. 257, 8.11.1903, S. 6.

[53] Vgl. Blei, *Erzählung*, S. 341–343.

Herausgeber, Anreger und Schauspieler«⁵⁴ einen Namen. 1940 floh er von Frankreich aus nach Amerika, wo er zwei Jahre später in New York starb.⁵⁵

Der besondere Reiz der *Scharfrichter* bestand ohne Zweifel darin, dass sich Künstler aller Fachrichtungen mit ihren divergierenden Ideen und Fähigkeiten zu einer Theatergruppe zusammenschlossen. Die basisdemokratische Organisationsform, in der theoretisch alle *Scharfrichter* ein gleichwertiges Mitbestimmungsrecht besaßen, wirkte sich jedoch immer wieder erschwerend auf die alltäglichen Arbeitsprozesse aus. So klagt Falckenberg in seinem Tagebuch Ende Juni 1902:

*Es galt, das neue Programm vorzubereiten. So viel giebts ja am Ende gar nicht zu thun, aber diese Arbeit bei den Proben, die endlosen Besprechungen, das unstäte Hin und Her der Entschlüsse ist einem nervösen Menschen, wie mir, unzuträglich. Es macht zerfahren.*⁵⁶

Und wenige Tage später notierte er über eine Regiesitzung: »Man versuchte sich über das Ende der Saison und die Neuengagements zu einigen. Natürlich im Grunde erfolglos.«⁵⁷

Die elfköpfige Gründungsgruppe brach bereits in der ersten Saison auseinander und nach einem guten Jahr hatten neben dem Schriftsteller Willy Rath auch alle bildenden Künstler, die ursprünglich beteiligt gewesen waren, das Ensemble verlassen. Für Max Langheinrich, den Architekten der Bühne, und die Bildhauer Frisch, Hüsgen und Hecker gab es, nachdem die Bühne und der Theatersaal einmal eingerichtet waren, nicht mehr viel zu tun.⁵⁸ Aufwendige Inszenierungen, die ihre Kreativität gefordert hätten, waren aufgrund der beengten Verhältnisse des Bühnenraums sowie der immer schwierigen finanziellen Lage nicht zu realisieren. Auch von Neumann und Oertel, den beiden Graphikern der ersten Stunde, ist ab der zweiten Saison nur noch die aktive Mitwirkung Neumanns nachweisbar, doch schied auch er aus dem Ensemble aus, nachdem die *Scharfrichter* in den Besitz Wilhelm Salzers übergegangen waren. Der Bedarf an Plakaten und Programmhefttiteln war durch die Vergabe an externe Künstler leicht zu decken. Gleichbleibend hoch war dagegen der Bedarf an neuen Texten und Musiknummern. Die beiden Hausregisseure und Autoren Falckenberg und Greiner konnten ihrer Kreativität daher ebenso freien Lauf lassen wie der Komponist Weinhöppel. Und natürlich galt es stets, die beliebtesten Bühnenkünstler des Ensembles zu erhalten und neue talentierte Sängerinnen und Sänger und Schauspielerinnen und Schauspieler zu gewinnen.

---

⁵⁴ Karl H. Salzmann, *Blei, Franz*, in: *Neue Deutsche Biographie*, Bd. 2 (1955), S. 297, http://deutsche-biographie.de [15.10.2014].

⁵⁵ Vgl. ebd.

⁵⁶ Falckenberg, Tagebucheintrag, 21.6.1902, Nachlass Otto Falckenberg, DTM, Inv.-Nr. 2006/25.

⁵⁷ Ebd., 2.7.1902.

⁵⁸ Vgl. Hüsgen, *Elf Scharfrichter*, MSB Mon., L 3573.

5.2 Vortragskünstler

5.2.1 Marc Henry

Der Initiative des französischen Journalisten und Schriftstellers Marc Henry ist es zu verdanken, dass die um 1900 allgegenwärtige, aber noch recht vage Idee einer deutschen Kabarettgründung in München schließlich Gestalt annahm.

Marc Henry wurde am 2. April 1873 als unehelicher Sohn von Clémence Thuret in Paris geboren und auf den Namen Achille George getauft; die Identität seines Vaters ist ungeklärt.[59] Diese nach damaligem Verständnis unehrenhafte Herkunft suchte er Zeit seines Lebens zu vertuschen, indem er in seinen autobiographischen Darstellungen erhebliche Schönheitskorrekturen vornahm. Henrys Behauptung, er sei von einer renommierten Familie adoptiert worden,[60] deckt sich mit einem Erlass von August 1889, der ihn berechtigte, den Nachnamen Vaucheret anzunehmen.[61] In den offiziellen Dokumenten der späteren Zeit ist er als Achille George d'Ailly Vaucheret angeführt.[62] Seinen Angaben zufolge besuchte er in Paris das *Lycée Condorcet*, absolvierte bis 1895 seinen Militärdienst und übersiedelte 1896 mit 23 Jahren nach München.[63] Hier legte er den Grundstock für seine lebenslangen Bemühungen um die deutsch-französische Völkerverständigung. Neben seiner Tätigkeit als Französischlehrer, mit der er anfänglich seinen Unterhalt bestritt, hielt er nach eigener Aussage bald auch in München und Bayern Vorträge über die französische Literatur und die Sitten seines Landes.[64] Ab Juli 1898 arbeitete er ein halbes Jahr für das kurzlebige zweisprachige *Fremdenblatt. Gazette des Etrangers*[65] und gründete im Januar 1899 gemeinsam mit dem Musikschriftsteller Jacques-Gabriel Prod'homme die von 1899 bis 1901 in Paris und München verlegte *Revue franco-allemande*, in der deutsche und französische Autoren in ihrer Sprache publizierten und von der Henry später reichlich großspurig schrieb, sie sei für die deutsch-französischen Beziehungen epochemachend gewesen.[66] Immerhin aber erschienen im Jahr 1900 im *Verlag der französisch-deutschen Rundschau* neben der Zeitschrift auch mehrere Lyrik- und Prosabände, darunter die Gedichtbände *Sehnsucht* von Richard Schaukal und *Das Jahrtausend* von Leo Greiner sowie der Roman *La visitation* von Paul-Louis Garnier. Zu den Mitarbeitern der Zeitschrift zählten neben renommierten Autoren wie Otto Julius Bierbaum, Richard Dehmel oder Rainer Maria Rilke auch die späteren *Scharfrichter* Otto Falckenberg, Hanns von Gumppenberg, Frank Wedekind, Richard Weinhöppel sowie Leo Greiner. Damit war im Rahmen dieser Publikation bereits der Großteil des personellen Kerns der *Scharfrichter* versammelt. In der Festschrift der *Bayerisch-Französischen Gesellschaft* aus dem Jahr 1964 anlässlich des 90. Geburtstags Marya Delvards zieht Hans K. E. L. Keller eine direkte Linie zwischen der *Revue franco-allemande* und den *Elf Scharfrichtern*:

Die Kontinuität zwischen den beiden Unternehmen scheint uns bisher nicht hinreichend deutlich geworden, weil die Geschichte »Münchens um die Jahrhundertwende« über der Rolle der berühmten Einheimischen den Beitrag der Zugereisten und damit die internationalen Zusammenhänge ein wenig zu vernachlässigen neigt. Tatsächlich waren

---

[59] Vgl. Geburtsurkunde Marc Henry, MSB Mon., Henry, Marc A IIII/Kopie 1.

[60] Vgl. Henry an Max Halbe, [o. D.], MSB Mon., MH B 115a.

[61] Vgl. Geburtsurkunde Henry, MSB Mon., Henry, Marc A IIII/Kopie 1.

[62] Vgl. u. a. Vereinsverzeichnis der *Elf Scharfrichter*, StAM, Pol. Dir. 2057/2.

[63] Vgl. Henry, *Au Pays*, S. 5. Nicht nachweisbar ist Marya Delvards Behauptung, Henry habe in München studiert, vgl. Delvard, *Erste Münchner Jahre*, S. 11.

[64] Vgl. Henry, *Au Pays*, S. 6. Wie Henry berichtet, reiste er 1899 nach Frankfurt, wo er eine französische Konferenz veranstaltete, vgl. Marc Henry, *Villes et Pays d'Outre-Rhin*, Paris 1919, S. [199].

[65] Die Zeitschrift erschien wöchentlich von Juni 1898 bis Februar 1899 in München. Ab der vierten Ausgabe im Juli 1898 ist Marc Henry als »Rédacteur de la partie française« unter dem Namen »A[chille]. D'Ailly Vaucheret« angeführt. In einem undatierten Brief an Max Halbe schreibt Henry in Bezug auf die Zeitschrift: »J'ai pris l'affaire en main, car elle etait [sic] mal conduite. Je suis le redacteur [sic] litteraire de la feuille, et je veux la rendre interessante et de valeur«, Henry an Max Halbe, [o. D.], MSB Mon., MH B 115a. Wie aus den folgenden Ausgaben ersichtlich ist, bestritt Henry bis Ende 1898 einen Großteil der erscheinenden Hefte, Ende des Jahres scheint sein Beschäftigungsverhältnis jedoch beendet gewesen zu sein.

[66] Vgl. Henry, *Au Pays*, S. 6.

die »Elf Scharfrichter« eine deutsch-französische Aventure wie die »Revue Franco-Allemande«, haben sie doch deren Erbe angetreten.[67]

Das Erscheinen der *Revue franco-allemande* wurde mit der Gründung der *Scharfrichter* eingestellt, die deutsch-französische Völkerverständigung aber blieb auch auf Münchens erster Kabarettbühne ein zentrales Thema.

Marc Henry bei den *Elf Scharfrichtern*
Gerne und häufig kokettierte Henry unter seinen Künstlerfreunden mit seinen angeblichen Erfahrungen aus diversen Pariser Cabarets, die ihn zur Gründung eines deutschen Pendants befähigten.[68] Wenngleich diese Darstellung mit großer Wahrscheinlichkeit in das Reich der Legende gehört und auch verschiedentlich von den *Scharfrichter*-Kollegen angezweifelt wurde,[69] gelang es Henry – nicht zuletzt dank seiner französischen Herkunft –, eine Reihe von Künstlern zu gewinnen und auf ein gemeinsames Programm einzuschwören.[70] Auch in den Augen des Publikums fungierte Henry, den man mit den Pariser Vorbildern assoziierte, als Garant für die Authentizität des Dargebrachten. Und während im preußischen Berlin ein französischer Kabarettleiter sicherlich in weiten Kreisen auf Ablehnung gestoßen wäre, erfreute man sich im historisch eng mit Frankreich verbundenen Bayern an Henrys exotischen Eigenheiten. Henrys übersteigerte Selbstinszenierung als Franzose wurde zum Markenzeichen des Ensembles. Als eleganter »maître de plaisir« erschien er »mit Frack und weißer Halsbinde, das rabenschwarze Haar wie eine Holzplastik geschnitzt«[71] auf dem kleinen Treppchen seitlich der Bühne. Seine Ansagen in gebrochenem Deutsch, mit denen er die Programmnummern ankündigte oder das Publikum aufforderte, »ein wenik nicht zu viel zu rauken« und in der Pause »etwas frische Luft zu nehmen«,[72] wurden zum »running gag« und in den Zeitungsrezensionen vielfach thematisiert:

Dieser Franzose, der seit Jahren in Deutschland weilt, macht die erfolgreichsten Anstrengungen, die deutsche Sprache zu verlernen; es unterhält die Leute nämlich köstlich, wenn er als Konferenzier [sic] vor jeder Programmnummer an der Rampe erscheint, um aus dem Stegreif Witze über die zu erwartenden Genüsse zu radebrechen.[73]

Marc Henry, der Conférencier der Elf Scharfrichter, um 1900.

---

[67] Hans K. E. L. Keller, [Vorwort], in: Bayerisch-Französische Gesellschaft (Hg.), *Marya Delvard*, S. 9.

[68] *Wie die Elf Scharfrichter wurden*, S. 2f.: Henry, der »als ehemaliges Mitglied diverser Pariser Kabarets [sic] am besten wissen musste, worauf es hier ankam«; Petzet, Falckenberg, *Leben*, S. 109: »Marc Henry, [...] vor allem früher Conférencier und Chansonnier im berühmten ›Chat Noir‹ auf dem Montmartre«; Curt Müller, *Die elf Scharfrichter*, 21.3.1903, MaK: »Er hatte in Paris die Kabaretts praktisch durch und durch studiert.« Marya Delvard behauptete später, sie habe Henry auf der Bühne des Pariser Cabarets *Le Lapin agile* gesehen, vgl. Budzinski, *Muse*, S. 55. In der Forschungsliteratur wird diese Darstellung häufig kolportiert, u. a. bei ebd., S. 51; Greul, *Scharfrichter*, S. 10; Appignanesi, *Cabaret*, S. 41; Jelavich, *Die »Elf Scharfrichter«*, S. 17. Vorsichtiger äußert sich dagegen Hösch, *Kabarett 1*, S. 102.

[69] Vgl. Sling, *Scharfrichter*, S. 116.

[70] Viele von Henrys autobiographischen Äußerungen strotzen von eitler Selbstdarstellung und maßlosen Übertreibungen, so auch seine Beschreibung der *Scharfrichter*-Mitarbeiter: »Les meilleurs musiciens, les peintres les plus célèbres [...] travaillèrent à nos programmes et à nos mises en scène«, Henry, *Au Pays*, S. 7.

[71] Carossa, *Der Tag*, S. 130. Wilhelm Hüsgen schreibt in seinen Memoiren, Henry habe auf der Bühne außerdem einen Zylinder getragen, vgl. Hüsgen, *Elf Scharfrichter*, MSB Mon., L 3573.

[72] [M.N.], *Die Ehrenexekution der 11 Scharfrichter*, in: *MZ*, Nr. 305, 23.12.1902, S. 1. Dies ist eines der wenigen überlieferten Beispiele für Henrys »falsches Deutsch«. Seine Moderationen, die wohl immer spontan improvisiert und nie schriftlich ausformuliert waren, sind nicht erhalten. Neben den Zeitungsrezensionen vermitteln verschiedene Zensurberichte einen Eindruck von den Themen seiner Conférencen.

[73] Aldegrever, *Die »Elf Scharfrichter« auf Reisen*, in: *Dresdner Neueste Nachrichten*, 11.3.1903, MaK. Vgl. auch E.[ngels], [Die elf Scharfrichter], in: *MZ*, Nr. 61, 13.3.1902, S. 2.

Nicht nur die Art der Darbietung, sondern auch die Inhalte seiner Ansagen gefielen den Zuschauern. Henry informierte über die anschließenden Programmnummern, berichtete sarkastisch von den neuesten Bescheiden der Zensurbehörde, plauderte aber auch vollkommen ungezwungen über Nebensächlichkeiten wie etwa »über die Stubenfliege, die sich soeben auf seine Nase setzte oder übers Programmheft, mit dessen Seitenzahl er auf ständigem Kriegsfuß steht.«[74] Man empfand es als angenehm, dass er große Themen wie etwa die kunsttheoretischen Absichten der *Scharfrichter* ausließ und sich das Publikum auf diese Weise weniger belehrt als vielmehr auf charmante Art in die Darbietung integriert fühlte:

Den Wesenskern seines Unternehmens läßt Henry völlig unberührt. Er stellt sich also von Anfang an in puren Gegensatz zum Ueberbrettl-Wolzogen. Der sagte, als er überbrettelte: Seht an, das ist meine Schöpfung, das will ich, hierfür gedenke ich maßgebend und bahnbrechend zu wirken. Ganz anders die Scharfrichter. Während sie handeln, erklären sie: Nun, liebes Publikum, was meinst du wohl zu unserm Beginnen? Willst du nicht mitmachen? […] Nun, … ecce homo, der Mensch bist du, um Gotteswillen nicht bloß applaudierendes, nein auch mitempfindendes, mit uns weinendes, mit uns lachendes Publikum! … Immer wieder: Publikum. Ja freilich, alle sollten wir Scharfrichter sein, – alle Henkersknechte![75]

Bei einigen seiner prominentesten Zeitgenossen stieß der Conférencier Henry jedoch auf harsche Kritik. So beschreibt Alfred Kerr ihn als »Dutzendgallier […], ein Franzose fünften Ranges, der in Städten mit größerer Bevölkerungszahl westlich vom Wasgenwald keine Aussichten hätte«,[76] und Karl Kraus, der Henry 1906 als Leiter des Wiener *Cabaret Nachtlicht* erlebte, beurteilte seine Conférencen als »ganz überflüssig«.[77]

Das Pariser Theater auf die Schwabinger Brettlbühne

Die französische Ausrichtung der *Scharfrichter* beschränkte sich nicht allein auf die Conférencen Henrys, auch inhaltlich war die Programmgestaltung des Schwabinger Brettls deutlich von den Pariser Unterhaltungsbühnen geprägt. Von dort übernahmen die Münchner Kabarettisten vier Einakter der populären Pariser Theaterautoren Tristan Bernard, Georges Courteline und Louis Marsolleau, die in deutschen Übersetzungen aufgeführt wurden. Henry selbst lieferte die düster-naturalistische Szene *Contraste* (*Noir et blanc*), die im trostlosen Ambiente einer Pariser Vorort-Spelunke angesiedelt ist. Die Presse kommentierte das Stück recht positiv, kritisierte aber fast durchgängig die Drastik der Darstellung und der Rezensent der *Münchener Post* zeigte sich in höchstem Grade überrascht von dem hier angeschlagenen, für Henry so untypischen Ton: »Wir glaubten die Zeit glücklich überwunden, da in keinem modernen Drama das Krankenbett auf der Szene fehlen durfte, nun kommt dieser immer elegante und immer galante Conferencier gar mit einem Sarg und Leichenträgern!«[78]

Die direkteste Verbindung zum Montmartre aber schuf Henry mit der Darbietung französischer Cabaret- und Varietéchansons: »Wir brauchen in München kein Gastspiel französischer Cabaretsänger, um die neuesten Schlager des Pariser Tingeltangels kennenzulernen. M. Henry trägt sie uns so echt pariserisch wie nur möglich vor.«[79] Henry, der die meisten der siebzig nachweisbaren französischen Lieder und damit knapp ein Drittel aller Sololieder sang, zählte zu den meistbeschäftigten und damit wichtigsten Vortragskünstlern der *Scharfrichter*.[80] Seine Darbietungen, »deren Feinheit, Witz, Anmuth und Temperament Niemand so leicht nachahmt, weil's eben gallisches Originalgewächs ist«,[81] wurden über Jahre von der Presse einmütig bejubelt:

M'sieur Henry […] *ist ein »Salis im Salonrock«. Seltsame Mischung aus Elegant und Bohème. Sein*

---

[74] Pleissner, *Die elf Scharfrichter*, in: *General-Anzeiger für Leipzig und Umgebung*, 25.3.1903, MaK.

[75] Ebd.

[76] Kerr, *Die Scharfrichter*, S. 344.

[77] Anmerkung von Karl Kraus in: Erich Mühsam, *Bohême*, in: *Die Fackel* 202 (1906), S. 8.

[78] [V.], *Die elf Scharfrichter*, in: *MP*, Nr. 258, 13.11.1902, S. 3. Als Schauspieler trat Henry seltener in Erscheinung und übernahm nur gelegentlich kleine Rollen.

[79] [p.], *Die Elf Scharfrichter*, in: *MNN*, Nr. 123, 14.3.1902, S. 4.

[80] Einige französische Lieder wurden auch von Marya Delvard und Clément-George vorgetragen.

[81] *Die elf Scharfrichter*, in: *MP*, Nr. 25, 31.1.1903, S. 3.

Scharfrichtername Balthasar Starr scheint mir nicht glücklich gewählt. Denn Henry ist alles andere wie »starr«, er ist beweglich, geschmeidig, von agilem Wesen und entwickelt im Vortrag der französisch gesungenen Cabarett-Lieder die [sic] echte Charme des Improvisators.[82]

Aus den Pariser Cabarets und Variétés brachte er berühmte Schlager wie Théodore Botrels *La Paimpolaise*, Paul Delmets *Le vieux mendiant*, Maurice Mac-Nabs *Le pendu* oder Xanrofs *L'encombrement*. Darüber hinaus präsentierte er sich im Stile seiner französischen Vorbilder auch als auteur-compositeur-interprète mit einer Reihe eigener Schöpfungen. Zwölf Lieder schrieb und komponierte Henry für die *Scharfrichter*, sechs seiner Dichtungen wurden von Blumenthal und Weinhöppel vertont, *Le fils du roi à la fontaine* von Edmond Blanguernon von Henry selbst in Musik gesetzt. Henrys Gedichte, in denen überwiegend ein sentimentaler, oftmals nostalgischer Ton vorherrscht, fanden beim Publikum ebenso großes Gefallen wie seine Kompositionen.

Die *Elf Scharfrichter* verdanken ihre Gründung und ihren Erfolg zu großen Teilen ihrem französischen Leiter, aber auch ihr Ende war von Henry wesentlich mitverschuldet. Nach dem Wiener Gastspiel im Dezember 1903 zerfiel das Ensemble in zwei Parteien: die Anhänger Henrys und jene, die ihm vorwarfen, auf ihre Kosten in die eigene Tasche gewirtschaftet zu haben. Als es zum Prozess kam, wurden Henry und der Theaterbesitzer Otto Miethke zur Begleichung der ausstehenden Honorare verurteilt, was die Auflösung der *Scharfrichter* zur Folge hatte. Mit einem Teil des Ensembles rettete Henry sich nach Berlin, wo er eine Neueröffnung der Bühne beabsichtigte, die jedoch nicht realisiert wurde.[83]

Henry in Wien

Sein Weg führte ihn anschließend nach Wien, wo er im November 1905 in dem erst kurz zuvor eröffneten *Modernen Cabaret* von Adolf Brakl mitwirkte,[84] bald aber eine eigene neue Kabarettgründung initiierte. Am 5. Januar 1906 eröffnete in der Ballgasse 6 das *Cabaret Nachtlicht*, nach den Worten Egon Friedells »eine Art Wiener Kolonie der ›Elf Scharfrichter‹«.[85] Das Repertoire stammte in weiten Teilen aus dem früheren Münchner Unternehmen und neben Henry, der sich weiterhin als radebrechender französischer Conférencier inszenierte, zählten auch die ehemaligen *Scharfrichter*-Mitarbeiter Richard Weinhöppel, Fritz Quidam, Ludwig Scharf, Ingrid Loris sowie Henrys langjährige Partnerin Marya Delvard zum Personal der neuen Bühne.[86]

Nur wenige Monate nach der erfolgreichen Gründung des neuen Brettls kam es zu einem peinlichen Zwischenfall, der ein ausgesprochen schlechtes Licht auf Henry und Delvard wirft.[87] Unter den zahlreichen Wiener Intellektuellen, die die Entstehung des *Cabaret Nachtlicht* interessiert verfolgt hatten, war auch Karl Kraus, der das Unternehmen distanziert, aber wohl-

Marc Henry als Conférencier des Cabaret Nachtlicht, Urheber unbekannt.

---

[82] Mauke, *Münchener Brettl-Briefe I*, S. 42.

[83] Vgl. [Die elf Scharfrichter], in: *MP*, Nr. 285, 16.12.1904, S. 2.

[84] Vgl. Hans Veigl, *Lachen im Keller. Von den Budapestern zum Wiener Werkel. Kabarett und Kleinkunst in Wien*, Wien 1986, S. 23.

[85] Zitiert nach Jelavich, *Die »Elf Scharfrichter«*, S. 28.

[86] Vgl. Veigl, *Lachen*, S. 25.

[87] Zum Folgenden siehe Kraus, *Nachtlicht*, S. 17–24; Ders., *Armer Kunrad*, in: *Die Fackel* 204 (1906), S. 23–28; Ders., *Armer Kunrad* [II], in: *Die Fackel* 205 (1906), S. 27f.; Ders., *Alkoholiker*, in: *Die Fackel* 208 (1906), S. 29–32; Ders., Frank Wedekind, *Briefwechsel. 1903 bis 1917*, hg. u. kommentiert v. Mirko Nottscheid mit einer Einführung, Würzburg 2008 (Wedekind-Lektüren, 5), S. 59–79 und S. 159–185.

wollend unterstützt hatte. Nachdem Delvard in einem Artikel beim Wiener *Fremdenblatt* mit ihrer Künstler-Persönlichkeit geprahlt hatte, reagierte Kraus auf diesen »Ausbruch tobsüchtigster Geschmacklosigkeit und Größenwahns«[88] mit einer scharfen Satire in seiner *Fackel*.[89] Die erboste Diseuse entsandte zu ihrer Ehrenrettung ihren Lebensgefährten Henry, der Kraus in der Nacht des 29. Mai 1906 im *Casino de Paris* als Jude beschimpfte und brutal zusammenschlug. Erich Mühsam schreibt dazu nicht ohne feine Ironie:

Ich saß mit Karl Kraus in einem Weinlokal, als die Kollegen vom Kabarett erschienen und an einem andern Tisch Platz nahmen. Plötzlich stürzte sich Henry auf Kraus, den er buchstäblich bis zur Bewußtlosigkeit verprügelte; es war höchst widerwärtig und roh. Ich lag, in dem Drange, Frieden zu stiften, beiseite geschoben, mit verstauchtem Finger, zerbrochenem Kneifer und zerfetztem Engagementsvertrag in einer Ecke am Boden, während Peter Altenberg seufzend zwischen den verwaisten und derangierten Tischen umherirrte und mit den Worten »Ich bin verzweifelt« von Freund und Feind die Sektreste austrank.[90]

Wie aus einem Zeitungsbericht hervorgeht, ließ es sich auch Delvard nicht nehmen, Kraus bei dieser Gelegenheit heftig zu attackieren:

Kläger sei halb ohnmächtig am Boden gelegen, als noch Fräulein Delvard herbeikam und mit den Worten: »Hier noch Eins von mir!« ihn wütend auf Nase und Augen schlug und erklärte, ihn töten zu wollen; es sei dies nicht genug, er müsse ganz hin werden, ganz Wien würde ihr danken, von dieser Pest befreit zu sein, man würde für sie Messen lesen.[91]

In der nun folgenden Auseinandersetzung, die zunächst in der Presse und später auch im Gerichtssaal ausgetragen wurde, prahlte Henry anfänglich mit seiner Tat, versuchte dann aber, seinen Angriff auf Kraus damit zu entschuldigen, dass er betrunken gewesen sei. Als publik wurde, dass Henry und Delvard bereits während ihrer *Scharfrichter*-Zeit im Rechtsstreit mit Olly Bernhardi verurteilt worden waren, erlitt Henrys Reputation erheblichen Schaden.[92] Margarete Beutler, die im *Cabaret Nachtlicht* hatte auftreten wollen, zog daraufhin ihr Engagement zurück[93] und auch Frank Wedekind zögerte nicht, sich ausdrücklich von Henry zu distanzieren. Während seines Engagements bei den *Scharfrichtern* war er selbst wiederholt mit Henry aneinandergeraten und auch Opfer eines tätlichen Übergriffs geworden,[94] nun ergriff er in einem offenen Brief entschieden Partei für den geschätzten Kollegen Kraus:

Mit tiefer Empörung hörte ich von den gemeinen Niederträchtigkeiten, die dieser Achille Vaucheret […] und seine Gefährtin Marya Delvard an Ihnen begangen haben. Überrascht haben mich diese Gemeinheiten allerdings nicht. Den Monsieur Henry kenne ich aus dreijährigem geschäftlichen Verkehr aus der Zeit der Elf Scharfrichter als einen Menschen, der sich durch seinen unqualifizierbaren Charakter noch in jeder Situation, in der er sich befunden, über kurz oder lang unmöglich gemacht hat. […] Es ist mir unter den obwaltenden Umständen nun im höchsten Grade widerwärtig, daß von diesen Personen im Cabaret zum Nachtlicht allabendlich meine Verse und Melodien öffentlich vorgetragen werden. Leider bin ich Frau Marya Delvard gegenüber vollkommen machtlos […]. Deshalb wende ich mich an Sie, verehrter Herr Kraus, mit der Bitte, Ihren geehrten Lesern und dem Wiener Publikum überhaupt, soweit es nur irgend möglich ist, mitzu-

---

[88] Kraus an Wedekind, 5.5.1906, zitiert nach ebd., S. 65.
[89] Vgl. Karl Kraus, *Scharfrichter*, in: *Die Fackel* 201 (1906), S. 26–28.
[90] Mühsam, *Namen und Menschen*, S. 126.
[91] Aus einem nicht zugeordneten Zeitungsbericht, zitiert nach Kraus, Wedekind, *Briefwechsel*, S. 76f.

[92] Siehe S. 77 dieser Arbeit.
[93] Vgl. Kraus an Wedekind, 19.5.1906, in: Kraus, Wedekind, *Briefwechsel*, S. 69.
[94] Vgl. Hüsgen, *Elf Scharfrichter*, MSB Mon., L 3573, und Franz Blei, *Portraits*, hg. v. Anne Gabrisch, Wien [u. a.] 1987, S. 491.

teilen, daß ich die von mir herrührenden Verse, die im Cabaret zum Nachtlicht vorgetragen werden, lieber nie geschrieben haben möchte, als daß sie aus dem Munde von Menschen, die sich durch solche gemeine Niederträchtigkeiten hervortun, wie Herr Henry und Frau Delvard, dem Publikum zur Unterhaltung dienen.[95]

Am 25. Mai 1906 wurden Henry zu einem Monat Haft und Delvard zu einer Geldstrafe von 300 Kronen verurteilt, bei einer weiteren Verhandlung am 7. September des gleichen Jahres wurde das Urteil jedoch abgemildert und Henry und Delvard zusammen zu einer Zahlung von 750 Kronen verurteilt.[96]

Nur ein Jahr später, im Herbst 1907, folgte eine weitere Klage gegen Henry, diesmal wegen Vertragsbruchs. Henry hatte sich von einer neuen Wiener Bühne anwerben lassen, das *Cabaret Nachtlicht* daher vor Vertragsende verlassen und musste nun eine hohe Konventionalstrafe an Berthold Wellisch, den Inhaber des Brettls, zahlen.[97] Mit ihm wechselten auch Delvard und Weinhöppel in das neue, vielversprechende Unternehmen. Am 20. Oktober 1907 öffnete in der Kärntnerstraße 33 das *Kabarett Fledermaus* einem staunenden Publikum seine Pforten. Nach den Entwürfen des Architekten Josef Hoffmann hatte die *Wiener Werkstätte* ein wahres Jugendstil-Kleinod erschaffen, in dem sämtliche Einrichtungs- und Ausstattungsgegenstände vom Bühnenvorhang bis zur Ansteckklammer des Servierpersonals einem einheitlichen ästhetischen Programm folgten. Das Unternehmen hatte es sich zur Aufgabe gemacht, »den fast verloren gegangenen, ursprünglichen Gedanken des Kabaretts wieder aufzunehmen«,[98] und berief sich in seinem zur Eröffnung erschienenen Manifest auf dieselben Aspekte, die vormals das Theater der *Elf Scharfrichter* geprägt hatten. Durch die Vereinigung aller Künste und die sinnliche Unmittelbarkeit der Darbietungen, die nicht von professionellen Schauspielern und Sängern, sondern von Künstlern bestritten wurden, sollte hier eine Stätte der »wirklichen Kultur der Unterhaltung«[99] entstehen und damit die Kunsterfahrung dem Publikum wie »ins unmittelbare Leben hineingesetzt«[100] erscheinen. Den Posten des künstlerischen Leiters übernahm Marc Henry und hoffnungsfroh schrieb er an Hanns von Gumppenberg: »Unser neues Unternehmen verspricht endlich zu erreichen, was wir seinerzeit bei den Elf Scharfrichtern leider nicht erreichen konnten.«[101]

Bereits am 1. Februar 1908 wurde Henrys Vertrag jedoch von Fritz Waerndorfer, dem Eigentümer des Theaters, aufgekündigt. Als Begründung für seine Entscheidung nannte Waerndorfer »das unternehmensschädigende Verhalten Marc Henrys, das dieser teils aus Unfähigkeit, teils aus Nachlässigkeit, zum Teil auch um seine Lebensgefährtin Marya Delvard zu schützen, an den Tag gelegt haben soll.«[102]

Die Jahre vor dem Ersten Weltkrieg: Projekte mit Marya Delvard und Hanns Heinz Ewers

Wie Henry in seinen Memoiren schreibt, führten die folgenden Jahre ihn und Delvard durch ganz Europa, wo er Vorträge über die deutsch-französischen Beziehungen hielt und gemeinsam mit seiner Partnerin Liederabende veranstaltete.[103] 1910 bezeichnete der Musikwissenschaftler Arthur Neisser, der eine Vorstellung des Paares in den Berliner *Kammerspielen* besucht hatte, die beiden als »noch immer fesselnde, abgeschlossen in sich und auf sich beruhende Typen«[104] mit echtem Kunstanspruch:

Unstreitig ist Henry mehr Artist, mehr höchst potenzierter Coupletchansonnier, der sich im Duett durch

---

[95] Kraus, *Nachtlicht*, S. 23f.

[96] Vgl. Kraus, *Alkoholiker*, S. 32.

[97] Heinz Lunzer, Victoria Lunzer-Talos, *Kabaretts und Gartenfeste in Wien. Die Vorläufer des Kabarett Fledermaus*, in: Buhrs, Lesák, Trabitsch (Hg.), *Kabarett Fledermaus*, S. 49.

[98] *Das ästhetische Programm. Eine Schrift der Wiener Werkstätte zur Eröffnung der »Fledermaus«*, in: ebd., S. 157.

[99] Ebd., S. 160.

[100] Ebd., S. 161.

[101] Henry an Gumppenberg, 4.9.1907, MSB Mon., Henry, Marc A III/Konv.

[102] Claudia Feigl, *Die Chronologie der »Fledermaus« 1907 bis 1913*, in: Buhrs, Lesák, Trabitsch (Hg.), *Kabarett Fledermaus*, S. 184.

[103] Vgl. Henry, *Au Pays*, S. 7.

[104] Arthur Neisser, *Lieder und Stimmungen*, in: *Die Schaubühne* 1 (1910), S. 186.

Marc Henry und Marya Delvard als Biedermeierpaar auf dem Titelbild ihrer Liedersammlung »Vieilles Chansons de France«, MSB Mon. DM_D8.

eine hie und da grimassierende Mimik ein wenig vordrängt, während Marya Delvard auch bei diesen Duetten die Herbheit einer reichern Innerlichkeit nicht verleugnen will, nicht verleugnen kann.[105]

Franz Kafka, der Henry und Delvard im Februar 1911 bei einem schlecht besuchten Konzert im Prager *Hotel Central* erlebte, äußerte sich dagegen in seinem Tagebuch eher abschätzig:

Viel Kleideraufwand, bretonische Kostüme […]. – Zuerst begleitet die Delvard, weil man einen Begleiter sparen wollte, in einem weiten ausgeschnittenen grünen Kleid und friert. […] Delvard ist lächerlich, sie hat das Lächeln alter Jungfern, eine alte Jungfer des deutschen Kabarets, mit einem roten Shawl, den sie sich hinter dem Vorhang holt, macht sie Revolution, Gedichte von Dauthendey mit der gleichen zähen nicht zu zerhackenden Stimme. Nur wie sie frauenhaft anfangs am Klavier saß, war sie lieb. – Bei dem Lied »a Batignolles« spürte ich Paris im Hals.[106]

»Viel Kleideraufwand« zeigt auch ein Foto von Henry und Delvard, das das zweite Album ihrer elfbändigen Liedersammlung *Vieilles Chansons de France* ziert.[107] In historischer Gewandung – Henry mit türkischer Hauskappe und Rüschenmanschetten, Delvard mit Haube über den eingedrehten Locken, den Blick devot zu Boden gerichtet – posieren die beiden als Biedermeierpaar. Neben den mondänen Chansons der Pariser Cabarets nahm in den Jahren vor dem Ersten Weltkrieg das alte französische Volkslied einen immer wichtigeren Platz im Repertoire von Delvard und Henry ein.[108] Gemeinsam mit dem Schriftsteller Hanns Heinz Ewers, der über die Vortragsabende des Paares schrieb, sie würden »viel mehr wie alle Bankettreden und offiziellen Kundgebungen«[109] zur deutsch-französischen Völkerverständigung beitragen, veröffentlichte Henry 1911 den *Joli Tambour!*, eine Textsammlung mit französischen Volks- und Kinderliedern sowie Chansons aus den Pariser Cabarets und Cafés-Concerts. Der *Joli Tambour!* bildete den Auftakt zu einer langjährigen und produktiven Zusammenarbeit von Henry und Ewers, mit dem er spätestens seit

---

[105] Ebd., S. 187.

[106] Franz Kafka, *Tagebücher*, Bd. 1: [Textband], hg. v. Hans-Gerd Koch, Michael Müller und Malcolm Pasley, in: Ders., *Schriften, Tagebücher, Briefe. Kritische Ausgabe*, hg. v. Jürgen Born [u. a.], Frankfurt a. M. 1990, S. 150.

[107] Die elf Bände mit Sololiedern und Duetten mit Gitarre- oder Klavierbegleitung sowie ein Band mit deutschen Volksliedern erschienen zwischen 1909 und 1914 in dem von Hofmeister übernommenen *Scharfrichter-Verlag* in Leipzig, vgl. Hofm. 14, 1 (1909–13), S. 140f., 303, Hofm. 15, 1 (1914–18), S. 76, 173.

[108] Auch Yvette Guilbert widmete sich intensiv der altfranzösischen Vokalmusik, vgl. Annette Ziegenmeyer, *Yvette Guilbert: Pionierin einer musikalischen Mediävistik zum Hören*, Köln 2013.

[109] *Zwei Briefe an Stelle eines Vorworts*, in: Hanns Heinz Ewers, Marc Henry (Hg.), *Joli Tambour! Das französische Volkslied*, Berlin 1912, S. 7.

der gemeinsamen Arbeit an den Wiener Kabaretts *Nachtlicht* und *Fledermaus* bekannt war.[110] Nach Ewers' Darstellung war es ihm zu verdanken, dass Henry, der mehrere Jahre nur als Darsteller und Rezitator in Erscheinung getreten war, nun auch seine frühere schriftstellerische Tätigkeit wieder aufnahm.[111] 1912 entstand in gemeinsamer Arbeit das Opernlibretto *Les yeux morts*, das von Eugen d'Albert vertont und 1916 mit großem Erfolg an der *Dresdner Hofoper* uraufgeführt wurde.[112] Am 5. Oktober 1912 folgte die Uraufführung des exotischen Ausstattungsstücks *Der unsichtbare Mensch*, das Henry und Ewers unter Verwendung von Ewers' früheren Indien-Impressionen für den Berliner *Zirkus Schumann* geschrieben hatten und das Elemente aus Zirkus, Theater, Ballett und Oper vereinte: »Dieses mit enormem Aufwand speziell für den Zirkus konzipierte Stück war eine Multimedia-Show, ein Gesamtkunstwerk, [...] wie es Berlin noch nicht gesehen hatte.«[113] Der Erfolg war überwältigend. 1913 entstand in gemeinsamer Arbeit das Drehbuch zu der verschollenen Film-Burleske *Die ideale Gattin*, in der der 21-jährige Ernst Lubitsch sein Schauspieldebut gab. 1914 beendeten Ewers und Henry ein weiteres Libretto, *Ivas Turm*, das in der Vertonung Ernst von Dohnányis 1922 zuerst in einer ungarischen Fassung in Budapest und 1926 in der deutschen Fassung in Düsseldorf Premiere hatte.

Ein literarisches Denkmal setzte Ewers dem Freund in seinem Revolutionsdrama *Das Wundermädchen von Berlin*, das während des gemeinsamen Sommerurlaubs 1912 in Frankreich entstand. Im dritten Akt, der zur Mitternachtsstunde im *Colosseum*, einem prächtigen Berliner Tanzlokal, spielt, erscheint der französische Tanzmaître

Henry und Ewers in den 1910er Jahren.

des Etablissements, ein abenteuerlicher, charmanter Typ, beliebt bei Frauen wie Männern. Seinen großen Auftritt hat er in der 20. Szene des dritten Akts, einem kurzen, philosophisch-nüchternen Monolog über die Nutzlosigkeit der Revolution und die Unveränderlichkeit der Welt.[114] Henry, dem Ewers den Tanzmaître auf den Leib geschrieben hatte, spielte die Rolle bei den Aufführungen des Dramas in Freiburg und Altona im April und September 1913 »bravourös und mit großem Erfolg«.[115]

Rückkehr nach Frankreich

Im Sommer 1914 machte Henry Station im italienischen Portofino, als ihn die Schreckensmeldung vom Ausbruch des Ersten Weltkriegs erreichte.[116] Sämtliche Möglichkei-

---

[110] Ewers erwähnt in einem Brief, sie hätten sich bereits 1903 kennengelernt, nachweislich begegneten sie sich auf den genannten Wiener Kleinkunstbühnen, vgl. Ewers an Henry, [o. O. u. D.], Heinrich-Heine-Institut, Rheinisches Literaturarchiv, NL Ewers.

[111] Vgl. Ewers an Henry, [o. O. u. D.], Heinrich-Heine-Institut, Rheinisches Literaturarchiv, NL Ewers.

[112] Vgl. Wilfried Kugel, *Der Unverantwortliche. Das Leben des Hanns Heinz Ewers*, Düsseldorf 1992, S. [175]–177. Für sämtliche folgende Angaben zu den Gemeinschaftswerken von Ewers und Henry siehe das Kapitel »Französische Freunde« in: ebd., S. [175]–183. Zur Zusammenarbeit an dem Libretto *Les yeux morts* auch Henrys Darstellung in Henry, *Villes et Pays*, S. 251–254.

[113] Kugel, *Ewers*, S. 178.

[114] Vgl. Hanns Heinz Ewers, *Das Wundermädchen von Berlin. Drama in vier Akten*, München 1913, S. 157f.

[115] Kugel, *Ewers*, S. 182.

[116] Vgl. Henry, *Au Pays*, S. 107f.

ten weiterer Kooperationen mit deutschen Künstlern und Bühnen waren mit einem Schlag zunichte gemacht. Henrys sofortige Rückkehr nach Frankreich bedeutete nicht nur das Ende seiner fast zwanzigjährigen Zeit in Deutschland, sondern führte auch zur Trennung von Marya Delvard, mit der er fast ebenso lange zusammengelebt hatte.[117] Bereits ein Jahr später schloss er am 28. September 1915 in Paris die Ehe mit Rosalie Charlotte Adrienne Nachmann.[118] 1916 und 1917 erschienen in Paris seine Bücher *Au Pays des Maîtres-Chanteurs* und *Trois Villes. Vienne-Munich-Berlin*, in denen er auf kuriose und unterhaltsame Weise seine Erfahrungen mit den deutschen Städten und ihren Bewohnern schildert. Während Henry im Vorwort der *Maîtres-Chanteurs* noch um Vermittlung zwischen den beiden Ländern bemüht ist, schlägt er, als der Krieg immer weiter andauert, in der Einleitung zu den *Trois Villes* einen sehr viel schärferen Ton an. Dabei sprechen aus seinen Worten ein tiefer Schmerz über die Feindschaft der beiden Länder und eine schwere persönliche Enttäuschung über das Scheitern seiner Bemühungen um die Völkerverständigung.[119]

Zu Beginn des Kriegs war Henry nach Paris übergesiedelt. Spätestens 1920 bezog er eine Wohnung auf dem Boulevard Beauséjour, wo er mit seiner Frau und dem gemeinsamen Sohn lebte.[120] Nachdem der Ausbruch des Kriegs seiner Bühnentätigkeit ein abruptes Ende bereitet hatte, widmete er sich nun intensiv seinem schriftstellerischen Schaffen. So arbeitete er u. a. bei der dreisprachigen, in Wien, Paris und London (?) erschienenen Enzyklopädie *Hommes et Œuvres du temps présent*[121] und verfasste nach eigener Angabe eine Anthologie über den Gebrauch der deutschen Sprache sowie drei Theaterstücke.[122] Verschiedene Texte über Deutschland und das deutsche Theater lassen darauf schließen, dass sich Henrys Verhältnis zu seiner ehemaligen Wahlheimat allmählich wieder normalisierte. Hatte er in den Jahren um 1900 noch versucht, den Deutschen das Kulturgut seines Vaterlands nahezubringen, so bemühte er sich nun intensiv um die Vermittlung deutscher Autoren nach Frankreich. So entstanden in den 1920er Jahren, zum Teil in Zusammenarbeit mit seiner Frau, Übersetzungen mehrerer Erzählungen von Hanns Heinz Ewers, zu dem er weiterhin in engem Kontakt stand, sowie verschiedener Theaterstücke von Carl Sternheim, der Henry als »vortrefflichen Übersetzer«[123] schätzte. Die französische Fassung von Sternheims wohl berühmtestem Drama *Die Hose* (1911), die Henry gemeinsam mit Jeanne Bucher und Robert de Machiels herausbrachte, erlebte im November 1934 ihre Aufführung in Brüssel und Paris.[124] Der von Henry allein übersetzte *Snob* (1914) dagegen wurde trotz der Bemühungen Sternheims von keiner Bühne angenommen.[125] Wie Henry Ewers berichtet, war Henry zu dieser Zeit auch als Darsteller tätig und trat im Frühjahr 1930 in der Hauptrolle eines von ihm selbst verfassten Stücks im Pariser *Odéon* auf.[126] Über die letzten Jahre seines Lebens konnte nichts in Erfahrung gebracht werden. Marc Henry starb am 24. Dezember 1943 im südfranzösischen Saint-Raphaël.[127]

---

[117] Vgl. Robert Valette, *Entretien avec Marya Delvard*, in: *La Revue des Visages* 26 (1931), S. 4f. Georg Forcht behauptet ohne Angabe von Quellen, dass Henry und Delvard sich nach außen als verruchtes und modernes Paar gaben, das in wilder Ehe lebte, in Wirklichkeit aber verheiratet waren, vgl. Forcht, *Wedekind*, S. 61. Im Stadtarchiv München ließ sich diese Angabe nicht bestätigen. Gegen Forchts Behauptung spricht – neben dem fehlenden Quellenverweis – auch die Tatsache, dass Henrys Geburtsurkunde seine Heirat mit Charlotte Adrienne Nachmann im Oktober 1915, aber keine Scheidung von Delvard verzeichnet, vgl. Geburtsurkunde Henry, MSB Mon., Henry, Marc A IIII/Kopie 1.

[118] Vgl. ebd.

[119] Vgl. Henry, *Trois Villes*, S. [7]–14.

[120] Vgl. Briefkopf des Briefes Henry an Ewers, November 1920. Henry erwähnt einen Sohn in seinen Briefen an Ewers vom 29.7.1921 und vom Oktober 1925, Heinrich-Heine-Institut, Rheinisches Literaturarchiv, NL Ewers.

[121] Vgl. den Briefkopf des Briefs an Ewers vom 16.6.1925. Der Briefkopf eines weiteren undatierten Briefs an Ewers lässt außerdem auf eine Mitarbeit Henrys bei der nicht zu ermittelnden Zeitschrift *Les Parallèles intervallo conjuncti Art et médecine* schließen, vgl. Heinrich-Heine-Institut, Rheinisches Literaturarchiv, NL Ewers.

[122] Vgl. Henry, *Au Pays*, S. 7f.

[123] Rudolf Billetta, *Sternheim-Kompendium. Carl Sternheim. Werk, Weg, Wirkung (Bibliographie und Bericht)*, Wiesbaden 1975, S. XIV. Henry ist hier fälschlich als »Aristide Vaucheret« angeführt.

[124] Vgl. ebd., S. 506. Von einer Druckfassung ist nichts bekannt.

[125] Vgl. ebd., S. XIV.

[126] Vgl. Henry an Ewers, 3.3.1930, Heinrich-Heine-Institut, Rheinisches Literaturarchiv, NL Ewers.

[127] Vgl. Auskunft des Standesamts Saint-Raphaël vom 9.10.2014.

5.2.2 Marya Delvard[128]

Zu den wichtigsten Personen des *Scharfrichter*-Ensembles zählte Marya Delvard, die dämonische Sängerin, die das Publikum erschaudern ließ, wenn sie im hochgeschlossenen schwarzen Kleid die Bühne betrat und ihre düsteren Lieder vortrug. Glaubt man ihrer eigenen Darstellung, so war es ihre Interpretation von Wedekinds Lied *Ilse*, die am Premierenabend dem Schwabinger Brettl zum Durchbruch verhalf.[129] Übereinstimmend berichten die *Münchner Neuesten Nachrichten*: »Fräulein Delvart [sic] lebte in und mit den Versen, sie blieb jeden Moment wahr und das bescherte ihr den Erfolg des Abends.«[130] In anderen Zeitungsrezensionen zum Eröffnungsabend erfährt ihr Auftritt dagegen nur eine Randnotiz und es ist daher anzunehmen, dass das Gelingen der Premiere nicht ausschließlich das Verdienst der exzentrischen Sängerin war. Hier wie in vielen anderen Behauptungen von Delvard zeigt sich ihr ausgeprägter Hang, die eigene Biographie mit zum Teil willkürlich übertriebenen Behauptungen aufzubessern und auszuschmücken. Ihrer eigenen Darstellung zufolge war sie nicht nur die Initiatorin und wichtigste Mitwirkende der *Scharfrichter*, sondern auch eine weltweit gefeierte Sängerin, die in Europa, Nordafrika, Asien und Amerika auftrat, Universitätsprofessorin für Gesang, Aussprache und Mimik, Professorin für italienische und französische Sprache und Übersetzerin, Botschafterin der deutsch-französischen Völkerverständigung und nicht zuletzt Gründerin eines Tierschutzvereins.[131] Viele ihrer z. T. abenteuerlichen Angaben sind nur schwer zu überprüfen und so gilt auch heute noch, was Karl Wolfskehl über die von ihm bewunderte Künstlerin schrieb: »Nichts wußte man von ihr, ein Legendenkranz legte sich in tausendfältigen Windungen um ihr Dasein«.[132] Eines aber war sie ohne jeden Zweifel – die bedeutendste Sängerin der *Elf Scharfrichter*.

Eduard Beyrers Statuette von Marya Delvard, die im Theater der Scharfrichter ausgestellt war.

Herkunft und Kindheit

Marya Delvard wurde als Josephine Maria Biller am 11. September 1874 in der kleinen Gemeinde Hombourg-Haut in Lothringen geboren, die nach dem deutsch-französischen Krieg 1871 dem Deutschen Reich zugefallen war, und wuchs im nahegelegenen Réchicourt-le-Château, damals Rixingen, auf. Ihre französische Herkunft, auf die sie stets größten Wert legte, wurde verschiedentlich angezweifelt,[133] entspricht jedoch

---

[128] Dieses Kapitel ist eine bearbeitete Version meines Aufsatzes »Die größte tragische Kraft des deutschen Ueberbrettls«. Zum 50. Todestag der Kabarettsängerin Marya Delvard, in: Waldemar Fromm, Wolfram Göbel und Kristina Kargl (Hg.), *Freunde der Monacensia e. V., Jahrbuch 2015*, München 2015, S. 119–134.

[129] Vgl. Delvard, *Erste Münchner Jahre*, S. 14.

[130] Röllinghoff, *Bei den »elf Scharfrichtern«*, in: *MNN*, Nr. 174, 14.4.1901, S. 1.

[131] Vgl. Delvard, *Erste Münchner Jahre*, S. 12–14; zwei Briefe Marya Delvards an [Charles de Gaulle, 1962], Unbekannt an Delvard [o. O. u. D.], Delvard an Gerhard Schmidt, [o. O. u. D.], Delvard an Wilhelm Hüsgen, 8.9.1957, MSB Mon., MDe B 80, 81, 77, WH B 7; Valette, *Entretien*, S. 5. Bei Delvards Briefentwürfen an de Gaulle handelt es sich nicht um eine wirkliche Korrespondenz mit dem französischen Staatsoberhaupt, sondern um Bittgesuche der hochbetagten und wohl auch verwirrten Marya Delvard, die sie de Gaulle bei seinem Deutschlandbesuch 1962 zukommen lassen wollte, vgl. Hans K. E. L. Keller an Marya Delvard, MSB Mon., MDe B 34.

[132] Karl Wolfskehl, *Die grosse Unbekannte. Marya Delvard*, in: *Süddeutscher Rundfunk* 34 (1927), S. 3.

[133] Vgl. Brennert, *Zu den Elf Scharfrichtern*; Petzet, *Falckenberg, Leben*, S. 114; Delvard an Klaus Budzinksi, 29.4.[1961], MSB Mon., KB B 286.

wohl der Wahrheit.¹³⁴ Dagegen handelt es sich bei ihrer Behauptung, aus einer wohlhabenden Pariser Professorenfamilie zu stammen,¹³⁵ nachweislich um eine autobiographische Schönheitskorrektur, denn Delvards Vater war ein Postbeamter.¹³⁶ Wie Delvard berichtet, besuchte sie verschiedene Klosterschulen in Longuyon, Metz und Nancy und zeigte bereits als Kind eine außergewöhnliche musikalische Begabung.¹³⁷ 1896 kam sie nach München, wo sie ein Jahr lang Gesang und Klavier bei Bernhard Günzburger und Ludwig Thuille an der *Königlichen Akademie der Tonkunst* studierte.¹³⁸ In München lernte sie auch ihren Landsmann Marc Henry kennen, der ihr langjähriger Lebensgefährte wurde. Dass sie ihn bereits zuvor im Pariser Cabaret *Le Lapin agile* gesehen und dort sogar mit ihm aufgetreten war, gehört eher wieder in das Reich der Legende.¹³⁹ Und auch Delvards vielfach geäußerte Behauptung, eine führende Position bei Henrys 1899 gegründeter *Revue franco-allemande* eingenommen zu haben, lässt sich nicht belegen.¹⁴⁰ Im April 1900 stand sie bei der Laientheater-Aufführung von George Courtelines *Boubouroche* im *Münchener Volkstheater* zum ersten Mal nachweislich gemeinsam mit Marc Henry auf einer Theaterbühne und entdeckte ihre Schauspielleidenschaft.¹⁴¹ Ein Jahr später wurde sie unter dem Namen Marya Delvart, später Delvard, zum gefeierten Star der *Elf Scharfrichter*.

Marya Delvard in ihrem typischen schwarzen Bühnenkleid.

---

¹³⁴ Wie aus verschiedenen Briefen von Delvard hervorgeht, war erkennbar Französisch und nicht Deutsch ihre Muttersprache. Auch ihre Geburtsurkunde mit zweisprachigem Vordruck ist vom Standesbeamten auf Französisch ausgefüllt worden.

¹³⁵ Vgl. Budzinski, *Muse*, S. 55.

¹³⁶ Vgl. Geburtsurkunde Marya Delvard, MSB Mon., Delvard, Marya A/III Kopie 1.

¹³⁷ Vgl. Henri Frémont, *La carrière et l'apostolat de Marya Delvard*, in: *La Revue des Visages* 26 (1931), S. 10.

¹³⁸ Vgl. JB AdT 1896/97, S. [14]. Ihre Behauptung, auch Kontrapunkt bei Josef Rheinberger studiert zu haben, lässt sich anhand der Jahrbücher nicht verifizieren.

¹³⁹ Vgl. *Interview mit Marya Delvard*, BR Schallarchiv, DK 125720.

¹⁴⁰ Eine Marya Delvard oder Maria Biller ist in den Heften der *Revue franco-allemande* nicht namentlich angeführt.

¹⁴¹ Vgl. Valette, *Entretien*, S. 3. Zu *Boubouroche* siehe S. 29 dieser Arbeit.

Marya Delvard bei den *Elf Scharfrichtern*

Delvards eminente Wirkung als Kabarettsängerin resultierte aus ihrer für die damalige Zeit ganz und gar unkonventionellen Erscheinung, ihrer Vortragsweise und ihrem spezifischen Repertoire. Im Gegensatz zu den übrigen Sängerinnen der Unterhaltungsbühnen, die überwiegend den Typus des süßen Mädels, des neckischen Backfischs oder der zarten Femme fragile vertraten, vermittelte Delvard ein Frauenbild, das sich den bürgerlichen Idealen diametral entgegenstellte und darüber hinaus dem von den Anhängern der Kabarettbewegung ausgerufenen Modernitätsanspruch der neuen Bühnenform entsprach. Besondere Aufmerksamkeit erregte von Anfang an ihre Aufmachung, denn anders als ihre Kolleginnen erschien Delvard nicht in weit dekolletierten, blumengeschmückten, bunten Gewändern, sondern meist in einem eng anliegenden schwarzen Kleid mit großer Schleppe, das bis zum Kinn geschlossen war und dessen Ärmel die Hände fast verdeckten. In der Darstellung von Otto Falckenberg war Delvards Kostüm ein reines Zufallsprodukt: Da das für die *Scharfrichter*-Premiere vorgesehene Kleid beschädigt war, musste Delvard an diesem Abend in ihrem schwarzen Straßenkleid auftreten, »das ihr Marc Henry rasch noch etwas enger steckte; auf diesem ließ er dann einen milden violetten Scheinwerfer spielen – vor allem in dem Bestreben, die Improvisation nicht allzu deutlich erkennbar werden zu lassen.«[142] Delvard dagegen berichtet, dass sie bereits als Kind bunte Kleider verabscheut und das Schwarz der Klosterschülerinnentracht vorgezogen habe und dass sie die schwarze Robe ganz bewusst mit der Absicht auswählte, die Aufmerksamkeit des Publikums vor allem auf den Inhalt ihrer Vorträge zu lenken.[143] Das schwarze Gewand wurde zu ihrem Markenzeichen ebenso wie ihre stark reduzierte schauspielerische Vortragsweise, die ihr immer wieder den Vergleich mit Yvette Guilbert, der berühmtesten Pariser Chansonnière ihrer Zeit, einbrachte.[144] Die Presse feierte die Sängerin als »›Star‹ der Scharfrichter« und als »Ueberweib« und viele berühmte Zeitgenossen, darunter Karl Wolfskehl, Peter Altenberg, Max Halbe und Hans Carossa, waren hingerissen von ihrer Vortragskunst.[145] Der Komponist und Kritiker Wilhelm Mauke urteilte:

Frl. Delvard ist zweifelsohne eine ausgesprochene künstlerische Individualität [...]. Ihre Vorträge sind Dokumente einer »müden Seele«. Stilisierte Schwermut, personifizierter Weltschmerz [...]. Eine starke Stimmung strömt von dieser eminenten lyrischen Vortragskünstlerin aus, und sie würde ebenso stark und rein sein, wenn sie nicht durch die Manieriertheit ihrer Pose künstlich gestützt würde. Marya Delvard tritt auf bei verdunkelter Bühne, mit geisterhaft blassem Gesicht, in langwallenden Trauergewändern, mit schlaff herabhängenden Armen. Regungslos wie ein versteinertes Bild des Schmerzes beginnt sie ihre dunklen socialen Nachtlieder zu singen. Sie besitzt ein ungemein sympathisches, klangschönes, gut geschultes Organ und einen verblüffenden Reichtum mimischer Gebärden. Sie singt und schluchzt mit der Seele, und jeder Ton ist das klingende Reagens eines feinbesaiteten, leicht aufgewühlten Weibempfindens. Sie ist wohl die grösste tragische Kraft des deutschen Ueberbrettls und Keine wie sie vermag so glaubwürdig den erhitzten Fieberton sozialer Nacht- und Elendstücke anzuschlagen oder die Grauen-, Tod- und Wahnsinns-Stimmung so erschütternd zu agieren.[146]

Delvards dämonische Erscheinung machte sie zur idealen Besetzung für alle düsteren und tragischen Lieder. Große Erfolge feierte sie mit Dirnenliedern wie *Ilse, Franziskas Abendlied* oder Greiners *Die Dirne*, mit der Kindsmörderinnen-Ballade *Des Pfarrers Tochter zu Taubenheim*, dem Lied von der *Judentochter*, die sich aus Liebeskummer ertränkt, dem Lied von der *Schnitterin*, die sich für ihren Sohn opfert, dem melancholischen *Lied in der Nacht* oder den brutalen Mordliedern *Das schlagende Herz* und *La glu*. In den Memoiren ihrer Zeitgenossen wie auch in der modernen Literatur erscheint Delvard daher auch meist nur als Sängerin tragischer Lieder und als Verkörperung der Femme fatale.[147] Von entscheidendem Einfluss für diese etwas einseitige Rezeption war sicherlich Thomas Theodor Heines berühmte Graphik, die Delvards morbide Gestalt vor elf Teufelsmasken zeigt und die bis heute das bekannteste und meistreproduzierte Bild aus dem Kontext der *Scharfrichter* ist (siehe S. 207). Delvards Kabarett-Kollege Wilhelm Hüsgen aber erinnert sich: »Später hat

---

[142] Petzet, Falckenberg, *Leben*, S. 115.

[143] Vgl. Vgl. *Interview mit Delvard*, BR Schallarchiv, DK 125720, und [palma], *Scharfrichterin Marya Delvard in München. 50 Jahre zurück, 50 Jahre voraus*, in: *Abendzeitung München*, 16.7.1958, BR Zeitungsarchiv, Bestand Marya Delvard.

[144] Vgl. u. a. Pleissner, *Die elf Scharfrichter*, in: *General-Anzeiger für Leipzig und Umgebung*, 25.3.1903, MaK; Sling, *Scharfrichter*, S. 118; Peter Altenberg, *Marya Delvard*, in: *Die Fackel* 150 (1903), S. 27.

[145] »Star«: [p.], [Die Elf Scharfrichter], in: *MNN*, Nr. 487, 19.10.1901, S. 3; »Überweib«: Brennert, Zu *den Elf Scharfrichtern*; weitere Aussagen zu Delvard siehe die Liste Ensemble und MitarbeiterInnen unter www.allitera.de/files/Elf-Scharfrichter.html.

[146] Mauke, *Münchener Brettl-Briefe I*, S. 42.

[147] Vgl. Petzet, Falckenberg, *Leben*, S. 114; Stein, *Dirnenlied*, S. 140–144.

man oft Marya D. als ersten ›Vamp‹ bezeichnet, das ist aber nicht das eigentliche Wesen dieser Frau. Sie war eine faszinierende Erscheinung, lebhaft, manchmal etwas hitzig in ihren Äusserungen«.[148] Delvards Repertoire war keineswegs nur auf das tragische Fach beschränkt. So zählten etwa die von Sandro Blumenthal komponierten »althebräischen Gesänge« *Sulamith* nach dem *Hohelied Salomos* mit ihrem »überschwenglich ausbrechenden Liebesjubel am Schlusse«[149] zu Delvards populärsten Nummern. Weiterhin sang sie mit großem Erfolg italienische und französische Volks- und Liebeslieder, Lieder aus *Des Knaben Wunderhorn*, darunter das groteske Schneiderlied *Flussübergang* oder das *Spinnerlied*, und schlüpfte bisweilen auch in die komische Rolle des unschuldigen Mädchens wie etwa in Eichendorffs *Die Kleine* und Greiners *Die Naive*. In Delvards *Scharfrichter*-Repertoire, das aus sieben Ensemblenummern und über siebzig Sololiedern bestand, halten sich Ernst und Heiterkeit beinahe die Waage. Allerdings stießen ihre Darbietungen heiterer Themen häufig auf Kritik. So urteilte etwa Wilhelm Mauke über das humoristische *Lied beim Heuen*, das in Boccaccios Manier von der Untreue einer Bäuerin erzählt, dass es »der Individualität der Vortragenden nur wenig entspricht.«[150] Und als sie mit Leutholds volksliedhaftem *Tanzlied* auf der Bühne erschien, schrieb die *Münchener Zeitung*, dass Delvard »unmöglich das fesche Bauernmädel […] verkörpern kann, wenn sie schwarz und länglich wie eine Kirchhofcypresse dasteht«.[151]

Ihr *Scharfrichter*-Kollege Paul Schlesinger schreibt, ihre Stimmlage sei ein »dunkler, wie von Tränen gefüllter Sopran«[152] gewesen, und auch die Notendrucke der von ihr »kreierten« *Scharfrichter*-Lieder lassen vermuten, dass sie ein Mezzosopran, und nicht, wie man es mit einem Vamp vielleicht eher assoziieren würde, eine Altistin war.

Delvard war ohne Zweifel die wichtigste, wenn auch nicht unumstrittene Sängerin der *Scharfrichter*. Karl Kraus hielt sie für überschätzt und auch Alfred Kerr bemerkte: »Sie ist keineswegs eine besondere Kraft«.[153] Bei Paul Schlesinger heißt es: »Yvette Guilbert, ihr großes Vorbild, hat sie nie erreicht. Der Ueberschlag von der Tragik bis zur Groteske ist ihr nie gelungen; aber heiter und geistreich konnte sie auch bis zu einem bezaubernden Grade sein.«[154] Umstritten war sie auch bei vielen ihrer Kollegen, die häufig unter ihren Starallüren und ihrem schwierigen Charakter zu leiden hatten. So berichtet Wilhelm Hüsgen:

Vor ihrem Auftritt hielt sich jeder fünf Schritt von Marya Delvard entfernt. Unser Bühnen Arbeiter Noichl fragte mich einmal: »*Was heißt eigentlich* »*Idiot*«*?* « *Er war erstaunt als ich fragte:* »*Hat das die Delvard zu Ihnen gesagt?* « *Er beruhigte sich dann als ich ihm antwortete:* »*das ist nichts Schlimmes.* « *Auch wollte keiner gerne den Vorhang bedienen; denn da gab's oft Ärger mit Marya, die dann ein loses Handgelenk hatte. So wurde Lautensack damit betraut, gegen den Marya milder gestimmt war.*[155]

Ihre ablehnende Haltung richtete sich besonders gegen die anderen Sängerinnen der *Scharfrichter*, da sie eine potenzielle Gefahr für Delvards Status als Prima Donna des Theaters darstellten, während die Schauspielerinnen dagegen verschont blieben. Tatsächlich konnte sich keine andere Sängerin über einen längeren Zeitraum neben Delvard behaupten und es ist anzunehmen, dass viele *wegen* Delvard das Weite suchten. Noch zehn Jahre nach dem Ende der *Scharfrichter* erinnerte sich Willy Rath an einen Wutausbruch Delvards, als ihr typisches dämmriges Auftrittslicht für die Sängerin Friederike Gutmann-Umlauft verwendet werden sollte: »›Sie hat mein Licht – mein Licht!‹ rief Marya Delvard und fügte noch einiges hinzu; es blieb nichts übrig, als die Beleuchtung zu ändern.«[156] Die wohl unschönste Intrige Delvards richtete sich gegen Olly Bernhardi, die mit großem Erfolg das komische Fach auf der *Scharfrichter*-Bühne vertrat. Delvards verleumderische Gerüchte über ihre Kollegin endeten mit einem

---

[148] Hüsgen, *Elf Scharfrichter*, MSB Mon., L 3573.

[149] [dt.], *Künstlerhaus, »Die elf Scharfrichter«*, in: *Vorwärts*, Nr. 123, 21.5.1904, StAM, Pol. Dir. 2057/3.

[150] Mauke, *Die elf Scharfrichter* [Moderne Brettl 5], S. 75.

[151] E.[ngels], *Die Elf Scharfrichter*, in: *MZ*, Nr. 299, 15.12.1901, S. 2.

[152] Sling, *Scharfrichter*, S. 118.

[153] Kraus, *Nachtlicht*, S. 18; Kerr, *Scharfrichter*, S. 346.

[154] Sling, *Scharfrichter*, S. 118.

[155] Hüsgen, *Elf Scharfrichter*, MSB Mon., L 3573.

[156] Rath, *Münchener Künstlerbrettl*, S. 370.

Gerichtsverfahren gegen Delvard und dem Austritt Bernhardis aus dem Ensemble.[157] Die Ränke der missgünstigen Diva blieben jedoch nicht immer ungesühnt. So berichtet Delvard, es habe ihr einmal jemand ihr Premierenkleid mit Schminke verunstaltet, ein anderes Mal habe man ihr einen stinkenden Käse auf ihren Platz gelegt.[158] Dass ihre Machenschaften dem Ensemble schadeten, blieb auch der Öffentlichkeit nicht verborgen, wie der Rezensent der *Freistatt* berichtet: »Aber bald fingen die Scharfrichter an, statt der Politikbonzen und Kunstgötzen sich selber zu richten und mit ihren Beilen sich gegenseitig auf die Köpfe zu klopfen. Cherchez la femme! Damals drückten sich schon einige, andere wurden gedrückt«.[159] Am Ende der *Scharfrichter*-Zeit hatte Delvard erfolgreich sämtliche anderen Sängerinnen weggeekelt, doch die Tagespresse bezweifelte, dass sie allein auf Dauer ausreichen würde, »das Ueberwiegen des männlichen Elements auszugleichen«.[160] Kurz darauf löste sich das Kabarett der *Scharfrichter* auf. Wie Delvard ihrem Biographen Klaus Budzinski mitteilte, wurden die Schulden des Theaters durch die Pfändung ihrer Wohnung sowie Rückzahlungen, die sie durch verschiedene Engagements an großen Varieté-Theatern leistete, abgezahlt.[161] Aber hatte nicht der venezianische Bankierssohn Sandro Blumenthal im Februar 1904 das Kabarett gekauft und sich mit allen Gläubigern geeinigt? Noch bis ins hohe Alter pflegte Delvard den Mythos ihrer allesentscheidenden Bedeutung für die *Scharfrichter*, wie etwa in dem folgenden, syntaktisch wie auch inhaltlich etwas wirren Brief an Budzinski anlässlich des 60-jährigen Jubiläums des Schwabinger Brettls 1961:

Habe 5 Jahre die schönsten Engagements abgelehnt um die jungen Burschen heraufzubringen [...] dank meiner Ausdauer u. Aufopferung ... M. D. hat die 11 Scharfrichter bei der Ire durchgebracht u. 4 Jahre gehalten. Heute können die Frauen dieser Männer sich brüsten mit meinem Verdienst. Es wäre sodann ein Affront den man antäte, wenn nicht ich pers. am Rundfunk (oder man in den Zeitungen erwähnen würde – oder selbstverständlich interviewen würde – seitdem ist ja nur immitation, wenn auch ganz annehmbare, aber nie erreichtes geschehen? Wie?? Der Merkur weigert sich _ Die SZ. auch uberhaupt davon zu reden. Es kann zu einem Skandal werden. (Ich habe viele Feinde u. Neider) Aber 1901 – 13. April u. 1961 – 13. April sind zu historische Daten – Der Rundfunk u. die Zeitungen müssen gewarnt werden![162]

Die Vorkriegsjahre mit Marc Henry

Obgleich Delvard ihre Theaterleidenschaft auf einer Sprechtheaterbühne entdeckt hatte, wirkte sie bei den *Scharfrichtern* nur als Sängerin mit. Als Schauspielerin trat sie jedoch in einem anderen theaterhistorisch relevanten Zusammenhang noch einmal in Erscheinung. Bei der Uraufführung von Frank Wedekinds *Büchse der Pandora* am 1. Februar 1904 im Nürnberger *Intimen Theater* machte sie sich in der Rolle der Gräfin Geschwitz »um den darstellerischen Erfolg des Abends verdient.«[163]

Ab 1905 bemühten sich Delvard und Henry in Wien um eine Weiterführung des Kabarett-Gedankens und wirkten sehr erfolgreich am *Cabaret Nachtlicht* und *Kabarett Fledermaus* mit. Auch hier begeisterte Delvard das Publikum, etwa in einer Inszenierung von Bertold Löffler, in der sie – in Anspielung auf die Trikolore – in einem weißen Kleid und mit einem roten Schal vor einem blauen Vorhang auftrat, oder in dem Terzett *Masken* von Peter Altenberg und Richard Weinhöppel, das sie mit zwei anderen Sängerinnen in den kunst-

---

[157] Siehe S. 77 dieser Arbeit. Zu Delvards Feindschaft gegenüber Bernhardi siehe auch Roda Roda, *Die Kunstpause*, in: *Simplicissimus* 14 (1928), S. 191.

[158] Vgl. Delvard, *Histoire des Onze*, S. 113f.

[159] Danegger, *Die »Elf Scharfrichter«*, S. 831.

[160] [Sa.], [Die Elf Scharfrichter], in: *MP*, Nr. 32, 10.2.1904, S. 2. Delvard hat gelegentlich behauptet, die einzige Frau bei den *Scharfrichtern* gewesen zu sein, vgl. Kraus, *Scharfrichter*, S. 26. Diese Behauptung wird auch in der Sekundärliteratur verschiedentlich aufgegriffen, so in Budzinski, *Kabarett 100 Jahre*, S. 98; Manfred Brauneck, *Die Welt als Bühne. Geschichte des europäischen Theaters*, Bd. 3, Stuttgart und Weimar 1999, S. 716; Reinhard Bauer, Knuth Weidlich, *Schwabing – das Stadtteilbuch*, München 1993, S. 146.

[161] Vgl. Budzinski, *Muse*, S. 63.

[162] Delvard an Budzinski, 5.4.[1961], MSB Mon., K B B 286.

[163] [–r.], *Die Büchse der Pandora*, in: *Fränkische Zeitung* (Nürnberg), Nr. 31, 3.2.1904, in: Wedekind, KSA 3/II: *Kommentar*, hg. v. Hartmut Vinçon, Darmstadt 1996, S. 1255.

Henry und Delvard in den 1910er Jahren, MSB Mon. DM_Fotos.

voll gestalteten Kostümen von Carl Otto Czeschka darbrachte.[164] Wien bot ihr außerdem ein günstiges Umfeld, weitere abenteuerliche Geschichten über ihren bisherigen Werdegang in die Welt zu setzen, da sie hier noch wenig bekannt war und sich viele Behauptungen auch nicht leicht nachprüfen ließen. Im *Fremdenblatt* erschien Ostern 1906 ein Artikel von Delvard, der wegen seiner geradezu lächerlichen Überheblichkeit sogleich von Karl Kraus in dessen *Fackel* aufgegriffen und persifliert wurde. Delvard berichtet hier, wie mehrere berühmte Künstler mit Ratschlägen auf sie zugekommen seien; so habe Wedekind ihr gesagt, auf der Bühne immer sie selbst zu sein, Lenbach habe ihr geraten, die *Scharfrichter* aufzugeben und ans Künstlerhaus zu kommen, Sarah Bernhardt habe sie aufgefordert, nach Paris zu gehen, und Yvette Guilbert habe ihr empfohlen, in Berlin Karriere zu machen. Kraus kommentierte sarkastisch:

»Sie werden«, meint die Durchschauerin, »desto größer, je kleiner sie uns machen.« […] Dann Lenbach. […] Ein Schlaumeier! Natürlich wäre er groß dagestanden, wenn er es erreicht hätte, daß Madame Delvard einmal im Künstlerhaus sang. […] Sarah Bernhardt spekulierte also in offensichtlicher Weise darauf, sich in Frankreich durch die Einführung der Marya Delvard einen Namen zu machen. Aber dazu gibt sich eine Marya Delvard nicht her. In Hamburg sieht sie eine gewisse Yvette Guilbert, die »durch die Nase wie ein Pariser Straßenmädel spricht«. »Als sie mich abends singen gehört hatte, sagte sie zu mir: ›Ach, liebe Frau Delvard, wenn ich so gut deutsch könnte wie Sie und wenn ich singen könnte wie Sie! Gehen Sie doch nach Berlin! …« Natürlich, die fürchtet wieder in Paris die Konkurrenz der Delvard. So gehts immer. Aber die Delvard blieb standhaft. Sie ist weder zur Bühne gegangen noch im Künstlerhaus aufgetreten, weder nach Paris noch nach Berlin übersiedelt. Die Wedekind, Lenbach, Sarah Bernhardt und Yvette Guilbert, sie alle, deren Selbstsucht die Pfade der Madame Delvard kreuzen wollte, haben das Nachsehen. Und das ist recht so. Es ist der Trik aller, die selbst keine Persönlichkeit sind, sich durch eine Verbindung mit berühmten Namen Reklame zu machen.[165]

Das unschöne Nachspiel dieser polemischen Auseinandersetzung wurde bereits ausführlich geschildert.[166] Nachdem Henry und Delvard auch mit Fritz Waerndorfer, dem Direktor der *Fledermaus*, aneinandergeraten waren, verließen sie dessen Kabarett und traten in den Folgejahren nur noch als Duo auf. Delvard berichtet von »grosse[n] Tournéen in alle Welt«[167] in den Jahren 1909 bis 1914, bisher konnten aber nur Auftritte in Deutschland, dem österreichischen Kaiserreich und der Schweiz nachgewiesen werden. Der Großteil ihres Repertoires bestand zu dieser Zeit aus alten französischen Volksliedern, die sie häufig in historischen Kostümen vortrug.[168] Viele dieser

---

[164] Vgl. Feigl, *Chronologie Fledermaus*, S. 174–176.

[165] Kraus, *Scharfrichter*, S. 26–28.

[166] Siehe S. 77 dieser Arbeit.

[167] Delvard an Hüsgen, 8.9.1957, MSB Mon., WH B 7.

[168] Vgl. Frémont, *Delvard*, S. 11.

Das erfolgreiche Bühnenduo Delvard–Henry in den 1910er Jahren, MSB Mon. P_a468.

Lieder erschienen dann auch in der von Delvard und Henry beim *Hofmeister-Verlag* edierten elfbändigen Liedersammlung *Vieilles Chansons de France*. Das Paar gefiel und Delvards exzentrische Erscheinung erweckte immer wieder auch das Interesse der bildenden Kunst. Bereits zu *Scharfrichter*-Zeiten hatte Eduard Beyrer eine Statuette von Delvard angefertigt und Heine die Sängerin auf seinem Plakat verewigt (siehe S. 143 und 207). Karikaturhafte Zeichnungen von Delvard schufen Eduard von Grützner, Carl Hollitzer, Ernst Neumann, Ernst Stern und Benedikt Fred Dolbin. Immer ist es ihre düstere Figur in dem langen schwarzen Kleid mit Schleppe, die die Künstler inspirierte, wie dies die Plakatentwürfe von Fritz Boscovits, Paul Haase und dem kroatischen Maler Tomislav Krizman (siehe S. 208 und 209) und ein Gemälde von Suzanne Carvalho-Schüler veranschaulichen.[169]

Auch ohne ihre ständigen Übertreibungen führte Delvard kein schlechtes Leben: Das Publikum schätzte sie, die Künstler ließen sich von ihr anregen und die Auftritte mit Henry brachten gute Gagen. Als sie im Mai 1914 bei der *Deutschen Werkbundausstellung* in Köln drei Konzerte gab, belief sich ihr Honorar auf 3.000 Mark.[170] Wenige Monate später wurden sie und Marc Henry im italienischen Portofino vom Ausbruch des Ersten Weltkriegs überrascht. Delvard berichtet, dass Henry umgehend nach Frankreich abreiste, um sein Vaterland zu verteidigen, dass er im Krieg verschollen sei und sie ihn darum nie wiedergesehen habe.[171] Dem widerspricht eine Fotografie des etwa fünfzig- bis sechzigjährigen Henry aus ihrem Nachlass, die im Wiener Atelier *D'Ora* aufgenommen wurde (siehe S. 150). Henrys Hut und Anzug nach zu urteilen, wurde das Bild in den 20er oder 30er Jahren geschossen, möglicherweise zu einem Zeitpunkt, da Delvard in Wien lebte, und vielleicht sogar in ihrem Beisein. Auf dem ein oder anderen Weg gelangte es jedenfalls in ihren Besitz. Über die Gründe, warum Delvard das Gerücht von Henrys frühem Tod in die Welt setzte und ihren späteren Kontakt zu ihm verheimlichte, lässt sich nur spekulieren.

1914–1957: Wanderleben

Die folgenden Jahre verbrachte Delvard, wie sie selbst berichtet, in der Schweiz und in Italien, wo sie Konzerte für Kriegsgefangene und -verwundete gab.[172] Weitere Auftritte führten sie in den Zwischenkriegsjahren angeblich auch in andere europäische Länder, nach Asien und Amerika.[173] Nachweislich konzertierte sie in Italien und der Schweiz, u. a. mit dem sehr jungen Komponisten Werner Kruse.[174] 1927 kehrte sie nach München zurück, wo sie mithilfe des Wedekind-Biographen

---

[169] Von dem Gemälde existiert ein Foto, MSB Mon., Mappe Nachlass Marya Delvard. Über den Verbleib des Originals ist nichts bekannt. Delvard berichtet außerdem von einem Gemälde, das der italienische Maler Gino Parin von ihr geschaffen haben soll, vgl. Jo Weigert, *Marya Delvard und die Katzen*, MSB Mon., JW M 14.

[170] Vgl. *Auszug aus dem von MARYA DELVARD erhaltenen Kontrakt von der deutschen Werkbundausstellung 1914*, France/Consulat Général an Marya Delvard, MSB Mon., MDe B 10.

[171] Vgl. Delvard an Budzinski, [7.5.1961], MSB Mon., KB B 286.

[172] Vgl. ebd.

[173] Vgl. Delvard an [Charles de Gaulle, 1962] und Delvard an Wilhelm Hüsgen, 8.9.1957, MSB Mon., MDe B 80 und WH B 7.

[174] Vgl. Konzertankündigungen und -programme im Nachlass von Marya Delvard, MSB Mon., Nachl. Delvard D 3, und Heinz Greul an Delvard, 10.9.1964, MSB Mon., MDe B 16.

Marc Henry in den 1920er oder 30er Jahren, MSB Mon. DM_Fotos.

und Theaterwissenschaftlers Artur Kutscher die Neugründung einer Kabarettbühne zu erwirken hoffte.[175] Für eine geplante *Scharfrichter*-Gedenkvorstellung scharte sie die verfügbaren Kräfte um sich. So konnte etwa die Lyrikerin Margarete Beutler, deren Wege früher schon einmal die der *Scharfrichter* gekreuzt hatten, gewonnen werden, da sie Delvard »als schöpferische Persönlichkeit hochschätzte« und »einer alternden Frau in Not«[176] hilfreich zur Seite stehen wollte. Auch Kutscher und der ehemalige *Scharfrichter*-Sänger August Böndel alias Hans Strick wirkten bei der Veranstaltung am 15. Juni 1927 im *Steinickesaal* in der Adalbertstraße mit.[177] Als sich die Zusammenarbeit mit Böndel jedoch als außerordentlich konfliktreich herausstellte, gab Delvard ihren Plan wieder auf[178] und trat künftig alleine oder mit ihrem Schweizer Gesangsschüler Genio Trusa auf.[179] Auf den Programmen der Liederabende von Delvard und Trusa standen weiterhin zahlreiche Titel aus dem Kabarett der *Scharfrichter* wie *Lucrezia, Lied beim Heuen, Kurz ist der Frühling* oder *Der Tantenmörder* sowie spätere Kompositionen von Richard Weinhöppel.[180] Auch im Radio war Delvard in den Zwischenkriegesjahren wiederholt zu hören, gelegentlich gemeinsam mit Trusa.[181] Trusas Repertoire umfasste später neben französischen Chansons, deutschen Volksliedern und Schlagern auch Musiknummern aus Operetten von Leo Fall, Emmerich Kálmán und Franz Lehár, er trat im klassischen Liedfach ebenso hervor wie im Belcanto und nahm mehrere Stücke bei dem Label *Columbia* auf.[182] Der Gesang seiner Lehrerin ist dagegen nie aufgezeichnet worden, angeblich, weil Delvard selbst alle Einladungen zu Aufnahmen ausschlug.[183] Film- und Tondokumente existieren daher nur von der schon sehr betagten Delvard. 1929 verließ sie München und konzertierte u. a. in Berlin. Über einen ihrer dortigen Auftritte im *Grotrian-Steinweg-Saal* etwa aus dieser Zeit schreibt eine Berliner Zeitung:

---

[175] Delvard an Hüsgen, 8.9.1957, MSB Mon., WH B 7.

[176] Margarete Beutler an Artur Kutscher, [o. D.], DLA, A: Kutscher, Zugangsnummer 57.4271.

[177] Vgl. [Unleserlich], *11 Scharfrichter-Abend*, in: *MNN*, Nr. 165, 20.6.1927, S. 2.

[178] Vgl. Delvard an Hüsgen, 8.9.1957, MSB Mon., WH B 7. Auch Beutler berichtet von den »beiden feindlichen Brettllokomotiven Delvard-Strick«, Beutler an Kutscher, [o. D.], DLA.

[179] U. a. am 15.3.1929 im *Steinickesaal*, vgl. [P.], [Marya Delvards Scharfrichterabend], in: *MNN*, Nr. 76, 21.3.1929, S. 2.

[180] Vgl. Repertoirelisten von Trusa und Delvard, MSB Mon., MDe B 55.

[181] Vgl. Deutsche Stunde in Bayern an Marya Delvard, 9.8.1927, Radio-Genossenschaft Zürich an Marya Delvard, 12.9.1929, Funk-Stunde [Berlin] an Marya Delvard, 27.9.1929, und Westdeutscher Rundfunk an Marya Delvard, 24.7.1930, MSB Mon., Nachl. Delvard D 3.

[182] Vgl. Auszug aus Kritiken Trusas, MSB Mon., MDe B 55; Phono Disc, Auktionskatalog 9/2014, S. 14, http://www.phonodisc.ch [8.10.2014].

[183] Vgl. Delvard an Hannes König, 26.2.1958, MSB Mon., Delvard, Marya A III / 1.

Da stand die lange Zeit für Berlin Verschollene wieder in ihrem enganliegenden, hochgeschlossenen Samtkleid [...]. Wie damals macht sie auch heute ihre eigenen Conférencen, anfangs sichtlich betroffen von der für Berlin beschämenden Leere des kleinen Saales; die junge Generation kennt sie nicht, die ältere hat anscheinend ein schlechtes Gedächtnis und weiss nichts von Dankbarkeit. Das ist [...] ein schweres Hemmnis [...] für eine Frau, die ihren Stil geschaffen hat und ihn gegen den Zeitwandel verteidigen konnte und musste. Denn ihre Hauptwirkung dankt sie dem balladesken Kabarettstil der Jahrhundertwende, an dessen Schaffung sie tätigen Anteil hat. Etwa die Balladen von Hannes Ruch, die »Ballade bretonne« oder Kostbarkeiten aus »Des Knaben Wunderhorn« lassen ihre Meisterschaft am deutlichsten werden. In den französischen Legenden und Chansons allerdings wird die Grösse der Yvette Guilbert zum Massstab; nicht zum Vorteil der Delvard. Aber der meisterhafte Vortrag von »La poule« im Kostüm von Louis Philippe mit erstaunlichen Humoren gewürzt, beweist, dass sie auch in diesem Bereich zu Gipfelleistungen befähigt ist. Warum lassen sich die zahlreichen Kabaretts Berlins die Möglichkeit entgehen, mitten in den modernen Rahmen die Delvard zu stellen?[184]

Die knapp fünfzigjährige Delvard im Louis-Philippe-Kostüm, MSB Mon. DM_Fotos.

Der Artikel benennt deutlich Delvards Problematik: In einer Zeit, da die amerikanische Tanzmusik die meisten Bereiche der Unterhaltungsmusik dominierte, stieß die inzwischen über 50-jährige Delvard mit ihren antiquiert wirkenden, volksliedhaften Liedern nicht mehr auf großes Interesse. Ihre künstlerischen Leistungen aber wurden durchaus noch immer honoriert. Delvard wechselte nach Wien, wo sie weiterhin als Sängerin auftrat und von 1930 bis 1931 an der von Marianne Munk-Weissenberger geleiteten *Neuen Schule für Musik und Bühnenkunst* als Lehrerin u.a. für Atem-, Sprech- und Stimmtechnik wirkte.[185] Erfolglos bewarb sie sich hingegen im Jahr 1934 bei der *Staatsakademie für Musik und darstellende Kunst* in Wien um einen Lehrauftrag im Fach Phonetik. Die Hochschule bot zu dieser Zeit zusätzlich zum regulären Lehrplan eine Anzahl freier Kurse, sogenannte »Volkstümliche Kurse« an, die auch externen Interessenten offenstanden. Obwohl Delvard der beratenden Kommission »als ausgezeichnete Vortragskünstlerin bekannt« war und ihre »Lehrtätigkeit zu begrüßen wäre«,[186] wurde ihr Gesuch abgelehnt und auch in den Folgejahren

---

[184] [a.], *Marya Delvard*, in: [unbekannte Zeitung, o. D.], Institut für Zeitungsforschung Dortmund, Nachlass Benedikt Fred Dolbin, II AK 75/15, Heft 23, Blatt 9.

[185] Vgl. Delvard an Hüsgen, 8.9.1957, MSB Mon., WH B 7, und Ankündigung der Lehrtätigkeit von Marya Delvard an der *Neuen Schule für Musik und Bühnenkunst Wien*, MSB Mon., Nachl. Delvard D 3.

[186] Akt Marya Delvard, Archiv der *Universität für Musik und darstellende Kunst Wien*, Zl. 22239/1934 V. Vgl. auch Auskunft der *Universität für Musik und darstellende Kunst Wien* vom 7.10.2014.

nicht erneut diskutiert. Nicht zu ermitteln war eine von Delvard erwähnte Vereinigung mit dem Namen *L'Action Populaire des Ecrivains et Artistes de France (A. P. E. A.)*, für die sie von 1934 bis 1939 in Wien tätig war und die sich der Vermittlung französischen Kulturguts im Ausland verschrieben hatte.[187] 1935 wurde sie für ihre Bemühungen um das deutsch-französische Verhältnis vom französischen Kultusministerium in den Rang eines *Officier d'académie* des *Ordre des Palmes Académiques* erhoben und ihr damit eine der höchsten Auszeichnungen für Verdienste um das französische Bildungswesen zuteil.[188] Wie Delvard berichtet, musste sie 1939 bei Ausbruch des Zweiten Weltkriegs aus Wien fliehen und ihren gesamten Besitz zurücklassen.[189] Eine neue Heimat fand sie im westfranzösischen Poitiers, wo sie nach eigenen Angaben ein Büro für deutsch-französische Übersetzungen betrieb und als Sprachlehrerin an zwei deutsch-italienischen Instituten tätig war.[190]

Mit dem Ende des Zweiten Weltkriegs brach eine schwere Zeit für Delvard an. Von ihrem ehemaligen glamourösen Künstlerinnenleben war nun nicht mehr viel übrig und das wenige Geld, das sie durch ihre Rente und eine Kriegsentschädigung erhielt, reichte kaum für das tägliche Leben. Unter erbärmlichen Umständen lebte sie in einem baufälligen Haus in Poitiers und wurde von der ehrenamtlichen Organisation *Les Petits Frères des Pauvres* versorgt.[191] Trost fand sie zum einen bei ihren Katzen, von denen sie eigenen Angaben zufolge ganze Scharen bei sich hielt, sowie in der neoheidnischen Glaubensgemeinschaft *Collège bardique des Gaules*.[192]

Delvards triumphale Rückkehr nach München

Doch dann nahm ihr Leben noch einmal eine völlig unerwartete Wende. Im Herbst 1957 erreichte sie ein Brief von Hannes König, dem 1. Vorsitzenden des *Schutzverbandes bildender Künstler* in München, der Delvard in Poitiers ausfindig gemacht hatte und sie nun anlässlich der 800-Jahrfeier der Stadt München als Ehrengast in ihre ehemalige Heimat einlud.[193] Ihre letzte große Reise wurde der inzwischen 83-Jährigen zum Triumphzug. Als sie Mitte Juli 1958 am Münchner Hauptbahnhof ankam, erwartete sie ein Begrüßungskomitee aus *Scharfrichtern*, Journalisten und Verehrern.[194] In den folgenden Tagen wurde Delvard bei zahlreichen Veranstaltungen, die das historische Schwabing feierten, begeistert empfangen. Der Autor Walter Butry bemerkte erstaunt:

> *Ihr Haar ist weiß geworden, geblieben ist aber die Fülle und der Schwung über der Stirn. Unverkennbar die markanten Gesichtszüge, ungebrochen ihre resolute Erscheinung. Reger und intensiver kann ihr Ausdrucksvermögen in Sprache und Geste vor einem halben Jahrhundert auch nicht gewesen sein.*[195]

Mehrere Filmaufnahmen aus dieser Zeit bestätigen diese Beschreibung: Die hochbetagte Delvard wirkt noch immer lebhaft, sympathisch, sogar schelmisch. Ihre Aussagen unterstreicht sie durch ihre ausdrucksstarke Mimik. Und plötzlich hat man eine deutliche Ahnung von jener Faszination, die sie als junge Frau ausgestrahlt haben muss.[196]

Neue und alte Freunde, darunter die letzten noch lebenden Veteranen der *Scharfrichter*-Zeit, Artur Kutscher und Wilhelm Hüsgen, von Delvard noch immer scherzhaft

---

[187] Vgl. Zeugnis von Pierre Georges, MSB Mon., Nachl. Delvard D 4, und Delvard an [Charles de Gaulle, 1962], MSB Mon., MDe B 80.

[188] Vgl. Ernennungsurkunde (Fiche de nomination) Marya Delvard, Archiv des Ministère de l'Education, Paris, durch freundliche Vermittlung von Paule Gaulier, Sekretariat der *AMOPA* (*Association des Membres de l'Ordre des Palmes Académiques*) vom 21.10.2014.

[189] Vgl. Delvard an [Charles de Gaulle, 1962], MSB Mon., MDe B 80.

[190] Vgl. Delvard an Hüsgen, 8.9.1957, MSB Mon., WH B 7.

[191] Vgl. Paul Bouchet an Maurice Genevoix, 5.11.1958, MSB Mon., MDe B 6.

[192] Vgl. Delvard an Hüsgen, 8.9.1957, und Bouchet an Genevoix, 5.11.1958, MSB Mon., WH B 7 und MDe B 6.

---

[193] Vgl. Delvard an Hüsgen, 25.9.1957, MSB Mon., WH B 7.

[194] Vgl. [palma], *Delvard*, in: Abendzeitung München, 16.7.1958, BR Zeitungsarchiv, Bestand Marya Delvard.

[195] Walter Butry, *Das »gehemmte Kind«. Ihr Leben war ein Abenteuer. Marya Delvard wird 85*, in: 8 Uhr–Blatt, 10.9.1959, BR Zeitungsarchiv, Bestand Marya Delvard.

[196] Vgl. *Interview mit Marya Delvard*, und *Altersheim für geistig Schaffende*, zwei Filmaufnahmen des BR vom 8.8.1958 und 25.10.1959, BR Filmarchiv, 3098 und 4247.

»Bubi-Hüsgen«[197] genannt, waren ergriffen, als die greise Diva ans Klavier trat und ihre Lieder sang. In der von Hannes König kuratierten Ausstellung *Schwabing. Legende und Dokumente* im Münchner Kunstverein waren neben der nachgebauten *Scharfrichter*-Bühne (siehe S. 350) auch zahlreiche Exponate und Fotos aus dem Besitz von Delvard zu bewundern.[198] Als legendäre Repräsentantin des Mythos »Schwabing um 1900« wurde die vergessene Diva endlich mit jener Aufmerksamkeit bedacht, von der sie so lange geträumt hatte. Angesichts der großen Resonanz, die Delvard in München fand, ist ihr Wunsch, ihren Lebensabend in München zu verbringen, kaum verwunderlich. Und tatsächlich konnte sie etwa ein halbes Jahr nach ihrer Ankunft, nachdem sie einige Zeit in einem Genesungsheim in Oberölkofen und im Münchner *Mathildenpensionat* verbracht hatte, ein Zimmer im *Haus am Wiesenweg*, einem Altersheim für Freiberufler und Künstler in Pullach beziehen. Der Stadtrat Hans K. E. L. Keller, ein glühender Verehrer Delvards, hatte seine Beziehungen spielen lassen und Delvard den Platz verschafft.[199] Delvard kehrte nicht mehr nach Poitiers zurück und ließ ihre dortige Wohnung von Freunden auflösen.[200]

Das Interesse an Delvard riss nun nicht mehr ab. 1959 wurde sie Ehrenmitglied in der von Keller gegründeten *Bayerisch-Französischen Gesellschaft* und nahm, gemeinsam mit den beiden *Scharfrichter*-Witwen Tilly Wedekind und Änne Weinhöppel, an der Einweihung des Wedekindplatzes in Schwabing teil.[201] Klaus Budzinski und Heinz Greul, die ersten Chronisten des deutschen Kabaretts, nahmen Kontakt zu ihr auf und ließen sich von Delvard ihre abenteuerliche Lebensgeschichte erzählen. In Budzinskis Buch *Die Muse mit der scharfen Zunge*, das 1961 als erste deutschsprachige Kabarettgeschichte erschien, sind die Spuren von Delvards

Die beiden letzten noch lebenden Mitglieder der Ur-Scharfrichter Wilhelm Hüsgen und Marya Delvard 1958 in München, Foto: Felicitas Timpe, MSB Mon. P_11027.

nachweislich nicht immer ganz richtigen Darstellungen deutlich zu erkennen. Der Hörfunk und das Fernsehen brachten verschiedene Beiträge über die greise Diva[202] und sogar Bundespräsident Theodor Heuss, der als junger Mann häufig zu Gast bei den *Scharfrichtern* gewesen war und sie glühend bewundert hatte, korrespondierte mit Delvard.[203] Am 11. September 1964 veranstaltete die *Bayerisch-Französische Gesellschaft* eine Feier zu Ehren von Delvards 90. Geburtstag im *Grotianum* bei Erding und druckte eine Festschrift, in

---

[197] Delvard an Hüsgen, 8.9.1957, MSB Mon., WH B 7.

[198] Vgl. Kunstverein München (Hg.), *Schwabing. Legende und Dokumente*, München [1958], S. 19–22.

[199] Vgl. Delvard an Hüsgen, 29.8. und 18.12.1958, Delvard an Konrad Adenauer, [o. D.], und Keller an Delvard, 3.8.1958, MSB Mon., WH B 7, MDe B 67 und MDe B 34.

[200] Vgl. Unbekannt an Delvard, MSB Mon., MDe B 81.

[201] Vgl. Keller, [Vorwort], S. 10, und Tilly Wedekind an Delvard, [o. D.], MSB Mon., MDe B 61.

[202] Vgl. Filmaufnahmen des BR, BR Filmarchiv: *Schwabinger Ausstellung*, Filmaufnahme vom 14.7.1958, (ohne Ton), 3029; *80. Geburtstag Prof. Kutscher*, Filmaufnahme vom 17.7.1958, (ohne Ton), 3052; *Interview mit Maria* [sic] *Delvard*, Filmaufnahme vom 21.7.1958, (ohne Ton), 3048; *Interview Marya Delvard*, Filmaufnahme vom 8.8.1958, (ohne Ton), 3098; *Altersheim für geistig Schaffende*, Filmaufnahme vom 25.10.1959, 4247; *Heinrich Lautensack*, Filmaufnahme vom 26.11.1963, 40045; *Interview mit Marya Delvard*, Filmaufnahme vom 9.9.1964, 1005693.

[203] Vgl. Theodor Heuss an Delvard, MSB Mon., MDe B 25.

der Marya Delvard auf ihre Jugendzeit in München zurückblickt.²⁰⁴ Was mit Delvards weiteren Memoiren, deren Niederschrift sie mithilfe der Schriftstellerin Jo Weigert 1963 begonnen hatte, geschah, ist nicht bekannt.²⁰⁵ Kurz nach ihrem 91. Geburtstag verstarb Marya Delvard am 25. September 1965²⁰⁶ und wurde auf dem Münchner Nordfriedhof beigesetzt. Bis zu ihrem letzten Atemzug hatte die Diva »wenn nicht immer Gefallen, so doch stets Bewunderung zu erregen vermocht«,²⁰⁷ so Klaus Budzinski in seinem Nachruf.

Marya Delvard hat als wichtigste Sängerin der *Elf Scharfrichter* das Gesicht von Münchens erstem Kabarett entscheidend geprägt und war zweifellos eine charismatische Künstlerpersönlichkeit. Obwohl sich ihre Behauptung, als Sängerin Weltruhm erlangt zu haben, nicht bestätigen lässt, schuf sie doch einen Mythos um ihre Person, der bis heute fortwirkt. Hiervon zeugen etwa die nach ihr benannte Schrift des kroatischen Designbüros *Typonine*²⁰⁸ oder die Referenz auf Delvard in dem 2005 erschienenen Thriller *Swastika* des kanadischen Kriminalautors Michael Slade. Nach dem berühmten Vorbild hat Slade seine Figur der »Valkyrian Dominatrix«, einer Dragqueen, die in einem angesagten Club in Vancouver mit Liedern wie »The Lavender Song«, »I am a Vamp!« und »Streets of Berlin« auftritt, Marya Delvard genannt.²⁰⁹

5.2.3 Frank Wedekind²¹⁰

Als zu Beginn des 20. Jahrhunderts das Kabarett in Deutschland seinen Einzug hielt, war besonders ein Name bald in aller Munde: Frank Wedekind. Eine derartige Erscheinung hatte man bis dato auf den deutschen Theaterbühnen noch nicht gesehen: Im schwarzen Straßenanzug stand er da mit seiner Gitarre und sang frech und ohne sich viel um die Reaktionen seiner Zuhörer zu kümmern von den Missständen in Politik und Gesellschaft. Als »erster ›Liedermacher‹ des deutschen Kabaretts«²¹¹ sollte Wedekind mit seinen provokativen, satirischen Inhalten stilbildend für die weitere Entwicklung der jungen Theatergattung werden. Die *Elf Scharfrichter* lieferten ihm das Podium und Wedekind wurde zum Mitbegründer ihres Ruhms. Als wichtiges – und lukratives – Experimentierfeld bot das Schwabinger Theater ihm die Möglichkeit, die Wirkung seiner Texte, aber auch seiner Person auf der Bühne zu erproben. Und trotzdem war Wedekinds Verhältnis zum Kabarett nie ungetrübt.

Kennengelernt hatte Wedekind die Cabarets in Paris, wo er von 1891 bis 1895 mit Unterbrechungen lebte und dank einer stattlichen Erbschaft das Dasein eines Bohemiens

---

²⁰⁴ Vgl. Einladung zur Feier im *Grotianum*, MSB Mon., JW B 27.

²⁰⁵ Vgl. u. a. Weigert an Delvard, 20.1.1962, MSB Mon., MDe B 62.

²⁰⁶ *Delvard, Marya*, in: Budzinski, Hippen (Hg.), *Metzler Kabarett Lexikon*, S. 70.

²⁰⁷ Klaus Budzinski, *Zum Tode von Marya Delvard*, in: *Abendzeitung München*, 29.9.1965, BR Zeitungsarchiv, Bestand Marya Delvard.

²⁰⁸ Vgl. http://typonine.com [10.10.2014].

²⁰⁹ Michael Slade, *Swastika*, New York 2005, S. 68.

---

²¹⁰ Dieses Kapitel ist eine gekürzte und bearbeitete Fassung meines Aufsatzes »Teufelskerl mit Bänderlaute«. *Der Kabarettist Frank Wedekind und »Die Elf Scharfrichter«*, in: Manfred Mittermayer, Silvia Bengesser (Hg.), *Wedekinds Welt. Theater – Eros – Provokation*, Leipzig 2014, S. 54–62. Der Abdruck erfolgt mit freundlicher Genehmigung des *Deutschen Theatermuseums* München sowie des *Henschel Verlags*.
Über Wedekind bei den *Scharfrichtern*, als Kabarettist und als Liedermacher ist viel geschrieben worden, vgl. u. a.: Walter Rösler, *Frank Wedekind als Brettlsänger*, in: *Beiträge zur Musikwissenschaft* 4 (1974), S. 297–317; Edward P. Harris, *Freedom and degradation. Frank Wedekind's Career as Kabarettist*, in: Gerald Chapple, Hans H. Schulte (Hg.), *The Turn of the Century. German Literature and Art, 1890–1915*, Bonn 1983, S. 493–506; Friederike Becker, *Einführung*, in: Frank Wedekind, *Lautenlieder*, hg. u. kommentiert v. Friederike Becker, München 1989, S. 5–44; Mary M. Paddock, *So ist das Leben: Frank Wedekind's Scharfrichter Diary*, in: *Monatshefte für deutschsprachige Literatur und Kultur* 91 (1999), S. 342–358. An vielen Stellen problematisch und sogar fehlerhaft ist dagegen Forcht, *Wedekind*. Dem Autor ist außerdem vorzuwerfen, dass er die von ihm verwendete Literatur unzureichend ausweist. Zu Wedekind und das Kabarett, Aussagen zu Wedekind als Kabarettsänger und für weiterführende Literatur zu diesem Thema siehe außerdem Wedekind, KSA 1/III: *Lieder, Liedfragmente und -entwürfe (Teil 1)*, hg. v. Friederike Becker, Darmstadt 2007, und 1/IV sowie KSA 3/I: *Les Puces* [u. a.], hg. v. Hartmut Vinçon, Darmstadt 1996, S. 57–90, 617–650, und 3/II.

²¹¹ *Wedekind, Frank*, in: Budzinski, Hippen (Hg.), *Metzler Kabarett Lexikon*, S. [423].

pflegte. Zu seinen Lieblingsbeschäftigungen zählte dabei der Besuch der berühmten Variétés, aber auch der Cabarets. Nach seiner Rückkehr aus Paris 1895 bemühte sich Wedekind um die Realisierung einer deutschen Kabarettgründung. Die Planungsgespräche mit Otto Julius Bierbaum in Berlin blieben jedoch ergebnislos.[212] Vier Jahre später, im Winter 1899, traten die Schriftsteller Ernst von Wolzogen und Otto Erich Hartleben an ihn heran, um ihn für ihr geplantes Berliner Kabarett zu gewinnen, doch diesmal lehnte Wedekind ab.[213] Er war überzeugt, dass der in seinen Augen vollkommen humorlose Wolzogen als Kabarettleiter ungeeignet sei, und fürchtete außerdem, unter seiner Führung nur mehr als Autor, nicht aber als Interpret seiner Texte und Lieder in Erscheinung treten zu dürfen.[214] Außerdem hegte er große Zweifel an Wolzogens Standortwahl, da die strenge preußische Hauptstadt kaum den passenden Rahmen für die freche und provokative Kunstform bot. Im Dezember 1900 schrieb er warnend an Wolzogen:

Das Wagnis, mit dem Unternehmen in Berlin zu beginnen, scheint mir schon gerade verzweifelt genug, ungefähr so wie wenn jemand auf einem Hindernisrennen ohne Anlauf mit geschlossenen Füßen gleich den allerbreitesten Graben zu nehmen sucht. Was der wahrscheinlichste Ausgang ist, liegt auf der Hand. [...] Wenn durchaus gesprungen sein muß und es ist nicht anders, dann – in Gottes Namen. Von Ihrem Standpunkt aus begreife ich aber offen gesagt nicht, warum Sie den Kelch nicht lieber an sich vorüber gehen lassen.[215]

Wedekinds düstere Prophezeiung sollte sich erfüllen: Zwar eröffnete Wolzogen im Januar 1901 Deutschlands erstes Kabarett *Buntes Theater (Überbrettl)*, doch war der Erfolg des Unternehmens nur von kurzer Dauer. Den Sprung auf die Kabarettbühne wagte Wedekind schließlich in München bei den *Elf Scharfrichtern*.

---

[212] Vgl. Wedekind, KSA 1/IV, S. 1223.

[213] Vgl. Wedekind an Beate Heine, 28.12.1899. In: Wedekind, *Briefe 2*, S. 35f.

[214] Vgl. Wedekind an Beate Heine, 20.3.1900, und an Martin Zickel, 27.4.1901, ebd., S. 45 und 67.

[215] Wedekind, KSA 1/IV, S. 1223.

Frank Wedekind, der Star der Elf Scharfrichter, ca. 1906.

Frank Wedekind bei den *Elf Scharfrichtern*

Bereits bei der Premiere der *Scharfrichter* am 13. April 1901 war Wedekind indirekt durch sein Lied *Ilse* vertreten, das von Marya Delvard gesungen wurde und maßgeblich zum Erfolg des Eröffnungsabends beitrug. Den starken Eindruck von Delvards Auftritt beschreibt der Rezensent der *Münchner Neuesten Nachrichten*:

Wenn man dezent vorzutragen weiß, kann man auch Gewagtes geben, selbst als Dame. Das bewies der Vortrag des Wedekind'schen »Ich war ein Kind von fünfzehn Jahren«. Niemals ist mir die große Formvollendung der Wedekindschen Reime so sehr zum Bewußtsein gekommen, wie gestern, wo bei passender Musik, diskreter Begleitung und verständnisvollem Vortrag seine Worte uns an's Herz klangen.[216]

Nach wenigen Abenden war das Lied ein regelrechter Schlager und damit seinerseits zur idealen Parodievorlage geworden: In einer Vorstellung im Mai 1901 sang ein namentlich nicht bekannter Sänger die *Ilse* mit dem neuen Text: »Ich war ein Bub von 15 Jahren, ein braver Bub und aufgeweckt, als ich zum allererstenmale probiert, wie eine Pfeife schmeckt.«[217]

Noch während der ersten Wochen stieß Wedekind auch als Sänger zum Ensemble der *Scharfrichter*. Angesichts seines späteren Ruhms ist es kurios, dass der anwesende Polizeispitzel in den Zensurakten zu Wedekinds Auftritt notierte: »Sänger unbekannt«.[218] Das sollte sich bald ändern. Seine Texte, seine Musik, sein Aussehen und seine Vortragsweise machten einen tiefen Eindruck auf die Zuhörer, so auch auf Heinrich Mann, der schrieb:

Damals war sein Auftreten niegesehen, von nahezu schauriger Niegesehenheit. Die bebänderte Laute in schwerfälligen Händen, trat vor die schöne Welt jenes ästhetisierenden Zeitabschnittes eine mit allen Wassern gewaschene Erscheinung, von Gott weiß wo herbeigefahren in dieses bäurische Lokal. Kleine Schritte, ›ich komme, ihr entgeht mir nicht‹. Untersetzt, ein scharfgeschnittener Kopf mit Cäsarenprofil, die Stirn unheilverheißend gesenkt und von geschorenen Haaren ausgezackt. Augen aber, die anzüglich aufzuckten, unbekannt warum. […] Klimpern, wie gereizt, dann der Vortrag. Nasal, scharf, schallend, – in vielsagenden Pausen aber wand und krümmte sich der Sänger unter den eigenen Hintergedanken. Er ertrug nur schwer sich selbst und fast nicht mehr sein Publikum. […] Wer fasste den Sinn seiner Lieder, seiner Augen? Man lächelte.[219]

Ähnlich begeistert äußerten sich viele berühmte Zeitgenossen, die Wedekind auf der Bühne erlebten, darunter Karl Kraus, Karl Wolfskehl oder Hans Brandenburg, der schreibt: »Hier war, zwerchfell- und seelenerschütternd, schaurig und skurril, die uralte Erscheinung des Bänkelsängers wieder auferstanden in einer höchsten, einmaligen und letzten Gestalt.«[220] Die Tagespresse feierte Wedekind als »Teufelskerl […] mit seiner Bänderlaute«, dem seine Lieder »unter Stampfen und Schreien abgenöthigt wurden,«[221] reagierte aber mitunter auch irritiert und verstört auf den so ungewohnt scharfen Ton der Vorträge:

Frank Wedekind […] sollte sich aber selbst durch den Beifall, den ihm Zuhörer – und Zuhörerinnen in vorgerückter Stunde und in animirtester, skrupellosester Stimmung gezollt haben, nicht verleiten lassen, sich über alle Grenzen des Geschmacks, den doch ein Künstler wie er haben muß, hinwegzusetzen.[222]

---

[216] Röllinghoff, *Bei den »elf Scharfrichtern«*, in: *MNN*, Nr. 174, 14.4.1901, S. 1.

[217] Vorstellungsbericht vom 12.5.1901, StAM, Pol. Dir. 2057/1.

[218] Ebd.

[219] Heinrich Mann, *Erinnerungen an Frank Wedekind*, in: Ders., *Ausgewählte Werke in Einzelausgaben*, hg. v. Alfred Kantorowicz, Bd. 11: *Essays I*, Berlin 1954, S. 399f.

[220] Brandenburg, *München leuchtete*, S. 221.

[221] [v.], [Die elf Scharfrichter], in: *MP*, Nr. 61, 14.3.1902, S. 3.

[222] [p.], *Die Elf Scharfrichter*, in: *MNN*, Nr. 123, 14.3.1902, S. 4.

Und Hedwig Pringsheim notierte in ihrem Tagebuch über eine Vorstellung im September 1902: »[A]bends mit Heinz zu den 11 Scharfrichtern, mit einem ganz unterhaltenden Programm, in dem leider Frank Wedekind durch platte Gemeinheit recht abfiel.«²²³ Wedekind wurde zum gefürchteten, gefeierten und umschwärmten Star der *Scharfrichter*. Am 14. April 1902 notierte Franziska zu Reventlow in ihrem Tagebuch: »Ich abends mit Rodi [Roderich Huch, J.K.] zu den Scharfrichtern, wo wir unserer gemeinsamen Verliebtheit für Wedekind frönen.«²²⁴

Trotz seines großen Erfolgs wahrte Wedekind den *Scharfrichtern* gegenüber jedoch immer eine gewisse Distanz, war »den eigentlichen Scharfrichtern – man könnte sagen: älterer Freund – doch nicht recht Kamerad.«²²⁵ So verzichtete er, als er im Sommer 1901 einen freigewordenen *Scharfrichter*-Posten übernahm, darauf, sich wie die übrigen zehn ein *Scharfrichter*-Pseudonym zuzulegen. »Ein Autor, der nicht nur Stücke schrieb, die von der Zensur verboten waren, sondern der sogar wegen Majestätsbeleidigung in Haft gewesen war, mußte für damalige Begriffe verrucht genug erscheinen, um sich ohne Pseudonym als Scharfrichter geben zu können«,²²⁶ so seine spätere Frau Tilly Wedekind in ihren Memoiren. Wedekinds Vorbehalte gegenüber dem Kabarett gründeten in erster Linie auf der Befürchtung, seine schriftstellerischen Leistungen könnten durch seine Popularität als Brettlsänger in Vergessenheit geraten. Denn sein eigentliches Interesse galt seinen dramatischen Schriften, »denen ich ebenso mit Leib und Seele verfallen bin, wie ich den Cultus des Ueberbrettels gerne und vielleicht immer als wohlthuenden Nebenberuf pflegen und hegen werde. Sollte ich aber durch den Gang der Ereignisse auf letzteres Gebiet gebannt werden, ohne auf dem ersteren vorwärts zu kommen, dann werde ich ganz zweifelsohne [...] ein sehr unglücklicher Mensch werden.«²²⁷

Wedekinds *Scharfrichter*-Lieder und -Szenen

Seine größten Triumphe feierte Wedekind bei den *Scharfrichtern* als Sänger selbstgedichteter und -komponierter Lieder. »Ich habe zu mehr als einem Dutzend meiner Gedichte aus der ›Fürstin Russalka‹ passende Melodien hergestellt, die den wirkungsvollen Vortrag dieser Gedichte erst ermöglichen. Augenblicklich trage ich die Sachen Abend für Abend bei den Scharfrichtern vor (zur Guitarre)«,²²⁸ heißt es in einem Brief Wedekinds Ende April 1901.

Bereits in Paris hatte er damit begonnen, seine Gedichte für Singstimme und Gitarre in Musik zu setzen, nun folgten für die Auftritte bei den *Scharfrichtern* viele weitere Kompositionen. Formal orientierte sich Wedekind dabei an Mustern aus dem Bereich der Unterhaltungsmusik wie dem Volkslied, dem Bänkelsang, dem Gassenhauer oder unterschiedlichen Tänzen. Inhaltlich reicht die Palette »vom ironisch ›verfremdeten‹ Volksliedton bis zur politischen Satire, von Liedern, die die bittere Weltsicht des Dichters aussprechen, bis zu den Bekenntnissen zu einer neuen Sexualmoral.«²²⁹ Seine Erzählhaltung ist deutlich distanziert, manchmal geradezu aggressiv, pointiert beobachtend und oft sehr ironisch. Der Musikwissenschaftler Walter Rösler urteilt:

> *Es ist sicher nicht zuviel behauptet, wenn wir in den Brettlgesängen Wedekinds den Beginn einer Traditionslinie sehen, die über Brecht und Weill bis zu Eisler und Dessau führt. Mit den oft unvollkommenen Mitteln des musikalischen Dilettanten hat Wedekind als erster im deutschen Chanson eine neue, dialektische Beziehung zwischen Text und Musik hergestellt, ein Verhältnis, in dem die Musik nicht nur das Wort unterstreicht, sondern es vielfach kritisch-distanzierend kommentiert und ausdeutet.*²³⁰

Welche Bedeutung Wedekind sich selbst und seinen Liedern für die *Scharfrichter* zumaß, geht aus einem Brief an seine Mutter vom April 1901 hervor: »Mein Freund Hans Richart [Weinhöppel, J.K.] [...] und meine Wenigkeit, sind, was die

---

²²³ Pringsheim, Tagebucheintrag vom 29.9.1902, in: Dies., *Tagebücher 3*, S. 438.

²²⁴ Franziska Gräfin zu Reventlow, *Tagebücher. 1895–1910*, hg. v. Else Reventlow, München 1971, S. 229.

²²⁵ Sling, *Scharfrichter*, S. 118.

²²⁶ Tilly Wedekind, *Lulu. Die Rolle meines Lebens*, München [u. a.] 1969, S. 61.

²²⁷ Wedekind an Zickel, 6.8.1901, in: Wedekind, *Briefe 2*, S. 76f.

---

²²⁸ Wedekind an Zickel, 27.4.1901, in: ebd., S. 67.

²²⁹ Rösler, *Wedekind als Brettlsänger*, S. 300.

²³⁰ Ebd., S. 315.

Musik betrifft, die beiden Stützen des Unternehmens.«[231] Neben seinen eigenen Kompositionen sang Wedekind mit ebenso großem Erfolg auch bekannte Balladen und Moritaten aus dem Volksliedgut:

Frank Wedekind brachte, mit der Guitarre gerüstet, neue Schelmenweisen und wohlkonservirte Biedermaierlieder. Aus des seligen Thümmel Zeiten sang er zum Jubel der Geladenen das »Heinrich schlief bei seiner Neuvermählten« […], bis die Mordgeschichte vom Bürgermeister Tschech, in Bänkelsängermanier mit toller Parodistik vorgetragen, ein nicht endendes Lachen auslöste.[232]

Wedekinds äußerlich stark reduzierte Vortragsart, die gänzlich auf Kulissenzauber oder Kostümierung verzichtete, unterschied sich deutlich von den Auftritten der übrigen Sängerinnen und Sänger, die häufig in historischen Gewändern erschienen und sich ihre Lieder durch Requisiten und Bühnenbilder ausschmücken ließen. Wedekind dagegen genügte die Wirkung seiner Worte und seiner diabolischen Erscheinung.

Die Bühne der *Scharfrichter* bot ihm aber auch die Gelegenheit, sich dem Publikum als Autor dramatischer Szenen sowie als Schauspieler zu präsentieren.[233] »Stürmischen Beifall«[234] erregte er etwa als Zirkusdompteur im *Prolog* aus dem *Erdgeist*, einem Vorläufer seiner berühmten *Lulu*-Dramen, wie Karl Wolfskehl berichtet:

[A]ls der Vorhang aufging und der »Zirkusdirektor« heraustrat im Reitkostüm, verlegen und überlegen zugleich, die berühmte rote Rechte, chevaleresque und souverain zugleich ins Publikum bog mit peinlicher Exaktheit, dabei voller Ironie und düsterer Laune den »Erdgeist-Prolog« sprach, da wußten es alle: Dieser ist der Größte und Echteste, ein wirklicher Scharfrichter, ein wirklicher Tierbändiger, ein wirklicher Menschenzwinger, Henker und Delinquent in einem […].[235]

Einzigartig im Repertoire der *Scharfrichter* war die Pantomime *Die Kaiserin von Neufundland*, »das Kunterbunteste, was Wedekind je geschaffen.«[236] Die Realisation des Stücks auf der Schwabinger Bühne erforderte eine umfangreiche Beschneidung der personenstarken und aufwendigen Pantomime, doch konnte Wedekind zufrieden resümieren: »Der Eindruck war […] ein vollendet künstlerischer, da die beiden Hauptrollen so gut besetzt waren, wie ich es mir von keiner großen Bühne besser wünschen könnte.«[237] Doch sein Verhältnis zu den *Scharfrichtern* blieb angespannt. Im März 1903 beklagte er sein »allabendliches Auftreten als Bänkelsänger, eine Rolle, die mir entsetzlich ist«,[238] und verließ kurz darauf nach einem Zerwürfnis mit der Theaterleitung das Ensemble, kehrte allerdings in der letzten Saison noch gelegentlich auf die Bühne in der Türkenstraße zurück.

Wedekinds lebenslange Vorbehalte gegen die Theaterform Kabarett stehen in eigenartigem Gegensatz zu seinem immensen Erfolg als Brettl-Künstler – in erster Linie bei den *Scharfrichtern*, aber auch später auf anderen Kleinkunstbühnen. Das Kabarett sollte zur »Geburtsstätte des Wedekindschen Ruhmes«[239] werden, ehe er 1906 mit *Frühlings Erwachen* endlich auch den lang ersehnten Durchbruch als Dramatiker feiern konnte. Unter all den bunten Gestalten, die sich zu Beginn des 20. Jahrhunderts auf Deutschlands Kabarettbühnen tummelten, war Wedekind ein Kabarettist im modernen Sinne, der allein durch seine Bühnenpräsenz und die Schärfe seiner Vorträge das Publikum erschütterte und erfreute.

---

[231] Wedekind an seine Mutter, 25.4.1901, in: Wedekind, KSA 1/IV, S. 1224.

[232] [J.F.W.], *Das neue Scharfrichterprogramm*, in: *MZ*, Nr. 270, 12.11.1902, S. 3.

[233] Aufgeführt wurden bei den *Elf Scharfrichtern* Wedekinds dramatische Szenen *Rabbi Esra* (November 1901), *Prolog* aus dem *Erdgeist* (November 1901), *Frühlingsstürme*, eine Bearbeitung des ersten Akts des *Erdgeists* (Oktober 1902) sowie die Pantomime *Die Kaiserin von Neufundland* (März 1902). Die beiden Szenen *Hans und Hanne* (geplant im November 1903) und *Lulu* (geplant Anfang 1904) wurden von der Zensurbehörde verboten und daher nie in der Türkenstraße gezeigt.

[234] [lt.], [Die elf Scharfrichter], in: *AZ*, Nr. 314, MiB, 12.11.1901, S. 1.

[235] Karl Wolfskehl, *Die Elf Scharfrichter*, in: *Süddeutscher Rundfunk* 3 (1927), S. 4.

[236] [p.], *Die Elf Scharfrichter*, in: *MNN*, Nr. 123, 14.3.1902, S. 4.

[237] Wedekind an Heine, 5.8.1902, in: Wedekind, *Briefe 2*, S. 92.

[238] Wedekind an Heine, 10.3.1903, in: ebd., S. 88.

[239] Julius Hart, *Wedekind*, in: *Zeit im Bild* 10 (1912), H. 52, S. 1652f., zitiert nach: Wedekind, KSA 1/IV, S. 1252.

5.2.4 Robert Kothe

Kein anderer Sänger der *Scharfrichter* hat wohl so viel uneingeschränktes Lob erfahren wie Robert Kothe alias Frigidius Strang. Seine Erfolge auf dem Schwabinger Brettl als Schauspieler und Sänger in zahlreichen musikalischen Ensembleszenen, vor allem aber als Gesangssolist, der sich selbst mit der Laute begleitete, ermutigten ihn, seinen ursprünglichen Beruf als Rechtsanwalt aufzugeben und sich ganz dem Liedgesang zuzuwenden. So wurde Kothe zum »berühmtesten Lautensänger der deutschen Konzertsäle«.[240]

Musikalische Erziehung

Robert Kothe wurde am 6. Februar 1869 als Sohn eines Gasfabrikbesitzers in Straubing geboren.[241] Schon früh erlernte er das Geigenspiel, wirkte im häuslichen Streichquartett mit und nahm bei seiner Tante, einer begabten Sängerin, Gesangsunterricht. »Alles Wesentliche danke ich ihren Anregungen: Tonansatz, Atmung, Betonung, Deklamation, Phrasierung, Kultur der Vor- und Endsilben, Vokalisation«,[242] so Kothe in seinen Memoiren. In seiner Jugend machte er zudem erste Versuche als Lyriker und gab 1894 auf eigene Kosten einen Gedichtband heraus, der von Michael Georg Conrad und Christian Morgenstern ermunternde Kritiken erhielt.[243] Zum Studium kam Kothe nach München, wo er Rechtswissenschaften belegte und sich begeistert in das Kulturleben der Stadt stürzte. Auch seine musikalischen Studien setzte er fort und nahm bei dem Kammermusiker Fernbacher Geigenunterricht. Gesangsunterricht erhielt er zunächst von Max Zenger, der als Professor für Chorgesang an der *Königlichen Akademie der Tonkunst* wirkte, und trat dann in die *Gesangsschule Hermann* ein, wo er die Tenorpartien großer Werke wie der *Schöpfung* und der *Jahreszeiten* von Joseph Haydn, den Georg aus Albert Lortzings *Waffenschmied* und den David der Wagnerschen *Meistersinger* studierte. Kothe wurde Mitglied des *Akademischen Gesangsvereins* und sammelte erste Bühnenerfahrungen im Opernchor des *Hoftheaters*, aber auch bei seinen Auftritten mit humoristischen Gesangseinlagen in geselliger Kneipenatmosphäre. Auch das deutsche Volkslied weckte sein Interesse: »Da kaufte ich mir eine Gitarre, da ich sie als Begleitinstrument für Volkslieder geeignet hielt, und übte lange Zeit für mich allein […], ohne weitere Ziele zu haben, als alte Volkslieder zu sammeln und einmal zu singen.«[244] Denn noch hegte er keinen Zweifel an seinem weiteren beruflichen Werdegang als Jurist und so trat er zunächst in eine Münchner Anwaltskanzlei ein, eher er kurz darauf seine eigene Kanzlei in der Neuhauser Straße eröffnete.

Robert Kothe um 1900.

Robert Kothe bei den *Elf Scharfrichtern*

1901 war Kothe als *Scharfrichter* Frigidius Strang an der Gründung von Münchens erstem Kabarett beteiligt, für das er zunächst den Posten des Schatzmeisters sowie die juristische Beratung übernahm.[245] Bald schon aber zeigte sich seine eigentliche Begabung als Sänger. Besonders erfolgreich trat er als schelmischer oder melancholisch-grotesker Pierrot mit Liedern wie *Laridah, In der Nacht* oder *Laternenlied* auf, bei denen er sich gelegentlich auch selbst auf der Geige begleitete: »Scharfrichter Strang bewährte sich gleich gut als Sänger wie als Geigenspieler. Die Pierrotlieder wurden von ihm mit Grazie und Diskretion vorgetragen.«[246] Meist aber spielte Kothe zu seinen Sololiedern die Laute und so hat ihn sein Kollege Wilhelm Hüsgen in einer Statuette, die im Theater der *Scharfrichter* aufgestellt war, auch verewigt (siehe S. 161). Die Lauten, die von Kothe, Weinhöppel und Wedekind auf der *Scharfrichter*-Bühne gespielt wurden,

---

[240] Petzet, Falckenberg, *Leben*, S. 111.

[241] Alle Angaben zu Kothes Biographie entstammen, soweit nicht anders angegeben: Kothe, *Saitenspiel*.

[242] Ebd., S. 31.

[243] Robert Kothe, *Gedichte*, Dresden und Leipzig 1894. Ein Widmungsexemplar Kothes an Michael Georg Conrad befindet sich in MSB Gasteig, Sign. 8038459000.

[244] Kothe, *Saitenspiel*, S. 70.

[245] Vgl. Vereinsverzeichnis der *Elf Scharfrichter*, StAM, Pol. Dir. 2057/2, und Rath, *Münchener Künstlerbrettl*, S. 368.

[246] [ff.], [Die Elf Scharfrichter], in: *MNN*, Nr. 264, 9.6.1901, S. 4.

waren allerdings keine Lauten im eigentlichen Sinn, sondern lediglich Gitarren in Lautenform. Die Entstehung dieses Zwitterwesens resultierte aus dem um 1900 erwachenden Interesse an Alter Musik und alten Instrumenten. Aufgrund ihres großen Klangs eignete sich die Laute als Vortragsinstrument, ihre doppelchörige Konstruktion erschwerte jedoch das Spielen. Als Lösung für dieses Problem wurde der Korpus der Laute beibehalten, ansonsten aber die einchörige Gitarrenstimmung übernommen. Noch bis in die 1920er Jahre fanden solche Instrumente unter der Bezeichnung Laute weite Verbreitung.[247]

Mit knapp fünfzig Sololiedern, die Kothe während des dreijährigen Bestehens der *Scharfrichter* in der Türkenstraße vortrug, zählte er zu den wichtigsten Sängern des Ensembles. Inhaltlich umfasste sein Spektrum neben den erwähnten Pierrot-Liedern romantische, scherzhafte und erotische Liebeslieder wie *Christel*, *Kauft den Amor* und *Kurz ist der Frühling*, Schelmen- und Narrenlieder wie *Die Glücksritter* oder *Notturno*, Lieder aus *Des Knaben Wunderhorn*, alte Volkslieder wie *Der Tod von Basel* oder *Von einer Vogelhochzeit*, märchenhafte Balladen wie *König Regnar Lodbrog* oder *Der Page von Hochburgund*, die mittelalterlichen Gesänge *Elegie* und *Das Halmorakel*, aber auch moderne Stücke wie das Boheme-Lied *Das Dachstübchen* oder *Der Handkuss*. Auch als Textdichter und Komponist trat Kothe gelegentlich in Erscheinung und erntete stets Anerkennung. So berichtet Wilhelm Mauke über das von Kothe verfasste und komponierte *Trali, Trala*: »›Trali, trala‹, ein zärtlicher Sang, von dem Knaben, den zwei Mädchen am Zügel halten, trifft den naivschäferlich-romantischen Ton, der Bierbaum's eigenste Note ist, recht glücklich und gefiel, unterstützt durch eine in die Ohren gehende Melodie, sehr.«[248] Erfolgreich wirkte er außerdem in verschiedenen musikalischen Ensembleszenen mit, von denen besonders die beiden Terzette *Lebensläufe* und *Hochzeitsmusikanten* das Publikum begeisterten:

Den Höhepunkt des Abends bildeten wohl zwei Terzette von Hannes Ruch, Die Hochzeitsmusikanten [...] und Lebensläufe [...], von denen das letzte zum melodiösesten und musikalisch wertvollsten gehört, was der in allen Sätteln gerechte Komponist geschaffen hat. Die Herren Frigidius Strang, Hans Dorbe und Leonhardt Bulmans taten aber auch das möglichste, durch charakteristischen Vortrag den tiefen Humor dieser Kompositionen auszuschöpfen. Und das Publikum beruhigte sich nicht, bis sie das letzte da capo sangen.[249]

Darüber hinaus gefiel Kothe auch als Schauspieler, etwa in *Die Vereinsprobe*, »in der besonders Frigidius Strang eine gelungene Charge stellte«,[250] oder in Gumppenbergs »Mystodrama« *Der Veterinärarzt*:

Ich hatte die Rolle des »schwarzen Sepp«, einer stummen Person, die ich zu großer Wirkung brachte, obwohl ich, wie der Autor, keine Ahnung hatte, worum es sich handelte; ich war schwarz, auch an Gesicht und Händen, und schlich hinter den anderen wie ein schlechtes Gewissen her, das sich bald dem, bald der anhängte und sie ängstigte.[251]

Doch Kothes Engagement auf der Schwabinger Brettlbühne bescherte ihm nicht nur große Erfolge, es brachte auch seinen Beruf als Rechtsanwalt ernstlich in Gefahr. Obwohl nach Kothes Darstellung die meisten seiner juristischen Kollegen nichts gegen seine Beschäftigung bei den *Scharfrichtern* einzuwenden hatten, gab es auch Stimmen, die sich offen gegen seine Doppelfunktion als Rechtsanwalt und Kabarettist aussprachen, da sie den Anwaltsstand durch ihn kompromittiert sahen. Im Sommer 1902 kam es zum Prozess und obgleich Kothe von vielen namhaften Intellektuellen Rückendeckung erhielt, wurde er gerichtlich verwarnt.

---

[247] Vgl. Karl Huber, *Die Wiederbelebung des künstlerischen Gitarrespiels um 1900: Untersuchungen zur Sozialgeschichte des Laienmusikwesens und zur Tradition der klassischen Gitarre*, Augsburg 1995, S. 152–156.

[248] Mauke, *Die elf Scharfrichter* [Moderne Brettl 5], S. 75.

[249] Steiger, *Bei den elf Scharfrichtern*, zitiert nach Otto, *Scharfrichter*, S. 91.

[250] [v.], [Die elf Scharfrichter], in: *MP*, Nr. 61, 14.3.1902, S. 3.

[251] Kothe, *Saitenspiel*, S. 76. Vgl. auch [lt.], *Die elf Scharfrichter*, in: *AZ*, Nr. 102, AB, 13.4.1901, S. 1.

Schwere Wochen des Zweifels und der Überlegungen machte ich durch; das Gefühl, daß ich zur Juristerei nicht berufen sei, und meine leidenschaftliche Liebe zur Kunst halfen mir den Entschluß zu fassen. […] Ich stand vor der Entscheidung, meinen ungeliebten Beruf zu verlassen und unsicheres, unheimliches, aber phantastisches Neuland zu betreten – und trat den Schritt in das Zimmer, in dem ich meine Berufung gegen das Urteil des Ehrengerichts zurücknahm und meine Zulassung zur Rechtsanwaltschaft aufgab. Am 30. September 1902 erhielt ich die Nachricht des Präsidenten des Landgerichts München, daß meine Eintragung in die Rechtsanwaltsliste gelöscht sei. Nun war ich vogelfrei […].[252]

Doch auch innerhalb des *Scharfrichter*-Ensembles kriselte es häufig und nachdem sich die Gruppe in Folge des Wiener Gastspiels im Dezember 1903 böse zerstritten hatte, verließ Kothe während der vierten und letzten Saison das Schwabinger Kabarett.

Vermittler des deutschen Volkslieds

Bei den *Scharfrichtern* hatte Kothe sein Potenzial als Liedersänger erfolgreich unter Beweis gestellt, große Berühmtheit erlangte er aber erst nach seinem Ausscheiden aus der Brettlbühne. Bereits seit Längerem hatte er sich, vor allem unter Verwendung der berühmten Liedersammlung *Deutscher Liederhort* (1893/94) von Ludwig Erk und Franz Magnus Böhme, mit dem Volkslied beschäftigt, dem er sich nun ausschließlich zuwandte:

Mein Plan war […] klar und fest. Meine Stimme war ausgebildet, meine Vortragsbegabung hatte ich erprobt, nun wagte ich mich an das große Ziel, mich ganz mit dem alten deutschen Volkslied vertraut zu machen, in seinen Stil mich einzufühlen, die verschütteten Quellen freizulegen, lebendig werden zu lassen und das stilgemäße Begleitinstrument, das früher die Laute war, bis zur Reife zu erlernen.[253]

Durch die Vermittlung Richard Weinhöppels hatte Kothe seinen Gitarrenlehrer Heinrich Scherrer kennengelernt, der eigentlich Flötist am *Königlichen Hoftheater* und königlicher Kammermusiker war, sich jedoch der Pflege des deutschen Volkslieds und der Wiederentdeckung der Laute und der Gi-

Robert Kothe als Lautenliedersänger bei den Elf Scharfrichtern, Gipsstatuette von Wilhelm Hüsgen, um 1901, Höhe: 43,5 cm, MSB Mon. Dd. 647.

---

[252] Kothe, *Saitenspiel*, S. 95.
[253] Ebd., S. 98.

tarre als Begleitinstrumente verschrieben hatte.[254] Nicht zuletzt durch das Engagement Scherrers wurde München zum Zentrum der deutschen Gitarristik und damit auch richtungsweisend für ganz Europa. 1899 wurde in München der *Internationale Gitarristenverband* mit Scherrer als musikalischem Leiter und Vorsitzendem des Ausschusses gegründet, der sich die »Pflege und Verbreitung des Gitarrespiels in allen Kreisen des Volkes«[255] zur Aufgabe gemacht hatte. Wenige Monate später entstand der *Gitarreclub München*, der ähnliche Ziele verfolgte und diese u. a. durch die Veranstaltung von Konzerten zu erreichen suchte. Zu dem schnell anwachsenden Mitgliederkreis zählte auch Robert Kothe, der am 27. April 1904, drei Monate nach seinem Ausscheiden von den *Scharfrichtern*, erstmals im Rahmen des *Gitarreclubs* im *Mathildensaal* auftrat – übrigens partiell mit Liedern, die er schon im Schwabinger Kabarett gesungen hatte.[256] Dieses Konzert markiert den Auftakt zu seiner bedeutenden Karriere als »Prototyp des deutschen Lautensängers«.[257] Sein Repertoire umfasste Volkslieder unterschiedlicher Couleur, »historische Lieder, Ständelieder, Balladen, Liebeslieder, erzählende Scherz- und Spottlieder«,[258] anfänglich noch mit Lautensätzen von Heinrich Scherrer und später mit eigenen Arrangements. Auch selbstgedichtete und -komponierte Lieder brachte Kothe zum Vortrag. Seine Konzertreisen führten ihn in die großen und kleinen Städte Deutschlands und gelegentlich auch ins Ausland, nach Wien, Prag, Amsterdam oder Mailand, wo er ebenfalls viel Zuspruch erntete. Dabei spielte Kothe nicht nur auf kleinen Bühnen, sondern trat wiederholt auch in großen Konzertsälen auf wie dem *Beethovensaal* in Berlin mit über 1.000 Plätzen oder dem Mannheimer *Nibelungensaal* mit knapp 3.400 Plätzen und es ist bemerkenswert, dass es ihm auch in diesem Rahmen gelang, das Publikum mit seiner intimen Kunst in Bann zu schlagen. Bald kamen zu seinen solistischen Liedern verschiedene mehrstimmige Arrangements hinzu. So setzte er mehrere Stücke für zweistimmigen Frauengesang und ließ sie bei seinen Konzerten von Singgruppen, mit denen er die Lieder vorher einstudierte, vortragen. Weitere Kompositionen arrangierte er für Singstimme, Laute und Violine, Viola da gamba oder Violoncello. Zwischen 1908 und 1939 erschienen bei *Heinrichshofen* in Magdeburg und bei *Hofmeister* in Leipzig neben drei Gitarrenschulen 33 zum Teil mehrbändige Liederalben mit Volksliedarrangements und Eigenkompositionen von Kothe, die überwiegend für einstimmigen Gesang und Gitarrenbegleitung, gelegentlich aber auch für zwei oder drei Stimmen, Chöre und andere Begleitinstrumente wie Blockflöte, Geige oder Cello gesetzt sind.

Am Ersten Weltkrieg nahm Kothe nicht als Soldat teil, sondern engagierte sich mit Konzerten an der Front und in Lazaretten für die Hebung der Truppenmoral. Nach dem Krieg aber geriet er in Zweifel über sein Fortkommen: »Wie sollte das Leben weitergehen, wie sollte der Sänger deutscher Volkslieder in diesem verelendeten Lande noch Interesse finden?«[259] Kothe entschied sich für eine Neuorganisation seiner Vortragsabende. Seine Konzerte weiterhin mithilfe kleiner »Singscharen« zu gestalten, erschien ihm nun, da die »im Grauen des Krieges gereifte Jugend« sich nur zögerlich zu neuen Verbänden zusammenschloss und sie »die Not des Lebens […] zu Konzentration auf praktischen Erwerb«[260] zwang, als aussichtslos. Stattdessen trat er mit zweistimmigen Gesängen auf, zunächst mit seiner Tochter Lilli und dann vor allem mit seiner Schülerin Liesl Engelhardt, die seine zweite Frau wurde.[261]

Der sinkende Stern

Obgleich es Kothe, nicht zuletzt durch seine Verbindungen zur *Wandervogel*-Bewegung, besser als seiner ehemaligen Kollegin Marya Delvard gelang, das Publikum weiterhin für das Volkslied zu interessieren, und er seine Tourneen durch Deutschland mit seiner Frau erfolgreich fortsetzen konnte, wurde es doch zunehmend schwierig, Konzertreisen zu organisieren. Mit der Inflation Anfang der 1920er Jahre verlor

---

[254] Weiterführende Literatur zu Scherrer: Rudolf Pettinger, *Heinrich Scherrer – ein Leben für die Musik (1865–1937)*, Schöngeising 2008.

[255] Huber, *Gitarrespiel*, S. 33.

[256] Vgl. ebd., S. 91.

[257] Ebd., S. 132.

[258] Kothe, *Saitenspiel*, S. 100.

[259] Ebd., S. 202.

[260] Ebd., S. 207.

[261] Die Tochter Gundula Maria, die aus dieser Ehe hervorging, heiratete später den 2014 verstorbenen Schauspieler Joachim »Blacky« Fuchsberger.

Kothe sein gesamtes Vermögen bis auf seine Häuser in der Böcklinstraße im Münchner Stadtteil Gern und in Fischen am Ammersee, wo die Familie sich mit der Anfertigung von Holzspielzeug, der sogenannten *Bayerischen Bauschachtel*, über Wasser hielt. Ende der 1920er Jahre folgte das Ehepaar Kothe einer Einladung des Jugendamts Gelsenkirchen-Buer und übersiedelte in die nordrhein-westfälische Stadt, wo beide Lauten- und Gesangsunterricht gaben und damit die weiterhin finanziell angespannte Lage zu entschärfen suchten. 1934 kehrten die Kothes nach München zurück und setzten dort ihre Lehrtätigkeit fort. Es vermag kaum zu überraschen, dass Kothe als Vermittler des deutschen Volkslieds sich den Nationalsozialisten nicht entziehen konnte – oder wollte: 1933 erschien sein *Liederbuch des Bundes Deutscher Mädel*, 1934 folgte sein *Liederbuch der N.S.-Frauenschaft*. Von 1934 bis 1937 war Kothe trotz seines fortgeschrittenen Alters als Gitarren- und Lautenlehrer an der *Staatlichen Akademie der Tonkunst, Hochschule für Musik in München* angestellt.[262] In seinen letzten Jahren lebte Kothe in Gräfelfing bei München, wo er am 24. Mai 1947 im Alter von 78 Jahren verstarb.[263]

5.2.5 Weitere Vortragskünstler

Sängerinnen und Sänger

Von Anfang an waren die *Scharfrichter* um einen heiteren Gegenpart zu Delvard bemüht, den sie zunächst in der Wienerin Friederike Gutmann-Umlauft fanden. Als ausgebildete Schauspielerin, die bereits in Berlin und Wien engagiert gewesen war, konnte Gutmann-Umlauft auf dem Schwabinger Brettl gute Erfolge erzielen, gelegentlich wurde ihr eher klassischer Gesangsstil jedoch als zu artifiziell für die Kabarettbühne empfunden.[264] Bereits nach der ersten Spielzeit schied sie wieder aus dem Ensemble aus.

Ihre sehr erfolgreiche Nachfolgerin in der zweiten Saison war die »hübsche, zierliche, anbetungswürdige und überaus süße kleine Soubrette«[265] Olly Bernhardi. Ihre ungemeine Popularität, die sie ihrer großen Wandlungsfähigkeit, ihrem Witz, ihrem Charme und ihrer Sinnlichkeit verdankte, wurde in vielen Berichten der Zeitzeugen wie auch in der Tagespresse thematisiert. Ob als komischer Backfisch in der unaussprechlichen *Sommermädchenküssetauschelächelbeichte*, frech und burschikos als Hosenrolle in *Der Schusterjunge* oder als anmutig-verführerische Schäferin im *Lied des Meißner Figürchens* stets war sie »reizend und allumschwärmt«[266] – und bei Teilen des Publikums geschätzter als die Prima Donna Delvard: »Der Star der ›Scharfrichter‹ ist Marya Deloard [sic]; sie ist eben das ›grosse Genie‹, die so recht die ›Ueberbrettl-Note‹ hat, [...] das Publikum aber ist mehr für die liebreizende, runde, appetitliche Olly eingenommen«.[267] Delvard war die Beliebtheit ihrer Kollegin ein Dorn im Auge und so verwundert es nicht, dass Bernhardi nach wenigen Monaten das Schwabinger Brettl wieder verließ.[268]

Die Schauspielerin und Sängerin Friederike Gutmann-Umlauft, Mitglied des Scharfrichter-Ensembles in der ersten Saison.

---

[262] Vgl. Alexander Krause, *Lehrkörper*, in: Stephan Schmitt (Hg.), *Geschichte der Hochschule für Musik und Theater München von den Anfängen bis 1945*, Tutzing 2005 (Musikwissenschaftliche Schriften der Hochschule für Musik und Theater München, 1), S. 405.

[263] Kothes Nachlass wurde von seiner Tochter Gundula Korte dem Stadtarchiv Straubing übergeben. Unter den erhaltenen Dokumenten findet sich als ein echter Glücksfall auch eine Vinylplatte mit einer Aufnahme von Robert Kothe und Liesl Engelhardt aus dem Jahr 1927. Es ist dies die einzige bekannte erhaltene Musikaufnahme von Robert Kothe.

[264] Vgl. [Den elf Scharfrichtern], in: *MZ*, Nr. 134, 6.6.1901, S. 2; Röllinghoff, *Bei den »elf Scharfrichtern«*, *MNN*, Nr. 174, 14.4.1901, S. 1.

[265] Danegger, *Die »Elf Scharfrichter«*, S. 831.

[266] Petzet, Falckenberg, *Leben*, S. 114.

[267] Herzbub, *Münchner Brief, 31. Januar 1902*, in: *Bühne und Brettl* 3 (1902), S. 12.

[268] Zur Affäre Delvard-Bernhardi siehe S. 77 dieser Arbeit.

Spätere Engagements führten sie in das *Neue Stadttheater* im oberschlesischen Beuthen sowie an das *Intime Theater* in München.[269]

In den folgenden Jahren versuchten sich die *Scharfrichter* mit diversen anderen Sängerinnen wie Anita Stanner, Elsa Kossegg und Stefanie Martin, von denen jedoch keine an den Erfolg Bernhardis anknüpfen konnte. Erst in der letzten Saison betrat noch einmal ein vielversprechendes Vortragstalent die Schwabinger Bühne:

> *Eine Ueberraschung ward uns durch Frl. Ingeit [sic] Loris zuteil. Nun haben endlich die 11 Scharfrichter doch gefunden, was sie so lang gesucht, eine talentvolle Vortragssoubrette, die sehr, sehr viel verspricht, wie sie Dehmel's »Der liebe Weihnachtsmann« vortrug, war einfach superb. Es lag darin so viel innige Kindlichkeit, so viel erquickliche Naivität, daß das Publikum die vielversprechende Künstlerin zu einer Wiederholung zwang.*[270]

Dass die Kindlichkeit und Naivität von Loris das Publikum begeisterten, ist kaum überraschend, war die aus Wien stammende Sängerin, mit richtigem Namen Irma bzw. Maria Karczewska, zum Zeitpunkt ihres *Scharfrichter*-Engagements doch gerade einmal dreizehn Jahre alt.[271] Trotz ihres großen Erfolgs auf der Schwabinger Kabarettbühne kehrte Karczewska bald nach Wien zurück, wo sie u. a. am *Cabaret Nachtlicht* sowie 1905 bei der Wiener Erstaufführung von Wedekinds *Die Büchse der Pandora* mitwirkte.[272] Als betörendes »Kindweib« bezauberte Karczewska die Wiener Künstlerszene, darunter auch Karl Kraus, dessen Geliebte sie wurde und mit dem sie bis zu ihrem Freitod 1933 verbunden blieb.[273]

Neben den genannten weiblichen Gesangssolistinnen zählten weitere Frauen zum Mitgliederstamm, die als Schauspielerinnen und Sängerinnen in Ensembleszenen in Erscheinung traten. Sehr erfolgreich und über einen langen Zeitraum wirkte Adele Baumbach in über zehn Theaterstücken und mehreren musikalischen Ensembleszenen auf der Schwabinger Bühne mit. Ihre wohl populärste Nummer war das gemeinsam mit Hans Dorbe vorgetragene Duett *Die goldene Hochzeit*, in dem ein altes Ehepaar seine fünfzigjährige friedvolle Ehe besingt und sich gleichzeitig immer wieder wüst beschimpft. Über das Stück urteilte die *Münchener Zeitung*:

> *Hans Dorbe und Adele Baumbach waren in dieser köstlichen Farce so unsagbar komisch, von einem so unwiderstehlichen Humor, daß ich gerne zugestehe, selbst bei den Scharfrichtern niemals so gelacht zu haben. Ich habe auch die Stammgäste der Ehrenexekution noch nie so lachen gesehen wie über diese geradezu klassische »Goldene Hochzeit«, die seit Oberons und Titanias Jubelfest unerhört war.*[274]

Zwei weitere wichtige Schauspielerinnen des Ensembles, die in vielen dramatischen Szenen zentrale Rollen übernahmen, waren Gertrud Steiner und Yella Wagner. Über Letztere notierte Falckenberg in seinem Tagebuch: »Gestern Premiere von Schlesingers ›Braut‹ gefiel bei günstigem Publikum sehr. Frau Yella Wagner spielte nach meinem Dafürhalten brillant. Sie hat eine verblüffende Sicherheit und Natürlichkeit im Spiel.«[275] Der Anteil professioneller Schauspielerinnen bei den *Scharfrichtern* war hoch: Einige von ihnen waren bereits vor ihrem Engagement auf dem Schwabinger Brettl auf anderen Bühnen tätig gewesen und kehrten später dorthin zurück, andere begannen ihre künstlerische Laufbahn in der Türkenstraße.[276] Dagegen befand sich unter den männlichen

---

[269] Vgl. *Neuer Theater-Almanach 1905*, S. 317, und *1907*, S. 817.

[270] G.[elle]r, [Die elf Scharfrichter], in: *MZ*, Nr. 257, 8.11.1903, S. 6.

[271] In den Zensurakten wird dieser Umstand mit keinem Wort erwähnt oder beanstandet.

[272] Vgl. Kraus, Wedekind, *Briefwechsel*, S. 388.

[273] Vgl. Edward Timms, *The ›Child-Woman‹: Kraus, Freud, Wittels and Irma Karczewska*, in: Ders., Ritchie Robertson (Hg.), *Vienna 1900. From Altenberg to Wittgenstein*, Edinburgh 1990, S. 89–94, und Fritz Wittels, *Freud und das Kindweib. Die Erinnerungen von Fritz Wittels*, hg. v. Edward Timms, Wien [u. a.] 1996, S. [75]–96 und 196f.

[274] [J. F. W.], [Das Karnevalsprogramm der 11 Scharfrichter], in: *MZ*, Nr. 24, 30.1.1903, S. 2.

[275] Falckenberg, Tagebucheintrag, 2.7.1902, Nachlass Otto Falckenberg, DTM, Inv.-Nr. 2006/25.

[276] Adele Baumbach, Olly Bernhardi, Marya Delvard, Else Gäbler, Elsa Kossegg, Senta Mahalet, Else Reichlin, Anita Stanner, Ger-

Mitgliedern des Ensembles kaum ein Berufsschauspieler. Eine Ausnahme stellt Carl Neubert dar, der bereits Ende der 1880er Jahre auf verschiedenen Theaterbühnen aufgetreten war und bei den *Scharfrichtern* in ihrer dritten und vierten Saison zahlreiche Rollen übernahm. Nach dem Ende des Schwabinger Kabaretts trat Neubert viele Jahre am *Münchner Volkstheater* auf. Laut Wilhelm Hüsgen handelte es sich auch bei Paul Larsen um einen ausgebildeten Schauspieler.[277] Der Humorist wirkte fast während der gesamten *Scharfrichter*-Zeit mit und trat in den unterschiedlichsten Rollen in beinahe dreißig von insgesamt 53 dramatischen Szenen auf. Das Vortragstalent dieses »Proteus des Blutigen Beils«[278] wurde von der Tagespresse vielfach gelobt:

Er ist ein Schauspieler, in dem noch etwas steckt, und der ohne Zweifel das Rechte noch finden wird. In dem leicht hingeworfenen Wort, in der selbstverständlichen Geste, in der ganzen Art liegt etwas versteckt Ironisierendes, Aufreizendes und Lustiges. Von jener Lustigkeit, die revolutionär wirken kann, wenn sie nur will und die großen Akzente anschlägt.[279]

Gelegentlich erschien Larsen auch als Gesangssolist sowie mit humoristischen Vorträgen und als Puppenspieler, etwa in *Eine chinesische Kriegsepisode* oder in *Prinzessin Pim und Laridah, ihr Sänger. Große Kartoffel-, Rettig-, Rüben- und Apfeltragödie*.

Neben diesen beiden professionellen Schauspielern zählten die *Scharfrichter* und *Henkersknechte* Falckenberg, Greiner, Kothe, Schlesinger sowie Hans Dorbe zu den meistbeschäftigten dramatischen Kräften des Ensembles. Dorbe war ab dem 3. Programm im Oktober 1901 bis kurz vor der Auflösung des Kabaretts bei den *Scharfrichtern* engagiert und wurde schnell eines der wichtigsten Mitglieder. Er wirkte in über zwanzig Theaterstücken sowie zahlreichen musikalischen Szenen mit und trat solistisch als Sänger auf. Den größten Erfolg feierte Dorbe mit den von Peter Schlemihl alias Ludwig Thoma gedichteten und von Richard Weinhöppel vertonten Soldatenliedern, in denen verschiedene militärische Regimenter augenzwinkernd und ein wenig sentimental aufs Korn genommen werden. »Stürme von Heiterkeit«[280] erregte ganz besonders das Lied vom *Schwalanscher* (bayerisch für Chevauleger, eine prestigeträchtige Waffengattung des bayerischen Heeres), das als Volkslied in mehrere Liedersammlungen Eingang fand und über das Otto Falckenberg berichtet: »Noch im ersten Weltkriege ward dieses […] Lied bei den marschierenden Soldaten gehört.«[281] Dorbe war auf recht verschlungenen Wegen zur Kleinkunst gekommen: Nach einem Studium der Tiermedizin in München wirkte er 1899 als 1. Gralsritter im *Parsifal* und als Ulrich Eisslinger in den *Meistersingern* bei den *Bayreuther Festspielen* mit. Mit seinem Eintritt bei den *Elf Scharfrichtern* wandte er sich dann der leichten Muse zu. Nach dem Ende des Schwabinger Brettls trat Dorbe in München bei den *Sieben Tantenmördern*, dem Theater-Ensemble *Bavaria* und dem *Intimen Theater* auf; 1914 erhielt er eine Gaststättenkonzession für ein Lokal am Färbergraben 33, jenem Haus, wo Karl Valentin 1939 seine *Ritterspelunke* eröffnen sollte.[282]

Den stimmlichen Gegenpart zu Hans Dorbe, Sandro Blumenthal und Robert Kothe, den Tenören des Ensembles, bildeten die drei Bassisten – alle beruflich Maler – Heinrich Rettig, der »stimmgewaltige […] Barde«,[283] Emanuel Franz und Fritz Quidam »mit ganz wunderbarem Baß, von dem man nicht versteht, daß er sich kein größeres Feld für seine Betätigung sucht«.[284] Ein weiterer ausgebildeter Maler war

---

trud Steiner, Dora Stratton, Yella Wagner und Hedi Wenck waren zum Teil bereits vor, vor allem aber nach der *Scharfrichter*-Zeit an anderen deutschen Theaterhäusern tätig, vgl. die Liste Ensemble und MitarbeiterInnen unter www.allitera.de/files/Elf-Scharfrichter.html.

277 Vgl. Hüsgen, *Elf Scharfrichter*, MSB Mon., L 3573.
278 [J.F.W.], [Das Karnevalsprogramm der 11 Scharfrichter], in: *MZ*, Nr. 24, 30.1.1903, S. 2.
279 Geller, *Die 11 Scharfrichter*, in: *MZ*, Nr. 226, 3.10.1903, S. 3.

280 [p.], [Die Elf Scharfrichter], in: *MNN*, Nr. 55, 3.2.1902, S. 3.
281 Petzet, Falckenberg, *Leben*, S. 113.
282 Vgl. Jahresberichte der k. thierärztlichen Hochschule in München, Leipzig 1891, S. 91 und 116, 1892, S. 11, 1893, S. 16; Lorenz Ellwanger (Hg.), *Wagners Werk und Wirkung. Festspielnachrichten; Beiträge 1957 bis 1982*, Bayreuth 1983, S. 230; *Neuer Theater-Almanach 1906*, S. 630, *1907*, S. 817; Meldebogen Johann Baptist Durber, StadtAM PMB D 176.
283 Mauke, *Die elf Scharfrichter* [Moderne Brettl 5], S. 75.
284 Düsseldorf [Bei den elf Scharfrichtern], 29.4.1903, MaK.

Emil Mantels, der – wohl in Anlehnung an Heinrich Heines umstürzlerische Figur des Atta Troll – das Pseudonym Arcus Troll wählte und den Posten des wichtigsten lyrischen Rezitators der *Scharfrichter* bekleidete. Dank seiner pointierten Vortragskunst wurden umfangreiche Versdichtungen wie *Das Urteil des Paris* und *Die Wasserkufe* von Christoph Martin Wieland oder Gottfried August Bürgers *Prinzessin Europa* zu »Glanznummern«[285] der Abende: »Seine Eigenart ist unübertrefflich, dabei arbeitet er mit den einfachsten Mitteln, nirgends machte sich schauspielerische Prätension bemerkbar, Alles natürlich, echt und von überwältigendem Humor.«[286] Über seinen Vortrag von Robert Kathans Moritatenparodie *Graf Udos Töchter* berichtet ein Zeitgenosse:

Gleich der Anfang überwältigte einen. Leise nach vorne schleichend begann er: »Graf Udo hatte« – hier machte er eine kleine Pause und schrie, verzweifelt die Hände ringend und vorstürzend –: »vierzehn Töchter!« – Wieder Pause. »Und alle ledig! – Herrgott, sei diesen vierzehn gnädig.« Wieder schreckliche Pause. Nun aus dem Pianissimo der Verzweiflung anschwellend: »Endlich kam so'n jottverdammter kleener Subalternbeamter – anjeschwebt wie Lohenjrin und« – (satanisch schnell!) – »die Jüngste rafft ihn hin. – Und nun kamen die Komtessen alle bei dem Schwager« – (wild) »essen!« – Dieser Schwager nahm alsbald, wie es in der Ballade heißt und von Mantels mit immer höherer und immer dünnerer Stimme geschildert wurde – »einen Kanzleispagat – hing sich auf – lächelte – und starb darauf.« – Mantels Kopf fiel dabei plötzlich auf die Brust herab. Der vierzehnköpfigen Familie blieb: – »Eine Witwenpension.« Eine – betonte der Künstler überwältigend. Mit dieser Pension zogen nach Mantels die Komtessen im Trauermarsch »hin zur Ap'theke, – kauften sich Strychnin darum, teilten es« – (hier drehte sich Mantels, mit der Hand hackend vierzehnmal das Gift abteilend, um seine Achse) – »in vierzehn Teile« … (furchtbare Pause!) … »es war zu wenig, es bracht' keine um!« Dies schrie er gerade hinaus. Wieder große tragische Pause, dann Mantels in tiefster Trauer schluchzend: »Fasse dich, geliebter Hörer, / Hemme deiner Tränen Lauf, / Nur mit Rücksicht auf dich selber / Hört jetzt die Geschichte auf.« Mantels wischt sich die Augen, wringt das Taschentuch aus, dem ein Guß Wasser plätschernd entfällt, und verschwindet in tragischem Bühnenschritt seitlich durch die Kulissen.[287]

5.3 Komponisten, Dirigenten, Instrumentalisten

Über 300 Musiknummern kamen während des dreijährigen Bestehens der *Scharfrichter* in der Türkenstraße zur Aufführung: deutsche, französische, italienische und englische Lieder, Instrumentalmusik, musikalische Ensembleszenen sowie Musik zur Untermalung dramatischer Nummern wie Pantomimen, Schattenspiele und Tänze. Der Großteil dieser Beiträge stammte von den Komponisten des Ensembles und wurde explizit für die Schwabinger Bühne geschrieben – über die Hälfte davon von Richard Weinhöppel. Ein weiterer wichtiger Komponist war Sandro Blumenthal alias *Henkersknecht* Leonhard Bulmans, der für die *Scharfrichter* deutsche und französische Gedichte vertonte und mehrere einleitende Instrumentalwerke schrieb. Auch Frank Wedekind, Marc Henry und Robert Kothe traten mit selbstgeschriebenen und -komponierten Liedern auf. Zwei weitere Komponisten des Schwabinger Brettls waren Paul Schlesinger und Karl Lion, die, im Gegensatz zu den drei Autodidakten Wedekind, Henry und Kothe, ihr Handwerkszeug an der *Königlichen Akademie der Tonkunst* in München erlernt hatten. Wie Weinhöppel und Blumenthal hatten auch sie die Kompositionsklassen von Josef Rheinberger besucht, der wohl prägendsten Gestalt der Akademie um 1900 und Lehrer berühmter Musiker, Komponisten und Dirigenten wie Engelbert Humperdinck, Ermanno Wolf-Ferrari oder Wilhelm Furtwängler. Karl Lions Mitwirken bei den

---

[285] E.[ngels], *Die Elf Scharfrichter*, in: *MZ*, Nr. 299, 15.12.1901, S. 2.
[286] [M. N.], *Die Ehrenexekution der 11 Scharfrichter*, in: *MZ*, Nr. 305, 23.12.1902, S. 1.

[287] Schlagintweit, *Verliebtes Leben*, S. 340f. Ein weiteres Beispiel für Mantels Vortragskunst findet sich bei Roda Roda, *Kunstpause*, S. 191.

Scharfrichtern beschränkte sich allerdings auf das 2. Programm im Juni / Juli 1901, zu dem er drei Lieder sowie die »allerliebste [...] Musik«[288] für die Tanzgroteske *Der Verliebte* beisteuerte. Lion, später als Direktionsassistent an der Wiener *Hofoper* und enger Mitarbeiter von Richard Strauss ganz der ernsten Musik verpflichtet,[289] pflegte in seinen frühen Kompositionen einen leichten Unterhaltungsstil, der ihn zum Kabarettkomponisten prädestinierte. Als beim Semesterabschlusskonzert der *Akademie* 1899 / 1900 vier Lieder von ihm aufgeführt wurden, beschrieben ihn die *Münchner Neuesten Nachrichten* »als ein leichtes und gewandtes Talent, das nur, um höheren Zielen mit Erfolg zustreben zu können, eine bedenkliche Neigung zum Trivialen bekämpfen müßte.«[290]

Doch nicht nur verschiedene Studenten der *Königlichen Akademie* waren als Komponisten an Münchens erstem Kabarett beteiligt, auch hochrangige Mitglieder des akademischen Betriebs wie Bernhard Stavenhagen und Ludwig Thuille nahmen interessiert Anteil an den Aktivitäten des nonkonformistischen Künstlerbrettls. Der berühmte Pianist, Liszt-Schüler, Komponist und Dirigent Bernhard Stavenhagen, der zwischen Sommer 1901 und Herbst 1904 das Amt des Hochschuldirektors innehatte,[291] steuerte für das 2. Programm der *Scharfrichter* eine Vertonung des Gumppenbergschen Gedichts *Zwischen Feldern und Wäldern* bei. Im Programmheft verbarg er seine wahre Identität hinter dem Pseudonym »Hans Styx«,[292] einer Referenz an den gleichnamigen, stets betrunkenen Diener von Pluto, dem römischen Gott der Unterwelt, aus Jacques Offenbachs Operette *Orpheus in der Unterwelt* (1858). Sein berühmter Kollege Ludwig Thuille, die zentrale Figur jenes Komponistenkreises, der als sogenannte *Münchner Schule* in die Musikgeschichte eingegangen ist, erkundigte sich bereits im Februar 1901 nach der zukünftigen Besetzung des *Scharfrichter*-Orchesters, um sein Tanz-Melodram *Die Tanzhexe* (1900) nach einem Text von Otto Julius Bierbaum dafür zu instrumentieren.[293] Die Komposition, die für das 2. Programm der Schwabinger Bühne angekündigt wurde,[294] gelangte dann jedoch aus unbekannten Gründen nicht zur Aufführung.

Auch Heinrich Scherrer, der führende Kopf der Münchner Gitarrenbewegung, »interessierte sich sehr für die Elf Scharfrichter.«[295] Sein Lied *Maikäfer und Spinne* wurde in der Türkenstraße aufgeführt. Außerdem schrieb er die Lautenbegleitung für die Lieder *Müde*, *Die Schenkin* und *Der verzweifelte Liebhaber* seines Schülers Kothe sowie für die Volkslieder *Der Tod von Basel* und *All' meine Gedanken*, über das die *Münchner Neuesten Nachrichten* berichteten: »[D]as tiefempfundene uralte Volkslied ›All' meine Gedanken, die ich hab'‹, hat Kammermusiker H. Scherrer meisterhaft im echten Geist der Dichtung und alten Lautenstil harmonisiert.«[296]

Richard Weinhöppel und Sandro Blumenthal waren auch die wichtigsten Dirigenten des *Scharfrichter*-Orchesters. Von der Gründung des Kabaretts bis zum Frühjahr 1903 war Weinhöppel musikalischer Leiter des Ensembles und damit nicht nur für die Beschaffung, Auswahl und Einstudierung der musikalischen Nummern, sondern auch für die Orchesterleitung verantwortlich.[297] Ab Winter 1901 wurde er von Sandro Blumenthal unterstützt, der zunächst als zweiter und ab Oktober 1902 als einziger Kapellmeister in den Programmheften angeführt ist. Blumenthal übernahm immer öfter die Leitung des Or-

---

288 [ff.], [Die Elf Scharfrichter], in: *MNN*, Nr. 264, 9.6.1901, S. 4.

289 Vgl. Maria Erdinger, *Die Machtverhältnisse an der Wiener Oper zwischen Richard Strauss, Franz Schalk und Karl Lion 1919–1924 mit besonderer Berücksichtigung des (unveröffentlichten) Briefwechsels Richard Strauss–Karl Lion*, in: Internationale Richard Strauss Gesellschaft (Hg.), *Richard Strauss-Jahrbuch 2010*, S. 75–79.

290 *Sechstes Konzert der kgl. Akademie der Tonkunst*, in: *MNN*, Nr. 308, 6.7.1900, S. 3.

291 Vgl. Krause, *Lehrkörper*, S. 419.

292 Vgl. Gumppenberg, *Lebenserinnerungen*, S. 284.

293 Vgl. Brief Ludwig Thuilles an Richard Weinhöppel vom 5.2.1901, erwähnt in: Bayerische Staatsbibliothek (Hg.), *Jugendstil-Musik? Münchner Musikleben 1890–1918. Ausstellung 19. Mai–31. Juli 1987*, Wiesbaden 1987 (Ausstellungskataloge / Bayerische Staatsbibliothek), S. 290. Das Original ist verschollen.

294 Vgl. *Mitteilungen*, 1. PH, S. [20], DKA, Ordner LK / C / 1.

295 Kothe, *Saitenspiel*, S. 83.

296 [fo.], *Bei den Elf Scharfrichtern*, in: *MNN*, Nr. 461, 3.10.1903, S. 3.

297 Als musikalischer Leiter ist Weinhöppel zum letzten Mal im 13. Programmheft angeführt, die *Münchner Neuesten Nachrichten* berichten von seiner Amtsniederlegung jedoch erst im Oktober 1903, vgl. [Hannes Ruch], in: *MNN*, Nr. 476, 12.10.1903, S. 2.

chesters, so auch auf der zweiten Tournee, wo sein Dirigat von den *Dresdner Nachrichten* mit den Worten gewürdigt wurde: »Anspruch auf uneingeschränktes Lob hat zum Schluß noch Scharfrichter Leonhardt Bulmans als der musikalische Leiter des gestrigen Abends, der mit Energie, Umsicht und zuverlässigem künstlerischem Geschmack seines Amtes am Klavier und als Orchester-Chef waltete.«[298]

Weitere Dirigenten traten nur kurz in Erscheinung. Im 1. Programmheft ist ein gewisser Herr Schlosser angeführt, der die musikalische Leitung von Karl Lions *Der Verliebte* sowie des *Scharfrichter-Marsches* übernahm. Im 2. Programm dirigierte Lion selbst seine Tanzgroteske. Das 2. Programmheft nennt außerdem Theodor Sachsenhauser als Dirigenten des Schattenspiels *Die Sphynx*, ebenfalls ein Rheinberger-Schüler, Komponist mehrerer Opern und von 1900 bis 1903 Leiter des Münchner *Symphonieorchesters Wilde Gungl*.[299] In der letzten Saison wurde Blumenthal am Dirigentenpult von Hans Steiner unterstützt, einem weiteren Schüler Rheinbergers, der als Chordirektor am *Königlichen Hoftheater* München sowie als zweiter Kapellmeister an der Oper in Metz tätig war und 1914 an die *MET* in New York ging, wo er unter Arturo Toscanini als Chorleiter engagiert war.[300]

Schwieriger als die Identifikation der Komponisten und Dirigenten ist die der mitwirkenden Instrumentalisten und besonders der Orchestermusiker, deren Namen nur selten überliefert sind. Von Hans Dorbe und Paul Schlesinger ist bekannt, dass sie auch im Orchester als Bratschist bzw. Cellist auftraten, Marya Delvard spielte gelegentlich Klavier und Frank Wedekind, Richard Weinhöppel und Robert Kothe begleiteten sich bei ihren Liedern selbst mit Gitarren oder Lauten.[301] Instrumentalisten wirkten bei den *Scharfrichtern* entweder sichtbar auf der Bühne als Teil der Inszenierung oder verborgen im Orchestergraben mit. Im ersten Fall wurden die agierenden Schauspielerinnen und Schauspieler und die Sängerinnen und Sänger, die zum Teil sehr gute laienhafte oder halbprofessionelle Instrumentalkenntnisse besaßen, selbst zu Musikern. Manche auf der Bühne gespielten Instrumente waren durch die Liedtexte vorgegeben. So begleitete die Sängerin Stefanie Martin sich selbst im *Lied am Spinett* an eben diesem Instrument und wurde von der *Münchener Zeitung* als »sehr gute Pianistin«[302] gelobt. In dem Terzett *Die Hochzeitsmusikanten* traten die drei Vortragenden Kothe, Dorbe und Blumenthal, motiviert durch die Zeilen »Wir spielen nur die Geige / Und denken heimlich uns den Text«, auch als Violinisten auf und erwiesen sich »als ebenso famose Gesangshumoristen wie als ausdrucksvolle Violinspieler«.[303] Weiterhin wurde in der Nummer *Das lahme Singquartett*, einem »Schlager ersten Ranges«,[304] in dem drei ärmliche Straßenmusikanten ihr tragikomisches Schicksal besingen, als vierte Stimme eine Drehleier gespielt.[305] Einzelne Nummern wurden auch von einem Flügel, die meisten aber vom sogenannten »versenkten Orchester« begleitet.

---

[298] *Die elf Scharfrichter*, in: *Dresdner Nachrichten*, Nr. 80, 21.3.1903, MaK.

[299] Vgl. *Sachsenhauser, Theodor*, in: *Bayerisches Musiker-Lexikon Online*, hg. v. Josef Focht, http://bmlo.lmu.de; http://wilde-gungl.de [29.10.2014].

[300] Vgl. JB AdT 1875/76–1877/78, S. 8, 9 und 10; Meldebogen Johann Baptist Steiner, StadtAM, PMB S 316; F. Normann, *Metz*, in: *Bühne und Welt* 14 (1902), S. 621.

[301] Vgl. Heinrich Lautensack, *Hans Dorbe*, und Ders., *Paul Schlesinger*, in: *Scharfrichter Musenalmanach*, [o. S.]; Brennert, *Zu den Elf Scharfrichtern*.

[302] [P.], *Die 11 Scharfrichter*, in: *MZ*, Nr. 108, 7.5.1902, S. 2.

[303] [*Die elf Scharfrichter*], in: *Dresdner Zeitung*, 21.3.[1903], MaK.

[304] [p.], [*Die Elf Scharfrichter*], in: *MNN*, Nr. 55, 3.2.1902, S. 3.

[305] Vgl. ebd., S. 3. Die Drehleier war der Ersatz für die im Programmheft angegebene Harfe, die wohl nicht zur Anwendung kam, da in der Presse nichts davon berichtet wird.

5.3.1 Hans Richard Weinhöppel

Maßgeblich entscheidend für den Erfolg der *Elf Scharfrichter* waren die musikalischen Beiträge, die unzähligen Lieder und musikalischen Szenen ihres Hauskomponisten und Kapellmeisters Richard Weinhöppel alias Hannes Ruch.[306] Über seinen Brettl-Kollegen berichtet Willy Rath:

> *Unter allen mit der unentbehrlichste war Hans Richard Weinhoeppel, der einzige Musikus unter uns und wirklich ein einziger Musikus für unsere Zwecke. […] Wäre Hannes Ruch nicht gewesen, wir hätten lange suchen können nach einem Tonsetzer, der in so unerschöpflicher Fruchtbarkeit Lied auf Lied vertonte, gewiß zumeist nicht auf die tiefste Schöpferweise, aber immer mit Geschmack, in einer leichten Sangbarkeit, wie das Brettl sie auch unter der Künstlerherrschaft braucht.*[307]

Dank seines »Melodienreichtum[s] und seiner musikalischen Anpassungsfähigkeit«[308] gelang es Weinhöppel in seinen Kompositionen, die Stimmungen der Textvorlagen adäquat und wirkungsvoll auf die musikalische Ebene zu übertragen. Für die düstere Marya Delvard, die verspielte Olly Bernhardi, den volkstümlichen Hans Dorbe und viele andere schrieb er seine charakteristischen Lieder, die immer auch das besondere Wesen der Vortragenden gekonnt zur Geltung brachten. Zahlreiche Presserezensionen und Aussagen von Mitwirkenden und Zeitgenossen weisen Richard Weinhöppel als eines der prägenden Mitglieder des Schwabinger Brettls aus, wie auch Max Halbe schreibt:

> *Es ist nicht zuviel behauptet, wenn man sagt, daß Hannes Ruch für die Elf Scharfrichter geradezu der Mann des Schicksals gewesen ist und ohne sein leidenschaftliches Künstlerblut, ohne den Reichtum seiner melodischen Erfindung, ohne die*

Hans Richard Weinhöppel um 1900.

> *Drolligkeit und Bizarrerie seiner Instrumentation die Elf Scharfrichter bei allem literarischen Witz ihrer anderen Begründer nur ein totgeborenes Kind geblieben wären.*[309]

Biographie

Herkunft, Familie und Ausbildung

Richard Johann Baptist Weinhöppel wurde am 29. September 1867 als Sohn des Beamten Johann Nepomuk Weinhöppel und dessen Frau Franziska, der Tochter eines Bamberger Seifensieders, in München geboren[310] und wuchs in einer geradezu modern anmutenden sechsköpfigen »Patchworkfamilie« auf: Beide Eltern hatten Söhne aus vorhergegangenen Beziehungen mit in die Ehe gebracht, der Vater den 1849 geborenen Johann Nepomuk, die Mutter den gleichaltrigen Valentin Stellpflug, 1863 war Richards leiblicher Bruder Friedrich zur Welt gekommen. Aufgrund der sehr niedrigen Einkünfte Johann Weinhöppels, der seit 1857 als Schreiber im Dienst der

---

[306] In offiziellen Zusammenhängen verwendete Weinhöppel den doppelten Vornamen Hans Richard, sonst nannte er sich schlicht Richard. In der Folge wird die kürzere Namensform verwendet.

[307] Rath, *Münchener Künstlerbrettl*, S. 367.

[308] [Die Elf Scharfrichter], in: *Frankfurter Zeitung*, 3.10.1903, StAM, Pol. Dir. 2057/3.

[309] Halbe, *Jahrhundertwende*, S. 319.

[310] Vgl. Meldebögen der Familie Weinhöppel, StadtAM, PMB W 118. Richard Weinhöppels Meldebogen trägt die gleiche Signatur.

Stadtverwaltung stand, lebte die Familie für viele Jahre in äußerst bescheidenen Verhältnissen.[311] Dennoch waren Johann Weinhöppel, selbst ein »geschmackvoller, sicherer Zeichner«, und seine »feinmusikalische Frau«[312] sehr um die Förderung der künstlerischen Begabungen ihrer Söhne bemüht: Johann Nepomuk hatte als Kind ein »entschiedenes zeichnerisches Talent«[313] gezeigt, dann jedoch eine militärische Laufbahn gewählt und 1870/71 als Offizier im Krieg gegen Frankreich gedient. Valentin ließ sich zum Bildhauer ausbilden,[314] Friedrich studierte Malerei an der *Akademie der Bildenden Künste* in München und besaß ab 1898 ein Atelier in der Schönfeldstr. 12, konnte seinen Lebensunterhalt jedoch nicht mit seiner Kunst bestreiten und trat als Kalligraph bei der Stadtverwaltung in die Fußstapfen seines Vaters.[315]

Richards Interesse dagegen galt der Musik und so begann er im Herbst 1885, nachdem er von 1878 bis 1885 das im Lehel gelegene *Wilhelmsgymnasium* besucht hatte,[316] sein Gesangsstudium an der *Königlichen Akademie der Tonkunst* in München. Weinhöppel belegte Kurse bei Karl Falkner, Hans Hasselbeck, der vor allem als Konzert- und Oratoriensänger Bekanntheit erlangt hatte, sowie bei dem angesehenen Opernsänger und Regisseur Karl Brulliot.[317] 1889 wurde er für zwei Jahre Kompositionsschüler bei Josef Rheinberger, bei dem er die Kompositionstechnik des einfachen und doppelten Kontrapunkts, des vierstimmigen Vokalsatzes sowie der Fuge und des Kanons erlernte.[318] Doch weder als Gesangs- noch als Kompositionsschüler erregte Weinhöppel besondere Aufmerksamkeit[319] und stand dem akademischen Betrieb zu dieser Zeit innerlich wohl eher fern. Ein sehr viel größeres Interesse hegte er für die Begegnung und den Austausch mit Münchens freier Künstlerschaft.

Künstlerkreise und Freundschaften

Richard Weinhöppel pflegte Kontakte zu vielen seiner berühmten Zeitgenossen, vornehmlich jenen, die er in jungen Jahren in München kennenlernte, und war mit einigen von ihnen in enger Freundschaft verbunden.[320] Auffällig viele Schriftsteller zählten zu seinem Freundeskreis, während über nähere Beziehungen zu anderen Komponisten nichts überliefert ist. Nachweislich kam er während seiner Zeit an der *Königlichen Akademie der Tonkunst* mit August Schmid-Lindner, Josef Rheinberger und Ludwig Thuille in Kontakt, später machte er die Bekanntschaft mit Richard Strauss und Bernhard Stavenhagen, der zu Beginn der *Scharfrichter*-Zeit als Komponist unter dem Pseudonym Hans Styx auf dem Münchner Brettl in Erscheinung trat, doch entwickelte sich wohl in keinem der Fälle eine nähere Verbindung.[321]

---

[311] Vgl. StadtAM, PMB W 118, und Personalakte Johann Nepomuk Weinhöppel, StadtAM, PA 7007.

[312] Franz Pocci, *Ein Münchner Meister des Liedes*, in: *MNN, Die Einkehr*, Nr. 205, 29.7.1928, S. 224.

[313] Personalakte Johann Nepomuk Weinhöppel, StadtAM, PA 7007.

[314] Vgl. Meldebogen Valentin Stellpflug, StadtAM, PMB S 321. Über Valentin Stellpflugs weiteren Werdegang ist nichts bekannt. Nicht verifizierbar ist Franz von Poccis Behauptung, Stellpflug habe »mit 17 Jahren als Bildhauer den Rompreis der Akademie in München« erhalten, vgl. Pocci, *Münchner Meister*, in: *MNN, Die Einkehr*, Nr. 205, 29.7.1928, S. 224.

[315] Vgl. den Eintrag Friedrich Weinhöppels im Matrikelbuch der *Akademie der Bildenden Künste* München, http://matrikel.adbk.de [27.6.2014]. *Thieme-Becker* listet Friedrich als Fritz Weinhöppel unter der Bezeichnung »Gebrauchsgraphiker«, vgl. *Weinhöppel, Fritz*, in: Thieme-Becker 35/36, S. 296.

[316] Vgl. Jahresberichte des *Königlichen Wilhelms-Gymnasiums zu München* 1878/79 bis 1884/85, S. 37, 33, 33, 30, 26, 27 und 22.

[317] Vgl. JB AdT 1885/86 bis 1887/88, jeweils S. 13. Zu Hasselbeck und Brulliot siehe auch *Hasselbeck, Hans*, in: Kutsch-Riemens 1, S. 1518 und *Brulliot, Karl Johann*, in: ebd. 2, S. 473.

[318] Vgl. JB AdT 1889/90 und 1890/91, jeweils S. 13. Im Jahresbericht 1888/89 taucht Weinhöppels Name nicht auf. Bedauerlicherweise finden sich in den Musikschultagebüchern Rheinbergers, in denen er die Fortschritte seiner Schüler vermerkte, bis auf den namentlichen Vermerk keine weiteren Aussagen über Weinhöppel, vgl. Auskunft des Liechtensteinischen Landesarchivs vom 7.5.2010. Zu Rheinberger siehe Bernd Edelmann, *Königliche Musikschule und Akademie der Tonkunst in München 1874–1914*, in: Stephan Schmitt (Hg.), *Geschichte der Hochschule für Musik und Theater München von den Anfängen bis 1945*, Tutzing 2005 (Musikwissenschaftliche Schriften der Hochschule für Musik und Theater München, 1), S. 175–180.

[319] Besondere Leistungen der Studierenden wurden etwa durch öffentliche Belobigungen oder die Aufführungen ihrer Kompositionen bei den Jahresabschlusskonzerten hervorgehoben.

[320] Neben den im Folgenden erwähnten wichtigsten Freunden und Bekannten Weinhöppels pflegte er auch Kontakte zu Hans Brandenburg, Elsa Bruckmann, Anna Croissant-Rust, Richard Dehmel, Anton und Lotte Dreßler, Gustav Falke, Karl Henckell, Artur Kutscher, Carl Georg von Maassen, Kurt Martens, Emil Meßthaler, Erich Mühsam, Adele Sandrock, Frieda Strindberg, Ludwig Thoma und vielen anderen.

[321] Vgl. Weinhöppel an Rheinberger, 17.11.1890, BSB, Rheinbergeriana I 15/70. Ein Brief Frank Wedekinds an Baron von Grote vom

Seine frühesten Kontakte zur Münchner Künstlerszene knüpfte Weinhöppel Ende der 1880er Jahre, als er sich dem Kreis der *Münchner Modernen* um den naturalistischen Schriftsteller Michael Georg Conrad anschloss. Als Mitglied des 1890 von Conrad gegründeten Literatur- und Theatervereins *Gesellschaft für modernes Leben* nahm Weinhöppel an verschiedenen Veranstaltungen der Vereinigung teil. Seine Selbstdarstellung als »Gründungsmitglied« und »musikalischer Leiter«[322] der Vortragsabende ist jedoch sicherlich übertrieben, zumal sein Name im Kontext der *Gesellschaft für modernes Leben* nur selten auftaucht. Sicher belegt ist seine Mitwirkung bei Hanns von Gumppenbergs Ibsen-Parodie *Die Frau von der Isar*, die beim Sommerfest der *Gesellschaft* am 13. Juli 1891 in den Räumen der *Isarlust* gegeben wurde.[323] Außerdem trat Weinhöppel am 30. Oktober des gleichen Jahres bei einem Vortragsabend zu Ehren Detlev von Liliencrons mit zwei selbstkomponierten Vertonungen der Liliencronschen Gedichte *Zu spät* und *Die gelbe Blume Eifersucht* auf.[324] Den Autor hatte Weinhöppel im Conrad-Kreis kennengelernt, wie auch seinen späteren *Scharfrichter*-Kollegen Hanns von Gumppenberg, der in seinen Memoiren über Weinhöppel schreibt:

Seine allgemeine Vorbildung war nur fragmentarisch, aber was ihm da fehlte, ersetzte er durch autodidaktische Gewandtheit und schöpferische Fantasie. […] persönlich liebenswürdig, hatte er zudem etwas Genialisches, vor allem als Tondichter, obschon auch da seine Ausbildung begrenzt blieb; quellfrische Begabung und Gefühlsintuition ersetzten bei ihm das Schulmässige.[325]

Für Oskar Panizza, ein weiteres Mitglied der *Gesellschaft für modernes Leben*, hegte Weinhöppel eine glühende Verehrung:

Seine Schriften kannten wir fast ausnahmslos; sie fesselten uns in demselben Grade, wie sie uns befremdeten. […] Ich war bald ganz im Banne dieses wunderlichen Menschen und suchte seine Gesellschaft, wo ich nur konnte; damals stagnierte meine mit Vehemenz und Selbstgefälligkeit begonnene Produktivität vollkommen: so rückständig kam ich mir diesem Alleswisser gegenüber vor. Willenlos überließ ich mich ganz dem heimlichen Grauen, das mir dieser vielgewandte, vielverschlagene Phantast weckte.[326]

Aus der Bekanntschaft mit dem Schriftsteller Otto Julius Bierbaum, der ebenfalls dem Conrad-Kreis angehörte, erwuchs eine enge und produktive Freundschaft, aus der das 1904 im *Deutschen Theater* in München aufgeführte Faschingsspiel *Deutsche Volkslieder* sowie die gemeinsame Arbeit an dem unvollendeten Opernprojekt *Der Musenkrieg* hervorging. Eine ebenfalls intensive und dauerhafte Freundschaft entwickelte sich zwischen Weinhöppel und dem Schriftsteller Max Halbe, den er im Sommer 1892 kennenlernte, als er ihm im Auftrag Wedekinds dessen Drama *Frühlings Erwachen* (1891) überbrachte.[327] Halbe schreibt über das Treffen:

Ich hatte schon bei unserer ersten Begegnung, damals in Ammerland, viel Gefallen an dem jungen stürmischen Musikanten gefunden, der mit seinen tolpatschigen Bewegungen und seiner zurückgeworfenen Mähne lebhaft an einen jungen Neufundländer oder Bernhardiner erinnerte.[328]

1901 war Weinhöppel erneut in Ammerland am Starnberger See, wo er gemeinsam mit Halbe, Eduard von Keyserling und Lovis Corinth den Sommer verbrachte. »Es waren

---

8.8.1896 lässt darauf schließen, dass Richard Strauss Weinhöppel kannte, vgl. MSB Mon., Wedekind, Frank A I/2.

[322] Hannes Ruch, *Wer ist Oskar Panizza?*, in: Oskar Panizza, *Visionen der Dämmerung*, München 1914, S. VII.

[323] Vgl. Gumppenberg, *Lebenserinnerungen*, S. 196.

[324] Vgl. *Ankündigung des 6. Vortragsabends der Gesellschaft für modernes Leben*, in: *Moderne Blätter. Wochenschrift der Gesellschaft für modernes Leben* 30 (1891), S. 8.

[325] Gumppenberg, *Lebenserinnerungen*, S. 97. Zu den Kontakten zu Liliencron und Anna Croissant-Rust vgl. die Briefe Liliencrons an Weinhöppel vom 7.4.1892 und 8.12.1903, und den Brief Weinhöp-

pels an Croissant-Rust vom 9.12.1920, MSB Mon., Liliencron, Detlev von A III/2 und III/3, und Weinhöppel, Hans R. A III/2.

[326] Ruch, *Panizza*, S. IXf.

[327] Vgl. Halbe, *Jahrhundertwende*, S. 315.

[328] Ebd., S. 319.

Abende von einer Fröhlichkeit, Unbeschwertheit, Ausgelassenheit, die kaum wieder ihresgleichen haben sollten«,³²⁹ so erinnerte sich Max Halbe. Weinhöppel wurde Mitglied in Halbes Kegelclub *Unterströmung*, dem u. a. Artur Kutscher, Emanuel von Bodmann, Georg Stollberg sowie die *Scharfrichter* Max Langheinrich und Frank Wedekind angehörten.³³⁰ Nach Weinhöppels Tod 1928 blieb seine Witwe Anna noch viele Jahre bis zu Halbes Ableben 1944 in herzlicher Freundschaft mit diesem verbunden.³³¹

Vielen seiner prominenten Zeitgenossen begegnete Weinhöppel im Rahmen des *Scharfrichter*-Theaters sowie in Josef Ruederers Intellektuellenclub *Nebenregierung*, der seit etwa 1893 im *Café Minerva* in der Adalbertstraße seine Sitzungen abhielt.³³² Auch zu verschiedenen bildenden Künstlern pflegte Weinhöppel Verbindungen, so etwa zu dem Landschafts- und Genremaler Heinrich Rettig, der später als Armandus Nacht auf der Bühne der *Scharfrichter* mitwirkte. Ein Aquarell-Porträt, das Rettig von Weinhöppel anfertigte, war 1898 bei der Jahresausstellung im Münchner *Glaspalast* zu sehen.³³³

Eine besonders enge Freundschaft verband Weinhöppel mit Frank Wedekind, den er im Juli 1889 im Münchner *Hofbräuhauskeller* kennengelernt hatte. 1892 verbrachten die beiden eine längere Zeit in Paris und legten dort den Grundstein für ihre lebenslange intime Verbundenheit, über die Wedekinds Frau Tilly später vermerkte, dass sie die wichtigste Freundschaft im Leben ihres Mannes gewesen sei.³³⁴ Durch die Vermittlung Wedekinds machte Weinhöppel auch die Bekanntschaft mit dem Wiener Schriftsteller Karl Kraus.³³⁵ Als 1906, nach dem Ende des Münchner Brettls, einige der *Scharfrichter*-Mitglieder in Wien ein neues Kabarett gründeten, schrieb Kraus in der *Fackel*: »[D]er echte Wert der nach Wien geretteten Scharfrichterei schien mir […] ausschließlich in der Mitarbeit des vorzüglichen Musikers Hannes Ruch zu liegen.«³³⁶ Auch zu Peter Altenberg, der, wie anfänglich auch Kraus, die Aktivitäten der neuen Wiener Brettlbühne mit großer Begeisterung verfolgte, entwickelte sich ein herzlicher Kontakt. In einem Brief an Weinhöppel schrieb Altenberg: »Ich verehre Dich mehr als Du es je ahnen wirst, denn Du bist das Allerseltenste, was es überhaupt gibt: Naturkraft und modernste Empfindsamkeit zugleich!«³³⁷ Im Wiener *Kabarett Fledermaus* traf Weinhöppel mit zahlreichen namhaften Künstlern wie dem Architekten Josef Hoffmann und den Malern Oskar Kokoschka und Gustav Klimt zusammen. Mit großer Wahrscheinlichkeit machte er hier auch die Bekanntschaft mit der Ausdruckstänzerin Grete Wiesenthal, die 1908 auf dieser Bühne ihren ersten öffentlichen Auftritt hatte und damit den Grundstein für ihre spätere Karriere legte.³³⁸ Für sie sollte Weinhöppel einige Jahre später zusammen mit Hugo von Hofmannsthal die Pantomime *Das fremde Mädchen* schreiben.

Die hier skizzierten Beziehungen Weinhöppels zu renommierten Persönlichkeiten seiner Zeit und die zahlreichen positiven Erwähnungen seiner Person belegen, dass er von vielen nicht nur als Mensch geschätzt, sondern auch als Künstler ernstgenommen wurde.

Der Bohemien

Weinhöppels Werdegang in den Jahren von seiner Parisreise 1891 bis zu seiner Festanstellung am Kölner Konservatorium 1906 erweist sich in vielerlei Hinsicht als die geradezu beispielhafte Biographie eines Bohemien der Jahrhundertwende. Seine antibürgerliche Einstellung manifestierte sich

---

³²⁹ Ebd., S. 329.

³³⁰ Vgl. ebd., S. 384f.

³³¹ Vgl. die Briefe Anna Weinhöppels an Max Halbe aus den Jahren 1928 bis 1938, MSB Mon., MH B 323.

³³² Vgl. Müller-Stratmann, *Ruederer*, S. 67.

³³³ Vgl. Münchener Künstler-Genossenschaft (Hg.), *Offizieller Katalog der Münchener Jahres-Ausstellung 1898 im Kgl. Glaspalast*, München 1898, S. 121. Über den Verbleib des Bildes ist nichts bekannt.

³³⁴ Vgl. Judith Kemp, *Die beiden Unzertrennlichen. Die Freundschaft zwischen Frank Wedekind und Richard Weinhöppel*, in: Waldemar Fromm, Wolfram Göbel und Kristina Kargl (Hg.), *Freunde der Monacensia e. V., Jahrbuch 2014*, München 2014, S. 69–83.

³³⁵ Vgl. Wedekind [u. a.] an Kraus, 28.12.1905, in: Kraus, Wedekind, *Briefwechsel*, S. 55.

³³⁶ Kraus, *Nachtlicht*, S. 18.

³³⁷ Altenberg an Weinhöppel, [o. D.], MSB Mon., Altenberg, Peter A III/3.

³³⁸ Vgl. Alexandra Steiner-Strauss, Claudia Feigl, *Biographien*, in: Buhrs, Lesák, Trabitsch (Hg.), *Kabarett Fledermaus*, S. 237.

u. a. in seinen kultivierten »Verrücktheiten«[339] oder äußerlichen Aspekten wie einer programmatischen Unordnung.[340] Er selbst sah sich in erster Linie als »Künstler, u. vor allem […] Lebenskünstler«[341] und wurde von vielen seinen Zeitgenossen auch als solcher wahrgenommen. So schildert der Münchner Schriftsteller Oscar A. H. Schmitz in seinem Tagebuch ein Treffen mit Weinhöppel 1896:

Ich saß bis heute morgen um 4 Uhr mit […] dem Komponisten Weinhöppel beim Wein. Dieser Mensch ist für mich ein Ereignis. Robust, schön, très mâle, wirkt unendlich auf Frauen, ist dabei von ausgesuchter Noblesse im Umgang, scheint bon garçon zu sein. […] Er genießt das Dasein wirklich aus dem Vollen […].[342]

Der Schriftsteller Georg Fuchs beschreibt ihn in seiner Lebensrückschau *Sturm und Drang in München um die Jahrhundertwende* als »echten« Bohemien und »genialische[s] Zigeunertemperament« und verweist auf einen weiteren typischen Boheme-Aspekt in Weinhöppels Biographie – die Vagabundage:

Hans Richard Weinhöppel [war, J.K.] *[…] eine Erscheinung im Stile des Montmartre-Zigeunertums von ehedem. […] er verschwand dann und wann irgendwohin und war dann ebenso plötzlich wieder da unter Verwischung aller Spuren, die es gestattet hätten, irgendeinen Zusammenhang in sein Erdendasein zu bringen.*[343]

Wanderleben

Über viele Jahre führte Weinhöppel ein abenteuerliches Wanderleben mit Stationen in großen Metropolen der Moderne wie Paris, New Orleans, Wien und Berlin. Seine Rastlosigkeit war häufig keineswegs freiwillig gewählt, sondern vielmehr durch äußere Umstände wie die permanente finanzielle Not und die immerwährende Hoffnung auf Erfolg an einem neuen Ort bestimmt.

Nachdem Weinhöppel 1891 die *Akademie der Tonkunst* verlassen hatte, reiste er zwischen November 1891 und April 1892[344] nach Paris, die schillerndste europäische Weltstadt des ausgehenden 19. Jahrhunderts, wo er mit Unterbrechungen bis zum Herbst 1892 blieb. Tagsüber widmete er sich seinen Gesangsübungen mit dem polnischen Tenor Władysław Mierczwiński alias Henri Amsel[345] und einem gewissen Herrn »Derval«[346] – wahrscheinlich dem englischen (?) Bassisten Orme Darvall, mit dem er die Musikdramen Richard Wagners studierte.[347] Die Nächte aber gehörten den wilden erotischen Streifzügen mit Frank Wedekind, der sich

---

[339] Oscar A. H. Schmitz, *Das wilde Leben der Bohème. Tagebücher 1896–1906*, hg. v. Wolfgang Martynkewicz, Bd. 1, Berlin 2006, S. 17.

[340] Vgl. Weinhöppel an Bierbaum, 21.12.1904, MSB Mon., OJB B 250. Siehe hierzu auch das Kapitel »Die Wohnung des Bohemiens« in Helmut Kreuzer, *Die Boheme. Beiträge zu ihrer Beschreibung*, Stuttgart 1968, S. 161–169.

[341] Weinhöppel an Wedekind, 15.3.1905, MSB Mon., FW B 180.

[342] Schmitz, Tagebucheintrag, 10.12.1896, in: Schmitz, *Wilde Leben*, S. 13.

[343] Georg Fuchs, *Sturm und Drang in München um die Jahrhundertwende*, München 1936, S. 117.

[344] Laut der Ankündigung des Liliencron-Abends der *Gesellschaft* war Weinhöppel Ende Oktober noch in München, vgl. *Ankündigung des 6. Vortragsabends der Gesellschaft für modernes Leben*, S. 8. In Wedekinds Pariser Tagebuch, das ab dem 30.4.1892 erhalten ist, ist Weinhöppel gleich in diesem ersten Eintrag in einer Weise erwähnt, die darauf schließen lässt, dass sich Weinhöppel bereits einige Zeit in Paris aufhielt, vgl. Frank Wedekind, *Pariser Tagebuch 30.4.1892–23.1.1894*, Online-Publikation sämtlicher Tagebücher in Transkriptionsfassungen, http://frankwedekind-gesellschaft.de [30.7.2014].

[345] Vgl. Pocci, *Münchner Meister*, in: *MNN, Die Einkehr*, Nr. 205, 29.7.1928, S. 224. Vgl. auch die Tagebucheinträge Wedekinds vom 1., 29.5. und 3.8.1892 in: Wedekind, *Pariser Tagebuch*. Die bisher auch in der Wedekind-Forschung ausstehende Auflösung des Pseudonyms gelang durch den folgenden Hinweis in einer Zeitungskritik: »Monsieur Ladislas Mierzwinski, whose name will be softened into Monsieur Amsel Henri«, *France*, in: *The Orchestra* 510 (1873), S. 220.

[346] Wedekind, Tagebucheintrag, 3.8.1892, in: Wedekind, *Pariser Tagebuch*.

[347] Vgl. Wedekind, Tagebucheintrag. 3.8.1892, ebd. »Derval« ist wahrscheinlich der Bassist Orme Darvall. Wedekinds Anmerkung, Derval sei am *Covent Garden Opera House* in London aufgetreten, trifft auch auf Darvall zu, vgl. J. P. Wearing, *The London Stage, 1890–1899. A calender of plays and players*, Bd. 1, Metuchen und New York 1976, S. 37 und 55.

seit Dezember 1891 ebenfalls in Paris aufhielt.[348] Als sich im Herbst 1892 die Hoffnung auf ein Engagement als Kapellmeister in einem Pariser Café Chantant, das ihm »so gut als sicher versprochen«[349] worden war, nicht erfüllt hatte, nahm er das Angebot an, als Kapellmeister oder Chordirigent[350] an das *French Opera House* in New Orleans zu gehen, um »bei kläglichem Salair für seine Pariser Sünden Buße«[351] zu tun. Im Oktober oder November 1892 verließ Weinhöppel Paris und schiffte sich in Cherbourg nach Amerika ein.[352]

Obgleich New Orleans mit gut 250.000 Einwohnern um 1895 deutlich kleiner war als die französische Millionenmetropole Paris (und sogar als die bayerische Landeshauptstadt), gab sich die multikulturelle, florierende Hafenstadt doch kaum weniger weltmännisch.[353] Besonders in kultureller Hinsicht genoss New Orleans als das »Paris of America«[354] eine Ausnahmestellung unter den US-amerikanischen Städten, die sich in erster Linie auf die herausragenden Theater- und Opernvorstellungen gründete.[355] Die bedeutendste Rolle spielte dabei das 1859 eröffnete *French Opera House* als eines der größten und wichtigsten nordamerikanischen Opernhäuser im 19. Jahrhundert, das erstklassige, internationale Künstler verpflichtete und zahlreiche amerikanische Erstaufführungen präsentierte.[356] Ob und in welcher Funktion Weinhöppel an diesem Haus tätig war, ist nicht zu ermitteln, und auch sonst ist über seinen Aufenthalt in Amerika so gut wie nichts bekannt.[357] Mit Sicherheit kam Weinhöppel hier jedoch mit einer vollkommen neuartigen Musikrichtung in Berührung, die der Oper als dem wichtigsten Musikgenre der Stadt bald den Rang ablaufen sollte: dem Jazz. Tatsächlich fällt sein Aufenthalt exakt in jene Dekade, in der aus der Tradition der New Orleanser Militär- und Blaskapellen und den noch recht jungen schwarzen Marching Bands, aus unterschiedlichen musikalischen Gattungen wie der Kirchenmusik, synkopierten Coon-Songs, Militärmärschen und Volksliedern und der zunehmenden Beschäftigung mit der musikalischen Improvisation sich jener neue Stil entwickelte, der New Orleans zur Geburtsstadt des Jazz machen sollte.[358] Spuren von Weinhöppels Begegnung mit dem frühen Jazz finden sich später in dem bei den *Elf Scharfrichtern* aufgeführten Cakewalk *Rastus on Parade* wieder.

Der Aufenthalt in New Orleans entwickelte sich für Wein-

---

[348] In seinem Tagebuch verzeichnet Wedekind von Ende April bis Anfang August 1892 neunzehn Treffen mit Weinhöppel.

[349] Wedekind, Tagebucheintrag, 3.8.1892, in: Wedekind, *Pariser Tagebuch*.

[350] Weinhöppel selbst bezeichnet das Engagement als Kapellmeisterstelle, Wedekind spricht von einer Chordirigentenposition, vgl. Hans Richard Weinhöppel, *Erinnerungen an Frank Wedekind. Aus dem Nachlaß von Hans Richard Weinhöppel*, in: *Kölnische Zeitung*, Nr. 179, 31.3.1931, und Wedekinds Brief an Karl Henckell vom 9.1.1893 in: Wedekind, *Briefe 1*, S. 245. Möglicherweise wurde Weinhöppel die Stelle über den oben erwähnten Orme Darvall und dessen Engagement am *French Opera House* in New Orleans vermittelt. Orme Darvall reiste Ende September 1892 mit einer Gruppe Pariser Schauspieler und Opernsänger nach New Orleans, vgl. die Anfrage »Darvall« auf http://familyserach.org [25.6.2014], und *Französische Oper*, in: *New Orleanser Deutsche Zeitung*, Nr. 12.436, 20.10.1892, S. 8.

[351] Wedekind an Henckell 9.1.1893 in: Wedekind, *Briefe 1*, S. 245.

[352] Zur Bestimmung des Reisezeitpunkts: Ein Brief Bierbaums an Wedekind vom 25.9.1891 legt die Vermutung nahe, dass Weinhöppel sich Ende September 1902 noch in Paris aufhielt, vgl. MSB Mon., FW B 16. Der Brief ist hier fälschlich auf das Jahr 1891 datiert. Weinhöppels Meldebogen im Stadtarchiv München datiert seine Abfahrt auf den 10.11.1892, StadtAM, PMB W 118. Der genaue Zeitpunkt seiner Reise oder Details über seine Tätigkeit am *French Opera House* konnten trotz umfassender Nachforschung nicht ermittelt werden. Recherchen in Ira A. Glazier und William P. Filby (Hg.), *Germans to America. List of Passengers arriving at U.S. Ports*, Wilmington, Del. 1988–2002, bei der *New Orleans Opera Association* (briefliche Auskunft vom 11.2.2010) und der *Historic New Orleans Collection* (briefliche Auskunft vom 6.3.2010), sowie diversen Internetdatabases wie http://ancestry.com, http://familysearch.org und http://ellisisland.org [alle 7.1.2014] blieben ohne Ergebnis. Zu seinem Abfahrtshafen Cherbourg vgl. Weinhöppel, *Wedekind*, in: *Kölnische Zeitung*, Nr. 179, 31.3.1931.

[353] Vgl. John Joyce, *New Orleans*, in: Stanley Sadie (Hg.), *The New Grove Dictionary of Music and Musicians*, Bd. 17, London [u. a.] 2001, S. 809.

[354] Ebd., S. 809.

[355] Vgl. John Kendall, *History of New Orleans*, Chicago und New York 1922, S. 720.

[356] Vgl. Joyce, *New Orleans*, S. 809.

[357] Mit der vollständigen Zerstörung des Opernhauses durch einen Brand im Dezember 1919 wurde der Großteil administrativer Unterlagen, die Weinhöppels Mitwirkung hätten belegen können, vernichtet, vgl. Auskunft der *New Orleans Opera Association* vom 7.2.2010. Auch Stichproben der *New Orleanser Deutsche Zeitung* blieben ergebnislos, vgl. http://news.google.com/newspapers [25.6.2014].

[358] Vgl. Joyce, *New Orleans*, S. 810f.

höppel jedoch, besonders in finanzieller Hinsicht, nicht in gewünschter Weise, und so reiste er 1896 gemeinsam mit seiner zukünftigen Frau, der Amerikanerin Stella Brokow, nach München zurück.[359] Über den Heimkehrer schreibt Max Halbe:

Als er Ende 1896 wieder in München auftauchte, hatte er in dem hitzigen halbtropischen Klima von Louisiana, unter französischen Kreolen und Kreolinnen […] in diesem von Sinnlichkeit und Verruchtheit dampfenden Hexenkessel, soviel persönlichen und künstlerischen Lebensstoff aufgenommen, daß er fortan als ein Eigener dastand, in der Kunst wie im Leben.[360]

Satirischer klingt der Kommentar seines *Scharfrichter*-Kollegen Heinrich Lautensack: »Seine Erfahrungen in Amerika sind sein faible. Donnerwetter. Wenn es nach Hannes Ruch geht, giebt es in Amerika nichts als Neger.«[361] Die Zeit der *Elf Scharfrichter* war angebrochen und sie sollte zur wichtigsten kompositorischen Schaffensperiode Weinhöppels werden. Doch mit dem Ende des Ensembles im Mai 1904 sah sich der Komponist gezwungen, sein Wanderleben nach sechseinhalbjähriger Unterbrechung wieder aufzunehmen. Unter mysteriösen Umständen, möglicherweise wegen eines Zerwürfnisses mit seiner Frau Stella, verließ er im März München. Selbst engen Freunden wie Otto Julius Bierbaum verheimlichte er die Gründe für seinen fluchtartigen Umzug und seinen Aufenthaltsort, seine Korrespondenz und Geschäfte ließ er über einen österreichischen Rechtsanwalt abwickeln.[362] Sein Weg führte ihn nach Italien, zunächst nach Neapel und im Oktober 1904 nach Rom, wo er bis ins Frühjahr 1905 bleiben sollte.[363] Was als inspirierende Arbeitsreise begonnen hatte, während der Weinhöppel intensiv an der Oper *Der Musenkrieg* komponierte, endete in einem Debakel, als Weinhöppels Mäzen, Kommerzienrat Arendt, der ihm für zwei Jahre ein Stipendium zugesagt hatte, ihm im September 1904 die Mittel strich.[364] Wie in Paris und New Orleans stand Weinhöppel ein weiteres Mal vor dem finanziellen Aus.[365] Sein Umzug nach Berlin, wo er fest damit rechnete, »Carriere zu machen«[366] und eine Anstellung am *Sternschen Konservatorium* erhielt, brachte keine Verbesserung der Situation.[367] Im Oktober 1905 ging es ihm finanziell so schlecht, dass er Wedekind brieflich um die beträchtliche Summe von »mindestens 150 Mark«[368] bat. In seiner Verzweiflung wandte Weinhöppel sich erneut der Kleinkunstbühne zu, die sich schon einmal als ertragreiches Arbeitsfeld erwiesen hatte. Gemeinsam mit Marc Henry, Marya Delvard und anderen ehemaligen *Scharfrichter*-Kollegen gründete er im Januar 1906 in Wien das *Kabarett Nachtlicht*, das bis Mai 1907 existierte, und arbeitete auch in dessen Nachfolgeprojekt, dem im Oktober 1907 eröffneten *Kabarett Fledermaus*, mit.[369] In dieser Zeit pendelte er zwischen Wien und Köln, wo er seit April 1906 eine Stelle als Gesangslehrer am Konservatorium innehatte.[370] Das Engagement an der *Rheinischen Musikschule* verbesserte Weinhöppels

---

[359] Ab dem 31.7.1896 ist Weinhöppel wieder in München gemeldet. Zu seinem finanziellen Misserfolg und seinem problematischen Aufenthalt in den USA vgl. Ruch, *Panizza*, S. X, und den Brief Wedekinds an Weinhöppel vom 8.10.1897, in: Wedekind, *Briefe 2*, S. [285].

[360] Halbe, *Jahrhundertwende*, S. 318.

[361] Heinrich Lautensack, *Hans Richard (Scharfrichter Hannes Ruch)*, in: *Scharfrichter Musenalmanach*, [o. S.].

[362] Vgl. Weinhöppel an Bierbaum, 10.3., 26.4., 1.6., 1.12.1904, MSB Mon., OJB B 250.

[363] Vgl. Weinhöppel an Gumppenberg, 16./17.5.1904, und an Bierbaum, 1.12.1904, und Wedekind, Tagebucheintrag, 24.5.1905, in dem er ein Treffen mit Weinhöppel in München verzeichnet, MSB Mon., Weinhöppel, Hans R. A I/1, und OJB 250; Frank Wedekind, *Tagebücher 1904–1918*, Online-Publikation sämtlicher Tagebücher in Transkriptionsfassungen, http://frankwedekind-gesellschaft.de [30.7.2014].

[364] Möglicherweise wegen eines Verhältnisses seiner Frau mit Weinhöppel, das nachgewiesen, aber zeitlich nicht klar zuzuordnen ist.

[365] Vgl. Weinhöppel an Bierbaum, 1.12.1904, MSB Mon., OJB B 250.

[366] Weinhöppel an Wedekind, 8.10.1905, MSB Mon., FW B 180.

[367] Vgl. die Liste der Lehrenden des *Stern'schen Konservatoriums*, Forschungsprojekt *Berlin als Ausbildungsort* des Instituts für Musikwissenschaft der *Universität der Künste* Berlin, http://udk-berlin.de [25.6.2014].

[368] Weinhöppel an Wedekind, 8.10.1905, MSB Mon., FW B 180.

[369] Vgl. Lunzer, Lunzer-Talos, *Vorläufer*, in: Buhrs, Lesák, Trabitsch (Hg.), *Kabarett Fledermaus*, S. 35–49.

[370] Weinhöppel an Bierbaum, 21.2.1906, MSB Mon., OJB B 250.

Richard Weinhöppel 1927, ein Jahr vor seinem Tod, am Vierwaldstättersee, MSB Mon. MH_B324.

finanzielle Lage deutlich und 1908 konnte er, mit inzwischen 41 Jahren, sein unstetes und aufreibendes Boheme-Leben endlich beenden. Mit seiner dritten Frau Änne, einer Gesangsschülerin, ließ er sich in Köln häuslich nieder und widmete sich nun ganz seiner Tätigkeit als Dozent und Komponist.[371] 1919 erlitt Weinhöppel einen Schlaganfall und wurde von seiner Lehrtätigkeit am Konservatorium beurlaubt. Um sich von seiner Erkrankung zu erholen, verbrachte er die Monate von Juli 1920 bis zum Sommer 1921 in Partenkirchen, wo er durch Vermittlung von Tilly Wedekind im *Haus Zufriedenheit* des Schauspielers Albert Steinrück unterkam.[372] Nach weiteren Jahren in Köln kehrte er zuletzt nach München, an den Ausgangspunkt seines aufregenden Wanderlebens zurück, wo er am 10. Juli 1928 verstarb und am 16. Juli auf dem Waldfriedhof beigesetzt wurde. Das Grab existiert heute nicht mehr.

Der Libertin

Auch sein ausschweifender erotischer Lebenswandel und die damit verbundene Abkehr von der bürgerlichen Vorstellung der Monogamie weisen Weinhöppel als typischen Bohemien aus.[373] Mehrere seiner Zeitgenossen beschreiben ihn in ihren Erinnerungen als ausgesprochenen Libertin, allen voran Georg Fuchs in seiner poetisch stark ausgeschmückten Schilderung:

> *»Das Weib« wars, dem er als Mann wie als Künstler restlos verfallen war und das er sich verfallen fühlte: das Weib an und für sich. Was viele an dem »Don Juan« der Mozartoper nicht verstehen können: daß die Frauen wissen, wie wenig es die Einzelne sei, die ihn jeweils entflammt, sondern immer das Weib in seiner Allheit, und daß daher Dauer und »Treue« bei ihm von vornherein unmöglich sind, und daß die Frauen ihm trotzdem ja eben deshalb erst recht immer wieder verfallen – das gab auch ihm seinen Zauber. Er machte auch keine »unglücklich«, denn er war kein »Herzensbrecher«, sondern schonte mit einem seltsam verfeinerten Zartgefühl das tiefere Empfindungsleben der Frau [...]. Und die er verließ, die blieben ihm alle gut. Er fand das auch ganz in Ordnung so, denn – so*

---

[371] Im Dezember 1907 verließ Weinhöppel das *Kabarett Fledermaus*, vgl. Georg Wacks, *Die Musik im Kabarett Fledermaus*, in: Buhrs, Lesák, Trabitsch (Hg.), *Kabarett Fledermaus*, S. 133.

[372] Vgl. Wedekind, *Lulu*, S. 221, und Brief Weinhöppels an Croissant-Rust vom 9.12.1920, MSB Mon., Weinhöppel, Hans R. A III/2.

[373] Vgl. Elisabeth Kleemann, *Zwischen symbolischer Rebellion und politischer Revolution. Studien zur deutschen Boheme zwischen Kaiserreich und Weimarer Republik – Else Lasker-Schüler, Franziska Gräfin Reventlow, Frank Wedekind, Ludwig Derleth, Arthur Moeller van den Bruck, Hanns Johst, Erich Mühsam*, Frankfurt a. M. [u. a.] 1985 (Würzburger Hochschulschriften zur neueren deutschen Literaturgeschichte, 6), S. 17.

argumentierte er – sie verdankten ihm ja das schönste Erlebnis ihres ganzen Daseins.[374]

Weinhöppels Liebesleben hinterließ jedoch nicht nur in der Memoirenliteratur seiner Zeitgenossen Spuren, sondern inspirierte auch verschiedene Autoren aus seinem Bekanntenkreis, darunter Frank Wedekind für seine 1897 und 1901 entstanden Dramenskizzen *Schema eines Dramas* und *Blanka Burkhart*. Letztere sollte Weinhöppels Ehe mit der Amerikanerin Stella Brokow behandeln, doch gelangte der Entwurf nicht über eine erste ausgearbeitete Szene hinaus.[375] Aufschlussreicher ist das *Schema eines Dramas*, vier stichpunktartig notierte Akte über Wedekinds und Weinhöppels Beziehungen und Affären.[376] Drastische Szenen wie der Tausch der Geliebten oder deren Prostitution mögen fiktiv anmuten, entspringen jedoch nicht allein Wedekinds Phantasie, sondern gehen zum großen Teil auf reale Erlebnisse zurück. Besonders während ihrer gemeinsamen Zeit in Paris hatten die beiden Freunde reichlich Gelegenheit, ihre erotischen Wünsche auszuleben.[377] Unter Anleitung von Wedekind erhielt der Libertin Weinhöppel hier seinen letzten »Schliff«[378] – nicht ohne anfängliche Schwierigkeiten: Unverhohlen spottet Wedekind in seinem Tagebucheintrag vom 25. Juli 1892 über Weinhöppels Bemühungen, trotz erheblicher sprachlicher Schwierigkeiten die Gunst einer Varieté-Tänzerin zu erwerben:

Sie spricht ein so rasches Pariser Französisch, daß es mir selbst schwer wird <,> sie zu verstehen. Weinhöppel versucht ihr ein Compliment über ihre Ohren zu machen, das aber eine unglückliche Wendung nimmt, daß ich mich in's Mittel lege. [...] Sie kommt zurück und Weinhöppel, weitere Conversationsversuche aufgebend, wirft sich in eine heldenhafte und zugleich schmachtende Pose. Seine Augen werden kleiner, seine Mundtheile treten hervor und auf der niedren Stirn lagert sich eine vielverheißende Wetter-| wolke. Dabei versetzt er [...] ihr hin und wieder einen Rippenstoß <,> um sie von der Heftigkeit seiner Empfindung zu überzeugen. Den nächsten Walzer tanzt er mit ihr.[379]

Weinhöppels anfängliche Scheu sowie etwaige moralische Bedenken gegenüber den Pariser Halbweltdamen legten sich rasch. Die neu entdeckte Freizügigkeit ging sogar so weit, dass die beiden Männer sich ihre erotischen Abenteuer nicht nur gegenseitig erzählten, sondern sie auch teilten, wie Wedekind in ungeschminkter Drastik und gleichzeitig skurriler Sachlichkeit in seinem Tagebuch beschreibt.[380] Die enge Freundschaft der beiden mag der Grund gewesen sein, dass der Autor sich letztlich dagegen entschied, das Privatleben Weinhöppels in seinem Werk zu thematisieren, und es bei den Skizzen beließ.

Andere Autoren, die Weinhöppel weniger nahe standen, hatten geringere Hemmungen, seine zum Teil abenteuerlichen erotischen Erlebnisse in ihren Werken zu verarbeiten. So basiert die Erzählung *Die Geliebte des Teufels* aus dem Zyklus *Haschisch* (1902) von Oscar A. H. Schmitz auf einer mysteriösen Episode aus Weinhöppels Zeit in New Orleans, einem Stelldichein, das auf Wunsch der ihm unbekannten Frau in einem vollkommen verdunkelten Raum stattfand.[381] Eine andere, kaum weniger kuriose Begebenheit inspirierte ein paar Jahre später Josef Ruederer zu seiner Novelle *Das Grab des Herrn Schefbeck* (1909), in der eine Witwe das luxuriöse Grab ihres Gatten verkauft, um mit ihrem Liebhaber ein sorgenfreies Leben führen zu können.[382] Neben einem

---

[374] Fuchs, *Sturm und Drang*, S. 118f. Vgl. auch Hüsgen, *Elf Scharfrichter*, MSB Mon., L 3573, und Halbe, *Jahrhundertwende*, S. 319.

[375] Vgl. [Kommentar zu »Blanka Burkhart«], in: Wedekind, KSA 4: *Der Kammersänger* [u.a.], hg. v. Elke Austermühl, Darmstadt 1994, S. 695.

[376] Vgl. Frank Wedekind, *Schema eines Dramas*, in: Wedekind, KSA 4, S. 304–307 und 656–662.

[377] Vgl. Wedekind, *Pariser Tagebuch*.

[378] Bereits in München hatte Weinhöppel das Leben eines Schwerenöters geführt, vgl. Wedekind, Tagebucheintrag, 8.5.1892: »Auf meiner Stube angelangt liest er mir noch einige Briefe von Geliebten aus München vor«, Wedekind, *Pariser Tagebuch*.

[379] Wedekind, Tagebucheintrag, 25.7.1892, ebd.

[380] Vgl. etwa Wedekind, Tagebucheintrag, 22.12.1892, ebd.

[381] Vgl. Schmitz, *Wilde Leben*, S. 17, S. 374, und Oscar A. H. Schmitz, *Die Geliebte des Teufels*, in: Ders., *Haschisch: Erzählungen*, 4. Aufl., München 1913, S. 11–33.

[382] Vgl. Josef Ruederer, *Das Grab des Herrn Schefbeck*, München 1912, und Müller-Stratmann, *Ruederer*, S. 380f.

Zeitungsartikel hatte auch eine Affäre Weinhöppels – ausgerechnet mit der Frau seines Mäzens Arendt – den Anstoß zu diesem Text gegeben, wie Ruederer schreibt:

Der neue Schefbeck heißt Commerzienrat Arendt; er starb just vor einem Jahre, der Liebhaber der Frau ist Herr Komponist Weinhöppel. Die erst fidele, jetzt aber sehr geknickte Witwe möchte das pompöse Grab gerne verkaufen, nur erlaubt es diesmal die beschissene Gemeinde nicht mehr wie s. Z. beim Schefbeck.[383]

Trotz seines Bekenntnisses zur Libertinage versuchte sich Weinhöppel wiederholt in der Rolle des Ehegatten, in der er – wenig überraschend – mehrmals scheiterte. 1896 war er in Begleitung der sehr wohlhabenden (verheirateten?) Amerikanerin Stella Brokow aus New Orleans nach München zurückgekehrt.[384] Obwohl das Verhältnis bald durch Weinhöppels Liaison mit der Gesangsschülerin Mizzi Ledermann eine empfindliche Störung erlitt, bekräftigten sie ihre Verbindung im Juli 1900 durch die Eheschließung.[385] Knapp vier Jahre später war das Verhältnis jedoch so zerrüttet, dass Weinhöppel die Flucht nach Italien antrat und Stella, die allein in der gemeinsamen Münchner Wohnung zurückblieb, – wohl aus Rache – den Kommerzienrat Arendt dazu brachte, die Stipendienzahlung an Weinhöppel einzustellen.[386] Nachdem die Ehe im Februar 1906 »aus Verschulden des Ehemannes«[387]

geschieden worden war, heiratete Weinhöppel im Oktober 1908 die ebenfalls aus Amerika stammende Fay Böndel, die er aus seiner *Scharfrichter*-Zeit kannte und die zuvor mit seinem Bühnenkollegen, dem Sänger August Böndel alias *Scharfrichter* Hans Strick, verheiratet gewesen war. Als stabil und dauerhaft sollte sich jedoch erst seine dritte Ehe erweisen. Die Anstellung am Kölner Konservatorium setzte den Schlusspunkt nicht nur unter Weinhöppels rastloses Wanderleben, sondern brachte auch in Bezug auf seine Libertinage die entscheidende Wende. Hier lernte er die achtzehn Jahre jüngere Gesangsschülerin Anna, genannt Änne, Hackenberg kennen, die er 43-jährig im Juli 1911 ehelichte und mit der er bis zu seinem Tod 1928 verbunden blieb.[388]

Angesichts seiner regen sexuellen Aktivität ist es verwunderlich, dass nichts von direkten Nachkommen Weinhöppels bekannt ist. Verschiedene Hinweise bei Frank und Tilly Wedekind legen jedoch die Vermutung nahe, dass er mit Stella Brokow einen Sohn hatte, über den jedoch nichts in Erfahrung zu bringen war.[389]

Der Maler und Schriftsteller

Wie Franz von Pocci berichtet, hatte Richard Weinhöppel »Sinn und Talent für jede Kunst als Patengeschenk mitbekommen«[390] und beschränkte sich daher nicht allein auf die Musik. Nach dem Vorbild des Vaters und der Brüder betrieb er Zeichenstudien und fertigte über die Jahre »eine Reihe ausgezeichneter Porträts« sowie »scharfgesehener Karikaturen«.[391] Erhalten hat sich als Einziges eine gut getroffene Porträtzeichnung Tilly Wedekinds, die im Februar 1906 entstand.

Zeit seines Lebens war Weinhöppel auch als Autor tätig und trat mit verschiedenen Werken an die Öffentlichkeit.[392]

---

[383] Ruederer an Karl Graessler, 18.4.1910, zitiert nach Müller-Stratmann, *Ruederer*, S. 381.

[384] Zu Stella Brokows Reichtum siehe Halbe, *Jahrhundertwende*, S. 319, und Fuchs, *Sturm und Drang*, S. 119. In einem Notizbuch entwirft Wedekind ein »Compendium der Frauenkunde«, in dem er die Frauen kategorisiert. Unter der Kategorie »Die Frau, die den Mann aushält« »Miss Brookaw«, Frank Wedekind, 5. Notizbuch 1897, MSB Mon., L 3501/67. Die Vermutung, dass Stella Brokow bereits mit einem Amerikaner verheiratet war, ergibt sich aus Wedekind, *Schema*, S. 304, und Weinhöppels Meldebogen, StadtAM, PMB W 118.

[385] Vgl. Wedekind an Weinhöppel, 1.4.1897, Wedekind, *Briefe 1*, S. 280f., Wedekind an Otto Julius Bierbaum, 28.8.1898, MSB Mon., OJB B 247, Wedekind, *Schema*, S. 661, und Meldebogen Richard Weinhöppel, StadtAM, PMB W 118.

[386] Weinhöppel an Bierbaum, 1.12.1904, MSB Mon., OJB B 250.

[387] Meldebogen Richard Weinhöppel, StadtAM, PMB W 118.

[388] Vgl. ebd. Zu Anna Weinhöppel siehe auch Wedekind, *Lulu*, S. 139, 147 und 205, und Anna Weinhöppels Briefe an Max Halbe, MSB Mon., MH B 323.

[389] Vgl. Wedekind, *Blanka Burkhart*, S. 317–319, und seinen Tagebucheintrag, 19.3.1911: »Hansi Weinhöppel begrüßt mich«, Wedekind, *Tagebücher*, und Wedekind, *Lulu*, S. 60.

[390] Vgl. Pocci, *Münchner Meister*, in: *MNN, Die Einkehr*, Nr. 205, 29.7.1928, S. 224.

[391] Ebd.

[392] In einem Brief an Wedekind erwähnt Weinhöppel die »ungeheuer große« Zahl seiner Schriften, die jedoch größtenteils verloren sind, vgl. Weinhöppel an Wedekind, 15.3.1905, MSB Mon., FW B 180.

Das früheste und einzig bekannte lyrische Zeugnis seiner schriftstellerischen Ambitionen ist das wahrscheinlich autobiographische Gedicht *Vaters Tod*, das er im Juli 1890 in der von Julius Schaumberger herausgegebenen Zeitschrift *Münchner Kunst. Illustrierte Wochen-Rundschau über das gesammte Kunstleben Münchens* veröffentlichte.[393] Nach seiner Rückkehr aus Amerika arbeitete Weinhöppel zwischen September 1896 und Frühjahr 1899 unter dem Pseudonym Hans Richard als Musikkritiker für die drei Münchner Zeitschriften *Mephisto. Wochenrundschau über das gesamte Münchner Theaterleben*, das *Fremdenblatt. Gazette des Etrangers* und Marc Henrys *Revue franco-allemande*. Von den hier publizierten Texten, darunter zwei Aufsätze sowie fünf Opern- und fünfzehn Konzertkritiken über Münchner Aufführungen, verdient der Essay *Richard Wagner – und was dann?* besondere Aufmerksamkeit. Das leidenschaftliche Pamphlet, in dem Weinhöppel die mangelnde künstlerische Eigenständigkeit der jungen Komponistengeneration angesichts der Überfigur Wagner scharf kritisiert, stieß mit seinen ausdrucksstarken Metaphern und seinem kämpferischen Tenor bei Frank Wedekind auf große Zustimmung, der Ausschnitte daraus in sein Drama *Der Kammersänger* übernahm.[394]

Größere Literaturprojekte beschäftigten Weinhöppel in den 1910er Jahren. 1914 erschien der Band *Visionen der Dämmerung* mit Erzählungen von Oskar Panizza und einem Vorwort von Weinhöppel. Angesichts seiner früheren Begeisterung für den Autor und dessen Werk überrascht der partiell geradezu diffamierende Ton, mit dem Weinhöppel sich hier über sein ehemaliges Idol äußert. Panizza habe einen »engen Horizont«, es fehle ihm »zum Wissenschaftler der eiserne Wille und die Gründlichkeit [...]. Zum Künstler [...] das göttlich Naive, das Harmlose des Produzierens und vor allem die Sehnsucht nach dem Schönen«. Durch seine

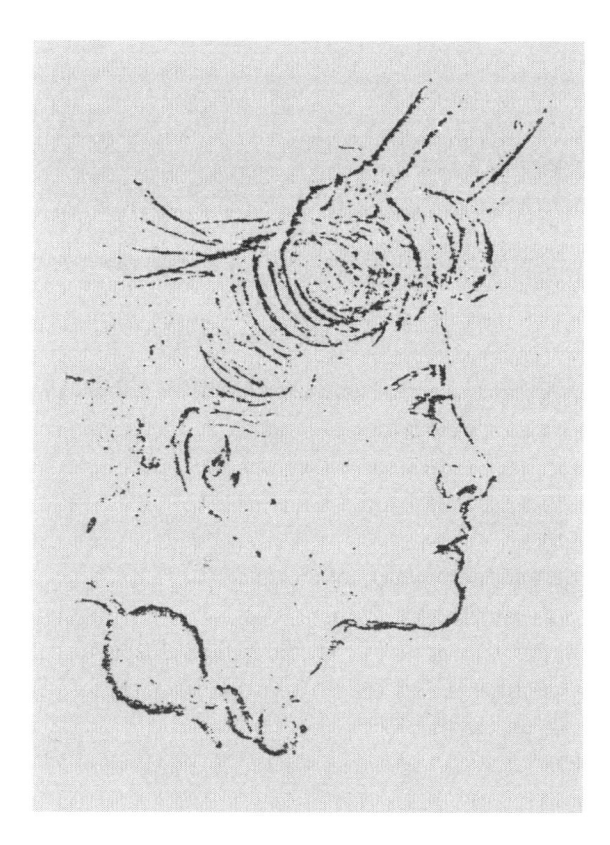

Tilly Wedekind, gezeichnet von Richard Weinhöppel im Februar 1906, MSB Mon. L 3501/67.

»phänomenale Literaturkenntnis und sein tadelloses Gedächtnis« sei er überdies »gewissermaßen zum Epigonen, vielleicht sogar zum Plagiator«[395] prädestiniert. Es überrascht, dass der Verleger Georg Müller diese Darstellung ohne Widerspruch passieren ließ und der Text 1979 in einer französischen Ausgabe von Erzählungen Panizzas unkommentiert wieder abgedruckt wurde.[396]

Ende 1914 wurde Weinhöppel von Max Halbe dazu eingeladen, eine Libretto-Fassung von dessen ungeheuer erfolgreichem Drama *Jugend* (1892) zu verfassen, nachdem Ignaz Waghalter, der Komponist und Chefdirigent der *Deutschen Oper* in Berlin, den Wunsch geäußert hatte, das Stück zu

---

Auch in seinem Brief an Anna Croissant-Rust vom 9.12.1920 erwähnt er seine schriftstellerische Tätigkeit, vgl. MSB Mon., Weinhöppel, Hans R. A III/2.

[393] Hans Richard Weinhöppel, *Vaters Tod*, in: *Münchner Kunst. Illustrierte Wochen-Rundschau über das gesammte Kunstleben Münchens* 27 (1890), S. 217f. Johann Nepomuk Weinhöppel war im April 1887 verstorben.

[394] Vgl. [Kommentar zu »Der Kammersänger«], in: Wedekind, KSA 4, S. 342f.

[395] Ruch, *Panizza*, S. XIIIf.

[396] Vgl. Hannes Ruch, *Qui est Oscar Panizza?*, in: Oscar Panizza, *Un scandale au couvent. Nouvelles*, Paris 1979, S. 5–14.

vertonen.³⁹⁷ Die Zusammenarbeit zwischen Waghalter und Weinhöppel gestaltete sich jedoch von Beginn an außerordentlich schwierig, immer wieder klagte Waghalter bei Halbe über Weinhöppels langsames Arbeitstempo und dessen literarischen Stil, die ihm deutlich missfielen. Dass der Oper nach ihrer Uraufführung im Februar 1917 kein bleibender Erfolg beschieden war, legte Waghalter dem Libretto Weinhöppels zur Last, Halbe dagegen übte herbe Kritik an der Komposition Waghalters.

Einige Jahre später präsentierte sich Weinhöppel in sehr viel bescheidenerem Rahmen auch als Dramatiker. Wie Pocci berichtet, verfasste er während der Monate seiner Rekonvaleszenz in Partenkirchen 1920/21 das Stück *Der Gletschergeist* für das dortige Bauerntheater, über dessen Aufführung jedoch nichts bekannt ist.³⁹⁸

Wie der Autor Weinhöppel von seinen Zeitgenossen eingeschätzt wurde, ist nicht überliefert, Bierbaum allerdings bezeichnet ihn in einem Brief an Wedekind als einen »prachtvollen Dichter«.³⁹⁹

Der Sänger und Gesangslehrer

Seine musikalische Ausbildung an der *Königlichen Akademie der Tonkunst* begann Weinhöppel 1885 zunächst als Sänger und trat in den Folgejahren bei verschiedenen Gelegenheiten als solcher in Erscheinung.⁴⁰⁰ Über seinen Auftritt als Ritter Astolf von Reisenberg in Franz Schuberts Singspiel *Die Verschwornen oder Der häusliche Krieg*, das im Frühjahr 1888 von Mitgliedern der Hochschule im *Königlichen Residenztheater* dargebracht wurde, urteilten die *Münchner Neuesten Nachrichten*: »Hr. Weinhöppel hat eine hübsche Tenorstimme und Anlage für das lyrische Fach die Tongebung muß aber an Festigkeit und Bestimmtheit noch we-

sentlich gewinnen.«⁴⁰¹ Nach seinem Ausscheiden aus der *Akademie* setzte er in Paris bei Władysław Mierczwiński und Orme Darvall seine Gesangsstudien fort.⁴⁰² Freund Wedekind kam während dieser Zeit immer wieder in den Genuss von Weinhöppels sängerischen Fortschritten und seiner selbstkomponierten Lieder: »Er singt mir drei Stunden lang vor. Ich bin selig.«⁴⁰³

Nach München zurückgekehrt, eröffnete Weinhöppel in der Theatinerstraße 33, unweit des Konservatoriums, ein Gesangsstudio und konzentrierte sich nun vor allem auf das Unterrichten.⁴⁰⁴ Öffentliche Auftritte als Sänger gestalteten sich dagegen zunehmend problematisch. Als 1901 die *Scharfrichter* ihr Theater eröffneten, tat Weinhöppel sich trotz seiner profunden und langjährigen Ausbildung mit dem Vortrag seiner eigenen Lieder schwer. Am Premierenabend war er vor Nervosität heiser und schlug, so die *Münchener Post*, »in seiner allerdings begreiflichen Befangenheit, Indisposition und Stimmlosigkeit seine […] Kompositionen todt.«⁴⁰⁵ Ab der zweiten Saison war Weinhöppel mit Ausnahme der Silvesterfeier 1901/02 nicht mehr als Sänger für

---

³⁹⁷ Siehe hierzu und zu dem Folgenden das Konvolut zum Opernprojekt *Jugend*, MSB Mon., L 3026.

³⁹⁸ Pocci, *Münchner Meister*, in: *MNN, Die Einkehr*, Nr. 205, 29.7.1928, S. 224.

³⁹⁹ Bierbaum an Wedekind, 25.9.1891 [1892], MSB Mon., FW B 16.

⁴⁰⁰ Überliefert ist seine Teilnahme bei einem Kirchenkonzert im November 1890, vgl. Weinhöppel an Rheinberger, 17.11.1890, BSB, Rheinbergeriana I 15/70, und beim *Liliencron-Abend* der *Gesellschaft für modernes Leben* im Oktober 1891.

⁴⁰¹ (Kgl. Musikschule.), in: *MNN*, Nr. 231/232, 20.5.1888, S. 4. Weinhöppels in verschiedenen Lexika angeführte Tätigkeit als Opernsänger ist nicht nachweisbar und wohl eher auf eine autobiographische Stilisierung zurückzuführen, vgl. *Weinhöppel, Hans Richard*, in: Friedrich Jansa (Hg.), *Deutsche Tonkünstler und Musiker in Wort und Bild*, Leipzig 1911, S. 316; *Weinhöppel, Hans Richard*, in: Frank Paul, Wilhelm Altmann (Hg.), *Kurzgefaßtes Tonkünstlerlexikon für Musiker und Freunde der Tonkunst*, Leipzig 1926, S. 498; *Weinhöppel, Hans Richard*, in: Carl Dahlhaus (Hg.), *Riemann Musiklexikon, Ergänzungsband Personenteil L–Z*, Mainz 1975, S. 893. Poccis Behauptung, Weinhöppel habe eine Zeitlang am Augsburger Opernhaus mitgewirkt, ist nicht nachweisbar, vgl. Pocci, *Münchner Meister*, in: *MNN, Die Einkehr*, Nr. 205, 29.7.1928, S. 224.

⁴⁰² Die Verbindung zu anderen Gesangslehrern (Vanucini und Puricelli, vgl. Jansa, *Weinhöppel*, S. 316) ist nicht nachzuweisen.

⁴⁰³ Wedekind, Tagebucheintrag, 2.6.1892, Wedekind, *Pariser Tagebuch*. Siehe hierzu auch die Einträge vom 1.5., 8., 12., 25. und 29.7.1892, ebd.

⁴⁰⁴ Vgl. Weinhöppel an Bierbaum, 2.4.1900, MSB Mon., OJB B 250. Bereits Ende der 1880er/Anfang der 1890er Jahre war er in München bzw. Paris als Gesangslehrer tätig gewesen, vgl. Wedekinds Tagebucheinträge vom 8., 21.5., 13., 21.6.1892, Wedekind, *Pariser Tagebuch*.

⁴⁰⁵ [V.], *Die elf Scharfrichter*, in: *MP*, Nr. 86, 16.4.1901, S. 2. Siehe auch Eduard von Keyserling an Max Halbe, 14.4.1901, in: Otto, *Scharfrichter*, S. 354.

die *Scharfrichter* tätig und auch sonst ist von weiteren Auftritten in anderen Kontexten nichts bekannt.[406]

1905 erhielt er ein kurzes, finanziell jedoch unergiebiges Engagement als Gesangslehrer am *Stern'schen Konservatorium* in Berlin, wo er auch Privatstunden erteilte, und wurde ein Jahr später als Professor für mimische Darstellung und Sologesang an die *Rheinische Musikschule* in Köln berufen, eine der führenden Hochschulen Europas.[407] Aufgrund mangelnder Quellen ist kaum etwas über Weinhöppels pädagogische Fähigkeiten zu erfahren oder festzustellen, ob aus seiner Schule tatsächlich, wie Pocci behauptet, »eine Reihe allerbester Sänger und Sängerinnen«[408] hervorging. Namentlich sind nur drei Schüler Weinhöppels bekannt: die Musiklehrerin und Lautenliederkomponistin Olly Wirtz-Koort, der Opernsänger Leopold Ullmann sowie der Kammersänger am *Berliner Theater* und Komponist Gottfried Huppertz, der später die Filmmusik zu Fritz Langs *Nibelungen* schrieb.[409]

Der Komponist

Im Zentrum seines Kunstschaffens steht Weinhöppels kompositorisches Œuvre, das sich aus etwa 400 Liedern, einigen Solostücken für Klavier, Gitarrestücken, einem Faschingsspiel, einer Pantomime sowie einer unvollendeten Oper zusammensetzt.

Die überlieferten Autographe aus seinem musikalischen Nachlass in der *Münchner Stadtbibliothek im Gasteig* umfassen ca. achtzig Lieder, meist für Solostimme, gelegentlich für größeres Gesangsensemble, mit Klavier- und in einigen Ausnahmefällen anderen Instrumentalbegleitungen (Holzbläsern oder Streichern), zehn Klavierstücke, eine Symphonieorchester-Partitur des *Scharfrichter-Marsches*, das Faschingsspiel *Deutsche Volkslieder* sowie die fragmentarische Oper *Der Musenkrieg*.[410] Überliefert ist darüber hinaus eine Vielzahl an Liedern, Liedbearbeitungen und Gitarrestücken, die zwischen 1902 und 1928 in über vierzig Einzeldrucken sowie 31, zum Teil mehrbändigen Alben bei *Friedrich Hofmeister* in Leipzig sowie bei *Tischer & Jagenberg* und im *Gördes Verlag* in Köln verlegt wurden.[411]

Kammermusik: Lieder, Gitarre- und Klavierstücke, *Scharfrichter*-Stücke

Die früheste Erwähnung von Liedern aus der Feder Richard Weinhöppels findet sich in einer Ankündigung zum Vortragsabend der *Gesellschaft für modernes Leben* am 30. Oktober 1892, an dem der Komponist seine Vertonungen von Detlev von Liliencrons Gedichten *Zu spät*, *Glückes genug* und *Die gelbe Blume der Eifersucht* zu Gehör brachte. Wie die Lieder an diesem Abend vom Publikum aufgenommen wurden, ist nicht bekannt, bei einer weiteren Aufführung in einem nicht zu rekonstruierenden Rahmen stießen sie jedoch auf große Begeisterung, wie Liliencron in einem Brief an Weinhöppel berichtet:

Sie haben einen völligen Triumph gehabt. Wie Sie aus vorstehender Seite ersehen mögen, wurden »Zu spät« & »Glückes genug« gesungen. Auch die »gelbe Blume der Eifersucht« sollte daran, aber es war dem Sänger zu schwer. »Glückes genug« mußte 2 mal da capo gesungen werden, und ich wurde bestürmt von allen Seiten, wo es »erschienen« ist. Also

---

[406] Bei Darstellungen wie etwa von Georg Fuchs oder Max Halbe, nach denen Weinhöppel seine Lieder bei den *Scharfrichtern* »in einer ganz eignen betörenden Weise« (Fuchs, *Sturm und Drang*, S. 118) vortrug, handelt es sich um nachträgliche Stilisierungen, die nicht den Tatsachen entsprechen, vgl. Halbe, *Jahrhundertwende*, S. 317.

[407] Vgl. Weinhöppel an Wedekind, 8.10.1905, MSB Mon., FW B 180; Joseph Theele, Adam Wrede (Hg.), *Köln als Stätte der Bildung*, Köln 1922, S. 176; Jansa, *Weinhöppel*, S. 316.

[408] Pocci, *Münchner Meister*, in: *MNN, Die Einkehr*, Nr. 205, 29.7.1928, S. 224. Laut Auskunft der Kölner Musikhochschule sind historische Dokumente nicht erhalten oder beim Einsturz des Stadtarchivs 2009 verloren gegangen.

[409] Vgl. *Wirtz-Koort, Olly*, in: Josef Zuth, *Handbuch der Laute und Gitarre*, Wien 1926, Reprint Hildesheim und New York 1978, 2. Aufl., S. 291; [Vor kurzem debütierte …], in: *Musikalisches Wochenblatt*, 19/20 (1909), S. 275; Fritz Fleck, *Oper*, in: *Musikalisches Wochenblatt*, 16/17 (1909), S. 233.

[410] Richard Weinhöppel, *Deutsche Volkslieder*, Notenautograph, und Ders., *Der Musenkrieg*, Notenautograph, NL Hans Richard Weinhöppel, MSB Gasteig, Musikbibliothek, Mappe [Lieder] Sammlung 2 Autographe, und 3 Mappen M 2311–2313.

[411] Vgl. *Ernst Challier's grosser Lieder-Katalog. Ein alphabetisch geordnetes Verzeichnis sämmtlicher einstimmiger Lieder mit Begleitung des Pianoforte und eines oder mehrerer anderer Instrumente*, Bd. 9, Berlin 1902, und die Einträge *Weinhöppel, Hans Richard* und *Ruch, Hannes* in: Hofm. 12, 1 (1898–1903)–17, 1 (1924–1928).

haben Sie innigsten [Dank, J.K.] *für Ihre wundervollen Lieder.*[412]

Wie aus verstreuten Hinweisen hervorgeht, setzte er während seiner Zeit in Paris und New Orleans seine kompositorische Tätigkeit fort,[413] ehe mit der Eröffnung der *Scharfrichter*-Bühne 1901 seine wohl wichtigste und publikumswirksamste Zeit als Liederkomponist anbrach. Weinhöppel trat hier unter dem Pseudonym »Hannes Ruch« auf, das er sich bereits 1892 zugelegt hatte und das er ab der *Scharfrichter*-Zeit für alle weiteren Publikationen beibehielt.[414]

Den gut 100 Liedern, die er für die *Scharfrichter* schrieb, folgten in den Jahren bis zu seinem Tod 1928 etwa 300 weitere, wobei seine Autorenwahl tendenziell gleich blieb. Neben zeitgenössischen Schriftstellern wie Otto Julius Bierbaum, Richard Dehmel, Karl Henckell oder Alfred Walther Heymel vertonte Weinhöppel Klassiker wie Heinrich Heine und Johann Wolfgang von Goethe sowie Volkslieder, etwa aus der Sammlung *Des Knaben Wunderhorn*. Allerdings verschob sich im Laufe der Zeit der inhaltliche Schwerpunkt der ausgewählten Gedichte immer mehr in Richtung sentimentaler Volkstümelei: Etwa ein Viertel seines gesamten Lied-Œuvres basiert auf Gedichten des nationalistischen Heimatdichters Hermann Löns.

Mit den Veröffentlichungen seiner größtenteils zur Laute oder Gitarre gesungenen Lieder sowie seiner sechs Alben mit Gitarrenstücken schuf Weinhöppel einen nicht unwichtigen Beitrag zur Wiederbelebung der Gitarrenmusik, die um 1900 ihren Anfang nahm und in den Jahren vor dem Ersten Weltkrieg in der reformerischen Jugend- und *Wandervogel*-Bewegung ihre Blütezeit erlebte: »Für die Gitarrekunst ist W.[einhöppel, J.K.] durch seine eigenartigen, gediegenen Gitarresätze u. Liedvertonungen von fruchtbringender Bedeutung geworden.«[415]

Im Nachlass befinden sich weiterhin zehn Klavierstücke, ein Capriccio, drei Ländler, drei Walzer sowie drei Boston-Walzer, eine um 1870 entstandene amerikanische Walzerform, die in den 1910er Jahren auch in Europa populär wurde.

Für die *Scharfrichter* schrieb Weinhöppel neben seinen Liedern auch mehrere Werke für Instrumental- oder Gesangsensembles sowie Szenenmusik, die jedoch größtenteils verschollen sind.

Größere Werke

Mit größeren Formen tat sich Weinhöppel sichtlich schwerer, wie auch Georg Fuchs beschreibt:

Als Improvisator auf dem Flügel und auf anderen Instrumenten war er geradezu ein Phänomen. Aber seiner genial zigeunerischen Natur gemäß blieb's bei ihm immer beim Improvisieren, auch kompositorisch durfte man nie mehr von ihm verlangen an Konzentration und Ausdauer, als etwa dazu gehört, ein paar hübsche Lieder nach Liliencron in Musik zu setzen, mit dessen auch zum Zigeunern geneigten Landsknechtsnatur er sich gut verstand. Wenn er nach langer Abwesenheit in irgendwelchen Märchenländern wieder einmal in München auftauchte, dann erzählte er zwar von gewaltigen Musikdramen, mit deren Fertigstellung er zur Zeit »beschäftigt« wäre und deren Aufführung an dieser oder jener ersten Bühne bereits so gut wie gesichert sei [...]. Doch ist er in Wirklichkeit nie vor die große Öffentlichkeit getreten [...].[416]

Fuchs' Beobachtung trifft den Kern, ist aber dennoch nicht ganz richtig, da Weinhöppel nachweislich zwei größere Werke abschloss und auch erfolgreich zur Aufführung bringen konnte. Für das Karnevalsfest der Münchner Presse *Deutsche Volkslieder*, das am 11. Januar 1904 im *Deutschen*

---

[412] Liliencron an Weinhöppel, 7.4.1892, MSB Mon., Liliencron A III/2.

[413] Vgl. Wedekinds Tagebucheinträge vom 12.7. und 3.8.1892, Wedekind, *Pariser Tagebuch*; die Datumsnotiz »Paris, 20. August 1892« auf der Komposition *Capriccio*, Notenautograph, NL Hans Richard Weinhöppel, MSB Gasteig, Musikbibliothek, Mappe 1188/59, M 2321; Henckell an Weinhöppel, 26.8.1895, MSB Mon., Henckell, Karl A I/29.

[414] Die erste Nennung von Weinhöppels Künstlernamen, hier noch als »Hans Ruch«, findet sich in einem Brief Bierbaums an Wedekind vom 25.9.1891 [1892], MSB Mon., FW B 16.

[415] *Weinhöppel, Hans Richard*, in: Zuth, *Handbuch*, S. 287.

[416] Fuchs, *Sturm und Drang*, S. 117f.

Theater stattfand, schrieb Weinhöppel gemeinsam mit Otto Julius Bierbaum ein Faschingsspiel, das den Titel der Veranstaltung aufgriff. Über die Aufführung berichten die *Münchner Neuesten Nachrichten*:

> *Die Szenerie zeigt einen gemütlichen deutschen Stadttorplatz in maienduftiger Mondscheinnacht; zwei schwärmerische Studenten ziehen aus »Gedichte suchen«; eine jungblütige Alte läßt vor ihren Augen zauberisch in Gruppen und Einzelgestalten aus verschiedensten Zeiten singend und sagend jene alten, guten namenlosen Lieder aufziehen, an denen Herz und Sehnen unseres Volkes hängt […]. Der Schluß des Festspiels klingt aus in den gemeinsamen Gesang des Liedes: »Freut euch des Lebens« und dann zogen alle die Gestalten im lustigen Chor von der Bühne herab in den Saal und vereinten sich mit der Menge der kostümierten Festbesucher, unter denen sie so manche Doublette ihrer selbst fanden. Das Festspiel fand viel Anklang, ebenso die reizende Musik von Richard Weinhöppel (Hannes Ruch), der auch selbst als Orchesterdirigent mitwirkte.*[417]

Wie aus dem im Nachlass befindlichen Autograph hervorgeht, beinhaltet das Faschingsspiel vierzehn Musiknummern für Symphonieorchester und Sänger: ein Vorspiel, drei melodramatische Zwischenspiele, vier Sololieder, drei Nummern für Solo und Chor, zwei Chorstücke und einen Schlusswalzer. Allerdings waren nicht alle Stücke neu, denn Weinhöppel übernahm die Lieder *Tambursgesell, Schusters Abendlied, Spinnerlied* und *Der arme Kunrad*, Letzteres in einer neu texierten Fassung (»Wir sind die frumben Landsknecht«) als Marsch mit Männerchor ad libitum, aus dem Repertoire der *Scharfrichter* und versah sie mit einer Symphonieorchesterbegleitung. Weinhöppels Überlegung, das Faschingsspiel zu einem späteren Zeitpunkt umzuarbeiten und gemeinsam mit Bierbaum »ein wirkliches Bühnenfestspiel daraus zu machen«,[418] wurde nicht realisiert und

Richard Weinhöppel mit Gitarre, dem wichtigsten Begleitinstrument seiner zahlreichen Lieder, undatiertes Foto, MSB Mon. P_a468.

so blieb es bei der einmaligen Aufführung im Rahmen des Münchner Karnevals 1904.

Ein größeres, internationales Publikum erreichte Weinhöppel mit seiner Musik für Hugo von Hofmannsthals Pantomime *Das fremde Mädchen*. 1909 hatte Hofmannsthal gemeinsam mit der Ausdruckstänzerin Grete Wiesenthal die morbide vieraktige Verführungsgeschichte konzipiert und im Winter 1910 niedergeschrieben.[419] Weinhöppel, der sicherlich nicht zuletzt wegen der Möglichkeit einer Kooperation

---

[417] *Pressefest*, in: *MNN*, Nr. 16, 12.1.1904, S. 3.
[418] Weinhöppel an Bierbaum, 10.1.1904, MSB Mon., OJB B 250.
[419] Vgl. [Kommentar zu »Das fremde Mädchen«], in: Hugo von Hofmannsthal, *Sämtliche Werke*, hg. v. Rudolf Hirsch [u.a.], Bd. 27: *Ballette, Pantomimen, Filmszenarien*, hg. v. Gisela Bärbel Schmid und Klaus-Dieter Krabiel, Frankfurt a. M. 2006, S. 375.

mit dem berühmten Autor »Feuer und Flamme«[420] für das Projekt war, begann im Januar 1911 mit der Vertonung und schrieb eine »einfache, plakathaft wirkende Musik.«[421] Zusammen mit der von Rudolf Braun vertonten Pantomime *Amor und Psyche*, ebenfalls einer Schöpfung Hofmannsthals, ging *Das fremde Mädchen* mit Wiesenthal in der Titelrolle am 15. September 1911 im Berliner *Theater in der Königgrätzer Straße* erstmals über die Bühne.[422] Der erfolgreichen Premiere folgten an die 120 weitere Aufführungen auf Wiesenthals anschließender Tournee durch Deutschland und einige europäische Länder. Eine zusätzliche Verbreitung fand das Werk zwei Jahre später in der Filmversion, die von der schwedischen Produktionsfirma *Svenska Biografteatern* initiiert worden war. Die deutsche Version der *Royal-Films GmbH Düsseldorf* wurde dem Publikum in diversen Fachzeitschriften mit reißerischen Annoncen angekündigt:

Der bedeutendste Autorenfilm des Herbstes. Drei Namen, die das Publikum anziehen: Hugo v. Hofmannsthal – Grete Wiesenthal – Hannes Ruch.

Das fremde Mädchen. Sensationsdrama von HUGO VON HOFMANNSTHAL. Gespielt und getanzt von der berühmten Tänzerin GRETE WIESENTHAL. Eigens hierzu komponierte Musik von HANS RICHARD WEINHOEPPEL, genannt Hannes Ruch.[423]

Doch der etwa 60-minütige Autorenfilm, der am 21. August 1913 in Wien uraufgeführt wurde und am 6. September in Berliner seine Deutschland-Premiere feierte,[424] entpuppte sich als Misserfolg.[425] Weinhöppels Musik, über deren Aufnahme beim Publikum man nichts weiß, ist, wie auch der Film, verloren gegangen.

Andere Großprojekte waren angedacht, wurden jedoch nicht realisiert. Unbekannt ist, warum Weinhöppel die Zusammenarbeit mit seinem engen Freund Wedekind ausschlug, der ihm sein Libretto *Nirwana* wie auch seine Pantomime *Die Kaiserin von Neufundland* zur Vertonung anbot.[426] Von Hanns von Gumppenbergs Idee, gemeinsam mit Weinhöppel eine Oper mit dem Titel *Herzog Philipps Brautfahrt* zu schreiben, die von der Werbung Philipps des Guten von Burgund um die Hand der portugiesischen Prinzessin Isabella handeln sollte, zeigte sich der Komponist dagegen begeistert und erklärte sich bereit, Gumppenberg Geld vorzustrecken, damit dieser sich ganz der Niederschrift des Librettos widmen könne. Gumppenberg begann mit der Ausführung des Textbuchs, als Weinhöppel nach seiner plötzlichen Abreise aus München im März 1904 selbst in finanzielle Schwierigkeiten geriet und daher die vereinbarten Zahlungen nicht länger leisten konnte. Nach eigener Aussage war es schließlich die Not, die Gumppenberg trotz Weinhöppels flehentlicher Bitte, den zwischen ihnen abgeschlossenen Kontrakt nicht aufzuheben, dazu veranlasste, das fertige Libretto an den Komponisten August Reuß zu verkaufen, der die Oper dann komponierte.[427] Weinhöppel war schwer gekränkt, konnte sich nun aber mit vermehrter Kraft seinem zweiten Opernprojekt widmen, das er etwa zur gleichen Zeit begonnen hatte. Dass Weinhöppel sich 1903 gleichzeitig in zwei Opernprojekte stürzte, wird vor dem Hintergrund seiner Tätigkeit bei den *Scharfrichtern* be-

---

[420] Wiesenthal an Hofmannsthal, Ende Januar 1911, in: ebd., S. 386. Auf welchem Weg Weinhöppel den Kompositionsauftrag erhielt, ist nicht überliefert.

[421] Grete Wiesenthal, *Pantomime*, in: *Hofmannsthal-Blätter* 33 (1986), S. 45.

[422] [Kommentar zu »Amor und Psyche«], in: Hofmannsthal, *Sämtliche Werke 27*, S. 366.

[423] *Das fremde Mädchen*. [Werbeanzeige], in: *Erste Internationale Film-Zeitung* 32 (1913), S. 14, und *Das fremde Mädchen – Die Toteninsel*. [Werbeanzeige], in: *Österreichischer Komet. Fachblatt für Kinematographie* 192 (1914), S. 22, zitiert nach: Heinz Hiebler, *Hugo von Hofmannsthal und die Medienkultur der Moderne*, Würzburg 2003 (Epistemata, Würzburger Wissenschaftliche Schriften, Reihe Literaturwissenschaft, 416), S. 660f.

[424] Vgl. ebd., S. 444f.

[425] Vgl. ebd., S. 451–454.

[426] Vgl. Wedekind an Otto von Grote, 8.8.1896, MSB Mon., Wedekind, Frank A I/2; Wedekind an Weinhöppel, 1.4., 30.6. und 15.7.1897, in: Wedekind, *Briefe 1*, S. 280–284.

[427] Hanns von Gumppenberg berichtet ausführlich über das Geschehen in: Gumppenberg, *Lebenserinnerungen*, S. 352–357, datiert die Episode aber fälschlich auf das Jahr 1906. Vgl. auch die Briefe Weinhöppels an Gumppenberg und den Vertrag zum Opernprojekt, MSB Mon., HvG B 149, und Weinhöppel Hans R. A I/1, 5 und 6. Die Oper in der Komposition von August Reuß wurde 1909 in Graz uraufgeführt.

greiflich. Mehrere Jahre war er nur mit Unterhaltungsmusik hervorgetreten, nun sehnte er sich nach »ernster Arbeit«,[428] die ihn endlich auch als seriösen Komponisten bekannt machen sollte. Dass er sich jedoch ohne jegliche Erfahrung mit größeren musikalischen Formen zutraute, zwei Opern gleichzeitig zu komponieren, zeugt von einer nicht geringen Selbstüberschätzung.

Erste briefliche Zeugnisse von Weinhöppel zu dem Opernprojekt mit Otto Julius Bierbaum, der Studentenkomödie *Der Musenkrieg* über den Leipziger Studententumult von 1768, stammen aus dem Herbst 1903.[429] Durch Weinhöppels Abreise aus München im März 1904 wurde der Fortgang der Arbeit erheblich erschwert, führte aber, anders als im Fall von *Herzog Philipps Brautfahrt*, vorerst nicht zum Scheitern des Vorhabens.[430] Immer wieder sandte er Ermahnungen, der Freund möge die Arbeit am Libretto zügig fortsetzen, oder berichtete vom Fortschritt der Komposition:

Es wird eine fein stilisierte, prickelnde Musik, die sich nicht allzu leicht vergessen läßt, gleichzeitig aber auch auf absolute Originalität Anspruch macht. [...] Ich arbeite ganz thematisch, d. h. ich habe die Theorie vom Leitmotiv in einer dem komischen Opernstile anpassenden Weise eingeführt, u. damit endlose Quellen für Charakteristik u. Komik gefunden.[431]

Um den charakteristischen Ton des studentischen Milieus zu treffen, suchte Weinhöppel nach Anregungen in berühmten Studenten- und Volksliederbüchern wie August Niemanns *Akademischem Liederbuch* (1782), Herkules Raufeisens *Akademischem Lustwäldlein* (1794), Albert Methfessels *Allgemeinem Lieder- und Commersbuch* (1831), Robert und Richard Keils *Deutschen Studentenliedern des siebzehnten und achtzehnten Jahrhunderts* (1873) und Franz Magnus Böhmes und Ludwig Erks *Deutschem Liederhort* (1893).[432] Anfänglich schritt die Komposition gut voran. Weinhöppel vollendete die ersten beiden Akte, instrumentierte den ersten vollständig, den zweiten in Teilen und entwarf Skizzen für den dritten. Allerdings erschwerte die räumliche Trennung zwischen Dichter und Komponist, die sich nur brieflich austauschen konnten, den Arbeitsprozess beträchtlich und führte immer wieder zu ärgerlichen und skurril anmutenden Situationen, da wiederholt Briefe und damit wichtige Teile des Librettos bzw. der Komposition verloren gingen oder erneut verschickt werden mussten und so ein nicht unerhebliches Chaos entstand. Trotz der mühsamen Arbeitsbedingungen, die sich durch Weinhöppels prekäre finanzielle Lage nach der Aufkündigung seines Stipendiums im September 1904 noch verschärften, beabsichtige Weinhöppel, die Oper zu vollenden. Auch in den Folgejahren verlor er das Projekt nicht aus den Augen und schrieb noch 1906 an Bierbaum, dass er hoffe, das Werk endlich abschließen zu können.

Als die Oper am 25. Mai 1909 im Rahmen der Fünfhundertjahrfeier der Universität Leipzig im Leipziger *Kristallpalast* aus der Taufe gehoben wurde, stand jedoch mit Carl Lafite der Name eines anderen Komponisten auf der Partitur.[433] Wie es zu diesem Wechsel gekommen war, ist nicht bekannt. Ob Weinhöppel, der Lafite beim *Kabarett Fledermaus* kennengelernt hatte,[434] ihm in der Einsicht, die Oper nicht vollenden zu können, das Projekt und möglicherweise sogar Notenmaterial überließ, lässt sich nicht feststellen, da Lafites *Musenkrieg* nicht erhalten und damit ein Vergleich der Kompositionen nicht möglich ist.

Weinhöppels Scheitern als Opernkomponist ist nur partiell durch seine äußeren Lebensbedingungen, seine über viele Jahre sehr angestrengte finanzielle Situation und die daraus resultierende Unmöglichkeit einer freien Künstlerschaft zu erklären. Letztlich ist sein Versagen wesentlich auf seine mangelnde Konzentration und Ausdauer und nicht zuletzt auch auf seine begrenzte Originalität zurückzuführen.

---

[428] Weinhöppel an Bierbaum, 5.9.[1903], MSB Mon., OJB B 250.
[429] Vgl. zum *Musenkrieg* Muschol, *Bierbaum*, S. 61–65.
[430] Vgl. die zahlreichen Briefe Weinhöppels an Bierbaum von September 1903 bis Februar 1906, MSB Mon., OJB B 250.
[431] Weinhöppel an Bierbaum, 26.4.1904, MSB Mon., OJB B 250.
[432] Vgl. Weinhöppel, *Musenkrieg*, NL Hans Richard Weinhöppel, MSB Gasteig, Musikbibliothek, Mappe M 2313.
[433] Vgl. Mappe zum *Musenkrieg*, MSB Mon., L 3705.
[434] Vgl. *Das ästhetische Programm*, in: Buhrs, Lesák, Trabitsch (Hg.), *Kabarett Fledermaus*, S. 169.

Nachweislich falsch ist die Behauptung, Weinhöppel sei der Komponist der Bierbaumschen Operette *Das Gespenst von Matschatsch*, die ihm aus unerfindlichen Gründen verschiedentlich zugewiesen wird.[435] Wie Klaus Peter Muschol unstreitig nachgewiesen hat, verbergen sich hinter dem auf dem Klavierauszug genannten Pseudonym »Simplicissimus« die beiden Komponisten Friedrich von Schirach und Julius Weismann.[436] Auch bei Tilly Wedekinds Bericht, Weinhöppels einzige Oper sei ihm bei der Rückkehr von Amerika ins Wasser gefallen und damit verloren gegangen, handelt es sich um eine Erfindung.[437]

Weinhöppel als Arrangeur der Wedekind-Lieder

Wenige Monate vor seinem Tod hatte Wedekind Ende 1917 damit begonnen, einen Teil seiner Gitarrelieder zur Edition vorzubereiten, doch war es nicht mehr zum Abschluss des Vorhabens gekommen.[438] Wedekinds Freund und Biograph Artur Kutscher nahm sich daraufhin des Projektes an und publizierte 1920 eine eigene Auswahl der 53 bekanntesten und von Wedekind am häufigsten gesungenen Stücke unter dem Titel *Lautenlieder. 53 Lieder mit eigenen und fremden Melodien*. Die Gestaltung des musikalischen Satzes hatte Richard Weinhöppel übernommen und sich dabei etlichen Schwierigkeiten stellen müssen. Wedekind hatte seine Lieder stets in äußerst knapper und in mancher Hinsicht fragmentarischer Form notiert, die ihm als Gedächtnisstütze diente und für den freien und häufig variierenden Vortrag vollkommen ausreichte. Den Herausgebern erschienen diese Skizzen jedoch unzureichend und so entschied sich Weinhöppel, die Lieder – entgegen ihrer charakteristischen freien Gestalt – in Tonhöhe, Rhythmus und Begleitung zu konkretisieren. Eine Notation, die den Wedekindschen Vortrag auch nur annähernd verbindlich abgebildet hätte, war durch das Fehlen jeglicher Tondokumente jedoch unmöglich. Über sein Vorgehen schreibt Weinhöppel:

Bei meiner Bearbeitung der Wedekindlieder für Gitarre-Begleitung diente mir eine genaue Aufzeichnung der Melodie nebst einer sehr einfach gehaltenen Bezifferung der Harmonie. Rhythmus und Begleitungsform waren in keiner Weise präzisiert. Ich mußte mich hier auf mein Gedächtnis verlassen und konnte feststellen, daß Wedekinds Aufzeichnungen nicht immer mit seinem Vortrag im Einklang stand. Gewisse Änderungen wurden dadurch unerläßlich: Ich habe dabei größte Pietät walten lassen![439]

Kutscher zeigte sich jedoch unzufrieden mit Weinhöppels Eingriffen, »die öfter Wedekinds sehr einfach gehaltene Aufzeichnungen gegen meine großen Bedenken ergänzten und komplizierten.«[440] Dabei war Weinhöppel sehr behutsam vorgegangen und hatte die Lieder in der größtmöglichen Einfachheit notiert. So funktioniert etwa die Begleitstimme nach dem immer gleichen Muster, bei dem auf der Eins im Takt der Grundton der Harmonie und auf den übrigen Taktschlägen der dazugehörige Akkord gezupft wird (siehe Notenbsp. 2). Sehr viel mehr Freiheiten nahm Weinhöppel sich bei der wenig später von ihm allein herausgegebenen Fassung des gleichen Albums für Gesang und Klavier und begründete dies mit der Unmöglichkeit, »das Klavier auf dieselbe primitive Art zu behandeln wie die (im allgemeinen) technisch recht begrenzte Gitarre.«[441] Dass Wedekind selbst in den sieben zu Lebzeiten erschienenen Einzeldrucken seiner Lieder die Klavierbegleitungen stets in größter Nähe zu der einfachen Gitarrenbegleitung gehalten hatte, ignorierte Weinhöppel. Während er den Gesangspart unverändert beibehielt, nahm er in der Begleitstimme zahlreiche interpretatorische Veränderungen vor, indem er etwa Vortragsbezeichnungen und dynamische Angaben sowie typi-

---

[435] Vgl. Bayerische Staatsbibliothek (Hg.), *Jugendstil-Musik*, S. 165, und Online-Katalog der *Bayerischen Staatsbibliothek*.

[436] Vgl. Muschol, *Bierbaum*, S. 68.

[437] Vgl. Wedekind, *Lulu*, S. 60.

[438] Vgl. zum Folgenden Friederike Becker, *Frank Wedekind: auteur – compositeur – interprète*, in: Wedekind, KSA I/IV, S. 1360–1371.

[439] Hans Richard Weinhöppel, *Anmerkung des Bearbeiters*, in: Frank Wedekind, *Lautenlieder. 53 Lieder mit eigenen und fremden Melodien*, [hg. v. Artur Kutscher und Richard Weinhöppel], Berlin 1920, S. 8.

[440] Kutscher, *Wedekind 3*, S. 244.

[441] Hans Richard Weinhöppel, *Vorwort*, in: Frank Wedekind, *Lautenlieder. 53 Lieder mit eigenen und fremden Melodien. Ausgabe für Gesang und Klavier*, hg. v. Hans Richard Weinhöppel, Berlin 1920, [o. S.].

Notenbsp. 2 Frank Wedekind, »Die Hunde« in Weinhöppels Fassung für Singstimme und Gitarre, in: Wedekind, »53 Lautenlieder«, hg. v. A. Kutscher und H. R. Weinhöppel, S. 8, T. 8–12.

sche Klavierfiguren wie Praller oder Vorschläge hinzufügte, Akkorde in Läufe umwandelte und partiell chromatisch ausschmückte sowie den Rhythmus durch kürzere Notenwerte, Triolen oder Synkopen verkomplizierte (siehe Notenbsp. 3). Wie Weinhöppel schreibt, fühlte er sich durch Wedekind selbst zu seinem Tun berechtigt:

> *In meiner hellen Begeisterung über das Plastische, Drastische und Lapidare in Wedekinds Begabung habe ich ihm des öfteren – zum ersten Male bereits in Paris anno 1892 – seine Lieder mit improvisierter Begleitung am Klavier vormusiziert, um ihm anzudeuten, welche Werte darin steckten. Er war immer schon stolz und begeistert darüber. Schon damals ging er mit dem Plane um, durch mich in einer endgültigen Bearbeitung »den Schatz heben zu lassen«.*[442]

Es ist fraglich, ob Wedekind mit Weinhöppels Bemühungen, »die Lieder aus den Genres des Bänkelsangs und Brettlliedes herauszulösen und zum Kunstlied zu erheben«,[443] tatsächlich einverstanden gewesen wäre. Bei aller Kritik an seinem interpretatorischen Ansatz bleibt es jedoch Weinhöppels Verdienst, einen großen Teil von Wedekinds Liedern erstmals in zwei verschiedenen Notenfassungen einem breiten Publikum zugänglich gemacht zu haben.

Richard Weinhöppels Bedeutung als Komponist

Im Laufe der Zeit gerieten Weinhöppels Kompositionen immer mehr in Vergessenheit. Heute sind seine Lieder nur noch selten, etwa in Radiosendungen über die *Elf Scharfrichter* oder dramatischen Rekonstruktionsversuchen des Schwabinger Brettls zu hören. In den Jahren nach 1900 aber erfreute sich Weinhöppel dank seiner Kabarettlieder vor allem in München einer gewissen Bekanntheit, die jedoch kaum über die Stadtgrenzen hinausreichte. Obgleich die Resonanz auf seine *Scharfrichter*-Stücke überwiegend positiv ausfiel, äußerten sich verschiedene Zeitgenossen durchaus auch kritisch über sein kompositorisches Schaffen und warfen ihm Redundanz und mangelnde Originalität vor. So spöttelte Josef Ruederer über Weinhöppels »nicht immer eigene, aber nette Musik«[444] und auch Wedekind tadelte Weinhöppels »Neigung […] zum Nachempfundenen«.[445]

Notenbsp. 3 Frank Wedekind, »Die Hunde« in Weinhöppels Fassung für Singstimme und Klavier, in: Wedekind, »53 Lautenlieder«, hg. v. R. Weinhöppel, [o. S.], T. 8–12.

---

[442] Ebd., [o. S.].

[443] Becker, *Auteur,* S. 1362f.

[444] Josef Ruederer, *München,* München [1907] (Städte und Landschaften, 1), S. 177.

[445] Wedekind an Halbe, 30.5.1903, MSB Mon., FW B 196. Vgl. auch [lt.], *Die elf Scharfrichter, AZ,* Nr. 273, 2.10.1903, StAM, Pol. Dir. 20577/3.

Ab ca. 1904 und vermehrt zwischen 1909 und 1928 erschienen, vornehmlich bei *Hofmeister* in Leipzig, 31 Lieder- und Gitarrealben, was auf einen sicheren Absatzmarkt schließen lässt. In ihrer einfachen, volksliedhaften Diktion fanden die Stücke besonders in Hausmusikkreisen Beachtung. Vereinzelt ist das Interesse an Weinhöppels Kompositionen auch noch in späteren Jahren nachweisbar, so etwa in der 1936 veröffentlichten Bearbeitung von sechs Liedern für Männerchor durch August von Othengraven, einem Kollegen Weinhöppels am Kölner Konservatorium, der Bearbeitung des Lieds *Küssekraut* für Männerchor durch E. Obermeyer 1953, der Neuauflage verschiedener Gitarrealben in den Jahren 1951 bis 1958 sowie Radiosendungen der Jahre 1938, 1967 und 2001.[446]

Einzelne Lieder wie etwa der *Schwalanscher* oder *Drüben am Wiesenrand* wurden in Liedersammlungen aufgenommen,[447] die meisten seiner Kompositionen aber fanden aufgrund ihrer eigentümlichen Zwitterstellung keine weitere Verwendung. Für den Abdruck in Volksliederbüchern waren sie zu artifiziell, um als wirkliche Kunstlieder im Konzertsaal vorgetragen zu werden, waren sie dagegen zu volksliedhaft und einfach und schließlich auch zu altmodisch für die Kabarettbühnen, auf denen nach dem Ersten Weltkrieg die amerikanische Tanzmusik ihren Siegeszug antrat.

Richard Weinhöppels Musik- und Kunstästhetik

Weinhöppels Tätigkeit als Musikschriftsteller sowie einigen verstreuten brieflichen Äußerungen ist es zu verdanken, dass neben seinen Kompositionen auch theoretische Überlegungen zu seiner Musikästhetik überliefert sind, die seine künstlerischen Ideale und Aversionen in Ausschnitten beleuchten. Weinhöppel präsentiert sich in seinen Konzert- und Opernrezensionen als selbstbewusster Musikkenner, der es nicht scheut, auch bewunderte Komponisten wie Johannes Brahms, Felix Mendelssohn Bartholdy, Robert Schumann, Peter Tschaikowsky, Giuseppe Verdi und Carl Maria von Weber mitunter kritisch zu beurteilen. Eine glühende Verehrung hegte er für Richard Wagner, den er als »die größte, abgeschlossenste Erscheinung seiner Zeit«[448] bezeichnete. In einem Brief an Otto Julius Bierbaum bekannte er, dass »ich ohne Richard Wagner nicht existieren kann, d. h. daß seine Lehren u. seine Vorbilder mich dermaßen tief beeinflußt haben, daß ich unmöglich diese Eindrücke vergessen oder unbeachtet lassen kann.«[449] Ebenso schwärmte er für Franz Liszt und dessen symphonische Dichtungen: »Franz Liszt war nicht nur der grösste Klavierspieler, den die Welt gehört, sondern er nimmt auch unter den ersten Tondichtern einen ersten Rang ein.«[450] Von den zeitgenössischen Komponisten schätzte er besonders seinen Münchner Kollegen Richard Strauss, dessen Werk er gut kannte und den er in eine Reihe mit Beethoven, Liszt und Bruckner stellte.[451] Aufmerksam verfolgte er Strauss' erfolgloses Ringen um Anerkennung als Dirigent der Werke von Wagner und Liszt an der *Münchner Hofoper*[452] und schmähte die Rückständigkeit der gemeinsamen Heimatstadt:

Ich sehe die Zeit kommen, da München diesen modernsten aller Tondichter mit Stolz den Seinen nennen wird. Hoffentlich wird dann auch das enfant terrible in Gestalt eines Historikers nicht fehlen, der der Welt erzählen wird, wie seinerzeit die gute Philisterstadt München eben diesen Richard

---

[446] Vgl. Hofm. 85 (1936), S. 128, Hofm. 100 (1951), S. 246, Hofm. 102 (1953), S. 297, Hofm. 107 (1958), S. 292; die Sendungen *Hans Richard Weinhöppel, genannt »Hannes Ruch«. Zum 100. Todestag des Komponisten der »Elf Scharfrichter« vom 16.7.1938*, erwähnt in: *Bayerische Radiozeitung* 28 (1938), S. 21, *Die elf Scharfrichter und ihr Komponist. Zum 100. Geburtstag von Hannes Ruch*, eine Produktion des BR vom 29.9.1967, und Dimpfl, »Mähneumwallter Musiker«.

[447] Der *Schwalanscher* in reiner Textfassung, aber mit Verweis auf Weinhöppel in Klabund (Hg.), *Das deutsche Soldatenlied wie es heute gesungen wird*, München 1915, S. 33f. und 302, als textierte Melodie, hier allerdings ohne die Nennung Weinhöppels mit der Angabe »Soldatenweise« in Hermann Böse (Hg.), *Volkslieder für Heim und Wanderung*, Berlin 1914, S. 187; *Drüben am Wiesenrand* in der Fassung für Gesang und Gitarre in Walther Werckmeister (Hg.), *Deutsches Lautenlied*, Berlin 1917, S. 581.

[448] Hans Richard, *Richard Wagner – und was dann?*, in: *Mephisto* 1 (1896), S. 6.

[449] Weinhöppel an Bierbaum, 29.7.1904, MSB Mon., OJB B 250.

[450] Hans Richard, *Liszt-Abend*, in: *Fremdenblatt. Gazette des Etrangers* 17 (1898), S. 6.

[451] Vgl. Hans Richard, *I. Moderner Liederabend*, in: *Mephisto* 6 (1896), S. 6, und Hans Richard, *Liszt-Abend*, S. 5.

[452] Vgl. Bayerische Staatsbibliothek (Hg.), *Jugendstil-Musik*, S. 203.

*Strauss nicht nur als Komponist förmlich ignorierte, sondern auch nicht Mittel und Wege fand, diesen aufgehenden Stern als Dirigent sich zu erhalten.*⁴⁵³

In seiner Haupteigenschaft als Liederkomponist beobachtete Weinhöppel mit besonderem Interesse, wie seine Kollegen in ihren Textvertonungen zu Werke gingen. Auch hier zollte er Strauss große Bewunderung für dessen feinsinnige Auswahl der Gedichte von Karl Henckell, Heinrich Hart und John Henry Mackay, die »so lyrisch [sind, J.K.], wie sie sich ein Komponist nicht besser wählen kann.«⁴⁵⁴ Neben dem lyrischen Gehalt eines Gedichts ist nach Weinhöppels Verständnis auch eine gewisse Unvollkommenheit des Textes für die Vertonung förderlich. So äußerte er 1909 in einem Brief an Richard Dehmel: »Die weitaus größere Anzahl Ihrer lyrischen Schöpfungen möchte ich am liebsten uncomponiert wissen: sie sind sprachlich so vollendet, daß ihre Verquickung mit Musik den Genuß nur stören, den Eindruck verflachen würden [sic].«⁴⁵⁵

Vom Komponisten forderte Weinhöppel die intellektuelle Durchdringung des zu vertonenden Textes, die er bei vielen Tonschöpfern seiner Zeit im Bereich des Liedes wie auch des Musiktheaters vermisste.⁴⁵⁶ Auf dem Gebiet der Oper lasse sich die Gefahr eines Missverhältnisses zwischen Text und Musik idealerweise durch die Personalunion von Librettist und Komponist umgehen, wie Richard Wagner sie mustergültig vorgelebt hatte. Sei dies – wie in seinem eigenen Fall – ausgeschlossen, müsse »eine Verschmelzung der beiden Autoren bewerkstelligt«, der Dichter zum »Vorahner der Musik«⁴⁵⁷ werden.

Als wichtigste Voraussetzungen für eine gelungene Komposition nennt Weinhöppel Individualität, Originalität, Tiefe, Lebendigkeit, Natürlichkeit, Einfachheit und »Herzensnaivetät«.⁴⁵⁸ Beispielhaft sind für ihn etwa eine nicht näher bezeichnete D-Dur Symphonie von Mozart, »ein vollkommen einfaches und formvollendetes Werk von unnahbarer Naivetät«, oder die 8. Symphonie von Beethoven: »einfach, groß und tief.«⁴⁵⁹ Auch volkstümliche Werke wie Engelbert Humperdincks »reizendes Märchen in abgerundeter, mustergiltiger Form« *Hänsel und Gretel* oder die Lieder Friedrich Silchers erfüllten seiner Vorstellung nach die geforderten Kriterien.⁴⁶⁰

Ebenso deutlich wie er seine Begeisterung für die Vorbilder ausdrückte, kritisierte Weinhöppel, oftmals in sarkastischer Form, jene Komponisten und Werke, die er missbilligte. Als überzeugter Wagnerianer lehnte er die Oper im Stil des italienischen Belcanto strikt ab. Vincenzo Bellinis *Norma* bezeichnete er als »ein brutales, aus unlauteren Effekten und falscher Empfindung zusammengesetztes Machwerk«.⁴⁶¹ Ähnlich abfällig schrieb er über Wilhelm Kienzls *Evangelimann*, dessen Münchner Erstaufführung er im Oktober 1896 beiwohnte. Das rückständige Libretto sei »vollkommen im italienischen Sensations-Stil empfunden« und liefere daher nur eine melodramatische Handlung und schematische Figuren, nicht aber charakteristische »Vollblutmenschen«,⁴⁶² auch sei dem Komponisten eine wirkliche psychologische Charakterisierung der Figuren nicht gelungen. Erfolgreicher seien in dieser Hinsicht die modernen Italiener wie Ruggero Leoncavallo und Pietro Mascagni. Auch für französische Komponisten wie Ambroise Thomas, Emmanuel Chabrier und Jules Massenet hatte er wenig übrig, da ihre Werke in seinen Augen der von ihm geforderten Tiefe entbehrten. Sie »haben nicht die Kraft, unser Nervensystem in den Fugen zu erschüttern. Sie chatuilliren, caressiren, coquettiren, – voilà tout.«⁴⁶³

Weinhöppels schärfste Polemik enthält sein Aufsatz *Richard Wagner – und was dann?* All jene, die sich »in Wagner

---

⁴⁵³ Hans Richard, *Liszt-Abend*, S. 5.

⁴⁵⁴ Hans Richard, *I. Moderner Liederabend*, S. 6.

⁴⁵⁵ Weinhöppel an Dehmel, 21.4.1909, Hamburger Staats- und Universitätsbibliothek, DA: Br.: W: 139.

⁴⁵⁶ Als positives Beispiel nennt Weinhöppel die Lieder des heute völlig vergessenen Gustav Thudichums, vgl. Hans Richard, *Lieder-Abend von Gustav Thudichum*, in: *Revue franco-allemande. Deutsch-französische Rundschau*, Bd. 1 (1899), S. 169. Zur Kritik des Musiktheaters siehe u. a. Hans Richard, *Kgl. Hof- und Nationaltheater*, in: *Mephisto* 12 (1896), S. 3.

⁴⁵⁷ Weinhöppel an Bierbaum, 24.6.1904, MSB Mon., OJB B 250.

⁴⁵⁸ Hans Richard, *Wagner*, S. 6.

⁴⁵⁹ Hans Richard, *III. Symphonie-Concert im Kaim-Saal*, in: *Mephisto* 13 (1896), S. 5.

⁴⁶⁰ Vgl. Hans Richard, *Concert der kgl. Vokalkapelle*, in: *Mephisto* 9 (1896), S. 6.

⁴⁶¹ Hans Richard, *Münchener Volkstheater*, in: *Mephisto* 3 (1896), S. 3

⁴⁶² Hans Richard, *Hof- und Nationaltheater*, in: *Mephisto* 5 (1896), S. 3.

⁴⁶³ Hans Richard, *Hoftheater*, in: *Mephisto* 7 (1896), S. 4.

verrannt« hätten, bezeichnet er darin als blutleer, körper- und temperamentlos, denen es zwar gelänge, »mit Hülfe der Kunst Naivetät zu machen«, nicht aber, ihren Werken gesundes, kräftiges Leben einzuhauchen:

Ein Künstler ohne die Errungenschaften der Wagner'schen Arbeit ist heutzutage schlechterdings nicht denkbar; aber in erster Linie muß er Mensch sein, er muß etwas zu sagen haben. Die nachwagner'schen Komponisten sind Köche, die exquisit kochen können, und denen nur lediglich die nöthigen Viktualien fehlen. Sie stillen den Hunger statt aus der Natur, aus dem Kochbuch. Sie kennen den hohen Wert der Natur besser, als einer, der sie mit sich herumträgt; und da sie ihnen fehlt, haben sie es ihr »glücklich abgeschaut«. […] Früher verstand man die Kunst so, daß Jemand den Trieb in sich hatte, lebendiges Leben zu schaffen. Wurde es dann Kunst, um so besser. Wenn nicht, dann hat er wenigstens sein Privatvergnügen gehabt. Diese im Treibhaus großgezogenen angehenden Geistesriesen beginnen mit der Prätention, Kunst zu schaffen, und zum lebendigen Leben gelangen sie nie. Im besten Fall schaffen sie Kunst für Künstler, aber nicht für hungrige, durstige Menschenkinder mit Schwächen und Gebrechen, mit guten Trieben und schlechtem Gewissen. Das Lebensmark hat ihnen die Sonne Wagners aus den Knochen gesogen; es sind jugendliche Greise, die es meisterhaft verstehen, die Muse zu amüsiren, aber ihren Schooß zu befruchten gelingt ihnen nicht.[464]

Mit Begriffen wie Kraft, Gesundheit und Natürlichkeit gibt Weinhöppel sich hier eindeutig als Anhänger des Vitalismus zu erkennen, der das Lebendige der Kunst über jede intellektuelle und handwerkliche Gemachtheit stellt: »Nichts ist […] schlimmer als die Kunsthandwerker, denn sie untergraben die wirkliche Kunst und bestechen durch wohlberechnete Effekte das harmlose Publikum.«[465] Die junge Komponistengeneration versuche, mangelnde Originalität und Tiefe mit dem Deckmantel der »Moderne« zu kaschieren und mit »unseren fabelhaften Experimenten, unseren Excentrics, unseren technischen Virtuositäten, unserer innerlichen Zerrissenheit und unserer Sterilität« den Anschein wirklicher Kunst zu vermitteln. Die in den Augen vieler Zeitgenossen so typischen Symptome der dekadenten Gesellschaft des Fin de siècle, ihre fehlende Kraft, ihre Leere und Blutlosigkeit, erblickt Weinhöppel auch unter den jungen Tonschöpfern: »Wir sind das Fieber, dem die Krisis und später Reconvalenscenz und völlige Genesung folgen wird. Gesund sind wir nicht!«[466]

Inwiefern Weinöppel die von ihm formulierten musikalischen Qualitätsansprüche in seinen eigenen Stücken umsetzte, zeigt die folgende Analyse seiner Kompositionen, die er für die *Elf Scharfrichter* schrieb.

Hans Richard Weinhöppels *Scharfrichter*-Lieder

Der Großteil der 58 überlieferten *Scharfrichter*-Kompositionen von Richard Weinhöppel erschien als Einzeldruck in der Reihe *Die Elf Scharfrichter. Compositionen von Hannes Ruch* beim *Scharfrichter-Verlag* in Leipzig. Weitere Titel finden sich in späteren Alben, drei Lieder sind als teils sehr lückenhafte Autographe erhalten. Die meisten Lieder sind in der Fassung für eine nicht näher bezeichnete Singstimme und Klavier herausgegeben, in einigen Fällen sind sie jedoch auch als Bass- und Tenorlieder ausgewiesen oder mit einer Gitarre- oder Violinbegleitung oder Stichnoten anderer Instrumente versehen. Bis auf *Die Hochzeitsmusikanten, Lebensläufe* und *Schusters Abendlied* für drei bzw. fünf Männerstimmen und den *Scharfrichter-Marsch* handelt es sich bei allen Titeln um Sololieder.

Hinsichtlich ihrer Form wie auch der Gestaltung der Gesangspartien und Begleitstimmen sind Weinhöppels Kompositionen recht schlicht gehalten, was den Prämissen der Kleinkunstbühne geschuldet ist: dem Primat der Textverständlichkeit, dem Unterhaltungscharakter der Lieder und den recht niedrigen Ansprüchen an die Vortragenden, die häufig keine oder nur eine sehr begrenzte Gesangsausbildung hatten und die Titel rasch erlernen mussten. Kompo-

---

[464] Hans Richard, *Wagner*, S. 5f.
[465] Hans Richard, *Kgl. Hof- und Nationaltheater*, S. 3.
[466] Hans Richard, *I. Moderner Liederabend*, S. 6.

sitionen, die sich allzu weit von diesen Vorgaben entfernen, sind für die Aufführung auf der Kabarettbühne ungeeignet, wie das Beispiel Arnold Schönbergs zeigt. Angeregt durch ein Wiener Gastspiel des *Bunten Theaters (Überbrettl)* im Mai 1901, komponierte Arnold Schönberg acht *Brettl-Lieder* und schickte sie an Wolzogen.[467] Dieser zeigte sich zwar durchaus beeindruckt, äußerte jedoch seine Bedenken hinsichtlich ihrer Eignung für das Kabarett und bezweifelte, »daß viel Wirkung herauszuholen sein wird.«[468] Von Dezember 1901 bis Juli 1902 war Schönberg als Kapellmeister des *Überbrettl* in Berlin und konnte dort mit eigenen Augen verfolgen, wie teilnahmslos das Publikum seine Kompositionen aufnahm.[469] Für die kabarettistischen Zwecke waren seine Lieder technisch und musikalisch zu anspruchsvoll: »Schönbergs Scheitern am Kabarett beruht auf seiner elitären Kunstauffassung. Kein Lied zeigt Gassenhauer-Idiome; vielmehr orientierte er sich am Kunstlied, besonders an Hugo Wolf, dessen Stil ungebildetes Publikum befremdet.«[470] Weinhöppel dagegen schuf mit »seinem Melodienreichtum und seiner musikalischen Anpassungsfähigkeit an die eigenste Art jeder dieser so verschiedenartigen Dichtungen«[471] eine dem Kabarett angemessene Musiksprache, die wesentlich zum Erfolg der *Scharfrichter* beitrug.

Liedformen

Der Ausgangspunkt für eine Liedkomposition ist bekanntlich der zu vertonende Text, dessen spezifische Gestalt die Wahl einer Liedform nahelegt. Dies gilt zumal für den Bereich der Unterhaltungsmusik, in dem die Eingängigkeit einer Melodie und damit auch die Wiederholung einfacher Strukturen im Vordergrund stehen. So folgt Weinhöppel in den meisten seiner Kabarett-Kompositionen dem formalen Aufbau der Texte, während etwa Richard Strauss sich in seinen großen Orchesterliedern zugunsten einer inhaltlichen Gewichtung oft von der Struktur des vertonten Gedichts entfernt, wie aus dem Beispiel des *Arbeitsmanns* ersichtlich wird. Weinhöppel komponierte das Lied entsprechend der Gedichtvorlage von Richard Dehmel als dreistrophiges Refrainlied, Strauss dagegen schrieb ein durchkomponiertes Lied, das die inhaltliche Steigerung des Textes und die bedrohliche aufständische Stimmung der letzten Strophe deutlich hervorhebt. Der Rezensent der *Dresdner Zeitung* urteilte: »Bekanntlich hat auch Richard Strauß dieses Gedicht vertont [...]. Wir müssen jedoch der Komposition von Ruch den Vorzug geben.«[472] Auch Dehmel zeigte sich mit der musikalischen Umsetzung von Strauss nicht sehr zufrieden, sie sei ihm »nicht einfach genug aufgefaßt; zu convulsivisch«.[473] Dass ihm Weinhöppels Vertonung eher entsprach, ist nicht überliefert, aber anzunehmen.

Der überwiegende Teil der erhaltenen *Scharfrichter*-Lieder von Weinhöppel sind Strophenlieder in verschiedenen Varianten. Entsprechend den Textvorlagen schrieb Weinhöppel fünfzehn, meistenteils volksliedhafte STROPHENLIEDER:

- *Die erste Konjugation*
- *Das Huhn und der Karpfen*
- *Kiltgang*
- *Der Leiber*
- *Die Naive*
- *Notturno*
- *Des Pfarrers Tochter zu Taubenheim*
- *Pieter van der Butterseiten*
- *Reservemann*

---

[467] Vgl. Margareta Saary, *Brettl-Lieder*, in: Gerold W. Gruber, *Arnold Schönberg. Interpretationen seiner Werke*, Laaber 2002, Bd. 2, S. 312f. Die Angabe, Schönberg habe sieben der acht vertonten Texte aus der Sammlung *Deutsche Chansons (Brettl-Lieder)* entnommen, ist falsch. Die Gedichte von Hugo Salus, Colly und Gustav Hochstetter sind hier nicht abgedruckt.

[468] Ernst von Wolzogen an Arnold Schönberg, 7.6.1901, zitiert nach: Franziska Gorgs, »Links Louischen, rechts Marie, und voran die Musici.« Arnold Schönbergs Brettl-Lieder im Kontext der Kabarettgeschichte, Magisterarbeit der Universität des Saarlandes, Saarbrücken 2000, S. 62.

[469] Vgl. Manuel Gervink, *Arnold Schönberg und seine Zeit*, Laaber 2000, S. 76, Gorgs, *Schönberg*, S. 63, und Saary, *Brettl-Lieder*, S. 314.

[470] Ebd., S. 316.

[471] [Die Elf Scharfrichter], in: *Frankfurter Zeitung*, 3.10.1903, StAM, Pol. Dir. 2057/3.

[472] [Die elf Scharfrichter], in: *Dresdner Zeitung*, 21.3.[1903], MaK.

[473] Richard Dehmel an seine Frau Paula Dehmel, 26.2.1902, in: Ders., *Ausgewählte Briefe aus den Jahren 1883 bis 1902*, Berlin 1922, S. 405.

- *Der Schwalanscher*
- *Schusters Abendlied*
- *Sommermädchenküssetauschelächelbeichte*
- *Spinnerlied*
- *Das Straßburger Mädchen*
- *Tambursgesell*

Neun VARIIERTE STROPHENLIEDER mit leicht abgewandelten Schlussstrophen:

- *Bruder Liederlich*
- *Einfältige Ballade*
- *Ein gut Gewissen ist das beste Ruhekissen*
- *Flußübergang*
- *Johann von Nepomuk*
- *Laternenlied*
- *Lehrhaftes Gedicht*
- *Der Nachtwächter*
- *Tanzlied*

Sieben STROPHENLIEDER MIT REFRAIN:

- *Der Arbeitsmann*
- *Der arme Kunrad*
- *Die Bekehrte*
- *Lied beim Heuen*
- *La Marche*
- *Der melancholische Narr*
- *Des Narren Versuchung*

Eine weitere von Weinhöppel verwendete Liedform mit Refrain ist das COUPLET, das um 1900 und bis in die 1930er Jahre große Popularität besaß. Bereits in der ersten Hälfte des 19. Jahrhunderts hatten Dramatiker wie Johann Nestroy und Ferdinand Raimund in Wien sowie David Kalisch in Berlin das ursprünglich aus den französischen Vaudeville-Theatern und den Opéras comiques stammende Genre erfolgreich in ihre Possen übernommen. In den folgenden Jahrzehnten verselbstständigte sich das Couplet zur Einzelnummer und wurde zur beliebten Soloarbietung in den Singspielhallen und Varietés. Große Berühmtheit erlangten in den Jahren vor dem Ersten Weltkrieg etwa die Couplets Otto Reutters. Walter Rösler definiert das Couplet als:

> *Folge von Strophen unterschiedlichen Inhalts, die jeweils ihre Pointe im gleichlautenden Refrain (Sentenzen, Redensarten und ähnliche sprachliche Kurzformeln) finden. Das ästhetische Vergnügen resultiert aus der Kopplung wechselnder Strophen mit einem Refrain, der zu den ›Situationen‹ der Strophe immer wieder paßt.*[474]

Im Kabarett der *Scharfrichter* ist das Couplet als ein typisches Genre der kommerziellen Unterhaltungsbühnen, von denen man sich klar distanzierte, nur vereinzelt anzutreffen. Über eine der wenigen Ausnahmen schrieb die *Münchener Zeitung*: »Paul Larsen hat so etwas wie ein verbessertes Couplet eingeführt. Hoffentlich macht's ihm keiner nach, der's weniger originell zu geben weiß. Das Couplet, wenn es noch so hübsch ist, schmeckt immer ein bischen [sic] nach dem Varietee«.[475]

Durchaus varietéhaft sind auch fünf der sieben überlieferten Couplets von Weinhöppel. So präsentiert sich etwa der *Schusterjunge* als eine typische »Milljöh«-Figur im Stil Heinrich Zilles, wie sie wenig später in den Liedern Claire Waldoffs große Popularität erlangen sollte und die eher auf einer Berliner Unterhaltungsbühne als bei den *Elf Scharfrichtern* zu erwarten wäre. Seine Betrachtungen über die Berliner Gesellschaft beendet der Schusterjunge jeweils mit dem Ausruf »Huitt! Ick feif' uff det Janze!«,[476] an den ein gepfiffener Refrain anschließt. Zwei Handlungscouplets sind *Lucrezia* und *Babette*. Ersteres erzählt, wie der Titel bereits vermuten lässt, von einer Verführungsszene und erhält seinen spezifischen Witz durch die humoristische Verflechtung zahlreicher musikalischer Vortragsbezeichnungen in den Text:

---

[474] Rösler, *Chanson*, S. 238.

[475] [J. F. W.], [Das Karnevalsprogramm der 11 Scharfrichter], in: *MZ*, Nr. 24, 30.1.1903, S. 2.

[476] Hanns von Gumppenberg, *Der Schusterjunge*, Refrain, 5. PH, S. 13, MSB Mon., 4° Mon 1017, S. 13.

Er begrüsste mich parlando,
Und wir plauderten scherzando –
Und mein Gatte, der war fern:
Liebe fühlte ich crescendo,
Tugend schwand diminuendo –
Ach, ich hört' ihn gar so gern![477]

Die Verführung vollzieht sich in acht Strophen, die in den Refrain »Schlug mein Herz più mosso!«[478] einmünden. Inhaltlich sehr viel düsterer ist das Couplet von *Babette*, die für die Gefühle der Männer nur ein Lachen übrig hat und selbst angesichts ihres Liebhabers, der sich aus Verzweiflung über ihre Untreue erhängt hat, noch mit dem Refrain schließt:

Und das machte mir Spass,
Ah, was
Für'n Spass –
Hahaha! wie komisch war das![479]

Einen pikant-neckischen Ton weist das Couplet *Im Schlosse Mirabell* auf, eine satirische Anspielung auf den Erzbischof Wolf Dietrich von Raitenau, der zu Beginn des 17. Jahrhunderts für seine heimliche Ehefrau das *Schloss Mirabell* in Salzburg erbauen ließ. Anders als in der Wirklichkeit muss der Erzbischof des Lieds zuletzt für seinen ausschweifenden Lebenswandel büßen, der heitere Refrain aber lautet gleichbleibend: »Im Schlosse Mirabell, juche, / Im Schlosse Mirabell.«[480] Ein weiteres Couplet ist *Der Handkuss* aus der Feder Detlev von Liliencrons, das im impressionistischen Staccato-Stil von dem aufregenden Besuch einer Dame bei einem königlichen Abendempfang erzählt. Die sieben Strophen enden leicht variiert auf den Satz: »Fährt / steht / knixt / küsst / kommt / haucht / kennt meine süße Lady.«[481]

Einen Sonderfall unter den Strophenliedern mit Refrain bildet der philosophische Gesang des *Diogenes* in seiner Tonne. Hier weicht Weinhöppel ausnahmsweise von der gleichbleibenden Struktur der Textvorlage ab und komponiert die sechste Strophe mit ihrer nächtlichen Stimmung abweichend von den übrigen.

Als ZWEITEILIGE STROPHENLIEDER gestaltete Weinhöppel:

- *Des Antonius von Padua Fischpredigt* (A-B-A-B-A-B-A)
- *Der bayerische Chevauxleger* (A-B-A-B-A-B)
- *Christel* (5x A-B)
- *Fallerilarulla* (A-A-B-B'-A)
- *Eine gantz neu Schelmweiß* (A-A-B-B-A)
- *Hüt' du dich* (A-B-A-B-A)
- *In aller Herrgottsfruh* (A-B-B-A)
- *Die Judentochter* (A-B-A-B'-B')
- *Laridah* (A-B-A-B-A-B)
- *Lied des Meißner Figürchens* (A-B-A-B-A)
- *Rumänisches Liedchen* (A-A-B-B'+A')
- *Ein Traum* (A-B-A-B')

Sehr viel kleiner ist die Gruppe der DREITEILIGEN LIEDER. In zwei Fällen entfernt sich Weinhöppel von den Gedichtvorlagen und bildet die gleichbleibenden Strophenformen der Texte kompositorisch nicht nach. Beide Male ist diese Abweichung inhaltlich motiviert, so in der *Schaukel* (durch den Kontrast des Schaukel-Vergnügens und des plötzlichen Schreckens über ein mögliches Fallen (A-A-B-A'), und in der *Tänzerin* durch den Widerspruch der nach außen getragenen heiteren Maske der Tänzerin und ihres wahren, tieftraurigen Gesichts (A-B-A'). Im dritten Titel dieser Gruppe, *Des alten Weibleins Lied vom Schwager Tod*, ist die gewählte A-B-A'-Form bereits durch die unregelmäßige Gestaltung des Gedichtes vorgegeben.

Zu den Strophenliedern sind außerdem noch die kuriosen *Hochzeitsmusikanten* zu zählen, deren ERWEITERTE STRO-

---

[477] Hanns von Gumppenberg, *Lucrezia*, 2. Strophe, 1. PH, S. 9, DKA, Ordner LK/C/1.
[478] Ebd., Refrain, S. 9.
[479] Hanns von Gumppenberg, *Die dumme Babette*, Refrain, 1. PH, S. 11, DKA, Ordner LK/C/1.
[480] Otto Julius Bierbaum, *Im Schlosse Mirabell*, Refrain, 1. PH, S. [18], DKA, Ordner LK/C/1.
[481] Detlev von Liliencron, *Der Handkuss*, Refrain, 15. PH, S. 13, MSB Mon., 4° Mon 1017, S. 13.

PHENFORM (A-B-C-A'-C-A'-C-A') dem Stück einen stark szenischen Charakter verleiht. Die Komposition beginnt mit einem Klaviervorspiel im 3/4-Takt, der den Hochzeitswalzer versinnbildlicht. Nach sieben Takten reißen die drei Männerstimmen das musikalische Geschehen an sich und singen in Anlehnung an volkstümliche Formen wie den Dreigesang und das »Derblecken« eine a capella-Introduktion, in der sie vor den Gefahren der Ehe warnen. Es folgen drei Strophen, die das Thema variieren, im Refrain wird das Walzer-Thema des Beginns wieder aufgegriffen.

Vier Lieder hat Weinhöppel aus inhaltlichen oder formalen Gründen DURCHKOMPONIERT. In *Die heil'gen drei Könige* ist diese kompositorische Gestaltung durch die fortschreitende Handlung des Gedichtes, die Irrfahrt der drei Könige und ihre Ankunft an der Krippe in Bethlehem, begründet, in den *Lebensläufen* durch die sukzessive Schilderung der Biographien eines Schneiders, eines Pfarrers und eines Schreibers. Für das Gedicht *Pech des Armen* mit seinen beiden sehr kurzen Strophen bietet sich die durchkomponierte Form ebenso an wie für das einstrophige *Zwiegespräch*. Letzteres nimmt insofern eine Sonderrolle ein, als Weinhöppel sich hier eines geradezu veristisch anmutenden Opernstils bedient und damit den komischen und etwas banalen Inhalt des Gedichts, das Werben eines Hahns um ein Huhn, parodistisch überhöht.

Einen Sonderfall bildet das MARSCHLIED *Die Elf Scharfrichter*. Auf den ersten Blick entspricht hier vieles dem gängigen Marsch-Schema, so die gerade Taktart, das viertaktige Vorspiel, die formale Gliederung in einen zweiteiligen Hauptsatz (A und B; Es-Dur) und ein Trio (C; Subdominante As-Dur) oder die häufigen achttaktigen Strukturen (A- und C-Teil). Schon der Zusatztitel des Werks »grotesker Marsch« lässt jedoch erahnen, dass die Hörerwartungen immer wieder durch bizarre und überraschende Wendungen durchbrochen werden. So ist schon das Vorspiel voller unerwarteter rhythmischer und harmonischer Wendungen. Abweichend vom gängigen Dur-Tongeschlecht eines Marsches beginnt die Komposition in es-Moll, einer der bevorzugten Todes-Tonarten von Richard Wagner, und rückt dadurch in die Nähe eines Trauermarsches. Harmonisch wird zunächst die Dominante B-Dur als vermeintliche Haupttonart eingeführt. In Takt 2 und 3 wird dann mit dem trugschlüssigen Schritt B-as ein übermäßiger Quintsextakkord erreicht, der zur Dominante B-Dur mit falschem Wechselbass F zurückführt und schließlich die Es-Dur-Tonika erreicht. Neben dieser abenteuerlichen Harmonik ist aber auch der synkopierte Rhythmus in Takt 3 alles andere als typisch für einen Marsch (Klavierfassung, T. 1ff.):

Notenbsp. 4 »Die Elf Scharfrichter«, T. 1–4.

Synkopen, die das gerade Metrum ins Stolpern bringen und damit in einem Marsch nichts verloren haben, erscheinen auch in der ersten Strophe des Hauptteils (A) sowie am Ende des B-Teils:

[Er- bau- et ragt der schwar- ze Block, wir rich- ten_ scharf und herz- lich,]

Notenbsp. 5 »Die Elf Scharfrichter«, Geigenstimme aus der Partitur, T. 4–8., betonte Synkope in T. 6.

Notenbsp. 6 »Die Elf Scharfrichter«, Klavierstimme aus der Partitur, T. 27–30.

Durch die Synkopierungen gerät der Marsch immer wieder ins Swingen und rückt damit in die Nähe des Ragtime, der dem Genre Marsch formal sehr ähnlich ist.

Alles andere als typisch marschartig ist auch das – in der Orchesterpartitur mit der Spielanweisung »Diabolisch« überschriebene – orchestrale Zwischenspiel nach dem Trio, das in den Schlussteil A' überleitet. Über einer chromatisch absteigenden Linie schraubt sich ein wild kreisendes 16tel-Motiv immer weiter in die Höhe bis zum dreigestrichenen Heses. Zuletzt erscheinen das chromatische Motiv und das von Septakkorden begleitete 16tel-Motiv im Wechsel und führen zurück zum A-Teil (siehe Notenbsp. 7 und 8). Das Genre Marsch als Sinnbild einer gleichgeschalteten und obrigkeitshörigen Gesellschaft wird somit immer wieder rhythmisch wie auch harmonisch aus dem »Gleichschritt« gebracht und parodiert.

Obwohl der *Scharfrichter-Marsch* nachweislich als Lied vorgetragen wurde, sind seltsamerweise weder in der gedruckten Klavierfassung noch in der handschriftlich überlieferten Partitur eine Singstimme oder der Text eingetragen. Die Textverteilung der Strophen, die in vielen der Programmhefte abgedruckt sind, kann daher nur zum Teil rekonstruiert werden.

Notenbsp. 7 »Die Elf Scharfrichter«, Beginn der Überleitung, Klavierfassung, T. 42–45.

Notenbsp. 8 »Die Elf Scharfrichter«, Ende der Überleitung, Klavierfassung, T. 50–54.

Im Konzertführer zur Über-Ouverture *Also sprach Hannes Ruch* ist als ein Musikbeispiel der fünfte Vers der ersten Gedichtstrophe zur folgenden Melodie abgedruckt:

Notenbsp. 9 »Also sprach Hannes Ruch«, Konzertführer, [o. S.].

Hieraus lässt sich schließen, dass die erste Strophe des Gedichts zu der Melodie des A-Teils gesungen wurde (vgl. Partitur, T. 5–20). Die zweite, solistisch vorgetragene Strophe erklang zu der Melodie, die im Trio (C) im Cello und der Klarinette notiert ist (vgl. Partitur, T. 32–39). Dies geht aus der folgenden Anmerkung zum Trio hervor: »Wird der Marsch ohne Gesang aufgeführt, so spielt Cello das eingezeichnete Solo.«[482] Demnach wurde der Abschnitt B des Hauptteils, Partitur T. 21–31, rein instrumental vorgetragen. Hierfür spricht auch, dass die Instrumente im A-Teil durchgängig leise spielen, die Melodie also begleiten, im B-Teil aber dynamische Zeichen wie *forte* und *fortissimo* vorgezeichnet sind, das Orchester also ganz in den Vordergrund tritt. Dem Trio folgt der »diabolische« Zwischenteil, der eindeutig rein instrumental konzipiert ist. Im Takt 55 der Partitur erklingt erneut das Motiv des A-Teils und damit auch die dritte Strophe. Allerdings ist die Textverteilung an dieser Stelle nicht zu rekonstruieren. Die dritte Strophe, die im Unterschied zu den ersten beiden Achtzeilern aus zwölf Versen besteht, lässt sich nicht sinnvoll in den verbleibenden 26 Takten der Partitur unterbringen (vgl. T. 55–80). Auch die Klavierfassung, deren Schlussteil sogar um 18 Takte kürzer als die Partitur ist, gibt hierüber keinen Aufschluss.

Der Aufbau des *Scharfrichter-Marsches* ist demnach wie folgt:

T. 1–4	T. 5–20	T. 21–31	T. 32–42	T. 43–51	T. 52–80
Orchestervorspiel	A, Chor: 1. Strophe	B, Orchesterzwischenspiel	C, Trio Solo: 2. Strophe	Orchesterzwischenspiel	A', Chor: 3. Strophe

In den Orchesterzwischenspielen tanzten die *Scharfrichter* ihren »grotesk-feierlichen Reigen«,[483] der aufgrund seiner komplizierten Choreographie nicht immer ohne unfreiwillige Komik über die Bühne ging.

Metrum

Fast alle *Scharfrichter*-Lieder von Richard Weinhöppel stehen in den gängigen Metren des 2/4-, 3/4-, 4/4- oder 6/8-Takts. Zwei Ausnahmen bilden die Vertonungen von *Pech des Armen* und *Der Arbeitsmann*. Für Ersteres wählte der Komponist, angeregt durch den Titelzusatz »Nach einem Suaheli-Sprichwort«, einen unregelmäßigen 7/4-Takt, der, gemeinsam mit dem stampfenden, an Trommeln gemahnenden Rhythmus und den ständigen Tonrepetitionen in Melodie und Begleitung eine stereotype afrikanische Exotik und Wildheit suggeriert (T. 3ff., siehe Notenbsp. 10). In Richard Dehmels *Arbeitsmann* ist das zentrale Thema die Zeit:

Wir haben ein Bett, wir haben ein Kind,
mein Weib!
Wir haben auch Arbeit sogar zu zweit,
Und haben die Sonne und Regen und Wind,
Uns fehlt nur eine Kleinigkeit,
Um so frei zu sein, wie die Vögel sind:
Nur Zeit![484]

Für die musikalische Umsetzung des Zeit-Themas wählt Weinhöppel einen 9/8-Takt, der etwas Gedehntes in sich trägt und das Metrum und die Taktgrenzen verschleiert.

---

[482] Weinhöppel, *Die elf Scharfrichter*, Notenautograph, NL Hans Richard Weinhöppel, MSB Gasteig, Musikbibliothek, Mappe 1188/59.

[483] Rath, *Münchener Künstlerbrettl*, S. 370.

[484] Richard Dehmel, *Der Arbeitsmann*, 1. Strophe, 8. PH, MSB Mon., 4° Mon 1017, S. 21.

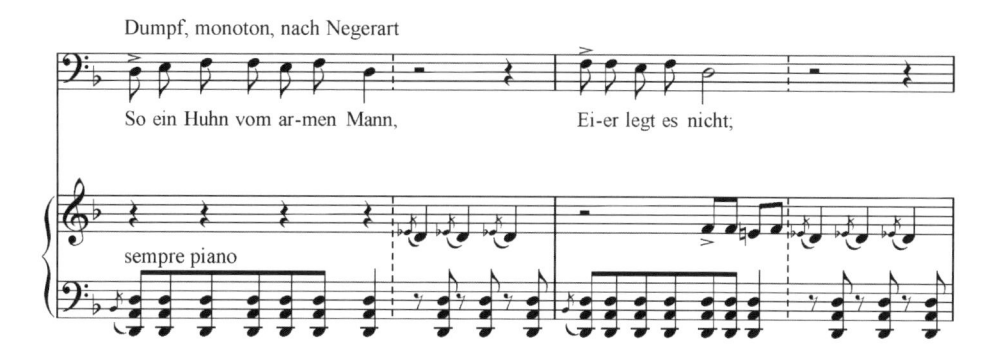

Notenbsp. 10 »Pech des Armen«, T. 3–6.

Immer wieder wirken die langgehaltenen Noten, etwa in den Takten 12 und 13 auf das Wort »Kleinigkeit« oder in den Takten 16 und 17 auf das Wort »Zeit«, darum auch fast als zu lang (siehe Notenbsp. 11).

Die meisten Lieder stehen durchgängig in einem gleichbleibenden Metrum, in einigen Fällen aber wechselt die Taktart. So fügt Weinhöppel wiederholt Einzeltakte in einem anderen Metrum in seine Kompositionen ein, die eine Verlangsamung bewirken oder in ein neues Tempo überleiten.

In *Lucrezia* illustriert der eingeschobene 3/4-Takt (T. 5) den »sinnenden«, träge umherschweifenden Blick vom Balkon. Mit dem Erscheinen des »Nobile«, dem Weinhöppel in humoristischer Anlehnung an den Text das Zeitmaß »Andante nobile« zuordnet, nimmt das Tempo wieder an Fahrt auf (T. 2ff., siehe Notenbsp. 12, S. 199).

Ein ähnliches stauchendes Moment findet sich in *La Marche*. Hier enden die drei Strophen jeweils mit der Frage, wohin die in ihr beschriebenen Menschen gehen (T. 19f.). Dem Fragemotiv folgen zwei Takte, deren Metrum die Unsicherheit über das musikalische Fortschreiten unterstreicht. Das Zögern wird zusätzlich betont durch die zweimalige Wiederholung des Fragemotivs im Klavier und die Unklarheit über die harmonische Fortführung, die zunächst in die Grundtonart B-Dur zu tendieren scheint, dann jedoch nach G-Dur überleitet und in dem nun einsetzenden Marsch die Frage schließlich beantwortet (T. 19ff., siehe Notenbsp. 13, S. 199). Weitere Lieder, in denen Weinhöppel verzögernde Einzeltakte einbaut, sind *Flussübergang* (T. 12), *Die heil'gen drei Könige* (T. 30f.), *Kurz ist der Frühling* (T. 19), *Der melancholische Narr* (T. 10f.) und *Zwiegespräch* (T. 6f., 16).

In einigen Fällen dient der Wechsel des Metrums, hier häufig in Verbindung mit einer Veränderung der Tonart, der formalen Gliederung in Strophe und Refrain, so etwa in *La Marche* (Strophe 6/8, Refrain Marsch 2/4) oder in *Die Bekehrte* (Strophe 6/8, Refrain Gavotte 4/4). In den Liedern der komischen philosophischen oder schelmischen Figuren sind die Refrains als (groteske) Walzer gestaltet, so in *Diogenes* (Strophe 6/8), *Im Schlosse Mirabell* (Strophe 2/4), *Laternenlied* (Strophe 4/4), *Der Melancholische Narr* (Strophe verschleierte 3/4) und *Hochzeitsmusikanten* (Strophe 2/4).

In der Vertonung *Des alten Weibleins Lied vom Schwager Tod* folgt Weinhöppel den metrischen Abweichungen der zweiten Strophe des Gedichtes:

Notenbsp. 11 »Der Arbeitsmann«, Takte 10–13 und 15–17: Mit zwei vollen Takten ist das Wort »Zeit« das längste im ganzen Lied.

Des alten Weibleins Lied vom Schwager Tod

Es fährt ein Postillion durchs Land, –
Oh, der ist höflich und galant!
Nimmt alte Leute bei der Hand,
Hilft ihnen in den Wagen.
Will keinen Lohn,
Fährt schnell davon;
Wohin – will er nicht sagen.

Die Peitsche knallt,
Herr Schwager, halt,
Seht her, hier steht noch Eine;
Heut' fahr ich mit,
Ob Trab, ob Schritt,
Denn müd' sind meine Beine.

Dank, Schwager! So! Und nun fahrt zu,
Blast euer Liedel trututu!
Es geht zum Schlafen, geht zur Ruh,
Es geht ins endlich–Gute;
Lebt wohl! Ade!
Mir ist nicht weh,
Nur wundermüd zu Mute.[485]

Während die Strophen 1 und 3 im 4/4-Takt stehen, komponiert Weinhöppel die 2. Strophe, die Anrede des alten Weibleins an den Tod, als Rezitativ im 3/4-Takt.

Sehr geistreich ist Weinhöppels Vertonung des *Wunderhorn*-Liedes *Hüt' du dich*, einer Warnung an einen jungen Mann vor der Falschheit eines Mädchens:

Ich weiß mir'n Mädchen hübsch und fein,
Hüt' du dich!
Es kann wohl falsch und freundlich sein.
Hüt' du dich! Hüt' du dich!
Vertrau ihr NICHT, sie narret dich.[486]

---

[485] Otto Julius Bierbaum, *Des alten Weibleins Lied vom Schwager Tod*, 3. PH, [o. S.], DKA, Ordner LK/C/1.

[486] *Hüt' du dich (Altdeutsches Lied)*, 1. Strophe, 3. PH, [o. S.], DKA, Ordner LK/C/1.

Die Falschheit und Unbeständigkeit des Mädchens überträgt Weinhöppel auf die musikalischen Parameter seiner Komposition. So wechselt das Metrum in den Takten 1 bis 15 insgesamt sechsmal und auch die übergebundenen Noten und Synkopierungen (T. 1, 5, 12 und 13) tragen dazu bei, die rhythmische Struktur immer wieder zu verschleiern und zu stören. Auch harmonisch wird der Hörer durchgängig an der Nase herumgeführt und getäuscht. Der Unisono-Beginn hält die harmonische Richtung noch offen, tendiert aber nach G-Dur, stattdessen wird jedoch in Takt 3 e-Moll erreicht und sofort in einen Dominantseptakkord auf D verschoben, der dann nach G-Dur führt (siehe Notenbsp. 14). Auch die weitere harmonische Fortschreitung der Takte 6 bis 10 (e-Moll – F-Dur – a-Moll – e-Moll – C-Dur) überrascht durch unerwartete Wendungen, bis in Takt 11 wieder G-Dur erklingt, das aber nach nur drei Takten nach e-Moll schwenkt.

Auch zur musikalischen Charakterisierung des *Melancholischen Narren* bedient sich Weinhöppel des Spiels mit dem verschleierten Metrum. Die Welt des Narren ist eine doppelbödige, sein Spiel mit den Zuschauern und Zuhörern geprägt von Täuschungen und unerwarteten Wendungen. Der schwankende Untergrund ist in den Strophen wirkungsvoll durch die Melodik des Klaviers, das Kippen zwischen einem leeren Quintakkord auf g und einem c-Moll-Akkord und dem chromatischen Pendeln zwischen d und es sowie durch das unklare Changieren zwischen einem gefühlten 6/8- und dem vorgeschriebenen 3/4-Takt dargestellt. Erst im Walzer-Refrain wird der 3/4-Takt als solcher erkennbar. Eigenartig verschoben wirkt auch die Textverteilung, etwa in dem geleierten Wort »Linde« oder dem nachkomponierten Enjambement aus der Gedichtvorlage (T. 6, siehe Notenbsp. 15).

In *Des Narren Versuchung* illustriert der Wechsel des Metrums die kontrastierenden Figuren der ersten Gedichtstrophe:

Redet einer ernst und klug
Von erhabnen Dingen,
Hat man bald von ihm genug!
Frischen Kranz und vollen Krug
Wird ihm keiner bringen.

Notenbsp. 12 »Lucrezia«, T. 2–8.

Notenbsp. 13 »La Marche«, T. 19–24.

Notenbsp. 14 »Hüt' du dich«, T. 1–6.

Notenbsp. 15 »Der melancholische Narr«, T. 1–8.

Aber spring dann ich hervor,
Schüttle meine Schellen,
Jubeln alle gleich im Chor,
Und die Herzen schwellen ...
Narr, ach Narr –
Werde nur nicht eitel,
Hüte deinen Scheitel,
Vor dem Sonnenstich!
Sei ein Held –
Wie bei andern Sachen,
Wahre dir dein Lachen,
Lach' auch über dich![487]

Ein etwas fades pastorales Wiegenmotiv im 6/8-Takt, die musikalische Übertragung des in den ersten fünf Versen geschilderten klugen, aber wenig unterhaltsamen Geredes, leitet das Lied ein. Der hervorspringende Narr dagegen steht, wie seine grotesken Artgenossen in *Diogenes, Laternenlied* und *Der melancholische Narr*, im Walzer-Takt. Er ist es, der die Zuschauer für sich gewinnt, doch als das Schwellen der Herzen am stärksten ist – in den Noten durch die Anweisung »breit« gekennzeichnet –, erfolgt die Mahnung an den Narren, wegen seiner Beliebtheit nur nicht zu eitel zu werden. Der Walzer wird durch den im Refrain einsetzenden 2/4-Takt ausgebremst und der Übermut des Narren somit in kontrollierte Bahnen zurückgelenkt (T. 23ff., siehe Notenbsp. 16).

Tonarten
Die Wahl der Tonarten beruht in den meisten Fällen auf pragmatischen Kriterien wie dem Stimmumfang und der Stimmlage eines Sängers oder einer Sängerin oder einer einfachen instrumentalen Spielbarkeit durch wenige Vorzeichen. Es überwiegen vorzeichenarme Tonarten mit selten mehr als drei ♯ oder ♭. Gelegentlich sind die vorgeschriebenen Tonarten inhaltlich motiviert wie etwa beim *Schwalanscher*, dessen einfacher Charakter in C-Dur seine Entsprechung findet, dem *Tambursgesell*, der in der Todestonart d-Moll seiner Erhängung am nächsten Morgen harrt, oder in den bukolischen Liedern *Tanzlied, Lied beim Heuen* oder *Die heil'gen drei Könige*, die im pastoralen F-Dur stehen. Bei fast allen Stücken handelt es sich um Dur-Lieder. Ausnahmen sind *Der Arbeitsmann, Bruder Liederlich, Flußübergang, Pech des Armen, Tambursgesell* (alle in d-Moll), *Der arme Kunrad* (g-Moll), *Die Judentochter* (e-Moll), *Laternenlied* (h-Moll), *Pieter van der Butterseiten* (fis-Moll).

Notenbsp. 16 »Des Narren Versuchung«, T. 23–29.

---

[487] Hanns von Gumppenberg, *Des Narren Versuchung*, 1. Strophe, 5. PH, S. 17, MSB Mon., 4° Mon 1017.

Plakatmotiv von Ernst Neumann für die erste Saison 1901.

Karikaturen aus Ernst Sterns Bändchen »Café Größenwahn«, 1902: oben unbekannte Sitzende, im Hintergrund der spitznasige Sänger Emanuel Franz, der soeben seinen Scharfrichter-Hit »Der arme Kunrad« anstimmt, neben ihm Otto Falckenberg von hinten und Paul Schlesinger, unten Frank Wedekind beim Vortrag seiner Ballade »Brigitte B.«.

Oben v. l. n. r.: Der Architekt Max Langheinrich, der Rezitator Emil Mantels, unbekannt, Hanns von Gumppenberg mit Lyra und Richard Weinhöppel mit Leierkasten, unten Willy Rath flieht vor dem von ihm gegründeten Lyrischen Theater. Emil Mantels alias Arcus Troll.

Karikaturen von Ernst Neumann: oben Heinrich Lautensack und Hans Dorbe, unten Emanuel Franz, Max Langheinrich und Paul Larsen.

*Oben Marc Henry
und Otto Falckenberg,
unten Marya Delvard
und Emil Mantels.*

Rudolf Wilkes Titelseite für das 8. Programmheft mit der Darstellung eines in Lumpen gekleideten »Armen Teufels«, auf dessen Gitarre das Pfandsiegel des Gerichtsvollziehers klebt, nimmt die schwierige finanzielle Situation des Brettls im Sommer 1902 aufs Korn.

Thomas Theodor Heines Titelbild für das 10. Programmheft, das Marya Delvard vor elf Teufelsmasken zeigt, wurde zu einer Ikone der Münchner Moderne.

Links Marya Delvard auf einem Plakat des kroatischen Künstlers Tomislav Krizman, 1907, drei Jahre nach dem Ende der Scharfrichter, rechts auf einem undatierten Plakat von Paul Haase.

Marÿa
Delvard
C. Haase
MEISENBACH RIFFARTH & Co. BERLIN-SCHÖNEBERG.
GES. GESCH.

Textplakat vom Oktober 1902 mit einer Graphik von Franz Muhry, Postkarte von Willy Oertel, 1901, und die als Garderobeschein getarnte Eintrittskarte der ersten Vorstellung am 13. April 1901.

Umschlag des Zeichnungsscheins der Elf Scharfrichter von Ernst Neumann, MSB Mon. L 2924.

Publikationen der Scharfrichter: oben die Titelseite des ersten und letzten Repertoirebandes vom Oktober 1901, unten der von Ernst Neumann gestaltete »Musenalmanach« aus dem Jahr 1902, rechts Rudolf Wolfs (?) Titelseite zum Notendruck des Schlagers »Der Schwalanscher« von Ludwig Thoma und Richard Weinhöppel, undatiert.

Nächste Seite: ein späteres Liederalbum von Richard Weinhöppel aus dem Jahr 1922, für das Toni Schönecker die Titelseite gestaltete.

Dideldum

Zwölf humoristische Lieder zur Gitarre von Hannes Ruch.

Heft II.

Verlag Friedrich Hofmeister, Leipzig.

Aus der Darstellung der Sphinx von Amédée Vignola im gleichnamigen Schattenspiel (oben: das achte Tableau »Cléopàtre«) und seinem Plakatmotiv der zweiten Saison (unten rechts) erstellte Ernst Neumann das Titelbild des 2. Programmhefts (unten links).

Nächste Seite: Titelgraphik von Ernst Neumann für das 3. Programmheft, Oktober 1901, MSB Mon. 4° Mon. 1017_5.

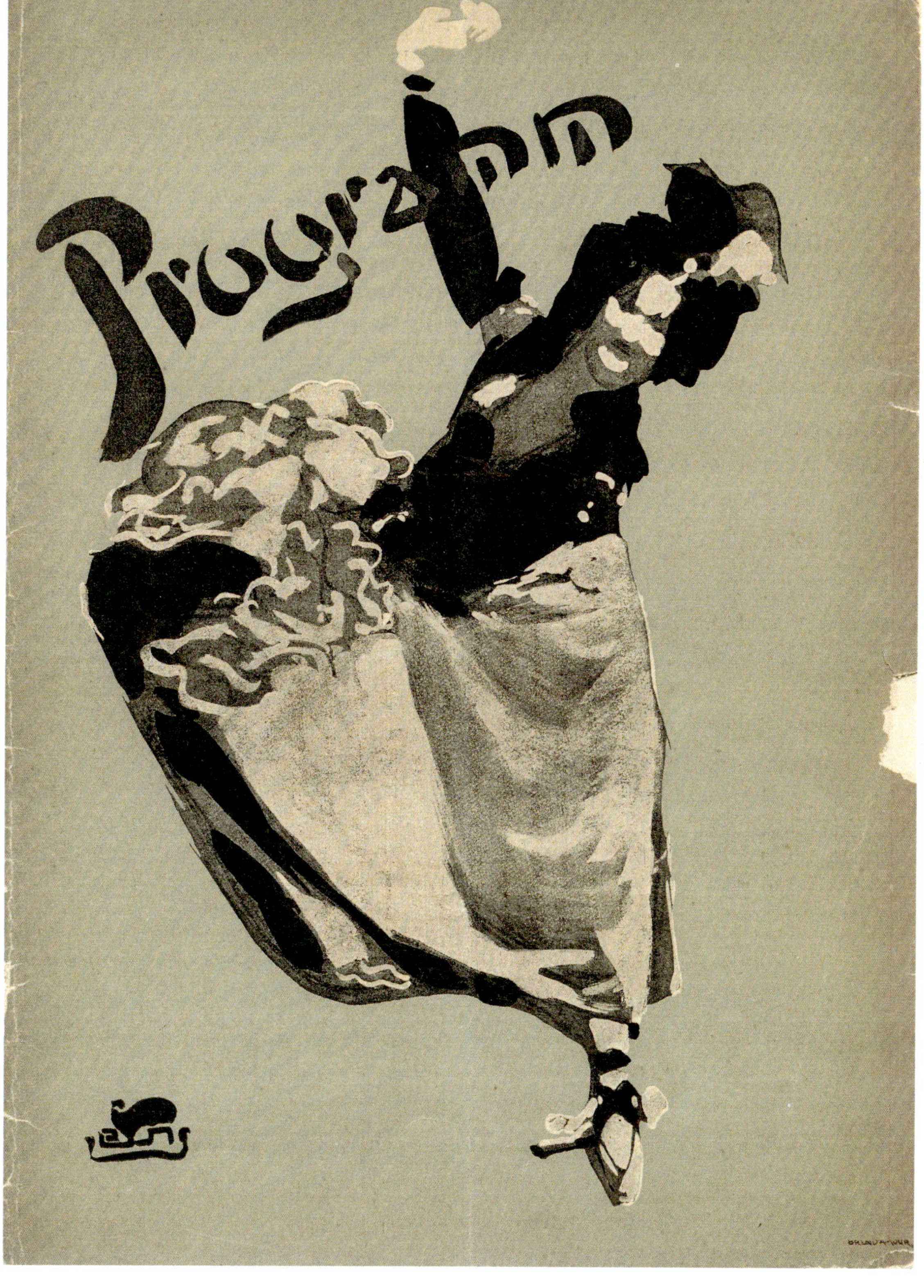

Die Elf Scharfrichter

*Vorherige Seite:
Plakatmotiv von
Willy Oertel für die
erste Saison 1901.*

*Titelgraphik von
Ernst Neumann
für das 6. Pro-
grammheft, Februar
1902, MSB Mon.
4° Mon.1017_8.*

*Titelgraphik von
Bruno Paul für das
11. Programmheft,
November 1902.*

Titelgraphik von Ernst Neumann für das 7. Programmheft, März 1902.

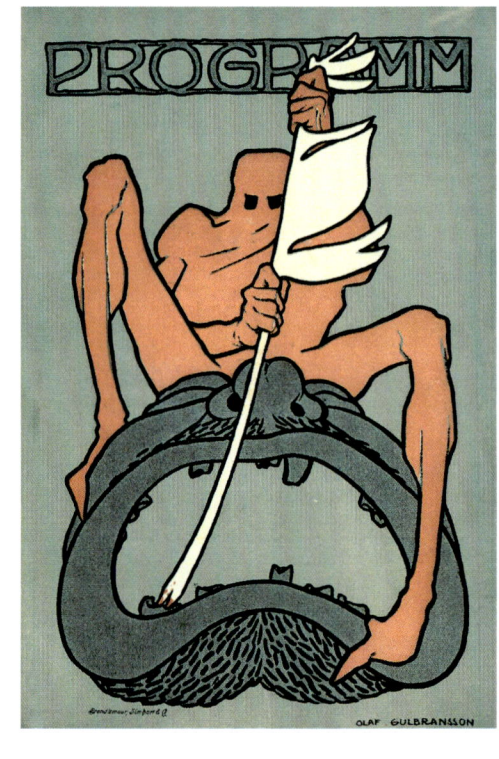

Plakatmotiv von Bruno Paul für die letzte Saison 1903/04 und Titelgraphik von Olaf Gulbransson für das 14. Programmheft, Oktober 1903.

Titelgraphik von Josef Benedikt Engl für das 13. Programmheft, Februar 1903, MSB Mon. 4° Mon.1017_13.

SATIRISCHES CARNEVALSFEST
DIE ELF SCHARFRICHTER
DURCHS
DUNKELSTE DEUTSCHLAND
E. STERN

Vorherige Seite: Plakatmotiv von Ernst Stern für das Karnevalsfest der Scharfrichter 1903.

Titelgraphik von Ernst Neumann für das 4. Programmheft, November 1901.

Titelgraphik von Arpad Schmidhammer für das 12. Programmheft, Dezember 1902.

Abweichend vom Gros der Kompositionen finden sich in manchen Liedern vorgeschriebene TONARTENWECHSEL, die inhaltlich oder formal begründet sind. So liefert in einigen Fällen die HANDLUNG oder ein EREIGNIS den Auslöser für eine tonartliche Veränderung. In *Lucrezia* rückt die Anfangstonart a-Moll, die der abwartenden Haltung auf dem Balkon zugeordnet ist, beim Erscheinen des Nobile und dem Beginn der Verführungsszene nach A-Dur. Das genaue gegenteilige Prinzip, die Eintrübung von Dur nach Moll, komponiert Weinhöppel in *Des alten Weibleins Lied vom Schwager Tod*, dessen E-Dur-Strophen die rezitativische Mittelstrophe, das Gespräch mit dem Tod in e-Moll, einrahmen. In *Ein Traum* versinnbildlicht der Wechsel von D- nach A-Dur den Übergang vom Wachzustand in das Reich der Träume. In dem Lied *In aller Herrgottsfruh* bereitet sich der Pierrot in D-Dur auf seinen morgendlichen Fensterlgang vor und eilt in A-Dur in die Stadt zu seiner Liebsten.

In anderen Liedern geht der Wandel der Tonart mit dem Umschwung einer STIMMUNG oder einer HALTUNG einher, so etwa in *Diogenes*, dessen sechste Strophe den Philosophen in seinem Fass bei Nacht behandelt:

Erlischt dann im Dunkel
Der sonnige Schein,
Dann schaut das Gefunkel
Der Sterne herein;
Die Sterne sind ferne,
Sie schimmern so blass –
Ich steck' die Laterne
Mir an in dem Fass.[488]

Weinhöppel vertont diesen Abschnitt in der gängigen »Nachttonart« Des-Dur, während die übrigen Strophen in F-Dur stehen.

Gustav Falke erzählt in *Lebensläufe* von dem Werdegang dreier Knaben und resümiert:

Der Schneider kriegt 'nen Orden,
Der Pfarrer kriegt die Gicht,
Der Schreiber ist verdorben,
Wo, weiss man nicht.[489]

Die tragisch anmutende Schlusswendung über den verdorbenen und verschollenen Schreiber wird musikalisch durch den Tonartenwechsel von e-Moll nach E-Dur kontrastiert und zu einem schelmischen Kehraus umgedeutet: Während der Schneider und der Pfarrer zwar zu Amt und Würden gekommen sind, Letzterer sich allerdings auch durch allzu üppige Speisen die Gicht zugezogen hat, hat der aus gesellschaftlicher Sicht moralisch verdorbene Schreiber, ein Repräsentant der Künstlerschaft, sich seine Freiheit bewahrt und zieht ungebunden durch die Welt. Die Anweisungen in der Singstimme »Sehr weich, allmählich langsamer werden, wie in der Ferne verklingend« und im Klavier »dolcissimo, lento« (T. 82ff.), die dem E-Dur-Abschnitt vorangestellt sind, unterstreichen die positive Ausdeutung der Schlusswendung (siehe Notenbsp. 17, S. 226).

Eine Wendung zum – vermeintlich – Traurigen nimmt dagegen das *Lehrhafte Gedicht* mit seiner Gegenüberstellung des ungleichen Brüderpaares Adolf und Jakob. Während Adolf, stets die Freude seiner spießbürgerlichen Familie, den Beamtenstand erreicht, nimmt es mit dem ungeliebten Sohn Jakob ein schlimmes Ende: Er wird Redakteur. Die Enttäuschung der Eltern über den missratenen Sohn wird durch das Umschlagen von Dur nach Moll und die Singanweisungen »sehr schmerzlich« und sogar »gebrochen« (T. 20 und 26) auf ironische Weise verdeutlicht (siehe Notenbsp. 18, S. 226). Wegen des Trugschlusses in Takt 20/21 erscheint der F-Dur-Akkord als VI. Stufe in a-Moll, wird aber sofort in eine Subdominante von b-Moll umgedeutet (T. 22). Obwohl die Akkorde unschwer als diatonisch modulierend erklärbar sind, verweigert Weinhöppel dem Hörer jegliche tonale Klarheit und illustriert damit auch harmonisch das Unsicherheitsgefühl, das Jakob als Künstler in den bürgerlichen Kreisen hervorruft.

Auch in *Des Narren Versuchung* stoßen kontrastierende

---

[488] Hanns von Gumppenberg, *Diogenes*, 6. Strophe, 7. PH, S. 18, DKA, Ordner LK/C/1.

[489] Gustav Falke, *Lebensläufe*, 5. Strophe, 11. PH, S. 6, MSB Mon., 4° Mon 1017.

Notenbsp. 17 »Lebensläufe«, T. 76–85.

Notenbsp. 18 »Lehrhaftes Gedicht«, T. 20–24.

Notenbsp. 19 »Lied in der Nacht«, T. 12–19.

Welten aufeinander: Dem verschulten Bildungsbürger mit seiner klugen, aber eintönigen Rede in C-Dur ist der lustige Narr in A-Dur gegenübergestellt. Im Refrain des Liedes ergreift dann allerdings wieder der kluge Langeweiler in C-Dur das Wort und warnt den Narren vor zu großer Eitelkeit.

Ist in den genannten Beispielen der Tonartenwechsel inhaltlich motiviert, dient er in anderen Fällen der formalen Gliederung eines Liedes, etwa in Stücken, die abwechselnd von Ensemble und Solist vorgetragenen werden, oder in Refrainliedern:

- *Die Elf Scharfrichter* (Ensemble: Es-Dur, Solo: As-Dur)
- *Die Hochzeitsmusikanten* (Ensemble: G-Dur, Solo: D-Dur)
- *La Marche* (Strophe: B-Dur, Refrain: G-Dur)
- *Der melancholische Narr* (Strophe: g-Moll, Refrain: G-Dur)
- *Des Narren Versuchung* (Strophe: C-Dur, A-Dur, Refrain: C-Dur)

Im *Lied in der Nacht* überträgt Weinhöppel das auffällige Ende der Textzeilen auf die musikalische Ebene:

Strassen hin und Strassen her
Wandr' ich in der Nacht,
Bin aus Träumen dumpf und schwer
Schluchzend aufgewacht,
Thränen,
Sehnen,
Lust und Schmerz, –
Ach, wohin treibt mich mein Herz?
Ach, wohin treibt mich mein Herz?[490]

Durch ihre Länge und die Wiederholung heben sich die beiden letzten Verse deutlich von den vorherigen mit ihren atemlos gestammelten Einzelworten ab. In der Komposition wird die Zäsur durch den Tonartenwechsel von a-Moll nach A-Dur und die neue Satzform des Kanons in Violine, Stimme und Klavier nachvollzogen (T. 12ff., siehe Notenbsp. 19).

---

[490] Otto Julius Bierbaum, *Lied in der Nacht*, 1. Strophe, 1. PH, S. 13, DKA, Ordner LK/C/1.

Harmonik

In den meisten *Scharfrichter*-Kompositionen von Richard Weinhöppel dominiert eine einfache Harmonik, die sich selten weit von der vorgeschriebenen Grundtonart entfernt. Dies gilt besonders für die volkstümlichen Lieder sowie für jene, die einfache Charaktere oder gefällige Situationen beschreiben (*Die Bekehrte, Christel, Fallerilarulla* etc.). Dagegen weisen die Lieder der vielschichtigen tragischen oder tragikomischen Typen wie *Die Tänzerin, Diogenes* oder die Lieder der Narrenfiguren dem Inhalt entsprechend komplexere harmonische Verläufe auf. Diese folgen häufig keinem erkennbaren funktionalen Schema, sondern sind mit großer Wahrscheinlichkeit das Resultat eines improvisatorischen Entstehungsprozesses, in dessen Mittelpunkt die gute Spielbarkeit des Stückes steht. Hin und wieder aber setzt Weinhöppel ganz gezielt kurze raffinierte Wendungen ein, die seinen kompositorischen Anspruch verraten.

In einigen Liedern dient der komplexe harmonische Verlauf zur Illustration eines unsicheren Zustandes, so etwa in der *Tänzerin*. Das Gedicht schildert den Kontrast zwischen der vermeintlich heilen Welt, in der die Tänzerin allabendlich als »Königin der Welt« über ihr männliches Publikum triumphiert, und dem verzweiflungsvollen Innenleben der jungen Frau, deren Geliebter sie verlassen hat. Die scheinbar einfache Grundtonart F-Dur, die der ersten Strophe vorgezeichnet ist, wird durch die ziellos umherirrende Harmonik als trügerisch entlarvt. Dagegen erweist sich die Harmonik in dem von F-Dur weit entfernten und sehr düsteren b-Moll-Abschnitt als stabil. Stabil ist die Tänzerin also nur in ihrer Trauer (2. Strophe, b-Moll). Ihre Leidenschaft, die sie allabendlich auf der Bühne zur Schau stellt (1. und 3. Strophe, F-Dur), ist indes nichts anderes als eine Illusion, die mühsam aufrechterhalten wird, ein Lügenkonstrukt, das jederzeit in sich zusammenfallen kann.

Auf sehr unsicherem Boden bewegt sich auch der betrunkene Pierrot im *Laternenlied*, der nachts im Rausch durch die Straßen irrt und sein trauriges Schicksal als mittelloser, versoffener Künstler beklagt. Ähnlich wie beim *Melancholischen Narren* schwankt die Welt auch hier bereits in den auf- und absteigenden chromatischen Sekundschritten des Klaviervorspiels. Chromatik, übermäßige Sekunden und aufgefächerte Septakkorde sowie die wunderliche Dynamik

Notenbsp. 20 »*Laternenlied*«*, T. 4–6: Chromatik*

Notenbsp. 21 »*Laternenlied*«*, T. 18–27: aufgefächerter Mollseptakkord (T. 18),
Decrescendo mündet ins forte (T. 24), übermäßige Sekunde (T. 26f.).*

in der Singstimme dienen zur Charakterisierung der grotesken Pierrotfigur (siehe Notenbsp. 20 und 21).

Die Klavierstimme enthält neben chromatischen Läufen (z. B. T. 40ff.) und übermäßigen Sekunden an auffälligen Intervallen auch den Tritonus, der in Melodie (T. 25ff.) und Harmonik (T. 23f. $B^7 – E^7$) erscheint. Wie in den Rahmenstrophen der *Tänzerin* ist auch im Walzerteil des *Laternenlieds* die Harmonik vollkommen losgelöst von einem erkennbaren Rahmen oder Zielpunkt und versinnbildlicht so den schwankenden Gang des betrunkenen Pierrots – und zugleich seine Unabhängigkeit von den (musikalischen) Konventionen.

In der *Schaukel* ist es eine gefahrenvolle Situation, die plötzlich das harmonische Gefüge aufbrechen lässt. Das Lied beginnt lyrisch mit einem sanften Wiegemotiv im Klavier und bleibt in den ersten beiden, harmlosen Strophen durchgängig im D-Dur-Bereich. Das immer heftigere Schaukeln des Mädchens spiegelt sich in einem crescendierenden und aufwärtssteigenden Klavierzwischenspiel (T. 19ff.), das zum dramatischen Höhepunkt der Komposition überleitet. Das Mädchen schaukelt jetzt so stark, dass es die Kontrolle zu verlieren fürchtet:

*Hoch in die Höh'! Wo ist mein Zeh' –
Im Himmel! Ich glaube, ich falle.
Das thut so tief, so süss dann weh* [...].[491]

---

[491] Richard Dehmel, *Die Schaukel*, 3. Strophe, 4. PH, S. 13, DKA, Ordner LK/C/1.

Lust und Schmerz liegen in dieser geradezu erotisch aufgeladenen Gefahrensituation nah beieinander. In der Komposition erreicht Weinhöppel die dramatische Steigerung durch die rezitativische Gestaltung dieses Abschnitts sowie durch die auffällige harmonische Wendung in den Takten 31ff. Die Strophe beginnt konventionell im Dominantraum von D-Dur, von A-Dur geht es nach E-Dur (T. 28), dann folgt zu den Worten »Das thut so tief, so süss dann weh« ein Klangwechsel nach C-Dur, der schließlich in einen halbverminderten Septakkord (g|b|des|f) führt (T. 33, siehe Notenbsp. 22).

Es ist kaum verwunderlich, dass der erklärte Wagnerianer Weinhöppel bei der textlichen Verknüpfung von Lust und Leid an den *Tristan* denkt und ihn hier zitiert. Den *Tristan*-Akkord verwendet er dementsprechend auch im *Lied in der Nacht*, in dem mit den Worten »Thränen, Sehnen, Lust und Schmerz« der gleiche Themenkreis beschworen wird (siehe Notenbsp. 19, S. 226).

Das volkstümlich-derbe *Tanzlied*, das von den emotionalen und erotischen Verstrickungen zwischen des Goldbauern Hiesel, der Liesel und dem Knecht erzählt, vertont Weinhöppel, der Textvorlage entsprechend, als stampfenden, plump wirkenden Walzer. Der vermeintlich so simple Charakter des Stückes gewinnt durch den unerwarteten Tritonus in der Gesangslinie (T. 7f.) und die Vorhalte im Klavier (T. 11f.) eine zusätzliche, tiefere Ebene, die die ungute Konstellation musikalisch andeutet (siehe Notenbsp. 23).

Notenbsp. 22 »Die Schaukel«, T. 27–36.

Notenbsp. 23 »Tanzlied«, T. 4–14.

Ein anderes Mal, in der *Sommermädchenküssetauschelächelbeichte*, verwendet Weinhöppel einen komplexen harmonischen Fortgang zur Schilderung von Unruhe. Nach einer konventionellen Einleitung mit den regulären Akkorden der Grundtonart G-Dur, die das Mädchen am Ufer der »Murmelrieselplauderplätscherquelle« zeigt, führt das Erscheinen des »Augenblinzeljunggesellen« sofort zu einer aufregenden Flirtszene mit bewegter Harmonik (T. 14ff.).

Ein weiteres harmonisches Stilmittel in Weinhöppels *Scharfrichter*-Liedern ist das »Verduren« einer Tonart. Zur Anwendung kommt es im *Tambursgesell* und im *Arbeitsmann*, beide Male wird d-Moll nach D-Dur gerückt und damit das Wunschbild der Freiheit beschworen. Der *Tambursgesell*, der im Kerker auf seine Erhängung wartet, träumt in D-Dur von seiner Vergangenheit vor der Festnahme, der *Arbeitsmann* von der Gesellschaftsutopie, in der auch die Arbeiterschaft durch mehr Zeit so »frei« wie die Vögel sein wird (siehe Notenbsp. 24 und 25, S. 230).

Eine sehr witzige parodistische Wirkung erzielt Weinhöppel durch eine harmonische Wendung in *Des Antonius zu Padua Fischpredigt*. Im B-Teil des Liedes (T. 18ff.) wird das Wogenmotiv, das das Fließen des Wassers illustriert, in der Klavierstimme insgesamt sechs Mal wiederholt und aufwärts geführt, bis in Takt 24, auf dem Höhepunkt der Phrase, ein strahlendes H-Dur erklingt. Die Steigerung in der Klavierstimme vollzieht sich analog in der Melodie, die auf dem eingestrichenen dis, dem höchsten Ton im ganzen Lied, endet. Inhaltlich bedingt ist diese Steigerung durch das Herannahen der Fische, die gespannt die Predigt des heiligen Mannes erwarten (T. 18ff., siehe Notenbsp. 26, S. 230).

Notenbsp. 24 »Tambursgesell«, T. 1–9.

Notenbsp. 25 »Der Arbeitsmann«, T. 13–21.

Notenbsp. 26 »Des Antonius von Padua Fischpredigt«, T. 17–25.

In Richard Wagners *Parsifal* steht der sogenannte *Karfreitagszauber* in H-Dur, der Tonart haftet somit der Nimbus des Heiligen, Erlösenden an. Auch die Fische erwarten an dieser H-Dur-Stelle ihre Erlösung durch Antonius. Um so komischer ist die Wirkung der folgenden fünf Takte, in denen die Harmonik unvermittelt in ein banales C-Dur kippt, das insgesamt sechs Mal als V-I-Kadenz (G-Dur–C-Dur) auf geradezu penetrante Weise im Klavier angeschlagen wird:
Der Quintfall findet sich auch in der Singstimme, nach deren

Notenbsp. 27 »Des Antonius zu Padua Fischpredigt«, T. 25–31.

Verklingen das Klavier das Motiv noch zweimal alleine wiederholt und dem Hörer somit geradezu einbläut. Die scheinbar so fromme Erwartung der Fische wird somit auf das Entschiedenste entlarvt und ihre Euphorie (»Kein Predigt niemalen den Karpfen so g'fallen«) als leere Floskel aufgedeckt.

Gesangsparts / Textvertonungen

Obgleich einige der Sängerinnen und Sänger des *Scharfrichter*-Ensembles durchaus über sehr gute und zum Teil sogar professionelle Fähigkeiten verfügten und daher auch schwierigere Stücke hätten vortragen können, gestaltete Weinhöppel die Gesangsparts seiner *Scharfrichter*-Lieder in den meisten Fällen recht einfach, denn auch hier waren die spezifischen Vorgaben der Brettlbühne zu berücksichtigen: Um zu echten Schlagern zu werden, mussten die Lieder in erster Linie eingängig und nachsingbar sein. Manche Lieder stellen jedoch durchaus gewisse Ansprüche an die Vortragenden, verlangen Zungenfertigkeit, Sicherheit bei Intervallsprüngen, chromatischen Figuren oder Verzierungen wie Prallern, Trillern, Vorschlägen etc.

Walter Rösler hat in seiner Monographie über das deutsche Kabarettchanson darauf hingewiesen, dass viele Texte, die diesen Liedern zugrunde liegen, variable Strukturen wie etwa unterschiedlich lange Textzeilen oder eine wechselnde Metrik aufweisen:

Eine solche Variabilität der Strophe entsprach dem Streben der Überbrettl-Lyrik nach Loslösung von feierlichem Pathos, nach Auflockerung und Gefälligkeit der sprachlichen Form. Hier ist die [...] Absicht [...], durch die Auflösung tradierter Strophenmuster innerhalb der Strophen verschiedene Ebenen der Aussage zu schaffen, rhythmische Akzente zu setzen und eine neues Tempogefühl zu vermitteln.[492]

In seinen *Scharfrichter*-Liedern hat Weinhöppel es verstanden, diese Unregelmäßigkeiten immer wieder sehr gekonnt auf die musikalische Ebene zu übertragen, wie bereits in den Beispielen *Des alten Weibleins Lied vom Schwager Tod* und *Lied in der Nacht* zu sehen war. Eine weitere originelle Umsetzung findet sich in seiner Vertonung von Greiners Gedicht *Die Naive*:

*Meine Mutter hat eine Katze zu Haus,
Die geht an jedem Abend aus,
Geht auf dem Dach spazieren
Auf vieren.*[493]

In den ziellos auf- und absteigenden Tonleiterbewegungen wird das Herumstreunen der Katze auf dem Dach musikalisch illustriert. Am Ende der Strophe sind die auffällige Verkürzung und Betonung der letzten Verszeile mit ihren zwei Hebungen auf das Wort »Vieren« in den beiden kadenzierenden Viertelnoten nachempfunden, die den Achtellauf sehr abrupt und überraschend ausbremsen und damit eine komische Wirkung erzielen (siehe Notenbsp. 28, S. 231).
Da die Textverständlichkeit stets gewährleistet sein musste, ist die Textverteilung in den Liedern überwiegend syllabisch. Ausnahmen sind etwa die großen Melismen im *Straßburger*

---

[492] Rösler, *Chanson*, S. 247.
[493] Leo Greiner, *Die Naive*, 1. Strophe, 4. PH, S. 9, DKA, Ordner LK/C/1.

Notenbsp. 28 »Die Naive«, T. 3–9.

Mädchen und in *Die heil'gen drei Könige*. Das volkstümliche Lied vom *Straßburger Mädchen* aus der Gedichtsammlung *Des Knaben Wunderhorn* konzipierte Weinhöppel als historisierendes Minnelied, das er selbst in der Verkleidung eines Troubadours vortrug. Das weitschweifige Melisma auf der vorletzten Textsilbe der Strophe erscheint wie eine Anspielung auf die mittelalterliche Praxis der Pänultima-Verzierung (siehe Notenbsp. 29).

In *Die heil'gen drei Könige* ist das Melisma die direkte musikalische Umsetzung des Gesangs der Weisen (siehe Notenbsp. 30).

Die Melodie schreitet oft stufenweise oder in leicht singbaren und gängigen Intervallen fort. In manchen Liedern wirkt diese Einfachheit geradezu banal, vor allem, wenn sie noch durch Tonwiederholungen gesteigert wird. Auch hierbei handelt es sich allerdings oft um ein bewusst eingesetztes Stilmittel, denn in diesen Fällen geht es meist um die Darstellung sehr simpler Figuren: die dummen Fische, die keine Lehren aus der Predigt des heiligen Antonius ziehen (siehe Notenbsp. 27, S. 231), der gedankenlose Glückspilz *Pieter van der Butterseiten*, der naive Schüler in *Die erste Konjugation* oder die tumben Bauersleute im *Tanzlied* (siehe Notenbsp. 23, S. 229).

Bei komplexeren Themen und Figuren, vornehmlich bei den Schelmen und Narren, sind die Melodieverläufe dagegen häufig anspruchsvoller. Chromatische Läufe, verminderte, übermäßige und große Intervallsprünge, rhythmische Besonderheiten wie Triolen oder Verzierungen wie Triller und Praller finden sich u. a. in *Diogenes, Einfältige Ballade, Eine gantz neu Schelmweys, Die heil'gen drei Könige* oder dem *Laternenlied* (siehe Notenbsp. 20 und 21, S. 228). Ganz deutlich tritt dieses gegensätzliche Gestaltungskonzept harmloser und interessanter Charaktere im *Lehrhaften Gedicht* hervor.

Notenbsp. 29 »Das Straßburger Mädchen«, T. 11–15.

Notenbsp. 30 »Die heil'gen drei Könige«, T. 24–29.

Die Melodie des »guten« Sohns Adolf könnte nicht banaler sein (T. 3f.):

Notenbsp. 31 »Lehrhaftes Gedicht«, T. 2–4.

Wie unbändig präsentiert sich dagegen Jakob mit seinen großen Intervallen und den in A-Dur vollkommen unangebrachten ♭-Vorzeichen (T. 7ff.):

Notenbsp. 32 »Lehrhaftes Gedicht«, T. 6–10.

In vielen Liedern unterstreicht Weinhöppel außerdem einzelne Worte oder Satzteile durch expressive Wendungen. So verlegt er etwa in *Diogenes* den Anfang des Verses »Sang selbst im Tenore, nun sing ich im Bass« in eine für die Basspartie ungewöhnliche hohe Lage (T. 10) oder verziert im *Rumänischen Liedchen*, das vom neckischen Liebesspiel zweier Vögel handelt, die Worte »nickend« mit einem Praller und »gar kokett« mit Triolen. Im *Straßburger Mädchen* illustrieren ein Sextintervallsprung und ein Praller die Schönheit des Knaben (T. 9f.):

Notenbsp. 33 »Das Straßburger Mädchen«, T. 8–10.

In *Johann von Nepomuk* werden nacheinander die Übel genannt, vor denen der Heilige schützen soll: Überschwemmung, Suff und Liebeswahn. Dass in Weinhöppels Interpretation des Gedichts von Letzterem die größte Gefahr ausgeht, verdeutlichen das Crescendo sowie der Dezimsprung auf das Wort »Liebe« (T. 32ff.):

Notenbsp. 34 »Johann von Nepomuk«, T. 32–36.

Dem Rahmen der Unterhaltungsbühne entsprechend, gestalteten die Sängerinnen und Sänger die Lieder häufig recht frei und hielten sich nicht immer notengetreu an die Vorlage. Immer wieder wurden Lieder auch weniger gesungen als vielmehr parlando vorgetragen.[494] An einigen Stellen sind gesprochene oder gerufene Worte auch in den Noten ausgewiesen, so in den beiden Schelmenliedern *Bruder Liederlich* und *Eine gantz neu Schelmweys* die Worte »Hallo« (T. 15), »Hoppla« und »Eia« (T. 30 und 39). Auch in der *Schaukel* sollen die Worte »im Himmel« gerufen werden (vgl. Notenbsp. 22, S. 229). Weitere Techniken, die das musikalische Geschehen auflockern und oftmals eine humoristische Wirkung haben, sind etwa der Pfiff im *Schusterjungen* (T. 15ff.) oder die Schleifer im *Schwalanscher* (T. 10f.):

(* Dieses 3=gestrichene F ist auf den Fingern zu pfeifen.)

Notenbsp. 35 »Der Schusterjunge«, T. 15–18.

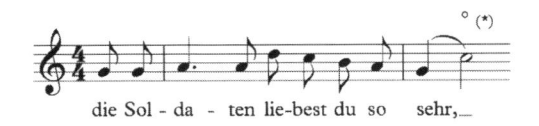

(*) Anmerkung: Die mit ° bezeichneten Töne sollen offen gesungen werden, nach Art süddeutscher Bauern.

Notenbsp. 36 »Der Schwalanscher«, T. 9–11.

---

[494] So von Friederike Gutmann-Umlauft, vgl. [ff.], *Die Elf Scharfrichter*, in: *MNN*, Nr. 195, 26.4.1901, S. 3; Richard Weinhöppel, vgl. Röllinghoff, *Bei den »elf Scharfrichtern«*, in: *MNN*, Nr. 174, 14.4.1901, S. 1; Robert Kothe, vgl. [G.J.], *Die elf Scharfrichter*, in: *Dresdner Anzeiger*, 21.3.1903, MaK.

Zahllos sind die den Liedern vorgeschriebenen Sing- und Spielanweisungen, die eine Grundstimmung oder die gewünschte Form der Darbietung erläutern, so z. B. »Mit frommem Sarkasmus« (*Des Antonius zu Padua Fischpredigt*), »Mit behäbiger Ironie« (*Pieter van der Butterseiten*), »Mit grotesker Grazie« (*Notturno*), »Mit philosophischer Behaglichkeit« (*Diogenes*), »Mit drastischem Humor« (*Einfältige Ballade*), »Mit melancholischem Ausdruck« (*Der melancholische Narr*), »Mit Anmut« (*Die Bekehrte*), »Mit Wärme« (*Christel*), »Feierlich« (*Johann von Nepomuk*), »Die Gegensätze ›gut und böse‹ deutlich herausheben« (*Lehrhaftes Gedicht*). In einigen Fällen sind Lieder von zahlreichen Vortragsangaben durchzogen, so etwa im *Laternenlied* oder dem *Zwiegespräch*:

Laternenlied

Ich hab' mich an ein Weib gedrängt	
und wehe! blieb da hängen.	
Die Erd' hat sich im Raum erhängt,	
drum will ich selbst mich hängen.	
Was schwankt dort im Laternenlicht?	Zusammenfahrend. Abgerissen, hervorstoßend
Ein Hut und alte Kleider.	
O Gott, welch schreckliches Gesicht:	
mein nie bezahlter Schneider.	breit
Ach ich armer Sohn der Nacht.	Selig lächelnd
Wenn sich meine Schneider henken,	deutlich
brauch' ich selbst nicht dran zu denken,	mit viel Logik
kauf' mir lieber in der Schenken	schlau
einen Schluck, der glücklich macht,	
ach, ich armer Sohn der Nacht.[495]	in sich hineinlachend hinwegwankend

Zwiegespräch

Guten Morgen, Fräulein Huhn,	galant
Guten Morgen, Herr Hahn,	wegwerfend
Was gedenken Sie zu thun?	sehr höflich
Das geht Sie nichts an.	spitz
Wollen wir nicht etwas promenieren?	etwas breiter, lyrisch
Danke, ich kann allein spazieren.	spitz
Sie haben wohl heute nicht gut geruht?	etwas zaghaft
Oder macht es Ihnen böses Blut,	
Dass Sie noch keinen Regenwurm fanden?	mit viel Wärme, überschwänglich
Offen gestanden, ich finde Sie sehr	indigniert
Aufdringlich, Sie!	
Dumme Gans, Kikeriki![496]	verächtlich

---

[495] Leo Greiner, *Laternenlied*, 3. Strophe, 6. PH, S. 16, DKA, Ordner LK/C/1.

[496] Gustav Falke, *Zwiegespräch*, 9. PH, S. 10, DKA, Ordner LK/C/1.

Es ist also davon auszugehen, dass die Lieder bei den *Scharfrichtern* nicht nur gesungen, sondern häufig regelrecht gespielt wurden.

Begleitung

Die meisten Lieder sind in einer Fassung für Singstimme und Klavier erhalten, gelegentlich sind Stichnoten für andere Instrumente angegeben:

- *Der Arbeitsmann*: Hörner, Flöte, Violinen
- *In aller Herrgottsfruh*: Flöte, Oboe, Viola
- *Der Nachtwächter*: Klarinette ad lib.

Lieder mit Klavier und Violinbegleitung sind:

- *Die Judentochter*
- *Lied in der Nacht*
- *Des Pfarrers Tochter zu Taubenheim*

Lieder mit Klavier- und alternativer Gitarrenbegleitung sind:

- *Im Schlosse Mirabell*
- *Der Leiber*
- *Der Schwalanscher*

Eine reine Gitarrenbegleitung haben die Lieder:

- *Die Bekehrte*
- *Bruder Liederlich*
- *Christel*
- *Kiltgang*

In einigen Fällen, so bei *Kurz ist der Frühling, Laridah* und *Das Straßburger Mädchen* lässt der Klaviersatz darauf schließen, dass diese Lieder ursprünglich mit Gitarre begleitet wurden.

Die Begleitungen sind stets als solche konzipiert, sehr zurückhaltend und dem Gesangspart untergeordnet. Eine wichtige Rolle übernehmen die Begleitstimmen bei den kurzen Vorspielen, die fast allen Liedern vorangestellt sind. Diese dienen nicht nur dazu, dem Sänger den Einstieg zu erleichtern, sondern erzeugen im besten Fall bereits in den ersten Takten die spezifische Atmosphäre eines Liedes. Häufig entsteht diese charakteristische Stimmung durch kurze Motive, so etwa in *Des alten Weibleins Lied vom Schwager Tod*, in dem Hornfanfaren im Klavier die Ankunft des Todes in Gestalt eines Postillons ankündigen (T. 1f.):

Notenbsp. 37 »Des alten Weibleins Lied vom Schwager Tod«, T. 1f.

Das Lied vom *Bayerischen Chevauxleger* wird dagegen von Militärfanfaren eingeleitet (T. 1ff.):

Notenbsp. 38 »Der bayerische Chevauxleger«, T. 1–4.

Im *Tambursgesell* imitiert das Klavier im Vorspiel die Trommelschläge eines Trauermarsches (siehe Notenbsp. 24, S. 235), zu Beginn der *Einfältigen Ballade*, die vom Spaziergang eines Königs handelt, erklingen Marschmotive. Eine alarmierende Aufstandsstimmung erzeugt das Vorspiel zum *Arbeitsmann* mit seinen Fanfaren und der bedrohlich wirkenden abwärtsgeführten Chromatik (siehe Notenbsp. 11, S. 197, die Klavierbegleitung dieser Passage entspricht dem Vorspiel). Sehr kurios ist dagegen die Einleitung des *Zwiegesprächs*, das lautmalerisch die Protagonisten des Gedichts, ein Huhn und einen Hahn, und ihr Gackern nachbildet (T. 1ff.):

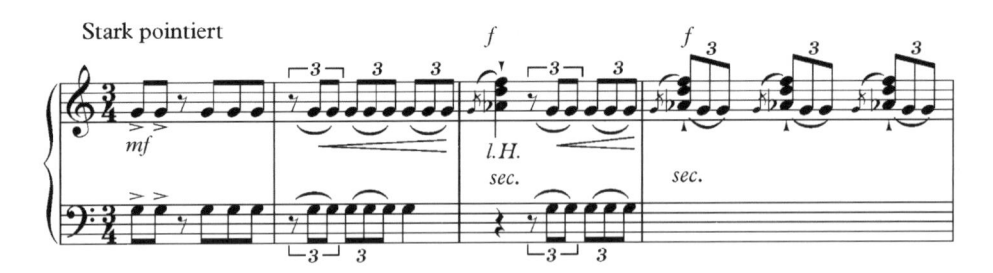

Notenbsp. 39 »Zwiegespräch«, T. 1–4.

Im *Spinnerlied* symbolisiert der Quint-Bordun im Bass das Pedal des Spinnrads, das in jedem Takt neu angetreten wird, während die kurzen Noten in der Singstimme dem Schnurren des Spinnrads nachempfunden sind (T. 1ff., siehe Notenbsp. 40).

In einigen Fällen erzeugen die Vorspiele beim Hörer jedoch Erwartungen, die dann enttäuscht werden, so etwa in *La Marche*, das zwar, dem Titel entsprechend, mit stilisierten Trommelwirbeln beginnt, dann jedoch nicht als Marsch weitergeführt wird. Stattdessen leitet der Einsatz des Sängers zu den Worten »Voici la nuit« in eine ruhige, lyrische Nachtstimmung und erst im Refrain erscheint der im Titel angekündigte Marsch (siehe Notenbsp. 41).

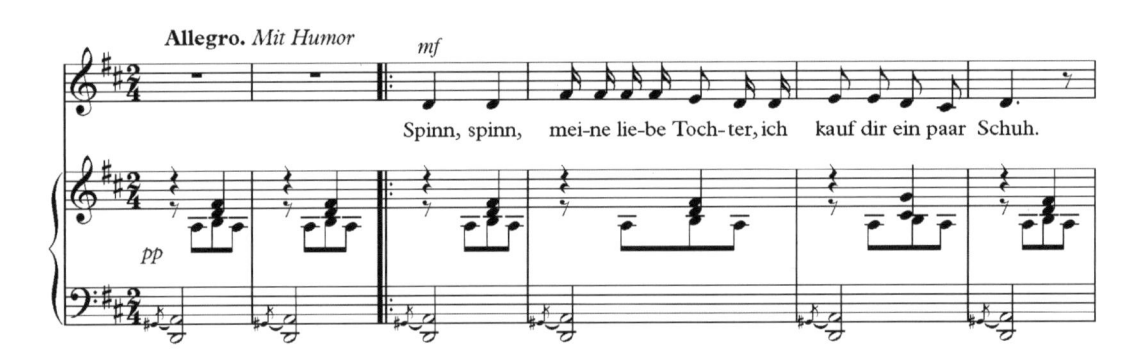

Notenbsp. 40 »Spinnerlied«, T. 1–6.

Notenbsp. 41 »La Marche«, T. 1–8.

Ähnlich überraschend ist der Beginn des Terzetts *Die Hochzeitsmusikanten*. Das Klavier eröffnet das Stück mit einem etwas derben Walzer, zu dem man die tanzenden Hochzeitsgäste förmlich vor sich sieht. In dieses gesellige Vergnügen platzen plötzlich die drei Sänger mit ihrem Gstanzl hinein und der Walzer verstummt (T. 1ff., siehe Notenbsp. 42).

Ohne Gesang erscheint die Begleitstimme hin und wieder auch in Zwischenspielen, etwa in *Der arme Kunrad* (T. 28ff.), *Notturno* (T. 17ff. und 28ff.) oder *Die Tänzerin* (T. 21ff. und 35ff.). Der stark tänzerische Gestus dieser Zwischenspiele legt die Vermutung nahe, dass diese Abschnitte durch kurze Tanzeinlagen angereichert wurden.

Stilmittel und Stile
Weinhöppel gelang es in vielen seiner Lieder, die spezifischen Stimmungen seiner Gedichtvorlagen wirkungsvoll in Musik zu übertragen. Ein von ihm häufig verwendetes Stilmittel ist dabei die TONMALEREI. Sie dient u. a. zur Illustration von außermusikalischen Phänomenen, so in:

- *Des Antonius von Padua Fischpredigt*, T. 5ff.: Fließen von Wasser durch Achtelläufe abwechselnd in linker und rechter Hand, gesteigert ab T. 18ff.
- *Johann von Nepomuk*: Fließen von Wasser durch Achtelläufe, T. 11ff.
- *Die Schaukel*: Wiegen der Schaukel durch durchgängiges Achtelmotiv im Bass
- *Spinnerlied*: Betätigung eines Spinnrads durch Quintbordun im Bass

In anderen Liedern finden sich lautmalerische Motive aus dem Bereich der Musik, wie z. B.:

- Fanfaren: *Des alten Weibleins Lied vom Schwager Tod*, T. 1f.; *Der bayerische Chevauxleger*, T. 1ff.
- Trommeln: *La Marche*, T. 1f.; *Tambursgesell*, T. 1ff.
- Castagnetten: *Die Tänzerin*, T. 1ff.

Besondere Beachtung verdienen die großen tonmalerischen Passagen in *Die heil'gen drei Könige, Der Schusterjunge* und *Der Nachtwächter*. Hier werden die handelnden Figuren der Lieder selbst zu Musikern, die musikalische Ebene wird also gedoppelt. In den *heil'gen drei Königen* geschieht dies durch das weitschweifige Melisma zu den Worten »Die heil'gen drei Könige sangen« (siehe Notenbsp. 30, S. 232). Noch deutlicher tritt das Stilmittel der Musikproduktion innerhalb eines

Notenbsp. 42 »Die Hochzeitsmusikanten«, T. 1–12.

Liedes in den beiden Rollenliedern *Der Schusterjunge* und *Der Nachtwächter* hervor. Im *Schusterjungen* wird, ausgelöst durch den Satz »Ick feif' uff det Janze«, der gesamte Refrain gepfiffen. Und der *Nachtwächter* mit dem bildlichen Namen Alois Scheenebläser unterstreicht seinen nächtlichen Stundensang durch sein Klarinettenspiel (T. 4ff.):

Notenbsp. 43 »Der Nachtwächter«, T. 3–7.

In manchen Liedern erzeugen die tonmalerischen Motive dagegen eine humoristische oder parodistische Wirkung, so etwa das Hühnergackern in *Zwiegespräch* oder die stereotype Imitation von wilder »Negermusik« in *Pech des Armen*. Durch den stampfenden Rhythmus und das monotone Kreisen der Melodie entsteht ein leicht zuzuordnendes musikalisches LOKALKOLORIT. Das gleiche Stilmittel verwendet Weinhöppel auch in der *Tänzerin*, einem Bolero mit deutlich spanischem Gepräge, sowie im *Rumänischen Liedchen*. Fast der gesamte A-Teil wie auch der Schluss dieses Lieds pendeln harmonisch zwischen der Dominante F-Dur und der Tonika B-Dur hin und her. Eine exotische Wirkung erhält diese Dominante, ein verminderter Septakkord (es|ges|a|c mit b als Orgelpunkt im Bass) durch die in ihm enthaltene übermäßige Sekunde, die klanglich an die Zigeunermolltonleiter erinnert.

Vielfach greift Weinhöppel auf unterschiedliche Musikformen wie Tänze, Marschmusik, Varietémusik, Kirchen- und Volkslieder zurück. Märsche dienen ihm zur Charakterisierung seiner Soldatenfiguren, etwa in *Der bayerische Chevauleger*, *Der Leiber* oder *Untreue*, erscheinen aber auch gebrochen und parodiert, so in der *Einfältigen Ballade*, im *Scharfrichter-Marsch* und in *La Marche*. Einen leichten, perlenden und neckischen Unterhaltungston, wie er auch auf den Varietébühnen der Zeit zu finden ist, schlägt er dagegen in den Rollenliedern *Der Schusterjunge* und *Sommermädchenküssetauschelächelbeichte* sowie in *Der Handkuss* an. Weiterhin finden sich wiederholt deutliche Anklänge an das Kirchenlied: eine kirchenliedhafte Melodie in *Ein Traum*, vollgriffige Klavierbegleitung in *Des Antonius Fischpredigt* und *Johann von Nepomuk*, typische Kadenzfloskeln (*Fischpredigt*: T. 2f.; *Die heil'gen drei Könige*: T. 32f.), Kontrapunkt (*Johann von Nepomuk*: T. 3ff.; *Des Narren Versuchung*: T. 31ff.) oder Quintfallsequenz (*Johann von Nepomuk*: T. 15ff.). Während die Nähe zur Kirchenmusik in *Die heil'gen drei Könige*, *Johann von Nepomuk* und *Ein Traum* illustrativen Charakter hat, verleiht er der *Fischpredigt* und *Des Narren Versuchung* einen parodistischen Zug: Die vermeintliche Frömmigkeit der unbelehrbaren Fische wird ebenso entlarvt wie der mahnende Ton des Philisters, der den Narren zur Bescheidenheit auffordert.

Auch volkstümliche Stile finden sich in vielen von Weinhöppels *Scharfrichter*-Liedern, etwa in den *Hochzeitsmusikanten* mit ihrem an den bayerischen Dreigesang erinnernden Gstanzl. Noch deutlicher tritt der Volksliedton in *Lied beim Heuen*, *Des Pfarrers Tochter zu Taubenheim*, *Das Straßburger Mädchen*, *Die Judentochter* oder *Der Schwalanscher* hervor, in denen Weinhöppel zum Teil direkte Volksliedzitate verwendet. So erinnert der Beginn der *Judentochter* nicht nur textlich an den Beginn des berühmten Liedes von den *Zwei Königskindern*. Auch die Melodiegestaltung ist, wenn auch in der *Judentochter* in Moll, identisch:

Notenbsp. 44 »Zwei Königskinder«, T. 1f., in: »Deutscher Liederhort« 1, 1893, S. 292.

Notenbsp. 45 »Die Judentochter«, T. 1f.

Noch auffälliger ist das Zitat im *Schwalanscher*.

Notenbsp. 46 »Der Schwalanscher«, T. 1f.

Der Beginn des schwäbischen Volkslieds Die Auserwählte lautet fast identisch:

Notenbsp. 47 »Die Auserwählte«, T. 1–4, in: »Deutsches Liederlexikon«, 1869, S. 388.

Mehr oder weniger versteckt zitiert Weinhöppel aber nicht nur Volkslieder, sondern auch verschiedene Werke großer Komponistenkollegen wie Wagners *Tristan* im *Lied in der Nacht* oder in *Die Schaukel*. Auch für den Berliner *Schusterjungen* mag ein anderer, berühmterer Schusterlehrling, der David aus Richard Wagners *Meistersingern*, Pate gestanden haben, weist doch die chromatische Melodiegestaltung ausgerechnet auf das Wort »Meester« durchaus eine gewisse Ähnlichkeit zu der folgenden Passage auf, in der David Stolzing die Kunst der Meistersinger erklärt:

Notenbsp. 48 »Der Schusterjunge«, T. 3–6.

Notenbsp. 49 Richard Wagner, »Die Meistersinger von Nürnberg«, 1. Akt, 1. Aufzug, 1. Szene, T. 643–645, in: Sämtliche Werke Bd. 9, I, 1979, S. 96.

Über Weinhöppels Verhältnis zu seinem Zeitgenossen Gustav Mahler ist nichts bekannt, doch ganz offensichtlich war er auch mit dessen Werk vertraut. Denn es ist kaum ein Zufall, dass die Klaviereinleitung seines Lieds *Das Huhn und der Karpfen*, eines Streitgesprächs zwischen den beiden Tieren, nahezu identisch mit den Schlusstakten der Einleitung von Mahlers *Lob des hohen Verstands* ist. Auch dieses Lied, das 1896 entstand und 1899 erstmals im Druck erschien, handelt von einem Wettkampf zwischen zwei Tieren, einem Kuckuck und einer Nachtigall. Der Ruf des Kuckucks erklingt bei Mahler und – ohne Kuckuck – auch bei Weinhöppel (siehe Notenbsp. 50 und 51).

Zwei Lieder Weinhöppels kreisen um den Topos des Lachens: Das *Lied beim Heuen* und *Babette*. Ersteres schlägt mit seinen Bordunquinten einen bukolischen Ton an, *Babette* dagegen ist ein Walzerlied, das etwas schwerfällig beginnt, im Refrain aber einen durchaus prickelnden Ton mit deutlich Straußscher Färbung anschlägt. In beiden Liedern erscheint in der Klavierstimme ein kurzes Verzierungsmotiv, eine aufwärtsgerichtete fünf- bzw. sechstönige Notenfolge (siehe Notenbsp. 52 und 53). Ist es ein Zufall, dass eine ebensolche Figur auch in dem berühmten Couplet der Adele »Mein Herr Marquis« aus Johann Strauß' Operette *Die Fledermaus* erklingt, einem der wohl bekanntesten Musikstücke, in denen gelacht wird (siehe Notenbsp. 54)?

Notenbsp. 50 Gustav Mahler, »Lob des hohen Verstands«, T. 5–10, in: Sämtliche Werke Bd. XIII, Teilband 2b, 1993, S. 82.

Notenbsp. 51 »Das Huhn und der Karpfen«, T. 1–4.

Notenbsp. 52 »Lied beim Heuen«, T. 11–14.

Notenbsp. 53 »Babette«, T. 16–22.

Notenbsp. 54 Nr. 8b, »Couplet der Adele: Mein Herr Marquis«, [o. T.], in: Johann Strauß, »Die Fledermaus«, Klavierauszug, 1948, S. 80.

Notenbsp. 55 »Des Narren Versuchung«, T. 13–16.

Eine kuriose Zitatverflechtung erschafft Weinhöppel in *Des Narren Versuchung*. In die langweilige Rede des Klugen springt plötzlich überraschend der Narr hinein. Kein Wunder, dass er dies zu dem berühmten Motiv aus dem zweiten Satz von Joseph Haydns Symphonie Nr. 94 tut. Der überraschende *fortissimo*-Schlag in dem ansonsten durchgängig leise gehaltenen Satzanfang des *Andante* brachte der Symphonie ihre beiden Spitznamen *Mit dem Paukenschlag* bzw. *Surprise* ein. So überraschend wie der plötzliche *fortissimo*-Akkord ist das Erscheinen des Narren. Einen scharfen Kontrast zu diesem heiteren Motiv bildet ein in den Noten deutlich zu erkennendes Motiv in der unteren Stimme der rechten Klavierhand: die Tonfolge der mittelalterlichen *Dies irae*-Sequenz (siehe Notenbsp. 55, S. 241). Weinhöppels Narren und Schelme sind nie nur komisch, sondern immer auch tragisch, sie verbinden Freude mit Melancholie und sogar einer gewissen Morbidität.

Auch Mozart ist ein deutlich erkennbarer Bezugspunkt für Weinhöppel, etwa in dem *Lied des Meißner Figürchens* aus der Zeit des Rokoko, dessen Klavierpart mit der Spielanweisung »Mozartisch« überschrieben ist. Auch die Vertonung des Goetheschen Preisgedichts *Christel* ist für Weinhöppel ein Anlass, auf die Musiksprache des Goethe-Zeitgenossen Mozart zurückzugreifen. So mag Weinhöppel bei der Gestaltung der Gitarrenbegleitung an die Ariette des Cherubino *Voi che sapete che cosa è amor* aus *Le Nozze di Figaro* gedacht haben, in der die Pizzicato-Begleitung der Streicher die Gitarre – das typische Begleitinstrument eines Ständchens – imitiert. Unverkennbar ist die Ähnlichkeit der Schlussfloskel, die in Weinhöppels Lied den Vordersatz des B-Teils abschließt (T. 11f.), mit einer ebensolchen Wendung in Cherubinos Ariette. Die Melodiegestaltung des Ganzschlusses hat außerdem große Ähnlichkeit mit der Schlusswendung eines anderen berühmten schwärmerischen Liebeslieds, der Arie des Tamino *Dies Bildnis ist bezaubernd schön* aus der *Zauberflöte* (siehe Notenbsp. 56, 57 und 58).

Notenbsp. 56 »Christel«, T. 10–16.

Notenbsp. 57, Ariette des Cherubino: »Voi che sapete che cosa è amor«, [o. T.], in: Wolfgang Amadeus Mozart, »Die Hochzeit des Figaro«, Klavierauszug, [1939], S. 91.

Notenbsp. 58, Arie des Tamino: »Dies Bildnis ist bezaubernd schön«, T. 2–15, in: Wolfgang Amadeus Mozart, »Die Zauberflöte«, Neue Ausgabe sämtlicher Werke Serie II, Werkgruppe 5, Bd. 19, 1970, S. 75f.

Auch in seiner Vertonung des Gedichts *Ein Traum* des Rokokodichters Peter Uz wählt Weinhöppel für den B-Teil des Lieds, der in der Traumwelt mit ihren sinnlichen Freuden spielt, einen galanten Stil. Einen wirkungsvollen Kontrast hierzu bildet die etwas steife kirchenliedhafte Tonsprache des A-Teils, die den Wachzustand symbolisiert.

Zusammenfassung

Richard Weinhöppel erweist sich in seinen *Scharfrichter*-Stücken als ungemein vielseitiger Tonschöpfer und damit als idealer Komponist für die Kabarettbühne mit ihren so unterschiedlichen Themen, Stimmungen und Figuren. Seine Wandelbarkeit und seine Fähigkeit, den spezifischen Gehalt einer Gedichtvorlage aussagekräftig in Musik zu übertragen, zeichnen Weinhöppel als einen Komponisten aus, der nur schwer auf einen bestimmten Stil festzulegen ist. Sein Zeitgenosse Wilhelm Mauke, selbst Komponist und somit ein ernstzunehmender Kritiker, bezeichnet seinen Münchner Kollegen als »äusserst talentvollen«[497] Musiker und charakterisiert seinen Kompositionsstil:

> *Der Grundzug seiner ausgesprochen lyrischen Begabung ist weniger das Naive, Schalkhafte, Unbefangene, wie das Schwermütige und Romantisch-Balladeske; aber auch den Stimmungen des Uebermütigen, des grausigen Humors, des Sarkastischen, vermag Ruch den adäquaten Tonausdruck zu geben.*[498]

Meint Mauke mit »das Naive, Schalkhafte, Unbefangene« den Operetten- und Varietéstil, wie er zur gleichen Zeit auf den Berliner Kabarettbühnen, etwa von Oscar Straus, Bogumil Zepler und James Rothstein, gepflegt wurde? Tatsächlich ist dieser Ton bei Weinhöppel eher selten, aber doch auch durchaus vorhanden, wie in *Babette, Der Handkuss, Im Schlosse Mirabell, Die Naive, Der Schusterjunge* oder *Sommermädchenküssetauschelächelbeichte*. Richtig ist allerdings, dass Weinhöppel in seinen Kompositionen stets mit großem Ernst und viel Überlegung zu Werke ging und somit seinem eigenen Anspruch einer intellektuellen Durchdringung der zu vertonenden Texte gerecht wurde. Wie aus den gezeigten Beispielen hervorgeht, beschäftigte er sich intensiv mit den Formen und Inhalten seiner Gedichtvorlagen, strukturelle Vorgaben regten ihn dabei ebenso an wie Figuren, Stimmungen oder einzelne Worte. Viele seiner Einfälle setzte er so dezent um, dass sie vom Publikum sicherlich kaum wahrgenommen wurden, doch verleihen sie den Liedern Charakter und Tiefe. Dabei sind nicht alle Lieder von gleichem Wert und manche wie etwa *Pieter van der Butterseiten* oder *Die erste Konjugation* zeugen von einer gewissen Einfallslosigkeit. Diese manifestiert sich weniger in den meist ansprechenden Melodien als vielmehr in den gelegentlich sehr einfachen, ja banalen Begleitungen. Weinhöppels Schwierigkeit, einer guten Idee eine künstlerisch bedeutungsvolle Gestalt zu verleihen, ist sicherlich mit ein Grund dafür, dass er sich als ernsthafter Liederkomponist nicht durchsetzen konnte und auch an größeren Formen scheiterte. Auf der Kabarettbühne aber, wo es in erster Linie auf schöne oder charakteristische Melodien ankam, fiel dieser Mangel nicht weiter störend auf. Zu kritisieren wäre auch, dass Weinhöppels musikalische Einfälle häufig nur in Bezug auf die erste Gedichtstrophe einen Sinn ergeben, doch ist dieses Problem dem Strophenlied immanent und somit auch in den Werken anderer, sehr viel berühmterer Liederkomponisten anzutreffen.

Bei aller Ernsthaftigkeit spielt der Humor in vielen seiner Lieder eine entscheidende, wenn auch gelegentlich zurückhaltende Rolle. Mauke benennt ganz richtig die »Stimmungen des Uebermütigen, des grausigen Humors, des Sarkastischen«,[499] wie sie etwa in dem ausgelassenen Trinklied *Bruder Liederlich* oder dem zynischen Lied von *Babette*, die im Walzerrhythmus ihren erhängten Liebhaber auslacht, deutlich hervortreten. Grausiger Humor kennzeichnet das *Laternenlied* mit seiner skurrilen Musiksprache oder auch das Lied *Flußübergang* aus *Des Knaben Wunderhorn*. Hier ist die rasende Kutschfahrt der siebzig Schneider auf einem Papierwagen in eine sich stetig beschleunigende Tarantella übertragen, die erst in dem tragikomischen Schluss des Lieds, – die Schneider fallen in einen Bach und einer von ihnen ertrinkt, – ausgebremst wird (T. 35ff., siehe Notenbsp. 59, S. 244).

Spöttische Töne schlägt Weinhöppel unter anderem im

---

[497] Mauke, *Musikalische Brettl-Lyrik*, S. 80.
[498] Mauke, *Münchener Brettl-Briefe I*, S. 42.
[499] Ebd., S. 42.

Notenbsp. 59 »Flußübergang«, T. 34–42.

Schwalanscher an, dessen Namensgeber er durch die Schleifer zum versoffenen »Bauernrammel«[500] werden lässt (siehe Notenbsp. 36, S. 233), oder auch in den *Hochzeitsmusikanten*, die mit Fistelstimme die »Weiber« verhöhnen (T. 42ff.). Versöhnlicher ist sein musikalischer Humor in *Diogenes*, der sich im Walzertakt in seinem Fass wiegt, neckisch tändelnd in *Laridah*. Deutliche parodistische Züge trägt die Musik in *Des Antonius von Padua Fischpredigt* (Kirchenliedparodie), *Einfältige Ballade* (Marschparodie), *Pech des Armen* (Parodie »afrikanischer« Musik), *Tanzlied* (Volksmusikparodie) und *Zwiegespräch* (Opernparodie).

Wenngleich Walter Röslers Beobachtung, dass Weinhöppel »an Traditionen des Volksliedes und bisweilen des Kunstliedes«[501] anknüpft, im Grunde richtig ist, kommt in dieser Darstellung doch die Bedeutung des Kunstlieds zu kurz. Zwar ist der Ton sehr vieler Lieder durchaus volksliedhaft. Abgesehen etwa von den Soldatenliedern, *Fallerilarulla* und *Des Pfarrers Tochter zu Taubenheim* ist jedoch kaum eines wirklich als Volkslied zu bezeichnen. Motivische, harmonische oder rhythmische Raffinessen finden sich in fast allen Stücken und verleihen ihnen somit einen kunstliedhaften Anstrich. Titel wie *Des alten Weibleins Lied vom Schwager Tod, Die heil'gen drei Könige, Hüt' du dich, Laternenlied, Lehrhaftes Gedicht, Rumänisches Liedchen, Die Schaukel, Ein Traum* und *Zwiegespräch* tendieren stark in diese Richtung.

Es scheint jedoch wenig sinnvoll, diese Lieder in die ohnehin häufig problematischen Kategorien Volks- und Kunstlied einordnen zu wollen. Hier müssen andere, dem Aufführungskontext auf der Kabarettbühne angemessene Maßstäbe angelegt werden. Eine Definition des idealen Kabarettlieds der Frühzeit stammt von Wilhelm Mauke, wobei der Autor zugibt, hohe Ansprüche an die neue Gattung zu stellen. Das Kabarettlied soll, ganz pragmatisch gedacht, zweckmäßig und leicht ausführbar sein. Grazie und »pikante Rhythmik« kommen in ihm ebenso deutlich zum Ausdruck wie sein »Zusammenhang mit dem vornehmen Kunstlied«. Das Kabarettlied erscheint in allen Stilarten, wahrt dabei jedoch immer seine »frische Ursprünglichkeit«. Ihre Wirkung erzielt die Musik, die immer dem Wort untergeordnet bleiben muss, durch minimale Mittel, die »die Stimmung des Gedichts in leicht fasslicher Tonsprache zur Vorstellung« bringen. Volkstümlichkeit und Leichtigkeit sind dabei ebenso wichtig wie der emotionale Gehalt. Zu vermeiden sind unter allen Umständen »Trivialität, freche Gebärden und ordinäre Gassenhauer-Melodik«, Manierismen, hohle Effekte, »sentimentale Reflexionen und gespreizte Pathetik« wie auch ein »musikalischer Selbstzweck«[502] des Lieds, der den Text aus den Augen verliert.

Weinhöppel hat in den meisten seiner Lieder nicht nur diese Forderungen, sondern auch seine eigenen Vorstellungen, die er in seinen Musikkritiken formuliert hat, mustergültig erfüllt. Viele seiner Kompositionen sind partiell sehr originell, intellektuell durchdrungen, aber nicht aufgesetzt oder gekünstelt und können demnach also als »gesund« bezeichnet werden. Sie sind anspruchsvoll gemacht, selten banal und verraten gutes musikalisches Handwerk, viel Phantasie und Humor. Für die Kabarettbühne waren sie damit ideal. Mehr sollten und mussten sie nie sein.

---

[500] Ruederer, *Elf Scharfrichter*, [o. S.].
[501] Rösler, *Chanson*, S. 102.
[502] Alle Zitate aus: Mauke, *Musikalische Brettl-Lyrik*, S. 80f.

5.3.2 Sandro Blumenthal

Sandro, eigentlich Alessandro Blumenthal, später *Henkersknecht*, Kapellmeister und sogar kurzzeitiger Eigentümer der *Elf Scharfrichter*, wurde am 30. Juni 1874 als Sohn von Minna und Carlo Blumenthal, einem jüdischen Bankier und Besitzer des venezianischen Luxushotels *Danieli*, in Venedig geboren.[503] Im Jahr zuvor war seine Schwester Olga zur Welt genommen, die von 1919 bis 1938 als eine der ersten Frauen an der *Università Ca' Foscari Venezia* deutsche Sprache und Literatur unterrichtete, ehe sie 1944 mit 71 Jahren von den Nationalsozialisten ins Konzentrationslager Ravensbrück deportiert und ermordet wurde.[504]

Zum Haushalt der Familie Blumenthal zählte neben den Geschwistern Olga und Alessandro auch die aus Augsburg stammende Charlotte Maier, die als Gesellschafterin fungierte und ganz offensichtlich auch eine nicht unbegabte Pianistin war, denn viele Klavierstücke aus Blumenthals jungen Jahren sind ihr gewidmet. Ihre 1872 geborene Schwester Dorothea sollte einige Jahre später seine Ehefrau werden.

Zunächst aber studierte Blumenthal Klavier bei Ugo Bassano, Violine und Viola bei Pier Adolfo Tirindelli sowie Komposition bei Ausonio de Lorenzi-Fabris und Reginaldo Grazzini am *Conservatorio di Musica Benedetto Marcello* in seiner Heimatstadt und veröffentlichte bereits in jenen Jahren kurze Instrumentalstücke sowie Lieder für eine Stimme und Klavier.[505] Ab 1896 setzte er seine musikalische Ausbildung an der *Königlichen Akademie der Tonkunst* in München fort und besuchte drei Jahre die Kontrapunktklasse von Josef Rheinberger.[506] Innerhalb der Akademie erfuhren seine kompositorischen Fähigkeiten große Anerkennung und mehrere seiner Werke wurden »öffentlich belobt« und bei den Semesterabschlusskonzerten im großen *Odeonsaal* zur Aufführung gebracht.[507] Die hier anwesende Presse attestierte dem jungen Tonsetzer eine große Begabung, »Sicherheit in der Kompositionstechnik«,[508] »viel Sinn für Klangschönheit« sowie »Natürlichkeit und Frische der Empfindung«.[509]

Sandro Blumenthal um 1900.

---

[503] Vgl. Meldebogen Sandro Blumenthal, StadtAM, PMB B 312, und Blumenthal, Alessandro auf http://www.archiviodistatovenezia.it [24.7.2015].

[504] Vgl. http://www.unive.it/nqcontent.cfm?a_id=186140 [24.7.2015].

[505] Vgl. *Blumenthal, Sandro*, in: Claudio Sartori (Hg.), *Enciclopedia della musica*, Bd. 1, Mailand 1963, S. 277. Kompositionen von Blumenthal, die zu dieser Zeit erschienen, sind die Lieder *M'incontri per la strada …, Donna vorrei morir!…* (Edizioni C. Venturi, Bologna), *Non pensare a me!* (Ettore Brocco, Venedig), *S'il est un rêve, Ah non languir!…* (Edizioni Carlo Schmidl, Triest), eine *Melodia* für Klavier und Geige (A. Tedeschi, Bologna) und eine *Gavotte* für Klavier oder Streicher (Decourcelle, Nizza).

[506] Vgl. JB AdT 1896/97 und 1897/88, S. 17, 1898/99, S. 16.

[507] Bei den aufgeführten bzw. belobigten Werken handelte es sich um ein Klavierquartett (JB AdT 1896/97, S. 58), zwei Klavierquintette (JB AdT 1897/98, S. 56, JB AdT 1898/99, S. 54), eine Elegie für Orchester (JB AdT 1897/98, S. 54) und eine Symphonie (JB AdT 1898/99, S. 55).

[508] [M.], *Akademie der Tonkunst*, in: *MNN*, Nr. 251, 2.6.1897, S. 2.

[509] [-r-], *Königliche Akademie der Tonkunst*, in: *MNN*, Nr. 281, 21.6.1899, S. 2. Siehe auch [-r-], *Kgl. Akademie der Tonkunst*, in:

Im Herbst 1901 stieß Blumenthal zum Ensemble der *Scharfrichter* und wurde unter seinem Künstlernamen Leonhardt Bulmans zum vielbeschäftigten *Henkersknecht*. In den folgenden zweieinhalb Jahren schrieb er für das Schwabinger Brettl nachweislich 31 Titel, darunter verschiedene orchestrale Eröffnungsstücke, mehrere Nummern für Gesangsensemble und vor allem deutsche, aber auch einige französische und italienische Solo-Lieder. Die düstere Grundstimmung, der sich die *Scharfrichter* verschrieben hatten, taucht in vielen der von Blumenthal vertonten Texte auf, so etwa in dem Mörderlied *In der Gasse*, in *Der Tod singt* oder *Chanson d'une morte*. Aber auch sozialkritische Motive finden sich in mehreren seiner Lieder wie im *Lied des Steinklopfers*, im *Lied der Armen*, im *Erntelied* oder im *Zarenlied*. Neben seiner Tätigkeit als viel gelobter *Scharfrichter*-Komponist trat Blumenthal auch als erfolgreicher Sänger und Violinist, vor allem aber als Kapellmeister des kleinen Orchesters in Erscheinung. Nachdem Weinhöppel im November 1902 seine Dirigententätigkeit aufgegeben hatte, übernahm Blumenthal, der bis zu diesem Zeitpunkt als zweiter Kapellmeister gewirkt hatte, die Leitung des Orchesters.[510] Wie souverän er seinen Verpflichtungen nachkam, vermittelt eine Zeitungsrezension des Gastspiels in Dresden vom März 1903:

Anspruch auf uneingeschränktes Lob hat zum Schluß noch Scharfrichter Leonhardt Bulmans als der musikalische Leiter des gestrigen Abends, der mit Energie, Umsicht und zuverlässigem künstlerischem Geschmack seines Amtes am Klavier und als Orchester-Chef waltete.[511]

Eine mutige, aber unglückliche Rolle übernahm Blumenthal im Endstadium des Schwabinger Brettls. Zu Beginn des Jahres 1904, als das Ensemble in seine letzte und endgültige Krise geriet, bemühte er sich um die Rettung der Bühne, indem er als vermögender Bankierssohn das hochverschuldete Theater kaufte.[512] Doch sein beherztes Einschreiten blieb wirkungslos, die Auflösung der *Elf Scharfrichter* war besiegelt.

Dennoch hatte das Genre Kabarett für Blumenthal seinen Reiz nicht verloren und so setzte er in den nächsten Jahren seine Tätigkeit als Brettlkomponist und -sänger an verschiedenen Bühnen fort. 1905 wurde er als »Meister« der »modernen, düster romantischen Komposition«[513] an das *Münchener Künstler-Cabaret* verpflichtet, das aus dem *Scharfrichter*-Relikt *Die Sieben Tantenmörder* hervorgegangen war; es folgten weitere Engagements am *Kleinen Theater* und im Kabarett *Grauer Esel* in Zürich, im *Kabarett Fledermaus* in Wien sowie im *Linden-Cabaret* in Berlin.[514] Als »überaus schlichter, und doch ergreifender Sänger und […] sehr begabter Komponist«, »sehr interessanter musikalischer Charakter, der mit flotter Wirkung vorträgt« und »einer der besten Vertreter des Gesanges zur Gitarre«[515] wurde Blumenthal bei diesen Auftritten von der Presse gefeiert.

Zwischen 1901 und 1917 vertonte er an die hundert Gedichte, unter anderem von Frank Wedekind, Christian Morgenstern, Otto Julius Bierbaum und Karl Henckell. Auch auf die für die *Scharfrichter* von Weinhöppel komponierten Textvorlagen griff er in späterer Zeit wiederholt zurück. Knapp fünfzig seiner Lieder, darunter sieben aus dem Repertoire der *Elf Scharfrichter*, erschienen zwischen 1904 und 1917 bei unterschiedlichen Verlegern wie *Hofmeister* und *Günther* in Leipzig, *Bote & Bock* in Berlin oder *Hainauer* in Breslau. Interessant sind die Widmungen einiger seiner gedruckten Kompositionen, die ihn als Mitglied einer internationalen Bankiersgilde ausweisen. So verehrte er sein *Oktoberlied* Harriet von Bleichröder, der Ehefrau des Bankiers James von Bleichröder, der zu Beginn des 20. Jahrhunderts zu den reichsten Männern Preußens zählte, den Klavieraus-

---

MNN, Nr. 286, 14.6.1898, S. 3, [Isd.], *Königl. Akademie der Tonkunst*, in: *MNN*, Nr. 295, 1.7.1898, S. 2, und [-r-], [*Die königliche Akademie der Tonkunst*], in: *MNN*, Nr. 264, 10.6.1899, S. 3.

[510] Vgl. *Mitteilungen*, 11. PH, S. [25], DKA, Ordner LK/C/1.

[511] *Die elf Scharfrichter*, in: *Dresdner Nachrichten*, Nr. 80, 21.3.1903, MaK.

[512] Vgl. [*Die Elf Scharfrichter*], in: *MNN*, Nr. 51, 2.2.1904, S. 4.

[513] *Das Münchener Künstler-Cabaret*, in: *Bühne und Brettl* 23 (1905), [o. S.].

[514] Vgl. *Das ästhetische Programm*, in: Buhrs, Lesák, Trabitsch (Hg.), *Kabarett Fledermaus*, S. 169; Sandro Blumenthal an Unbekannt, 13.3.1915, Theaterwissenschaftliche Sammlung der Universität zu Köln, Schloß Wahn, Au 1205; Erich Mühsam, Tagebucheintrag, 5.10.1911, in: Ders., *Tagebücher*, Heft 6, http://muehsam-tagebuch.de [17.2.2015].

[515] Blumenthal an Unbekannt, 13.3.1915, Theaterwissenschaftliche Sammlung der Universität zu Köln, Schloß Wahn, Au 1205.

Sandro Blumenthal am Flügel porträtiert von A.[rturo?] Martini.

»Einer der besten Vertreter des Gesanges zur Gitarre«: Sandro Blumenthal in den 1910er Jahren.

zug seiner Oper *Sulamith* widmete er seinem »caro cugino« Luigi Vergani, dem Direktor des *Credito Lombardo*.[516]

Neben seinem lyrischen Hauptwerk wurden auch einige seiner Instrumentalwerke verlegt, so etwa eine Lauten- und Gitarrenschule sowie eine Suite für Klavier zu vier Händen, eine Gavotte für Streichquintett sowie zwei Klavierquintette. Aus den letztgenannten Werken wird ersichtlich, dass Blumenthal sich keineswegs mit der Komposition von Unterhaltungsmusik begnügte, sondern sich immer wieder auch in verschiedenen Gattungen der ernsten Musik versuchte. Sein ehrgeizigstes Projekt in dieser Hinsicht war die Oper *Sulamith*, die am 14. April 1907 im *Stadttheater Nürnberg* uraufgeführt wurde, sich jedoch nicht durchsetzen konnte und in der Folge bald wieder vom Spielplan verschwand. Zeit seines Lebens gelang es Blumenthal nicht, den verheißungsvollen Beginn seiner Komponistenlaufbahn an der *Königlichen Musikschule* fortzusetzen, wie auch *Scharfrichter*-Kollege Paul Schlesinger konstatierte: »Sandro Blumenthal […] war der sehr begabte zweite Kapellmeister und Komponist, der seine reiche Begabung leider nicht zur Entwicklung brachte.«[517]

Die letzten Jahre seines Lebens verbrachte Blumenthal mit seiner Frau Dorothea, mit der er seit 1905 verheiratet war, und seinen beiden Kindern Mario und Olga in Berlin.[518] Über seine dortige Tätigkeit ist nichts mehr bekannt. Sandro Blumenthal starb am 1. August 1919 im Alter von nur 45 Jahren in Berlin. Der Regensburger *Joachim-Wollenweber-Edition*, die sich der Wiederentdeckung vergessener Komponisten verschrieben hat, ist es zu verdanken, dass seit 2017 eine CD mit Stücken von Sandro Blumenthal vorliegt, die seine Klangsprache erfahrbar und lebendig werden lässt.[519]

5.4 Weitere Mitwirkende

Bereits am Eröffnungsabend der *Elf Scharfrichter* waren weit mehr Personen als die namengebenden elf Gründerväter auf und hinter der Bühne beschäftigt und im Laufe der Zeit wuchs das Ensemble auf bis zu 47 Mitglieder an.[520] Neben Schauspielerinnen und Schauspielern, Sängerinnen und Sängern, Musikern, Regisseuren, Autoren, Komponisten, Graphikern und Bühnenbildnern beschäftigte das Theater auch Techniker und Verwaltungspersonal. So fungierte Hans Langheinrich, der Bruder des *Scharfrichter*-Architekten, in der ersten Saison als Beleuchter,[521] später war ein gewisser Anton Noichl für die Technik zuständig, dem die *Münchener Zeitung* einmal ein »Speziallob« aussprach, denn er »leistete auf der kleinen Bühne Erstaunliches.«[522] Die Aufgabe des Kassiers übernahm ein gewisser Hilden, der sogar im *Musenalmanach* angeführt ist.[523] Weiterhin nennt der *Neue Theater-Almanach* auf das Jahr 1904 die Sekretärin Therese Meier sowie die Herren Hellmuth, Adolf Kunst und H. Hopfner, die für Kostüme, Maske und Requisiten zuständig waren.[524] Unterstützung erhielt die Bühne auch von externen Mitarbeitern wie dem Musiker Heinrich Scherrer, der Lieder arrangierte, den Graphikern Thomas Theodor Heine oder Olaf Gulbransson, die Titelseiten für die Programmhefte sowie Plakate gestalteten, oder Gästen, die auf der Bühne auftraten wie der Volkssänger Julius Thannhauser. Es ist unmöglich, alle Mitwirkenden vollzählig anzuführen, da die *Scharfrichter* gerade in der Anfangszeit – und sicher gelegentlich auch später – spontan Freunde und Bekannte auf und unter der Bühne mitspielen ließen und diese Namen nirgends dokumentiert sind. Nicht nachzuweisen ist daher, ob der österreichische Autor Hugo Bettauer, der 1922 durch den Roman *Die Stadt ohne Juden* große Bekanntheit erlangte, auch einmal bei den *Scharfrichtern* auftrat, wie

---

[516] Vgl. Stefano Righi, *La città illuminata. L'intuizione di Giuseppe Colombo, la Edison e l'elettrificazione dell'Italia*, Milano 2013, http://books.google.de [2.3.2015].

[517] Sling, *Scharfrichter*, S. 122.

[518] Vgl. Meldebogen Sandro Blumenthal, StAM, PMB B 321, und *Berliner Adreßbuch*, Berlin: August Scherl Deutsche Adreßbuch-Gesellschaft 1914, Bd. 1, S. 259, 1915, Bd. 1, S. 256, 1916, Bd. 1, S. 240, 1917, Bd. 1, S. 238, 1918, Bd. 1, S. 228, 1919, Bd. 1, S. 229.

[519] Sandro Blumenthal, *Piano Quintets Opp. 2 & 4, Songs*, TYXart TXA 16079.

[520] Vgl. *Neuer Theater-Almanach 1904*, S. 444. Auch Marya Delvard erinnert sich: »Nous étions parfois quarante derrière la scène«, Delvard, *Histoire des Onze*, S. 114.

[521] Vgl. Otto, *Scharfrichter*, S. 329.

[522] [P.], *Die 11 Scharfrichter*, in: *MZ*, Nr. 108, 7.5.1902, S. 2.

[523] Vgl. Heinrich Lautensack, *Hilden*, in: *Scharfrichter Musenalmanach*, [o. S.].

[524] Vgl. *Neuer Theater-Almanach 1904*, S. 444.

bei Murrey G. Hall zu lesen ist.⁵²⁵ Auch der österreichische Operettenkomponist Bruno Granichstaedten berichtet in seinem Lebenslauf, den er 1942 nach seiner Flucht aus Nazideutschland in die USA für die Verlagsanstalt *Broadcast Music Inc.* schrieb, dass er nicht nur bei den *Scharfrichtern* mitgewirkt, sondern diese sogar gemeinsam mit Frank Wedekind gegründet habe. Dass Granichstaedten seine durchaus denkbare Mitwirkung, etwa als Korrepetitor, derart ausschmückt und dabei die Bedeutung des Schwabinger Kabaretts derart überhöht, indem er behauptet, es habe, »in München und der ganzen Welt ungeheures […] Aufsehen«⁵²⁶ erregt, erklärt sich aus dem verzweifelten Versuch des Exilanten, in den USA als Komponist Fuß zu fassen und dabei mit allen nur denkbaren Mitteln für sich zu werben.

6 Das Publikum der *Elf Scharfrichter*

Zu den wesentlichen Merkmalen der *Scharfrichter* zählt die enge Verbindung zwischen Bühnengeschehen und Publikum. Keinesfalls wollten sie ein »regelrechtes Theater«,⁵²⁷ wie es Wolzogen für sein Berliner Kabarett vorgeschwebt hatte, »mit numerirtem Parquet, Rängen und Galerien, keine Bühne, die vom Zuschauerraum getrennt ist, wie eine fremde Welt«.⁵²⁸ Vielmehr sollte sich das Publikum aktiv an den Vorstellungen beteiligen. So forderte Marc Henry die Gäste dazu auf, »mit hineinzureden«,⁵²⁹ also mit deutlichen Äußerungen die Darbietungen zu kommentieren und so gewissermaßen an ihnen mitzuwirken. Gelegentlich wurde das Publikum sogar in das Bühnengeschehen miteinbezogen, so in der Szene *Die Verschönerungskommission*, die von einer öffentlichen Sitzung der Lokalbaukommission handelt und in der »die Anwesenden als das zur Sitzung erschienene Publikum«⁵³⁰ fungierten. Durch die Aufhebung der »vierten Wand« wurde so die Illusion einer übergreifenden Zugehörigkeit geschaffen, die alle Anwesenden, sei es auf oder vor der Bühne, von dem gleichen Geist beseelte. Sehr viel stärker als das Berliner *Überbrettl* pflegten die *Scharfrichter* auf diese Weise eine »erlesene und geschmackvolle Salonkultur«.⁵³¹

Die Zusammensetzung des Publikums

Die Darbietungen der Schwabinger Brettlkünstler richteten sich an ein gebildetes, modern ausgerichtetes Publikum, das in der Lage war, die vielen Anspielungen auf ältere und neue Strömungen in Kunst, Politik und Gesellschaft zu erkennen und über deren Persiflagen zu lachen, wie auch ernst gemeinte Darbietungen klassischer Autoren wie Goethe, Hölderlin oder Novalis entsprechend zu würdigen. Um die recht teuren Eintrittskarten bezahlen zu können, waren außerdem auch gewisse finanzielle Mittel erforderlich.

Aufschlussreich ist die Art und Weise, wie die verschiedenen Münchner Zeitungen, die mit ihren divergierenden politischen Ausrichtungen ein jeweils ganz bestimmtes Zielpublikum ansprachen und damit auch repräsentierten, über die Vorstellungen berichteten. Eine positive Einstellung gegenüber der neuen Gattung Kabarett sowie eine meist wohlwollende Berichterstattung findet sich vor allem in den sozialdemokratischen und linksliberalen Zeitungen der Stadt wie den *Münchner Neuesten Nachrichten* und der *Münchener Post*, aber auch im Feuilleton der unparteiischen *Münchener Zeitung*. Sehr viel weniger positive Beachtung fanden das Kabarett im Allgemeinen und die *Scharfrichter* im Besonderen hingegen in konservativen Blättern wie der *Allgemeinen Zeitung*.⁵³² Die offen ausgelebte Freizügigkeit, die unbekümmerte Parodie bürgerlicher Werte und die bis-

---

⁵²⁵ Vgl. Murray G. Hall, *Der Fall Bettauer*, Wien 1978, S. 11.

⁵²⁶ Bruno Granichstaedten, *Mein Leben*, Typoskript, Wienbibliothek im Rathaus, Handschriftensammlung, Teilnachlass Bruno Granichstaedten ZPH 1323. Vgl. auch Auskunft des Granichstaedten-Biographen Ernst Kaufmann vom 31.8.2014.

⁵²⁷ Ernst von Wolzogen, *Verse zu meinem Leben*, Berlin 1907, S. 197.

⁵²⁸ *Wie die Elf Scharfrichter wurden*, S. 3.

⁵²⁹ Müller, *Die elf Scharfrichter*, 21.3.1903, MaK. Ähnlich heißt es in der *Frankfurter Zeitung* vom 4.4.1903: »Die Introduktion übernahm diesmal Scharfrichter Dionysius Tod alias Leo Greiner, der mit Erfolg an das Publikum appellierte, selber zur gemütlichen Stimmung mit beizutragen«, *Die elf Scharfrichter*, in: *Frankfurter Zeitung*, 4.4.1903, MaK.

⁵³⁰ R.[oth], [Die Elf Scharfrichter], in: *MNN*, Nr. 454, 1.10.1902, S. 4.

⁵³¹ Vgl. Frischkopf, *Anfänge*, S. 329.

⁵³² Vgl. z. B. *Literatur und Ueberbrettl*, in: *AZ*, AB, Nr. 245, 4.9.1901, S. 1.

weilen subversiven Tendenzen der Schwabinger Theatergruppe stießen hier überwiegend auf Ablehnung. Besonders deutlich wird dies in dem empörten Urteil der *Allgemeinen Zeitung* über die Politsatire *Der böse Traum*:

Zum Schlusse sei noch erwähnt, daß bei aller Vorliebe für Humor und Satire Darstellungen wie »Der böse Traum« besser unterbleiben. [...] Als Gipfel der Geschmacklosigkeit muß [...] die Apotheose mit der Germania und dem Tod im Hintergrunde bezeichnet werden. Der Herr, der die einzelnen Vorträge immer ankündigte und dabei mit seinem gebrochenen Deutsch kokettirte, muß sich doch im stillen die Hände gerieben haben, wenn er sah und hörte, wie die deutschen Vögel ihr eigenes Nest beschmutzen.[533]

Das *Scharfrichter*-Publikum setzte sich vorwiegend aus männlichen, linksliberalen Intellektuellen, Schriftstellern, Journalisten und Künstlern zusammen.[534] So gehörten zu den Besuchern der Schwabinger Bühne u. a. die in München lebenden Literaten Elsa und Max Bernstein, Alexander von Bernus, Otto Julius Bierbaum, Michael Georg Conrad, Georg Fuchs, Stefan George, Max Halbe, Alfred Walter Heymel, Arthur Holitscher, Eduard von Keyserling, Carl Georg von Maassen, Heinrich und Thomas Mann, Kurt Martens, René Prévot, Franziska zu Reventlow, Josef Ruederer, Oscar A. H. Schmitz, Wilhelm von Scholz, Rudolf Alexander Schröder, Ludwig Thoma und Karl Wolfskehl, die Journalisten Adolf Danegger, Eduard Engels, Fritz von Ostini, Jacques-Gabriel Prod'homme, Hermann Roth, Hermann Sinsheimer, Edgar Steiger und Eduard Stemplinger, die Münchner Verleger Georg Hirth und Thomas Knorr, der spätere Begründer der Münchner Theaterwissenschaft und Wedekind-Biograph Artur Kutscher, der Musikkritiker Wilhelm Mauke, der Historiker Karl Alexander von Müller, die bildenden Künstler Eduard Beyrer, Mathias Gasteiger, Vittorio Güttner, Rolf von Hoerschelmann, Heinrich Knirr, Gino Parin und John Jack Vriesländer sowie Hedwig und Alfred Pringsheim, die Schwiegereltern von Thomas Mann, und der spätere Bundespräsident Theodor Heuss – und damit ein Großteil der namhaften Protagonisten der Schwabinger Kulturszene der Jahrhundertwende. Bei ihren Aufenthalten in München besuchten außerdem die Schriftsteller Peter Altenberg, Guillaume Apollinaire, Kurt Aram, Hans Carossa, Max Dauthendey, Hanns Heinz Ewers, Karl Henckell, Ricarda Huch und Ermanno Ceconi, Erich Mühsam und René Schickele die Schwabinger Bühne.[535] Die Liste ließe sich noch lange fortsetzen. Neben den genannten Künstlern, Autoren und Intellektuellen zählten auch Studenten zu den Besuchern der *Scharfrichter*, deren Teilnahme von Anfang an durch die Ausgabe von Kategoriekarten gefördert wurde, sowie – wohl aber eher vereinzelt – Großindustrielle und Mitglieder aus Adelskreisen und dem Militär.[536] Wiederholt finden sich Hinweise auf den gehobenen gesellschaftlichen Rang der *Scharfrichter*-Gäste, etwa wenn es in den Zensurakten heißt: »Das [...] Lokal war von Männern und Frauen der besten Gesellschaft bis auf den

---

[533] [lt.], [Die elf Scharfrichter], in: *AZ*, Nr. 273, AB, 2.10.1901, S. 1.

[534] Vgl. die Berichte in diversen Zeitungen, in denen es heißt: das »ausschließlich aus Literaten und Künstlern bestehende [...] Publikum«, Engels, Die elf Scharfrichter, in: *MZ*, Nr. 89, 14.4.1901, S. 2; »Das Publikum der Ehrenexekution hat sich von allem was zu den ›Scharfrichtern‹ gehört, am wenigsten geändert: Schriftsteller, Künstler, Journalisten und schöne Damen«, Danegger, Die »Elf Scharfrichter«, S. 831. Eine sichere Aussage kann nur über das Premierenpublikum getroffen werden, da die Zeitungen nur über die Premieren berichteten. Allerdings ist nicht davon auszugehen, dass sich die Zusammensetzung der Zuschauer in den übrigen Vorstellungen grundsätzlich hiervon unterschied.

[535] Eine umfangreiche Aufstellung des *Scharfrichter*-Publikums mit biographischen Anmerkungen bei Otto, Scharfrichter, S. 347–364. Thomas Mann und Josef Ruederer waren von den *Scharfrichtern* für eine Mitarbeit angefragt worden, lehnten aber ab. Franziska zu Reventlow plante, auf der Bühne aufzutreten, tat dies aber dann doch nicht, vgl. ebd., S. 406f. Die Hinweise auf Kafka und Dauthendey bei Jelavich, Die »Elf Scharfrichter«, S. 23, und Carossa, Der Tag, S. 127.

[536] So heißt es in einem Zensurbericht, die sechzig Personen der nur mäßig besuchten Vorstellung seien hauptsächlich Studenten gewesen, vgl. Vorstellungsbericht vom 8.11.1903, StAM, Pol. Dir. 2057/3. Auch Hans Carossa berichtet, Olly Bernhardi sei »von Jünglingen und Mädchen« stürmisch gefeiert worden, Carossa, Der Tag, S. 131. Bei den »Ehrenexekutionen« waren verschiedene Großindustrielle, die das Theater als Mäzene unterstützten, geladen. Den Besuch adliger Gäste belegt u. a. ein Hinweis in der *Allgemeinen Zeitung*: »Erzherzog Victor Ludwig besuchte gestern Abend, begleitet von Herren der österreichischen Gesandtschaft, die Vorstellung der elf Scharfrichter«, Die elf Scharfrichter, in: *AZ*, Nr. 324, 2. MB, 22.11.1901, S. 6. Vgl. außerdem den Vorstellungsbericht vom 10.10.1903: »[D]as Publikum, größtenteils aus jüngeren Offizieren«, StAM, Pol. Dir. 2057/3.

letzten Platz besetzt«.⁵³⁷ Ganz ähnlich heißt es über die Besucher eines Leipziger Gastspiels der *Scharfrichter*, es habe sich um »bestes und nicht genug hochzuverehrendes Publikum« gehandelt, die »Crême [...] unserer besseren und besten Leipziger Gesellschaft«.⁵³⁸ Neben Angehörigen des Großbürgertums waren es auch auf den Tourneen gerade die Künstler, die sich für die Vorstellungen der *Scharfrichter* interessierten wie etwa in Düsseldorf und Darmstadt.⁵³⁹

Ausgeschlossen von den Vorstellungen der *Scharfrichter* waren die untere Mittel- und Unterschicht, die sich weder die hohen Eintrittspreise leisten konnten noch über die nötige Bildung verfügten, um die zahlreichen intellektuellen Anspielungen zu verstehen.⁵⁴⁰ Ironisch bemerkte hierzu der Rezensent der *Münchener Post*:

Es bleibt Boheme-Kunst. Der Philister bekreuzigt sich vor dieser Gefährdung seiner heiligsten Güter, der Geldsack schnalzt mit der Zunge, weil er bezahlen kann, wenngleich er auch nicht Alles kapirt – und das Volk? Ja ist denn ein Ding mit der schönen Vorsilbe »Ueber« [gemeint ist das Über-Brettl als Synonym für Kabarett, J.K.] *für die Unteren Klassen da?*⁵⁴¹

Diese »unteren Klassen«, denen auch das Wesen und die Geisteshaltung der Schwabinger Bühne fremd blieben und die der grimmige Name des Ensembles, die als »Exekutionen« bezeichneten Vorstellungen und die unheimlich-skurrilen Plakate irritierten, begegneten dem Theaterunternehmen mit Ablehnung. Einen Eindruck hiervon vermittelt ein Artikel aus der kleinbürgerlichen, antisemitisch gefärbten Wochenzeitschrift *Münchener Ratsch-Kathl*, der kurz vor der Eröffnung der *Elf Scharfrichter* erschien und dessen scheinbar ironischer Ton durchaus ernst gemeint war:

*O du liebe Zeit, wann's mich nur mit solche damische G'schichten verschonen thäten, was gengen a ächte Münchner Bürgersfrau von altem Schrot und Korn dö elf Scharfrichter an? Was geht mich a Ueberbrettl an? Mir hab'n eh' schon übrige Brettln g'nug, Thiater, Fahriadiee, Singspieler, Volkssängereien und Konsertinen und ein' dressirten Roßzirkus noch dezua! Laßt's mich aus mit den verruckten Kripperlg'schbil für was hab'n ma denn's Marinettenthiater und am Oktoberfest den Schichtl?*⁵⁴²

Die satanische Attitüde der *Scharfrichter* war so manchem nicht geheuer:

*Ein Bauer aus Niederbayern, der seinen Sohn in der gegenüberliegenden Türkenkaserne besuchte, hatte am Vormittag des 18. Oktober 1903 ein Zimmer im Goldenen Hirschen gemietet. Als er abends zurückkehrte, brannte das rote Licht über den Henkersbeilen des Eingangs, aus einem vergitterten Fenster grinsten Teufelsfratzen, der wackere Landbewohner bezahlte eiligst, holte seinen Koffer und machte sich davon, um anderwärts Quartier zu suchen. Einem Schutzmann, der ihn darüber aufklären wollte, daß hier nur Theater gespielt werde, antwortet er: »Eahna trau i aa net! De ganz G'sellschaft da herin is dem Untergang g'weicht ...«*⁵⁴³

Damit sollte der furchtsame Bauer allerdings Recht behalten.

---

⁵³⁷ Vorstellungsbericht vom 12.5.1901, StAM, Pol. Dir. 2057/1.

⁵³⁸ Pleissner, *Die elf Scharfrichter*, in: *General-Anzeiger für Leipzig und Umgebung*, 25.3.1903, MaK.

⁵³⁹ Vgl. *Düsseldorf [Bei den elf Scharfrichtern]*, 29.4.1903, MaK, und Greiner an Scholz, 7.9.1901, DLA.

⁵⁴⁰ Weder auf die *Scharfrichter* noch auf irgendein anderes Kabarett trifft daher Hubert van den Bergs Behauptung zu, das Kabarett der Jahrhundertwende sei ein »Begegnungsplatz eines heterogenen Publikums, das sich aus allen Klassen und Schichten der Bevölkerung zusammensetzt – es stammte aus dem höheren und mittleren Bürgertum, aus proletarischen und subproletarischen Schichten und nicht zuletzt aus der Halbwelt von Rotlichtvierteln sowie aus Kreisen von Künstlern und Intellektuellen«, Hubert van den Berg, *Kabarett*, in: Ders., Walter Fähnders (Hg.), *Metzler Lexikon Avantgarde*, Stuttgart und Weimar 2009, S. 165.

⁵⁴¹ [V.], *Die elf Scharfrichter*, in: *MP*, Nr. 226, 4.10.1901, S. 3.

⁵⁴² Sixtus, *Die elf Scharfrichter und das Ueberbrettl*, in: *Münchener Ratsch-Kathl*, Nr. 29, 10.4.1901, S. 3.

⁵⁴³ Walter F. Kloeck, *Frisch geschliffene Scharfrichter*, in: *Süddeutsche Zeitung*, Nr. 46, 23.2.1956, in: Mappe *Die Elf Scharfrichter*, StadtAM, ZA 546. Zwei ähnliche, sehr kuriose Geschichten finden sich bei: *Die Elf Scharfrichter und »Gottes Wort vom Lande«*, in: *Münchener Ratsch-Kathl*, Nr. 12, 11.2.1903, S. 3, und Schmitz, *Scharfrichter*, S. 277.

Die Reaktionen des Publikums

Durch den intimen Rahmen der Vorstellungen und die enge Fühlung mit dem Publikum erfuhren die *Scharfrichter* sehr genau, was ihren Gästen gefiel und was nicht. Euphorische Reaktionen gab es häufig auf die Stars der Bühne, darunter Hans Dorbe mit seinen Soldatenliedern, die er »mit einer so überwältigenden Komik« sang, dass »wahre Lachsalven den Saal durchbrausten«,[544] Wedekind, dem immer wieder »große Ehrungen widerfuhren«,[545] Arcus Troll, der mit seinen Gedichtrezitationen »stets ungeheure Heiterkeiten entfesselt«,[546] oder Marya Delvard, deren Vorträge eine »geradezu eminente Wirkung«[547] auf die Zuhörer hatten. Aber auch Ensembleszenen wie das Terzett *Die Hochzeitsmusikanten* wirkten »zündend«[548] und in der Maeterlinck-Parodie *Monna Nirwana* »schüttelten sich«[549] die Gäste vor Lachen.

Nicht wenige Nummern erregten aber auch deutlich negative Reaktionen wie die langatmige Szene *Die Trockenwohner*, die vom Publikum mit »ablehnender Ruhe«[550] quittiert wurde, oder die Hypnosenummer *Caro der Überhund*, auf die eine »fröstelnde Stille«[551] folgte. In der letzten Spielzeit häuften sich die Unmutsbekundungen des Publikums. So wurden im Oktober-Programm 1903 die meisten Nummern mit »eisigem Schweigen«[552] aufgenommen und selbst beim Auftritt von Marya Delvard wurde heftig gezischt.[553] Besonders brutale und erotische Darstellungen, aber auch die Verspottung der Kirche brachten das grundsätzlich liberale und aufgeschlossene Publikum mitunter an seine Grenzen. Gumppenbergs »sehr obszönes« Drama *Bella*, das den sozialen Abstieg eines Mädchens in die Prostitution und seine Ermordung behandelt, stieß beim Publikum auf »schärfste Mißbilligung.«[554] Auch Falckenbergs Dialog *Das Geständnis*, in dem ein Franziskanerpater »in höchst unsittlicher Weise« dargestellt wurde, empfanden die Gäste als »zu stark«,[555] und Jules Laforgues *Pierrot der Spaßvogel*, in dem der Pierrot anzügliche Bemerkungen über seine Brautnacht macht, »erfuhr seitens der Erschienenen lebhaften Widerspruch.«[556]

Der Ruf der *Scharfrichter* eilte ihnen voraus und an manchem Tourneeort wurden sie voller Spannung erwartet:

> »Sie treibens am tollsten von allen Modernen!« jammerte bisher das »gute« Leipziger Publikum. Sie gebärden sich noch dreister, als die Leute vom seligen Wolzogenschen Ueberbrettl, ... diese Scharfrichter, – einfach skandalös!« Und man schwatzte dabei von Erotik in der Literatur, verdonnerte den »Simplizissimus« und bekreuzigte sich dreimal beim Namen *Frank Wedekind*, der »auch« zu den elf Scharfrichter gehört, und der »trotzdem« eine Schwester sein eigen nennt, die in der Dresdener Hofoper als gefeierte Koloratursängerin Triumphe erringt. Kurzum: Man klatschte wochenlang allenthalben [...] über diese Münchner Scharfrichter. Und, als dann eines Tages gar T. T. Heines Riesenplakat mit der Delvard und deren elf Teufelsgenossen an allen Leipziger Affichesäulen über Platz und Straßen schrie: Da war man hierzulande beinahe »peinlich« berührt und schimpfte auf die moderne Plakatkleckserei und über T. T. Heine, der wenigstens zur Strafe für sein gottvergessenes Hantieren schon einmal auf Königstein brummen mußte ... Diese elf Scharfrichter![557]

Die Reaktionen des Tourneepublikums fielen allerdings häufig sehr gemischt aus. Mal erstaunt, mal recht gleichgül-

---

[544] [K.], [Die Elf Scharfrichter], in: *MZ*, Nr. 28, 2.2.1902, S. 2.
[545] E.[ngels], [Die elf Scharfrichter], in: *MZ*, Nr. 147, 21.6.1902, S. 2.
[546] [e.], [Die elf Scharfrichter], in: *MP*, Nr. 223, 2.10.1902, S. 3.
[547] Röllinghoff, *Bei den »elf Scharfrichtern«*, in: *MNN*, Nr. 174, 14.4.1901, S. 1.
[548] [J. F. W.], *Das neue Scharfrichterprogramm*, in: *MZ*, Nr. 270, 12.11.1902, S. 3.
[549] Ebd., S. 2.
[550] R.[oth], [Die Elf Scharfrichter], in: *MNN*, Nr. 286, 23.6.1902, S. 4.
[551] [lt.], [Die elf Scharfrichter], in: *AZ*, Nr. 33, 2. AB, 3.2.1902, S. 6.
[552] Vorstellungsbericht vom 3.10.1903, StAM, Pol. Dir. 2057/3.
[553] Vgl. Vorstellungsbericht vom 21.10.1903, StAM, Pol. Dir. 2057/3.
[554] Vorstellungsbericht vom 26.6.1901, StAM, Pol. Dir. 2057/1.
[555] Vorstellungsbericht vom 10.10.1901, StAM, Pol. Dir. 2057/1.
[556] Vorstellungsbericht vom 8.2.1904, StAM, Pol. Dir. 2057/3.
[557] Pleissner, *Die elf Scharfrichter*, in: *General-Anzeiger für Leipzig und Umgebung*, 25.3.1903, MaK.

tig, oft begeistert, aber selten wirklich schockiert wurden die Vorführungen des Schwabinger Brettls in den allermeisten Gastspielorten aufgenommen. Während der Rezensent der Frankfurter *Kleinen Presse* am liebsten sofort selbst ein *Scharfrichter* geworden wäre, urteilte ein Kritiker aus Hannover, die Schwabinger Kabarettisten brächten im Grunde nichts Neues, und der *Hamburger Zeitung* waren die Darbietungen zu zahm.[558] Die Nummern, die in München zu den Schlagern des Brettls zählten, stießen nicht automatisch auch in den Tourneeorten auf Zustimmung. So konnte sich etwa das Hamburger Publikum nicht für die beiden sozialkritischen Lieder *Erntelied* und *Der Arbeitsmann* erwärmen, die in der Türkenstraße sehr beliebt waren.[559] Das Duett *Die goldene Hochzeit*, über das sich das Münchner Publikum köstlich amüsierte, fand in Köln »einigen Widerspruch.«[560] Und der Kritiker der *Dresdner Nachrichten* äußerte deutlich sein Unbehagen über das Skandalstück *Die Verschönerungskommission*, das von der Errichtung öffentlicher Toiletten handelt und sich damit seiner Meinung nach nicht für eine Bühne eignete.[561] Selten war das Tourneepublikum allerdings so wenig auf das zu Erwartende vorbereitet, dass es sich wirklich über das bunte Treiben der Schwabinger Bohemiens empörte:

> [Z]*wei Damen stellten dem Publikum ihre verletzten keuschen Seelen vor und verließen, augenscheinlich unter innerlichem Protest den dicht besetzten Saal. Ja du lieber Gott, das hätten sich die Damen doch denken können, daß die elf Scharfrichter weder eine evangelische Betstunde noch eine katholische Mission abhalten.*[562]

7 »Durch's dunkelste Deutschland« – Die Zensur

Die Kontrolle der Zensurbehörden prägt die deutsche Theaterszene bis zum Ende des Ersten Weltkriegs maßgeblich und nahm auch auf die Programmgestaltung der *Scharfrichter* einen nicht unwesentlichen Einfluss. Während die Pressezensur bereits 1848 abgeschafft worden war, unterstanden sämtliche öffentlichen Theater im Deutschen Reich noch bis 1918 den Vorgaben der Zensurbehörden.[563] Da die Theater damals neben den Kirchen als wichtigster Treffpunkt breiter, oftmals bildungsferner Bevölkerungsschichten fungierten, waren die Polizeibehörden ängstlich darauf bedacht, die dort gezeigten Inhalte unter Kontrolle zu halten und potenzielle staatsfeindliche Indoktrinierungen zu verhindern.[564] Eine der berühmtesten Theater-Revolten, der Volksaufstand nach der Aufführung von Daniel-François-Esprit Aubers Oper *La Muette de Portici* am 25. August 1830 in Brüssel, der in die belgische Unabhängigkeit mündete, hatte bewiesen, welche Kräfte durch das Theater freigesetzt werden konnten. Die Zensur diente daher der »Aufrechterhaltung der öffentlichen Ordnung und Sicherheit«, aber auch zum »Schutz des Publikums gegen eine Verletzung seiner ethischen Gefühle (Schamgefühl, religiöses Gefühl, Patriotismus usw.)«.[565] Dabei waren drei Faktoren entscheidend:

> *1. der Inhalt des aufzuführenden Stückes. Verboten wird ein Stück, wenn es sich seinem Inhalt nach darstellt als:*

---

[558] Vgl. [Bill.], *Von den elf Scharfrichtern*, in: *Kleine Presse*, 5.4.1903; *Hannover-Linden u. Umgegend. Die elf Scharfrichter*, 25.4.1903; [B.], *Die elf Scharfrichter*, in: *Hamburger Zeitung*, 10.3.1903, MaK.

[559] Ebd.

[560] *Köln*, in: *Kölner Zeitung*, 29.4.1903, MaK.

[561] Vgl. *Die elf Scharfrichter*, in: *Dresdner Nachrichten*, Nr. 80, 21.3.1903, MaK.

[562] *Karlsruhe. [(Die »Elf Scharfrichter«)]*, 6.5.1903, MaK.

[563] Vgl. Engelmann, *Öffentlichkeit*, S. 268. In Bayern war die Theaterzensur 1781 eingeführt worden, vgl. Robert Heindl, *Geschichte, Zweckmäßigkeit und rechtliche Grundlage der Theater-Zensur*, München 1907, S. 2. Ab 1871 war die Zensur durch den § 32 des Polizeilichen Strafgesetzbuchs geregelt.

[564] Vgl. Robert Justin Goldstein, *Introduction*, in: Ders. (Hg.), *The Frightful Stage. Political Censorship of the Theater in Nineteenth-Century Europe*, New York 2009, S. 4f.

[565] Heindl, *Theater-Zensur*, S. 23.

a) Verletzung eines Strafgesetzes;[566]
b) Angriff gegen die bestehende Staatsordnung;
c) Angriff gegen die Staatsreligion;
d) Verletzung des öffentlichen Anstands, der Schamhaftigkeit und Moral;
e) Angriff gegen die Gesellschaftsordnung;
f) Angriff gegen die Ordnung des Familienlebens;
g) Darstellung notorischer Verhältnisse des Privatlebens und konkreter Vorgänge aus dem Leben von Personen, die noch nicht gestorben sind.

2. die voraussichtliche Wirkung auf das Publikum. Alle Stücke, die voraussichtlich eine Störung der öffentlichen Ordnung, Ruhe und Sicherheit bewirken, sind zu verbieten.

3. die Form. Zu verbieten sind jene Stücke, deren Sprache dem guten Geschmack zuwider ist.[567]

Um die Einschränkungen durch die Zensurbehörde zu umgehen, organisierten sich um 1900 zahlreiche Theatergruppen, darunter anfangs auch die *Scharfrichter*, als geschlossene Vereine,[568] die ihre Vorstellungen offiziell an eine Reihe von Bedingungen knüpften, darunter die namentliche Einladung ausgewählter Gäste, die ein hohes Maß an Selbstverantwortung besitzen und daher auch nicht an einer öffentlichen Ruhestörung interessiert sind.[569] In der Praxis waren die Theaterveranstalter jedoch überaus erfindungsreich, wenn es darum ging, die strengen Publikumsbegrenzungen zu umgehen. Zwar wiesen sie in den Zeitungsankündigungen auf den geschlossenen Charakter ihrer Vorstellungen hin, doch

fehlte fast nie der Hinweis, an welche Adresse sich »Interessenten« wenden könnten, um eine Einladung für die Aufführung zu erhalten. […] Mit Sicherheit kann behauptet werden, daß sich nur ein kleiner, allerdings nicht näher zu differenzierender und definierender Teil des Publikums aus Mitgliedern der veranstaltenden Vereine zusammensetzte; der wahrscheinlich größere Teil der Besucher bestand aus der »interessierten« Öffentlichkeit.[570]

Auch das *Scharfrichter*-Theater stand von Anfang an allen zahlenden Gästen offen, wenngleich die Kabarettisten in Zeitungsmeldungen mehrfach ihren geschlossenen Vereinscharakter betonten.[571] Die Zensurbehörde registrierte diese Unregelmäßigkeiten sehr wohl, zog in den ersten Monaten jedoch noch keine Konsequenzen. Erst als sich das bayerische Innenministerium im Oktober 1901 mahnend an die Münchner Polizeidirektion wandte, schritten die Beamten ein. Da die Darbietungen der *Scharfrichter* eindeutig als »gewerbsmäßige Veranstaltung von Singspielen, Gesangs- und deklamatorischen Vorträgen, Schaustellungen von Personen oder von theatralischen Vorstellungen, ohne daß ein höheres Interesse der Kunst oder Wissenschaft dabei obwaltet«,[572] einge-

---

[566] »In Betracht können folgende Delikte des Strafgesetzbuches kommen: Hochverrat, Landesverrat, Beleidigung des Landesherrn und der Bundesfürsten, feindliche Handlungen gegen befreundete Staaten, strafbare Aufforderung, Verächtlichmachung von staatlichen Einrichtungen, Religionsdelikt, öffentlich. Ärgerniserregung durch unzüchtige Handlungen, Beleidigung, Nötigung, Bedrohung, Erpressung, strafbare Begünstigung, Verletzung der Amtsverschwiegenheit im auswärtigen Dienst des Reiches und endlich Verrat militärischer Geheimnisse«, ebd., S. 57.

[567] Ebd., S. 38f.

[568] Um 1900 gab es etwa 25 geschlossene Vereinstheater in München, vgl. Zuber, *Aufbruch*, S. 142. In der Aktennotiz »Richtpunkte für die Ausübung der Theaterzensur in Bayern« der Münchner Polizeidirektion aus dem Jahr 1905 heißt es: »Die Zensurpolizei erstreckt sich nicht auf (geschlossene) Vereinsaufführungen; insbesondere wird ernsten literar. Vereinigungen das Recht zugestanden, ihren Mitgliedern ohne Rücksicht auf die Zensurpolizei jedes Werk der dramatischen Kunst, auf dem ihm zukommenden Weg der Bühnenaufführung zur Kenntnis und zur Beurteilung zu bringen«, zitiert nach Michael Meyer, *Theaterzensur in München: 1900–1918. Geschichte und Entwicklung der polizeilichen Zensur und des Theaterzensurbeirates unter besonderer Berücksichtigung Frank Wedekinds*, München 1982, S. 55.

[569] Vgl. Heindl, *Theater-Zensur*, S. 34f. Die Aufführungserlaubnis für geschlossene Vorstellungen war außerdem meist auf nur ein oder zwei Abende begrenzt, vgl. Engelmann, *Öffentlichkeit*, S. 268.

[570] Meyer, *Theaterzensur*, S. 60.

[571] Vgl. *Die elf Scharfrichter*, in: *MNN*, Nr. 238, 23.5.1901, S. 4, und *Die Elf Scharfrichter*, in: *MNN*, Nr. 504, 30.10.1901, S. 3.

[572] *Gewerbefreiheit*, in: *Meyers Konversationslexikon*, Leipzig [u. a.] 1885–1892, 4. Aufl., S. 290, zitiert nach Preis, *Volkssänger*, S. 23.

ordnet werden konnten, war die Bühne in der Türkenstraße damit ein konzessionspflichtiges Theaterunternehmen. Und obgleich schon wegen der geringen Größe des Theaters und »in Anbetracht des eigenartigen Genres, das die Elf Scharfrichter pflegen, sowie des ganz exklusiven und urtheilsfähigen Publikums, das diese Vorstellungen besucht«,[573] von den *Scharfrichtern* kaum eine weite Verbreitung zersetzenden Gedankenguts zu befürchten war, mussten sich die Schwabinger Kabarettisten von da an die Vorgaben der Zensurbehörde halten.[574] Die Theaterbesitzer Salzer, Henry/Miethke und Blumenthal waren verpflichtet, mindestens acht Tage vor einer Aufführung sämtliche Texte sowie »bei bildlichen, mimischen oder plastischen Vorstellungen eine genaue Beschreibung des Gegenstandes und der Handlung«[575] bei der Polizeidirektion vorzulegen und sich genauestens an die Verbote der Behörde, die Teile von Nummern oder auch ganze Nummern betreffen konnten, oder die Aufforderungen zu textlichen und inszenatorischen Veränderungen zu halten.[576] Spontan improvisierte Beiträge waren nicht gestattet und wurden besonders von der Münchner Polizei streng geahndet.[577] Der Veranstalter war außerdem verpflichtet, einen Polizeibeamten zu Proben und Aufführungen zuzulassen.[578] Bei mehrmaliger Nichteinhaltung der Auflagen drohten der Entzug der Konzession und damit die Schließung des Theaters.

Die Handhabung der Zensur in Bayern

In Bayern bestand der einzige Beschwerdeweg gegen ein Zensurverbot in einer Klage vor der Kammer des Innern der Landesregierung und beim bayerischen Innenministerium, die aber in der Regel erfolglos war.[579] Damit war hier die »rechtliche Situation deutlich schlechter als in Preußen, wo das Oberverwaltungsgericht wiederholt in spektakulären Fällen das Zensurverbot des Berliner Polizeipräsidiums aufhob.«[580] Aber auch in ihrer inhaltlichen Ausrichtung unterschieden sich die bayerischen Zensurbehörden von den preußischen. So handhabe die Münchner Polizeidirektion etwa das Delikt der Majestätsbeleidigung weniger streng und auch die in Berlin scharf kritisierte Darstellung des Militärs auf der Bühne wurde in der bayerischen Landeshauptstadt akzeptiert – aber auch nur, solange dieser so wichtige Teil des Staatsapparats nicht herabgewürdigt wurde.[581] Mit zu den berühmtesten Schlagern der *Scharfrichter* zählten ja die Soldatenlieder von Ludwig Thoma und Richard Weinhöppel, in denen verschiedene Waffengattungen mit liebevoller Ironie persifliert wurden. Die Münchner Polizei reagierte jedoch äußerst empfindlich, wenn Kirche und Religion, aber auch die Staatsgewalt in das Schussfeuer parodistischer Kritik gerieten oder sexuelle Themen auf die Bühne gebracht wurden. Ausschlaggebend für dieses Vorgehen war die konservative, katholische Zentrumspartei, die im Landtag die Mehrheit innehatte und antikatholische sowie unsittliche Sujets systematisch und mit größter Strenge bekämpfte.[582] Das bekannteste Opfer dieser rigorosen Maßnahmen ist zweifellos Oskar Panizza aus dem Kreis der *Münchner Modernen*, den das Gericht aufgrund seines satirischen antikatholischen Dramas *Das Liebeskonzil* (1894) wegen »Gotteslästerung und der Beschimpfung von Gebräuchen und Einrichtungen der christlichen Kirche« zu einem Jahr Gefängnis verurteilte, der »strengsten Strafe, die

---

[573] *Die Elf Scharfrichter (e. V.)*, in: *MNN*, Nr. 17, 11.1.1902, S. 3.

[574] In der Aktennotiz der Münchner Polizei »Richtpunkte für die Ausübung der Theaterzensur in Bayern« aus dem Jahr 1905 heißt es hierzu: »Auch das kleine Theaterwesen (§ 33a R.G.O.), die Varietes, Tingeltangel, Singspielhallen, Kabarets; ferner die Volkssänger, Komiker und Rezitatoren (Art. 32 P. Str. G. B.) sind vermittels der Präventivzensur nach Möglichkeiten in ordnungsgemäßen Bahnen zu halten, zumal da erfahrungsgemäß gerade auf diesem Weg die Kenntnis von Unsittlichkeiten und Unanständigkeiten aller Art in die breitesten Schichten der Bevölkerung getragen wird«, zitiert nach Meyer, *Theaterzensur*, S. 55.

[575] Ortspolizeiliche Productions-Bedingungen vom 4.12.1902, StAM, Pol. Dir. 2057/2.

[576] Die Erlaubnis einer Nummer galt nicht über die Stadtgrenzen hinaus und musste bei Gastspielen bei der jeweiligen Ortspolizei neu eingeholt werden, vgl. Heindl, *Theater-Zensur*, S. 37.

[577] Vgl. Gary D. Stark, *Germany*, in: Goldstein (Hg.), *Frightful Stage*, S. 34.

[578] Vgl. Ortspolizeiliche Productions-Bedingungen vom 4.12.1902, StAM, Pol. Dir. 2057/2.

[579] Vgl. Engelmann, *Öffentlichkeit*, S. 268.

[580] Ebd., S. 268. 1908 bemühte man sich durch die Gründung eines Zensurbeirats von Sachverständigen, der der Polizeibehörde beratend zur Seite stehen sollte, die Missstände zu verbessern, doch blieb die erhoffte Wirkung aus, vgl. ebd., S. 268, und Schmitz, *Münchner Moderne*, S. 368.

[581] Vgl. Lenman, *Kunst*, S. 28, und Stark, *Germany*, S. 50.

[582] Vgl. Engelmann, *Öffentlichkeit*, S. 270–272.

in der wilhelminischen Ära wegen eines literarischen Werks verhängt wurde.«[583] Tatsächlich überwog allgemein in den Kreisen der *Münchner Modernen* die Auseinandersetzung mit Kirche, Religion und Sexualität, während soziale Themen, wie sie »die gefürchtete, sozialpolitisch engagierte naturalistische Moderne«[584] in Berlin pflegte, hier eine untergeordnete Rolle spielten.[585]

Zensur politischer Themen

So waren auch bei den *Scharfrichtern* politische Sujets eher die Ausnahme, was »vielleicht weniger an der Zensur, als an ihren vorwiegend musischen Neigungen«[586] lag. In ihrer ersten Spielzeit brachten die Kabarettisten in dem Puppenspiel *Die feine Familie* und in der Pantomime *Der böse Traum* verschiedene tagespolitische Ereignisse, darunter den Boxeraufstand in China und den Burenkrieg in Südafrika, auf ihre Bühne. Während das Puppenspiel unbeanstandet blieb, wurde die Pantomime nach mehreren Aufführungen verboten. Wie es scheint, standen bei dieser Entscheidung allerdings nicht nur politische, sondern besonders sittliche Bedenken im Vordergrund.[587]

Da die als »Ehrenexekutionen« bezeichneten Premieren nachweislich vor einem geschlossenen Publikum stattfanden, durften an diesen Abenden Stücke gezeigt werden, die für weitere öffentliche Vorstellungen untersagt waren. So gelangte im November 1903 Hermann Bahrs »Arme-Leut'-Stück« *Unter sich*, eine Persiflage auf den österreichischen Kaiser Franz Joseph I., den deutschen Kaiser Wilhelm II. und den englischen König Edward VII., zur einmaligen Aufführung, um dann sofort von der Polizeidirektion verboten zu werden,[588] da die Darstellung regierender Monarchen auf der Bühne ebenso wenig gestattet war wie Werke, die die diplomatischen Beziehungen zwischen Verbündeten gefährdeten. So wurde auch das *Zarenlied* von Adam Mickiewicz aus politischen Gründen verboten und nur am Premierenabend sowie während des Wiener Gastspiels gebracht.[589] Ein weiteres Verbot verhängte die Polizeidirektion über eine nicht namentlich überlieferte Nummer, in der König Edward VII., der englische Staatsmann Joseph Chamberlain, Nikolaus II. von Russland, der serbische König Aleksandar Obrenović und der Reichskanzler Bernhard von Bülow auftraten, da in drei Fällen »das Maaß der Kritik, welches ganz allgemein Personen gegenüber auf öffentlichen Bühnen geschenkt werden kann«,[590] erheblich überschritten wurde. Ängstlich wachte die Polizeidirektion auch über die Würde des deutschen Kaisers. So heißt es in einem kuriosen Zensurbericht:

Ein bei dieser Vorführung vom Scharfrichter Starr (Henry [...]) in französischer Sprache vorgetragenes Couplet beschäftigt sich mit den vielen Reden des deutschen Kaisers u. war, soviel ich entnehmen konnte, etwas von Großsprecherei desselben die Rede. Leider konnte ich den Gesang von meinem Platz aus nicht genau verfolgen, da mir bei meiner weniger großen Gewandtheit im Französischen manches entgehen mußte.[591]

Einen weiteren satirischen Seitenhieb auf Wilhelm II. erlaubten sich die *Scharfrichter* im November 1903, als sie als Reaktion auf die zahlreichen polizeilichen Streichungen, durch die ihr Programm erheblich verkürzt worden war, den von Wilhelm II. gedichteten und komponierten *Sang an Aegir* mit der Begründung aufführten, dass die Polizei dagegen ja wohl nichts einzuwenden habe.[592]

---

583   Ebd., S. 272.

584   Zuber, *Aufbruch*, S. 146.

585   Vgl. Engelmann, *Öffentlichkeit*, S. 267f.

586   Otto, *Scharfrichter*, S. 22.

587   In dem Zensurbescheid vom 12.10.1901, StAM, Pol. Dir. 2057/1, heißt es, das Stück könne »mit Rücksicht auf den öffentlichen Anstand nicht länger geduldet werden«, was auf ein sittliches Motiv schließen lässt.

588   Vgl. kgl. Polizeidirektion an *Elf Scharfrichter*, 29.10.1903, und Zensurbescheid vom 7.11.1903, StAM, Pol. Dir. 2057/3.

589   Zensurbescheid vom 6.11.1903, StAM, Pol. Dir. 2057/3.

590   Zensurbescheid vom 25.1.1902, StAM, Pol. Dir. 2057/2. Wahrscheinlich handelte es sich um Teile der Nummer *Caro der Überhund*, vgl. Henry, *Au Pays*, S. 39. Henrys Darstellung, der bayerische Zensor habe an der Parodie des preußischen Kanzlers Bülow nichts auszusetzen gehabt, trifft nicht zu.

591   Vorstellungsbericht vom 2.2.1902, StAM, Pol. Dir. 2057/2.

592   Vgl. Vorstellungsbericht vom 8.11.1903, StAM, Pol. Dir. 2057/3. In den Polizeiakten liegt kein schriftliches Verbot vor, doch berichtet Henry in seinen Memoiren, das Verbot der Nummer sei mündlich erteilt worden, vgl. Henry, *Au Pays*, S. 40f.

Handelte es sich bei einer Figur jedoch um einen frei erfundenen Regenten ohne tatsächlichen biographischen Hintergrund, war die Zensurbehörde nachsichtiger. So war die Polizeidirektion bei der Aufführung von Wedekinds Pantomime *Die Kaiserin von Neufundland* im März 1902 lediglich um die sittliche Darstellung besorgt und verfügte, dass »bei der Vorstellung der ärztlichen Untersuchung der Kaiserin [...], in der Kleidung derselben [...] sowie bei der Scene, in der sie sich selbst entblößt [...], Verstöße gegen den öffentlichen Anstand vermieden werden.«[593]

Auch Parodien des Beamtenstands konnten bei der Zensurbehörde auf Ablehnung stoßen, wie im Fall von Kurt Arams Szene *Die unsittliche Ehe*, die im Februar 1902 bei den *Scharfrichtern* über die Bühne ging. Die Presse reagierte einhellig verständnislos auf das Verbot, da es »nichts Sittlicheres als diese ›Unsittliche Ehe‹« gebe, die »weiter nichts als eine Verspottung all' der unzähligen Ehebruchsromane und -Dramen«[594] sei, und, »daß sich die Polizei wieder einmal unnöthig um das Seelenheil ihrer Unterthanen ängstigte«.[595] Zwei Rezensenten hatten jedoch verstanden, dass bei dem Verbot der Szene nicht eine Verletzung der Sittlichkeit den Ausschlag gegeben hatte:

Und es wurde klar, warum »die unsittliche Ehe« auf den Censor wie das rote Tuch auf den Stier gewirkt hatte: weil nämlich die beiden Hauptpersonen ein Staatsanwalt und ein Assessor sind! Dass aber auch der Spott unserer modernen Satiriker nicht einmal vor den heiligsten Gütern staatsstützender Personen Halt macht!![596]

Im Gegensatz dazu wurde die Aufführung von Louis Marsolleaus Einakter *Das verstörte Fest* im November 1901 zugelassen, obwohl die Personenliste des außerordentlich sozialkritischen Stücks u. a. einen Geistlichen und einen Richter einschließt. Um Probleme mit der Zensurbehörde von vornherein zu vermeiden, hatte man die Handlung nach Russland verlegt.[597] Die genannten Beispiele der *Unsittlichen Ehe* und des *Verstörten Fests* machen in jedem Fall deutlich, dass die Verbote der Polizeidirektion vollkommen willkürlich ausfallen konnten.

Nicht etwa aus sittlichen Gründen, sondern weil der Beamtenstand in der »Unsittlichen Ehe« beleidigt wurde, erfolgte ein Verbot von Kurt Arams Szene. Vignette für das 6. Programmheft von Ernst Neumann, MSB Mon. 4°Mon.1017_8.

---

[593] Zensurbescheid vom 25.1.1902, StAM, Pol. Dir. 2057/2.
[594] [p.], [Die Elf Scharfrichter], in: *MNN*, Nr. 55, 3.2.1902, S. 3.
[595] [K.], [Die Elf Scharfrichter], in: *MZ*, Nr. 28, 2.2.1902, S. 2.
[596] Mauke, *Die elf Scharfrichter* [Moderne Brettl 5], S. 75. Die gleiche Beobachtung macht auch der Kritiker der *Münchener Post*, vgl. [e.], [Die elf Scharfrichter], in: *MP*, Nr. 29, 5.2.1902, S. 3.

[597] Vgl. [lt.], [Die elf Scharfrichter], in: *AZ*, Nr. 314, MiB, 12.11.1901, S. 1.

Zensur anstößiger Themen

Sehr viel häufiger als die politisch motivierten Verbote waren bei den *Scharfrichtern* jene aus Gründen der Sittlichkeit.[598] Kurt Arams Einakter *Das Nachtasyl*, der in einem Bordell spielt, Heinrich Lautensacks schlüpfriger Dialog *Glühhitze*, Frank Wedekinds aufreizend unmoralische Szene *Lulu* sowie sein sadomasochistischer Dialog zwischen einem Freier und einer Prostituierten *Hans und Hanne*, eine Verführungsszene aus Heinrich Leopold Wagners *Die Kindermörderin* sowie ein Teil der Komödie *Pierrot fumiste* von Jules Laforgue, »der von Pierrots Abenteuern in der Brautnacht mit Colombinette handelt & äußerst laszive Vorgänge schildert«,[599] durften nicht bzw. nach den Ehrenexekutionen nicht mehr gezeigt werden.[600] Neben den dramatischen Szenen wurden wiederholt auch als unanständig empfundene Gedichte zensiert wie Samuel Friedrich Sauters *Die Täuschung*, die vom nächtlichen Urinieren eines Betrunkenen erzählt,[601] oder die beiden drastischen Gedichte *Die Keuschheit* und *Der Prügelheini* von Wedekind, über die der Polizeispitzel urteilte: »Ersteres Gedicht ist direkt sexuellperverser Tendenz, das zweitgenannte Gedicht schließt mit einem sexuellen Vorgang, der in höchst rohe Wortform gekleidet ist. Ein Verbot dieser beiden Machwerke erscheint mir unerläßlich.«[602] In anderen Fällen wurde die Aufführung bedenklicher Nummern unter der Bedingung stattgegeben, dass bestimmte Vorgaben der Behörde erfüllt würden. So erlaubte die Polizei die Szene *Das süße Mädel* aus Arthur Schnitzlers *Reigen* mit der Auflage,

daß die Verdunkelung des Bühnenraums, welche während der auf Seite 132 des Textbuches mit Strichen angedeuteten Pause vorgesehen ist, nur <u>für einen ganz kurzen Augenblick</u> erfolgen darf und daß sich hiebei die Darsteller jeder den Anstand und die Sitte irgendwie verletzenden Handlung zu enthalten haben.[603]

Während bei der Vorstellung am 9. Oktober 1903 die Vorgaben zufriedenstellend erfüllt wurden, da »sich die beiden Darsteller [...] in durchaus dezenter Weise benahmen und in der im Textbuch mit Strichen angedeuteten Pause, während welcher die Bühne auf einen kurzen Moment verdunkelt wurde, auf einem Diwan sitzend, in gänzlich einwandfreier Art umschlungen hielten« und daher der Gesamteindruck »nicht im Mindesten anstößig«[604] war, registrierte der Zensor wenige Tage später gravierende Abweichungen von den Aufführungsbedingungen:

Bei der gestrigen Vorführung des 7. Dialoges (das süße Mädel) aus Schnitzlers »Reigen« wurden von Seite der Darstellerin des süßen Mädels unmittelbar vor der eintretenden Verdunkelung der Szene mehrmals die Worte »<u>Was thust du denn? Was thust du denn?</u>« gesprochen. Gleichzeitig berührte der »Gatte« in stürmischer Weise mit seinem Gesichte ihren Schoß und teilweise ihre Brust. Die angeführten Worte des »süßen Mädels« stehen <u>nicht</u> im Text [...] und sind geeignet, in Zusammenhang mit den Bewegungen des männlichen Darstellers die Szene anstößig zu machen [...]. Die Direktion hat hienach sofort das Weitere zu veranlassen, wobei bemerkt wird, daß willkürliche Abweichungen vom polizeilich genehmigten Texte in Zukunft empfindliche Strafeinschreitungen zur Folge haben werden.[605]

Auch der Aufführung von Prosper Sylvius' nicht erhaltener Szene *Um halb ein Uhr nachts* wurde erst zugestimmt, nachdem das für die Inszenierung geplante Bett durch ein Sofa ersetzt sowie die fünf Nächte der Handlung in fünf Tage umgewandelt worden waren.[606]

---

[598] Vgl. Otto, *Scharfrichter*, S. 22, und Engelmann, *Öffentlichkeit*, S. 270.

[599] Vorstellungsbericht vom 7.2.1904, StAM, Pol. Dir. 2057/3.

[600] Vgl. Zensurbescheide vom 6.10.1903 (*Nachtasyl*), 23.10.1903 (*Hans und Hanne; Die Kindermörderin*), 2.12.1903 (*Lulu*), 9.2.1904 (*Pierrot fumiste*); Brief Lautensacks an kgl. Polizeidirektion, 9.11.1902 (*Glühhitze*), StAM, Pol. Dir. 2057/2 und 3.

[601] Vgl. Zensurbescheid vom 20.10.1903, StAM, Pol. Dir. 2057/3.

[602] Vorstellungsbericht vom 8.2.1904, StAM, Pol. Dir. 2057/3.

[603] Kgl. Polizeidirektion an *Elf Scharfrichter*, 7.10.1903, StAM, Pol. Dir. 2057/3.

[604] Vorstellungsbericht vom 10.10.1903, StAM, Pol. Dir. 2057/3.

[605] Vorstellungsbericht vom 14.10.1903, StAM, Pol. Dir. 2057/3.

[606] *Elf Scharfrichter* an kgl. Polizeidirektion, 30.10.1903, StAM, Pol. Dir. 2057/3.

Scharf zensiert wurde auch die anstößige Darstellung kirchlicher Personen wie in Otto Falckenbergs Dialog *Das Geständnis*:

Es wird hier die Ohrenbeichte […] in einer Weise zum Vortrag gebracht, welche den Thatbestand des § 166 K. St. G. B. – Beschimpfung der Einrichtung einer Kirche – erfüllen dürfte. Der Pater – im Franziskanerhabit – bringt seine sinnlichen Gesten in höchst unsittlicher Weise zur Darstellung.[607]

Der Zensurbescheid mit dem Verbot der Szene enthielt die Drohung der Schließung des Theaters, sollten die *Scharfrichter* die Nummer nicht umgehend aus dem Programm nehmen.[608] Auch das von Marya Delvard gesungene Lied *Die fromme Beppa*, »eine Satire auf das Beichtinstitut«, wurde verboten, obgleich der Polizeispitzel anmerkte, dass »das Ganze nicht anstößig«[609] wirke. Dagegen durfte Emil Mantels das Gedicht *Das Gänslein*, das von der Liebe eines jungen Mönchs handelt, unter der Bedingung vortragen, dass er sich »bei Vorstellung der Persönlichkeit des Abtes in Mienen und Gesten diejenige Zurückhaltung auferlegt, welche geeignet ist, eine Herabwürdigung des Ordensstandes zu vermeiden.«[610]

Eine bühnenwirksame Parodie der von den *Scharfrichtern* als kleingeistig und übertrieben empfundenen Sittlichkeitsvorstellungen lieferte Hanns von Gumppenberg in seinem »Etepetetodrama in 74 Umschreibungen« *Die Verlobung*, das eine groteske Brautwerbung im Haus der bigotten Familie Schwarz zum Inhalt hat. Die Prüderie wird hier so weit getrieben, dass die konkrete Benennung sämtlicher irgendwie körperlicher Aspekte wie Verwandtschaftsverhältnisse, Körperteile und jeglicher körperlichen Vorgänge und Aktionen unter allen Umständen vermieden und stattdessen durch vermeintlich »ungefährlichere« Begriffe ersetzt werden, die allerdings an Absurdität kaum zu übertreffen sind. So schmeichelt der greise Kandidat Benno Gottgetreu seiner zukünftigen und um viele Jahrzehnte jüngeren Braut Cäcilia mit den Worten:

Denn wenn ich Sie so betrachte in Ihrer ergreifenden Lilienunschuld, von den lichtblonden Pflänzchen der Höhe über die neckische stumpfe Profilwendung und den schlanken Krageninhalt hinab bis zu den zierlichen Piedestalen Ihrer irdischen Persönlichkeit, wenn mein begeisterter Blick zu stillem Gebete auf dem konvexen Vorbau Ihres gottergebenen Seelenwerkzeugs verweilt, den die Vorrichtung zur gefälligen Ordnung des oberen Abschnitts Ihrer natürlichen Erscheinung unter der straffen Hochhülle mit heiliger Strenge umschließt, wenn ein Lufthauch mit dem geblümten Schutzbehang Ihrer Gesamthülle spielt und Ihre himmelblaue Tiefglockenhülle leise bewegt, sodass man die rosenrote Unterglockenhülle und die schneeweißen Piedestalenveloppen bis an ihre elastischen ringförmigen Befestigungsmittel zu schauen vermag … dann, entzückender schwächerer Nebenmensch, muss ich aufseufzen vor frommer Inbrunst und mit andächtigem Flüstern Sie fragen: würden Sie meiner himmlischen Eingebung folgen, dass der Chor der nächsten Pfarrkirche unser züchtiges Einverständnis mit benedeiendem Sange begrüßen möchte??[611]

Aus den Zensurakten über die *Scharfrichter* geht deutlich hervor, wie sich die politischen Veränderungen innerhalb der Regierung auf das Repertoire des Kabaretts auswirkten. In der Anfangszeit des Schwabinger Brettls beurteilte die traditionell liberale Münchner Polizeidirektion, der ein restriktives Vorgehen fernlag, die Vorstellungen der *Scharfrichter* eher wohlwollend, doch geriet sie zunehmend in Zugzwang durch die konservative Landtagsmehrheit der Zentrumspartei, »die ihren Forderungen durch Ausübung des Budgetrechts Nachdruck verleihen konnte.«[612] So verschärften

---

[607] Vorstellungsbericht vom 12.10.1901, StAM, Pol. Dir. 2057/1.

[608] Zensurbescheid vom 12.10.1901, StAM, Pol. Dir. 2057/1.

[609] Vorstellungsbericht vom 8.2.1904. Vgl. auch Zensurbescheid vom 9.2.1904, StAM, Pol. Dir. 2057/3.

[610] Zensurbescheid vom 23.12.1902, StAM, Pol. Dir. 2057/2.

[611] Hanns von Gumppenberg, *Die Verlobung. Ein Etepetetodrama in 74 Umschreibungen*, in: Ders., *Überdramen von Jodok*, Bd. 1, Berlin 1902, S. 19.

[612] Engelmann, *Öffentlichkeit*, S. 267. Vgl. auch Schmitz, *Münchner Moderne*, S. 366.

sich die Zensurmaßnahmen, nachdem im Frühjahr 1903 der konservative Clemens von Podewils-Dürnitz das Amt des bayerischen Ministerrats übernommen hatte. Dem Rechtsruck der Regierung folgte im Herbst des gleichen Jahres eine regelrechte Kampagne gegen den Sittenverfall, nachdem der Zentrumsabgeordnete Franz Xaver Schädler eine glühende Landtagsrede gegen die unziemlichen Vorführungen verschiedener Theatergruppen, darunter auch der *Scharfrichter* und des *Akademisch-dramatischen Vereins*, gehalten hatte.[613] Dieser Vorgang belegt erneut, wie wenig die Theaterzensur an existierende Gesetze gebunden war und wie nachsichtig oder streng sie, je nach der Stimmung innerhalb der Regierung, ausfallen konnte.[614] Die Auswirkungen dieser »Interpellation Schädler« hatten für das ohnehin kränkelnde *Scharfrichter*-Ensemble fatale Folgen. In ihrem Novemberprogramm 1903 wurden kurzfristig drei Szenen und ein Lied verboten und damit der Spielplan erheblich verstümmelt. Bei der »Ehrenexekution« wandte sich Marc Henry daher mit einer entsprechend verärgerten Ansprache an das Publikum:

Die Gäste brauchen keine Sorge haben, daß es heute zu spät wird, die Polizei hat schon dafür gesorgt. Es ist nun auch noch das Stück »Unter sich« verboten worden wegen des politischen Inhalts u. es bleibt uns nichts mehr übrig. […] Alles wird verboten, es mag sein, wie es will, alles ist politisch u. unsittlich u. wird verboten. Man glaubt, daß wir gefährlich sind, weil wir erzieherisch wirken könnten.[615]

Kritik an der Zensur
Die Willkür der Zensurbehörden wurde von den Zeitgenossen entschieden kritisiert. Erich Mühsam ging in einem 1906 in der *Fackel* erschienenen Artikel sogar so weit zu erklären, dass das eigentliche, improvisatorische Wesen des Kabaretts durch die Vorgaben der Polizei vernichtet worden sei.[616] Vielfach wurde beanstandet, dass durch die Zensur das Grundrecht der freien Meinungsäußerung verletzt würde.[617] Darüber hinaus beklagte man die mangelnde künstlerische und intellektuelle Urteilsfähigkeit der Verwaltungsbeamten, die nach eigenem Gutdünken über die Verbote entscheiden konnten,[618] da eine »erschöpfende Aufzählung der Zensurgegenstände«[619] nicht existierte und die betreffenden Gesetze schwammig formuliert waren. Für weitere Missstimmung sorgte, dass die Polizei nicht verpflichtet war, Gründe für ihre Entscheidungen anzugeben.[620] Auch im Kontext der *Scharfrichter* stieß das Vorgehen der Polizeibehörde im Herbst 1903 auf deutliche Kritik und die *Münchener Post* spottete, der Innenminister Maximilian von Feilitzsch strebe »nach dem Ruhme der preußischen Zensurhelden, deren täppischer Eifer für die spätere Geschichtsschreibung eine Fundgrube unfreiwilligen Humors sein wird.«[621] Wenige Tage später erschien an gleicher Stelle ein weiterer empörter Artikel:

Man merkt den Landtag auf mancherlei Weise – o Landtag, o Landplag! Daß das Zentrum sich die Unsittlichkeit dieser verruchten Stadt vornehmen würde, das war zu erwarten. Daß es dabei die Animierpolizisten als staatliche Einrichtung hingehen lassen würde, auch das war zu erwarten, wo es so viele vogelfreie Unsittlichkeit in Kunst und Literatur gibt. Die 11 Scharfrichter mußten herhalten. Von der unsittlichen Figur des Maronibraters am Toreingang des kleinen Theaterchens bis auf ein Nachtgeschirr, das sein ebenso nützliches wie harmloses Dasein in einem Stückchen [Um halb ein Uhr nachts, J. K.] der 11 führt, blieb kein sittliches Haar an dem Ganzen. […] Die Scharfrichter mußten einen Stempel »Ver-

---

[613] Vgl. Engelmann, *Öffentlichkeit*, S. 274. Für den *Akademisch-dramatischen Verein* bedeutete dies das Ende.

[614] Vgl. Zuber, *Aufbruch*, S. 152.

[615] Vorstellungsbericht vom 8.11.1903, StAM, Pol. Dir. 2057/3.

[616] Vgl. Erich Mühsam, *Das Cabaret*, in: *Die Fackel* 199 (1906), S. 19f.

[617] Vgl. Heindl, *Theater-Zensur*, S. 44–49, und Meyer, *Theaterzensur*, S. 53.

[618] Vgl. Heindl, *Theater-Zensur*, S. 36.

[619] Ebd., S. 33.

[620] Vgl. ebd., S. 38.

[621] »*System Feilisch!*« [sic], in: *MP*, Nr. 258, 10.11.1903, StAM, Pol. Dir. 2057/3.

ZARENLIED

Text von MICKIEWICZ — Musik von LEONHARDT BULMANS

Muss ich nach Sibirien wandern,
Wirft man mich in Ketten gar,
Stets in Untertanentreue
Will ich schaffen für den Zar.

In den Minen will ich denken,
Dieses graue Erz fürwahr,
Dieses Eisen, das ich hämmre,
Wird ein Beil, eins für den Zar.

Bin ich freier Siedler worden,
Will ich fleissig ackern traun,
Wacker graben, und im Eifer
Will den schönsten Hanf ich baun.

Silbergrau der erste Faden
Kommt nach manchem lieben Jahr;
Hoff ich zu der hohen Gnaden,
Dass man damit henkt den Zar.

Verboten

Aufgrund der im »Zarenlied« geforderten Erhängung des russischen Monarchen wurde seine Aufführung nicht gestattet und die Nummer in den Programmheften mit einem »Verboten«-Stempel gekennzeichnet.

boten« schneiden lassen, um der heftigen Nachfrage des Zensors genügen zu können. »Verboten« prangt nun über fünf Nummern des Novemberprogramms, Anstand und Sittlichkeit sind gerettet, die gefährdete Ordnung wieder hergestellt [...]. *Die Macht des Zentrums ist groß, Schädler sein Prophet und die Polizei seine dienende Magd: »Verboten«. Die Motivierungen, wie sie bei gelegentlichen Rekursverhandlungen zutag kamen, sind so amüsant, daß wir den Scharfrichtern nur raten können, sie gelegentlich doch auf ihre Bühne zu bringen. Zum Beispiel: Ein Lied wurde verboten. Ein Polizist sagt aus, eine Dame neben ihm sei während des Vortrags besagten Liedes errötet. Der Verteidiger: »Aber es ist ja stockdunkel im Saal während der Vorträge!« Polizist: »Ich habe mir gerade eine Zigarre angezündet, bei deren Aufleuchten ich sah, wie die Dame rot wurde.« Dies ist beileibe kein Witz, sondern ein wirklicher Vorfall [...]. Man kann der Polizei nicht den Vorwurf machen, sie ginge ohne System an die Sache.*[622]

Auch die *Scharfrichter* parierten in ihrem Novemberprogramm 1903 die Schläge der Zensurbehörde mit manchem satirischen Hieb. So verwies Henry in seiner Publikumsansprache auf den »Verboten«-Stempel, den man für ganze 3 Mark hatte herstellen lassen müssen, und bemerkte spitz, dass die Polizei diesen Betrag kaum ersetzen werde.[623] Der Abend wurde mit dem *Sang an Aegir* von Wilhelm II. eröffnet, der allerdings – mit Absicht? – »ganz miserabel gespielt«[624] wurde. Die Polizei reagierte prompt auf diese satirische Provokation und bestellte Henry ins Präsidium, wie dieser in seinen Memoiren berichtet:

Ich liess als Ouvertüre seinen Sang an Aegir *einstudieren und im Programmheft ankündigen. Unnötig zu sagen, dass die kaiserliche Komposition nichts taugte. Das zunächst verwunderte Publikum reagierte bald mit unterdrücktem Lachen. Als ich wenig später vor die königliche Polizeidirektion geladen wurde, nahm ich die bei einem Musikalienhändler für 3,50 Mark erworbenen Noten mit und machte den Beamten darauf aufmerksam,*

---

[622] *Von der Zensur*, in: *MP*, Nr. 257, 13.11.1903, StAM, Pol. Dir. 2057/3.

[623] Vgl. Vorstellungsbericht vom 8.11.1903, StAM, Pol. Dir. 2057/3.

[624] [b. g.], [Die elf Scharfrichter], in: *MNN*, Nr. 523, 8.11.1903, S. 5.

dass sie folgenden Hinweis trugen: »Jeder Käufer dieses Klavierauszugs erwirbt das Recht des öffentlichen Vortrags.« Der Beamte schüttelte den Kopf und sagte: »Ich weiss genau, was Sie bezwecken.« »Bei der Wahl meiner Programme lasse ich mich ausschliesslich von künstlerischen Gesichtspunkten leiten,« erwiderte ich, »beweisen Sie mir das Gegenteil!« Darauf der Beamte drohend: »Vergessen Sie nicht, dass Sie Ausländer sind. Wir werfen Sie nicht ins Gefängnis, sondern hinaus.« »Zu viel der Ehre,« erwiderte ich, »Sie erweisen Seiner Majestät einen schlechten Dienst, wenn Sie die Gründe für meine Ausweisung bekanntgeben.« »Schluss jetzt,« beendete der Beamte die Unterhaltung, »Sie haben sich lange genug lustig gemacht. Streichen Sie das Stück aus Ihrem Programm. Die Herren in Berlin verstehen keinen Spass.« Ich musste klein beigeben.[625]

Eine weitere satirische Reaktion auf die Zensur im Novemberprogramm 1903 brachte die Szene *Um halb ein Uhr nachts*. Hier

hantierte »Heinrich« nicht mehr mit dem Nachtgeschirr, sondern in der Weise, daß er sich anschickt, die Türe des Nachtkästchens zu öffnen, dann aber mit erschrockener Miene inne hält unter dem Ausrufe: »Ja ja, das ist ja verboten.« Dann wirft er die Patronen in einen bereitstehenden Blecheimer lediglich mit der Bemerkung: »So, das ist nicht verboten.«[626]

Während die Darstellung eines Nachttopfs auf Ernst Neumanns 5. Titelbild unbeanstandet blieb, durfte das Nachtgeschirr in der Szene »Um halb ein Uhr nachts« aus Gründen der Sittlichkeit nicht gezeigt werden.

---

[625] Henry, *Au Pays*, S. 40f., Übersetzung aus: Otto, *Scharfrichter*, S. 390. Henrys Bericht deckt sich mit einer Gesprächsnotiz der Polizeidirektion, in der es heißt, man habe Henry auf seine Eigenschaft als in Deutschland geduldeter Ausländer hingewiesen, dem es nicht zustehe, das Land, in dem er Gastfreundschaft genieße, mit seiner Regierung und seinen Einrichtungen zu kritisieren, vgl. Gesprächsnotiz der kgl. Polizeidirektion 8.11.1903, StAM, Pol. Dir. 2057/3.

[626] Vorstellungsbericht vom 8.11.1903, StAM, Pol. Dir. 2057/3. Weitere Angaben zu dieser Szene sind nicht möglich, da das Stück nicht erhalten ist.

Dem frechen Aufbegehren der Kabarettisten folgte umgehend die Mahnung an Marc Henry, die offene Polemik gegen die Polizeidirektion und ihr Vorgehen in Zukunft zu unterlassen. Nur im geschlossenen Kreis konnten die *Scharfrichter* ihrem Unmut über das Zensursystem noch freien Lauf lassen. Die schärfste Satire lieferten sie im Februar 1903 mit ihrem Karnevalsfest *Durch's dunkelste Deutschland*, das vor geladenen Gästen in der *Schwabinger Brauerei* abgehalten wurde. Der Saal war geschmückt mit Plakaten, die Aufschriften wie »Hier ist überhaupt alles verboten!« oder »Maul halten! Der Magistrat«[627] trugen, zudem patrouillierten überall verkleidete Polizisten, die die Sittlichkeit der Anwesenden kontrollierten, im Festzug symbolisierten lebendige Schweine die verpönte *Lex Heinze* und als Höhepunkt des Abends brachte man die Denkmalsenthüllung einer Neptunstatue in preußischer Uniform, die anstelle des Dreizacks eine Mistgabel in Händen hielt.[628] Auf einer Bühne wurden darüber hinaus kabarettistische Nummern wie etwa die Szene *Das Geheimnis* von Otto Falckenberg und Paul Schlesinger geboten. Hierzu

hatte sich die Zensurbehörde eingestellt; rechts und links von der Bühne postierten sich Schutzleute und bei jedem bedenklichen Wort machte die Polizei Einsprüche. Auch ein Kuß auf der Bühne fand wegen seiner zu langen Ausdehnung Beanstandung. Der Zensor ließ durch die beiden Schutzleute zum großen Gaudium der Zuschauer zeigen, »wie man küßt«; schließlich wurden die Akteure abgeführt und unter polizeilichem Gewahrsam auf der gelben Linie nach Stadelheim befördert.[629]

8 Das Repertoire

Wie aus Programmheften, Zeitungsrezensionen und Zensurakten hervorgeht, kamen etwa 400 Titel bei den *Scharfrichtern* zur Aufführung. Die genaue Zahl ist ungewiss, da nicht für alle Nummern aus den Programmheften eine tatsächliche Aufführung nachgewiesen werden kann und andererseits sicherlich auch hin und wieder kleinere Stücke wie Lieder oder Gedichte ohne besondere Erwähnung gezeigt wurden. In ihrem Zeichnungsschein, der vor der Eröffnung des Theaters an potenzielle Geldgeber verteilt wurde, nannten die Kabarettisten die Gattungen, die bei ihnen gezeigt werden sollten: »das künstlerische Schattenspiel, die litterarische und politische Parodie, die moderne Pantomime, das psychologische Couplet (chanson rosse), die Revue, die plastische Karricatur, der Farbentanz, der Volksgesang«.[630] Die Begriffe Schattenspiel, Parodie und Pantomime sind auch heute noch unmittelbar verständlich. Als Revue bezeichnete man um 1900 »Bühnenstücke, die zu Anfang eines jeden Jahres aufgeführt werden und in lose zusammenhängenden Bildern einen Rückblick auf die Hauptereignisse des verflossenen Jahres werfen«.[631] Mit ihren oft sehr aufwendigen Ausstattungen zählten die Revuen zu den Hauptattraktionen der großen Varietétheater. Über die Beschaffenheit der übrigen, eher vagen Genrebezeichnungen aus der oben genannten Aufzählung lässt sich nur mutmaßen. So meinte »Farbentanz« vielleicht einen Gruppentanz in farbigen Kleidern[632] oder aber den Schlangen- oder Serpentinentanz »in langen und weiten, faltigen Gewändern, durch deren verschiedene Drapierung und wellenschlagende Bewegungen die anmutigsten Figuren erzeugt werden. Die Wirkung wird oft durch elektrische Beleuchtung von wechselnder Farbe noch erhöht.«[633] Die amerikanische Tänzerin Loïe Fuller hatte diese Tanzform

---

[627] Vgl. R.[oth], *Durchs dunkelste Deutschland. Satirisches Karnevalsfest der Elf Scharfrichter*, in: *MNN*, Nr. 85, 21.2.1903, S. 3.

[628] Vgl. ebd., S. 3f.

[629] Ebd., S. 3.

[630] Zeichnungsschein, MSB Mon., L 2924.

[631] *Revue*, in: *Meyers großes Konversations-Lexikon*, 6., gänzlich neubearbeitete und vermehrte Aufl., Bd. 16, Leipzig und Wien 1908, S. 854.

[632] Vgl. Fotografie *Farbentanz auf dem Freiplatz vor dem Leuchtspringbrunnen*, in: *Archiv für Buchgewerbe* 51 (1914), H. 6, [o. S.].

[633] *Schlangentanz*, in: *Meyers großes Konversations-Lexikon*, 6., gänzlich neubearbeitete und vermehrte Aufl., Bd. 17, Leipzig und Wien 1909, S. 831.

1892/93 entwickelt und mit ihren Darbietungen im Pariser Varieté *Folie Bergère* internationale Berühmtheit erlangt. Der Begriff der »plastischen Karikatur« bezeichnet mit großer Wahrscheinlichkeit die Idee, gezeichnete Karikaturen besonders ausgeprägter Typen durch entsprechende Kostüme und Darstellungen auf Bühnenfiguren zu übertragen, – ein Verfahren, das wenige Jahre später auch von Karl Valentin gerne angewendet wurde. Am eigenartigsten und im Grunde nicht eindeutig zu klären sind die beiden Begriffe »Volksgesang« und »psychologisches Couplet (chanson rosse)«. Meinte der Volksgesang das Volkslied? Oder gar eine Nähe zu den volkstümlichen Stücken der Volkssängerbühnen? Noch unklarer ist der Terminus des »psychologischen Couplets (chanson rosse)« mit seiner eigenartigen Vermischung unterschiedlicher Gattungen und Stilrichtungen. Im Verständnis der Jahrhundertwende handelte es sich bei Couplets um »gewisse, in modernen Possen und Vaudevilles vorkommende komische Lieder, deren Strophen nach Einer Melodie gesungen werden und in einem witzigen Refrain zu endigen pflegen.«[634] Die Bezeichnung »Chanson rosse« taucht dagegen wohl zuerst bei dem französischen Chansonnier Fursy auf, der in erster Linie die gesellschaftliche und politische Satire pflegte und seine oft bissigen Stücke daher selbstironisch als »gemeine« Lieder betitelte.[635] In den Programmheften der *Scharfrichter* fällt der Begriff des »chanson rosse« nur im Zusammenhang mit den beiden Chansons *Le fiacre* und *Le petit cochon*.

In Hinblick auf die populären Gattungen ihrer Zeit hatten die *Scharfrichter* ihre Wunsch-Repertoireliste zusammengestellt, ohne sich wohl im Einzelnen Gedanken darüber zu machen, ob ihre Vorstellungen personell oder auch hinsichtlich ihrer begrenzten räumlichen und finanziellen Möglichkeiten tatsächlich zu realisieren waren. In der Praxis glich das Repertoire dieser ursprünglichen Aufstellung dann nämlich nur sehr partiell. Einen wichtigen Platz nahmen die Parodien ein, wobei aufgrund der Zensur weniger politische als vielmehr literarische Satiren gezeigt werden konnten. Auch die vielen Volkslieder trugen zum charakteristischen Erscheinungsbild der *Scharfrichter* bei und einige ihrer Figuren weisen durchaus auch karikatureske Züge

auf. Ihre an den Silvesterabenden gezeigten Jahresrevuen, die aufgrund der begrenzten Mittel der *Scharfrichter*-Bühne kaum mit den prachtvollen Ausstattungsrevuen der großen Varietés zu vergleichen sind und daher wohl auch nicht als solche wahrgenommen wurden, sowie Pantomimen, Schattenspiele und Tänze spielten jedoch nur eine untergeordnete Rolle. Die Hauptgattungen des Schwabinger Kabaretts waren hingegen: I. Dramatische Szenen (nachweislich aufgeführt: 53); II. Gesprochene Solovorträge (über 40); III. Nummern mit Musik, darunter 1. Instrumentalmusik (etwa sieben); 2. Musikalische Ensembleszenen, dramatische Nummern mit Musik (Duette, Terzette, Quartette, Chornummern, Pantomimen, Schattenspiele, Tanz u. a. – etwa 31) und 3. Lieder (ca. 272, darunter etwa 194 deutsche, 70 französische, sieben anderssprachige).

8.1 Dramatische Szenen und Puppenspiele

Einen zentralen Platz im Repertoire der *Scharfrichter* nahmen dramatische Szenen, Einakter und Kurzdramen ein, von denen in jedem Programm mindestens eine oder zwei gegeben wurden. Insgesamt 53 Nummern dieser Art kamen in den drei Jahren ihres Bestehens auf der Schwabinger Bühne zur Aufführung und als dieser Teil des Repertoires in der letzten Spielzeit immer mehr zusammenschrumpfte, weil das Ensemble zu klein geworden war und auch die finanziellen Mittel nicht mehr ausreichten, wurde das in der Presse schmerzlich bemerkt: »Vor allem fehlten die kleinen Komödien und parodistisch-satirischen Spiele – einst der Stolz der Scharfrichter.«[636] Der Großteil dieser Nummern stammte aus der Feder der Hausautoren oder von zeitgenössischen Schriftstellern, gelegentlich griffen die *Scharfrichter* aber auch auf ältere Werke zurück. Hanns von Gumppenberg beschreibt das dramatische Repertoire: »[D]ie Eigenproduktionen des Kreises wechselten mit Dramolets anderer deutscher Moderner, mit Uebertragungen und Bearbeitungen geeigneter französischer Stückchen und mit literarischen Ausgrabungen ab.«[637] Neben gelegentlichen ernsten oder tragikomischen Szenen bildete das Komische in seinen unterschiedlichsten

---

[634] *Couplet*, in: *Meyers großes Konversations-Lexikon 16*, S. 317.
[635] Vgl. Bercy, *Montmartre*, S. 145.
[636] [Die Elf Scharfrichter], in: *MNN*, Nr. 65, 10.2.1904, S. 4.
[637] Gumppenberg, *Lebenserinnerungen*, S. 286.

Spielarten, mal harmlos, mal grotesk, mal parodistisch, das dominierende Element der gezeigten Szenen.[638]

8.1.1 Stücke der *Scharfrichter*-Autoren

Hanns von Gumppenberg alias Jodok gebührt die Palme des erfolgreichsten und produktivsten *Scharfrichter*-Dramatikers. Seine große satirische und parodistische Begabung machte ihn zum idealen Autor für das Schwabinger Brettl. 1901 erschien im *Verlag der deutsch-französischen Rundschau* sein ungemein erfolgreicher parodistischer Lyrikband *Das teutsche Dichterross*, der insgesamt vierzehn Auflagen erlebte, ein Jahr später folgte bei *Th. Mayrhofer* der dreiteilige Band *Überdramen*, ein Sammlung »satirische[r] Groteskdramatik«.[639] Bei den *Scharfrichtern* kamen zehn dieser Überdramen zur Aufführung: *Bella, Die erste Hilfe, Das Glück im schiefen Winkel, Die glückliche Kur, Monna Nirwana, Der Nachbar, Die Nachbarin, Das Spitzhütlin, Die Verlobung* und *Der Veterinärarzt*.[640]

Meistenteils handelte es sich hierbei um Sprach- und Stilparodien zeitgenössischer Literaturströmungen, in denen sich Gumppenberg »in tollen Zerrbildern nicht nur über die bereits vorliegenden Stilexperimente der Tagesmode, auch über etwa noch mögliche Zukunfts-Rezepte lustig«[641] machte. Eines seiner erfolgreichsten Stücke war *Der Veterinärarzt. Mystodrama in einem Aufzug,* »das die total unverständliche, aber sehr wichtigtuerische Geheimniskrämerei verulkte, die bei den Ibsenisten und Maeterlinckianern in Schwung gekommen war.«[642] In der Tat verstand niemand die vollkommen wirre Handlung[643] und doch amüsierte sich das Publikum köstlich über die absurde Parodie verschiedener zeitgenössischer Dramen von Autoren wie Gabriele d'Annunzio, Bjørnstjerne Bjørnson, Max Halbe, August Strindberg, Henrik Ibsen und Maurice Maeterlinck, die Gumppenberg hier persiflierte.[644] Sehr beliebt war auch *Der Nachbar. Monodrama in einem Satz:*

Ankündigung von Gumppenbergs Überdrama »Das Spitzhütlin« im 3. Programmheft.

---

[638] Im Folgenden werden die Inhalte der Nummern gelegentlich kurz gestreift. Eine systematische Darstellung der Themen mit weiteren Angaben zu Sujets und Inhalten findet sich im folgenden Kapitel IV.9 Themen.

[639] Gumppenberg, *Lebenserinnerungen*, S. 292.

[640] Das Manuskript *Die Nachbarin* und das Typoskript *Monna Nirwana* befinden sich in der Moncensia, MSB Mon., L 2000 und L 5212. Das Überdrama *Bella* ist nicht erhalten. Alle anderen in: Gumppenberg, *Überdramen*.

[641] Gumppenberg, *Lebenserinnerungen*, S. 287.

[642] Ebd., S. 286.

[643] Robert Kothe erinnert sich: »Ich hatte die Rolle des ›schwarzen Sepp‹, einer stummen Person, die ich zu großer Wirkung brachte, obwohl ich wie der Autor keine Ahnung hatte, worum es sich handelte«, Kothe, *Saitenspiel*, S. 76.

[644] Vgl. Karl-Wilhelm von Wintzingerode-Knorr, *Hanns von Gumppenbergs künstlerisches Werk. Ein Beitrag zur Geschichte der deutschen Literatur der Wende vom 19. zum 20. Jahrhundert*, Bamberg 1958, S. 87–96.

> *Es besteht thatsächlich in einem Satz. Darstellung: sieben »schweigende Menschen« und ein »redender Mensch«. Der Apotheker Schwalbe nebst Frau, Töchtern, Sohn, Schwiegersohn und Dienstmädchen erstechen, vergiften, erhängen, erschießen sich am Ende eines viertelstündigen Satzes, nachdem sie alle Stadien des Entsetzens während dieses endlosen Satzes durchgemacht haben, in dem der »Nachbar«, Registrator Franz Eberspacher, die schauderhaften Liebesverhältnisse, die zwischen den sieben Schweigenden kreuz und quer bestehen, in donnernder Rede seziert. Dieser Satz, gegen den eine ciceronianische Periode in Catilinam ein Waisenknabe ist, wird von den Schweigenden in wahnsinnigen Gruppen illustrirt [...].*[645]

Auch dieses absurde Werk war eine Literaturparodie auf »das Enthüllungsdrama Ibsens und seiner Nachfolger sowie gewisse naturalistische Dramen, in denen sich sexuelle und andere Vergehen häufen.«[646] Nach einem ähnlichen Muster ist *Die erste Hilfe. Retrospektives Drama in einer Exekution* angelegt:

> *Zwei Studiosen erschießen sich – cherchez la femme – und während sie in den letzten Zügen liegend um Hilfe schreien, stürzen sechs »Kommentatoren« auf die Bude und bemühen sich eifrig – nicht um die Todeskandidaten – sondern um die Aufklärung dieses Liebeshandels.*[647]

Weitere alternative Sprachformen entwickelte Gumppenberg in *Bella*, einem im Telegrammstil gehaltenen »sozialen Stenodrama in 5 Aufzügen«, das inhaltlich eine verblüffende Ähnlichkeit mit der im Entstehen begriffenen Wedekindschen *Büchse der Pandora* aufwies,[648] oder in *Das Glück im schiefen Winkel. Leitmotivdrama in einem Orchesterweihevorspiel und einem Bühnenweiheaufzug*, in dem jede Rolle jeweils nur einen, eben leitmotivischen Satz zu sagen hat.[649] Aber auch die Kritik an Gesellschaftserscheinungen und Tagesereignissen war Inhalt der Gumppenbergschen Dramen. So schuf er in *Die Verlobung. Ein Etepetetodrama* eine beißende Persiflage auf die Prüderie seiner Zeitgenossen und in *Die glückliche Kur. Juristisches Liebesdrama in einer Exekution* eine düstere und hochaktuelle Satire auf den Räuber-Kneißl-Prozess, die fast naturalistische Züge trägt.[650]

Ein ebenfalls produktiver, wenngleich nicht immer erfolgreicher Autor aus den Reihen der *Scharfrichter* war Otto Falckenberg. Leider ist keine seiner dramatischen Szenen erhalten und so lässt sich der Inhalt dieser Stücke lediglich durch die Rezensionen der Tagespresse ungefähr rekonstruieren. Für die Schwabinger Bühne schrieb Falckenberg eine Reihe komödiantischer, größtenteils recht harmloser Szenen: ein unbetiteltes parodistisches Silvesterstück über *Die Elf Scharfrichter*, *Das Geständnis*, *Die Melodie oder: Die Tragödie des Überbrettls*, *Die Premiere*, *Topf* und *Yalyah*. Das einzige scharfzüngige Werk aus dieser Reihe ist die kirchenkritische Satire *Das Geständnis. Ein Dialog nach einem unveröffentlichten Manuskript des Kardinals Bibiena (1470–1520)*, in der sich der Autor »über das Geständnis einer schönen Sünderin vor einem geistlichen Herrn und über den guten Rath dieses geistlichen Herrn an die schöne Sünderin lustig«[651] machte, das jedoch vom Publikum als zu roh empfunden und von der Zensur verboten wurde.[652] Harmlos sind dagegen seine beiden Szenen *Yalyah* und *Topf*, obwohl in beiden die Figur des Serenissimus erscheint, die den Zeitgenossen als politische Fürstenkarikatur bekannt war. Otto Erich Hartleben hatte den Serenissimus für die Zeitschrift *Jugend* geschaffen und viele

---

[645] Brennert, *Zu den Elf Scharfrichtern*. »Der [...] Monolog wurde hunderte Male auf den Kleinkunst- und Brettlbühnen Berlins, Münchens und Wiens inszeniert«, Nikola Roßbach, *Nachwort*, in: Dies. (Hg.), *Ibsen-Parodien in der frühen Moderne*, München 2005 (Kontext, 1), S. 238.

[646] Wintzingerode-Knorr, *Gumppenberg*, S. 104.

[647] [K.], [Die Elf Scharfrichter], in: *MZ*, Nr. 28, 2.2.1902, S. 2.

[648] Vgl. Gumppenberg, *Lebenserinnerungen*, S. 288, und *Bella* in der Repertoireliste unter www.allitera.de/files/Elf-Scharfrichter.html.

[649] Gumppenberg parodierte hier neben der Leitmotivtechnik Richard Wagners auch Max Halbes *Jugend* (1892), Hermann Sudermanns *Das Glück im Winkel* (1895) und andere, vgl. Wintzingerode-Knorr, *Gumppenberg*, S. 98.

[650] Mathias Kneißl wurde im November 1901 wegen Mordes, Totschlags und räuberischer Erpressung zum Tode verurteilt und im Februar 1902 hingerichtet. Gumppenbergs *Glückliche Kur* wurde bereits einen Monat nach der Urteilsverkündung im Dezember 1901 bei den *Scharfrichtern* aufgeführt.

[651] E.[ngels], [Die elf Scharfrichter], in: *MZ*, Nr. 236, 3.10.1901, S. 2.

[652] Vgl. Vorstellungsbericht vom 10.10.1901 und Zensurbescheid vom 12.10.1901, StAM, Pol. Dir. 2057/1.

Zeichner und Autoren übernahmen sie, da sie sich als fiktiver Charakter hervorragend für kritische und spöttische Darstellungen eignete, wie sie in Verbindung mit realen Regenten nie möglich gewesen wäre. Auch auf der Berliner Kabarettbühne *Schall und Rauch* erfreute sich Serenissimus größter Popularität. Während aber die Berliner die vertrottelte Figur geschickt zu regimekritischen Zwecken nutzten und sich wegen der Fiktionalität der Figur dem Vorwurf der Majestätsbeleidigung entziehen konnten,[653] verfolgte Falckenberg mit der Verwendung des Serenissimus keinerlei politische Ziele: Der zotige *Topf* handelt vom mysteriösen Verschwinden des fürstlichen Nachttopfes, die morbid-pikante Szene *Yalyah* beschreibt ein intimes Treffen Serenissimi mit der Sängerin Yalyah im Chambre séparée, während die abgewiesenen Verehrer Yalyahs vor der Tür der Reihe nach Selbstmord begehen.[654] Eine Parodie auf den Theaterbetrieb lieferte Falckenberg mit der »Zwischenaktkomödie« *Die Première*, die »in possenhafter Weise die Verwirrung und Aufregung [schildert, J.K.], die während einer Uraufführung hinter den Coulissen herrscht.«[655] In der Wolzogen-Parodie *Die Melodie oder Die Tragödie des Überbrettl* und der Eigenparodie der *Scharfrichter* in dem Silvesterstück zum Jahresende 1901 gibt das Kabarett selbst das Thema der Handlung vor.

Drei – ebenfalls verschollene – Szenen, *Das Denkmal, Das Geheimnis* und *Leda*, schrieb Falckenberg gemeinsam mit Paul Schlesinger. Als Autorenpaar wählten die beiden in humoristischer Anspielung auf die Apostelfürsten Petrus und Paulus, deren Festtag am 29. Juni gerade in Bayern einen gewisse Bedeutung hat, das Pseudonym »Peter und Paul«, nämlich Peter Luft (Otto Falckenberg) und Paul Schlesinger. Alle drei Szenen zeichnen sich durch eine mehr oder weniger scharfe Gesellschaftskritik aus. So erzählt *Leda*, eine spöttische Persiflage auf das zwar vermögende und großtuerische, aber vollkommen unmusische Beamtentum, von dem Ministerialdirektor von Kinkerlitz, der das in seinem Auftrag von einem armen Maler gefertigte Bild einer Leda als sein eigenes Werk ausgibt und daraufhin zum Opfer seiner Prahlerei wird, da nun alle möglichen Leute sich von ihm porträtieren lassen wollen. In *Das Denkmal. Eine Enthüllung* nehmen die beiden Autoren das kleinstädtische Bildungsspießertum und »das Ordens- und Denkmalunwesen der neuesten Zeit mit Witz und Geist«[656] auf die Schippe:

> *Der [...] Einakter berichtet unter vielerlei Anzüglichkeiten über die Enthüllung eines Goethedenkmals in Karlsbad. Das Denkmal wird nach dem illustrirten Katalog der Firma Gnadenspeck ausgewählt [...]. Bei der Enthüllung zeigt es sich dann zum allgemeinen Entsetzen, daß die Arbeiter aus der Musterkollektion ein unrichtiges Stück, nämlich einen nackten griechischen Athleten erkoren haben, der einer illustren Festversammlung seine hintere Ansicht zukehrt ...*[657]

Mit großer Wahrscheinlichkeit hatten auch die Fertigstellung und Eröffnung der Berliner Siegesallee mit ihren zahlreichen überaus umstrittenen Standbildern im Dezember 1901 einen Anstoß für diese Szene geliefert.

Die bissigste Nummer aber war zweifellos *Das Geheimnis*, das auf dem Karnevalsfest der *Scharfrichter Durch's dunkelste Deutschland* im Februar 1903 in der *Schwabinger Brauerei* vor geschlossenem Publikum aufgeführt wurde. Der Spott, mit dem die Zensurbehörde in diesem Stück überschüttet wurde, hätte im Rahmen einer öffentlichen Vorstellung unmöglich gezeigt werden können.

Auch die sieben von Schlesinger allein verfassten Szenen sind nicht erhalten. Immerhin wurden jedoch drei dieser Stücke, *Die Meisten-Dichter von Berlin, Die Verschönerungskommission* und sein Silvesterspiel für das Silvesterfest 1901/02 in der Presse ausführlich besprochen. Die Szene *Die Meisten-Dichter von Berlin. Musikdrama in einem – aber dritten Aufzug*, die in ihrem Titel humoristisch auf Richard Wagners

---

[653] Vgl. Peter Jelavich, *Berlin Cabaret*, Cambridge, MA, [u.a.] 1993 (Studies in cultural history, 3), S. 73–79.

[654] Vorbild der Figur der Yalyah war die berühmte australische Cancan-Tänzerin Saharet, vgl. [e.], [Die elf Scharfrichter], in: *MP*, Nr. 29, 5.2.1902, S. 3. Die Ähnlichkeit der Nummer zu Gumppenbergs Erfolgsnummer *Der Nachbar* ist von den Zeitgenossen bemerkt worden, vgl. Mauke, *Die elf Scharfrichter*, [Moderne Brettl 5], S. 75.

[655] [p.], [Die Ehrenexekution der Elf Scharfrichter], in: *MNN*, Nr. 582, 15.12.1901, S. 5.

[656] R.[oth], [Die Elf Scharfrichter], in: *MNN*, Nr. 286, 23.6.1902, S. 4.

[657] E.[ngels], [Die elf Scharfrichter], in: *MZ*, Nr. 147, 21.6.1902, S. 2.

Meistersinger von Nürnberg anspielt, behandelte auf parodistische Weise die renommierten Protagonisten der Berliner Theaterszene Hermann Sudermann, Oskar Blumenthal, Otto Ludwig, Alfred Kerr, Joseph von Lauff und Felix Philippi. Für das Silvesterfest der *Scharfrichter* 1901 schrieb Schlesinger eine Satire, die mit dem Zweiten Burenkrieg zwischen Großbritannien und den Burenrepubliken Oranje-Freistaat und Südafrikanische Republik einen hochaktuellen politischen Brandherd der Zeit behandelte:

> [I]*n beißendem Spott und hageldicht fielen die Schläge der Narrenpritsche. Ein deutscher Professor hat im Auftrag des Ministers ein Werk über den Burenkrieg 1899–1901 geschrieben, das die Neujahrsgabe für London bilden soll. Er hat sich lange gesträubt, der Arme, dann wollte er wenigstens im Interesse der wissenschaftlichen Wahrheit an Ort und Stelle seine Studien machen und schließlich wollte er überhaupt nicht, weil der Krieg noch gar nicht beendet sei und man nicht wisse, ob er bis Neujahr 1902 beendet und also der Geschichte angehöre. Aber Exzellenz – die Szene spielt im Reichskanzler-Palais – also Exzellenz garantirte, daß der Krieg bis dahin aus sei und so mußte wieder mal ein deutscher Professor in den sauren Apfel beißen. Schade, daß er, als es Zwölf schlug und der Krieg trotz der Garantie der Exzellenz noch nicht aus war, sich eine Kugel durch den Leib rannte* […].[658]

Schlesingers erfolgreichstes Stück aber war *Die Verschönerungskommission. In einer Sitzung*, die in München und auf Tournee an die zweihundertmal gespielt wurde.[659] Falckenberg beschreibt den Inhalt des Stückes:

> *Die dargestellte Sitzung hatte sich damit zu befassen, wie eine neu zu errichtende Bedürfnisanstalt technisch-praktisch und künstlerisch-architektonisch am würdigsten auszustatten wäre. Über dieses schwerwiegende Problem gab es unter den Gesichtspunkten der Hygiene, der Moral, der Ästhetik, der Tradition eine uferlose Debatte* […].[660]

Von den anderen vier Stücken, *Er von ihm, Die Braut, Sylvester 1902* und *Eine sensationelle Enthüllung zur Wagner-Frage*, ist außer der Nennung im Programmheft so gut wie nichts überliefert.

Drei Szenen steuerte Frank Wedekind, der namhafteste Autor der *Scharfrichter*, zum dramatischen Repertoire des Schwabinger Brettls bei. Am 25. Februar 1898 hatte das Leipziger *Ibsen-Theater* erstmals ein Werk Wedekinds auf die Bühne gebracht: *Der Erdgeist. Eine Tragödie*, einen bearbeiteten Ausschnitt der 1893 bis 1894 entstandenen *Büchse der Pandora. Eine Monstretragödie*.[661] Etwa zwanzig Jahre währte die Um- und immer wieder auch Neubearbeitung dieser Urfassung, die schließlich 1913 in der Ausgabe letzter Hand unter dem Titel *Lulu. Tragödie in fünf Aufzügen mit einem Prolog* erschien.[662] Das skandalträchtige Drama zählt heute zu Wedekinds bekanntesten und meistgespielten Werken und behandelt den Aufstieg und Fall des freizügigen Mädchens Lulu, das die ihr Nahestehenden, gleich welchen Geschlechts, mit in den Untergang reißt und sich doch niemals eindeutig auf die Rolle der unmoralischen Femme fatale oder des unschuldigen Opfers festlegen lässt. Für die Aufführung bei den *Scharfrichtern* wählte Wedekind den *Prolog* aus dem *Erdgeist* und eine Bearbeitung des ersten Akts mit dem Titel *Frühlingsstürme*. »Wie das ›Vorspiel auf dem Theater‹ die Fausttragödie«[663] leitete der *Prolog* das 4. Programm der *Scharfrichter* im November 1901 ein. Wedekind selbst trat in Dompteuruniform auf und forderte die Leute zum Besuch seiner »Menagerie« auf, wo sie das »wahre«, »wilde«[664] Tier, eine Metapher für Lulu als Femme fatale, zu sehen bekämen. Ursprünglich als Vorrede des *Erdgeists* geschrieben, wirkte

---

[658] [K.], *Sylvester-Feier bei den Elf Scharfrichtern*, in: *MZ*, Nr. 3, 3.1.1902, S. 2.

[659] Vgl. Petzet, Falckenberg, *Leben*, S. 123.

[660] Ebd., S. 123.

[661] Vgl. Peter Langemeyer, *Frank Wedekind, Lulu, Erdgeist, Die Büchse der Pandora*, Stuttgart 2005, S. 142.

[662] Vgl. ebd., S. 93.

[663] [p.], [*Das Programm der Elf Scharfrichter*], in: *MNN*, Nr. 526, 13.11.1901, S. 4.

[664] Frank Wedekind, *Prolog (Zu »Der Erdgeist«)*, in: Wedekind, KSA 3/I, S. 316.

der *Prolog* auch aus diesem Kontext herausgelöst zündend und brachte Wedekind »stürmischen Beifall«.⁶⁶⁵ Gespalten waren dagegen die Meinungen zu *Frühlingsstürme*, in dem der arme Maler Knote den Reizen der ihm Modell stehenden zauberhaften Yella (der späteren Lulu) erliegt, während deren sehr viel älterer Gatte, der Sanitätsrat Dr. Krüger, an einem Herzinfarkt stirbt. Harmloser und sehr erfolgreich war der Dialog *Rabbi Esra*, in dem Wedekind als Rabbi seinem Sohn »ulkhaft beherzigenswerthe Vorträge über die Wahl der Gattin«⁶⁶⁶ gab. Doch steht auch in dieser Szene das für Wedekind so zentrale Thema der Sinnlichkeit und der körperlichen Anziehung im Mittelpunkt, diesmal in humoristischer, zugleich aber auch anrührender Form. Denn was als eine väterliche Ermahnung zur Zügelung der sexuellen Lust beginnt – »Du sollst nicht gehen zu Weibern, die den Sinnen gefallen, sondern zu Weibern, die dem Herzen gefallen, wenn dein Fleisch nicht soll werden wie das Fleisch Hiobs«⁶⁶⁷ – nimmt plötzlich eine unerwartete Wendung und endet pointiert in einem flammenden Plädoyer Esras für die Sinnlichkeit, die allein es vermag, zwei Menschen glücklich zu vereinen.

Wenig Begeisterung entfachten hingegen die beiden Szenen des *Henkersknechts* und Sekretärs des Ensembles Heinrich Lautensack. So reagierte die Kritik auf *Glühhitze*, in der ein Mädchen seinem zukünftigen Bräutigam auf einem Heuboden allerlei schwüle Zoten ins Ohr raunt, ausgesprochen ablehnend:

> *Zwei Mädchen, die sich auf dem Heuboden allerlei Schweinereien erzählen – das liesse man sich allenfalls noch gefallen. Aber eine »wohlerzogene« Braut, die ihrem Bräutigam gegenüber in Märchen und Zötchen ihr Schweineseelchen eine halbe Stunde lang prostituiert – nein, so was kommt dank unserer gütigen Mutter Natur weder in Ostelbien noch in Honolulu vor.*⁶⁶⁸

Wegen seines anzüglichen Inhalts wurde das Stück nach der Ehrenexekution von der Zensurbehörde verboten. Bei *Sommernacht* handelt es sich um einen Monolog des Bürgers Heinrich Franz, im Personenverzeichnis mit dem Zusatz »Idiot«⁶⁶⁹ charakterisiert, der über die Sinnlichkeit seines Ehelebens und seine tote Tochter räsoniert. Dass die eigentliche Aussage des Stückes sich den Kritikern nicht recht erschloss, belegen die Kommentare der Tagespresse, in denen das Stück als »überzuckertes Zötchen«, »mystisch-symbolistische Szene« und ulkhafte, aber wenig aussagekräftige »Gewaltsgeistreichelei«⁶⁷⁰ bezeichnet wurde. Der im Vergleich zu den übrigen Szenen ernstere Ton, der hier angeschlagen wird, kennzeichnet auch die »Kaffeehauskomödie« *Das Momentan-Weibliche* als die einzige, nicht erhaltene Szene, die Leo Greiner für die *Scharfrichter* schrieb:

> *Der Schauplatz ist eine schmutzige Kaffeeschänke an der Peripherie einer Großstadt. Der alte Thorwald hat vor Jahren seine Geliebte erschossen aus unbestimmter, undefinirbarer Eifersucht, ist dafür in's Gefängnis gewandert und hat sich dann dem Trunk ergeben. Einem anderen Kaffeehausgast, der mit seiner Geliebten anwesend ist, prophezeit er ähnliche Schicksale. Das Stückchen hält die Waage zwischen einer interessanten psychologischen Studie und einer Satire.*⁶⁷¹

In einem ähnlichen Ambiente spielt Marc Henrys ebenfalls verschollene Szene *Contraste (Noir et blanc)*, die von Greiner ins Deutsche übersetzt worden war. Mit seiner düsteren Stimmung fand das Stück ebenfalls nur eingeschränkte Zustimmung:

---

665 [lt.], [Die elf Scharfrichter], in: *AZ*, Nr. 314, MiB, 12.11.1901, S. 1.
666 E.[ngels], [Die Elf Scharfrichter], in: *MZ*, Nr. 270, 12.11.1901, S. 1.
667 Frank Wedekind, *Rabbi Esra*, in: Wedekind, KSA 5/I: *Erzählungen. Fragmente und Entwürfe*, hg. v. Jörg Schönert und Hartmut Vinçon in Zusammenarbeit mit Katharina Hoopmann und Verena Mogl, Darmstadt 2013, S. 125.
668 Steiger, *Bei den elf Scharfrichtern*, zitiert nach Otto, *Scharfrichter*, S. 91.
669 Heinrich Lautensack, *Sommernacht*, in: Gabriel Jaques von Rosenberg, Heinrich Lautensack, *Der Hofrat erzählt*, München 1902, S. 150.
670 »Zötchen«: R.[oth], [Die Elf Scharfrichter], in: *MNN*, Nr. 211, 7.5.1902, S. 4; »mystisch-symbolistische Szene«: Ruederer, *Die elf Scharfrichter im Frühlingsgewande*, in: *Der Tag*, Nr. 243, 1. Teil: Illustrierte Zeitung, 28.5.1902, [o. S.]; »Gewaltsgeistreichelei«: [P.], *Die 11 Scharfrichter*, in: *MZ*, Nr. 108, 7.5.1902, S. 2.
671 R.[oth], [Die Elf Scharfrichter], in: *MNN*, Nr. 211, 7.5.1902, S. 4.

Aus dem Orchestergraben heraus wurden Heckers Puppen geführt, links steht Marc Henry auf der Treppe seitlich der Bühne, von wo aus er gewöhlich seine Conférencen sprach. Zeichnung von Ernst Stern.

> *Monsieur Henry ist Franzose, und was bei Greiner unecht, das ist bei ihm echt. Aber trotz alledem war es ein Wagnis, einem deutschen Publikum die düstere Wirtshausszene* Kontraste (Noir et blanc) *vorzuführen. Ein Kindersarg in einer Kneipe, die philosophierenden Leichenträger beim Schnaps, die Mutter des Kindes, eine Dirne, unten im Backhaus mit dem Bäcker, um das Geld zur Beerdigung zu verdienen – das sind alles Nervenreize, die wir Gott sei Dank noch nicht nötig haben, am allerwenigsten, wenn wir uns amüsieren wollen.*[672]

Mit großer Wahrscheinlichkeit stammen darüber hinaus auch die Texte der verlorenen Hypnose-Nummern *Mister Huber-Cumberland-Feldmoching* und *Caro der Überhund* von *Scharfrichter*-Autoren. In diesen Parodien auf bekannte Varieté-Darbietungen fungierte Leo Greiner als Hypnotiseur und ein weiteres Mitglied, möglicherweise Ernst Neumann, als stummes agierendes »Medium«.

In ihrer Anfangszeit experimentierten die *Scharfrichter* auch sehr erfolgreich mit dem Genre Puppenspiel. *Die feine Familie* lautete der Titel einer Nummer von Willy Rath, die den europäischen Imperialismus, den Boxeraufstand in China und den Burenkrieg in Südafrika aufs Korn nahm. Die etwa 50 cm hohen Stangenpuppen mit beweglichen Armen und Beinen waren ein Gemeinschaftsprodukt des Ehepaars Hecker. Waldemar Hecker hatte die Gipsköpfe modelliert, die wegen ihrer großen Ähnlichkeit zu den parodierten Personen viel Lob ernteten, die Kostüme stammten von seiner Frau. Wilhelm Hüsgen beschreibt die Spielsituation:

> *Auf dem schmalen Laufsteg im Orchesterraum bewegten sich, in drangvoll, fürchterlicher Enge, ein halbes Dutzend Männlein und Weiblein um die Puppen zu führen; dabei nahm besonders Frau Rath die Sache so leidenschaftlich ernst, daß sie ihre Stellung auch mit Fußtritten verteidigte.*[673]

Obwohl *Die feine Familie* beim Publikum auf viel Zuspruch stieß, wurde das Genre in der Folge nur noch zweimal aufgegriffen. Paul Larsen war der Puppenspieler in den beiden verlorenen Nummern *Die Elf Scharfrichter aus der Westentasche gezogen*, einer Selbstpersiflage des Schwabinger Brettls, und der von Otto Falckenberg verfassten »großen Kartoffel-, Rettig-, Rüben- und Apfeltragödie« *Prinzessin Pim und Laridah, ihr Sänger*, in der tatsächlich Obst und Gemüse als Puppen fungierten.

---

[672] Steiger, *Bei den elf Scharfrichtern*, zitiert nach Otto, *Scharfrichter*, S. 91.

[673] Hüsgen, *Elf Scharfrichter*, MSB Mon., L 3573.

8.1.2 Werke zeitgenössischer Autoren

Neben den Beiträgen der Hausautoren griffen die *Elf Scharfrichter* immer wieder auch auf Werke zeitgenössischer Autoren zurück, die gelegentlich sogar auf ihrer Bühne uraufgeführt wurden wie etwa die beiden nicht erhaltenen Szenen *Die unsittliche Ehe* und *Das Nachtasyl*. *Von der Dame von Maxim*[674] von Kurt Aram, einem Freund und Besucher der *Scharfrichter*. Über den Inhalt der *Unsittlichen Ehe* berichtet Wilhelm Mauke:

In einen modernen Haushalt gehört der Ehebruch wie die Möbel im Jugend-Stil. Man ist in der Gesellschaft unmöglich, wenn die glückliche, auf altmodische Liebe und Treue basierte Ehe nicht den Schatten eines Skandals aufzuweisen hat. Ungehörnt ist man nicht mal ein »Halbtier«. Nur der Ehebruch rehabilitiert. […] Diese cynischen Thesen, welche schliesslich nur die schroffsten Konsequenzen einer perversen Oberklassen-Moral aussprechen, verficht Aram's soziale Karikatur mit treffsicheren Mitteln und stets künstlerischem Ausdruck. Als zum Schluss das sittlich-unsittliche junge Ehepaar, dem beim besten Willen der Ehebruch nicht gelingen will, mit dem Revolver in den Keller ging, da man in Zimmern mit Olbrich-Möbeln nicht im Liegen sterben kann, da brauste ein unauslöschliches, befreiendes Lachen durch den Saal.[675]

Nach der »Ehrenexekution« wurde auch diese Szene verboten, allerdings nicht, weil hier tatsächlich Unsittliches gezeigt worden wäre, sondern wegen der spöttischen Haltung gegenüber den Protagonisten des Stücks, einem Staatsanwalt und einem Assessor. Das gleiche Schicksal ereilte auch Arams zweite Szene *Das Nachtasyl*, diesmal jedoch wegen des anstößigen Inhalts, der

den Gipfel der Gewagtheit darstellt. Es spielt in einem jener Etablissements mit weiblicher Bevölkerung, wo Zahlungsfähige Nachts Asyl und weitestgehendes Entgegenkommen finden und bewegt sich von A bis Z im kühnsten Exkneipenton. Dabei ist die tolle Szene freilich voll gelungener literarischer Satire und das Werk eines geistreichen Mannes – aber die Damen Wenk, Stratton, Reichlin und Hagebuch, welche Madame Rosa und ihre Pensionärinnen darstellten, durfte man wohl doch bedauern, daß sie sich zu solchen Aufgaben hergeben mußten. Man war beinahe darauf gefaßt, auch das Letzte auf der Szene sehen zu müssen.[676]

Zu den Freunden und Besuchern der *Elf Scharfrichter* zählte auch Eduard von Keyserling, der sich um 1900 primär, wenngleich auch wenig erfolgreich[677] mit dem dramatischen Genre beschäftigte, ehe er mit seinen Erzählungen zu einem der bedeutendsten deutschen Prosaautoren der Jahrhundertwende avancierte. Sein tragikomischer Einakter *Die schwarze Flasche*, der im Dezember 1902 bei den *Scharfrichtern* uraufgeführt wurde, handelt von dem erfolglosen Versuch eines gemeinsamen Liebestods und ist als »Parodie auf die lebensverneinende Attitüde des Ästhetizismus«[678] zu deuten.

Ebenfalls uraufgeführt wurde bei den *Scharfrichtern* die Politsatire *Unter sich. Ein Arme-Leut'-Stück* von Her-

---

[674] Den Titel *Nachtasyl* übernahm Aram von dem berühmten gleichnamigen Stück Maxim Gorkis, das im Januar 1903 am Berliner *Deutschen Theater* seine deutsche Erstaufführung erlebte. Die zusätzliche Angabe »von der Dame von Maxim« klingt wie eine etwas unglücklich formulierte Autorenzuweisung: »von der Geliebten von Maxim [ergänze: Gorki]«. Tatsächlich handelt es sich bei diesem Zusatz jedoch um ein weiteres direktes Zitat, nämlich der *Dame vom Maxim* (*La dame de chez Maxim*) von Georges Feydeau. Das als sehr anzüglich empfundene Stück war im März 1900 inmitten der schwelenden Debatte um die *Lex Heinze* und unmittelbar vor der Gründung des *Goethebunds* in München aufgeführt worden, vgl. Meyer, *Theaterzensur*, S. 19.

[675] Mauke, *Die elf Scharfrichter*, [Moderne Brettl 5], S. 75.

[676] [fo.], *Bei den Elf Scharfrichtern*, in: *MNN*, Nr. 461, 3.10.1903, S. 2.

[677] Vgl. Peter Sprengel, *Fin de siècle – Selbstironisch. Zur Wiederentdeckung von Keyserlings verschollenem Einakter Die schwarze Flasche*, in: Eduard von Keyserling, *Die schwarze Flasche. Drama in einem Aufzug*, hg. v. Peter Sprengel, Berlin 1990, S. 29.

[678] Ebd., S. 31. Lange Zeit ging man davon aus, dass das Werk für die *Scharfrichter* oder sogar für Frank Wedekind, mit dem Keyserling in engem Kontakt stand und der eine Rolle in dem Stück übernehmen sollte, geschrieben worden war. Wie Peter Sprengel gezeigt hat, bot Keyserling das Stück allerdings bereits im Frühsommer 1902 dem Berliner Kabarett *Schall und Rauch* zur Aufführung an, die jedoch nicht zustandekam, vgl. ebd., S. 29f.

mann Bahr.[679] Bahr schrieb den Einakter innerhalb weniger Tage im September 1903.[680] Kurz darauf vermerkte er am 10. Oktober 1903 in seinem Tagebuch: »Direktor Henry von den Münchner Scharfrichtern bei mir.«[681] Wahrscheinlich übergab Bahr bei dieser Gelegenheit Henry das noch ungedruckte Werk. Auch diese Szene wurde von der Polizei aus »Gründen der öffentlichen Ordnung«[682] verboten. Zwar urteilten die *Münchner Neuesten Nachrichten*, dass bei diesem Stück nur »ein mit dem dolus eventualis behafteter Mensch auf allerlei Gedankenkombinationen kommen kann«,[683] doch waren die politische Persiflage und die

> *drei Monarchen, die auf einer Hotelterrasse in Monte Carlo, an ihrem lemon squash nippend, vertraulich und freimütig über die tausend Verdriesslichkeiten ihres Berufs sprechen, trotz ihres Incognito, als Franz Joseph, Wilhelm II. und Eduard VII. an der aufgesetzten Bonhomie des ersten, dem anmassenden Wesen des zweiten und der ungezwungenen Ironie des letzten zweifelsfrei zu erkennen.*[684]

Aus den Werken der Wiener Modernen wählten die *Scharfrichter* weiterhin einen Ausschnitt aus Arthur Schnitzlers *Reigen*, nämlich die sechste Szene *Der Gatte und das süße Mädel*. Schnitzlers zwischen 1896 und 1897 entstandene »Sexualverhaltensstudie«,[685] eine provokante Schilderung verschiedener erotischer Begegnungen, sorgte bereits bei ihrem Erscheinen für heftige Auseinandersetzungen. Während die Gegner das Drama empört als geschmacklose Pornographie zurückwiesen, wurde es von den Befürwortern als scharfe »Attacke auf die viktorianische Doppelmoral der Zeit«[686] verstanden. Verunsichert durch die heftigen Reaktionen, die sich bei einer schwachen Inszenierung noch verstärkt hätten, wehrte sich Schnitzler lange gegen eine Aufführung. Erst 1920 wurde das Stück, von Schnitzler autorisiert, am Berliner *Kleinen Schauspielhaus* uraufgeführt und rief einen beispiellosen Skandal hervor.[687] Teile des *Reigen* hatte jedoch bereits 1903 trotz der Bedenken des Autors der *Akademisch-dramatische Verein* in München in einer geschlossenen Vorstellung gezeigt, worauf der Verein verboten worden war.[688] Die Aufführung der sechsten Szene bei den *Scharfrichtern* ging ohne das Wissen und die Erlaubnis Schnitzlers über die Bühne.[689]

---

679 Vgl. die Anmerkung »Zum ersten Mal aufgeführt von den elf Scharfrichtern in München am 6. November 1903« in: Hermann Bahr, *Unter sich. Ein Arme-Leut'-Stück*, Wien und Leipzig 1904, S. 1. Die geplante Aufführung von Bahrs Drama *Die Mutter* bei den *Scharfrichtern*, wegen der Franz Blei im September bei Bahr angefragt hatte, kam dagegen nicht zustande, vgl. Hermann Bahr, *Tagebücher, Skizzenbücher, Notizhefte*, Bd. 3: *1901–1903*, hg. v. Moritz Csáky, bearbeitet v. Helene Zand u. Lukas Mayerhofer, Wien [u. a.] 1997, S. 383, 388.

680 Vgl. ebd., S. 380f., 390–395.

681 Ebd., S. 406.

682 Zensurbescheid vom 7.11.1903, StAM, Pol. Dir. 2057/3. Die österreichische Zensur zeigte sich weniger empfindlich und gab das Stück für das Wiener Gastspiel der *Scharfrichter* im Dezember 1903 frei. Hermann Bahr besuchte die Aufführung am 17.12.: »Bei den ›Scharfrichtern‹ im Trianon, die gegen die ganze Presse einen Riesenerfolg haben und, unangefochten, täglich mein ›Unter sich‹ spielen«, Bahr, *Tagebücher 3*, S. 417.

683 [b. g.], [Die elf Scharfrichter], in: *MNN*, Nr. 523, 8.11.1903, S. 5.

684 Henry, *Trois Villes*, S. 41f., Deutsch von Otto, *Scharfrichter*, S. 393.

685 Alfred Pfoser, *I. Rund um den Reigen. Eine interpretatorische Einführung*, in: Ders., Kristina Pfoser-Schewig und Gerhard Renner, *Schnitzlers »Reigen«. Zehn Dialoge und ihre Skandalgeschichte. Analysen und Dokumente*, Frankfurt a. M. 1993, Bd. 1: *Der Skandal*, S. 15.

686 Ebd., S. 20.

687 Vgl. Kristina Pfoser-Schewig, Gerhard Renner, *II. Eine heiß umkämpfte Uraufführung*, in: Pfoser, Pfoser-Schewig, Renner, *Schnitzlers »Reigen«*, Bd. 2: *Die Prozesse*, S. 25–58.

688 Vgl. Pfoser-Schewig, *III. Erste Aufführungsversuche*, in: Pfoser, Pfoser-Schewig, Renner, *Schnitzlers »Reigen« 1*, S. 73.

689 Überliefert ist ein Brief Franz Bleis an Arthur Schnitzler vom 17.10.1903, in dem Blei sich für die unautorisierte Aufführung der *Reigen*-Szene mit dem Hinweis entschuldigt, die Direktion des Theaters habe ihm als dem verantwortlichen Regisseur fälschlicherweise versichert, das Aufführungsrecht erworben zu haben. Blei bietet Schnitzler an, das Stück vom Spielplan zu nehmen, vgl. Franz Blei an Arthur Schnitzler, 17.10.1903, DLA, A: Schnitzler, Zugangsnummer 66.180. 1920 heißt es in einem Brief Schnitzlers: »Die ›Elf Scharfrichter‹ in Berlin [sic!] führten einige Dialoge ohne meinen Willen, ja ohne mein vorheriges Wissen auf, ich inhibierte und man blieb mir die Tantièmen schuldig«, Arthur Schnitzler an Werner Richter am 30.12.1920 in: Arthur Schnitzler, *Briefe*, hg. v. Peter Michael Braunwarth [u. a.], Bd. 2: *1913–1931*, Frankfurt a. M. 1984, S. 224. Drei Jahre später trat Marc Henry, inzwischen Leiter des Wiener Kabaretts *Nachtlicht*, an Schnitzler heran, um sich die Aufführungserlaubnis für verschiedene *Reigen*-Szenen zu erbitten – in der unmittelbaren Nähe des Autors wagte er wohl eine unautorisierte Aufführung nicht. Seine Anfrage wurde aber von

Da das Stück außerhalb einer Premierenvorstellung gezeigt wurde, war lediglich der Rezensent der *Allgemeine Zeitung* anwesend, der ablehnend konstatierte, dass das Stück bereits im Zusammenhang mit der Vorstellung des *Akademisch-dramatischen Vereins* besprochen worden war und »an dem von dem Referenten damals Gesagten [...] weder etwas zu mildern, noch etwas hinzuzufügen«[690] sei.

An weiteren Literaturparodien zeigten die *Scharfrichter* Otto Erich Hartlebens Einakter *Der Frosch*. Henrik Ibsens *Frau vom Meere* und andere seiner Dramen waren Vorbilder für diese Persiflage, eine mystisch-symbolistische Szene, die in düsteren Farben das Zerbrechen einer scheinbar heilen Familie schildert. Das Werk erschien 1889, wurde 1897 vom *Akademisch-dramatischen Verein* erstmals in München aufgeführt und im November 1901 auf der Bühne der *Scharfrichter* gezeigt.[691]

Sehr erfolgreich war die Aufführung der stilistisch ähnlichen, »Maurice Maeterlinck vorempfunden[en]«[692] [sic] Szene *Ein Geheimnis* von Rudolf Presber, einer sehr komischen Parodie auf den bedeutungsschweren, geheimniskrämerischen Symbolismus mit einer etwas platten Schlusspointe. Die Literaturparodien des überaus produktiven Journalisten und Schriftstellers Presber, die bevorzugt Werke und Stil Maurice Maeterlincks aufs Korn nahmen, wurden von mehreren deutschsprachigen Bühnen um 1900 ins Repertoire aufgenommen, so – neben den *Scharfrichtern* – auch von den Berliner Kabaretts *Buntes Theater (Überbrettl)* und *Schall und Rauch* und vom Wiener Kabarett *Fledermaus*.[693] Weniger positive Aufnahme fand dagegen die Naturalismusparodie *Die Trockenwohner* von Oscar Wagner. Der Zeichner, Schauspieler, Regisseur und Hausautor des Berliner Vaudeville *American Theater* feierte große Erfolge mit seinen »außerordentlich wirksamen, realistischen Komödien [...], deren Stoffe er aus den Niederungen des Berliner Lebens schöpfte«[694]. Seine bei den *Scharfrichtern* aufgeführten *Trockenwohner* wurden von der Münchner Presse allerdings eher ablehnend beurteilt:

Die schon sechs Jahre alten, in Berlin sattsam bekannten Trockenwohner von Oskar Wagner wurden für die Elf Scharfrichter als parodistisch-realistischer Vorgang zurechtgestutzt und abgeändert. Mit wenig Witz und viel Behagen schildert darin der Autor die intimen Verhältnisse einer Säuferfamilie. Anfangs geht das noch an, dann aber wird Einem diese Atmosphäre geradezu eklich. Man athmete ordentlich auf, als der Vorhang fiel [...].[695]

Zum Dramenrepertoire der *Scharfrichter* zählten außerdem noch vier Stücke zeitgenössischer französischer Autoren: Tristan Bernards *Die Last der Freiheit* (*Le fardeau de la liberté*, 1897), Georges Courtelines *Theodor sucht Streichhölzer* (*Théodore cherche des Allumettes*, 1897) und *Der eingeschriebene Brief* (*Une lettre chargée*, 1898) sowie Louis Marsolleaus *Verstörtes Fest* (*Mais quelqu'un troubla la fête*, 1900).[696]

Die Komödien des französischen Schriftstellers und Jour-

Schnitzler abgewiesen, vgl. Tagebucheintrag, 12.9.1906 in: Arthur Schnitzler, *Tagebuch*, unter Mitw. v. Peter Michael Braunwarth, Susanne Pertlik und Reinhard Urbach hg. v. der Komm. für Literar. Gebrauchsformen der Österr. Akad. der Wiss. Obmann: Werner Welzig, B. 3: *1903–1908*, Wien 1991, S. 219.

[690] [lt.], *Die elf Scharfrichter*, in: *AZ*, Nr. 281, Stadtanzeiger, 10.10.1903, S. 3.

[691] Vgl. Lena Kühne, *Ibsen im Spiegelkabinett. Verfremdung der Gesellschaftsdramen Henrik Ibsens in Parodien und verwandten Rezeptionsformen im deutschen und skandinavischen Sprachraum*, Wien 2004 (Wiener Studien zur Skandinavistik, 10), S. 83 und 268. Hartleben stand der Gattung Kabarett aufgeschlossen gegenüber. Bereits 1899 hatte er sich gemeinsam mit Ernst von Wolzogen darum bemüht, Wedekind für eine Mitwirkung bei einem zukünftigen Kabarett zu gewinnen, vgl. Kutscher, *Wedekind 2*, S. 81.

[692] Rudolf Presber, *Das Geheimnis*, in: Ders., *Das Eichhorn und andere Satiren*, Leipzig [o. J.], S. 11.

[693] Vgl. Nikola Roßbach, *Theater über Theater. Parodie und Moderne 1870–1914*, Bielefeld 2006, 293f. Roßbach verweist hier auch auf Hösch, *Kabarett*, S. 57, nach dessen Darstellung Presber womöglich zeitweise Wolzogens Kabarett angehörte. Roßbachs Behauptung, die *Elf Scharfrichter* hätten auch Presbers *Eichhorn* aufgeführt, ist nicht zu belegen, vgl. Roßbach, *Theater*, S. 294.

[694] Nachruf auf Oscar Wagner in der *Berliner Zeitung*, zitiert nach Johannes Wagner, *Oscar Wagner – ein fast vergessener Berliner Schriftsteller*, in: *Jahrbuch für brandenburgische Landesgeschichte* 18 (1967), S. 117.

[695] R.[oth], [Die Elf Scharfrichter], in: *MNN*, Nr. 286, 23.6.1902, S. 4.

[696] Die Übersetzungen der Stücke wurden bis auf Bernards *Last der Freiheit* von den *Scharfrichtern* angefertigt. Diese deutschen Fassungen sind nicht erhalten.

nalisten Tristan Bernard erfreuen sich im Paris der Jahrhundertwende größter Popularität.[697] Eine von ihnen, *Die Last der Freiheit*,[698] erzählt vom Pech eines Bettlers, der sich ausgerechnet an dem Tag ins Gefängnis bringt, an dem er plötzlich eine große Erbschaft erhält. Die *Scharfrichter* brachten das Stück im Oktober 1903 in einer Berliner Mundart-Fassung, deren Ursprung nicht zu rekonstruieren ist, erfolgreich zur Aufführung. *Theodor sucht Streichhölzer*[699] und *Der eingeschriebene Brief*[700] stammten aus der Feder des erfolgreichen französischen Romanciers und Dramatikers Georges Courteline, der in seinen einaktigen Komödien typenhafte Alltagssituationen des Kleinbürgers schildert und dabei wiederholt auch den Kampf mit den Tücken der Bürokratie thematisiert und karikiert.[701] So auch in *Der eingeschriebene Brief*, in dem ein Postbeamter sich weigert, dem ihm bekannten Adressaten ein Einschreiben auszuhändigen, da Letzterer sich nicht hinreichend ausweisen kann. Für die *Scharfrichter* erstellte Franz Blei eine deutsche Version des Stückes, die beim Publikum jedoch auf gemischte Resonanz stieß. Geteilt waren die Meinungen auch über die Szene *Theodor sucht Streichhölzer*, deren Handlung die *Münchner Neuesten Nachrichten* beschreiben:

Der Gymnasiast Theodor kommt nächtlicherweise stark beschwipst heim, sucht im Dunkeln Streichhölzer, verübt dabei allen möglichen Unfug, alarmirt die übrigen Hausbewohner und seinen Vater, der schließlich aus Verwechslung die Prügel bekommt, die der jugendliche Ruhestörer verdient hätte.[702]

Positiv wurde dagegen der sozialkritische Ansatz wahrgenommen, den die *Scharfrichter* mit der Aufführung von Louis Marsolleaus Einakter *Verstörtes Fest* verfolgten.[703] Ein Finanzier, eine Herzogin, ein General, ein Pope, ein Richter, ein Politiker und eine Kurtisane als Personifikationen der Sieben Todsünden haben sich zum gemeinsamen Festessen versammelt. Das Fest wird dreimal von einem Bauern, einem Arbeiter und einem Unbekannten, den Repräsentanten der Menschheit, gestört. Während die ersten beiden Bittsteller verlacht und weggeschickt werden, führt erst das Erscheinen eines Unbekannten, der Verkörperung des Volksaufstands, dazu, dass jene Mächte, die ihn unterwerfen und zerstören wollten, in Schrecken auseinanderfahren. Um Probleme mit der Zensur im Vorhinein zu vermeiden, verlegten die *Scharfrichter* die Handlung der Szene nach Russland.

8.1.3 Werke der Klassiker

Neben diesen Werken standen auch einige Stücke klassischer Autoren auf dem Programm, in denen die *Scharfrichter* ihre eigene Geisteshaltung wiedererkannten, darunter Miguel de Cervantes' *Wundertheater* (*El retablo de las maravillas*) aus der Gruppe der 1615 erschienenen *Entremeses*, von Cervantes ursprünglich als Zwischenspiele zu seinen eigenen Komödien verfasst.[704] Das Stück, eine Variante des Märchens *Des Kaisers neue Kleider* von Hans Christian Andersen, wurde am 6. Februar 1902 zuerst beim Don-Juan-Maskenfest im *Künstlerhaus* von einer spanischen Schauspieltruppe aufgeführt und dann von den *Scharfrichtern* übernommen.[705] Eine weitere Szene,

---

[697] Vgl. Giulio Pacuvio, *Bernard, Tristan*, in: Silvio D'Amico (Hg.), *Enciclopedia dello spettacolo*, Bd. 2, Rom 1955, S. 355.

[698] *Le fardeau de la liberté*, uraufgeführt am 1.5.1897 in Aurélien Lugné-Poës Pariser *Théâtre de l'Œuvre*, einem der ersten französischen Theater, das sich der Werke der symbolistischen Bewegung annahm, vgl. Olivier Merlin, *Tristan Bernard ou le temps de vivre*, Paris 1989, S. 82.

[699] *Théodore cherche des allumettes*, uraufgeführt am 10.10.1897 am Pariser *Théâtre du Grand Guignol*, vgl. Georges Courteline, *Théâtre*, Bd. 3: *Gros chagrins* [u. a.], Paris 1938, S. 25.

[700] *Une lettre chargée*, uraufgeführt am 10.6.1897 am Pariser *Théâtre du Carillon*, vgl. Isabelle Bernard, *Le théâtre de Courteline*, Paris 1978, S. 82.

[701] Vgl. Anne Pierrot-Herschberg, *Courteline, Georges*, in: Jean-Pierre de Beaumarchais, Daniel Couty und Alain Rey (Hg.), *Dictionnaire des littératures de langue française*, Bd. 1, Paris 1994, S. 596–597, und Bernard, *Courteline*, S. 73.

[702] R.[oth], [Die Elf Scharfrichter], in: *MNN*, Nr. 211, 7.5.1902, S. 4.

[703] *Mais quelqu'un troubla la fête*, uraufgeführt am 9.6.1900 am Pariser *Théâtre-Antoine*, vgl. Louis Marsolleau, *Mais quelqu'un troubla la fête. Un acte en vers*, Paris 1900, S. 1.

[704] Vgl. Dawn L. Smith, *Cervantes and His Audience: Aspects of Reception in El retablo de las maravillas*, in: Charles Ganelin, Howard Mancing (Hg.), *The Golden Age Comedia. Text, Theory and Performance*, West Lafayette, Ind., 1994, S. 249.

[705] Vgl. Peter Grassinger, *Münchner Feste und die Allotria. Ein Jahrhundert Kulturgeschichte*, Dachau 1990, S. 96.

DIE LAST DER FREIHEIT

Szene von TRISTAN BERNARD

PERSONEN:

Lehmann	PAUL LARSEN
Der Kleiderhändler Stiefelzieher	EMILE HUGO
Dr. Bernthal, Advokat	EUGEN KELLER
Ein Polizist	KARL REUSS
Ein zweiter Polizist	PAUL STEIN
Ein Briefträger	HANS DORBE
Ein Kellner	H. HELFER

Ort der Handlung: Vorstadt-Strasse in Berlin

Jean Émile Laboureurs Vignette für Tristan Bernards »Die Last der Freiheit« im 14. Programmheft.

die bereits von anderen Münchner Privatbühnen gezeigt worden war, war das 1552 entstandene Fastnachtsspiel *Der Bauer im Fegefeuer* von Hans Sachs, über dessen Aufführung die *Münchner Neuesten Nachrichten* schrieben:

Zur Eröffnung ihres Programms griffen die Scharfrichter auf einen bewährten alten Herrn zurück, den der Conferencier scherzweise ihren »neuen Mitarbeiter« nannte, auf Hans Sachs. Sein Fastnachtsspiel »Der Bauer im Fegefeuer«, ist unseres Erinnerns schon einmal vom akademischen Verein und bei einem Künstlerfest gebracht worden, die erste öffentliche Aufführung werden wohl die Scharfrichter für sich in Anspruch nehmen können. Der Inhalt des Schwankes ist kurz erzählt der, daß ein eifersüchtiger Bauer im Kloster einen Schlaftrunk bekommt, um in einem stockdunklen Verließ »als gestorben« zu erwachen. Durch einen Klosterbruder erhält die vermeintliche arme Seele die nötigen Züchtigungen, um denn nach einigen Wochen geheilt dem Leben zurückgeben zu werden. Die uns heute ungewohnte Sprache Sachsens erfordert vor allem ein gutes Lernen, das sich leider nicht alle Darsteller hatten angelegen sein lassen. [...] Das Stückchen, das mit der ganzen Einfachheit Sachsischer Regiekunst gegeben wurde, fand eine sehr beifällige Aufnahme.[706]

Ein weiteres, bei den *Scharfrichtern* aufgeführtes Drama aus den Reihen der Klassiker war das 1773 entstandene Fastnachtsspiel *Satyros oder Der vergötterte Waldteufel* von Johann Wolfgang von Goethe, in dem der sinnlich-dionysische und diabolisch-philosophische Titelheld allerlei Unwesen mit einem gottesfürchtigen Einsiedler treibt. Von Goethe selbst als »Dokument der göttlichen Frechheit unserer Jugendjahre«[707] bezeichnet, erschien es offensichtlich auch den *Scharfrichtern* als geeignet für ihr Repertoire im Geist der Jugend und des Karnevals. Die Presse honorierte zwar grundsätzlich die Aufnahme der Farce in das Programm des Theaters als ein verdienstvolles Experiment, kritisierte jedoch recht einstimmig die von Franz Blei vorgenommene Bearbeitung und die Umsetzung des Stückes auf der für diese Zwecke zu kleinen Bühne.

8.2 Gesprochene Solovorträge

Etwa vierzig solistische Rezitationen, in erster Linie Gedichte, aber auch gelesene Prosa- und Dramentexte, gelangten bei den *Scharfrichtern* zur Aufführung. Ihr Erfolg hing wesentlich von dem jeweils Vortragenden ab und es dauerte einige Zeit, bis sich herausstellte, wer mit welchen Themen am ehesten die Gunst des Publikums gewinnen konnte. In den ersten Programmen versuchten verschiedene weibliche Rezitatorinnen ihr Glück. Marie von Bülow, angeblich eine Nichte des Reichskanzlers Bernhard von Bülow, brachte Heinrich Heines Ballade *Carl I.* über die Hinrichtung Charles I. von England, die »Karnevalsbeichte einer Demi-Vierge« *Capriccio* von der Meisterin erotischer Lyrik Marie-Madeleine sowie Gedichtparodien aus Hanns von Gumppenbergs *Teutschem Dichterross*. Dominierte hier vor allem der unterhaltsame Ton, so stand im 2. Programm das »sentimental Pathetische«[708] im Fokus des Vortrags von Ria Claassen, einer dem Stefan George-Kreis nahestehenden Rezitatorin und Publizistin.[709] Neben Friedrich Hölderlins *Ermunterung* und Novalis' *Zweiter Hymne an die Nacht* brachte sie Hugo von Hofmannsthals *Erlebnis* und damit drei Gedichte über Nacht und Tod.[710] Die gleiche Themenwahl findet sich auch in den beiden Gedichten *Hochsommer im Walde* von Detlev von Liliencron und *Der Knabe im Moor* von Annette von Droste-Hülshoff, die von Giulia Mannhardt im 3. Pro-

---

[706] R.[oth], *Die Elf Scharfrichter*, in: *MNN*, Nr. 49, 31.1.1903, S. 3.

[707] [Kommentar zu »Satyros«], in: Johann Wolfgang von Goethe, *Sämtliche Werke nach Epochen seines Schaffens. Münchner Ausgabe*, hg. v. Karl Richter in Zusammenarbeit mit Herbert G. Göpfert, Nobert Miller, Gerhard Sauder, Bd. 1.1: *Der junge Goethe 1757–1775*, hg. v. Gerhard Sauder, München 1985, S. 981.

[708] Gumppenberg, *Lebenserinnerungen*, S. 291.

[709] Vgl. Otto, *Scharfrichter*, S. 321.

[710] Hofmannsthals *Erlebnis* hatte Ria Claassen bereits im Frühjahr 1900 im *Akademisch-dramatischen Verein* in München zum Vortrag gebracht, vgl. Brief Ria Claassens an Hugo von Hofmannsthal vom 18.3.1900, in: Hugo von Hofmannsthal, *Sämtliche Werke*, hg. v. Rudolf Hirsch, Clemens Köttelwesch, Heinz Rölleke, Ernst Zinn, Bd. 1: *Gedichte 1*, hg. v. Eugene Weber, Frankfurt a. M. 1984, S. 179.

gramm vorgetragen wurden. In der Presse erhielt nur von Bülow positive Besprechungen, obgleich ihr Stimmtimbre und ihre leise Vortragsart kritisiert wurden.[711] An Claassen und Mannhardt ließ die Presse dagegen kein gutes Haar[712] und auch Gumppenberg erinnert sich in seinen Memoiren an die weiblichen Rezitatorinnen: »[I]hre näselnd monotone, affektierte und singende Deklamationsmanier setzte mich in helle Verzweiflung.«[713] Verschiedentlich finden sich außerdem Hinweise darauf, dass Margarete Beutler mit eigenen Dichtungen bei den *Scharfrichtern* auftrat, was jedoch nicht durch Presseberichte bestätigt wird.[714]

Schnell jedenfalls war die Erkenntnis gereift, dass die komplizierten, abstrakten und symbolträchtigen Gedichte etwa eines Hölderlin oder eines Novalis sich nicht für die Schwabinger Kleinkunstbühne eigneten. Überhaupt hatten ernste Gedichte im Theater der *Scharfrichter* einen eher schweren Stand, was auch der Lyriker Ludwig Scharf beim Vortrag seiner Dichtungen erfahren musste. Vier seiner Gedichte wurden nachweislich von ihm auf der *Scharfrichter*-Bühne rezitiert: das sozialkritische *Proleta sum*, die Totenklage eines Vaters *Das tote Kind*, *Der sechste Schöpfungstag*, in dem Scharf die darwinistische und die kreationistische Theorie zur Entstehung des Menschen miteinander verschmelzen lässt, und die groß angelegte, verschollene Verserzählung *Urlachen*. Eindrücklich schildert der Rezensent des *Berliner Tageblatts* die verstörende Wirkung Scharfs auf das Publikum, das zwischen Ablehnung und Faszination hin- und hergerissen war:

Die erste Sensation! Ludwig Scharf, der Münchener Poet, betritt das Podium. [...] So singt und sagt Ludwig Scharf von der Entstehung des Menschengeschlechts und vom Loos der Proleten. Der Inhalt läßt sich nicht einmal andeutungsweise wiedergeben in seiner zügellosen Wildheit. Von den 115 Gästen der Scharfrichter waren sicher 114 nicht mit Ludwig Scharf einverstanden. Aber so lange er sprach, saßen wir alle wie gelähmt, wie vor einer fürchterlichen Offenbarung – kein Zufallslaut wurde lebendig; man konnte die Herzen schlagen hören, und dann ein Beifallssturm![715]

Das *Urlachen* brachte ob seiner Komplexität und Länge die Zuhörer an ihre Grenzen, wie der Polizeispitzel berichtet:

Ersterer rezitierte in dreiviertelstündigem Vortrage eine selbstverfaßte Dichtung, »Das Urlachen«, welche wegen ihres hochgetragenen Inhalts und infolge der an einen Irren gemahnenden Vortragsweise wiederholt energischen Widerspruch seitens des größeren Teiles der Zuhörer hervorrief und während welcher etwa zwanzig Personen ostentativ das Lokal verließen.[716]

Dabei war die Länge eines Gedichts nicht unbedingt ein Ausschlusskriterium, aber wenn es lang war, so sollte es wenigstens heiter sein und auf unterhaltsame Weise dargebracht werden. Der absolute Meister dieses lyrischen Geschichtenerzählens war der Maler Emil Mantels alias Arcus Troll, dessen Vortrag immer wieder in der Presse gefeiert wurde. Zu seinen populärsten Nummern zählten die große Verserzählung *Das Urteil des Paris* und *Die Wasserkufe* von Christoph Martin Wieland und die Presse beglückwünschte das Kabarett ausdrücklich zu dieser Autorenwahl:

Herr Arcus Troll wollte beweisen, daß nicht nur das obere Deutschland Wieland seinen Stil verdankt, wie Goethe sagte, sondern auch das Ueberbrettl, denn die Wurzeln des Ueberbrettls sind schon bei Wieland zu finden, wie das alfresko vorgetragene Scherzgedicht: Das Urtheil des Paris in seinem Gemisch von Geist und Laune vollauf bewies.[717]

---

[711] Vgl. [lt.], *Die elf Scharfrichter*, in: *AZ*, Nr. 102, AB, 13.4.1901, S. 1., und [V.], *Die elf Scharfrichter*, in: *MP*, Nr. 86, 16.4.1901, S. 2.

[712] Vgl. [lt.], *Die elf Scharfrichter*, in: *AZ*, Nr. 154, AB, 5.6.1901, S. 1; [ff.], [Die Elf Scharfrichter], in: *MNN*, Nr. 264, 9.6.1901, S. 4; E.[ngels], [Die elf Scharfrichter], in: *MZ*, Nr. 236, 3.10.1901, S. 2.

[713] Gumppenberg, *Lebenserinnerungen*, S. 291.

[714] Vgl. Otto, *Scharfrichter*, S. 319, 358, 406, und Beutler an Kutscher, [o. D.], DLA.

[715] Brennert, *Zu den Elf Scharfrichtern*.

[716] Vorstellungsbericht vom 8.2.1904, StAM, Pol. Dir. 2057/3.

[717] [V.], [Die elf Scharfrichter], in: *MP*, Nr. 288, 17.12.1901, S. 3.

Weitere, ebenfalls sehr umfangreiche Gedichte, mit denen Troll »die Leute bis zu Thränen lachen«[718] machte, waren Rudolf Baumbachs Klosterschwank *Das Gänslein*, Gottfried August Bürgers *Prinzessin Europa*, die von Jupiter entführt wird, August Friedrich Ernst Langbeins Ballade vom todkranken Monarchen, der nur durch *Das Hemd des Glücklichen*, nämlich seines glücklichsten – und zugleich ärmsten – Untertanen, genesen kann, und Friedrich Theodor Vischers Kindsmörder-Moritat *Leben und Tod des Joseph Brehm*.

Sehr beliebt waren beim Publikum auch alle Formen der Lyrikparodie, wie sie Hanns von Gumppenberg in seinem ungeheuer populären *Teutschen Dichterross* mustergültig vorgelegt hatte. Aus diesem Kompendium wurde immer wieder geschöpft. Einen ähnlichen Beitrag lieferte Leo Greiner mit seinem sehr erfolgreichen und wiederholt gebrachten *Literarhistorischen Vortrag*, in dem er das Volkslied *Fischerin, du kleine* in den vermeintlichen Versionen namhafter Dichter wie Heinrich Heine, Richard Dehmel oder Rainer Maria Rilke vorstellte. Neben den erwähnten Gedichten gelangten auch einige Prosa- und Dramentexte zur solistischen Aufführung. Zu diesen Nummern zählen Hanns von Gumppenbergs *Goethe-Gedächtnisrede*, eine von Otto Falckenberg vorgetragene Parodie auf den deutschen Goethe-Kult, eine nicht erhaltene humoristische *Chinesische Kriegsepisode* über den Boxeraufstand, erzählt von Paul Larsen, und die von Franz Blei im letzten Programm vorgelesene Pantomime *Pierrot, der Spaßvogel* von Jules Laforgue.

8.3 Musiknummern

Mit über 300 Titeln bildeten die verschiedenen Musiknummern neben den dramatischen Szenen den wichtigsten Teil des *Scharfrichter*-Repertoires. Mehr als achtzig Prozent dieser Nummern stammten von den hauseigenen Komponisten, die übrigen Stücke waren größtenteils Übernahmen aus den Pariser Cabarets sowie gelegentlich auch Werke älterer Komponisten wie Carl Loewe, Franz Schubert oder sogar Walther von der Vogelweide.

8.3.1 Instrumentalmusik

Für die *Scharfrichter* stand als Theater immer die Bühnenhandlung im Vordergrund; reine Instrumentalstücke waren somit Nebensache, was aber auch ganz praktische Gründe wie etwa den Mangel an guten Musikern gehabt haben mag. Nachgewiesen sind lediglich sieben Titel, allesamt verschollen, die zur Eröffnung der Vorstellungen oder zu Beginn des zweiten Teils eines Abendprogramms gespielt wurden. Fünf dieser Kompositionen stammen aus der Feder von Sandro Blumenthal: eine *Mazurka brillante* sowie vier Barocktänze *Chaconne, Gavotte, Menuett. Scherzo–Gavotta* und *Sarabande*.[719] Eine parodistische Absicht ist hinter diesen Stücken kaum zu vermuten, zumal die Presse eine erkennbare Persiflage von Barockmusik sicherlich kommentiert hätte. Vielmehr bediente Blumenthal hier einen Historismus, wie er sich gerade unter den Münchner Komponisten jener Zeit, etwa bei Max Reger oder Ludwig Thuille, einer gewissen Beliebtheit erfreute. Sein *Menuett* und die *Sarabande* zählten ganz offensichtlich zu den Erfolgsnummern des Brettls, da sie in vielen Programmheften angeführt sind. In der Presse fanden sie jedoch kaum Beachtung und wurden ohne weiteren Kommentar lediglich als »gefällige Orchester-Nummern von Leonhard Bulmans«[720] erwähnt. Durch die barocken Tanzformen wurde jedoch ganz bewusst eine gewisse feierliche oder zeremonielle Stimmung zu Beginn der Abende erzeugt. Einen ähnlichen Zweck erfüllte wohl auch ein nicht näher definierter *Marsch* von Franz Schubert, der das 8. Programm eröffnete. In der Silvestervorstellung zum Jahreswechsel 1901/02 wurde außerdem eine nicht genauer betitelte Ouvertüre von Richard Weinhöppel gespielt, die jedoch möglicherweise mit seiner Über-Ouverture *Also sprach Hannes Ruch* identisch ist.

8.3.2 Musikalische Ensembleszenen, dramatische Nummern mit Musik

Eine sehr viel wichtigere Rolle als die reine Instrumentalmusik spielten jene Nummern, die Musik mit einer Büh-

---

[718] [v. R.], *Gastspiel der »Elf Scharfrichter«*, in: *Schlesische Zeitung*, 16.3.1903, MaK.

[719] Ob es sich bei der um 1905 im Druck erschienenen *Gavotte* von Blumenthal um seine *Scharfrichter*-Komposition handelt, lässt sich nicht belegen.

[720] E.[ngels], [Die Elf Scharfrichter], in: *MZ*, Nr. 270, 12.11.1901, S. 1.

nenhandlung verbanden. Neben den Liedern, die häufig als Miniaturdramen vorgeführt wurden, existierte eine Vielzahl weiterer Genres, die diese Voraussetzung erfüllte: dramatische Szenen mit Musik, lyrische Nummern wie Duette, Terzette, Quartette und Nummern mit einer größeren Sängerbesetzung, Schattenspiele und stumme Bühnenhandlungen mit Musik wie Pantomimen, Tanz oder Musikzeichnungen.

Dramatische Szenen mit Musik

Die drei nachweislich aufgeführten Theaterszenen mit Musik stammten aus der Werkstatt der *Scharfrichter* und sind, wie so vieles, nicht überliefert. *Die Vereinsprobe. Eine unmusikalische Szene*, in der die deutsche Vereinsmeierei am Beispiel des kleinstädtischen Gesangsvereins *Gemüthlichkeit* wirkungsvoll parodiert wurde, hatte Otto Falckenberg verfasst, die Musik lieferte Richard Weinhöppel. Gemeinsam mit Greiner schrieb Weinhöppel außerdem ein namenloses Silvesterspiel, das bei der Silvesterfeier 1902 gezeigt wurde:

> *Auf der Bühne stand ein großes Zifferblatt, der schöne Uhrzeiger war Fräulein Delvard. Die drei letzten Minuten des Jahres, von Mitgliedern der Elf Scharfrichter dargestellt, wurden der Reihe nach vom wahrhaftigen Gottseibeiuns geholt und mit dem Glockenschlag 12 Uhr stand Frl. Delvard im weißen Kleid als neues Jahr auf der Bühne, während man sich allseitig ein herzliches »Prosit« zurief. Die geistvollen Worte der drei letzten Minuten waren von Dionysius Tod, während die ansprechende Musik Hannes Ruch komponirt hat.*[721]

Den Text und die Musik der dritten Nummer hatte ebenfalls Weinhöppel verfasst. *Der Tannenzapf oder Der Triumph des Naturalismus. Ein Schlaf-Duett. Frei nach Wolzogen's Buntem Theater. Mit einem Vorspiele zur Feier der 700. Aufführung* lautet der eindrucksvoll absurde Titel dieser Parodie auf Wolzogens *Überbrettl* und speziell auf das bei ihm vorgetragene Erfolgsduett *Die Haselnuss* von Oscar Straus.

---

[721] R.[oth], *Sylvester bei den Elf Scharfrichtern*, in: *MNN*, Nr. 4, 3.1.1903, S. 3.

Ankündigung der musikalischen Szene »Der Tannenzapf« von Richard Weinhöppel im 3. Programmheft.

Gesangsensembles

Sehr beliebt waren Stücke für unterschiedlich große Gesangsensembles, die häufig auch szenisch dargestellt wurden. Fehlte ein solcher Titel, geriet das Gleichgewicht zwischen Solo- und Ensemblenummern deutlich ins Wanken wie im November 1903, als Henry klagte: »Was kann ich jetzt […] thun??? Wir haben jetzt keine musik ensemblescene mehr für das Programm!!!«[722] Nachweislich wurden 22 Titel für Gesangsensemble und Begleitung[723] bei den *Scharfrichtern* aufgeführt, darunter sechs Duette, von denen drei für eine Frauen- und eine Männerstimme und drei für zwei Männerstimmen komponiert waren. Als sehr wirkungsvoll erwies sich die kleine Szene *Die goldene Hochzeit* von Leo Greiner und Richard Weinhöppel, in der ein heruntergekommenes, zerstrittenes Bänkelsängerpaar das Glück der Ehe besingt. Der Rezensent der *Münchener Zeitung* urteilte:

> *Hans Dorbe und Adele Baumbach waren in dieser köstlichen Farce so unsagbar komisch, von einem so unwiderstehlichen Humor, daß ich gerne zugestehe, selbst bei den Scharfrichtern niemals so gelacht zu haben. Ich habe auch die Stammgäste der Ehrenexekution noch nie so lachen gesehen […].*[724]

Bedauerlicherweise ist diese Komposition ebenso wenig erhalten wie die zwei weiteren Duette aus der Feder Weinhöppels, das Ständchen *Vor der Liebsten Tür* auf einen Text aus den *Liedern aus dem Rinnstein* (1903) und das Schelmenduett von Gustav Falke *Wir zwei* für Tenor und Bass. Einen ähnlichen Ton wie das Letztgenannte schlägt das – ebenfalls nicht überlieferte – Trink- und Bruderschaftsduett *Und morgen müssen wir scheiden* an, das von Sandro Blumenthal auf einen Text von Robert Kothe komponiert wurde. Blumenthals gefälliges *Oktoberlied* für Tenor und Bariton auf einen Text von Theodor Storm erschien nach dem Ende der *Scharfrichter* in Breslau im Druck und hat somit die Zeit überdauert.

Eine besondere Beachtung verdienen Blumenthals »althebräische Gesänge« *Sulamith*. Den Text hatte Emil Mantels frei aus dem *Hoheliel Salomos* zusammengestellt und in drei Stücke unterteilt. Die ersten beiden Gesänge, die Selbstbeschreibung von Sulamith und ihr Liebessehnen nach ihrem Geliebten (König Salomo?), wurden von Marya Delvard vorgetragen, im dritten Abschnitt mit dem wechselseitigen (?) Lobpreis Sulamiths und Salomos trat Blumenthal als Duettpartner an ihre Seite.[725] Das Publikum reagierte begeistert und die Presse lobte Blumenthal als »Stimmungskünstler ersten Ranges«.[726] Das Thema faszinierte den Komponisten so sehr, dass er in den Folgejahren mit Mantels und Lautensack als Librettisten eine »lyrische Oper in zwei Aufzügen« über den Stoff schrieb, die am 14. April 1907 im *Stadttheater Nürnberg* Premiere hatte. Obgleich das Publikum die Oper positiv aufnahm, waren die Einschätzungen in der Presse sehr gemischt. Besonders beklagt wurde die »Stimmungsmonotonie«[727] des zugrundeliegenden Stoffes, der darum nicht für eine Oper geeignet und durch Mantels und Lautensack nur unzureichend dramatisiert worden sei. Positiver bewertete der Rezensent des *Fränkischen Kuriers* die Fähigkeit des Komponisten: »Sonst legen Melodik und Instrumentation sowie die sehr gelungene Kräfteverteilung zwischen Einzelstimmen, dem stark in Anspruch genommenen Chor und dem Orchester von der Begabung und Sachkenntnis des Komponisten ein vollwertiges Zeugnis ab.«[728] Vernichtend fiel hingegen das Urteil des Rezensenten der *Nordbayerischen Zeitung* aus:

> *In melodischer Erfindung, in harmonisch-rhythmischer Hinsicht, in instrumentaler Technik hat der Komponist nur recht wenig zu sagen. Ein Neuer, ein Selbständiger, ein Pfadfinder wie Strauß, ist*

---

[722] Henry an Gumppenberg, [o. D.], MSB Mon., Henry, Marc A III/Konv.

[723] Im Folgenden wird die Begleitung nicht mehr explizit erwähnt, sie war jedoch in allen Fällen gegeben. A cappella-Stücke gab es bei den *Scharfrichtern* nicht.

[724] [J. F. W.], [Das Karnevalsprogramm der 11 Scharfrichter], in: *MZ*, Nr. 24, 30.1.1903, S. 2.

[725] Aus dem im 11. Programmheft abgedruckten Text ist nicht eindeutig ersichtlich, ob Sulamiths Liebessehnen Salomo gilt oder aber einem anderen Geliebten. In Blumenthals Oper *Sulamith* bemüht sich Salomo vergeblich um die Titelheldin, die sich dem Hirten Assir verschrieben hat.

[726] Steiger, *Bei den elf Scharfrichtern*, zitiert nach Otto, *Scharfrichter*, S. 91.

[727] [A.], *Nürnberg*, in: *Fränkischer Kurier*, Nr. 191, 15.4.1907, S. 2.

[728] Ebd., S. 2.

er jedenfalls nicht. In Gedanken, noch mehr in der Mache lehnt er sich an die Neu-Italiener, deren grelle Blecheffekte, deren charakteristische Streichrezitation und groteske Rhythmik er nachahmt. Oft klingt das Orchester dürftig und ärmlich, gerade so, als wenn es nur als Begleitstimme, nicht als selbständiger musikalischer Faktor erfunden worden wäre. Den natürlichen Fluß der Bewegung sollen bis zum Ueberdruß auftretende Tremolos ersetzen. Chromatisch auf- und absteigende Sextakkorde und leere Quinten mühen sich vergeblich ab, die gesteigerte Sinnempfindung wiederzugeben. Hervorstechende Cantilenen, die sich dem Gedächtnis einprägen, sind nicht vorhanden. Die Tanzrhythmen versagten ganz, hier hätte aber auch ein Mittlerer Erfolg erzielen können. Eindrucksvollere Töne findet der Tondichter erst im zweiten Akt, wo auch das Orchester an einzelnen Stellen Pracht und Glanz gewinnt. [...] Mit der Cavalleria und Bajazzo teilt es einen Vorzug: es ermüdet nicht durch seine Ausdehnung, ohne Pause spielt es sich in starken fünfviertel Stunden ab, leider besitzt es aber auch nicht einen einzigen Schlager, womit diese Stücke ihren Siegeslauf über die Bühnen antraten.[729]

Während Blumenthals Sulamith-Gesänge auf der *Scharfrichter*-Bühne als stimmungsvolles Exotikum gefeiert worden waren, verfehlten sie in der erweiterten Opernform ihre Wirkung. Dem Komponisten war es offenbar nicht gelungen, sich von der Musiksprache des Brettls zu lösen und einen neuen, der Oper angemessenen Stil zu entwickeln. So ist etwa in seiner Behandlung des Orchesters, das über weite Strecken »nur als Begleitstimme, nicht als selbständiger musikalischer Faktor« fungierte, deutlich der Einfluss der Unterhaltungsmusik erkennbar, in der das Orchester als expressive, aber immer untergeordnete Begleitung des gesungenen Wortes dient. Während die Noten der bei den *Scharfrichtern* aufgeführten Gesänge nicht überliefert sind, ist ein Klavierauszug der Oper erhalten, der 1906 im Druck erschien. Aus diesem lässt sich ersehen, dass Blumenthal die drei *Scharfrichter*-Stücke, die Keimzelle seiner Oper, fast unverändert übernommen haben muss. Die Gesangspartien sind einfach gehalten und somit auch von Sängern, die nur wenig ausgebildet sind, zu bewältigen. Die Begleitung erweist sich an allen drei Stellen des Klavierauszugs in melodischer, rhythmischer und harmonischer Hinsicht als geradezu banal und erhebt nie den Anspruch einer eigenständigen, aussagekräftigen Stimme. Ein weiteres Indiz für die direkte Einfügung der ursprünglichen Gesänge in die Oper ist auch die textliche Übereinstimmung der im *Scharfrichter*-Programmheft abgedruckten Verse mit den entsprechenden Abschnitten des Librettos.

Inhaltlich handeln alle Duette aus dem *Scharfrichter*-Repertoire von zwischenmenschlichen Beziehungen, Männerfreundschaften werden ebenso besungen wie unterschiedliche Aspekte der Liebesthematik. Eine ganz andere Welt beschwören sechs der sieben Terzette des Schwabinger Brettls mit ihren unterschiedlichen, zum Teil recht absonderlichen Figuren, die von ihrem Schicksal oder ihrer Weltanschauung erzählen. So beschreiben die *Lebensläufe* von Gustav Falke in volksliedhafter Weise den Werdegang eines Schneiders, eines Geistlichen und eines Poeten. Die Vertonung von Weinhöppel wurde von Publikum und Presse euphorisch bejubelt und erschien 1912 im Druck. Als »Schlager ersten Ranges«[730] erwies sich auch das nicht erhaltene *Lahme Singquartett* von Greiner und Weinhöppel. Drei gesellschaftliche Außenseiter, ein heruntergekommener Dichter, eine Dirne und ein Dieb, erscheinen als Straßensänger mit einem Leierkastenspieler und berichten in sehr ironischem Ton, wie grausam ihnen das Schicksal mitgespielt hat. Noch kurioser sind die drei *Vogelscheuchen* in der gleichnamigen Nummer von Greiner und Weinhöppel, die ihre Abstammung von Hexen, Dieben und Mördern besingen. Das sehr wirkungsvolle groteske Terzett ist ebenso wenig erhalten wie das noch morbidere, ernste *Totengräber*-Terzett von Gumppenberg und Weinhöppel, in dem »der Falsche, der Irre und der Dumme«, die Personifizierungen der falschen Frömmigkeit, des Muckertums und der Blendung, »im Stile der Hamletszene [...] eine schaurige Weisheit singen«.[731]

---

[729] [Dr. K.], *Stadttheater*, in: *Nordbayerische Zeitung*, Nr. 88, 16.4.1907, S. 3.

[730] [p.], [Die Elf Scharfrichter], in: *MNN*, Nr. 55, 3.2.1902, S. 3.

[731] [V.], [Die elf Scharfrichter], in: *MP*, Nr. 288, 17.12.1901, S. 3.

Otto Miethkes Illustration des »Totengräber«-Terzetts für das Programmheft des Wiener Gastspiels im Dezember 1903.

Ein Trio schelmenhafter Bohemiens präsentiert sich in Greiners und Weinhöppels *Hochzeitsmusikanten* mit einem deftigen Spottlied auf den Ehestand. Der böse Refrain des Lieds lautet:

> *Und heisst er Hans und sie heisst Trine,*
> *Er ist verzaubert, sie verhext,*
> *Wir spielen nur die Violine*
> *Und denken heimlich uns den Text:*
> > *Oh Bräutigam, im weiten Saal*
> > *Ist keiner klein wie du.*
> > *Zu einem Töchterkapital*
> > *Kommst du als Null dazu.*[732]

Die Nummer wurde vom Publikum begeistert aufgenommen, nicht zuletzt wegen der herausragenden sängerischen und schauspielerischen Leistung von Robert Kothe, Sandro Blumenthal und Hans Dorbe, die sich hier zudem als talentierte Violinisten präsentierten. 1912 im Druck erschienen, haben *Die Hochzeitsmusikanten* die Zeit ebenso überdauert wie der letzte Titel aus der Reihe der Terzette, Blumenthals sozialkritisches *Lied der Armen* auf einen Text von Karl Henckell, in dem eine Gruppe von Proletariern visionär eine Zukunft besingt, in der die Mächtigen stürzen und die Elenden frei sein werden. Eine Ausnahme innerhalb der Terzette, die von diesem bunten Reigen der Straßensänger, Vogelscheuchen, Totengräber, Lebemänner und Proletarier bevölkert sind, bildet das verschollene *Tagelied*, das von Greiner frei nach Wolfram von Eschenbach gedichtet und von Weinhöppel vertont wurde. Es schildert den Abschied zweier Liebender bei Tagesanbruch. Ihr inniges Gespräch wird immer wieder von einem Wächter unterbrochen, der hinter der Szene das Ende der Nacht verkündet und den Ritter zum Aufbruch mahnt.

Auch in den drei Quartetten steht wieder die Liebeslyrik im Vordergrund. So tritt in den *Nachtmusikanten*, die Weinhöppel auf einen Text von Abraham a Sancta Clara komponierte, eine Musikkapelle auf, die der geliebten Schäferin Phyllis ein nächtliches Ständchen bringt. In den beiden anderen Quartetten ist die Handlung auffälligerweise aus der Perspektive eines einzelnen lyrischen Ichs beschrieben. In Weinhöppels Komposition der berühmten und vielfach vertonten Volksweise *Schusters Abendlied (Ich gung eenmal spaziere)*, dem einzigen erhaltenen Quartett, wird der solistisch vorgetragene Bericht des Mannes, der sich erfolgreich gegen die Heiratsabsichten eines Mädchens wehrt, von den übrigen Männerstimmen chorisch begleitet und kommentiert. Das dritte Quartett Weinhöppels, *Menuett*, mit einem

---

[732] Leo Greiner, *Die Hochzeitsmusikanten*, Refrain, 11. PH, S. 6, DKA, Ordner LK/C/1.

Text von Otto Julius Bierbaum ist ein frivoler Werbegesang eines Verliebten. Offensichtlich hatte der Titel des Gedichts den Komponisten auf die Idee gebracht, den Text für ein vierköpfiges, gemischtes Ensemble zu vertonen und auch von ihm tanzen zu lassen: »[D]ie vier feinen Rococogestalten schlingen vorsichtig ihren Reigen, knixen, wenden die Hälse, lächeln wie aus Bildern.«[733]

Neben diesen Gesangsduetten, -terzetten und -quartetten existierten sechs Nummern, die von einem größeren Gesangsensemble aus einer (meist) unbestimmbaren Personenanzahl vorgetragen wurden. Soweit bekannt, handelt es sich dabei in fünf der sechs Stücke um einstimmigen Gesang. Die meisten dieser Titel dienten, neben den bereits erwähnten Instrumentalwerken, zur Eröffnung der Vorstellungen, so etwa der bereits mehrfach erwähnte groteske *Scharfrichter-Marsch* von Greiner und Weinhöppel, der »in Verbindung mit der blutroten Gewandung der Vortragenden, der roten Beleuchtung und dem Schwertergeklirr sofort jene zwiespältige tragikomische Stimmung hervorruft, die den Zuhörer für alles Folgende empfänglich macht.«[734]

Eine zweite, immer wieder gespielte Eröffnungsnummer von Weinhöppel ist die »Über-Ouverture op. 12437 für versenktes Orchester« *Also sprach Hannes Ruch*. Die Komposition selbst ist verloren, erhalten ist jedoch ein mehrseitiger Konzertführer, der für 15 Pfennig an der Kasse erworben werden konnte und über den im 3. Programmheft zu lesen ist: »Das tiefsinnige Werk hat bereits einen congenialen Erläuterer in DR. ARTHUR SCHOPPEN gefunden, dessen MUSIKFÜHRER zum Verständnis der Ueber-Ouvertüre von eminenter Wichtigkeit ist.«[735] Ob Weinhöppel selbst die satirische Broschüre verfasste oder sich ein anderer Autor – denkbar wäre der literarisch wie musikalisch versierte Paul Schlesinger – hinter dem »congenialen Erläuterer« Dr. Arthur Schoppen, einem dem studentischen Milieu entsprungenen, weinseligen Verwandten Arthur Schopenhauers, verbirgt, ist nicht festzustellen. Der Konzertführer bestätigt, was der Titel des Werks bereits vermuten lässt, nämlich dass es sich hierbei um eine Parodie auf Richard Strauss' *Also sprach Zarathustra* und die Programmmusik im Allgemeinen handelt. Wie aus den abgedruckten Musikbeispielen und ihren Erklärungen ersichtlich ist, handelt die Ouvertüre vom Kampf des Kabaretts mit der *Lex Heinze*, aus dem das Kabarett schließlich siegreich hervorgeht. Nach diesem instrumentalen Abschnitt vollzieht sich im Schlussteil der Ouvertüre die Apotheose des Brettls in einem Potpourri der erfolgreichsten *Scharfrichter*-Schlager. Der Konzertführer kommentiert das Verfahren:

Jedem opus ein paar Zeilen entnehmend, manches wiederholend, manches zu elementarer Wucht entwickelnd, hat er [der Komponist, J.K.] *es verstanden, eine mysteriöse, sezessionistisch gehaltene Entführungsgeschichte zusammenzustellen, die sich schließlich in das trotzig erhabene Hauptmotiv der elf Scharfrichter auflöst.*[736]

Die kurzen Ausschnitte aus den Liedern wurden im raschen Wechsel von den bekanntesten Interpreten der Bühne, Friederika Gutmann-Umlauft, Marya Delvard, Marc Henry, Robert Kothe, Richard Weinhöppel und Frank Wedekind vorgetragen. Die Inszenierungsidee, die Sängerinnen und Sänger hinter der Bühne zu verstecken, verstärkte den eigentümlichen Effekt der Komposition, wie die *Münchener Zeitung* beschreibt: »Die drollige Kombination dieser Reminiszenzen sowie der spukhafte Eindruck der von unsichtbaren und doch wohlbekannten Sängern vorgetragenen Melodien brachte eine Heiterkeit ganz eigener, verrucht übermüthiger Art hervor.«[737]

Sandro Blumenthal, der Schöpfer fast aller instrumentaler Eröffnungsnummern, trug nur einen Titel für größer besetztes Gesangsensemble bei, die *Serenata Napoletana*, die in sechs verschiedenen Programmheften genannt ist, was auf eine große Popularität schließen lässt. Wie aus dem wiedergefundenen Autograph hervorgeht, ist das Stück identisch mit dem Lied *A Mergellina*, das erstmals im Februar 1902 von Marya Delvard solistisch vorgetragen wurde. Vier Monate später, im 9. Programm, erklang dann erstmals die Fas-

---

[733] Mann, *Münchner Theater*, S. 438.
[734] Steiger, *Die elf Scharfrichter*, S. 1071.
[735] Schoppen, *Über-Ouverture*, [o. S.], StAM, Pol. Dir 2057/2.
[736] Schoppen, *Über-Ouverture*, [o. S.], StAM, Pol. Dir 2057/2.
[737] E.[ngels], [*Die elf Scharfrichter*], in: *MZ*, Nr. 236, 3.10.1901, S. 2.

sung für einen Solisten, vier begleitende Gesangsstimmen und Instrumentalensemble. Während Blumenthal selbst als Solist auftrat, wirkten in verschiedenen Besetzungen Stefanie Martin und Marya Delvard als Soprane, Adele Baumbach und Gertrud Steiner als Mezzosoprane, Hans Dorbe, Franz Muhry und Schlesinger als Tenöre und Ernst Wild als Bass mit.[738]

Neben den genannten Werken der Hauskomponisten Weinhöppel und Blumenthal erscheint in drei Programmheften eine weitere Eröffnungsnummer von ganz besonderem Interesse: *Rastus on Parade. Negermarsch von ***. *Insceniert und orchestriert von Hannes Ruch*. Darunter der Liedtext:

> *When he is walkin*
> *'taint no bluff.*
> *He puts 'em in de shade:*
> *No use in talking*
> *He's hot stuff,*
> *Is Rastus when on Parade.*[739]

Hinter den geheimnisvollen Sternchen im Titel verbirgt sich der amerikanische Komponist und Verleger Frederick Allen »Kerry« Mills, der zu Beginn der 1890er Jahre begonnen hatte, sich für die Musik der Afroamerikaner und speziell den Cakewalk zu interessieren. In den Folgejahren schrieb er eine Vielzahl solcher Tänze und öffnete sein New Yorker Verlagshaus für Komponisten aus den Broadway-Vaudeville-Theatern, die den neuartigen Stil pflegten, von anderen Verlagen aber häufig abgewiesen wurden. Mit diesem Konzept war Mills nicht nur sehr erfolgreich sondern trug auch wesentlich dazu bei, die »schwarze« Musik in den »weißen« Kreisen gesellschaftsfähig zu machen. Sein erster Cakewalk *Rastus on Parade* erschien 1895 als Klavierstück mit einem kurzen Vers, eben jenem aus dem Programmheft der *Scharfrichter*, der auf Wunsch dazu gesungen werden konnte. Der Erfolg des Stückes war so groß, dass es bald auf verschiedenen Vaudeville-Bühnen in Manhattan gespielt wurde. Um *Rastus* noch weiter zu verbreiten, beauftragte Mills kurze Zeit später den Schauspieler und Filmregisseur George F. Marion, die gesamte Komposition mit einem Text zu unterlegen, sodass das Werk nun auch als Lied gesungen werden konnte.[740] Den Weg auf die *Scharfrichter*-Bühne fand das Stück mit großer Sicherheit über Richard Weinhöppel, der sich zwischen 1892 und 1896, also genau zu jener Zeit, da die Komposition im Druck erschien, in New Orleans aufhielt und es wahrscheinlich dort kennenlernte. Leider ist über die Publikumsreaktionen auf diese – für deutsche Hörer des Jahres 1902 noch vollkommen ungewohnte – Musik nichts bekannt und auch in der Tagespresse findet sich nur eine einzige, sehr kurze und daher unwesentliche Erwähnung.[741] Und so ging dieses erstaunlich frühe Beispiel einer Aufführung von amerikanischer Tanzmusik auf einer deutschen Unterhaltungsbühne von allen Kritikern unbemerkt vorüber.

Zu den Eröffnungsstücken für ein größeres Gesangsensemble zählt außerdem der *Sang an Aegir*, der 1894 angeblich von Wilhelm II. gedichtet und komponiert worden war und in dem sich die Vorliebe des Kaisers für die nordischen Mythen manifestiert. Das volkstümliche Lied, das enge Bezüge zu bekannten Stücken wie *Die Wacht am Rhein*, *Üb' immer Treu und Redlichkeit* sowie ironischerweise auch zur *Marseillaise* aufweist, wurde in dreizehn verschiedenen Fassungen, darunter Versionen für Klavier oder Militärkapelle, ediert und fand weite Verbreitung.[742] Die *Scharfrichter* brachten den *Sang an Aegir* in ihrem vorletzten Programm als satirische Protestnote gegen die immer strengeren Auflagen der Zensurbehörde. Das Werk, das laut Henry von einem Chor vorgetragen wurde,[743] er-

Ernst Neumanns Vignette für »Rastus on Parade«, MSB Mon. 4° Mon. 1017_8.

---

[738] Vgl. Autograph der *Serenata Napoletana* in Privatbesitz.

[739] *Rastus on Parade*, 6. PH, S. 2, DKA, Ordner LK/C/1.

[740] Vgl. Bill Edwards, *Frederick Allen »Kerry« Mills*, http://ragpiano.com [9.5.2014].

[741] [p.], [Die Elf Scharfrichter], in: *MNN*, Nr. 55, 3.2.1902, S. 3: »Den ersten Theil des Programms leitete ein origineller Niggermarsch von dem unermüdlichen und reich mit Einfällen gesegneten Hannes Ruch ein.«

[742] Vgl. Florian Heesch, *Volkstümlichkeit und Pathos. Bemerkungen zur Musik des Sang an Aegir von Wilhelm II.*, in: Schulz, Heesch (Hg.), *Sang*, S. [31]–38.

[743] Vgl. Henry, *Au Pays*, S. 40.

Titelseite des Musikführers zur Über-Ouverture »Also sprach Hannes Ruch«.

freute sich jedoch keiner langen Lebensdauer und wurde wahrscheinlich bereits nach der »Ehrenexekution« aus dem Programm genommen.

Ein letzter Titel für größeres Gesangsensemble, der als einziger nicht zu den Eröffnungsnummern zählt, ist die kuriose *Pedalsymphonie* von Greiner und Weinhöppel, die beim Publikum einen »großen und wohlverdienten Erfolg«[744] hatte. Bei dieser Szene hob sich der Vorhang nur ein Stück und gab den Blick auf sechs Paar Füße frei: die eines Mädchens, eines Galans, eines Polizisten, einer Dirne, eines Bettlers und eines Juden. Nacheinander erzählen die Füße von den jeweiligen Eigenschaften ihrer Träger, um in der letzten Strophe als »Chor der Füße« einen Walzer anzustimmen. Wie in so vielen Fällen, ist der Text von Greiner durch den Abdruck im Programmheft erhalten, während die Musik verloren ging.

Schattenspiele

Ausgehend von dem großen Erfolg der Schattenbühne des Pariser *Chat Noir*, wo zwischen 1885 und 1897 ca. vierzig Schattenspiele zur Aufführung gelangten, wurde diese Darbietungsform schnell zu einer beliebten Gattung der frühen französischen Cabarets.[745] Wie aus den Vereinsstatuten der *Scharfrichter* hervorgeht, sollte das stimmungsvolle Genre auch auf ihrer Bühne einen festen Platz haben, und so wurde dieses Vorhaben bereits in der ersten Saison mit der Aufführung des »Schatten-Epos in 15 Bildern« *Die Sphynx* in Angriff genommen. Der Text und die Musik des Werkes, das 1896 im *Chat Noir* uraufgeführt worden war und zu den beliebtesten Schattenspielen des Theaters zählte, stammten von Georges Fragerolle, dem Kapellmeister der Pariser Bühne, die Schatten hatte Amédée Vignola, auch bekannt als Maler obszöner Erotikdarstellungen, geschaffen.[746] Für die *Scharfrichter* fertigte Willy Rath eine deutsche Übersetzung. In fünfzehn Bildern, die musikalisch von einem Sänger und Klavier begleitet werden, zieht die Geschichte der Menschheit von der Errichtung der Großen Sphinx von Gizeh bis zum Weltuntergang durch eine neue Eiszeit am Betrachter vorüber, bis zuletzt einzig das gewaltige Monument der Ägypter noch vom einstigen Glanz der menschlichen Spezies kündet.

Obwohl die Vorführung von der Presse als »Sehens- und Hörenswürdigkeit von ganz besonderem Reiz«[747] begrüßt wurde, vergingen mehr als zwei Jahre, ehe mit *Ernte (Moissons)* ein zweites – und letztes – Schattenspiel über die *Scharfrichter*-Bühne ging. Diesmal war der Hersteller der Schattenfiguren, Clément-George, der bekannte Sänger und Darsteller der »chansons animées« am *Chat Noir* und der *Roulotte*, selbst aus Paris angereist, um das Stück, das dort bereits im *Pétit-Théâtre* gezeigt worden war, vorzuführen.[748] Der Text und die Musik stammten von dem Fauré-Schüler Albert Chantrier, der neben seiner Tätigkeit als Kirchenorganist und Komponist von Messen und Motetten auch als Pianist und Sänger in verschiedenen Pariser Cabarets auftrat.[749] Die neun Bilder, die verschiedene Situationen der Ernte schildern, waren von Heinrich Lautensack ins Deutsche übertragen worden. Trotz des ausdrucksvollen begleitenden Gesangsvortrags von Marya Delvard fielen die Kritiken der Presse einhellig negativ aus und die *Allgemeine Zeitung* urteilte vernichtend:

> *Die ganze Vorführung mutet recht kindlich an, und wenn alles übrige wegbliebe, so könnte ich sogar mit gutem Gewissen den Eltern raten, auch einmal ihre Kleinen zu den »Scharfrichtern« zu führen. Im Zeitalter des Kinematographen ist unser Publikum doch schon anspruchsvoller geworden, und die hinter der Szene in wehklagendem Tone geleierten, erklärend langweiligen Verse, machten das Ganze nicht genießbarer.*[750]

---

[744] R.[oth], [Die Elf Scharfrichter], in: *MNN*, Nr. 286, 23.6.1902, S. 4.

[745] Vgl. Oberthür, *Chat Noir*, S. 100, und Segel, *Cabaret*, S. 66–79.

[746] »im *Chat Noir* uraufgeführt« vgl. Oberthür, *Chat Noir*, S. 118. In der ursprünglichen Fassung hatte das Schattenspiel sechzehn Bilder, bei den *Scharfrichtern* wurde ein Bild gestrichen. »zu den beliebtesten Schattenspielen« vgl. Segel, *Cabaret*, S. 79. Zu Fragerolle vgl. Petersen, *Chat Noir*, S. 77–81.

[747] [p.], [Ein Abend bei den Elf Scharfrichtern], in: *MNN*, Nr. 302, 3.7.1901, S. 4.

[748] Vgl. Bercy, *Montmartre*, S. 192f.

[749] Vgl. ebd., S. [155]–157.

[750] [lt.], *Die elf Scharfrichter*, in: *AZ*, Nr. 273, Stadtanzeiger, 2.10.1903, S. 2.

Stumme Bühnenhandlungen mit Musik: Pantomimen, Tanz, Musikzeichnungen

Die Pantomime genoss um 1900 sowohl im Unterhaltungssektor wie auch im Bereich der ernsten Kunst große Popularität. In Frankreich war das Genre in der ersten Hälfte des 19. Jahrhunderts durch Jean-Gaspard Deburau und seine berühmt gewordene Darstellung des Pierrots besonders beliebt geworden. Wenngleich die »höchste Blüte der pantomimischen Technik«[751] nach Deburaus Tod zu Ende ging und die Gattung nach und nach ihren künstlerischen Anspruch im Zuge einer fortschreitenden Kommerzialisierung verlor, blieb sie doch eine der populärsten Attraktionen des Pariser Nachtlebens.[752] Gleichzeit erfuhr die Pantomime um 1900 auch in literarischen Kreisen eine Aufwertung durch das große Interesse, das ihr von französischen und deutschsprachigen Schriftstellern entgegengebracht wurde. Besonders in Wien, vor dem »traditionellen Hintergrund des Wiener Volkstheaters und dessen Affinität zu Commedia dell' arte und zu märchenhaft-phantastischen Zauberspielen«,[753] experimentierten viele Autoren des »Jung-Wien« wie Richard Beer-Hofmann, Arthur Schnitzler, Hugo von Hofmannsthal und Felix Salten mit dieser Gattung und verliehen ihr eine neue, literarische Gestalt. Hermann Bahr ging sogar so weit, die Pantomime als die einzige unter den herkömmlichen Theaterformen zu bezeichnen, »welche sich der moderne Geschmack mit Behagen gefallen lassen könne«.[754] Diese vermehrte Beschäftigung mit der Gattung erklärt sich zum einen durch den Stilpluralismus an der Wende zum 20. Jahrhundert, zum anderen aber auch durch die Abkehr vieler Autoren von dem alles beherrschenden naturalistischen Theater und der damit verbundenen Suche nach neuen dramatischen Genres. Und auch für den Sprachskeptizismus und die daraus resultierende Sprachkrise, ein weiteres verbreitetes Problem der Literaturszene um 1900, stellte die Pantomime eine willkommene Lösung dar. Sie bot den Autoren »die Möglichkeit, den beklagten Bruch zwischen Subjekt und Objektwelt, zwischen Zeichen und Bezeichnetem zu einer Einheit zurückzuführen und das Unaussprechliche, Außersprachliche sinnlich erlebbar zu visualisieren.«[755] Durch diese künstlerische und ideelle Aufwertung und ihre ursprüngliche Verwurzelung im Unterhaltungsbereich wie Jahrmarktstheater, Zirkus und Varieté verband die Pantomime um 1900 Aspekte der ernsten und leichten Kunst. Damit war sie geradezu prädestiniert für das frühe Kabarett, das sich gleichermaßen als Mischform verstand, und wurde zu einem wichtigen Bestandteil des Repertoires zahlreicher Kleinkunstensembles.[756]

Bei den *Scharfrichtern* wurden allerdings nur zwei Nummern dieser Art gezeigt: *Der böse Traum* von Otto Falckenberg und Paul Schlesinger und Wedekinds *Große Pantomime in drei Bildern: Die Kaiserin von Neufundland*. Obwohl *Der böse Traum* nicht überliefert ist, lässt sich anhand des Personenverzeichnisses im Programmheft und der Hinweise in der Tagespresse der Inhalt der Pantomime annähernd rekonstruieren. Demnach wurde in dieser Nummer auf verschiedene tagespolitische Ereignisse angespielt, die das Deutsche Reich 1901 in Atem hielten, so auf den Boxeraufstand in China, den spektakulären Prozess gegen den der Pädophilie angeklagten Millionär und Bankier August Sternberg und die rätselhafte Ermordung des Rittmeisters von Krosigk, der im Januar 1901 während des Abhaltens einer militärischen Reitübung aus dem Hinterhalt erschossen worden war. Zur musikalischen Untermalung hatte Schlesinger ein Potpourri aus vielen bekannten Musiktiteln zusammengestellt und damit auf ein gängiges Verfahren aus dem Bereich des musikalischen Unterhaltungstheaters zurückgegriffen. In Genres wie der Pantomime, dem fran-

---

[751] Ingeborg Janich, *Pantomime*, in: Manfred Brauneck, Gérard Schneilin (Hg.), *Theaterlexikon*, Bd. 1: *Begriffe und Epochen, Bühnen und Ensembles*, 5., vollständig überarb. Neuausg., Reinbek bei Hamburg 2007, S. 769.

[752] Vgl. Robert Alston Jones, *The Pantomime and the Mimic Element in Frank Wedekind's Work*, Diss. University of Texas 1966, S. 107. Man spielte sie mit spektakulärem Aufwand und unzähligen Mitwirkenden in den großen Zirkussen der Stadt und in den Music Halls. Große Prachtpantomimen gab es auch in England und in großen deutschen Zirkussen wie dem *Zirkus Renz*, in denen sie eine Hauptattraktion darstellten.

[753] Vollmer, *Pantomime*, S. 21.

[754] Hermann Bahr, *Die Überwindung des Naturalismus*, hg. v. Claus Pias, Weimar 2004 (Kritische Schriften in Einzelausgaben, 2), S. 46.

[755] Vollmer, *Pantomime*, S. 28.

[756] Vgl. *Pantomime*, in: Budzinski, Hippen (Hg.), *Metzler Kabarett Lexikon*, S. 296.

zösischen Vaudeville-Theater des späten 17. und frühen 18. Jahrhunderts, der englischen Ballad opera aus der ersten Hälfte des 18. Jahrhunderts sowie der Opernparodie wurden zur musikalischen Untermalung üblicherweise berühmte Arien oder Gassenhauer verwendet und damit der Handlung eine weitere Bedeutungsebene hinzugefügt.[757] Das Potpourri zum *Bösen Traum* bestand, wie aus der Auflistung im Programmheft hervorgeht, aus sechzig Musiknummern unterschiedlichster Provenienz: Opernmelodien von Mozart, Wagner, Meyerbeer, Verdi und Victor Ernst Nessler, Arien aus den populären Operetten Carl Zellers *Der Obersteiger* (1894) und *Der Vogelhändler* (1891) sowie Nummern aus Opern und Singspielen von Carl Maria von Weber und Heinrich August Marschner. Hinzu kamen eine Vielzahl an Liedzitaten aus den Bereichen des Kunstlieds, des Volkslieds, des Studentenlieds, des Trinklieds, des Soldatenlieds, des Kirchenlieds und des Schlagers sowie preußische Hymnen, ein Marsch und Selbstzitate aus den musikalischen Nummern der *Scharfrichter*. Die Titel wurden jeweils nur kurz angespielt, denn aufgrund ihrer großen Popularität genügten wenige Takte, um von den Hörern erkannt zu werden und die gewünschten Assoziationen zu wecken. Die Pantomime *Der böse Traum* zählte zu den schärfsten Politsatiren der *Scharfrichter* – zu scharf für den Geschmack der anwesenden Zeitungsrezensenten und des Zensors, denn wenige Wochen nach der Uraufführung wurde die Nummer von der Polizeidirektion verboten.

Die Kaiserin von Neufundland ist die dritte von insgesamt vier Pantomimen, die Wedekind zwischen 1892 und 1897 während seines Aufenthalts in Paris und London unter dem direkten Einfluss der dortigen Unterhaltungskultur schrieb.

Die große Popularität der Pantomime in der französischen Hauptstadt mag ein Anreiz für Wedekind gewesen sein, sich in dieser Gattung zu versuchen, zumal er als Dramatiker in Deutschland noch kaum rezipiert wurde und sich offensichtlich versprach, »mit diesem Genre wenn nicht den Weg zum Sprechtheater, so doch zum Variété und zum Zirkus zu ebnen.«[758] Doch seine Hoffnungen erfüllten sich nicht. Wedekinds Pantomimen stießen auf wenig Interesse und nur *Die Kaiserin von Neufundland* wurde zu seinen Lebzeiten auf einer Theaterbühne gezeigt. Ihrer Uraufführung bei den *Elf Scharfrichtern* waren bereits verschiedene ergebnislose Aufführungsversuche vorausgegangen.[759] Am 11. März 1902 war es dann endlich so weit und die Pantomime kam in einer bearbeiteten Version – vor allem das umfangreiche Personenregister war für die *Scharfrichter* auf (immer noch) achtzehn Figuren verknappt worden – zur Aufführung.[760] Wedekind selbst sprach die moritatenhaften Einleitungen, die den drei Szenen vorangestellt und auch im Programmheft abgedruckt sind,[761] und die Presse bejubelte die Pantomime einstimmig als das »Kunterbunteste, was Wedekind je geschaffen«.[762] Die Kaiserin Filissa ist todkrank und kann laut ihrem Hausarzt nur gerettet werden, indem sie sich vermählt. Unter den auftretenden Hochzeitskandidaten, einem Poeten, Napoleon, einem Erfinder und Holthoff, dem »stärksten Mann der Welt«, entscheidet sich Filissa für Holthoff als dem sinnlichsten. Ihre Begeisterung über die immer neuen Kraftdemonstrationen ihres Geliebten nimmt zunehmend rauschhafte Züge an und treibt die Kaiserin zuletzt in Wahnsinn und Tod. Die musikalische Untermalung der Pantomime bestand bei den *Scharfrichtern* aus einem Potpourri aus Wagner-Motiven, Volksliedern, Tänzen und Märschen, das von Wedekind zusammengestellt und von Weinhöppel arran-

---

[757] Vgl. Stephanie Schroedter, *Pantomime*, in: Ludwig Finscher (Hg.), *Die Musik in Geschichte und Gegenwart*, 2., neubearbeitete Ausgabe, Sachteil, Bd. 7, Kassel [u. a.] 1997, Sp. 1333; Clifford Barnes, *Vaudeville*, http://oxfordmusiconline.com, [5.5.2014]; Friederike Becker, »*Tannhäuser, Lohengrin und der Fliegende Holländer brachten mich schliesslich auf die richtige Spur.*« Annäherungen Wedekinds an die Oper, in: Elke Austermühl (Hg.), *Frank Wedekind. Texte, Interviews, Studien*, Darmstadt 1989 (Pharus, 1), S. 179. Beispielhaft sei hier verwiesen auf die Verwendung von Unterhaltungsmusik in den Parodien der Musikdramen von Richard Wagner, vgl. Andrea Schneider, *Die parodierten Musikdramen Richard Wagners*, Salzburg 1996, S. 50, 90, 99, 131.

[758] [Kommentar zu »Die Kaiserin von Neufundland«], in: Wedekind, KSA 3/II, S. 792.

[759] Vgl. Becker, *Annäherungen*, S. 173.

[760] Vgl. *Die Elf Scharfrichter*, in: *MNN*, Nr. 113, 8.3.1902, S. 3. In der Kritischen Studienausgabe ist fälschlich der 12.3.1902 als Uraufführungsdatum angegeben, vgl. Wedekind, KSA 3/II, S. 794.

[761] Vgl. Jones, *Pantomime*, S. 166.

[762] [p.], *Die Elf Scharfrichter*, in: *MNN*, Nr. 123, 14.3.1902, S. 4.

giert wurde.⁷⁶³ Die *Scharfrichter*-Fassung der Pantomime wie auch das Notenmaterial sind verschollen.

Während die Gattung Pantomime immerhin mit zwei Beiträgen im Repertoire der *Scharfrichter* vertreten ist und beide Nummern bei der Presse viel Aufmerksamkeit erregten, spielte der Tanz – entgegen der Ankündigung auf dem Zeichnungsschein – so gut wie keine Rolle. Nachweislich gelangten während der drei Jahre des Schwabinger Brettls nur zwei Tanznummern zur Aufführung, das *Menuett* von Bierbaum/Weinhöppel, wobei hier die Sänger wohl lediglich einige Schritte eines stilisierten Rokoko-Tanzes ausführten, und die nicht erhaltene »Tanzgroteske« *Der Verliebte* nach einem Text von Otto Falckenberg und mit »allerliebster«⁷⁶⁴ Musik von Karl Lion. Getanzt wurde sie von Else Gäbler, die sich »zum Schlusse in wallendem Gewande dem Ungeheuer, das sein Maul vor Entzücken weit aufriß, in den Rachen«⁷⁶⁵ warf. Die Hinweise auf die Handlung sowie auf das Kostüm der Tänzerin legen die Vermutung nahe, dass die Vorführung stilistisch dem Ausdruckstanz zuzuordnen ist, wie er um die Jahrhundertwende durch berühmte Tänzerinnen wie Isadora Duncan oder Loïe Fuller in Mode kam. Im Unterschied zu den erotischen Tanzdarbietungen der Varietés dominiert hier eine freie Expressivität, die die Natürlichkeit der Bewegung und die Einheit von Körper, Seele und Geist propagiert und die aufreizende Sinnlichkeit der Tanzshows auf den Unterhaltungsbühnen ablöste. Das Fehlen der frivolen Komponente in der *Scharfrichter*-Nummer *Der Verliebte* wurde vom Rezensenten der *Allgemeinen Zeitung* mit einiger Irritation zur Kenntnis genommen: »Auffallend war hier nur die große Decenz im Gegensatze zu dem Inhalt mancher Gedichte und Lieder. Terpsichore im hochgeschlossenen wallenden Gewande und Kalliope im Trikot.«⁷⁶⁶

Zu den stummen Bühnenhandlungen mit Musik zählen schließlich auch die Darbietungen des »Musikzeichners« Ernst Stern, des späteren Bühnenbildners von Max Reinhardt. Als *Scharfrichter* Tobias Loch stieß Stern noch im letzten Programm zum Ensemble und wurde, da er in seinen Vorführungen Performance, Malerei und Musik zu verbinden wusste und damit dem Ideal des Gesamtkunstwerks recht nahe kam, vom Publikum wie auch von der Presse stürmisch gefeiert:

*Großen, wirklich durchschlagenden Erfolg erzielte der neue Scharfrichter, Tobias Loch, der Musikzeichner [...]. Das ist mal so recht eine Scharfrichternummer! Man kam nicht aus dem herzhaften Lachen und zwang den genialen Künstler zu immer neuen Zugaben.*⁷⁶⁷

Stern selbst beschreibt den Vorgang des Musikzeichnens:

*Während ein Walzer, eine Polka, ein Marsch gespielt wurde, zeichnete ich mit Kohle auf einer sechs Fuß breiten und vier Fuß hohen Papierfläche figürlich das, was die Musik ausdrückte. Der Hauptwitz dabei war, daß das Zeichnen rhythmisch stattfand, das heißt, meine Linienführung folgte genau dem Takt der Musik, schwang sich im Walzer, hüpfte zur Polka und stolzierte eckig-militärisch zur Marschmelodie. [...] Auf dem Rahmen war eine Anzahl gleichgroßer Bogen übereinander gespannt. Hatte ich eine meiner musikalischen Zeichnungen beendet, wurde der gebrauchte Bogen abgerissen, und der neue darunter konnte verwendet werden.*⁷⁶⁸

Stern fertigte Zeichnungen u. a. zu Anton Rubinsteins Lied *Der Asra* aus den sechs Heine-Vertonungen op. 32 (1856), Johannes Brahms' *Ungarischen Tänzen* (1858–69), Wedekinds *Ilse*, einem »Csárdás und Menuette[n] von Boccherini und Mozart«.⁷⁶⁹

---

⁷⁶³ Vgl. Becker, *Annäherungen*, S. 173.
⁷⁶⁴ [ff.], [Die Elf Scharfrichter], in: *MNN*, Nr. 264, 9.6.1901, S. 4.
⁷⁶⁵ Ebd., S. 4.
⁷⁶⁶ [lt.], *Die elf Scharfrichter*, in: *AZ*, Nr. 154, AB, 5.6.1901, S. 1.
⁷⁶⁷ G.[elle]r, [Die 11 Scharfrichter], in: *MZ*, Nr. 33, 8.2.1904, StAM, Pol. Dir. 2057/3.
⁷⁶⁸ Ernst Stern, *Bühnenbildner bei Max Reinhardt*, Berlin 1983, S. 24f.
⁷⁶⁹ Ebd., S. 25.

Musikzeichner Ernst Stern alias Tobias Loch, karikiert von Carl Hollitzer, MSB Mon. 4° Mon.1017_20.

8.3.3 Lieder und Chansons

Als das eigentliche »Grundelement«[770] des Schwabinger Brettls benennt Otto Falckenberg in seinen Memoiren das Lied.[771] 272 Lieder, davon 194 deutsch-, 70 französisch-, sechs italienisch- und zwei englischsprachige, sind in den Programmheften und Zensurakten verzeichnet. Ihre tatsächliche Aufführung ist jedoch nicht in allen Fällen belegt. Gelegentlich sind einzelne Titel in den Programmheften mit dem Zusatz »musikalische Szene« versehen, so etwa *Diogenes, Die Kokette* und *Der Tod singt*. Da aber nicht erkennbar ist, inwiefern sich diese »musikalischen Szenen« von den übrigen, ja häufig ebenfalls inszenierten Liedern unterscheiden, sind auch diese Nummern hier subsumiert. Während fast alle deutschsprachigen Lieder explizit für die *Scharfrichter* geschrieben wurden, stammen gut zwei Drittel der französischen Chansons aus der Pariser Unterhaltungs- und Cabaret-Szene und von den anderssprachigen entstand nur eines im Kontext der Münchner Kabarettbühne.

Mit 51 gedruckten Liedern und drei Liedautographen von Richard Weinhöppel, 21 Liedern von Frank Wedekind, fünf Kompositionen von Sandro Blumenthal, je einem Lied von Robert Kothe und Josef Schmid sowie acht Volksliedern ist weniger als die Hälfte der deutschsprachigen Lieder aus dem *Scharfrichter*-Repertoire erhalten.[772] Etwas günstiger ist die Überlieferung im Fall der französischen Lieder, zumal derjenigen, die aus den Cabarets übernommen wurden, da diese Stücke sämtlich in gedruckter Form vorlagen. Somit sind 47 der insgesamt siebzig französischen sowie vier der sieben anderssprachigen Lieder überliefert.

---

[770] Petzet, Falckenberg, *Leben*, S. 111.

[771] Walter Rösler und Wolfgang Ruttkowski verwenden in ihren Publikationen zum Lied im deutschen Kabarett den Terminus »Chanson«, äußern sich aber auch zu den definitorischen Schwierigkeiten des Begriffs, vgl. Rösler, *Chanson*, S. 1f., und Ruttkowski, *Chanson*, S. [5]. Im Kontext der *Elf Scharfrichter* wird sowohl in den Programmheften des Ensembles wie auch in der zeitgenössischen Presse der Begriff Chanson fast ausschließlich im Zusammenhang mit den von Marc Henry gesungenen französischen Titeln verwendet, während alle anderen gesungenen Solovorträge als Lieder bezeichnet sind. Diese Unterscheidung ist hier übernommen.

[772] Die beiden Lieder von Kurt Schindler *Gigerlette* und *Jeanette* sowie Sandro Blumenthals *Die Mönche von Johannisberg* erschienen zwar im Druck, sind jedoch verschollen.

Komponisten

Namentlich sind vierzehn deutsche, 28 französische, ein italienischer und zwei englische Komponisten bekannt, deren Stücke auf dem Schwabinger Brettl gespielt wurden. Mehr als zwei Drittel aller Lieder stammten jedoch von den Hauskomponisten der *Scharfrichter*. Mit 117 deutschen und drei französischen Vertonungen war Richard Weinhöppel der produktivste Tonsetzer dieser Gruppe, mit weitem Abstand gefolgt von Sandro Blumenthal, der insgesamt 22 Titel, fünfzehn deutsche, sechs französische und einen italienischen, beisteuerte. 22 Lieder stammen von Frank Wedekind und Marc Henry komponierte dreizehn französische Chansons. Jeweils fünf Lieder schrieben Robert Kothe und Paul Schlesinger, ein *Frühlingslied* stammt von Fay Böndel, die gemeinsam mit ihrem Ehemann August Böndel alias Hans Strick in der letzten Spielzeit zum Ensemble stieß.

Aber auch externe Komponisten aus der Münchner Musikszene, die interessiert Anteil an den Tätigkeiten des Brettls nahmen, beteiligten sich gelegentlich mit ihren Kompositionen, so der spätere Direktionsassistent an der Wiener *Hofoper* Karl Lion, der Direktor der *Königlichen Akademie der Tonkunst* Bernhard Stavenhagen, der Leiter der Münchner Gitarrenbewegung Heinrich Scherrer, Kurt Schindler, der spätere Gründer des New Yorker *MacDowell Chorus*, sowie der Organist Josef Schmid. Ein weiterer zeitgenössischer Komponist ist Paul Ottenheimer, der ab den 1910er Jahren als Hofkapellmeister und Hochschulleiter in Darmstadt tätig war. Zum deutschen Liedrepertoire zählen außerdem *Die Mutter bei der Wiege* von Carl Loewe und zwei Kompositionen Walthers von der Vogelweide sowie dreizehn Volkslieder mit unbekanntem Urheber. Nicht auflösbar sind die Komponistenpseudonyme Johannes Kreisler Jr., bei dem es sich wohl um eine spaßhafte Anspielung auf die fiktive Figur von E. T. A. Hoffmann handelt, und Hermann Noetzel bzw. Ermano Noccelli, hinter dem die *Münchner Neuesten Nachrichten* Richard Weinhöppel vermuteten.[773]

Die französischen Chansons aus dem *Scharfrichter*-Repertoire stammten zu einem großen Teil von den Komponisten der Pariser Cabaret-Szene, darunter Paul Delmet, Léon Xanrof, Xavier Privas und Théodore Botrel, und wurden von der Münchner Bühne übernommen. Hinzu kamen einzelne Schlager von Komponisten der französischen Unterhaltungsmusik, etwa *La marche des petits Pierrots* von Auguste Bosc, *Amoureuse* von Rodolphe Berger oder das berühmte *Le biniou* von Émile Durand, dem Lehrer Claude Debussys.

Das Lied *Penso* stammte aus der Feder des populären italienischen Sängers und Komponisten Paolo Tosti. Weiterhin kamen zwei englische Lieder bei den *Scharfrichtern* zur Aufführung: *Darling Mable* von Bennett Scott, einem renommierten britischen Music-Hall-Liederkomponisten, und *The future Mrs. 'Awkins* des englischen Schauspielers Albert Chevalier.[774]

Autoren und Textsammlungen

Die Texte der deutschsprachigen Lieder stammen von knapp fünfzig verschiedenen Autoren. Mit Vorliebe vertonten die *Scharfrichter*-Komponisten Lyrik ihrer Zeitgenossen, wiederholt wählten sie aber auch Gedichte von Schriftstellern aus dem 19. Jahrhundert, darunter älteren wie Joseph von Eichendorff oder Heinrich Heine, aber auch erst kürzlich verstorbenen Berühmtheiten wie Paul Verlaine und Friedrich Nietzsche. Autoren aus der Zeit vor 1800 tauchen dagegen nur vereinzelt auf.

Neben Wedekind, der den Großteil der von ihm gesungenen Lieder selbst getextet und komponiert hat und von dem 21 vertonte Gedichte bei den *Scharfrichtern* aufgeführt wurden, war Leo Greiner der produktivste Lyriker des Brettls. 22 Titel stammen von ihm, größtenteils düstere Gesänge, darunter *In der Nacht*, *Der Lumpensammler* oder *Die Macht des Kapitals*, aber auch Pikantes wie *Die Freunde des Herrn* oder das *Lied des Meißner Figürchens*. Überwiegend humoristisch sind dagegen die fünfzehn Liedtexte von Hanns von Gumppenberg, etwa *Lucrezia* oder *Sommermädchenküsseaustauschelächelbeichte*. Aus den Reihen der Hausautoren lieferten außerdem Robert Kothe sechs, Heinrich Lautensack fünf und Otto Falckenberg drei Liedtexte.

---

[773] Vgl. R.[oth], *Die Elf Scharfrichter*, in: *MNN*, Nr. 49, 31.1.1903, S. 3.

[774] Vgl. Zensurbescheid vom 29.10.1903, StAM, Pol. Dir. 2057/3.

Die Elf Scharfrichter

Zu den meistvertonten Lyrikern um 1900 zählten die Dichter Otto Julius Bierbaum, Richard Dehmel, Gustav Falke und Detlev von Liliencron und so erscheinen sie auch mit knapp dreißig Titeln im Repertoire der *Scharfrichter*.[775] Persönliche Bekanntschaften und Freundschaften wie zwischen Weinhöppel und Bierbaum oder Weinhöppel und Liliencron mögen diese Autorenwahl begünstigt haben, ganz entscheidend beeinflusst aber wurde sie durch die 1900 erschienene Sammlung *Deutsche Chansons (Brettl-Lieder)*, die Bierbaum in seinem Vorwort als Anregung für das Repertoire zukünftiger Kabaretts bezeichnet. Mit insgesamt 21 Gedichten von Bierbaum, Dehmel, Falke, Heymel, Arno Holz und Liliencron, die von Blumenthal, Lion, Schlesinger und Weinhöppel vertont wurden, stellen die *Deutschen Chansons* eine der wichtigsten Textquellen der *Scharfrichter* dar. Weitere Lyrikanthologien, die als Quellen für Liedtexte gedient haben mögen, sind die Sammlungen *Irrgarten der Liebe* von Otto Julius Bierbaum und das Kindergedichtebuch *Fitzebutze* von Paula und Richard Dehmel. Ganz im Geiste des frühen deutschen Kabaretts stehen auch Hans Ostwalds *Lieder aus dem Rinnstein*, eine naturalistisch geprägte Gedichtsammlung aus Texten vom Mittelalter bis zur Jahrhundertwende, die vielfach das einfache Volksleben in seiner ganzen Härte aufzeigt und die Außenseiter der Gesellschaft, die Dirnen, Armen und Verbrecher, thematisiert. Dass nur vier Texte aus dieser inhaltlich für die *Scharfrichter* so geeigneten Sammlung auf dem Schwabinger Brettl gesungen wurden, ist auf das Erscheinungsdatum des Buches zurückzuführen, das in drei Bänden 1903, 1904 und 1906 auf den Markt kam. Damit hatten die Komponisten der *Scharfrichter* bis zum Ende der Bühne im Mai 1904 kaum noch Gelegenheit, aus dieser Quelle zu schöpfen. Allerdings hat Ostwald mehrere Liedtexte, die auf der Bühne der *Scharfrichter* zuerst bekannt wurden, in die Sammlung aufgenommen.[776]

Als weitere Textquellen kommen die beiden Zeitschriften *Simplicissimus* und *Jugend* in Betracht. Im *Simplicissimus* erschienen zuerst die Texte der Soldatenlieder von Ludwig Thoma, die in Weinhöppels Vertonung zu den Schlagern der *Scharfrichter* wurden, sowie Bierbaums *Im Walde* und Hugo Salus' *Einfältiges Lied*, die *Jugend* druckte Börries von Münchhausens *Page von Hochburgund*. Die beiden Lieder *Des Narren Versuchung* und *Der Schusterjunge* aus dem Repertoire der *Scharfrichter* fanden ihrerseits durch die *Jugend* Verbreitung, wo jeweils das Gedicht sowie eine handschriftliche Notenzeile der Ruchschen Vertonung abgedruckt wurden.

Für Richard Weinhöppel war neben den *Deutschen Chansons*, von denen er vierzehn vertonte, die Sammlung

Paul Rieths Illustration des »Schusterjungen« in der Jugend 4 (1902).

---

[775] Folgende Texte dieser Autoren, die als Lieder bei den *Scharfrichtern* erklangen, wurden auch von anderen Tonschöpfern aus dem Bereich der ernsten wie auch der leichten Musik komponiert. Bierbaum: *Gigerlette* – Arnold Schönberg; *Rieke im Manöver* – Victor Hollaender, James Rothstein; *Rosen* – Victor Hollaender, Béla Laszky; Dehmel: *Der Arbeitsmann* – Richard Strauss; Falke: *Die Verschmähte* – Max Reger; Liliencron: *Bruder Liederlich* und *Ich liebe dich* – Richard Strauss; *Müde* – Hans Pfitzner, Oscar Straus.

[776] *Eh du mon dieu, mon dieu!*, *Brigitte B.*, *Die Dirne* (Leo Greiner), *Der Tantenmörder*, *Die Tänzerin* und *Tanzlied*.

Lieder aus des Knaben Wunderhorn von Achim von Arnim und Clemens Brentano die wichtigste Textquelle, aus der er immer wieder schöpfte und insgesamt 21 *Wunderhorn*-Vertonungen für die *Scharfrichter* schuf.⁷⁷⁷ Wie Weinhöppel auf die Sammlung aufmerksam wurde, ist nicht überliefert, doch kannte er mit großer Wahrscheinlichkeit die *Wunderhorn*-Lieder Gustav Mahlers, die bis auf wenige Ausnahmen in den Jahren 1892 und 1899 erschienen waren.⁷⁷⁸ Wie Mahler war auch er der Überzeugung, dass sich »vollendet schöne Gedichte«⁷⁷⁹ nicht dazu eignen, vertont zu werden.⁷⁸⁰ Und somit mag auch Mahlers Diktum, dass es sich bei den *Wunderhorn*-Texten um »keine vollendeten Gedichte«, sondern um »Felsblöcke« handle, »aus denen jeder das Seine formen dürfe«,⁷⁸¹ seiner eigenen Auffassung entsprochen haben. Anders als Mahler hat Weinhöppel aber kaum in die Texte eingegriffen und sie, bis auf gelegentliche Wiederholungen einzelner Verse, nicht verändert oder kombiniert. Mit 38 Vertonungen ist Mahler derjenige Komponist, der sich um 1900 am intensivsten mit der *Wunderhorn*-Sammlung beschäftigte, gefolgt von Theodor Streicher, dessen 1903 erschienene dreißig *Wunderhorn*-Lieder große Popularität erlangten;⁷⁸² weitere 22 *Wunderhorn*-Lieder schuf der Komponist Otto Vriesländer. Weinhöppel belegt mit 21 Titeln somit den vierten Platz in der Liste jener Komponisten, die sich zur Zeit der Jahrhundertwende mit der romantischen Volksliedersammlung beschäftigten. Trotzdem taucht sein Name in dem umfangreichen Komponistenverzeichnis des 2008 erschienenen Sammelbands *Von Volkston und Romantik. Des Knaben Wunderhorn in der Musik* nicht auf.⁷⁸³

Unter den Autoren der französischen Chansontexte ist Marc Henry mit achtzehn Titeln zuerst zu nennen. Zwölf dieser Gedichte vertonte er selbst und stellte sich damit in die Tradition der auteurs-compositeurs-interprètes, also jener Autoren, die ihre Texte selbst in Musik setzten und auch selbst auf der Bühne vortrugen und die die Pariser Cabaret-Szene um 1900 wesentlich prägten.⁷⁸⁴ Auch bei vielen weiteren Chansons, die aus den Pariser Cabarets übernommen wurden, sind Autor und Komponist identisch. In fast allen Fällen stammen die Texte von zeitgenössischen Autoren der Pariser Künstlerszene, darunter auch Maurice Maeterlinck oder Jean Richepin.

Liedtypen

In seiner Monographie *Das literarische Chanson in Deutschland* unterscheidet Wolfgang Ruttkowski vier »Haupttypen der Sprechhaltung«⁷⁸⁵ in den Kabarett-Liedern: 1. die Selbstdarstellung, 2. die Darstellung einer Handlung, 3. die Darstellung einer Reflexion, bei der bevorzugt »unpersönliche Ausdrücke wie ›man‹ oder ›es‹ oder ›die Menschen‹«⁷⁸⁶ erscheinen, oder 4. die Darstellung einer Stimmung/eines Zustands,⁷⁸⁷ wobei diese vier Typen meist nicht streng voneinander zu trennen sind.

Gemessen an dieser Kategorisierung zählt knapp die Hälfte aller Lieder und Chansons, die auf dem Schwabinger

---

⁷⁷⁷ Wenngleich die Verwendung der Gedichtsammlung bei den *Scharfrichtern* auch überraschen mag, kann das *Wunderhorn* keinesfalls als die textliche Hauptquelle des Schwabinger Brettls bezeichnet werden, wie bei Heinz Greul zu lesen ist, vgl. Greul, *Bretter*, S. 164f. Vielmehr überwiegen die frechen und parodistischen Töne von Wedekind und Gumppenberg, die jeweils über dreißig Texte zum Repertoire beisteuerten.

⁷⁷⁸ Vgl. Peter Revers, *Mahlers Lieder. Ein musikalischer Werkführer*, München 2000, S. 75f. Der ähnliche Beginn der Lieder *Das Huhn und der Karpfen* von Weinhöppel und *Lob des hohen Verstands* von Mahler lassen darauf schließen, dass Weinhöppel Mahlers Komposition kannte, siehe S. 240 dieser Arbeit.

⁷⁷⁹ Äußerung Gustav Mahlers gegenüber Ida Dehmel, zitiert nach Revers, *Mahlers Lieder*, S. 15.

⁷⁸⁰ Siehe S. 189 dieser Arbeit.

⁷⁸¹ Zitiert nach Revers, *Mahlers Lieder*, S. 15.

⁷⁸² Vgl. Eva Offenthaler, *Streicher Theodor*, in: *Österreichisches biographisches Lexikon: 1815–1950*, hg. v. der Österreichischen Akademie der Wissenschaften, Bd. 13, Wien 2010, S. 389f.

⁷⁸³ Vgl. Caren Benischek, *Anhang*, in: Antje Tumat (Hg.), *Von Volkston und Romantik. Des Knaben Wunderhorn in der Musik*, Heidelberg 2008, S. [191]–216.

⁷⁸⁴ Zu den auteurs-compositeurs-interprètes der Pariser Cabaret-Szene siehe Bercy, *Montmartre*, und Petersen, *Chat Noir*.

⁷⁸⁵ Ruttkowski, *Chanson*, S. 12.

⁷⁸⁶ Ebd., S. 13.

⁷⁸⁷ Zu diesem vierten Typ liefert Ruttkowski keine weitere Erklärung, so dass unklar ist, ob es ihm um die Darstellung der Stimmung von einem lyrischen Ich geht, oder ob die Schilderung einer Stimmung durch einen auktorialen Erzähler gemeint ist, der nicht persönlich betroffen ist und nur als Vermittler fungiert. Hier wird dieser vierte Typ in der letztgenannten Weise verstanden.

Brettl vorgetragen wurden, zur ersten Kategorie der Rollenlieder, in denen eine bestimmte Figur in der Ich-Perspektive spricht. Für das Kabarett als eine Theaterbühne ist dieser Typus, der bei den *Scharfrichtern* häufig auch mit Kostümen und Requisiten inszeniert wurde, naturgemäß besonders geeignet. Die deutlichste Form der Selbstdarstellung findet sich in jenen Liedern, in denen die Figuren sich mit ihrem Namen vorstellen und ihr Leben, ihr Wesen oder ihre Tätigkeiten besingen: »Ich bin der arme Kunrad«, »Ich bin Hobby-Bob der Kleine«, »Je suis Rosa la rouge«, »Enfant, c'est moi qui suis Lisette« etc.[788] In den meisten Fällen sind die Figuren zwar nicht so explizit benannt, doch ist auch in diesen Liedern der jeweilige Typ, der Soldat, die Dirne, der Narr usw., eindeutig zu erkennen. Häufig treten die Figuren hinter die von ihnen geäußerten Gefühle, Gedanken oder Erinnerungen zurück. In diesen Liedern, einer Mischung der von Ruttkowski definierten Typen eins und vier, spricht zwar weiterhin ein lyrisches Ich, doch steht weniger das Typhafte der Figur als vielmehr ihre Stimmung oder Reflexion im Vordergrund wie z. B. in *An deine schneeweiße Schulter*, *Ich liebe dich* oder im *Lied in der Nacht*.

Mit gut fünfzig Titeln nehmen jene Lieder der zweiten Kategorie, die aus der Perspektive des auktorialen Erzählers über eine Handlung berichten, den zweitgrößten Teil ein. Hierzu zählen etwa alle Titel mit balladesken Elementen wie *König Regnar Lodbrog*, *Der Page von Hochburgund*, *Die Schenkin*, *Le couteau* und *Le pendu*, aber auch viele legenden- oder märchenhafte Texte aus *Des Knaben Wunderhorn* wie *Des Antonius zu Padua Fischpredigt*, *Flussübergang* oder *Incognito*. Auch im *Scharfrichter*-Repertoire von Frank Wedekind finden sich viele Handlungslieder wie die von ihm selbst gedichteten Balladen *Das arme Mädchen* und *Brigitte B.* oder die von ihm vorgetragenen volkstümlichen Moritaten *Heinrich und Wilhelmine*, *Kutscher Neumann* und das *Lied vom Bürgermeister Tschech*.

Sehr viel kleiner ist mit etwa 25 Titeln die Gruppe jener Lieder, die nach Ruttkowski zur dritten Kategorie der allgemeinen Reflexionen oder Beobachtungen zu zählen sind. Abgesehen von einigen wenigen deutschen Liedern wie *Erntelied* oder *Pech des Armen* besteht diese Rubrik auffälligerweise überwiegend aus französischen Chansons, darunter *Les bas*, *Les chapeaux*, *Les gants* und *Les souliers* aus Marc Henrys *Cycle des extrémités*, in denen allgemeine Beobachtungen über die titelgebenden Kleidungsstücke angestellt werden, aber auch Lieder, die alltägliche Phänomene wie das Alter (*Les bons vieux*) oder den Jahreswechsel (*La Vilanelle*) besingen.

Eine klare Unterscheidung zwischen den Kategorien drei und vier, der Darstellung einer Reflexion und einer Stimmung/eines Zustands, ist in vielen Fällen nur schwer zu ziehen. Lieder, die ausschließlich der vierten Kategorie zuzurechnen sind, existieren im Repertoire der *Scharfrichter* so gut wie nicht, da in den meisten Fällen eine Stimmung oder ein Zustand von einem lyrischen Ich, nicht aber von einem außenstehenden Erzähler dargestellt wird und damit eher eine Mischform der Haupttypen eins und vier entsteht. Am ehesten sind Genrebilder wie etwa *Der Lumpensammler* oder *La marche des petits Pierrots* zur vierten Kategorie zu zählen.

Doch nicht alle Lieder des Schwabinger Brettls lassen sich anhand von Ruttkowskis Modell typologisieren. Eine eigene, wenn auch recht kleine Gruppe bilden jene Titel, in denen eine Handlung oder Stimmung dialogisch, häufig im Wechsel von Frage und Antwort, dargestellt wird, wie in Maurice Maeterlincks *Chanson d'une morte*:

Et s'il revenait un jour
Que faut-il lui dire?
Dites-lui qu'on l'attendit
Jusqu'à s'en mourir.

Et s'il m'interroge alors
Sans me reconnaître?
Parlez-lui comme une sœur
Il souffre peut-être.[789]

Nach dem gleichen Muster sind auch die Lieder *Kauft den Amor*, *Die Macht des Kapitals*, *Die schlechte Mutter*, *Spinnerlied*, *Zwiegespräch* und *Le fils du roi à la fontaine* konzipiert.

---

[788] Beginn der Lieder von Heinrich von Reder (?), *Der arme Kunrad*, 3. Strophe, 5. PH, S. 20, MSB Mon., 4° Mon 1017, Otto Falckenberg, *Der traurige Clown*, 6. PH, S. 17, DKA, Ordner LK/C/1, Aristide Bruant, *A Montrouge*, bei den *Scharfrichtern* in Hanns von Gumppenbergs Mundartfassung *Dö fuchsate Rosl*, 6. PH, S. 14, DKA, Ordner LK/C/1, und Frédéric Bérat, *Les souvenirs de Lisette*, 5. PH, S. 11, MSB Mon., 4° Mon 1017.

[789] Maurice Maeterlick, *Chanson d'une morte*, 1. und 2. Strophe, 7. PH, S. 8, DKA, Ordner LK/C/1.

Eine weitere eigene Gruppe bilden jene Lieder, in denen der Gesang eine Handlung begleitet, die also nicht narrativ, sondern performativ sind. Hierzu zählen die Wiegen- und Schlaflieder *Die Mutter bei der Wiege*, *Schlummerliedchen*, *Schlumm're Kind* und *Berceuse*, das Kinderlied *Der liebe Weihnachtsmann* wie auch die Gebetslieder *Johann von Nepomuk*, *Le pardon* und Wedekinds Gotteslob-Parodie *Die Heilsarmee*. Weiterhin gehören zu dieser Gruppe auch jene Lieder, in denen der Vorgang des Singens selbst als performativer Akt thematisiert wird, so in den beiden Ständchen *Pierrots Ständchen* und *La sérénade du pavé* oder in dem Lied *Der Nachtwächter*. Die *Tageweise der Landstörzer* beginnt mit dem Satz: »Jetztund will ich von Herzen singen eine Tageweise«,[790] die *Berceuse obscène* mit den Worten: »Écoutez, écoutez la jolie chanson,/Que les nourrices cauchoises chantent à leur nourrisson«.[791] Auch in diesen beiden Liedern wird also der Vorgang des Singens explizit formuliert.

In keine der beschriebenen Gruppen passt das »allen sangesfrohen Goldschnittlyrikern gewidmete« *Aus allen Zweigen* von Gustav Falke, eine der wenigen vertonten Lyrikparodien der *Scharfrichter*:

Gedüftel,
Getüftel,
Gedächtel,
Gemächtel,
Ein Dudel, ein Didel
Ein wunderschön's Liedel.
Ei ja!

Ein Tonnerl,
Ein Wonnerl,
Ein Herzerl,
Ein Schmerzerl,
Ein Veigerl, ein Röserl,
Ein Schürzerl, ein Höserl,
Ei ja!

Ein Dornerl,
Ein Zornerl,
Ein Witzerl,
Ein Blitzerl,
Ein Dudel, ein Didel,
Ein wunderschön's Liedel.
Piep! Piep! –[792]

Etwas mehr als ein Viertel aller Titel sind Refrainlieder, darunter etwa vierzehn Couplets. Den Zeitgenossen galt das Genre Couplet wenig geeignet für das Kabarett, da die in ihm porträtierten burlesken Typen wie der »arrogante Leutnant, der stramme Unteroffizier, [...] Dienstmädchen, Kellner, Briefträger« etc., seine häufig seichten Themen »Liebe und eheliche Abwege samt Hausfreund und böser Schwiegermutter, Auswüchse der Mode wie Krinoline und Cancan, Tingeltangel und Kneiprunde«[793] mitsamt seiner leichten, tändelnden Musik eher den Varietébühnen zugeordnet wurden.[794]

Die meisten der *Scharfrichter*-Couplets unterschieden sich jedoch offensichtlich inhaltlich und musikalisch so deutlich von den typischen Varieté-Couplets, dass sie von den Kritikern nicht mit diesen in Zusammenhang gebracht oder als solche bezeichnet wurden.[795] Die formale Struktur des Couplets mit unterschiedlichen Strophen, die mit einem pointierten kurzen Kehrreim abschließen, ist jedoch in mehreren Liedern nachweisbar. Zu den *Scharfrichter*-Couplets zählen Wedekinds *Eh du mon Dieu, mon Dieu*, dessen Strophen jeweils mit dem Fluch »Sacre di bleu!« enden. Sehr amüsant ist der variierende Kehrreim der *Ersten Konjugation*, in dem das lateinische Verb »amare« der Handlung entsprechend im Konjunktiv, Futur etc. durchkonjugiert wird. Einige dieser Titel sind dann aber doch nicht ganz frei von jener

---

[790] Beginn der *Tageweise der Landstörzer* aus Hans Jakob Christoffel von Grimmelshausens *Der abenteuerliche Simplicissimus Teutsch*, 14. PH, S. 17, DKA, Ordner LK/C/1.

[791] Franc Nohain, *Berceuse obscène*, 8. PH, S. 14, MSB Mon. 4° Mon 1017.

[792] Gustav Falke, *Aus allen Zweigen*, 3. PH, [o. S.], DKA, Ordner LK/C/1.

[793] Lukas Richter, *Das Berliner Couplet der Gründerzeit*, in: Carl Dahlhaus (Hg.), *Studien zur Trivialmusik des 19. Jahrhunderts*, Regensburg 1967 (Studien zur Musikgeschichte des 19. Jahrhunderts, 8), S. 208.

[794] Vgl. [J. F. W.], [Das Karnevalsprogramm der 11 Scharfrichter], in: *MZ*, Nr. 24, 30.1.1903, S. 2.

[795] Eine Ausnahme hiervon bildet die Nummer *Variationen über Scharfrichtermotive*, die in der Presse als Couplet bezeichnet wird.

Pikanterie, wie sie für das Couplet typisch ist, wie etwa *Die Kokette* oder Leo Greiners *Die Freunde des Herrn*:

Wenn ich durch das Zimmer husche
Mit dem Wedel, weiss ich schon:
Lauernd hinterm Makartbusche
Sitzt mein Herr, der Herr Baron.
Zwinkert gar sehr,
Schmunzelt noch mehr.
Kätzchen, spricht er, willst du's wagen?
Dein Gelächter hör ich gern.
Ich darauf: Dasselbe sagen
Die Freunde des Herrn.

Meine weissen Zähne blitzen
Und mein Mund ist rot und hell,
Schleicht er leis auf Zehenspitzen,
Heimlich wie ein Thronrebell.
Fasst mich gar schwer,
Küsst mich noch mehr.
Kätzchen, spricht er, willst du's wagen?
Deine Küsse spür ich gern.
Ich darauf: Dasselbe sagen
Die Freunde des Herrn.

Wurde, was hat werden müssen.
Spricht er leis und lächelt schlau:
Kätzchen, Du bist in den Kissen
Süsser noch als meine Frau.
Lache ich fix,
Mach' einen Knix:
Süsser als die Gnädige? fragen
Sie nur um! Ich glaub' es gern.
Denn genau dasselbe sagen
Die Freunde des Herrn.[796]

Über seinen Inhalt ist das Couplet nur schwer zu definieren, es kann sowohl aus einer Reihe von Einzelsituationen wie auch aus einer fortlaufenden Geschichte bestehen, es ist mal pikant und seicht, mal jedoch durchaus auch zeitkritisch. Sein wesentliches Strukturmerkmal ist die wiederkehrende Pointe im Refrain, die dafür sorgt, dass »jede Strophe ›für sich‹ [...] abgeschlossen wirkt und auf diese Weise der Eindruck der typischen Situationsreihung erweckt wird.«[797] Der Kehrreim ist der Clou jeder Strophe und wird seinerseits durch die vorangehenden Verse immer etwas anders eingefärbt. Keine Couplets sind demnach jene Lieder aus dem *Scharfrichter*-Repertoire, die zwar einen sehr kurzen Kehrreim aufweisen, in denen dieser jedoch nicht als Pointe, sondern eher als ein wiederholtes Motto oder eine Art Mahnung fungiert, wie im *Erntelied* (»Mahle, Mühle, mahle«), *In der Nacht* (»Gott sei uns Sündern gnädig«), *Der Tod singt* (»Lösche aus«) oder den beiden Liedern *Kurz ist der Frühling* und *Dansons la Gigue*, die den Refrain im Titel tragen. Allerdings lässt sich sicherlich über die Frage streiten, ob ein Refrain eher als Pointe oder als Motto zu bewerten ist und ein Lied daher als Couplet bezeichnet werden kann oder nicht.

Themen der Lieder

Der Themenkreis der *Scharfrichter*-Lieder ist weit gesteckt, doch treten auch hier jene Sujets deutlich hervor, die Walter Rösler als die thematischen Hauptbereiche des Kabarettlieds in der Zeit von 1901 bis 1933 benannt hat, nämlich erotische Sujets, Außenseiter der Gesellschaft und Zeitkritik.[798] Die größte Gruppe bilden mit etwa sechzig Titeln Lieder mit erotischen Inhalten. Diese reichen vom Liebessehnen bis hin zur Verführung und zum Liebesakt, in allen Fällen aber steht die Körperlichkeit im Mittelpunkt. Vieles bleibt hier recht harmlos, es wird gemeinsam getanzt, getrunken, man geht spazieren oder fährt mit der Kutsche, tauscht Küsse, lobt und ersehnt den geliebten Menschen. Gelegentlich mischen sich aber auch deutlichere Anspielungen hinein, wie etwa in Goethes Preislied *Christel*:

Ist eine, die so lieben Mund,
Liebrunde Wänglein hat?
Ach, und es ist noch etwas rund,
Da sieht kein Aug' sich satt![799]

---

[796] Leo Greiner, *Die Freunde des Herrn*, 8. PH, S. 7, MSB Mon., 4° Mon 1017.

[797] Rösler, *Chanson*, S. 240.

[798] Vgl. ebd., S. 201–234.

[799] Johann Wolfgang von Goethe, *Christel*, Ausschnitt der 2. Strophe, 12. PH, S. 16, MSB Mon., 4° Mon 1017.

Auch der Beischlaf wird wiederholt mehr oder weniger direkt besungen wie in Wedekinds *Stallknecht und Viehmagd* oder Lautensacks *Wiegenlied*:

Da liegen Stallknecht nun und Viehmagd
Und schauen sich verwundert an,
Und nachher thun sie, was man nie sagt
Doch was man leicht erraten kann.[800]

***

Singet Gross und Alt den Kleinen,
Unsern lieben Kleinen Ruh.
Machet, dass die Aeuglein zu,
Dass die Kleinen nimmer weinen ...
   Irgendwo im Dunkel
   Liegt ermattet Leib an Leib –
   Ruhig selig Mann und Weib
   Unter Sterngefunkel ...[801]

Besonders drastisch sind die Texte der beiden französischen Chansons *Le fils du roi à la fontaine* von Edmond Blanguernon und *Héloïse et Abeilard* von Xanrof, und es stellt sich die Frage, ob es den mangelnden Französischkenntnissen des Zensors zu verdanken war, dass diese Stücke vorgetragen werden durften.

Et puis à bouche que veux-tu
A la fraise rouge a mordu,
Tontaine!
Méme ... à la figue est descendu
Tonton, tontaine,
A la fontaine.[802]

***

Le tuteur de la demoiselle
Lui avait inculqué déjà – a
Plus d'une leçon superficielle,
Oï! aï! ma mère! oï! aï! papa!
Mais ça n' laissa pas d' la surprendre
Quand l' bel Abeilard lui donna – a
Un très long morceau à apprendre
Oï! aï! ma mère! oï! aï! papa!

Or le tuteur, comm' dans un drame,
Un' nuit chez Abeilard entra – a
Lui diminuer son programme,
Oï! aï! ma mère! oï! aï! papa!
Mais dans son ardeur criminelle,
A lieu d'élaguer, il retrancha – a
La partie la plus essentielle ...
Oï! aï! ma mère! oï! aï! papa![803]

Fast ebenso umfangreich wie die Gruppe der erotischen Lieder ist das Repertoire, das sich mit den Außenseitern der Gesellschaft, den Dirnen, Lumpen und Verbrechern, beschäftigt oder mit phantastischen Figuren, die eine Alternative zum bürgerlichen Lebenskonzept verkörpern, wie Narren, Schelme und Pierrots. Ihnen allen gilt die besondere Sympathie der Schwabinger Kabarettisten, die sich als antibürgerliche Bohemiens mit dieser Gruppe der Ausgestoßenen identifizierten.

Gut zwanzig Titel umfasst die Gruppe der zeit- und gesellschaftskritischen Lieder, die jedoch kaum wirklich scharfe Töne anschlagen und nur wenig mit der oftmals schneidenden Polit-Satire heutiger Kabarettlieder gemein haben. Spießbürger- und Beamtentum und Großstadtbürokratie sind, vor allem in den französischen Chansons, beliebte Zielscheiben,[804] auch der Kapitalismus wird gelegentlich angeprangert oder ganz allgemein die Schlechtig-

---

[800] Frank Wedekind, *Stallknecht und Viehmagd*, 7. Strophe, in: Wedekind, KSA 1/III, S. 177.

[801] Heinrich Lautensack, *Wiegenlied*, 3. Strophe, 6. PH, S. 13, DKA, Ordner LK/C/1.

[802] Edmond Blanguernon, *Le fils du roi à la fontaine*, 5. Strophe, 12. PH, S. 9, MSB Mon., 4° Mon 1017.

[803] Léon Xanrof, *Héloïse et Abeilard*, 3. und 4. Strophe, 13. PH, S. 19, DKA, Ordner LK/C/1.

[804] So in Abraham a Sancta Claras *Des Antonius von Padua Fischpredigt*, Ludwig Thomas *Lehrhaftem Gedicht* und *Die Thronstütze*, Léon Xanrofs *L'encombrement*, Del Marcouds und Paul Briollets *La grosse dame*, Maurice Mac-Nabs *Le pendu*, Paul Mariniers *Les plaisirs du dimanche* und Rodolphe Bringers *La vertu punie*.

keit der Welt.⁸⁰⁵ Themen dieser Art blieben von der Zensurbehörde gewöhnlich unbeanstandet, aber auch gegen Lieder, die Kritik an Politik und Kirche äußerten, ging die Polizeidirektion nur selten vor. Die beiden sozialkritischen Texte von Richard Dehmel *Erntelied* und *Der Arbeitsmann*, in denen, wenngleich auch sehr zurückhaltend, der aufziehende Sturm der Revolution beschworen wird, wurden ebenso wenig moniert wie das thematisch ähnliche Landsknechtlied vom *Armen Kunrad*. In historischer Bemäntelung erschien offensichtlich auch dieser Text unbedenklich, wenngleich er durchaus deutliche Töne anschlägt:

Ich bin der arme Kunrad,
Jetzt komm ich mit dem Spiess
Und dünge mit dem Blute
Den Acker und die Wies'.
Ich zünd' mit Pech und Schwefel
Das Schloss und Kloster an,
Der Bischof und der Landvogt
Soll kommen jetzt daran.
Ich bin der arme Kunrad
Und schlag im Land herum:
*Trum, Trum, Trum!*⁸⁰⁶

Auch die Person der Majestät konnte kritisch dargestellt werden, solange es sich um eine fiktive oder märchenhafte Figur handelte wie in *Der freigebige König* oder der *Einfältigen Ballade*. Auch das Spottlied über das verschwenderische Leben der Minister *Un bal chez le ministre* durfte gesungen werden, ebenso wie Wedekinds *Zoologe von Berlin*, die satirische, aber unmissverständliche Verteidigungsrede eines wegen Majestätsbeleidigung angeklagten Zoologen:

Ebenso hab vor den Staatsgewalten
Ich mich vorschriftsmäßig stets geduckt,
Auf Commando oft das Maul gehalten
Und vor Anarchisten ausgespuckt.
Auch wo Spitzel horchen in Vereinen,
Sprach ich immer harmlos wie ein Kind.
Aber deshalb kann ich von den Schweinen
*Doch nicht sagen, daß es Menschen sind.*⁸⁰⁷

Das einzige kirchenkritische Lied aus dem *Scharfrichter*-Repertoire *Im Schlosse Mirabell* erzählt von dem ausschweifenden Lebenswandel des Erzbischofs von Salzburg, der ungeachtet seines Amtes die »schönen Jungfräulein« liebt und um dieser Verfehlung willen zuletzt gefangen gesetzt wird. Während die Zensurbehörde an dieser Darstellung nichts auszusetzen fand, wurde dagegen Friedrich Nietzsches *Fromme Beppa* als zu drastische »Satire auf das Beichtinstitut«⁸⁰⁸ empfunden und verboten:

Die Kirche weiß zu leben,
sie prüft Herz und Gesicht.
Stets will sie mir vergeben, –
Ja, wer vergibt mir nicht!
Man lispelt mit dem Mündchen,
Man knixt und geht hinaus,
Und mit dem neuen Sündchen
*Löscht man das alte aus.*⁸⁰⁹

Von den sozialkritischen Liedern wurde lediglich Adam Mickiewiczs *Zarenlied* verboten, da der hier geschilderte Plan von der Erhängung des Zaren der Zensurbehörde offensichtlich zu weit ging. *Die fromme Beppa* und das *Zarenlied* sind die beiden einzigen Lieder aus dem Themenkreis der Politik- und Kirchenkritik, die von den *Scharfrichtern* bei der Zensurbehörde vorgelegt und von dieser verboten wurden. Ob die Kabarettisten darauf verzichteten, weitere Titel dieser Art bei der Polizeidirektion

---

[805] Kapitalismuskritik findet sich in Gumppenbergs *Pieter van der Butterseiten* und Wedekinds *Der Thaler*, die Schlechtigkeit der Welt thematisiert Letzterer im *Lied des Knaben*.

[806] *Der arme Kunrad*, 3. Strophe, 5. PH, S. 20, MSB Mon., 4° Mon 1017. Als Textautor ist hier Heinrich von Reder genannt, der ein Gedicht mit gleichem Titel verfasst hat, das jedoch anders lautet als das im Programmheft abgedruckte.

[807] Frank Wedekind, *Der Zoologe von Berlin*, 4. Strophe, in: Wedekind, KSA 1/III, S. 101.

[808] Vorstellungsbericht vom 8.2.1904, StAM, Pol. Dir. 2057/3.

[809] Friedrich Nietzsche, *Die fromme Beppa*, 3. Strophe, in: Ders., *Sämtliche Gedichte*, mit einem Nachwort v. Ralph-Rainer Wuthenow, Zürich 1999, S. 100.

einzureichen, weil die Verbote ohnehin vorhersehbar waren, oder weil das Themenfeld nur eine untergeordnete Rolle für sie spielte, muss offen bleiben. Neben diesen drei inhaltlichen Hauptbereichen der Lieder, erotischen Sujets, der Darstellung von gesellschaftlichen Außenseitern und der Zeitkritik, erscheinen als weitere häufige Themen der Tod (etwa zwanzig Titel), märchenhafte Sujets (etwa sechzehn Titel, besonders aus *Des Knaben Wunderhorn*), die Liebesklage (ca. dreizehn Titel), Soldaten (dreizehn Titel), religiöse Themen (acht Titel) sowie Kinder- und Wiegenlieder (sieben Titel).

Die »Kreation« der Lieder
Die Bedeutung der Lieder und Chansons für das Schwabinger Brettl erklärt sich jedoch nicht allein durch ihre schiere Masse, sondern basierte ganz entscheidend auch auf ihren Interpreten. Viele Lieder entstanden explizit für bestimmte Sängerinnen und Sänger und wenn es in den Notendrucken immer wieder heißt, ein Lied sei von seinem Interpreten »creiert« worden, so vermittelt dies die Einstellung der Kabarettisten, dass der Entstehungsprozess eines Stücks nicht bereits durch die Komposition, sondern erst durch den Vortrag abgeschlossen war. Erst durch die spezifische Darbietung der jeweiligen Sängerinnen und Sänger wurden die Lieder lebendig und damit zur Vollendung gebracht. Und mit ihren wichtigsten Gesangsstars, der dämonischen Delvard, dem eleganten Henry, dem volkstümlichen Kothe und dem hemdsärmeligen Wedekind, verfügten die *Scharfrichter* über ein breites Spektrum an ausdrucksstarken Typen, die das Erscheinungsbild des Schwabinger Kabaretts wesentlich mitprägten.

9 Themen

Angesichts der Themenvielfalt, die auf der Bühne der *Scharfrichter* behandelt wurde, erscheint es sinnvoll, die verschiedenen Sujets nicht einzeln aufzuführen, sondern danach zu fragen, ob in diesem Repertoire eine über die Botschaft des jeweiligen Stücks hinausweisende Grundhaltung und damit so etwas wie eine programmatische Einstellung der Kabarettisten zu erkennen ist. Allerdings ergeben sich bei dem Versuch, das Repertoire zu kategorisieren, gewisse Schwierigkeiten, da viele Titel nicht eindeutig typisiert werden können. So verfolgten etwa die zahlreichen Literaturparodien, in denen die zeitgenössischen Literaturströmungen aufs Korn genommen wurden, einerseits einen kritischen Ansatz, hatten zugleich aber auch einen hohen Unterhaltungswert. Figuren wie Verbrecher und Dirnen, die in vielen Nummern erscheinen, sind Ausdruck einer sozialkritischen Haltung, repräsentieren jedoch zugleich die antibürgerliche Gesellschaftsutopie, der sich die *Scharfrichter* verschrieben hatten. Die folgende Aufteilung des Repertoires in 1. gesellschaftskonforme, 2. kritische und 3. visionäre Darstellungen, in denen die *Scharfrichter* Alternativen zu den von ihnen beklagten Zuständen aufzeigen, erhebt daher keinen Absolutheitsanspruch, sondern möchte einen möglichen Interpretationsansatz der verschiedenen Themen aufzeigen.[810] Nach dieser Deutung umfassen die Nummern der ersten Kategorie (gesellschaftskonforme Stücke) etwa 15 Prozent, die der zweiten Kategorie (kritische Stücke) etwa 35 Prozent und die der dritte Kategorie (visionäre Stücke) etwa 50 Prozent des Repertoires.

9.1 Bürgerlicher Konformismus

Obgleich die *Elf Scharfrichter* großen Wert auf ihre Inszenierung als Bohemiens legten, gelang es ihnen nicht, eine gewisse bourgeoise Attitüde gänzlich abzustreifen – zumal viele ihrer Mitglieder ja aus einem (groß-)bürgerlichen

---

[810] Für die Inhalte der verschiedenen Nummern, die im Folgenden dargestellt sind, siehe, soweit hier nicht angegeben, das vorhergegangene Kapitel IV.8 sowie die Berichte der zeitgenössischen Presse im Repertoireverzeichnis unter www.allitera.de/files/Elf-Scharfrichter.html.

Umfeld stammten. Hiervon zeugen die zahlreichen Texte klassischer Autoren in ihrem Repertoire, die ganz dem bürgerlichen Bildungskanon entsprachen, wie auch jene Darbietungen, in denen die *Scharfrichter* sich als gute Patrioten gebärdeten. Vielen weiteren Nummern, die der reinen Unterhaltung dienten, fehlt jegliche nonkonformistische, kritische Note, da sie in erster Linie darauf angelegt waren, dem Publikum die Gelegenheit zur Entspannung und zum reinen Kunstgenuss zu bieten. Gleichzeitig waren einige dieser Nummern jedoch nicht ganz so harmlos und oberflächlich, wie es zunächst vielleicht scheinen mag.

9.1.1 Kunstpflege

Obwohl die *Elf Scharfrichter* in erster Linie als Unterhaltungsbühne rezipiert wurden, zählten auch Vermittlung und Pflege großer und ernster Kunst zu ihren erklärten Zielen. Hiervon zeugen die zahlreichen Werke kanonisierter Autoren und Komponisten, die in ihrem Repertoire erscheinen, etwa von Walther von der Vogelweide, Miguel de Cervantes, Hans Sachs, Christoph Martin Wieland, Matthias Claudius, Johann Wolfgang von Goethe, Gottfried August Bürger, Annette von Droste-Hülshoff, Novalis, Friedrich Hölderlin, Heinrich Heine und Joseph von Eichendorff, Carl Loewe und Franz Schubert.[811] Die Hinwendung zu diesen Geistesgrößen des klassischen bildungsbürgerlichen Kanons erfüllte dreierlei Funktionen: Sie betonte den künstlerischen Anspruch des Brettls und diente zugleich als Legitimation für die inhaltliche Ausrichtung der *Scharfrichter*, denn ihre morbiden, kritischen, pikanten und übermütigen Themen waren ja bereits in den Werken eben dieser namhaften Autoren behandelt worden. Zugleich macht dieser Rekurs auf den klassischen Kanon deutlich, dass die *Scharfrichter* sich ganz bewusst in dieser Tradition bewegten, da sie sich nicht ausschließlich als Satiriker, sondern auch und vor allem als Künstler verstanden wissen wollten. Sie selbst bezeichneten sich als »Künstlerbrettl«, wie Willy Rath es in seinem programmatischen *Vorspruch* beschreibt: »Der Henkersdienst erschöpft uns nicht, / Dieweil wir Künstler sind und bleiben«.[812] Aus dieser Einstellung erklärt sich auch, warum bei vielen der Mitwirkenden die Lust am Kabarett nachließ, als immer deutlicher wurde, dass sich die hohen künstlerischen Ansprüche, die man an die neue Gattung gestellt hatte, nicht realisieren ließen. Falckenberg, Wedekind oder Weinhöppel, die sich als ernste Künstler verstanden, hatten kein Interesse daran, ihre schöpferischen Kräfte auf Dauer ausschließlich in den Dienst der leichten Unterhaltung zu stellen.[813] Das Publikum aber bevorzugte leichte Themen und quittierte die gelegentlich allzu ernsten Töne mit Ablehnung: »Im Ganzen wurde vielleicht in der langen Reihe von Vorträgen [...] zu viel des Ernsthaften geboten. Man sehnte sich wirklich manchmal recht nach mehr Uebermut und Keckheit.«[814]

9.1.2 (Lokal-)Patriotismus

Wenn die *Elf Scharfrichter* sich auf ihrem Briefkopf oder ihren Tourneeplakaten als »Münchner Künstler« bzw. »Münchner Künstlerbrettl« bezeichneten, so ist dies in erster Linie als Verweis auf ihre Zugehörigkeit zu der renommierten Münchner Kunstszene um die Jahrhundertwende zu verstehen und nicht als ein wirklicher volkstümlicher Bezug zu München oder Bayern, der in ihrem Repertoire tatsächlich nur gelegentlich aufscheint. Humoristische Anspielungen auf die Region finden sich in der Szene *Das Denkmal*, in der die »Fürstin zu Oberföhring-Unterföhring« auftritt, oder in der Hypnosenummer *Mister Huber-Cumberland-Feldmoching*. Da man jedoch eine zu große Nähe zu den Volksbühnen vermeiden wollte, gab es nur sehr wenige mundartliche Nummern in ihrem Repertoire wie das sehr erfolgreiche Duett *Die goldene Hochzeit*, die »vermünchnerte«[815] Version *Dö fuchsate Rosl* von Aristide Bruants Cabaret-Chanson *Rosa la rouge*, die Mundartparodie *Das Oadelwoaß* und

---

[811] In der Liste der geplanten, aber nicht realisierten Stücke sind außerdem Werke von Aristophanes, Andreas Gryphius, Carlo Goldoni, Jean-Philippe Rameau und anderen angeführt.

[812] Rath, *Vorspruch*, S. [7].

[813] Vgl. hierzu auch Jelavich, *Munich*, S. 182.

[814] [fo.], *Bei den Elf Scharfrichtern*, in: *MNN*, Nr. 461, 3.10.1903, S. 3.

[815] Gumppenberg, *Rosa la rouge / Dö fuchsate Rosl*, 6. PH, S. 14, DKA, Ordner LK / C / 1.

Gumppenbergs Satire auf den Räuber Kneißl *Die glückliche Kur*. Die Zeitungsrezensenten und wohl auch das Publikum hätten gerne mehr Stücke dieser Art bei den *Scharfrichtern* gesehen, denn manch einer vermisste die »spezifisch süddeutsche Note«[816] und »ein kräftiges Lokalkolorit«.[817] Begeistert reagierten die Zuschauer auf Richard Weinhöppels Vertonungen der Soldatengedichte von Ludwig Thoma, in denen die verschiedenen Gattungen des bayerischen Militärs liebevoll karikiert werden: »Der ungemeine Beifall mag den Scharfrichtern gezeigt haben, wie dankbar stets man sich labt an volksthümlichem, naivem, urgesundem Humor, der auf dem Ueberbrettl überhaupt mehr gepflegt werden sollte.«[818] Es sind dies die lokalpatriotischsten Nummern aus dem *Scharfrichter*-Repertoire, denn in ihnen spiegelt sich der besondere Stolz der Bayern auf ihr eigenes Heer, das sich bei der Gründung des Deutschen Kaiserreichs seine Unabhängigkeit vom Preußischen Heer bewahrt hatte.[819]

> [M]*ilitärische Selbstrepräsentation* [spielte, J.K.] *bis kurz vor Kriegsbeginn in Bayern eine wichtige Rolle, wobei rückwärtsgewandte Glorifizierung bayerischer Tapferkeit im Frankreichfeldzug und Traditionspflege oft vorherrschend waren. Centenarfeiern alter Regimenter mit Hunderten geladenen Gästen und ehemaligen Regimentsangehörigen, Militärparaden zu unterschiedlichsten Anlässen wie Oktoberfest oder Geburtstag des Prinzregenten und nicht zuletzt die wöchentlichen Platzkonzerte der Militärmusiken geben Zeugnis vom Stellenwert des Militärs im öffentliche Leben.*[820]

Das bayerische Militär war im Stadtbild sehr präsent – nicht zuletzt auch in der Türkenstraße, wo sich genau gegenüber des *Scharfrichter*-Theaters die *Türkenkaserne* befand. Besondere Sympathie weckten die beiden charakteristischen bayerischen Truppeneinheiten der Chevaulegers (bayr. »Schwalanscher«) und des Königlich Bayerischen Infanterie-Leib-Regiments:

> *Durch seine direkte Unterstellung unter den bayerischen König, die sich z. B. im königlichen Wappen auf der Regimentsfahne oder in der Wache an Residenz und Schloß Fürstenried ausdrückte, waren die »Leiber«, wie der Volksmund sagte, sehr beliebt und galten als Eliteregiment.*[821]

In Thomas Liedern werden der Leiber, der Schwalanscher und der Reservist weniger als strahlende Helden, sondern vielmehr als etwas tumbe Mannsbilder in liebevollem Spott besungen, die sich an Wein, Weib und Gesang erfreuen. Der Ton dieser Gedichte ist sentimental, gelegentlich aber auch derb, wie im *Reservemann*:

> *Mein Schätzigen, musst nicht weinen,*
> *Ist auch die Liebe gar!*
> *Wer weiss, du findest einen*
> *Schon übers nächste Jahr.*
> *Hab du Soldaten gerne,*
> *Ich denk' wohl in der Ferne,*
> *Was jetzt ein andrer macht*
> *Bei der Bumswallera,*
>   *Der Bumswallera,*
> *Bei der Köchin auf die Nacht.*[822]

Die Musik, die Weinhöppel zu diesen Gedichten schrieb, ist von der eigentlichen Militärmusik nicht zu unterscheiden und wurde auch von einem Zeitungsrezensenten als »verblüffend echt«[823] charakterisiert. Somit repräsentierten diese Soldatenlieder keine antimilitärische oder pazifistische Einstellung, sondern boten ein leicht verzertes Genrebild eines angesehenen Berufsstands, der ein selbstverständlicher Teil der Gesellschaft war und auch in Künstlerkreisen keine besonderen Ressentiments her-

---

[816] Mauke, *Münchener Künstlerbrettlbrief*, S. 972.
[817] R.[oth], *Die Elf Scharfrichter*, in: *MNN*, Nr. 49, 31.1.1903, S. 3.
[818] [e.], [Die elf Scharfrichter], in: *MP*, Nr. 29, 5.2.1902, S. 3.
[819] Vgl. Markus Ingenlath, *In Treue fest – das militärische Bayern*, in: Götz, Schack-Simitzis (Hg.), *Prinzregentenzeit*, S. 63.
[820] Ebd., S. 64.
[821] Markus Ingenlath, *Exponatbeschreibung 100jähriges Jubiläum des Königlich Bayerischen Infanterie-Leibregiments*, in: ebd., S. 67.
[822] Ludwig Thoma, *Reservemann*, 2. Strophe, 6. PH, S. 19, DKA, Ordner LK/C/1.
[823] [e.], [Die elf Scharfrichter], in: *MP*, Nr. 29, 5.2.1902, S. 3.

vorrief. Im Gegenteil: Das Militär erfreute sich auf den Bühnen der frühen deutschen Kabaretts großer Beliebtheit. Bierbaums *Rieke im Manöver*, die Soldatenschwärmerei eines Mädchens, und Liliencrons *Die Musik kommt* über einen bunten Truppeneinzug wurden sowohl von Weinhöppel für die *Scharfrichter* als auch von Oscar Straus für Wolzogens *Überbrettl* vertont, wobei Straus' Fassung des Liliencron-Gedichtes einen immensen Erfolg hatte und zu einem regelrechten Schlager avancierte.

Der Hauptmann naht mit stolzem Sinn,
Die Schuppenkette unterm Kinn,
Die Schärpe schnürt den schlanken Leib,
Beim Zeus! Das ist kein Zeitvertreib,
Und dann die Herren Leutnants.

Zwei Leutnants, rosenrot und braun,
Die Fahne schützen sie als Zaun,
Die Fahne kommt, den Hut nimm ab,
Der sind wir treu bis an das Grab,
Und dann die Grenadiere.[824]

Ankündigung des nicht aufgeführten Schattenspiels »Truppeneinzug in Berlin« im 4. Programmheft, illustriert von Ernst Neumann.

Auf beiden Bühnen war außerdem das thematisch ähnliche Schattenspiel *Truppeneinzug in Berlin* von Hanns von Gumppenberg nach einem Gedicht von Theodor Fontane geplant, das jedoch wohl in beiden Theatern nicht zur Aufführung kam.[825]

9.1.3 Harmlosigkeiten?

Eine nicht unbeträchtliche Anzahl von Nummern diente auf den ersten Blick der reinen leichten Unterhaltung der Gäste. Hierzu zählen die Instrumentalstücke von Sandro Blumenthal oder die zahlreichen Lieder, in denen Liebesfreud und Liebesleid besungen werden wie in *An deine schneeweiße Schulter,*

Ich liebe dich, So hast du ganz und gar vergessen, Der Verschmähte singt und *Wenn ich in deine Augen seh'*, sentimentale Reflexionen wie *Quand nous serons vieux …* und *La Vilanelle* oder auch märchenhafte Themen und Fabeln wie *Die heil'gen drei Könige, Das Huhn und der Karpfen* und *Der Pfau*. Geradezu anrührend ist der Ton der Wiegen- und Kinderlieder *Die Mutter bei der Wiege, Schlummerliedchen, Der kleine Sünder* und *Der liebe Weihnachtsmann*. Die Aufführung von Kinderliedern auf einer Kabarettbühne erscheint aus heutiger Sicht befremdlich, zumal sie keineswegs spöttisch oder ironisch gemeint war. Ganz so harmlos, wie sie zunächst erscheinen, sind diese Nummern jedoch nicht, denn es spricht aus ihnen ein durchaus moderner Gedanke. Zu den zahlreichen lebensreformerischen Leitprinzipien der Jahrhundertwende zählte auch ein neuzeitliches Verständnis der kindlichen Psychologie und daraus resultierend ein Wandel im Umgang mit dem Kind. Wichtige Impulse hierzu stammten aus den Schriften des englischen Physiologen William Thierry Preyer *Die Seele des Kindes* (1882) und der schwedischen Pädagogin Ellen Key *Das Jahrhundert des Kindes* (1900). Aufgrund seiner »Ursprünglichkeit und Unverbrauchtheit« wurde das Kind zum »Symbol für die Ideale der Lebensreformbewegung«.[826] An die Stelle des auf Leistung und Disziplin basierenden klassischen Schulunterrichts sollte nun eine Erziehung treten, die »auf den schöpferischen Potenzialen und auf der persönlichen Individualität des Kindes«[827] aufbaute und einen natürlichen, emotionalen Umgang mit dem Kind anstrebte. Ganz im Zeichen dieses neuen Verständnisses steht der Gedichtband *Fitzebutze* (1900) von Paula und Richard Dehmel, ein »Manifest der kinderlyrischen Reform

---

[824] Detlev von Liliencron, *Die Musik kommt*, 3. und 4. Strophe, 1. PH, S. 19, DKA, Ordner LK/C/1.

[825] Vgl. Auskunft von Dr. Bernd Wuttke vom 2.3.2014.

[826] Kai Buchholz, *Reformpädagogik, Volksbildung und Ratgeberliteratur*, in: Ders. [u.a.] (Hg.), *Die Lebensreform 2*, S. 491.

[827] Ebd., S. 491.

der Jahrhundertwende«,[828] dessen Texte die Welt rein aus der Sicht der Kinder schildern. Die Wildheit und Freiheit der Kinder, die auf Bäumen herumklettern (*Der kleine Sünder*) oder ungestüm schaukeln (*Die Schaukel*), wird nicht bestraft oder gemaßregelt, denn »[d]ie geschilderten Ungezogenheiten wurden nicht als Normwidrigkeiten angesehen; sie interessierten schlicht als Manifestationen des kindlichen Wesens und seiner anarchischen Verfassung.«[829] Die Kinderlieder auf der *Scharfrichter*-Bühne dienten demnach nicht ausschließlich der Unterhaltung, sondern auch der Vermittlung dieses modernen, lebensreformerischen Ansatzes. Anderen Nummern wie den Szenen *Theodor sucht Streichhölzer* und *Topf*, den beiden Schattenspielen *Ernte* und *Die Sphynx*, der Musiknummer *Die Pedalsymphonie* oder dem Musikzeichner kann dagegen schwerlich mehr als ein reiner Unterhaltungswert zugesprochen werden. Als »muntere Harmlosigkeit«[830] bezeichnete die Presse auch das Puppenspiel *Prinzessin Pim und Laridah, ihr Sänger*. Doch ist es bemerkenswert, dass hier anstelle konventioneller Puppen Kartoffeln, Rüben, Äpfel und Rettiche auftraten und damit ein Maß an Abstraktion erreicht wurde, das für die *Scharfrichter* sehr untypisch ist und eher an spätere Kabarettformen wie die Züricher Dadaistenbühne *Cabaret Voltaire* denken lässt.

9.2 Formen der Kritik

In ihren kritischen Nummern präsentierten sich die *Scharfrichter* in erster Linie als antibürgerliche Bohemiens und Kulturkritiker im Geiste Friedrich Nietzsches. Ihr Hauptangriffsziel nämlich war das Stereotyp des Bürgers in seinen Erscheinungsformen als prüder Moralist, kleingeistiger, bürokratischer Spießer und lebensferner, unkreativer Bildungsphilister. Ein politisches Kabarett im modernen Sinne aber waren sie keineswegs und Personen und Ereignisse aus der aktuellen Politik spielten auf ihrer Bühne nur eine verhältnis-

---

[828] Hans-Heino Ewers, *Erfahrung schrieb's und reicht's der Jugend. Geschichte der deutschen Kinder- und Jugendliteratur vom 18. bis zum 20. Jahrhundert*, Frankfurt a. M. [u. a.] 2010 (Kinder- und Jugendkultur, -literatur und -medien, 68), S. 175.
[829] Ebd., S. 176.
[830] E.[ngels], [Die elf Scharfrichter], in: *MZ*, Nr. 61, 13.3.1902, S. 2.

Zu den erklärten Feindbildern der Scharfrichter zählte der verzopfte Spießbürger, dem es auf Ernst Neumanns Titelseite des 1. Programmhefts an den Kragen geht.

mäßig kleine Rolle.[831] Der Grund hierfür ist sicherlich nicht allein in den Beschränkungen durch die Zensurbehörde zu suchen. Vielmehr scheint es, als ob die *Scharfrichter* selbst nur ein mäßiges Interesse an Themen dieser Art hatten und andere Sujets ihnen mindestens ebenso wichtig, wenn nicht sogar noch wichtiger waren. Kritische Nummern, die sich gegen Politik, Kirche und Gesellschaft richten, machen weniger als ein Viertel des Gesamtrepertoires aus und selbst hier waren die *Scharfrichter* nur selten wirklich aggressiv, was auch von den Zeitgenossen immer wieder bemängelt wurde. »[Z]u wenig Satire, das war von je ein Fehler der Scharfrichter«,[832] urteilte Josef Ruederer und auch der Rezensent der *Hamburger Zeitung* vermisste »zu sehr noch den Klang und den Blitz des geschliffenen Beils.«[833] Ein andermal hieß es in der *Münchener Zeitung*: »Wer [...] eine recht bissige politische Satire erwartet hatte, kam nicht auf seine Kosten«,[834] und der Wiener Korrespondent der *Münchner Neuesten Nachrichten* fällte das vernichtende Urteil:

> *Der Name des Unternehmens ließ auf blutige Satire schließen, auf einen Arm-Sünderkarren voll menschlicher Dummheit, man dachte an lustige Folterwerkzeuge, an Pranger und stachelige Fußblöcke, in denen alle Heuchelei unseres Lebens zur Schau gestellt, an eine Staupsäule, an der unsere falsche Gesellschaftsmoral unter Hohngelächter angenagelt werden würde – und nichts von alledem. [...] Ich dachte, die Quintessenz satirischen deutschen Geistes in Varieté-Nummern vorgetischt zu erhalten, konzentrierten Simplicissimus mit empfänglichem Gemüte zu genießen – und statt dessen ein paar Anzüglichkeiten in den Texten und einige unfeine Scherze in einem kleinen Einakter ...![835]*

Die Kritik der *Scharfrichter* erscheint im Gewand gelegentlich ernster, meist aber heiterer Satiren, der Parodie sowie seltener der Karikatur.[836] Neben Politik, Kirche und Gesellschaft galt ihr Spott außerdem auch verschiedenen älteren und neueren Kunstströmungen und literarischen Konventionen, von denen man sich distanzieren wollte. Darüber hinaus führte ihre Ablehnung gewisser gesellschaftlicher Zustände häufig auch zu einem Eskapismus in vermeintlich heile Welten, wie er in vielen Nummern des *Scharfrichter*-Repertoires aufscheint. Die zahlreichen historistischen Darstellungen des Schwabinger Kabaretts sind damit nicht als Ausdruck einer unreflektierten Anhängerschaft an die um 1900 allgegenwärtige Mode eines eklektischen Historismus zu deuten, sondern dienten vielmehr dazu, eine kritische Distanz zur Gegenwart herzustellen.

9.2.1 Gegen Obrigkeit und Gesellschaft

Politik

Sämtliche politischen Themen, sei es die satirische Darstellung der Majestät und anderer hochgestellter Persönlichkeiten aus Regierungskreisen sowie aktueller politischer Ereignisse, waren aufgrund der Theaterzensur auf der Kabarettbühne nur schwer zu realisieren. Denn die Gefahr, sich wegen einer wirklichen oder vermeintlich kritischen Äußerung strafbar zu machen, war groß, wie es Frank Wedekind in seinem satirischen Lied *Der Zoologe von Berlin* und der Moritat vom Demokraten *Kutscher Neumann* besingt. Das mitunter völlig ungerechtfertigte und übereifrige Einschreiten der Zensurbehörde war auch Thema des nicht erhalte-

---

[831] Dies wurde in der Forschung bereits mehrfach angemerkt, so etwa bei Greul, *Bretter*, S. 164, Jelavich, *Political Dimensions*, S. 513, und Bayerdörfer, *Überbrettl*, S. 293.

[832] Ruederer, *Scharfrichter*, [o. S.]. Ähnliche Aussagen finden sich bei [V.], [Die elf Scharfrichter], in: *MP*, Nr. 288, 17.12.1901, S. 3; [V.], *Die elf Scharfrichter*, in: *MP*, Nr. 254, 10.11.1903, S. 3.

[833] [B.], *Die elf Scharfrichter*, in: *Hamburger Zeitung*, 10.3.1903, MaK.

[834] [J. F. W.], [Das Karnevalsprogramm der 11 Scharfrichter], in: *MZ*, Nr. 24, 30.1.1903, S. 2.

[835] [S. V.], *Die Elf Scharfrichter in Wien*, in: *MNN*, Nr. 581, 12.12.1903, S. 3.

[836] Satire: »Angriffsliteratur mit einem Spektrum vom scherzhaften Spott bis zur pathetischen Schärfe. [...] Ihr hervorstechendes Merkmal ist die Negativität, mit der sie eine Wirklichkeit als Mangel, als Mißstand und Lüge, kenntlich macht«, Jürgen Brummack, Satire, in: Jan-Dirk Müller [u.a.] (Hg.), *Reallexikon der deutschen Literaturwissenschaft*, Bd. 3, Berlin und New York 2003, S. 355. Parodie: »Ein [...] Verfahren distanzierender Imitation von Merkmalen eines Einzelwerkes, einer Werkgruppe oder ihres Stils«, Theodor Verweyen, Gunther Witting, Parodie, in: ebd., S. 23; Karikatur: »Darstellung in Bild oder auch Wort, in der Personen oder Vorgänge in deformierend verknappter, vielfach komischer Art und Weise charakterisiert und so häufig auch kritisiert werden«, Gertrud M. Rösch, Karikatur, in: Harald Fricke [u.a.] (Hg.), *Reallexikon der deutschen Literaturwissenschaft*, Bd. 2, Berlin und New York 2000, S. 233.

nen Stücks *Das Geheimnis*, das 1903 bei dem privaten Faschingsfest der *Scharfrichter Durch's dunkelste Deutschland* gezeigt wurde. Hier verkörperten einige Darsteller die Beamten der Zensurbehörde, die sich vor der Bühne aufstellten und die Handlung, etwa einen zu langen Kuss, kritisch kommentierten und zum Gaudium der Zuschauer zeigten, wie man »richtig« und »sittlich« küsst.

> *Der Assessor-Zensor mit zwei Polizisten sah sich schließlich genötigt, die weitere Aufführung der satyrischen Komödie durch Verhaftung sämtlicher Darsteller zu inhibieren. Die Theaterpolizei begründete ihr Verbot mit dem Ausspruch, daß eine »ohne die solide ›national-ökonomische‹ Basis der Mitgift nur auf gemeine Liebe begründete Ehe einfach eine Schweinerei sei«, einer Ansicht, der das Publikum, wie auch der Verhaftung der Dichter und Darsteller, stürmisch applaudierte.*[837]

Lediglich etwa 25 Nummern – und damit ein verhältnismäßig kleiner Teil des Gesamtrepertoires von über 400 Stücken – behandeln politische oder regimekritische Themen. Zwar wird auch in vielen weiteren Nummern wie *Der Lumpensammler* oder *À Saint-Ouen* das Elend bestimmter Schichten geschildert, doch sind diese Darstellungen weniger als politische Statements, sondern als romantisierende Genrebilder gesellschaftlicher Außenseiter zu deuten, mit denen die Schwabinger Bohemiens sich identifizierten. Dies wurde auch von den Zeitgenossen so aufgefasst und gelegentlich kritisiert: »Sie besingen das soziale Elend in rührenden Versen – wir fürchten [sic] aber sehr, daß die soziale Frage in diesen Gesängen eine Lösung findet«.[838]

Spöttische Töne gegenüber realen oder fiktiven Herrscherfiguren finden sich u. a. in dem Lied *Einfältige Ballade*, in dem ein König den Fehler begeht, zum Spaziergang anstelle seiner Krone einen Hut aufzusetzen, der ihm vom Wind davongeweht wird. Der ironische Schlusskommentar auf diesen königlichen Versuch, sich wie ein normaler Mensch zu gebärden, lautet:

> *Es kann kein König ohne Kron,*
> *Wie ein gewöhnlicher Menschensohn,*
> *Unter gewöhnliche Leute gehen,*
> *Sonst wird immer das gleiche geschehen.*[839]

Auch die schriftstellerischen und kompositorischen Ambitionen von Wilhelm II., durch die sich der Kaiser als Künstler inszenierte, wurden von den *Scharfrichtern* mit ätzendem Hohn quittiert, indem sie seinen *Sang an Aegir* bei sich aufführten und damit seine mangelhafte künstlerische Begabung bloßstellten. Ein weiteres Mal wird Wilhelm II. in Hermann Bahrs scharfer Satire *Unter sich* zur Zielscheibe des kabarettistischen Spottes. Die Szene schildert das geheime Treffen dreier Regenten, des »Ersten« (Wilhelm II.), des »Siebten« (Wilhelms Onkel Edward VII. von Großbritannien) und des »Dritten« (Franz Joseph I. von Österreich-Ungarn) in Nizza, wo Wilhelm gerne seinen Urlaub verbrachte. Obwohl der Aufenthalt an der Riviera der Erholung dienen soll, kreisen die Gespräche der drei Herren ununterbrochen um die Vor-, vor allem aber um die Nachteile ihrer gesellschaftlichen Stellung und die damit einhergehenden Verpflichtungen und Gefahren, etwa Opfer eines Attentats zu werden. Alle drei spüren deutlich, dass sie eigentlich nicht mehr gebraucht werden, und besonders »der Erste« hadert damit, ein »blosses Emblem«[840] zu sein. Die anderen beiden haben längst resigniert, »der Dritte« äußert sogar wiederholt seine Abscheu vor der Politik und »der Siebte« empfiehlt, man solle sich lieber auf die angenehmen Aspekte des Herrscherdaseins konzentrieren wie schöne Frauen, schnelle Autos und prunkvolle Empfänge und Paraden, bei denen das Volk ihnen zujubelt. Alle drei plagt jedoch die Ahnung, dass es sich bei den Ovationen ihrer Untertanen um nichts anderes als eine erzwungene Fassade handelt, hinter der Ablehnung und sogar Hass lauern:

---

[837] *Durch das dunkelste Deutschland – ein Fest der Scharfrichter*, in: *MZ*, Nr. 42, 23.2.1903, StAM, Pol. Dir. 2057/3.

[838] Karlsruhe, Mittwoch 6. Mai 1903, Die elf Scharfrichter, 6.5.1903, MaK. Ähnlich äußert sich auch der Rezensent der *Münchener Post* [V.], *Die elf Scharfrichter*, in: *MP*, Nr. 86, 16.4.1901, S. 2.

[839] Hugo Salus, *Einfältige Ballade*, Schluss der 3. Strophe, 15. PH, S. 8, MSB Mon., 4° Mon 1017.

[840] Bahr, *Unter sich*, S. 24.

Der Erste: Für mich ist das eben auch ein berauschendes Gefühl, durch die jauchzende Menge zu fahren.
Der Siebente: Ja. Und die ganze Stimmung, das Tücherschwenken freut mich, das Geschrei [...].
Der Dritte: Und sagt mir, genirt es euch da nicht, zu wissen: das ist alles arrangirt? Und wie die Polizei die Leute stupfen muss.
Der Erste (heftig): Nein nein! Bei mir nicht.
Der Dritte: Du bist noch so naiv. Du glaubst noch alles. [...] Du sagst, du führst gern aus und Ovationen, Vivat und diese Sachen hast du gern. Ja ... hast du dir denn aber dabei nie die Menschen angeschaut? Da sind manche, die stehen ganz ruhig, sie nehmen auch den Hut ab, alles, aber in ihren Blicken ist ein solcher Haß, weißt du: dieser stille Haß, gegen den es nichts gibt, du fühlst, da bist du ohnmächtig, da hilft dir nichts, da bist du verloren – Warum hassen sie uns so? Was haben wir ihnen getan? Ich weiß es nicht.[841]

Den Hass der Untertanen auf reale Regenten so offen zu formulieren und die Herrscher noch dazu derart abschätzig als naive Heuchler und Lüstlinge darzustellen, konnte von der Zensurbehörde nicht toleriert werden und so folgte schon nach der »Ehrenexekution« das Verbot des Stückes. Die Frage des »Dritten« aber, warum die Menschen ihre Regenten so sehr hassen, wurde in anderen Stücken der *Scharfrichter* klar beantwortet, so in Elendsschilderungen wie *Der Steinklopfer* oder *Proleta sum*:

Heut' hab ich Armer
Noch nichts gegessen,
Der Allerbarmer
Hat nichts gesandt;
Von gold'nem Weine
Hab' ich geträumet
Und klopfe Steine
Für's Vaterland.[842]

***

Wir sind ein erbärmliches, ekles Geschlecht
Und werden uns nie ermannen:
Ihr könnt uns getrost an den Wagen der Zeit
Als Zugvieh der Zukunft spannen.[843]

Aber auch die Revolution und der Aufstand gegen das System sind Themen des Schwabinger Kabaretts. Wiederholt wird das Bild vom Volkssturm beschworen, so in dem Theaterstück *Das verstörte Fest* und in den beiden Liedern *Der Arbeitsmann* (»wir wittern Gewitterwind,/wir Volk!«[844]) und *Erntelied* (»Es fegt der Sturm die Felder rein –/Es wird kein Mensch mehr Hunger schrein.«[845]). Noch deutlicher ist der Untergang des monarchischen Herrschaftsprinzips im *Lied der Armen* dargestellt:

Einen akrobatischen Henker, der mit den Kronen der von ihm Enthaupteten jongliert, schuf Otto Miethke für das Programmheft der letzten Tournee.

---

[841] Ebd., S. 32–43.

[842] Karl Henckell, *Das Lied des Steinklopfers*, in: Ders., *Gedichte*, Zürich und Leipzig 1899, S. 31.

[843] Ludwig Scharf, *Proleta sum*, in: Ders., *Gesammelte Lyrik und Prosa. Mit einer Auswahl aus dem Briefwechsel*, hg. v. Walter Hettche, Bielefeld 2011, S. 93 (Aisthesis Archiv, 16).

[844] Richard Dehmel, *Der Arbeitsmann*, Beginn der 3. Strophe, 8. PH, S. 21, MSB Mon., 4° Mon 1017.

[845] Richard Dehmel, *Erntelied*, Beginn der 3. Strophe, 10. PH, S. 16, DKA, Ordner LK/C/1.

*Denn in die Tiefe sollen versinken
Gleissende Herrlichkeit der Herrn,
Stürzen zur Rechten und zur Linken,
Ob ihren Häuptern erbleicht ihr Stern.*

*Aber zu unsern Häuptern entflammen
Sterne der Freiheit. Ihr funkelnd Licht,
Goldene Säulen brechen zusammen,
Nimmer, was wir erbauen, zerbricht.*[846]

Während diese Texte von der Polizeidirektion – wohl wegen ihrer unkonkreten Verallgemeinerung – unbeanstandet blieben, wurden Nummern, die wie das *Zarenlied* explizit einen Königsmord thematisieren, verboten.[847]

Andere Stücke handelten von konkreten politischen Ereignissen, mit Vorliebe vom sogenannten Boxeraufstand in China, der das Deutsche Reich zu dieser Zeit beschäftigte.[848] Im Jahr 1900 war es in China zu einer Revolte einer Minderheit gegen die chinesische Regierung und die Imperialmächte der Vereinigten acht Staaten (Deutsches Reich, Frankreich, Großbritannien, Italien, Japan, Österreich-Ungarn und die USA) gekommen, der mit großer Brutalität niedergeschlagen wurde. Auch Deutschland entsandte Soldaten, denen Wilhelm II. bei ihrer Abreise in Bremerhaven im Juli 1900 in seiner berühmt gewordenen *Hunnenrede* äußerste Grausamkeit gegenüber den Umstürzlern einschärfte. Der Oberbefehl über das multinationale Truppenkontingent zur Niederschlagung des Boxeraufstands lag in den Händen eines Deutschen, Alfred von Waldersees, Offizier und preußischer Generalfeldmarschall, im Volksmund halb spöttisch, halb bewundernd »Weltmarschall« genannt. Als Waldersee in China eintraf, waren die Aufständischen jedoch bereits besiegt – was ihn nicht davon abhielt, blutige Vergeltungsmaßnahmen durchzuführen.

Waldersee und der Boxeraufstand werden in mehreren Stücken des *Scharfrichter*-Repertoires aufgegriffen, so in den beiden nicht erhaltenen Nummern *Asbesthaus* und *Eine chinesische Kriegsepisode*, wie auch in dem Puppenspiel *Die feine Familie* von Willy Rath.

Das Stück spielt vor und im Gasthof *Zur europäischen Eintracht*, das von Madame Europinska betrieben wird. Hier treffen die verschiedenen Mitglieder ihrer Familie zusammen: ihr Mann Boris Petrowitsch (Russland), ihre Kinder John Jack (Großbritannien), Françoise la Belle (Frankreich) und Michaël (Deutsches Reich) sowie Onkel Paulus (Niederlande). Weiterhin treten auf: Michaëls Vormund v. Bisgroschen (der deutsche Reichskanzler Bernhard von Bülow), Lihum Tschamperl, ein »Reisender in Thee« (China), Marquis Tiptopp, eine Art moderner Kasperl, der das Geschehen mitlenkt und kommentiert, sowie die beiden diabolischen Gestalten Xaver Beinhuber (der Tod) und der stark jüdelnde Levistofeles (der Teufel). Die Stimmung unter den Familienmitgliedern ist angespannt. Als Deutschland seine neue Flotte präsentiert, kommt es zum Eklat:

*Michaël ([...] Kommt mit drei, vier Schiffchen aus lackiertem Blech wieder. Lachend, stolz:) Sähn Se mol – is Sie des nich scheene? Das allerneieste Spielzeig – 's is meene ganze Freide! [...]
John (spuckt zweimal auf die Schiffchen, die auf dem Tisch liegen).
Michaël: Du, John, des is eene Gemeenheet! Ich verlange Desinfektion! Nich wohr, Herr Vormund?
v. Bisgroschen: I geh doch! [...] Steck's ein, dummer Kerl! Wirst Dich doch mit dem brutalen Bursch nicht in Streit einlassen! – [...] Der gute John wird's ja nicht mehr thun.
John (spuckt noch zweimal auf die Schiffchen): You Schafskopp!
Lihum Tschamperl (lachend): O o! I i i! [...] Muß ich auch mal machen! (Spuckt bedächtig 3mal auf die Schiffchen und Michaël ins Gesicht. Zu Boris:) Wenn er sich's doch gefallen läßt!*[849]

---

[846] Karl Henckell, *Lied der Armen*, 16. PH, 3. und 4. Strophe, [o. S.], StAM, Pol. Dir. 2057/3.

[847] Das thematisch ähnliche Gedicht *Carl I.* von Heinrich Heine wurde zu einem Zeitpunkt aufgeführt, da die *Scharfrichter* noch als privates Vereinstheater fungierten, und daher nicht verboten.

[848] Vgl. zum Folgenden: Susanne Kuß, Bernd Martin (Hg.), *Das Deutsche Reich und der Boxeraufstand*, München 2002 (Erfurter Reihe zur Geschichte Asiens, 2).

[849] Willy Rath, *Die feine Familie*, in: *Die Elf Scharfrichter, Dramatisches*, S. 52–54.

Einige Figuren des Puppenspiels »Die feine Familie«, v.l.n.r.: der Kasperl alias Marquis Tiptopp, John Jack (Großbritannien), der Teufel Levistofeles, Lihum Tschamperl (China), Françoise la Belle (Frankreich), drei nicht eindeutig zuzuordnende Figuren und Boris Petrowitsch (Russland).

Doch was die europäischen Mächte einander nolens volens durchgehen lassen, wird von einem Chinesen noch lange nicht hingenommen. Gemeinsam stürzen sie sich auf Lihum Tschamperl und zerstückeln ihn. John Jack verschreibt währenddessen dem Teufel Levistofeles seine Seele, der ihm im Gegenzug viel Geld verspricht, und tötet daraufhin seinen reichen Onkel Paulus. Es ist dies eine weitere Anspielung auf einen anderen Brandherd der europäischen Kolonialgeschichte jener Zeit, den Zweiten Burenkrieg zwischen Großbritannien und der Burenrepublik Oranje-Freistaat in Südafrika, der mit dem Sieg Großbritanniens endete. Obwohl in Raths Puppenspiel die Mitglieder der europäischen Familie die grausame Tat von »Jack dem Aufschlitzer«, wie sie ihn in Anspielung auf Jack the Ripper nennen, zunächst verurteilen, gibt man sich zuletzt doch zufrieden und der Haussegen ist wieder hergestellt.

Das komische, aber auch sehr makabre Stück ist voller Anspielungen auf zeitgenössische Autoren wie Paul Heyse, Martin Greif, Hans von Hopfen und Hermann Lingg,[850] aber auch auf Klassiker wie Dante, Schiller und Goethe und natürlich die aktuelle politische Situation und ihre Protagonisten. So zitiert etwa Michaëls Vormund von Bisgroschen jene berühmt gewordenen Worte vom »Platz an der Sonne«,[851] die der Reichskanzler Bernhard von Bülow geäußert hatte, um die deutschen Kolonialansprüche zu rechtfertigen. Und auch Waldersee wird versteckt genannt, wenn die Figuren ihren Rachefeldzug gegen Lihum Tschamperl mit dem Lied einleiten:

Nun lieb Mutterl ade!
Jetzt geht's fort, ach herrjeh!
Durch den Wald und die See,
Über Wälder und See –[852]

Der Burenkrieg erscheint ein weiteres Mal in einem nicht erhaltenen Stück von Paul Schlesinger, das bei der privaten Silvestervorstellung 1901 gezeigt wurde.

---

[850] So beginnt der Kasperl Tiptopp das Stück mit den Worten: »Ick stehe ja hier als – hehe – als Prolog./Obzwar – Paul heyse ich nich – doch ›Martin jreif/Du nur ins volle Menschenleben‹,/So sagte der Regisseur noch eben,/Und halte man die Ohren steif,/›Die kleinen süßen Tiptoppohren;/›An Dir ist ein Hopfen und Lingg verloren!‹«, ebd., S. [13f.].

[851] Ebd., S. 39.

[852] Ebd., S. 57. Auch diese sehr scharfe Satire wurde in der Anfangszeit der *Scharfrichter* gezeigt und daher von der Polizei nicht verboten.

Die dritte Nummer, die aktuelle politische Ereignisse, darunter erneut den Boxeraufstand, aufgreift, ist die verschollene Pantomime *Der böse Traum*. Es treten auf: zwei »leibhaftige Menschen«, ein »Herr Offizial«, also ein Gerichtsvikar, und »Frau Anna Dunzinger« sowie zehn »böse Traumerscheinungen«: das deutsche Reichsgespenst, ein Staatsanwalt, ein Sühneprinz, der Schutzmann, ein ostpreußischer Unteroffizier, wieder Xaver Beinhuber, diesmal als Henker, Herr Bankier Sternthal, ein kleines Mädchen, Graf Walter zu See, zukünftiger Fürst Red-Witz, und die Germania. Ort der Handlung ist die »Wohnstube des Herrn Offizial oder sonstwo im deutschen Reich«, sie spielt zur »Geisterstunde des Jahres 1901«.[853] Ein Hinweis in der *Münchener Zeitung* liefert die nötigen Hinweise zur Entschlüsselung der Figuren und damit auch für die Rekonstruktion der Handlung.[854] Der auftretende Sühneprinz verweist auf den Konfliktherd in China. Im Juni 1901 war hier bei der Belagerung der deutschen Botschaft in Peking der Gesandte Clemens Freiherr von Ketteler durch die Aufständischen ermordet worden und der deutsche Kaiser forderte nun eine offizielle Entschuldigung durch das chinesische Königshaus. Im September des gleichen Jahres reiste Prinz Chun II. nach Berlin, um untertänigst die Vergebung des Kaisers zu erbitten.[855] Das Ereignis wurde landesweit in der Presse diskutiert und Prinz Chun zum »Sühneprinzen« ernannt. In den Kontext des Boxeraufstands gehört auch der in der *Scharfrichter*-Pantomime auftretende »Graf Walter zu See«, eine erneute Anspielung auf Alfred von Waldersee. Dass von ihm keine sinnvollen Aussagen zu erwarten sind, verrät sein Namenszusatz »Fürst Red-Witz«.[856]

Ein anderer Fall, der das Deutsche Reich 1901 beschäftigte, war die rätselhafte Ermordung des Rittmeisters von Krosigk, der im Januar 1901 während einer militärischen Reitübung in der Garnison im ostpreußischen Gumbinnen aus dem Hinterhalt erschossen wurde. Im Laufe der Ermittlungen wurde zunächst der Unteroffizier Franz Marten für schuldig befunden und zum Tode verurteilt, das Urteil 1902 jedoch aufgehoben, da seine Schuld nicht bewiesen werden konnte. Der Täter konnte nie ermittelt werden.[857] Mit der Figur des »ostpreussischen Unteroffiziers« aus dem *Bösen Traum* ist mit großer Wahrscheinlichkeit eben jener Franz Marten gemeint.

Die Figur des Bankiers Sternthal steht für den Millionär und Bankier August Sternberg, der im Januar 1900 der wiederholten Verführung Minderjähriger angeklagt worden war. Der Gerichtsreporter Hugo Friedländer beschreibt ausführlich den immer groteskeren Verlauf des spektakulären einjährigen Prozesses, bei dem zuletzt nicht nur Sternberg für schuldig befunden und zu zweieinhalb Jahren Gefängnis und fünf Jahren Ehrverlust verurteilt, sondern außerdem »eine große Anzahl Privatpersonen […] teils wegen Zeugenbeeinflussung, teils wegen Erpressung, teils auch wegen Beleidigung im Gerichtssaale verhaftet«[858] oder mit Geld- und Gefängnisstrafen belegt wurde. Die Pantomime *Der böse Traum* greift das Ereignis in den Figuren des »Bankiers Sternthal« und seines Opfers, des »kleinen Mädchens«, auf. Diese nun bekannten Hauptthemen in Verbindung mit den im Programmheft genannten sechzig Musiktiteln, die der musikalischen Untermalung des Stückes dienten und zitathaft angespielt wurden, ermöglichen es erstmals, die Handlung der Pantomime grob zu rekonstruieren. Der Beginn zeigt den Herrn Offizial als einen braven und arbeitsamen Beamten (*Keine Ruh bei Tag und Nacht*; *Der Bürokrat tut seine Pflicht*[859]). Bald bricht jedoch der gesellige Feierabend an,

---

[853] Otto Falckenberg, Paul Schlesinger, *Der böse Traum*, 3. PH, [o. S.], DKA, Ordner LK/C/1.

[854] »Die Affäre mit dem Sühneprinzen, der Sternbergprozeß, der Weltmarschall Waldersee, das Urtheil im Fall Krosigk erfahren da eine pantomimische Kritik«, E.[ngels], [Die elf Scharfrichter], in: *MZ*, Nr. 236, 3.10.1901, S. 2.

[855] Vgl. Herbert Butz, *Kniefall und Geschenke: Die Sühnemission des Prinzen Chun in Deutschland*, http://dhm.de/ausstellungen/tsingtau/katalog [17.12.2014].

[856] Möglicherweise eine Anspielung auf den um 1900 sehr populären Dichter Oscar von Redwitz (1823–1891).

[857] Vgl. Hugo Friedländer, *Die Ermordung des Rittmeisters von Krosigk*, in: Ders., *Interessante Kriminalprozesse von kulturhistorischer Bedeutung*, [Bd. 1], Berlin 1910, S. [178]–207.

[858] Hugo Friedländer, *Der Prozeß gegen den Bankier August Sternberg wegen Sittlichkeitsverbrechen*, in: Ders., *Interessante Kriminalprozesse von kulturhistorischer Bedeutung*, [Bd. 2], Berlin 1911, S. 235.

[859] *Notte e giorno faticar*, Auftrittsarie des Leporello aus Mozarts *Don Giovanni*, mit der die Oper, wie auch die Pantomime, beginnt. Alle Titel aus italienischen Opern sind im Melodienverzeichnis auf Deutsch aufgelistet, da italienische Opern zur Zeit der Jahrhundertwende üblicherweise in deutscher Sprache gesungen wurden.

den man sich mit Bier und Tabak versüßt (*Grüß euch Gott allemiteinander; Bier her, Bier her, oder ich fall um; Wir sitzen so fröhlich beisammen; Tabaklied; Patriotische Lieder*[860]). Zu den Klängen des Volkslieds *Guter Mond, du gehst so stille* zieht die Nacht herauf und mit dem Gesang des Nachtwächters dringt nun die Geisterwelt in die Handlung ein:

*Hört, ihr Leut, und laßt euch sagen:
die Glock' hat Eilfe geschlagen.
Bewahrt euch vor Gespenstern und Spuk,
daß kein böser Geist eu'r Seel' beruck'!
Lobet Gott, den Herrn!*[861]

Der böse Traum beginnt. Zunächst erfahren Preußens Glanz und Gloria eine parodistische Darstellung (*Heil dir im Siegerkranz; Preußenlied; Hohenfriedberger*[862]). Der darauf folgende Titel *Die Überschwemmung in Leipzig* mit dem Text »Auf dem Dache sitzt ein Greis, der sich nicht zu helfen weiß«[863] mag als satirische Anspielung auf Alfred von Waldersee gemeint gewesen sein, der noch mit 68 Jahren eine leitende Position im Kampf gegen die aufständischen Chinesen erhielt.

Die erste Traumepisode thematisiert die Affäre um den Sühneprinzen. Ein »Zornmotiv« aus Richard Wagners *Lo-hengrin* symbolisiert die Wut des deutschen Kaisers über seinen ermordeten Konsul. Aber auch der chinesische »Sühneprinz« Chun II., der nach Berlin reisen musste, um Wilhelm II. um Vergebung zu bitten, ist alles andere als glücklich über seine Situation: »Ach Schaffner, lieber Schaffner, was haben Sie getan? Sie hab'n mich nach Berlin gebracht, ich sollt' nach Amsterdam«, lautet der Text eines berühmten Schlagers von Paul Linke und Heinrich Bolten-Baekers, der als nächstes Musikstück folgt. Schließlich überredet Chun den Kaiser: »Sei nicht bös«.[864]

Die zweite Traumepisode behandelt die Ermordung des Rittmeisters Krosigk und den daran anschließenden Prozess und beginnt mit einer Reihe von Soldatenliedern: *Immer langsam voran (Krähwinkler Landwehr), Die Wacht am Rhein* und *Wer will unter die Soldaten*.[865] Die beiden anschließenden Titel *Schon naht die Todesstunde*[866] und *Behüt' dich Gott, es wär so schön gewesen*[867] thematisieren den Tod des Rittmeisters, dann folgen einige Nummern zur musikalischen Untermalung des Gerichtsprozesses, bei dem der Unteroffizier Marten für schuldig befunden und zum Tode verurteilt wird, so eine *Gnadenarie*,[868] der *Scharfrichter-Marsch*, das Lied über einen zum Tode verurteilten Soldaten *Es geht bei gedämpfter Trommel Klang*[869] sowie die Refrainzeile »Gott sei uns Sündern gnädig« aus dem *Scharfrichter*-Lied *In der Nacht*.

Am ausführlichsten ist mit über zwanzig Musiknummern das dritte Thema, der Pädophilie-Prozess um den Bankier Sternberg, behandelt.[870] Zunächst erklingen zur Illustration

---

Der Bürokrat tut seine Pflicht, Lied des Bergwerkdirektors Zwack aus der Operette *Der Obersteiger* (1894) von Carl Zeller und Moritz West / Ludwig Held.

[860] *Grüß euch Gott allemiteinander*, Lied des Adam aus der Operette *Der Vogelhändler* (1891) von Carl Zeller und Moritz West / Ludwig Held.
Wir sitzen so fröhlich beisammen, evtl. *Abtrumpfen zwischen Burschen und Mädchen* (Nr. 602a), in: *Deutscher Liederhort 2*, S. 422. *Tabaklied*, evtl. *Tabakslied* (Nr. 1777), in: *Deutscher Liederhort 3*, S. 559.

[861] Lied des Nachtwächters aus: Richard Wagner, *Die Meistersinger von Nürnberg*, Textbuch der Fassung der Uraufführung mit Varianten der Partitur, hg. v. Egon Voss, Stuttgart 2002, S. 110.

[862] *Heil dir im Siegerkranz*: preußische Volkshymne; *Preußenlied* von August Neithardt und Bernhard Thiersch; *Hohenfriedberger*: einer der bekanntesten deutschen Militärmärsche.

[863] Aus der zweiten Strophe des Studentenlieds *Die Überschwemmung in Leipzig* (Nr. 110), in: *Allgemeines deutsches Commersbuch*, unter musikalischer Redaktion von Friedrich Silcher und Friedrich Erk hg. v. Hermann und Moritz Schauenburg, 9. Aufl., Lahr [ca. 1863], S. 474.

[864] Lied des Martin aus der Operette *Der Obersteiger*.

[865] *Der Krähwinkler Landsturm* (Nr. 415), *Wer will unter die Soldaten* (Nr. 890), in: *Deutsches Liederlexikon*, S. 320f. und 697.

[866] *Ah che la morte ognora*, Arie des Manrico aus *Il Trovatore* (1852) von Giuseppe Verdi.

[867] *Behüt' dich Gott, es wär so schön gewesen*, Jung Werners Abendlied aus *Der Trompeter von Säckingen* (1884) von Victor Ernst Nessler und Rudolf Bunge nach Joseph Victor von Scheffel.

[868] *Robert, toi que j'aime*, Cavatine der Isabelle aus der Oper *Robert Le Diable* (1831) von Giacomo Meyerbeer und Eugène Scribe / Germain Delavigne.

[869] Text von Adelbert von Chamisso, Melodie von Friedrich Silcher, Nr. 240, in: *Deutsches Liederlexikon*, S. 182.

[870] Das erklärt auch, warum die Polizeibehörde das Stück aus »Rücksicht auf den öffentlichen Anstand«, nicht aber aus politischen

der pädophilen Neigung Sternbergs mehrere Kinder- und Liebeslieder (*Ihr Kinderlein kommet; Ringelringelreihen; Margaretha, Mädchen ohne gleichen; Das macht die Liebe*[871]), gefolgt von der Ermahnung *Üb immer Treu und Redlichkeit*.[872] Das anschließende *Wir halten fest und treu zusammen*[873] mag eine Anspielung auf die angeblich von Sternberg bestochenen Zeugen gewesen sein, die im Prozess zu seinen Gunsten aussagten. Mit Wedekinds *Ilse* (»Ich war ein Kind von 15 Jahren«) und der *Loreley*[874] werden noch einmal die Themen Missbrauch, Prostitution und Verführung aufgegriffen; das dann folgende Zitat aus dem *Lohengrin* »Nie sollst du mich befragen« nimmt wohl Bezug auf das gerichtliche Verhör. Der Ausgang des Prozesses, der Sternberg dazu zwang, seine Millionärsvilla mit einer Gefängniszelle zu vertauschen, spiegelt sich in den Studentenliedern *Wir hatten gebauet ein stattliches Haus* und *So leb denn wohl du stilles Haus*[875] und dem Volkslied *O du lieber Augustin, alles ist hin*. Damit nähert sich die Pantomime ihrem Ende und beschließt die Darstellung all dieser peinlichen Affären mit dem *Lied der Deutschen* (»Deutschland, Deutschland über alles«) als sarkastischem Fazit.

Kirche

Neben politischen Themen bildete auch die in Bayern traditionell sehr mächtige katholische Kirche mit ihren Dogmen und Geboten ein Angriffsziel der Schwabinger Kabarettisten. Doch ging auch in diesem Fall die Zensurbehörde streng gegen kritische Darstellungen vor, besonders wenn man sich über die heiligen Sakramente der Ehe oder der Beichte lustig machte, wie in den beiden Satiren *Die fromme Beppa* und *Das Geständnis. Ein Dialog nach einem unveröffentlichten Manuskript des Kardinals Bibiena (1470–1520)*. Falckenberg hatte dieses Stück unter dem Eindruck einer brisanten Debatte über das Beichtsakrament verfasst,[876] die 1901 aufgekommen war, nachdem der Stettiner Buchdrucker Robert Grassmann seine Abhandlung *Auszüge aus der von den Päpsten Pius IX und Leo XIII ex cathedra als Norm für die römisch-katholische Kirche sanktionierten Moraltheologie für die Sittlichkeit der Völker* veröffentlicht hatte.

> *Das Bußsakrament stellt für Grassmann insofern eine sittliche Gefahr dar, weil sich die Frau während der Beichte mit dem unverheirateten Priester allein in einem Raum befindet und diese ihm nicht nur alle Gedanken und Taten des Geschlechtlichen zu schildern hat, sondern zusätzlich peinlich genau befragt werden muss, wodurch die Beichtende oft erst zu unsittlichen Handlungen angestiftet würde. [...] Umgekehrt werden die römisch-katholischen Geistlichen, die zum täglichen Studium solcher Beschreibungen angehalten sind, selbst in Versuchung geführt Unzucht zu begehen.*[877]

Wie aus den Zeitungsrezensionen zu dem verschollenen Stück hervorgeht, handelte es sich bei *Das Geständnis* um die genaue Nachstellung einer solchen erotischen Beicht-Szene. Die Heuchelei des Priesters, der Unzucht zwar offiziell verdammt, aber genau über die sexuellen Aktivitäten der Beichtenden unterrichtet sein will und aus deren Schilderungen dann selbst erotische Befriedigung erlangt, wurde in dieser Szene entlarvt und angeprangert. Paul Larsen als Pater Niccolo brachte »seine sinnlichen Gesten in höchst unsittlicher Weise zur Darstellung«,[878] sodass das Stück genau wie das Lied von der *Frommen Beppa* verboten wur-

---

Gründen verbot, Vorstellungsbericht vom 12.10.1901, StAM, Pol. Dir. 2057/1.

[871] *Margaretha, Mädchen ohne gleichen*, holländischer Schlager, Urheber unbekannt; *Das macht die Liebe*, Ursprung und Urheber unbekannt.

[872] Ludwig Hölty, *Der alte Landmann an seinen Sohn* (Nr. 773), zu singen auf die Melodie von »Ein Mädchen oder Weibchen« aus der *Zauberflöte* von Mozart, in: *Deutsches Liederlexikon*, S. 605f.

[873] Text und Musik von Georg Kunoth.

[874] Wahrscheinlich das Gedicht von Heinrich Heine in der Vertonung von Friedrich Silcher, Nr. 395, in: *Deutsches Liederlexikon*, S. 306f.

[875] *Wir hatten gebauet* (Nr. 89), in: *Allgemeines deutsches Commersbuch*, S. 125f.; *So leb denn wohl du stilles Haus* von Wenzel Müller und Ferdinand Raimund, in: *Deutsches Liederlexikon*, S. 559f.

[876] Der Hinweis auf den Bezug zu Grassmann findet sich bei Mauke, *Münchener Brettl-Briefe II*, S. 60.

[877] Rupert Grill, *Wegbereiter einer erneuerten Moraltheologie: Impulse aus der deutschen Moraltheologie zwischen 1900 und dem II. Vatikanischen Konzil*, Freiburg, Schweiz, 2008, S. 12f.

[878] Vorstellungsbericht vom 10.10.1901, StAM, Pol. Dir. 2057/1.

de. Auch der Zölibat, dem sich alle Ordensmitglieder der katholischen Kirche zu fügen haben, ist Thema mehrerer satirischer Nummern, steht er doch in krassem Widerspruch zu Sinnlichkeit und Libertinage, den Idealen der Schwabinger Bohemiens. Die Unterdrückung und Stigmatisierung des Sexualtriebs durch die Kirche waren zudem unvereinbar mit dem Bestreben nach Natürlichkeit, wie sie die Lebensreform-Bewegung jener Zeit vertrat. Dass es auch den Angehörigen der Kirche nicht immer leicht fällt, auf die Befriedigung dieses menschlichen Grundbedürfnisses zu verzichten, wird in *Das Gänslein, Die Wasserkufe, Im Schlosse Mirabell, Héloïse et Abeilard* sowie in den Nonnenklagen *Hoffart will Zwang haben, Klosterscheu* und *Die widerspenstige Braut* behandelt. Der Spott der Kabarettisten richtete sich aber nicht nur gegen die unangemessenen körperlichen Gelüste der Ordensleute, sondern auch gegen andere Stereotype wie die Trunksucht der Mönche (*Die Mönche von Johannisberg*) oder ihren eigennützigen Geschäftssinn wie in Hans Sachs' Fastnachtspiel *Der Bauer im Fegefeuer*. Hier ist der Abt zwar gerne bereit, einem Bauern einen Streich zu spielen, um ihn von seiner krankhaften Eifersucht zu heilen, aber aus reiner Nächstenliebe geschieht dies nicht:

> *Der abt spricht: Mein fraw, was wirt denn sein*
>   *mein lahn,*
> *Wenn ich im hülff des eyffers ab?*
> *Die pewrin spricht: Mein herr, in meinem küsthal*
>   *hab*
> *Ich ein haffn mit pfenning eingraben,*
> *Den selben solt ir zu lohn haben* […].
> *Der abt spricht: Nun sey beschlossen dieser kauff;*
> […]879

Die Ablehnung der *Scharfrichter* richtete sich gegen den Machtanspruch der Kirche und nahm die Diskrepanz zwischen den hehren Zielen ihrer Vertreter und der oftmals unzureichenden Umsetzung aufs Korn. Doch obgleich sie sich ausdrücklich von der Institution Kirche distanzierten, pflegten sie durchaus eine gewisse volkstümliche Religiosität, wie sie in der Heiligenlegende *Des Antonius zu Padua Fischpredigt*, Heines märchenhaftem Gedicht *Die heil'gen drei Könige*, der Geschichte der beiden unehelichen Kinder, die von Jesus ins Paradies eingelassen werden (*Ballade*), oder den beiden Gebetsliedern *Johann von Nepomuk* und *Le pardon* zum Ausdruck kommt. Um 1900 waren weite Kreise der bayerischen Bevölkerung noch stark von dieser Art volkstümlicher Religiosität durchdrungen und so bot sich das Thema auch für die – gar nicht immer so revolutionären – Scharfrichter an. Und mit Figuren wie Maria Magdalena, der angeblichen Geliebten Jesu, und Texten wie dem *Hohelied Salomos* griffen sie auf Themen der Bibel zurück, in denen sie ihre eigenen Sinnlichkeitsideale legitimiert sahen.

Die (bürgerliche) Gesellschaft

Eine weitere Zielscheibe des scharfrichterlichen Hohns ist der Bürger,

> *der sich in ein statisch hierarchisches System tragend und lastend einfügt – eine Personifikation von Untertanengeist, Autoritätshörigkeit, ›Orthodoxie‹, und eben darum auch von autoritärem oder despotischem Wesen und Unwesen: als Oberhaupt des »Familienzwingers« […], als »Schultyrann« […], als Inhaber eines öffentlichen »Amts« […] oder als Uniformträger im »Dienst« […]. Nicht personaler Autorität ist dieser imaginierte »Bürger« verfallen, sondern dem Buchstaben des Gesetzes und Dogmas verpflichtet […]. So unterdrückt er individuelle Gesichtspunkte und spontane Impulse zugunsten toter Paragraphen und fester Kultur- und Lebensregeln* […].880

---

879 Hans Sachs, *Der pawr inn dem fegefewer*, in: Ders., *Werke*, hg. v. Adelbert v. Keller, Edmund Goetze, Bd. 14, Stuttgart 1882, Reprint Hildesheim 1964, S. 236f.

880 Kreuzer, *Boheme*, S. 142f.

Eine zynische Schilderung dieser Systemhörigkeit ist Detlev von Liliencrons Gedicht *Hochsommer im Walde*. Aus Verzweiflung über seine Not erhängt sich ein junger Mann in einem Wald, wird kurz darauf von einem Förster gefunden, von einem Beamten untersucht und schließlich als Nummer 310 in einem anonymen Massengrab beigesetzt. Der ganze Vorgang läuft mit einer eiskalten bürokratischen Routine ab, die jeglichen Mitgefühls für das grausame Schicksal des Erhängten entbehrt und zudem durch die liebliche Naturschilderung noch drastisch kontrastiert wird:

Der Tau fällt auf ihn, der Tag erwacht,
Der Pirol flötet, der Tauber lacht.
Es lebt und webt, als wär' nichts geschehn,
Gleichgültig wispern die Winde und wehn. […]

In hellen Glacés ein Herr vom Gericht,
Der prüft, ob kein Raubmord, wie das seine Pflicht.
Sie tragen den Leichnam ins Siechenhaus,
Und dann, wo kein Kreuz steht, ins Feld hinaus.[881]

Thematisch sehr ähnlich ist das französische Chanson *Le pendu*. Ein Spaziergänger erblickt einen jungen Mann, der sich soeben aus Liebeskummer erhängt hat, doch anstatt den noch Atmenden zu retten, geht er davon, um einen Polizisten zu rufen, der wiederum den nächst ranghöheren Dienstherrn benachrichtigt, und so fort, bis es für eine Rettung längst zu spät ist. In dieser beißenden Satire vertrauen die Figuren also nicht auf ihren gesunden Menschenverstand, der von ihnen ein sofortiges Eingreifen fordert, sondern auf die Existenz gesellschaftlicher Hierarchien und ihrer Zuständigkeiten, die unter allen – auch noch so absurden – Umständen zu wahren sind. Ein weiteres Beispiel für absurde Pflichterfüllung, die sich über alle menschliche Logik hinwegsetzt und nur auf Vorschriften und Regeln beruht, findet sich in Gumppenbergs Parodie auf den Räuber Kneißl-Prozess *Die glückliche Kur*, die umso verstörender ist, weil ihr Kern auf einer wahren Begebenheit beruht. Im März 1901 hatte sich der bayerische Räuber Mathias Kneißl bei seiner Verhaftung schwere Verletzungen zugezogen, wurde dann aber gesund gepflegt, um anschließend vor Gericht gestellt und zum Tode verurteilt zu werden. Schon bald setzte eine Mythisierung seiner Person ein, die ihn zum Volkshelden werden ließ und seine Auflehnung gegen die Obrigkeit idealisierte. Auch Gumppenbergs Sympathie gilt dem Gesetzesbrecher Kneißl, den er in seiner Szene unter dem Namen Grundelfranz als guten Menschen und Opfer der Gesellschaft darstellt, während den Repräsentanten von Staat und Kirche erneut jegliche Menschlichkeit abgeht.

Andere Satiren auf die Bürokratie schlagen harmlosere, humoristische Töne an, so etwa George Courtelines Szene *Der eingeschriebene Brief*, in der ein Mann auf die Post geht, um einen eingeschriebenen Brief abzuholen. Er bekommt diesen jedoch nicht ausgehändigt, da er sich nicht ordnungsgemäß ausweisen kann, und der Postbeamte, der den Mann seit vielen Jahren kennt und auch keine Zweifel über seine Identität hegt, die Ausgabe verweigert. Die Bürokratie kennt keine Gnade, so auch nicht in dem Lied *La grosse dame*, der Geschichte einer Frau, die aufgrund ihrer Körperfülle einen ganzen Tag in einem Zugwaggon feststeckt. Die Beamten haben kein Mitleid mit ihrer misslichen Lage, sondern fordern zuletzt den fünfzehnfachen Ticketpreis von ihr. *La grosse dame* ist eine der wenigen Nummern aus dem *Scharfrichter*-Repertoire, in denen Phänomene der Großstadt wie das Zugfahren durch die Stadt thematisiert werden, und sie stammte – kaum verwunderlich – von den Pariser Unterhaltungsbühnen, wo Sujets dieser Art sehr beliebt waren. Aus Paris übernahmen die *Scharfrichter* auch das berühmte Chanson *L'encombrement*, ebenfalls eine Verhöhnung der Bürokratie, in dem ein Polizeibeamter in aller Ruhe einen völlig harmlosen Zwischenfall auf einer Kreuzung aufklärt, während sich um ihn herum ein gewaltiger Verkehrsstau bildet.

Die beliebteste Satire auf das pedantische und kleingeistige Beamtentum aber war Paul Schlesingers verschollene Szene *Die Verschönerungskommission*, in der eine Sitzung der Lokalbaukommission über die Frage, wie eine öffentliche Toilette »technisch-praktisch und künstlerisch-

---

[881] Detlev von Liliencron, *Hochsommer im Walde*, 5. und 7. Strophe, in: Ders., *Adjutantenritte und andere Gedichte*, Leipzig 1883, S. 66.

architektonisch am würdigsten auszustatten wäre«,[882] parodiert wurde. Damit griff Schlesinger ein Thema auf, das die Münchner Gemüter um 1900 heftig bewegte, denn gerade hier herrschte – im Vergleich zu anderen Städten, in denen öffentliche Toiletten ein ganz normaler Teil des Stadtbilds waren, – eine unglaubliche Prüderie und schon der Anblick eines öffentlichen Aborts wurde als unsittlich empfunden. Immer wieder hatte die Stadtverwaltung mit dem Widerstand von Anwohnern zu kämpfen, die sich gegen die Errichtung öffentlicher Toiletten vor ihren Häusern wehrten.[883] Darüber hinaus hatten aber auch die *Scharfrichter* selbst einen persönlichen Bezug zu diesem Thema, befanden sie sich doch über Monate im Streit mit der Lokalbaukommission, ehe sie die Genehmigung für die gewünschte Vergrößerung der Toiletten im Innenhof des Anwesens Türkenstraße 28 erhielten, die sowohl von den Gästen des *Goldenen Hirschen* als auch von denen des Theaters benutzt wurden.[884] Welche Gewagtheit es zu jener Zeit darstellte, ein solches Sujet auf die Bühne zu bringen, geht aus den – heute erheiternden – Bemühungen der Zeitungsrezensenten hervor, das Wort Toilette um keinen Preis in ihren Besprechungen zu nennen. Ein einziger Kritiker erwähnt das Wort Bedürfnisanstalten und beteuert, er sei beim Schreiben »rot geworden und späterhin auch der Setzer, der das in bleiernen Buchstaben konstatieren mußte«.[885] Weitere Nummern, in denen Beamte wie Staatsanwälte, Polizisten und andere Staatsdiener als miese Charaktere dargestellt und zum Teil in derben Tönen verspottet werden, sind die verlorenen Szenen *Die unsittliche Ehe* und *Die Last der Freiheit* sowie die beiden Lieder *Lehrhaftes Gedicht* und *Die Thronstütze*:

Immer nur so durchjeschloffen,
nischt jelernt und viel jesoffen,
roch ich sehr nach Biere.
Endlich bin ich durchjeschwommen,
bin im Staatsdienst anjekommen
mit ner sauren Niere,
hopsasa, tralala!
mit ner sauren Niere. […]

Scharf nach unten, mild nach oben,
öffentlich den Herrgott loben,
heimlich ist man kalte.
Bald nen Tritt, un bald nen Orden,
mancher ist schon so jeworden
Oberstaatsanwalte,
hopsasa …[886]

Doch auch die – vermeintlichen – Sittlichkeitsideale und Moralvorstellungen des Bürgertums stehen im Schussfeuer der Schwabinger Kabarettisten, etwa in *La vertu punie*, in dem ein Biedermann sich davon überzeugt, dass der Geschlechtsverkehr mit der eigenen Frau billiger sei als der Besuch eines Edelbordells, oder in Wedekinds Ballade *Die Hunde*, die von dem unterdrückten Sexualtrieb der Vierbeiner als Metapher für die Menschen und ihre daraus resultierenden Depressionen und Perversionen handelt. Während Wedekind seine Hörer durch das abstoßende Bild der Hunde verstören möchte, wählt Gumppenberg in *Die Verlobung*, seinem »Etepetetodrama in 74 Umschreibungen«, einen gegenläufigen Ansatz, indem er die moralische Diskretion auf die Spitze treibt, um die Verklemmtheit und Prüderie zu entlarven.

Weitere stereotype Charakterzüge und Institutionen des verachteten Bürgertums sind die Naivität und Dummheit der Kleinstädter, die sich leicht blenden lassen (*Das Wundertheater*, *Brigitte B.*, *Un bal chez le ministre*), falsche Frömmigkeit (*Des Antonius zu Padua Fischpredigt*), blasierte Gemütlichkeit (*Les plaisirs du dimanche*), die Ehe (*Die goldene Hochzeit*, *Die Hochzeitsmusikanten*) und das Vereinswesen

---

[882] Falckenberg, Petzet, *Leben*, S. 123.

[883] Vgl. Erika Kiechle-Klemt, Sabine Sünwoldt, *Anrüchig. Bedürfnis-Anstalten in der Großstadt*, München 1990, S. 21–38.

[884] Vgl. u. a. kgl. Regierung von Oberbayern, Kammer des Innern an Lokalbaukommission, 25.6.1901; Beschluss der Lokalbaukommission vom 14.11.1901; Plan zur Vergrößerung der Abortanlage Türkenstraße 28, 25.10.1901, LBK München, Bestandsakt Türkenstr. 28, Akte 1.

[885] Pleissner, *Die elf Scharfrichter*, in: *General-Anzeiger für Leipzig und Umgebung*, 25.3.1903, MaK.

[886] Ludwig Thoma, *Die Thronstütze*, 1. und 5. Strophe, 11. PH, S. 21, DKA, Ordner LK/C/1.

(*Die Vereinsprobe*). Aber auch der Umgang verschiedener Gesellschaftsschichten mit Kunst und Bildung ist Thema der satirischen Szenen. So wie sich die Kleinstädter in *Das Denkmal* in ihrem albernen Streben nach dem Prestigeobjekt »Goethe-Statue« zuletzt blamiert sehen, entpuppt sich auch der Beamte in *Leda* als unmusisches Großmaul und selbst die Intellektuellen sind vor Spott nicht sicher, wenn in Schlesingers *Meisten-Dichter von Berlin* die Berliner Theaterszene und ihre renommierten Protagonisten unter Beschuss geraten. Eine besonders geglückte Parodie auf den akademischen Betrieb ist Gumppenbergs *Goethe-Gedächtnisrede* von Professor Dr. Immanuel Tiefbohrer, der sich bereits durch seinen Namen als ungemein gelehrte Gestalt zu erkennen gibt und eine völlig absurde, aber sehr gewichtige Rede hält über die tiefere Bedeutung der Wendung »weder-weder« aus der Replik Gretchens »Bin weder Fräulein, weder schön, kann ungeleitet nach Hause gehen«. In all diesen Darstellungen entlarven die *Scharfrichter* die Wichtigtuer aus der Kulturszene und lebensfernen Bildungsphilister, von denen sie sich durch ihr Kunstverständnis distanzieren wollten. Während sich der Großteil der gesellschaftskritischen Nummern also gegen das verachtete Selbstverständnis des Bürgertums richtet, greifen einige andere Nummern allgemeinere gesellschaftliche Missstände auf wie die zerstörerische Macht des Kapitalismus (*Die Macht des Kapitals, Der Thaler*) oder die generelle Schlechtigkeit und Falschheit der Welt (*Die Totengräber, Der freigebige König, Der blinde Knabe*).

Eine Sonderform des Spottes, die eine ganz bestimmte Gesellschaftsgruppe betrifft, ist die Judenkarikatur, wie sie auf zahlreichen Kleinkunstbühnen der Jahrhundertwende gepflegt wurde,[887] bei den *Scharfrichtern* aber nur sehr selten erscheint. In der *Pedalsymphonie*, in der nur der untere Teil der Bühne und damit die Füße der Sänger zu sehen waren, tritt auch ein Fußpaar auf, das aufgrund seines jiddischen Dialekts, der stereotypen jüdischen Plattfüße und des Verweises auf den Finanzsektor sofort als Judenkarikatur zu erkennen ist:[888]

DIE FÜSSE DES JUDEN
Wir sind die beiden linken Fiess,
Geborne – nu, Se wissen schon:
Sind rund und kurz, kurz mer sind siess,
Sind beide von und heissen Kohn.
Ja, wissen Se, mer gehn nicht gern.
Mer sind e bissl bequeme Herrn.
Mer gehn nu grad, damit ma seht,
Wie's unsern [sic] *Freund, Herrn Percentfuss, geht.*[889]

Während dieses Spottbild die gängigen Vorurteile sehr harmlos abbildet, schlägt Willy Rath in seinem Puppenspiel *Die feine Familie* deutlich antisemitischere Töne an, wenn er den Teufel in Gestalt des Wucherers Levistopheles auf die Bühne bringt und damit ein uraltes Motiv der Judenhetze aufgreift, nämlich die Abstammung der Juden vom Teufel. Doch damit nicht genug: Rath erklärt das jüdische Finanzwesen zum eigentlichen Auslöser der politischen Konflikte, denn Levistopheles ist ja derjenige, der John Jack (Großbritannien) seine Seele abkauft und ihn zum Überfall auf Onkel Paulus (die niederländischen Kolonien in Südafrika) anstachelt. Die jüdische Finanzwelt erhält von den Staaten (hier: Großbritannien) ihre wertvollsten Güter (hier: John Jacks Seele) und bringt im Gegenzug Ungerechtigkeit und Tod über die Welt. Doch sind derart scharfe antisemitische Töne auf der *Scharfrichter*-Bühne ein Einzelfall. Ganz anders hat nämlich Frank Wedekind seine Judenfigur des *Rabbi Esra* in dem gleichnamigen Dialog gestaltet. Zwar ist auch Esra eindeutig durch seinen jiddischen Akzent und den Inhalt seiner Rede als Jude erkennbar, doch fungiert er nicht als Karikatur des verachteten Geldjuden, sondern als Repräsentant des weisen, schalkhaften Juden in der Tradition von Lessings Nathan dem Weisen. In der Tagebuchnotiz »ein anständiger Mensch sei kein Antisemit und ein Antisemit kein anständiger Mensch«, bringt Wedekind seine Einstellung zu diesem Thema zum Ausdruck.[890]

---

[887] Vgl. Jelavich, *Berlin Cabaret*, S. 201f.
[888] Vgl. hierzu Eduard Fuchs, *Die Juden in der Karikatur*, München 1921.
[889] Leo Greiner, *Die Pedalsymphonie*, 6. Strophe, 9. PH, S. 5, DKA, Ordner LK/C/1.
[890] Wedekind, Tagebucheintrag, 3.12.1892, in: Wedekind, *Pariser Tagebuch*.

9.2.2 Parodie verschiedener Literatur- und Musikströmungen

Die um 1900 weit verbreitete Vision einer Theaterreform durch Kleinkunst und Kabarett spiegelt sich auch in der Absichtserklärung der *Scharfrichter*, sich gegen das Althergebrachte abgrenzen zu wollen.[891] Die Schwabinger Kabarettisten gebärdeten sich nicht allein als Richter über Obrigkeit und Gesellschaft, sondern brachen auch den Stab über zahlreiche künstlerische Strömungen und Erzeugnisse älterer und neuerer Zeit. Allerdings sind ihre parodistischen Darstellungen keineswegs immer automatisch als Ablehnung zu verstehen. So sind etwa die Musikparodien mit Bezug auf Richard Wagner vielmehr als Reflex auf Wagners immensen Einfluss auf die Musikwelt um 1900 zu interpretieren, dem sich auch die Komponisten der *Scharfrichter*-Bühne nicht entziehen konnten.

Lyrik- und Theaterparodie

Als überaus wirksames Mittel der Abgrenzung erwies sich die Parodie verschiedener literarischer Formen, die um 1900 in weiten Kreisen sehr beliebt war.[892] So erzielten die Lyrikparodien, die in der Türkenstraße gezeigt wurden, einen großen Erfolg. Hierzu zählte Leo Greiners *Literarhistorischer Vortrag*, in dem er das Volkslied *Fischerin, du kleine* im Stil verschiedener älterer und jüngerer Dichter wie Heinrich Heine, August Platen oder Rainer Maria Rilke persiflierte, oder Gustav Falkes Satire auf den Historismus der sogenannten Goldschnitt- oder Butzenscheibenlyrik *Aus allen Zweigen*. Der produktivste Lyrikparodist aber war Hanns von Gumppenberg, aus dessen *Teutschem Dichterross* immer wieder geschöpft wurde. Mehrere Gedichte wurden gesprochen, verschiedene Texte aber auch als Lieder vorgetragen, so die Bierbaum-Parodien *Zwischen Feldern und Wäldern* und *Sommermädchenküssetauschelächelbeichte*. In beiden Liedern verspottet Gumppenberg Bierbaums häufiges Stilmittel der Kompositabildung und die daraus resultierenden sehr anschaulichen, aber gelegentlich auch unfreiwillig komischen Wortschöpfungen wie »Blickeirren«, »flirrfädelnd«

---

[891] Vgl. *Die Elf Scharfrichter-Plakate*, S. [4f.].

[892] Vgl. Roßbach, *Theater über Theater*, S. 92f.

oder »schwanumschwommen«.[893] Einige von Gumppenbergs daran angelehnte Neubildungen, etwa »Wunderwiesen«, »jauchzebang« oder »Guckeguckhand«,[894] könnten in dieser Form auch von Bierbaum selbst stammen, einen besonders komischen Effekt erzielt er aber in seiner *Sommermädchenküssetauschelächelbeichte*, in der er die »Wortkoppelei« auf die Spitze treibt:

An der Murmelrieselplauderplätscherquelle
Sass ich sehnsuchtsthränentröpfeltrauerbang:
Trat herzu ein Augenblinzeljunggeselle
In verweg'nem Hüfteschwingeschlendergang,
Zog mit Schäkerehrfurchtsbittegrussverbeugung
Seinen Federbaumelriesenkrämpenhut –
Gleich verspürt ich Liebeszauberkeimeneigung,
War ihm zitterjubelschauderherzensgut![895]

Sehr erfolgreich trug außerdem Leo Greiner Gedichte der schlesischen Dichterin Friederike Kempner vor, deren außerordentlich populäre Lyrik in der zweiten Hälfte des 19. Jahrhunderts gerne auch immer wieder parodiert wurde. Aber schon in ihrer ursprünglichen Form waren die Wortschöpfungen, Metaphern oder Reime von Kempner häufig derart seltsam und unglücklich, dass sie keiner parodistischen Umformung bedurften, um das Publikum zu belustigen:

Große Heiterkeit erregten auch die von Greiner
unter der Spitzmarke: Séance zur Pflege des
Familiensinns zu Gehör gebrachten Gedichte
der schlesischen »Dichterin« Friederike Kemp-
ner, deren kindisch-anmaßenden Ergüsse eben
in 7. Auflage ihren wohlthätig-verdummenden
Einfluß in den besseren Familien ausüben. In der
trefflichen Persiflage Greiners traten die lächer-

---

[893] »Blickeirren« in: *Einladung*, »flirrfädelnd« in: »*Frauenhaar*«, »schwanumschwommen« in: *Sehnsüchtige Melodie*, in: Otto Julius Bierbaum, *Irrgarten der Liebe*, Leipzig 1901, S. XXX, 15 und 38.

[894] Gumppenberg, *Zwischen Feldern und Wäldern*, 2. PH, S. 12, DKA, Ordner LK/C/1.

[895] Hanns von Gumppenberg, *Sommermädchenküssetauschelächelbeichte*, 1. Strophe, 3. PH, [o. S.], DKA, Ordner LK/C/1.

lich-gespreizten Stilblüthen dieses »schön, wahr und gut« gesinnten Rittergutsbesitzenden Dichterfräuleins in plastischer Borniertheit zu Tage.[896]

Neben der Lyrik boten sich für die Kleinkunstbühne mit dem Naturalismus und dem Symbolismus auch die wichtigsten dramatischen Stilrichtungen der Zeit um 1900 für satirische Umgestaltungen an. Zu den Naturalismusparodien der *Scharfrichter* zählten die beiden Einakter *Die Trockenwohner* und *Das Nachtasyl*, eine Satire des gleichnamigen Stücks von Maxim Gorki, sowie eine Reihe von Kurzdramen, die sich an Henrik Ibsen als einem der Hauptvertreter des Naturalismus orientierten. Hierzu zählen Otto Erich Hartlebens *Der Frosch*, das »Ibsen'sche Inhalte (Vererbung, Alkoholismus, Wahrhaftigkeit contra Lebenslüge) wie die eigentümliche Dialogstruktur und die typische analytische Enthüllungstechnik seiner Dramen«[897] aufweist, wie auch Gumppenbergs Überdramen *Die erste Hilfe*, ebenfalls in Ibsens Enthüllungsstil, und *Der Nachbar*. Inhaltlich greift Gumppenberg hier auf einen beliebten Topos des Naturalismus zurück, nämlich die Darstellung einer zerrütteten Familie, wie er von Ibsen, Tolstoi und Strindberg dramatisiert wurde,[898] und verleiht ihm durch die größtmögliche Verkürzung der Handlung eine satirische Form. In einem einzigen, eine Viertelstunde dauernden Satz deckt ein Nachbar die haarsträubenden Verhältnisse der Familie Schwalbe auf und bringt damit sämtliche Familienmitglieder, die ihm mit wachsendem Entsetzen schweigend zuhören, dazu, sich gegenseitig umzubringen oder Selbstmord zu begehen. Nach einem ähnlichen Prinzip ist auch das bei den *Scharfrichtern* geplante, aber nicht realisierte[899] Überdrama *Napoleon* von

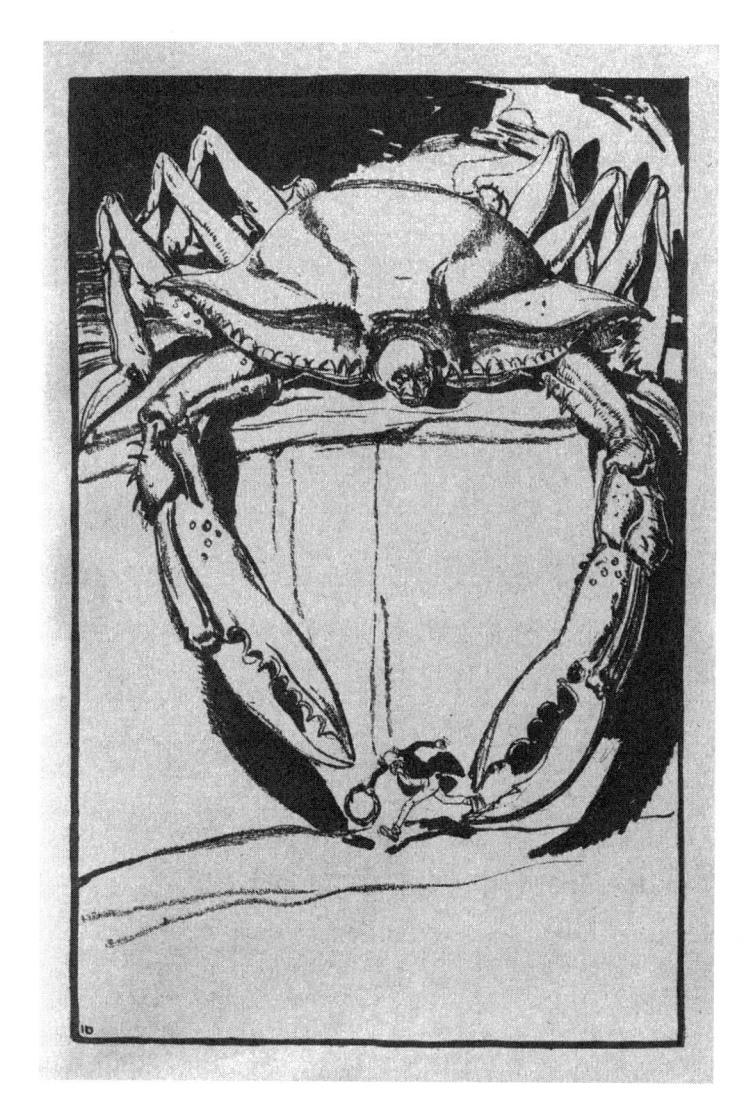

---

[896] [V.], *Bei den elf Scharfrichtern*, in: *MP*, Nr. 104, 8., 9.5.1902, S. 2.
[897] Roßbach, *Nachwort*, S. 237.
[898] Vgl. Wintzingerode-Knorr, *Gumppenberg*, S. 101–105.
[899] Vgl. Gumppenberg, *Lebenserinnerungen*, S. 288f. Das Stück wurde in Wolzogens Berliner *Überbrettl* uraufgeführt. 1907 bemühte sich Marc Henry, diesmal auf der von ihm geleiteten Bühne des Wiener Kabaretts *Fledermaus*, noch einmal um die Realisierung des Dramas – abermals erfolglos: Die Aufführung der Szene wurde von der Polizei verboten, da die Kabarett-Konzession das Theaterunternehmen nur dazu berechtigte, »Einakter von zeitgenössischen Schriftstellern, ueber zeitgemaesse Ereignisse aufzufuehren« (Henry an Gumppenberg, 31.10.1907, MSB Mon., Henry, Marc A III/Konv.) – auch dies ein eigenartiges Beispiel der vollkommen willkürlich scheinenden polizeilichen Vorgaben, mit denen die Theater um 1900 zu kämpfen hatten.

Auf Julius Diez' Titelbild für das 9. Programmheft greift eine riesige Krabbe nach einem flüchtenden Greis mit Lorbeerkranz, der Personifikation des arrivierten, aber überkommenen Künstertums.

Gumppenberg gestaltet, in dem das gesamte Leben und Wirken des französischen Staatsmanns in 25 Akten, die meist nur aus wenigen Sätzen bestehen, im Geschwindverfahren behandelt wird. Wenngleich Gumppenberg seinen dramatischen Parodien selbst keinen besonderen künstlerischen Wert zusprach, so sind sie doch bemerkenswerte Zeugnisse für das Ringen um eine stilistische Erneuerung. Mit seiner Abkehr vom Illusionstheater und seinen sprachlichen und dramaturgischen Experimenten, die zum Teil schon auf das expressionistische Theater und Bertolt Brecht vorausdeuten,[900] erweist sich Gumppenberg als einer der modernsten und experimentellsten Autoren der *Scharfrichter*-Bühne.

Aber auch dem symbolistischen Theater und seinen prominenten Autoren wie Maurice Maeterlinck und dem späten Ibsen zollten die Kabarettisten ihren parodistischen Tribut. Zu den erfolgreichsten Einaktern des Brettls zählte Gumppenbergs *Veterinärarzt*, eine vollkommen sinnlose, aber dennoch geheimnisvoll erscheinende Szene, der ein obskurer Vorspruch vorangestellt ist:

Der Tag ist arm, die Dämmerung ist reicher:
Verschleire dein Profil, und werde bleicher!
Entwöhne dich vom grellen Lebensblute –
Nur schattenfraglich naht das Absolute.[901]

Gumppenbergs *Veterinärarzt* ist inhaltlich nichts anderes als eine »Anhäufung von totalem Unsinn«, stilistisch aber sehr gekonnt an die Sprache Maeterlincks und deren »überwuchernde, im Sinn oft dunkle oder auch platte Symbolmenge«[902] angelehnt. Der parodistische Effekt resultiert hier aus der detailgetreuen Imitation der Vorlage. Einen anderen Ansatz wählt Rudolf Presber in seinem Maeterlinck »vorempfundenen« (!) Einakter *Ein Geheimnis*. Die Szene mit ihrer etwas banalen Schlusspointe handelt davon, wie ein Rektor und ein Oberlehrer den Vater eines ihrer Schüler aufsuchen, um ihn davon in Kenntnis zu setzen, dass sein Sohn durchgefallen sei. Zwar beschwört auch Presber allerlei mystische Bilder, doch durchbricht er diese Stilebene immer wieder durch kontrastierende flapsige Bemerkungen, um die bedeutungsschwere symbolistische Sprache ins Lächerliche zu ziehen:

Der Rektor. Es ist fast dunkel. Man sieht besser, wenn es hell ist.
Der Oberlehrer. So sagen die Leute. Aber in der Dunkelheit sehen wir in die Seelen, weil die heller sind als die Dunkelheit um uns. Der Tag lügt uns, daß die Helle die Wahrheit sei; aber die Nacht zeigt uns, daß nur das Dunkel das Licht ist.
Der Rektor. Ich sehe ein Licht durch die Bäume. Es ist eine Öllampe.
Der Oberlehrer. Nein, es ist Petroleum. Es ist seltsam, wenn man denkt, daß das vielleicht in einem Berg am Kaspischen Meer in der Dunkelheit lag und nun leuchtet es dem alten Mann, der niemals am Kaspischen Meer gewesen ist. So ist das Petroleum.[903]

Doch nicht nur die aktuellen dramatischen Stilrichtungen, auch das Theater selbst als Institution sowie die Theaterszene boten den *Scharfrichtern* eine willkommene Angriffsfläche, so in den beiden verschollenen Einaktern *Die Première* und *Die Meisten-Dichter von Berlin*. Letzterer behandelt den sogenannten »Fall Sudermann«, eine Affäre, die 1902 in deutschen Theaterkreisen für Aufsehen sorgte. Der Berliner Dramatiker Hermann Sudermann hatte sich in seiner Schrift *Die Verrohung der Theaterkritik* (1902) heftig gegen einige renommierte Berliner Theaterkritiker, darunter Alfred Kerr und Maximilian Harden, ausgesprochen und damit eine »Flut konträrer Streitschriften der mit dem Theaterwesen beschäftigten Fachleute«[904] ausgelöst.

---

[900] Vgl. Wintzingerode-Knorr, *Gumppenberg*, S. 117f.

[901] Hanns von Gumppenberg, *Der Veterinärarzt*, in: *Die Elf Scharfrichter, Dramatisches*, S. [4].

[902] Wintzingerode-Knorr, *Gumppenberg*, S. 86.

[903] Presber, *Ein Geheimnis*, S. 11f.

[904] Helga Neumann, Manfred Neumann, *Maximilian Harden (1861–1927). Ein unerschrockener deutsch-jüdischer Kritiker und Publizist*, Würzburg 2003, S. 37.

Auch die *Scharfrichter* ließen sich den »Fall Sudermann nicht entgehen«.[905] Bereits der geistreiche Titel von Schlesingers Szene *Die Meisten-Dichter von Berlin* reflektiert in seiner Anspielung auf Richard Wagners *Meistersinger von Nürnberg* den Sinn und Unsinn der Kunstkritik. Dass die Affinität zu Wagner damit nicht erschöpft ist, eröffnet ein Blick in das Figurenverzeichnis des Einakters, in dem die realen Berliner Theaterkritiker und -autoren und die fiktiven Personen des Wagnerschen Musikdramas miteinander verschmelzen:

Hermann [Sudermann, J.K.], Schuster [...]
Oskar [Blumenthal, J.K.], Goldschmied [...]
Otto [Ernst, J.K.], Lustig [...]
Alfred [Kerr, J.K.], Merkerr [...]
Josef, ein junger Major aus Frankfurt [...]
Philippichen [Felix Philippi, J.K.], Hermanns Lehrbube [...]
Eva, Oskars Tochter [...]
Madeleine, Evas Amme [...]
Ein Nachtwächter [...][906]

Einen vagen Eindruck vom Inhalt der verlorenen Szene vermittelt die Beschreibung der *Münchener Post*:

Die besten Typen waren der blutige Oskar (Blumenthal) von Schlesinger in der täuschenden Maske des tantièmerlichen Witzbolds gespielt, Philippschen (Philippi), eine »kleine Nummer« im Kinderwagen, der seiner Amme den Busenlatz lüftet, denn »er will nicht mehr die Flasche, er will die Brust« (Paul Larsen) und Alfred Merkerr (Greiner), [...] während »Otto Lustig« und Hermann im Bart sich darauf beschränkten, schweigend die Fahne der »Gerechtigkeit« hochzuhalten.[907]

Neben diesen satirischen Referenzen auf die aktuellen Strömungen und Protagonisten der dramatischen Kunst finden sich im Repertoire der *Scharfrichter* außerdem auch mehrere Titel, in denen die Welt des Unterhaltungstheaters parodiert wird. Persiflagen auf Varieté-Darbietungen waren die beiden Hypnose-Nummern *Mister Huber-Cumberland-Feldmoching* und *Caro der Überhund*, die in den Programmheften im reißerischen Jargon der Spezialitätenbühnen angekündigt wurden: »Sensationell! Sensationell!! Ein Wunder der Hypnose! Mister Huber-Cumberland-Feldmoching. Professor, Ritter hoher Orden, ausgezeichnet durch die hohe, höchste und allerhöchste Anerkennung hoher, höchster und allerhöchster Herrschaften«[908] und »Caro der Überhund in seinen staunenerregenden Produktionen als Simplicissimuszeichner«.[909]

Beide Nummern bezogen sich auf Vorführungen, die 1901 in *Hammer's Panoptikum* in München gezeigt worden waren: den Auftritt des *Wunderhunds Schimmel*, der im Juli das Publikum mit seinen Rechenkünsten überrascht hatte, und die nicht minder faszinierenden Darbietungen des Hellsehers und Gedankenlesers Schäfer-Cumberland im Oktober.[910] In beiden Nummern des *Scharfrichter*-Theaters trat Leo Greiner als Hypnotiseur auf, der sein Medium dazu brachte, in Trance verschiedene Zeichnungen anzufertigen.[911] In *Mister Huber-Cumberland-Feldmoching* waren dies Porträtkarikaturen zeitgenössischer Schriftsteller wie Henrik Ibsen, Max Halbe oder Gerhart Hauptmann. Von der Presse wurde diese Darbietung als Dramatisierung der *Steckbriefe* (1900)

---

905 [e.], *Bei den 11 Scharfrichtern*, in: *MP*, Nr. 291, 23.12.1902, S. 2.

906 Paul Schlesinger, *Die Meisten-Dichter von Berlin*, Figurenverzeichnis, 12. PH, S. 3, MSB Mon., 4° Mon 1017.

907 [e.], *Bei den 11 Scharfrichtern*, in: *MP*, Nr. 291, 23.12.1902, S. 3.

908 *Mister Huber-Cumberland-Feldmoching*, 5. PH, S. 4, MSB Mon., 4° Mon 1017.

909 *Caro der Überhund*, 6. PH, S. 8, DKA, Ordner LK/C/1.

910 Vgl. den Eintrag vom 10.7.1901 in der Münchner Stadtchronik, http://muenchen.de/rathaus/Stadtverwaltung/Direktorium/Stadtarchiv/Chronik.de [30.12.2014], und [Hammer's Panoptikum], in: *Münchener Ratsch-Kathl*, Nr. 86, 26.10.1901, S. 4f.

911 Marc Henry behauptet in seinen Memoiren, er habe bei diesen Nummern die Rolle des Mediums übernommen, vgl. Henry, *Au Pays*, S. 38f. Es ist allerdings anzunehmen, dass es sich hierbei nur um Prahlerei handelt, da nichts über Henrys zeichnerische Fähigkeiten bekannt ist. Sehr viel wahrscheinlicher stand der als Karikaturist ausgewiesene Ernst Neumann bei beiden Nummern als Schnellzeichner auf der Bühne.

Ernst Neumanns Vignette für die Hypnosenummer »Mister Huber-Cumberland-Feldmoching« im 5. Programmheft.

von Otto Julius Bierbaum erkannt, einer Sammlung parodistischer Kurzschilderungen verschiedener Autoren mit Karikaturen von Bruno Paul.[912] Während diese Nummer beim Publikum auf großen Zuspruch stieß, waren die Reaktionen auf *Caro den Überhund* eher verhalten, denn die Karikaturen internationaler Politiker, die das Medium in Gestalt eines faustischen schwarzen Pudels ausführte, fielen recht harmlos aus, da die Darstellung verschiedener Monarchen und Staatsmänner, darunter Edward VII. von England, Nikolaus II. von Russland sowie des Reichskanzlers Bernhard von Bülow, von der Zensurbehörde verboten worden waren.[913]

Die *Scharfrichter* besaßen außerdem genügend Selbstironie, um auch das Kabarett und nicht zuletzt sich selbst auf die Schippe zu nehmen. So lieferte etwa Marya Delvard während des Faschingsfests *Durch's dunkelste Deutschland* eine sehr gekonnte Parodie auf die berühmte Pariser Chansonnière Yvette Guilbert.[914] Zu den beliebtesten Nummern von Ernst von Wolzogens *Überbrettl* zählte das Biedermeierduett *Die Haselnuss*, das in zwei verschollenen Nummern der *Scharfrichter* humoristisch aufgegriffen wurde, so einmal in der musikdramatischen Szene *Der Tannenzapf* sowie in dem Einakter *Die Melodie oder Die Tragödie des Überbrettls*, in dem ein Mensch von einem so anhaltenden Ohrwurm der *Haselnuss* geplagt wird, dass er »schließlich unter der verheerenden Wirkung der Biedermeier-Duett-Seuche in unheilbaren Wahnsinn«[915] verfällt.

Für die Silvesterfeier 1901/02 verfasste Otto Falckenberg eine nicht erhaltene Eigenparodie auf das Schwabinger Kabarett, in der die *Elf Scharfrichter* dem Teufel begegnen, »der als letzten Fluch der Erde die Ueberbrettelei zugesendet«[916] hat. Zwei weitere *Scharfrichter*-Persiflagen stammten von Paul Larsen. In *Die Elf Scharfrichter aus der Westentasche gezogen* karikierte er die Gesangsstars des Kabaretts, »die schwermutbeladene Diseuse Marya Delvard, die kleine Gausse Olly Bernhardi, den Pierrot-Sänger Frigidius Strang und den ›Tantenmörder‹ Frank Wedekind«,[917] die er als Puppen auftreten ließ und mit charakteristischen Couplets »gleich täuschend

---

[912] Vgl. [p.], [Die Ehrenexekution der Elf Scharfrichter], in: *MNN*, Nr. 582, 15.12.1901, S. 5.

[913] Vgl. Zensurbescheid vom 25.1.1902, StAM, Pol. Dir. 2057/2. Henrys Darstellung in seinen Memoiren vom Großmut des Zensors, der das Stück anstandslos gestattete, ist demnach falsch, vgl. Henry, *Au Pays*, S. 38f.

[914] Vgl. R.[oth], *Durchs dunkelste Deutschland*, in: *MNN*, Nr. 85, 21.2.1903, S. 3.

[915] [V.], *Die elf Scharfrichter*, in: *MP*, Nr. 259, 13.11.1901, S. 3.

[916] R.[oth], *Sylvester bei den Elf Scharfrichtern*, in: *MNN*, Nr. 3, 3.1.1902, S. 4

[917] Mauke, *Die elf Scharfrichter*, [Moderne Brettl 5], S. 75.

und köstlich«[918] imitierte. Eine weitere *Scharfrichter*-Parodie in Coupletform waren Larsens *Variationen über Scharfrichtermotive*, in denen er bekannte Lieder des Kabaretts mit neuen Texten vortrug.

Obwohl die *Scharfrichter* gerne und unverhohlen über die verschiedenen Kunstströmungen spotteten, waren sie keineswegs grundsätzlich gegen diese eingenommen und bedienten sich daher auch wiederholt bei den von ihnen verpönten Autoren und Stilrichtungen. So gelangte etwa mit dem Klosterschwank *Das Gänslein* ein Text von Rudolf Baumbach, einem Hauptvertreter der von ihnen verachteten altertümlichen Butzenscheibenlyrik, auf dem Schwabinger Brettl zur Aufführung, der hier offensichtlich wegen seines pikanten Sujets Gefallen fand. Auch naturalistische Töne finden sich in verschiedenen Nummern, so am deutlichsten in Marc Henrys düsterer Szene *Contraste (Noir et blanc)*. Und auch die zahlreichen Lumpengestalten, die ihre Bühne bevölkern, die Dirnen, Verbrecher und Vagabunden, tragen, selbst wenn sie in erste Linie als romantisierende Genrebilder fungieren, durchaus naturalistische Züge.

Musikparodie

Musikparodien nehmen im Repertoire der *Scharfrichter* einen eher kleinen Teil ein. Richard Weinhöppel bediente sich in seinen Kompositionen zwar häufig verschiedener Stile, die jedoch in erster Linie der musikalischen Illustration und nur selten der Parodie dienten. Ausnahmen hiervon sind der *Scharfrichter-Marsch*, die verschollene Parodie auf den *Überbrettl*-Schlager *Die Haselnuss* sowie seine Lieder *Des Antonius von Padua Fischpredigt* (Kirchenliedparodie), *Einfältige Ballade* (Marschparodie), *Pech des Armen* (Parodie »afrikanischer« Musik), *Tanzlied* (Volksmusikparodie) und *Zwiegespräch* (Opernparodie), doch ist in all diesen Stücken (bis auf *Pech des Armen*) der satirische Ton so zurückhaltend, dass er in den überlieferten Rezensionen nicht als solcher benannt und daher wohl auch nicht wahrgenommen wurde. Auch im Falle der nicht überlieferten Über-Ouverture *Also sprach Hannes Ruch* bedurfte es mehrerer Hinweise, um das Publikum auf den parodistischen Charakter des Werkes aufmerksam zu machen. Zwar ergab sich bereits durch den Titel ein scherzhafter Bezug zu Richard Strauss' symphonischer Dichtung *Also sprach Zarathustra* (1896), doch erst der humoristische Konzertführer klärte die Zuhörer darüber auf, dass die ganze Komposition als Parodie auf das Genre der Programmmusik gemeint war, das im 19. Jahrhundert durch die Werke von Berlioz, Liszt, Mussorgsky und nicht zuletzt Richard Strauss große Popularität erlangt hatte. So heißt es im Vorwort des Konzertführers:

> *Die Programmmusik [...] ist die einzige seit Nietzsche und Richard Strauss mögliche Gattung von Musik. Sie birgt in sich den ganzen Reichtum von Eu- und Kako-, sowie Mono- und Polyphonie, sie beherrscht sämtliche Rhythmen aller Zeiten, gestattet jede Art von An- und Ablehnung, und ist, last not least, durch all diese Kombinationen und Qualitäten eine Sprache geworden, die an Präzision sämtliche bisherigen Sprachen, inklusive Sanskrit und Hebräisch, bei weitem übertrifft. Ein Satz wie: »Ich habe noch nicht gefrühstückt«, oder »es ist 10 Uhr 15 Minuten« lässt sich also mit Hülfe der Programmmusik-Technik viel deutlicher und kürzer ausdrücken wie mit Worten irgendeiner anderen Sprache. Damit fällt auch die kindlich-naive Theorie, die Musik sei die Sprache der Seele, in ein Nichts zusammen.*[919]

Es folgt eine neunseitige Beschreibung des musikalischen Ablaufs des Stückes, die mit zahlreichen Notenbeispielen und bedeutungsvollen Erklärungen eine satirische Antwort auf die nach gleichem Muster angelegten Konzertführer zu den symphonischen Dichtungen von Richard Strauss gibt. Der Beginn der Komposition bringt zunächst ein Motiv der Langeweile, aus dem eine erste Idee entspringt, und thematisiert damit scherzhaft den Moment der kreativen Inspiration. Sehr witzig ist dieser Findungsprozess im Konzertführer dargestellt:

---

[918] [p.], [Die Elf Scharfrichter], in: *MNN*, Nr. 55, 3.2.1902, S. 3.

[919] Schoppen, *Über-Ouverture*, [o. S.], StAM, Pol. Dir 2057/2.

> *Aus dem Chaos dringt das halb erstaunte, halb ahnungsvolle a der Oboe, dem sich die Flöte mit h beigesellt, so dass wir*  
>
> *also buchstäblich die so bezeichnete Interjektion »Ah!« an unser gespanntes Ohr erklingen hören. Unmittelbar darauf in Viertelbewegung, a, h, a,* 
>
> *zusammen »aha!« also hier das geistreiche ευρηκα des Musikers. Und nun das Motiv der »neuen Stimmung«* 
>
> *(Der leere Quintenschritt lässt noch keinen Schluss darüber zu, ob wir dur oder moll vor uns haben.) Es malt sich darin etwas geheimnisvolles, Unergründliches, ein grosses, ungelöstes Rätsel.*[920]

Dieser erste Abschnitt der Über-Ouverture illustriert jedoch nicht allein die Langeweile des Komponisten und seine plötzliche Inspiration, sondern thematisiert zugleich auch den Moment vor Konzertbeginn mit dem Präludieren der Orchestermusiker vor dem Auftritt des Dirigenten (Chaos der Langeweile) und dem Stimmen der Instrumente, zunächst der Bläser und dann der Streicher, auf den Kammerton a^1. Humoristisch wird dieser banale Vorgang hier zu einem geheimnisvollen Motiv der »neuen Stimmung« (!) im Walzertempo umgedeutet. Einen komischen Effekt erzielt diese Passage auch dadurch, dass das Stimmen, das üblicherweise *vor* Konzertbeginn stattfindet, hier zu einem Zeitpunkt geschieht, da das Stück schon in vollem Gang ist – ein musikalischer Scherz, den auch Joseph Haydn im sechsten Satz seiner Symphonie Nr. 60 *Il Distratto* anwendet. Gleichzeitig hat dieses Motiv jedoch durchaus auch eine einleitende Funktion, denn ihm folgt nun mit dem Mittelteil der Ouverture die eigentliche musikalische Haupthandlung des Stücks, der Kampf des Kabaretts (»Überbrettlmotiv«) gegen die Obrigkeit (»Lex-Heinze-Motiv«), aus dem selbstverständlich das Kabarett siegreich hervorgeht. Der dritte und letzte Teil bringt als Apotheose des Überbrettls ein Potpourri der erfolgreichsten *Scharfrichter*-Lieder, das im Konzertführer mit gewichtigen Worten beschrieben ist:

> *Das erste Thema, – wer kennte es nicht: der Marsch der elf Scharfrichter. Er ist so grandios, so pompös und überwältigend, dass der Komponist wohlweislich denselben in kleinen Dosen verabreicht, – zunächst 5 ½ Takte. Sanft geht er in einer zierlichen trugschlussartigen Wendung nach der Dominantseptime von a moll, um uns mit einer der liebreizendsten Melodien zu überraschen, die je geschrieben worden sein dürfte […]. Es wird nun von Wichtigkeit sein, die genialische Zusammenstellung des Textes hier näher zu erörtern. Jedem Opus ein paar Zeilen entnehmend, manches wiederholend, manches zu elementarer Wucht entwickelnd, hat er es verstanden, eine mysteriöse, sezessionistisch gehaltene Entführungsgeschichte zusammenzustellen, die sich schliesslich in das trotzig erhabene Hauptmotiv der elf Scharfrichter auflöst. […] Das Ganze wächst zu einem himmelstürmenden, alles in titanenhafter Urkraft mit sich in's endlose Überchaos reissenden Hymnus an, ein Hohelied der Programmmusik und ein ewiges Wahrzeichen von dem gewaltigen Geiste unserer grossen Zeit, Hannes Ruch.*[921]

In geistreichem Spott führt Weinhöppel in *Also sprach Hannes Ruch* die verschiedenen Elemente an, die für ein pro-

---

[920] Ebd.

[921] Schoppen, *Über-Ouverture*, [o. S.], StAM, Pol. Dir 2057/2.

grammatisches Musikstück unverzichtbar sind, nämlich eine außermusikalische Handlung (Kampf und Apotheose des Überbrettls) und einen Konzertführer, der die Leser mit pathetischen Ausdrücken wie »überwältigend«, »elementare Wucht« oder »titanenhafte Urkraft« von der Bedeutung des Werkes überzeugen soll. Doch auch sich selbst nimmt Weinhöppel aus seinem satirischen Rundumschlag nicht aus, wenn er im Konzertführer als der »gewaltige Geist unserer großen Zeit« beschrieben wird – der es allerdings nur bis auf die Bretter einer Kleinkunstbühne geschafft hat. Ein weiterer Bezug zu Richard Strauss scheint außerdem in dem verlorenen Lied *Der Salat* auf, von dem es im Programmheft heißt, Weinhöppel habe es »ueberstraussisch vertont«.[922]

Neben der überzeichneten Nachahmung kompositorischer Stile ist ein zweites musikparodistisches Verfahren die neue Kontextualisierung bekannter Musikstücke wie der Kompositionen von Richard Wagner, einem der meistparodierten Tonschöpfer des späten 19. und frühen 20. Jahrhunderts, der auch in den Satiren der Schwabinger Kabarettisten immer wieder auftaucht. Deutliche Anklänge finden sich in Schlesingers verschollenen Einaktern *Eine sensationelle Enthüllung zur Wagner-Frage* und *Die Meisten-Dichter von Berlin*, wie auch in *Die Vereinsprobe*, in der ein Mitglied des Männergesangsvereins *Gemüthlichkeit* – wie Hans Sachs in den *Meistersingern* – ein Schuster ist. In seinem Überdrama *Das Glück im schiefen Winkel*[923] unternimmt Gumppenberg den interessanten Versuch, die Wagnersche Leitmotivtechnik auf die Literatur zu übertragen. Das Stück beginnt mit einem *Orchesterweihevorspiel*, in dem die verschiedenen Figuren ihre leitmotivischen Sätze vorstellen:

Theodor [...] *Mein Leben für Mariechen!!*
Mariechen Ach, Theodor!!
Trude [...] *Aber Mariechen! ich an deiner Stelle –*
Wittköpper [...] *Was ist denn nu das wieder??*
Franziska [...] *Ogottogottogott!*
Der Urgroßvater Alles schon dagewesen!
Die Urgroßmutter Die schwarzen Fledermäuse von Siebzehneichen!
Die Großmutter Immer dieser Blutgeruch – sonderbar!
Anselm Das kommt von der wachsenden Irreligiosität![924]

Die gänzlich handlungsfreie Introduktion dient lediglich der Einführung dieser Sätze und dem Spiel mit Rhythmen, gleichzeitigem Sprechen und unterschiedlichen Sprechtempi (angegeben sind die Musikbezeichnungen Andante – Allegro – Agitato – Grave maestoso). Auch in diesem geradezu dadaistisch anmutenden Stilexperiment, in dem die Sprache ihre inhaltliche Bedeutsamkeit verliert, ist Gumppenberg seiner Zeit weit voraus.[925] Die leitmotivischen Sätze sind dann in den folgenden drei Akten in den Kontext einer tragischen Handlung gestellt, die mit Liebe, Intrige und Tod in nuce alle Bestandteile der großen Oper umfasst.

Weitere Parodien der Wagnerschen Leitmotivtechnik finden sich in den Pantomimen *Der böse Traum* (mehrfache Wiederholung des *Zornmotivs*) und *Die Kaiserin von Neufundland*. Beide Nummern bringen eine Vielzahl von Zitaten aus Wagners Musikdramen, besonders aus seinen meistparodierten Opern *Lohengrin* und *Tannhäuser*,[926] die durch die Kontrastierung mit anderen, weniger erhabenen Stücken eine komische Wirkung erzielen. Ein solch scharfer Bruch der Stilebenen ergibt sich etwa im *Bösen Traum*, wenn dem Volkslied *O du lieber Augustin* unmittelbar die Passage aus dem *Lohengrin Nun sei bedankt, mein lieber Schwan* entgegengesetzt wird. Die berühmten Motive und Arien aus den Musikdramen von Wagner, Verdi oder Auber erfahren durch ihren neuen Kontext im Potpourri des *Bösen Traums* eine Trivialisierung. In ähnlicher Manier werden hier auch die patriotischen Hymnen, Lieder und Märsche durch die ironisierende Aufführung auf der Kabarettbühne ins Groteske verzerrt. Und selbst die Volkslieder erfahren eine neue Interpretation, die ihnen oftmals ihre ursprüng-

---

[922] Hanns von Gumppenberg, Richard Weinhöppel, *Der Salat*, 11. PH, S. 10, DKA, Ordner LK/C/1. Alternativ hierzu heißt es auf einem Plakat der *Scharfrichter*: »Der Salat. Eine überwagnerische Szene«, DTM, Inv.-Nr. XII 119 (F 4679).

[923] Der Titel ist eine Anspielung auf Sudermanns *Das Glück im Winkel*, vgl. Wintzingerode-Knorr, *Gumppenberg*, S. 98.

[924] Hanns von Gumppenberg, *Das Glück im schiefen Winkel*, in: Ders., *Überdramen 3*, S. 78f.

[925] Vgl. Wintzingerode-Knorr, *Gumppenberg*, S. 99–101.

[926] Vgl. Schneider, *Wagner-Parodie*, S. 260.

liche Harmlosigkeit nimmt, etwa wenn die beiden Lieder *Ihr Kinderlein kommet* und *Ringelreihen* den Charakter des pädophilen Bankiers Sternberg illustrieren. Während in diesem Fall die Lieder durch die Handlung der Pantomime mit einer ihnen bis dahin fremden, zusätzlichen Deutungsebene versehen werden – durch die Verbindung mit dem Sternberg-Thema wird etwa das Weihnachtslied *Ihr Kinderlein kommet* zu einem zynischen Verführungsstück –, tritt an anderer Stelle genau der umgekehrte Fall auf, indem eine Handlung ihre eigentliche Aussage erst durch das illustrierende Lied preisgibt. Wenn z. B. das *Zornmotiv* aus dem *Lohengrin*, das die Wut des deutschen Kaisers über seinen getöteten Konsul symbolisiert, mit der schmachtenden Walzermelodie aus dem Operettenlied *Sei nicht bös* ironisch kontrastiert wird, wirkt die Entschuldigung des Sühneprinzen Chun nur noch wie eine lächerliche Farce. Sowohl im *Bösen Traum* wie auch in der *Kaiserin von Neufundland* diente die Musik also nicht allein zur Untermalung, sondern vielmehr zur Erweiterung der Interpretations- und Bedeutungsebenen, denn aufgrund der großen Bekanntheit der Musikstücke war davon auszugehen, dass das Publikum die implizite Aussage der Zitate verstand. Komisch wirkte gerade auch das Potpourri des *Bösen Traums* wegen der rasanten Geschwindigkeit, mit der die 58 verschiedenen Stücke aufeinanderfolgen und Stile und Assoziationen regelrecht durcheinanderwirbeln.

Das nicht erhaltene Arrangement zur *Kaiserin von Neufundland* besteht dagegen lediglich aus sechzehn Titeln und stellt etwas andere Anforderungen an den Hörer.[927] Während nämlich im *Bösen Traum* alle Musikstücke im Programmheft genannt sind und oft nur deren Titel für die jeweilige Situation von Bedeutung ist, geht es Wedekind in den meisten Fällen um die Gesamtaussage der Musikstücke und um ihre ursprüngliche Konnotation. Wenn also im *Bösen Traum* etwa das *Zornmotiv* oder der Anfang der Arie *Nun sei bedankt, mein lieber Schwan* erklingen, so dienen diese Zitate dazu, die in der Handlung dargestellten Affekte der Wut und des Danks zu verstärken. In der *Kaiserin* beschwören die Zitate aus *Lohengrin* dagegen ganz bewußt die Atmosphäre und Handlung dieser Oper, die damit zum verzerrten Spiegelbild der Pantomime wird. Die Musikstücke aus der *Kaiserin* lassen sich in drei Gruppen einteilen und dienen zur Charakterisierung 1. eines Ambientes/einer Stimmung, 2. einer Figur und 3. einer Handlung.

1.) Musikstücke zur Charakterisierung eines Ambientes/einer Stimmung

Zu dieser Gruppe zählen die Präludien der drei Akte sowie das Vorspiel aus *Lohengrin*, das wiederholt im ersten und zweiten Bild anklingt und das ritterliche Ambiente des kaiserlichen Palastes beschwört. Der scharfe Kontrast zwischen der erhabenen Komposition und der verräucherten Kneipenatmosphäre der Kabarettbühne erzielte zweifellos eine groteske Wirkung, gleichzeitig lieferte die Musik jedoch auch einen Interpretationshinweis für den weiteren Verlauf der Handlung. Das Motiv verrät, dass Holthoff, der stärkste Mann der Welt, der – wie Lohengrin – zunächst als Retter auftritt, genau wie der Gralsritter zuletzt den Tod seiner Geliebten, der Kaiserin Filissa, verschulden wird. Als Erscheinung ist die joviale, selbstgefällige Zirkusfigur Holthoff freilich alles andere als ein Lohengrin, doch dient ihm Wagners Musik als Deckmantel für seinen eigentlichen Charakter. So erklingt auch im zweiten Akt, im dem die liebesblinde Filissa auf Holthoffs Anweisung hin ihre Untertanen zu Geldzahlungen an Holthoff zwingt, das Motiv des edlen Schwanenritters, das die Grausamkeit dieser Handlung verharmlost und verdrängt. Steht das *Lohengrinmotiv* für das Leben im Palast der Kaiserin, so dient im dritten Bild, das in einem Tanzlokal spielt, eine Française zur Illustration dieses Ambientes.

2.) Musikstücke zur Charakterisierung einer Figur

Den meisten Figuren der Pantomime ist ein charakteristisches Leitmotiv beigefügt, das ihren Charakter beleuchtet und sie einer bestimmten Stil- und Gesellschaftsebene zuordnet. So erhält Dr. Didi Zeudus, der Leibarzt der Kaiserin, das studentische Spottlied *Ich bin der Doktor Eisen-*

---

[927] Die Titel sind in Wedekinds 12. Notizbuch genannt und stichpunkthaft mit der Handlung verwoben, vgl. [Kommentar Kaiserin], S. 799ff.

bart, das ihn als Quacksalber und Scharlatan entlarvt.[928] Seine Methoden sind denn auch alles andere als vertrauenserweckend. Im ersten Bild hört er bei der Visitation der Kaiserin auch »die breiten Flanken der Ottomane«[929] ab, auf der die Kaiserin ruht, am Ende des zweiten Akts untersucht er die verrückt gewordene Kaiserin, indem er wiederholt ihren Kopf schüttelt und daran horcht. Zeudus verordnet seiner Kaiserin die Ehe als einzige Möglichkeit einer Rettung vor dem Tod. Durch das Lied vom Doktor Eisenbart aber ahnt der Zuschauer bereits, dass die Therapiemethoden dieses Arztes niemals anders als tödlich enden können und so hat sein Rat ja zuletzt auch den Selbstmord der Kaiserin zur Folge.

Nachdem bekannt geworden ist, dass die Kaiserin einen Ehemann sucht, bewerben sich vier Kandidaten um ihre Hand. Da ist zunächst der Schriftsteller Heinrich Tarquinius Pustekohl mit seinem Leitmotiv *Du hast mich nie geliebt*, wahrscheinlich einer Operettenmelodie von August Conradi oder Franz von Suppé.[930] Sein Thema unterscheidet ihn deutlich von den anderen Brautwerbern, die sämtlich einer anderen musikalischen Stilebene angehören, und stellt ihn mehr als alle anderen Figuren in die Nähe von Filissa, der zwar kein eigenes Motiv zugeordnet ist, deren Umfeld im Palast jedoch musikalisch der ernsten Welt der großen Oper angehört. Doch die Kaiserin bleibt für ihn in jeder Hinsicht unerreichbar. Wenngleich Pustekohl zu den sympathischsten Figuren der Pantomime zählt, so bleibt er doch ein Schmierendarsteller, ein Operettenheld, der fehlende Tiefe und Ernsthaftigkeit durch oberflächliche Pose und übertriebenes Pathos auszugleichen sucht. Zwei weitere Freier sind der große Napoleon und Alwa Adison (eine humoristische Anspielung auf Thomas Alva Edison), für deren Auftritte Wedekind mit der *Marseillaise* und dem *Yankee Doodle* je ein landesspezifisches patriotisches Musikstück wählte. Der vierte und schließlich auch erfolgreiche Kandidat ist der Athlet Eugen Holthoff, der zu den Klängen des *Boulangermarsches*[931] die Bühne betritt. Der französische General Georges Boulanger galt als

> *einer der radikalen Wortführer einer revanchistischen Politik gegenüber dem Deutschen Reich, gründete 1888 eine Partei der Boulangisten und gewann als »starker Mann« für seine popularistische Politik vorübergehend zahlreiche Anhänger. 1889 wurde er der Verschwörung gegen den Staat angeklagt. B. floh ins Ausland und erschoß sich 1891 am Grab seiner Geliebten.*[932]

Die musikalische Verknüpfung mit Boulanger charakterisiert Holthoff als einen selbstherrlichen Wichtigtuer und Blender mit zwielichtigem Charakter, der als Retter der Nation auftritt, und prophezeit auch ihm ein wenig ehrenvolles Ende.

Keine der Figuren bewegt sich motivisch in der Sphäre der anfänglich eingeführten Grundstimmung der Wagnerschen Musik, die ausschließlich den mit der Kaiserin verbundenen Handlungen vorbehalten ist.

3.) Musikstücke zur Charakterisierung einer Handlung

Als zweites Motiv aus einer Wagneroper erklingt der *Tannhäusermarsch*, der »Einzug der Gäste« aus der vierten Szene des zweiten Aktes aus *Tannhäuser und der Sängerkrieg auf Wartburg*. Wie in der Oper Grafen, Ritter und Edelfrauen sich im Saal der Wartburg versammeln, um den Wettstreit der Minnesänger zu verfolgen, dient der *Tannhäusermarsch* in der Pantomime als Rahmen für den Wettstreit der Bewerber um Filissa. Holthoff, der stärkste Mann der Welt, vermag es schließlich, ihr Herz zu erobern, indem er zu den Klängen des *Walhallmotivs* aus dem *Ring des Nibelungen* mehrere Proben seiner übermenschlichen Kraft gibt. Damit dringt Holthoff zumindest übergangsweise in den Motivkreis der Kaiserin ein, doch ist es bezeichnend, dass nur eine seiner *Handlungen*, nicht aber seine Figur durch ein Wagnermotiv charakterisiert ist. Es wirkt fast, als würde er musikalisch eine Maske anlegen,

---

[928] Das Lied behandelt in einer Vielzahl von Strophen die erfolglosen Therapieversuche des Doktor Eisenbart, die sämtlich zum Tod seiner Patienten führen.

[929] Frank Wedekind, *Die Kaiserin von Neufundland*, in: Wedekind, KSA 3/I, S. 61.

[930] Vgl. [Kommentar Kaiserin], S. 786.

[931] Möglicherweise die gleichnamige Komposition von Louis-César Desormes.

[932] Vgl. [Kommentar Kaiserin], S. 785.

die aber nicht seiner wahren Natur entspricht. Wie der *Boulangermarsch*, so steht auch das *Walhallmotiv* für Blendung und Kraftmeierei, denn die Götterburg Walhalla in *Rheingold* ist von Anfang an negativ konnotiert. Wotans gedankenloser Bauauftrag an die Riesen, der um den Preis seiner Schwägerin Freia zustande kam, ist der Beginn immer weiterer Intrigen und Komplikationen, an deren Ende die Götterwelt zugrunde geht und das stolze Gebäude verbrennt. Auch das *Walhallmotiv* wird somit zur Metapher für eine Machtdemonstration, die keinen guten Ausgang nehmen wird. Noch aber ist von dem schrecklichen Schicksal nichts zu ahnen und so besteigt das Paar gemeinsam zu den Klängen des *Brautchors* aus *Lohengrin* den Thron. Auf Holthoffs Befehl hin zitiert die Kaiserin ihre Untertanen dreimal und erzwingt von ihnen Geldzahlungen an ihren Geliebten. Das somit gleichsam »herbeigezauberte« Geld wird durch das *Feuerzaubermotiv* aus dem *Ring des Nibelungen* entsprechend leitmotivisch untermalt. Doch bald schon wendet sich das Blatt. Die immer neuen Kraft- oder besser Potenz-Beweise von Holthoff versetzen Filissa derart in Ekstase, dass sie schließlich den Verstand verliert und ihr zu den Klängen eines *Wahnmotivs*, eventuell aus dem Wahnmonolog von Hans Sachs aus Wagners *Meistersingern*, die Zwangsjacke angelegt wird.[933] Während man sie abführt, thematisiert das Volkslieds *Hameln ist ein schönes Städtchen* über den Rattenfänger von Hameln noch einmal den Blender und Verführer Holthoff. Ein letztes Motiv, das mit großer Wahrscheinlichkeit aus *Tristan und Isolde*[934] von Wagner stammt, ist das sogenannte *Verzweiflungsschmerzmotiv*, das im letzten Akt der Pantomime Holthoffs nunmehr vergebliche Versuche, ein Gewicht zu heben, untermalt.

Etwa zur gleichen Zeit, als die *Kaiserin von Neufundland* entstand, arbeitete Wedekind an seinem einzigen, unvollendeten Libretto *Nirwana*, einer Parodie auf die deutsche romantische Oper und ihre beliebten Rittersujets.[935] Als solche kann auch die *Kaiserin* gelesen werden. Die verschiedenen Motive aus Wagners Bühnenwerken und die Szenerie führen den Zuschauer in die Welt der ernsten Oper. Doch anstelle von Helden mit ehrenhaften Absichten treten Quacksalber (Dr. Zeudus), Diktatoren (Napoleon), Sklavenschinder (Adison), Schmierendarsteller (Pustekohl) und ruchlose Verführer (Holthoff) auf und im dritten Akt wird schließlich auch die hehre Welt des Kaiserpalastes gegen ein »Tanzlokal niedrigsten Ranges« eingetauscht, in dem »Matrosen, Fleischersknechte […], Freudenmädchen und Rowdies«[936] ihr Unwesen treiben.

9.2.3 Flucht in heile Welten: historischer und exotischer Eskapismus

Eine weitere, wenn auch sehr viel sanftere Form der Zeitkritik ist der Rückzug in historische oder exotische Schutzräume, wie er in vielen Nummern aus dem *Scharfrichter*-Repertoire aufscheint.[937] In diesem Eskapismus manifestiert sich die tiefe Verunsicherung gegenüber der modernen Welt und ihren immer weniger zu durchschauenden Vorgängen, die zu Beginn des 20. Jahrhunderts weite Kreise der deutschen Bevölkerung ergriffen hatte. Nie zuvor waren die Menschen in einer vergleichbar kurzen Zeitspanne derartigen Umwälzungen ausgesetzt gewesen, die alle Bereiche des Lebens betrafen und bisherige Weltbilder, Überzeugungen und Traditionen ins Wanken brachten. Die rasend schnellen Entwicklungen der Technik und Industrialisierung führten nicht nur zu einer Entfremdung von der Natur, sondern erweckten aufgrund immer spezialisierterer Arbeitsabläufe auch zunehmend die Sorge, den nicht mehr nachvollziehbaren Herstellungsprozessen ausgeliefert zu sein. Das Wachstum der Städte und die rasanten Entwicklungen von Mobilität und Kommunikation konfrontierten die Menschen mit Anonymität und Rastlosigkeit, wie sie bis dahin völlig unbekannt gewesen waren. Und in einer zunehmend rationalisierten Welt war auch immer weniger Platz für jegliche

---

[933] Möglicherweise handelt es sich bei dem *Wahnmotiv* aber auch um einen Ausschnitt aus der *Wahnsinnsarie* aus Gaetano Donizettis *Lucia di Lammermoor* (1835), vgl. ebd., S. 791. Da jedoch alle anderen Motive, die mit der Kaiserin in Verbindung stehen, aus den Bühnenwerken Wagners stammen, erscheint die Zuordnung zu den *Meistersingern* plausibler.

[934] Vgl. ebd., S. 791.

[935] Becker, *Annäherungen*, S. 159ff.

[936] Wedekind, *Kaiserin*, S. 84.

[937] Vgl. Rösler, *Chanson*, S. 86.

Form von Spiritualität, die vielen über Jahrhunderte Halt gegeben hatte.⁹³⁸

Die intensive Auseinandersetzung mit dem Historismus im 19. und frühen 20. Jahrhundert ist demnach nicht nur das Resultat der um 1800 in Philosophie und Wissenschaft einsetzenden Beschäftigung mit der Geschichtlichkeit des Menschen,⁹³⁹ sondern auch Ausdruck einer romantisierenden Rückbesinnung auf vergangene, vermeintlich bessere Zeiten. Ganz Europa huldigte dem historischen Eklektizismus, der sich in der Architektur etwa in der im römisch-byzantinischen Stil erbauten Basilika *Sacré-Cœur* (1875–1914) in Paris und dem neobarocken Berliner Dom (1894–1905), in der Literatur in Stoffen wie Lew Wallaces *Ben Hur* (1880) und Henryk Sienkiewczs *Quo Vadis* (1895) oder in historischen Opernsujets wie Verdis *Trovatore* (1853) und Wagners *Meistersinger von Nürnberg* (1867) niederschlägt. Auch für Utopisten, die wie die Lebensreformbewegung einen neuen Lebensstil propagierten, waren Rückbesinnung und Erneuerung nicht notwendigerweise unvereinbar.

*Vielmehr zeigen sich in der Selbstcharakterisierung »Neoromantik« eher die Konturen einer nach rückwärts gewandten Utopie. Verglichen mit den Themen der künstlerischen Avantgarden, die gerade im Begriff sind, ihr formales Repertoire weitreichend neu zu organisieren, suchen die Protagonisten der Lebensreform- und Jugendbewegung nach Vorbildern, die von allen vermeintlichen Pathologien der Moderne unbeschädigt geblieben zu sein scheinen, wobei das Spektrum der Bewunderung von Albrecht Dürer über Rembrandt bis zu Arnold Böcklin reicht.*⁹⁴⁰

Vermeintlich verlorene Werte wie Ursprünglichkeit, Vitalität, Lebensfreude und Innerlichkeit glaubte man in Personen und Werken vergangener Zeiten wiederzufinden.⁹⁴¹ Hiervon zeugen u. a. die Wiederentdeckung von Caspar David Friedrich⁹⁴² oder der immense Erfolg von Julius Langbehns Buch *Rembrandt als Erzieher* (1890), das in wenigen Jahren über 100 Auflagen erlebte.

Ungeachtet ihres Modernitätsanspruchs zögerten auch die Protagonisten der frühen deutschen Kabarettbewegung nicht, sich des Historismus zu bedienen. So beginnt Otto Julius Bierbaum sein Vorwort zu der berühmten Sammlung *Deutsche Chansons* mit einer Anrede an eine als Schäferin verkleidete Rokoko-Marquise und in Wolzogens Berliner *Überbrettl* hegte man eine besondere Vorliebe für das Biedermeier. Auch im Repertoire der *Scharfrichter* finden sich zahlreiche Nummern mit historischem Bezug, die gerne auch im entsprechenden Kostüm aufgeführt wurden.

So erschien etwa Richard Weinhöppel für den Vortrag seines Minnelieds vom *Straßburger Mädchen* im Gewand eines mittelalterlichen Troubadours. Weitere mittelalterliche Stücke waren *Das Tagelied* von Wolfram von Eschenbach und *Elegie* und *Das Halmorakel* von Walther von der Vogelweide sowie die historisierenden Balladen von Börries von Münchhausen *Die Schenkin* und *Der Page von Hochburgund* oder Rudolf Baumbachs Klostermäre *Das Gänslein*.⁹⁴³ Aus der Zeit des Barock stammen Miguel de Cervantes' *Wundertheater*, Hans Sachs' *Der Bauer im Fegefeuer*, Grimmelshausens *Tageweise der Landstörzer* aus dem *Simplicissimus* sowie die von Robert Kothe gesungenen Volkslieder *All' meine Gedanken*, *Der Tod von Basel*, *Vom*

---

⁹³⁸ Vgl. Thomas Rohkrämer, *Lebensreform als Reaktion auf den technisch-zivilisatorischen Prozeß*, in: Buchholz [u.a.] (Hg.), *Die Lebensreform 1*, S. 72.

⁹³⁹ Vgl. Dirk Niefanger, *Historismus*, in: Dieter Burdorf, Christoph Fasbender und Burkhard Moenninghoff (Hg.), *Metzler Lexikon Literatur*, 3., völlig neu bearbeitete Auflage, Stuttgart und Weimar 2007, S. 329.

⁹⁴⁰ Peter Ulrich Hein, *Ästhetische Leitbilder der Jugendbewegung und die Vergesellschaftung der Kunst*, in: Buchholz [u.a.] (Hg.), *Die Lebensreform 1*, S. 211.

⁹⁴¹ Vgl. Gunter Martens, *Vitalismus und Expressionismus. Ein Beitrag zur Genese und Deutung expressionistischer Stilstrukturen und Motive*, Stuttgart [u.a.] 1971, S. 84–93.

⁹⁴² Vgl. Klaus Wolbert, *Deutsche Innerlichkeit. Die Wiederentdeckung Caspar David Friedrichs um 1900 und die Verbindlichkeit des reformerischen Naturverhältnisses*, in: Buchholz [u.a.] (Hg.), *Die Lebensreform 1*, S. 189–197.

⁹⁴³ Dieser stilisierte Mittelalterkult findet sich etwa zur gleichen Zeit auch bei den Anhängern der *Wandervogel*-Bewegung, die sich in ihrer Abenteuerlust von den »Geschichten von fahrenden Scholaren und geheimnisvollen Rittern [...] als eine[r] Art säkularisierte[m] Wagnerianismus« inspirieren ließen, Hein, *Ästhetische Leitbilder*, S. 211.

Wasser und vom Wein und *Von einer Vogelhochzeit*. Neben diesen Originalstücken zählen auch Richard Weinhöppels Lied vom *Armen Kunrad*, das Emanuel Franz im Kostüm eines Landsknechts vortrug, und die Barocktänze von Sandro Blumenthal inhaltlich und stilistisch in diese Kategorie. Allerlei Schäferinnen und Schäfer bevölkern die Nummern, die aus der Zeit des Rokoko stammen oder dieser Epoche nachempfunden sind, so Goethes *Bekehrte*, Greiners *Lied des Meißner Figürchens* oder Bierbaums *Menuett*, in dem Weinhöppel als Mozart mit zwei Schäferpärchen im Rokoko-Kostüm auftrat. Auch musikalisch griff der Hauskomponist der *Scharfrichter* wiederholt auf den galanten Stil jener Zeit zurück, so in seiner Vertonung von Goethes *Christel* oder des anakreontischen Gedichtes *Ein Traum* von Peter Uz. Typisch für die Zeit des Rokoko sind weiterhin antike Themen wie in Goethes *Satyros*, Bürgers *Prinzessin Europa* und Wielands *Das Urteil des Paris*. Obwohl Wilhelm Mauke dankbar konstatierte, dass die *Scharfrichter* weitgehend auf die bei Wolzogen vorherrschende, harmlos gefällige »Biedermeierei«[944] verzichteten, finden sich auch in ihrem Repertoire einige Nummern dieser Art, so das *Lied am Spinett*, das *Schlummerliedchen*, von Stefanie Martin im Biedermeierkleid vorgetragen, oder die Lieder *Der Glücksritter* und *Die Spielleute* von Joseph von Eichendorff, die Robert Kothe im Kostüm eines Handwerksburschen »mit Felleisen und Vatermörder«[945] darbrachte. Mit Titeln wie den Gedichten

Richard Weinhöppel im Rokoko-Kostüm. Das Foto trägt rückseitig die Widmung: »Meinem alten lieben Hanns von Gumppenberg in einem Moment dankbarer Begeisterung von seinem Minstrel Hannes Ruch am 5. März 1903.«
MSB Mon. P_a306.

Der Knabe im Moor von Annette von Droste-Hülshoff und der *Zweiten Hymne an die Nacht* von Novalis und den zahlreichen Volksliedern und Vertonungen aus der Sammlung *Des Knaben Wunderhorn* nimmt außerdem die Romantik einen breiten Raum auf dem Schwabinger Brettl ein.

Entgegen unserer heutigen Vorstellung vom Kabarett waren diese Darstellungen keineswegs ironisch gemeint. Vielmehr stand das Personal aus Landsknechten, Schäferinnen und Handwerksburschen, das gleichzeitig auch in der zwischen 1903 und 1906 erschienenen Gedichtsammlung *Lieder aus dem Rinnstein* auftaucht, für Ursprünglichkeit, Naivität, Authentizität sowie Kraft und den »Trieb zum Leben mit seinen Freuden«,[946] so Hans Ostwald, der Herausgeber der Sammlung, und damit für eben jene Werte, die auch die Kabarettisten in ihrer Affinität zu Friedrich Nietzsche vertraten. Eskapistische Schutzräume entstanden aber nicht nur in der utopischen Rückbesinnung auf vergangene Zeiten, sondern auch in der Hinwendung zu anderen Ländern und Kulturen, wobei ein wirklicher Exotismus wie etwa der um 1900 überaus populäre Japonismus bei den *Scharfrichtern* so gut wie keine Rolle spielt. Einen Hauch von Ferne brachten Marya Delvard in ihren italienischen Liebesliedern und Dora Stratton in ihren erfolglosen Cockney Songs. Sehr viel stärker war durch die zahlreichen französischen Chansons der Bezug zu Paris, der mondänsten Metropole des frühen 20. Jahrhunderts.

---

[944] Mauke, *Die elf Scharfrichter* [Moderne Brettl 5], S. 75.
[945] [v.], [Die elf Scharfrichter], in: *MP*, Nr. 61, 14.3.1902, S. 3.

[946] Hans Ostwald, *Vorwort*, in: Ders. (Hg.), *Lieder aus dem Rinnstein*, Bd. 1, Leipzig und Berlin 1903, S. X.

Einen Blick über die europäischen Grenzen hinaus wagten die *Scharfrichter* jedoch nur selten und lediglich vier Nummern verdienen die Bezeichnung »exotisch«: das Schattenspiel *Die Sphynx*, das »afrikanische« Lied *Pech des Armen*, der von Weinhöppel aus Amerika mitgebrachte Cakewalk *Rastus on Parade* und Blumenthals *Sulamith*. Am deutlichsten wurde die Exotik offenbar in den Gesängen von *Sulamith* mit ihrer orientalischen Bildsprache spürbar, in denen »die Intensität der Gerüche, die magischen Farben und Formen tropischer Blumen und Pflanzen, die übersteigerte Sensorik der schwülen Luft«[947] das Publikum in eine fremde Zauberwelt entführten.

9.3 Boheme zwischen Vitalismus und Décadence: Das Gegenmodell der *Elf Scharfrichter*

»Der Henkersdienst erschöpft uns nicht«,[948] schreibt Willy Rath in seinem programmatischen *Vorspruch* und tatsächlich gibt es bei den *Scharfrichtern* neben harmlos-konformer Unterhaltung und oppositioneller Kritik noch einen weiteren, ja, vielleicht den interessantesten Themenkomplex, nämlich die Darstellung alternativer Gegenentwürfe und damit die Vermittlung ihrer eigenen Visionen, Ideale und Werte. Dass sie auch diese Position in ihr Repertoire aufnahmen und damit konstruktive, wenn auch völlig utopische Lösungen für die von ihnen beklagten Missstände vorstellten, festigt ein weiteres Mal ihre Ausnahmestellung in der Landschaft der frühen deutschen Kabaretts, in der ein solcher Ansatz sonst wohl nirgends zu finden ist. Das Gegenmodell der *Scharfrichter* steht ganz im Zeichen von zwei künstlerischen, aber auch gesellschaftlichen Hauptströmungen der Zeit um 1900: der Décadence und dem Lebenskult. Während sich die Anhänger der Décadence mit ihrer ästhetizistischen Ausrichtung ganz der »Darstellung des Verfalls und Untergangs in allen Spielarten und Differenzierungen«[949] verschrieben hatten, huldigten die Vitalisten in Reformbewegungen wie der Freikörperkultur, der Bildung von Landkommunen oder der Jugendbewegung der Urkraft des Lebens. Obwohl auf den ersten Blick also vollkommen konträr, weisen beide Bewegungen bei genauerer Betrachtung doch zahlreiche Parallelen auf. Beide lassen sich als Reaktion auf die extremen technischen und soziologischen Entwicklungen zur Zeit der Jahrhundertwende interpretieren und in beiden manifestiert sich der Wunsch nach einer Abgrenzung von der bürgerlichen Welt. Für beide ist Nietzsche eine zentrale Bezugsfigur, denn er predigt das »Primat des Lebens«,[950] bejaht aber gleichzeitig auch den Verfall, »weil er unabdingbar zur Totalität des Lebens gehört.«[951] Nietzsches zentrale Figur des Dionysos steht für Kraft, Fülle und den Willen zur Tat und wurde damit zum Leitbild für die Anhänger des Vitalismus und der Lebensreformbewegungen, doch impliziert sie ebenso auch amoralische Grausamkeit und Vernichtung und diente so auch den Décadents mit ihrer Vorliebe für »schrecken- und schaudererregende [...] Motive, das Unheimliche und Entsetzliche«[952] als Ideal.

Viele Figuren und Themen der *Scharfrichter* sind deutlich geprägt von diesen beiden Positionen, der vitalistischen Hinwendung zum Leben und der dekadenten Abkehr davon, die sich gelegentlich sogar überschneiden. Wenn die Schwabinger Kabarettisten erklärten, »ein winzig Bild vom großen Leben«[953] auf ihrem Brettl zeigen zu wollen, so beschreibt dies zum einen ihre Absicht, das Leben in seiner Buntheit und Vielseitigkeit darzustellen. Gleichzeitig bekannten sie sich mit dieser Aussage zur vitalistischen Lehre, die das Lebendige über alles andere stellt. Übereinstimmend heißt es im Vorwort des *Musenalmanachs* der *Scharfrichter*: »Wir wollen das Leben!«[954] Doch ihre zahlreichen morbiden Themen weisen sie ebenso auch als Anhänger der Décadence-Bewegung aus.

---

947 Martens, *Vitalismus*, S. 101.
948 Rath, *Vorspruch*, S. [7].
949 Rasch, *Décadence*, S. 21.
950 Martens, *Vitalismus*, S. 35. Die verschiedenen Bewegungen, die sich auf Nietzsche bezogen, verwendeten seine Lehren meist in vereinfachter und auf ihre eigenen Bedürfnisse zurechtgeschnittener Form, vgl. ebd., S. 90f.
951 Rasch, *Décadence*, S. 26.
952 Ebd., S. 95.
953 Rath, *Vorspruch*, S. 8.
954 *Scharfrichter Musenalmanach*, [o. S.].

9.3.1 Figuren der *Scharfrichter*-Bühne

Die besondere Sympathie der *Scharfrichter* mit ihrem Selbstverständnis als antibürgerliche Künstler und Bohemiens galt den Außenseitern der Gesellschaft, die in allen möglichen Figuren ihre Bühne bevölkerten. Wie auch die Anhänger des Vitalismus und der Décadence erblickten sie in den sozial Verachteten, den Dirnen, Lumpen und Verbrechern, den Schelmen, Gauklern und Narren, eine kraftvolle und urtümliche Alternative zu der von ihnen verabscheuten Vorstellung des bürgerlichen »Philisters«. Das Zusammengehörigkeitsgefühl der Boheme mit den Repräsentanten des »fünften Stands« formuliert der Autor Erich Mühsam:

Paria ist der Künstler wie der letzte Lumpen! Wehe dem Künstler, der kein Verzweifelter ist! Wir, die wir geistige Menschen sind, wollen zusammenstehen – in einer Reihe mit Vagabunden und Bettlern, mit Ausgestoßenen und Verbrechern wollen wir kämpfen gegen die Herrschaft der Unkultur! Jeder, der Opfer ist, gehört zu uns![955]

Der Scharfrichter

Ein solcher gesellschaftlicher Außenseiter ist die Figur des Henkers oder Scharfrichters, die zum Namensgeber für das Schwabinger Kabarett wurde und daher eine zentrale Rolle spielt. Im Rahmen der Kleinkunstbühne steht der Begriff in erster Linie für eine kritische Haltung, die an den politischen, sozialen und kulturellen Missständen Anstoß nimmt und in letzter Konsequenz auf deren Beseitigung abzielt, doch bietet er gleichzeitig Spielraum für verschiedene weitere Interpretationsebenen. Von besonderem Interesse ist hierbei die eigenartige konträre Doppelstellung, die der Henker von jeher einnimmt. Aufgrund seiner unehrenhaften Tätigkeit zählte er zu den ausgestoßenen Randfiguren der Gesellschaft, andererseits galten die Berührungen und Körperflüssigkeiten des Scharfrichters, dem der Volksmund magische Kräfte zusprach, als glücksbringend. Ansehen genoss er auch wegen seiner anatomischen und medizinischen Kenntnisse, die er sich für die verschiedenen Foltermethoden aneignen musste.[956] Der Henker ist demnach nicht nur Mörder, sondern gleichzeitig auch Glücksbringer und Heiler. Übertragen auf das Kabarett wird der *Scharfrichter* also durch die Ausmerzung der von ihm als solche definierten verbrecherischen Machenschaften zum Heilsbringer für die Gesellschaft. Gleichzeitig ist der Henker als Vollstrecker des Urteilsspruchs auch ein Mann der Tat und erfüllt damit ein vitalistisches Ideal, das die Tat – ungeachtet ihrer moralischen Ausrichtung – als Ausdruck aktiver Lebenskraft verherrlicht.[957] Für die Figur des Scharfrichters hegte auch Heinrich Heine, einer der geistigen Urväter der satirischen Kleinkunst, eine »auffällige Vorliebe.«[958] Bei ihm erscheint sie u.a. in seinem Gedicht *Der Schelm von Bergen* (1846), in dem ein Henker an einem rheinischen Mummenschanz teilnimmt, aufgrund seiner Maske jedoch zunächst nicht erkannt und daher auch nicht des Platzes verwiesen wird. Erst als die Herzogin zu erfahren wünscht, wer sich hinter ihrem feurigen Tanzpartner verbirgt, und ihm die Maske vom Kopf reißt, erkennen die entsetzten Festgäste seine wahre Identität. Geistesgegenwärtig rettet der Herzog die Situation:

Der Herzog ist klug, er tilgte die Schmach
Der Gattin auf der Stelle.
Er zog sein blankes Schwert und sprach:
Knie vor mir nieder, Geselle!

Mit diesem Schwertschlag mach' ich dich
Jetzt ehrlich und ritterzünftig,
Und weil du ein Schelm, so nenne ich dich
Herr Schelm von Bergen künftig.[959]

---

[955] Erich Mühsam, *Appell an den Geist*, in: Ders., *Alarm*, S. 25f., zitiert nach Kreuzer, *Boheme*, S. 283.

[956] Vgl. Christoph Daxelmüller, *Henker, Scharfrichter*, in: Rolf Wilhelm Brednich [u.a.] (Hg.), *Enzyklopädie des Märchens*, Bd. 6, Berlin und New York 1990, Sp. 814–816.

[957] Vgl. Martens, *Vitalismus*, S. 82.

[958] Kurt Abels, *Zum Scharfrichtermotiv im Werk Heinrich Heines*, in: Heine-Archiv Düsseldorf (Hg.), *Heine-Jahrbuch 1972*, Hamburg 1972, S. [99].

[959] Heinrich Heine, *Der Schelm von Bergen*, 11. und 12. Strophe, in: Ders., *Romanzero*, Hamburg 1851, S. 18.

Wenn der Herzog den Scharfrichter zum Schelm ernennt, so ist dies nach heutigem Verständnis ein Reflex auf dessen spitzbübische Tat, sich verbotenerweise auf ein Fest zu begeben, zu dem ihm aufgrund seiner gesellschaftlichen Stellung der Zutritt versagt ist. Im Mittelhochdeutschen bedeutete der Begriff Schelm jedoch »Aas, toter Körper, ehrloser Mensch«, aber auch »Henker«.[960]

Der Henker als verkleideter Schelm erscheint auch im Bildrepertoire der Schwabinger Kabarettisten in den Darstellungen von Bruno Paul und Josef Benedikt Engl, die den Scharfrichter mit Narrenkappe zeigen (siehe S. 220 und 221). In seiner Titelgraphik für das Faschingsprogramm 1903 hat Engl jene motivische Verknüpfung aufgegriffen, die sich schon in Heines Gedicht findet: der verkleidete Henker und der Karneval als anarchisches Sinnbild für die Auflösung der gesellschaftlichen Ordnung. Hier thront der Scharfrichter über dem Bürger, dessen feistes, an einen Schweinskopf erinnerndes Haupt er an den Richtblock genagelt hat. Wenn die Schwabinger Kabarettisten, deren Gründung laut Otto Falckenberg ganz entscheidend durch die Proteste gegen die Obrigkeit während des Faschings 1900 beeinflusst wurde, sich als *Scharfrichter* bezeichneten und damit symbolisch die staatliche Exekutivgewalt übernahmen, so ist dies auch als »karnevalistische [...] Subversion politischer und sozialer Verhältnisse«[961] zu werten.

Christian Morgenstern und seine »Galgenbrüder« hatten bereits gut fünf Jahre zuvor bei ihren Künstlertreffen mit Hinrichtungsutensilien, dem Abhalten von spielerischen Exekutions-Ritualen, schaurigen Pseudonymen wie »Vereckerle« und »Raabenaas« und den Lesungen der grotesken *Galgenlieder* von Morgenstern experimentiert.[962] Nun griffen die *Scharfrichter* diese Requisiten und Handlungen auf, erweiterten sie und stellten sie in einen öffentlichen Rahmen.

»Exekutionen« waren ihre Vorstellungen betitelt, die in ihrer kleinen Künstlerkneipe mit dem auffälligen Schandpfahl abgehalten wurden. Wie in älterer Zeit der Weg der Verurteilten zum Richtplatz von geistlichen Gesängen begleitet worden war, so ging auch den Darbietungen der *Scharfrichter* häufig ihr Exekutionslied voraus, das die Kabarettisten in roter Henkerstracht und mit verhüllten Gesichtern aufführten. Den historischen Brauch, dass der Henker sich maskierte, um seine Anonymität zu wahren und sich so vor Nachstellungen zu schützen, trieben die *Scharfrichter* durch ihre makabren Pseudonyme wie Till Blut oder Dionysius Tod noch auf die Spitze.[963]

Durch ihre Selbstinszenierung als Scharfrichter demonstrierten die Schwabinger Kabarettisten ihre Überlegenheit über die Gesellschaft. Dass es sich hierbei jedoch nur um ein Wunschbild handelte, das nicht ihrer wahren sozialen Stellung und Macht entsprach, und sie von Teilen der bürgerlichen Gesellschaft nicht als Vorbilder, sondern vielmehr als Unruhestifter und Revoluzzer wahrgenommen wurden, haben die *Scharfrichter* immer wieder scherzhaft thematisiert. So mögen auch ihre im Theatersaal ausgestellten Porträtmasken (siehe S. 125) als selbstironischer Kommentar gedeutet werden, erwecken sie doch die Assoziation an verschiedene Theorien, die um 1900 in kriminologischen Kreisen großen Zuspruch erlebten. 1879/80 hatte der französische Kriminalist und Anthropologe Alphonse Bertillon ein System entwickelt, um straffällig gewordene Personen erkennungsdienstlich zu erfassen. Dieses Verfahren, zu dem u. a. die Fotografie des Gesichts aus zwei verschiedenen Perspektiven (frontal und im Profil) zählte, wurde bald auch in anderen europäischen Ländern sowie den USA eingeführt. Verwies Wilhelm Hüsgen möglicherweise auf diese Praxis, als er seine *Scharfrichter*-Masken teils als Frontal-, teils als Profilansichten und teils als Halbprofile gestaltete? Denkbar wäre auch eine Anspielung auf die Theorien des italienischen Arzts und Gerichtsmediziners Cesare Lombroso. Dieser hatte 1876 seine Schrift *L'Uomo delinquente* veröffentlicht, die 1887 unter dem Titel *Der Verbrecher in anthropologischer, ärztlicher und juristischer Beziehung* auch auf Deutsch erschien. Lombroso vertrat hier die Auffassung, dass eine Straftat nicht auf

---

[960] Vgl. Elisabeth Frenzel, *Motive der Weltliteratur. Ein Lexikon dichtungsgeschichtlicher Längsschnitte*, 6. überarbeitete und ergänzte Aufl., Stuttgart 2008, S. 619.

[961] Zuber, *Aufbruch*, S. 145. Müller und Hammer schreiben in ihrer Darstellung der *Scharfrichter*, der Platz des Komödianten liege »auf halbem Wege zwischen dem Narrenthron und der Guillotine des Henkers«, Müller, Hammer, *Narren*, S. 55.

[962] Vgl. Anthony T. Wilson, *Über die Galgenlieder Christian Morgensterns*, Würzburg 2003 (Epistemata, Würzburger wissenschaftliche Schriften, Reihe Literaturwissenschaft, 448), S. 107–111.

[963] Vgl. Ham, *Galgenlieder*, S. [39]–58.

das soziokulturelle Umfeld eines Menschen zurückgeführt werden könne, sondern eine verbrecherische Veranlagung genetisch determiniert und diese anhand einer abweichenden Physiognomie des Schädels zu erkennen sei.[964] Um diese »anormalen« Merkmale zu dokumentieren, etablierte sich auch in Deutschland die Praxis, Hingerichteten ihre Totenmasken abzunehmen und ihre Schädel zu untersuchen. Möglicherweise nahmen die *Scharfrichter* mit ihren Masken also auch auf dieses Verfahren Bezug. Indem sie sich selbst als Übeltäter inszenierten, deren gefährlicher Charakter schon aus ihren deformierten »Verbrechervisagen« abzulesen war, parodierten sie auch die stereotype Angst des Spießbürgers vor der »krankhaften Natur« der Bohemiens.

Eine andere Theorie von Lombroso, die kaum weniger Verbreitung fand als sein Konzept vom »reo nato« und die sich bereits in der Romantik sowie bei Schopenhauer und Nietzsche findet, besagte weiterhin, dass Kriminalität und Genialität eng miteinander verknüpft seien:

> *In* Genio e follia *(1864, dt. Genie und Irrsinn, 1887), einem seiner Hauptwerke, nahm er sich der Beziehung von Künstlertum und Geisteskrankheit an. Kriminalität und Genialität gehörten für ihn aufgrund von gemeinsamen neurotischen Veranlagungen zusammen […]. Er behauptete, dass Genie auf Geistesstörung beruhe. Damit waren Genialität und Kriminalität im Ursprung eins.*[965]

Geht man davon aus, dass die Schwabinger Kabarettisten auch mit diesem Konzept vertraut waren, so eröffnet sich ein weiterer Interpretationsansatz für ihre wiederholte Selbstdarstellung als Verbrecher, denn diese kann dann auch als ein augenzwinkernder Hinweis auf ihre eigene künstlerische Genialität gedeutet werden.

Reale gesellschaftliche Außenseiter: Lumpen, Vagabunden, Verbrecher und Dirnen

Harmlose und weniger harmlose gesellschaftliche Außenseiter wie Lumpen, Vagabunden, Verbrecher und Dirnen erscheinen in etwa fünfzig Nummern und waren damit ein beliebtes Thema der *Scharfrichter*-Bühne. Naturalistische Elendsschilderungen wie in Henrys *Contraste* oder Arno Holz' *Nachtstück* bilden dabei allerdings eher eine Ausnahme, denn die Darstellung des »Milieus« erfolgte nicht in erster Linie mit sozialkritischen Absichten – wenngleich diese durchaus auch vorhanden waren. Hauptsächlich fungierten diese Figuren aber nicht als Opfer und damit als Ankläger der Gesellschaft, sondern als personifizierte romantisierte Ideale und Vertreter der – zum Teil auch amoralischen – Werte, mit denen sich die *Scharfrichter* identifizierten.

Lumpen

Besonders leicht ergab sich das Zugehörigkeitsgefühl zu den Armen, deren Schicksal viele Bohemiens nur zu gut aus eigener Erfahrung kannten. Deutschlandweit galt Schwabing als Zentrum einer mittellosen Künstlerschaft, »denn nur hier konnte ein begabter Mensch das Unmögliche möglich machen, ›von nichts zu leben‹.«[966] Die bittere Armut vieler Künstler ließ sich besser ertragen, wenn man sie stilisierte, zu einem Ausdruck des »inneren ›Adels‹, der menschlichen Erhöhung über die […] Besitzenden«[967] erklärte und sich versicherte, dass man »letzten Endes doch tausendmal ›mehr vom Leben habe‹ als die ›Belanglosen‹ mit all ihren Bankdepots und Scheckbüchern.«[968] Der französische Schriftsteller und Sprachphilosoph Léon Bloy, der wie viele seiner Pariser Kollegen über Jahre ein Boheme-Leben führte, ging sogar so weit, die Mittellosigkeit als einen Zustand der »heiligen Armut« zu sakralisieren und die Betroffenen zu Märtyrern der bürgerlichen Gesellschaft zu überhöhen.[969] Diese Glorifizierung der Armut und Idealisierung der Mittellosen findet sich auch in mehreren Nummern des *Scharfrichter*-Repertoires,

---

[964] Vgl. Mariacarla Gadebusch Bondio, *Die Rezeption der kriminalanthropologischen Theorien von Cesare Lombroso in Deutschland von 1880–1914*, Husum 1995 (Abhandlungen zur Geschichte der Medizin und der Naturwissenschaften, 70), S. 33, 37–40.

[965] Thomas Sprecher, *Literatur und Verbrechen. Kunst und Kriminalität in der europäischen Erzählprosa um 1900*, Frankfurt a. M. 2011, S. 140.

[966] Fuchs, *Sturm und Drang*, S. 121.

[967] Kreuzer, *Boheme*, S. 242. Vgl. auch ebd., S. 281–284.

[968] Fuchs, *Sturm und Drang*, S. 121.

[969] Vgl. Kreuzer, *Boheme*, S. 243.

so in Langbeins Gedicht *Das Hemd des Glücklichen*, in dem der ärmste Bewohner des Königreichs zugleich auch dessen glücklichster ist, oder in Wedekinds Ballade *Die sieben Rappen*, in der ein Armer sein letztes Geld an ein bettelndes Kind verschenkt. Ebenfalls positiv besetzt sind die romantischen oder komischen Genrebilder armer Gestalten wie *Der Lumpensammler*, *Le vieux mendiant*, *Das lahme Singquartett*, *Die Vogelscheuchen* und *La sérénade du pavé*.

Vagabunden und Wanderer

Ähnlich stilisiert erscheint in Liedern wie *Der Musikant*, *Die Spielleute*, *Tageweise der Landstörzer*, *Der Wanderer* und *Le couteau* auch die Figur des Landstreichers und Vagabunden, dessen Schicksal so manchem Mitglied aus dem Schwabinger Kabarett ebenfalls durchaus bekannt war. Frank Wedekind oder auch Richard Weinhöppel führten über Jahre ein unstetes Wanderleben, immer auf der Suche nach einem Ort, wo ihnen ein sicheres Einkommen beschert sein würde. Wie die Armut war auch die Vagabundage leichter zu erdulden, wenn man all ihre dunklen Seiten ignorierte und stattdessen ihre positiven Aspekte wie Freiheit und Urtümlichkeit hervorhob und die Menschen, die ihr Leben auf eine solche Weise fristeten, idealisierte:

> »Ich fühlte«, heißt es bei Ostwald [...], »den inneren Zwang, einmal das Leben der Unsteten, der Landstreicher, mitzuleben« [...], der Menschen also, die für Waldemar Bonsels »die Besten unserer Zeit« [...] sind. Auch Gustav Landauer zweifelt nicht daran, daß »die Zigeunerei gerade die besseren Elemente ergreift« [...], und Erich Mühsam, relativ vertraut mit den »Herbergen der deutschen Landstraßen und den berliner Verbrecherkaschemmen«, sekundiert ihm »aus eigener Anschauung« [...].[970]

In den Liedern, die Hans Ostwald während seiner Zeit als Vagabund zusammentrug und in seiner Sammlung *Lieder aus dem Rinnstein* veröffentlichte, spiegelte sich seiner Auffassung nach das Wesen des einfachen Volks. Hier sah Ostwald seine Ideale von der Echtheit der Empfindungen, einer unverdorbenen Naivität, von Gesundheit und Kraft verwirklicht. Dem Leser seines Buchs könne nicht entgehen,

> *wie gesund und sittlich, innig und zart das Volk empfindet, wenn es mit reinem Lachen die Dinge beim rechten Namen nennt. Wer weiß nicht, daß das Volk, daß die Vaganten und alle, die sich als solche fühlen, solche Lieder ohne faunisches Grinsen singen, daß es viel weniger verderbt, vom Willen der Welt entfernt ist, als mancher parfümierte Barbar im Cylinder, als manche verbildete und vertrocknete Alt-Jungferlichkeit, deren Worte glatt und schlüpfrig zugleich sind.*[971]

Diese stark romantisierte Darstellung entspricht kaum der Realität, überrascht aber insofern nicht, als in ihr jene Leitmotive von Echtheit, Reinheit, Klarheit und Natürlichkeit aufscheinen, denen sich um 1900 viele Künstler wie auch die Anhänger der verschiedenen Lebensreformbewegungen verschrieben hatten.[972] Eine dieser Gruppierungen trägt das Wandern sogar in ihrem Namen: die im November 1901 in Steglitz bei Berlin gegründete Jugendbewegung *Wandervogel*, die sich rasch im ganzen Deutschen Reich verbreitete. Das gemeinschaftliche Wandern bot den Jugendlichen nicht nur die Befriedigung ihrer Abenteuerlust, sondern schärfte auch ihr Bewusstsein für den eigenen Körper und brachte sie in engen Kontakt mit der Natur. Gleichzeitig manifestierten sich in dieser neuerlichen Hinwendung auf Rousseaus Vorstellung des von Natur aus freien Menschen aber auch eine »Antihaltung gegen die Starrheit der wilhelminischen Gesellschaft und ihre prinzipienstrengen, repressiven Erziehungsnormen« sowie ein »Mißtrauen gegenüber dem Fortschrittsglauben einer industrialisierten und verstädterten neuen Zeit«.[973] Wichtige Attribute der Wanderungen waren Lauten, Mandolinen oder Gitarren und Liederbücher, darunter besonders

---

[970] Ebd., S. 227. Vgl. hierzu auch das Kapitel »Vagabundage und Boheme«, ebd. S. 226–238.

[971] Ostwald, *Vorwort*, S. VIIf.

[972] Vgl. Buchholz, *Begriffliche Leitmotive*, S. 41.

[973] Winfried Mogge, *Jugendbewegung und Wandervogel*, in: Buchholz [u.a.] (Hg.), *Die Lebensreform 2*, S. 310.

der berühmte *Zupfgeigenhansl*, der 1909 erstmals erschien und zunächst in Darmstadt und ab der vierten Auflage in Leipzig bei *Friedrich Hofmeister*, dem Verleger der *Scharfrichter*-Noten, publiziert wurde. Im *Zupfgeigenhansl* finden sich u. a. jene drei Volkslieder *All' meine Gedanken, Der Tod von Basel* und *Die Vogelhochzeit*, die Robert Kothe auf dem Schwabinger Brettl zum Vortrag brachte. Auch das Volkslied *Schusters Abendlied* und die Gedichte aus *Des Knaben Wunderhorn Hüt' du dich, Lied beim Heuen* und *Spinnerlied* erscheinen sowohl im Repertoire der *Scharfrichter*, hier komponiert von Richard Weinhöppel, wie auch – in älteren Vertonungen – im *Zupfgeigenhansl*.[974] Aber nicht nur durch den Volksliederton, sondern auch personell war das Kabarett durch Heinrich Scherrer und Robert Kothe mit der *Wandervogel*-Bewegung verbunden. Als 1899 der *Münchner Gitarreclub* gegründet wurde, dem auch Weinhöppel und Kothe angehörten, übernahm Scherrer die musikalische Leitung und setzte sich besonders für eine Wiederbelebung und Pflege des Volksliedes bzw. der Volksliedbegleitung durch die Gitarre ein. Einige seiner Volksliedarrangements und Kompositionen gelangten bei den *Scharfrichtern* zur Aufführung. Einen wichtigen Beitrag für die *Wandervogel*-Bewegung leistete Scherrer dann einige Jahre später durch seine Gitarrenbegleitungen für den *Zupfgeigenhansl*.[975] Aber auch Robert Kothe, der als Sänger von Volksliedern sowie in der Rolle des Vagabunden große Erfolge auf dem Brettl feierte, pflegte enge Kontakte zu den *Wandervögeln*, denen er 1916 ein Chorliederalbum widmete.[976] Demnach sind das frühe Münchner Kabarett und der *Wandervogel* als ein wichtiger Exponent der Lebensreform in vielfacher Hinsicht miteinander verknüpft.

Verbrecher

Eigentümlicher als die Identifikation mit dem Lumpenproletariat und der Figur des Landstreichers erscheint die gefühlte Verbindung zahlreicher Künstler um 1900 mit dem Typ des Verbrechers, wie sie sich etwa in den von Falckenberg und anderen späteren *Scharfrichter*-Mitgliedern abgehaltenen »Verbrecherabenden« oder in Josef Ruederers Bezeichnung eines Münchner Boheme-Treffpunkts als »Verbrecherkneipe«[977] ausdrückt. Eine Erklärung für das verstärkte Interesse an der Figur des Gesetzesbrechers ist auch hier bei Friedrich Nietzsche zu finden, der einzig dem gesellschaftlichen Außenseiter wie dem Freidenker oder dem Verbrecher die Möglichkeit zuspricht, die von ihm missbilligte christliche Moraltheorie zu zerschlagen, das Prinzip von Schuld und Sühne aufzuheben und eine »höhere Moral zu verkünden, die [...] eine lebensnahe Rangordnung der Werte zum Inhalt hat.«[978] Auch der Verbrecher ist ein »Opponent der ›bürgerlichen‹ Gesellschaft« und wird von vielen Anhängern der Boheme »bis ins Prometheisch-Titanische gesteigert als Durchbrecher staatlich gesetzter oder ideologisch-moralischer Schranken der individuellen Freiheit«[979] gepriesen und somit positiv umgedeutet. In der Auffassung der Vitalisten repräsentiert der Verbrecher außerdem – wie auch der Scharfrichter – das Ideal vom aktiven Täter.[980] Bei den *Scharfrichtern* reicht das verbrecherische Personal von der verhältnismäßig harmlosen Diebin (*Brigitte B.*) über den brutalen Schläger (*Der Prügelheini, Rosa la rouge*) bis hin zu Mördern (*Das Momentan-Weibliche, Die glückliche Kur, Leben und Tod des Joseph Brehm, In der Gasse, In der Nacht, Das Lied vom Bürgermeister Tschech, Der Tantenmörder, La glu*) und (Kinds-)Mörderinnen (*Lied der irren Gertraud, Des Pfarrers Tochter zu Taubenheim, Evchen Humbrecht, Die blinde Harfnerin, Das schlagende Herz, Die Spinne*). Die provokative Darstellung von Gewalt diente den Kabarettisten für ihre Inszenierung als Bürgerschreck, veranschaulicht aber gleichzeitig auch ihre Faszination für die geschilderten Figuren. Der idealisierte Verbrechertyp zeichnet sich durch

---

[974] Vgl. Hans Breuer (Hg.), *Der Zupfgeigenhansl*, Mainz [o. J.], S. 17, 28, 127, 151, 203f., 217f., 221f.

[975] Vgl. Pettinger, *Scherrer*, S. 27.

[976] Vgl. die Widmung: »Liebe Wandervögel! An euch hab ich gedacht, als ich diese Lieder setzte und dichtete, mit euch hab ich sie zuerst gesungen, deshalb sollen sie auch euch zugeeignet sein«, in: Robert Kothe, *Chorlieder I: 6 Lieder für Vorsänger mit Laute und Frauenstimmen*, Magdeburg 1916, [o. S.].

[977] Vgl. Müller-Stratmann, *Ruederer*, S. 61.

[978] Martens, *Vitalismus*, S. 44f.

[979] Kreuzer, *Boheme*, S. 336.

[980] Vgl. Martens, *Vitalismus*, S. 82.

Merkmale wie Kraft, Lebendigkeit und Mut aus und hebt sich dadurch entschieden vom bürgerlichen Feindbild der Bohemiens ab, dem diese Eigenschaften sämtlich fehlen. So spottet etwa Rosa, die Titelfigur in Gumppenbergs Übersetzung von Bruants *Rosa la rouge*, über die Männer: »Mecht's Monsbilda sei', und seid's allawei guat? Ös Leetschfeig'n, ös habt's ja koa Schneid und koa Bluat!« Ihr »Schotz« der Sepp dagegen haut zwar alles »bluatig und blau« und »stiecht enk an Meensch'n akrat wiar a Sau«,[981] ist also ein gewalttätiger Schläger oder sogar Mörder, aber doch allemal lebendiger, mutiger und maskuliner als der rechtschaffene Biedermann. Eine andere Figur, deren Verbrechen zur subversiven Heldentat umgedeutet wird, ist der Bürgermeister Tschech mit seinem missglückten Attentatsversuch auf den preußischen König Friedrich Wilhelm IV. im Juli 1844 in der berühmten Moritat *War wohl je ein Mensch so frech*. Ludwig Tschech, der Bürgermeister einer Kleinstadt in der Nähe von Berlin, hatte sich nach seinem Rücktritt vom Bürgermeisteramt mehrere Jahre um eine andere geeignete Stellung im Staatsdienst bemüht, doch da all seine Gesuche erfolglos geblieben waren, beschloss er zuletzt, durch einen Anschlag auf das Königspaar ein Zeichen zu setzen.[982] Tschech wird zum Vorbild, weil er seine Enttäuschung nicht einfach hinnimmt, sondern sich in einem Akt menschlicher Verzweiflung gegen die Obrigkeit auflehnt und so zum idealen Täter wird. Nicht seine eigene Schlechtigkeit hat ihn zum Gesetzesbrecher werden lassen, sondern die äußeren sozialen Umstände. Andere Figuren der *Scharfrichter*-Bühne teilen dieses Schicksal wie die Kindsmörderinnen, die eher ihre unehelichen Kinder töten als ein Leben in Armut und Schande in Kauf zu nehmen (*Lied der irren Gertraud* und *Des Pfarrers Tochter zu Taubenheim*), oder auch der Räuber Kneißl, der wegen seiner Vorstrafen seinen Beruf als Tischler nicht ausführen durfte und daher sein Dasein als Krimineller fristete, in Gumppenbergs *Die glückliche Kur*. Ihnen, die fraglos auch als Opfer zu betrachten sind, galten das Mitleid, das Verständnis und nicht zuletzt auch die Bewunderung der Kabarettisten, da sie den Typus des aktiven Opponenten gegen gesellschaftliche Zwänge und Rollenmuster repräsentieren. So stehen gerade die Figuren der Kindsmörderin oder der Frau, die den Tod ihres Kindes als Befreiung erlebt (*Die schlechte Mutter*), in größtmöglichem Kontrast zum bürgerlichen Idealbild der Frau als liebende Mutter.

In anderen Verbrecherliedern erreichen Brutalität und Grauen ein Ausmaß, das keine Identifikation mehr zulässt, so in *Das schlagende Herz*, dem Gesang einer Wahnsinnigen, die vom Herzschlag des von ihr ermordeten Liebhabers verfolgt wird, oder in *La glu*, in dem eine Frau von ihrem Verehrer fordert, er möge seine Mutter töten und ihr deren Herz als Futter für ihren Hund bringen. Darstellungen dieser Art, die einen deutlichen Einfluss von Edgar Allan Poe und Charles Baudelaire erkennen lassen, vermitteln nicht mehr das Ideal des Verbrechers, der sich durch Mut, Entschlossenheit, Stärke und Freiheitsliebe auszeichnet. Vielmehr manifestiert sich in ihnen eine Lust am Bösen, Grotesken und an der Perversion, wie sie in vielen Texten der Autoren der Décadence erscheint, so in Oscar Wildes *The Picture of Dorian Grey* (1890) oder seiner *Salome* (1894). Die thematische Verknüpfung von Erotik oder Liebe und Gewalt, wie sie in all diesen Nummern aus dem *Scharfrichter*-Repertoire, so auch in der Szene *Das Momentan-Weibliche* oder in den Liedern *Die blinde Harfnerin*, *In der Gasse* und *In der Nacht* aufscheint, bildete einen erneuten Affront gegen die bürgerliche Moral, in der diese beiden Bereiche keine Gemeinsamkeit kennen. Gleichzeitig bediente dieser Tabubruch aber auch die Sensationslust des Publikums an haarsträubenden und damit häufig auch erregenden Sujets. Es ist die Drastik der Tat, die den Betrachter abstößt und doch zugleich auch fasziniert und ihm damit auch eine gewisse Form der Befriedigung verschafft. Das voyeuristische Interesse am sexuellen Verbrechen, das sich in diesen Nummern des *Scharfrichter*-Repertoires ausdrückt, mag nicht zuletzt auch als ein Reflex auf das vermehrte Interesse an der Sexualforschung um 1900 zu bewerten sein. Ganz ähnliche und noch viel drastischere Fälle schildert der Psychiater und Gerichtsmediziner Richard von Krafft-Ebing in seiner 1886 erschienenen *Psychopathia sexualis*, einer Schrift über sexuelle Abweichungen und Perversionen. Der immense Erfolg des Buchs vermittelt die Faszination, die tabuisierte

---

[981] Gumppenberg, *Dö fuchsate Rosl*, 6. PH, S. 14, DKA, Ordner LK/C/1.

[982] Vgl. http://liederlexikon.de/lieder/war_wohl_je_ein_mensch_so_frech [11.1.2015].

Themen dieser Art um 1900 ausübten – nicht zuletzt auch auf die Bohemiens. Wenngleich es Krafft-Ebing mit seiner Studie darum ging, sexuelle Abweichungen als krankhaft und abnorm einzustufen und damit zu brandmarken, so empfanden die Künstler doch nicht alle Beschreibungen als abschreckend, da sie gelegentlich auch eine Alternative zu den bürgerlichen Moralvorstellungen aufzeigten und daher bei den Bohemiens auf Zustimmung stießen.

Dirnen

Krafft-Ebing zementierte mit seinen Ausführungen das bürgerliche Idealbild von der frommen, reinen und moralischen Frau, die ihrem Gatten und ihren Kindern in bedingungsloser Treue und Liebe ergeben ist und ihr einziges Betätigungsfeld in der Gestaltung des trauten Heims findet. Als ungehörig, ja geradezu unnatürlich galt es dagegen, wenn »das Weib« sexuelles Interesse oder gar Lust bekundete, wie es bei Krafft-Ebing heißt:

Ist es geistig und normal entwickelt und wohlerzogen, so ist sein sinnliches Verlangen ein geringes. Wäre dem nicht so, so müsste die ganze Welt ein Bordell und Ehe und Familien undenkbar sein. Jedenfalls sind der Mann, welcher das Weib flieht, und das Weib, welches dem Geschlechtsgenuss nachgeht, abnorme Erscheinungen.[983]

Die Entsexualisierung der Frau als Resultat der hochgradigen Prüderie im wilhelminischen Deutschland führte auch dazu, dass der weibliche Körper nur noch in Euphemismen beschrieben und damit gleichsam tabuisiert wurde – Hanns von Gumppenberg hat diesen Wahn in seinem »Etepetetodrama« *Die Verlobung* satirisch auf die Spitze getrieben. Als körperlose, dienende Gattin und Mutter nahm die bürgerliche Idealfrau die Züge einer Heiligen an.[984] In welch grellem Kontrast zu diesem Wunschbild stand dagegen die Dirne:

Sie [...] tritt als Frau [...] in der Öffentlichkeit auf, sie erscheint in der Gesellschaft als personifizierter Sexus, ihre Körperlichkeit steht im Vordergrund, sie ist [...] kein Attribut eines Ehegatten, ihre Kinder sind ohne bestimmten Vater, sie verführt die bürgerlichen Ehemänner (denn aus bürgerlicher Sicht sind daran in erster Linie die Dirnen schuld – nicht die Männer), sie gilt als unchristlich und ungläubig, über die der bürgerlichen Ehefrau zugeschriebene Nächstenliebe verfügt sie nicht, auch Treue kennt sie nicht, dadurch wird ihr auch die »Herzensliebe« abgesprochen. Sie ist gefährlich, weil sie den Mann mit Geschlechtskrankheiten infizieren kann und damit nicht nur sein Schicksal, sondern das von ganzen Familien zerstören kann [...].[985]

Während die Dirne also durch ein derartiges Gräuelbild, das nur sehr partiell der Realität entsprach, vom Bürgertum dämonisiert wurde, fand sie unter den Künstlern und Bohemiens eine begeisterte Anhängerschaft, die die Stilisierung in das gegensätzliche Extrem trieb. Ihrer Auffassung nach stand die Dirne für eine Befreiung von verlogenen Moralvorstellungen, prüder Verklemmtheit und der Tabuisierung von Sexualität. Für sie bestand kein Zweifel, dass Frauen als sexuelle Wesen Lust an der Erotik empfinden und damit in sexueller Hinsicht dem Mann gleichgestellt sind. Die Dirne wurde »zur Kampffigur der Boheme schlechthin«[986] – und erscheint darum auch immer wieder im Repertoire der *Scharfrichter*, so in *Das Nachtasyl, Bella, Contraste, Das süße Mädel, Eh du mon dieu, mon dieu, Die Dirne* (K. Henckell), *Die Dirne* (L. Greiner), *I pfeif drauf, Ilse, La vertu punie, Le jour de sortie* etc. Wie kaum eine andere Figur aus dem Kreis der Ausgestoßenen wurde sie von den verschiedenen Kunstströmungen je nach Bedürfnis interpretiert und mythisiert.

Paradigmatisch zeigt sich an dieser Gestalt das Zusammenspiel von vitalistischen Aspekten und Sozialkritik: sie ist auf der einen Seite die aus dem gesellschaftlichen Leben Ausgeschlossene,

---

[983] Richard von Krafft-Ebing, *Psychopathia sexualis. Mit besonderer Berücksichtigung der conträren Sexualempfindung*, siebente vermehrte und theilweise umgearbeitete Aufl., Stuttgart 1892, S. 14.

[984] Vgl. Stein, *Dirnenlied*, S. 32–40.

---

[985] Ebd., S. 51.

[986] Ebd., S. 30.

die Verworfene und interessiert als das anklagende Produkt einer »schlechten Gesellschaft«; auf der anderen Seite repräsentiert sie aber auch das ungeschminkt Vitale, »die unverwischbare Gewalt der Geschlechtssympathie« [...]. Die Emanzipation der Liebe aus den Fesseln der Konvention gehört zu den programmatischen Forderungen einer Generation, die das freie Ausleben im Diesseits zum höchsten Ziel ihres Daseins setzt: Die Dirne ist in diesem Zusammenhang das willkommene Sinnbild, das gerade das großstädtische Leben aus seiner eigenen Vitalkraft zu produzieren vermag.[987]

Stand die Dirne somit einerseits für die Ideale der Vitalisten, bot sie zugleich auch eine willkommene Projektionsfläche für die Ansichten der Décadents mit ihrer Vorliebe für Verfall und Vergänglichkeit. Denn anders als in einer festen Liaison oder in der Ehe entstehen aus der immer zeitlich begrenzten erotischen Begegnung mit der Dirne keinerlei Verbindlichkeiten. Auch in seiner Verweigerung der eigenen Fortpflanzung findet der Décadent in der Dirne eine Komplizin, die ihm die Erfüllung seiner sexuellen Wünsche ohne daraus folgende eheliche Zwänge ermöglicht. Und nicht zuletzt erhält sie in seinen Augen ihren besonderen Reiz, da sie durch ihre gesellschaftliche Außenseiterstellung wie auch durch ihre Tätigkeit »zur Sphäre des Verfalls«[988] gehört. Wenn die *Scharfrichter* mit der Dirne also immer wieder auf eine Figur zurückgriffen, die derart konträre Vorstellungen wie das pralle Leben und die morbide Vergänglichkeit in sich vereint, so manifestiert sich hier vielleicht am deutlichsten ihre eigene Position zwischen Lebenskult und Décadence.

Fiktive gesellschaftliche Außenseiter: Schelme, Narren und Pierrots

Als weitere Spielart des Außenseitertums erscheinen in vielen Nummern des *Scharfrichter*-Repertoires Kunstfiguren wie Schelme, Narren und Pierrots. Häufig sind sie bereits in den Titeln genannt, so in *Eine gantz neu Schelmweys, Der melancholische Narr, Des Narren Versuchung, Pierrot fumiste, Pierrot hausirt, Pierrots Morgenlied, Pierrots Ständchen, La marche des petits Pierrots*[989] und *Le testament de Pierrot*. In anderen Fällen erscheint eine explizite Nennung im Text wie in dem Duett *Wir zwei*: »Wir sind zwei Schelme«, in dem Lied *Auf dem Maskenball*: »Küsse mich Pierrette!«, oder in dem Gedicht *Capriccio*: »Wie freut es mich, dass ich's erreichte, / dich wiederzusehen, Pierrot.«[990] Darüber hinaus wurden weitere Lieder, in denen diese Figuren nicht direkt als solche bezeichnet sind, in den Programmheften unter dem Titel »Narren-« und »Pierrotlieder« angeführt.[991]

Schelme

Die Figur des Schelms erfreut sich in der Literatur von der Antike bis in die Gegenwart einer besonderen Beliebtheit und hat mit dem Schelmen- oder pikarischen Roman sogar ein eigenes Genre hervorgebracht. Seine Rolle als Opfer der Gesellschaft und seine daraus resultierende Einstellung dem Leben gegenüber machen ihn zu einem Wesensverwandten der Schwabinger Kabarettisten.[992] Ein gewisser boshafter Zug, der seinen Charakter auszeichnet, entspricht nicht eigentlich seinem Naturell, sondern ist das Ergebnis seiner Erfahrungen mit der Schlechtigkeit der Welt und dient seinem Selbstschutz. Da er mit den menschlichen Schwächen wohl vertraut ist, nutzt er dieses Wissen listenreich zu seinen eigenen Gunsten wie etwa die schelmische Theatertruppe in Cervantes *Wundertheater*. Das Wesen ihres Wundertheaters, so erklären sie dem Bürgermeister der Kleinstadt Algarrovillas und den anwesenden Ehrenmännern, bestehe darin, »daß Niemand etwas davon sehen kann, der einen Tropfen neuchristlichen Blutes in den Adern hat, oder der nicht

---

[987] Martens, *Vitalismus*, S. 82.

[988] Rasch, *Décadence*, S. 67.

[989] Die Autoren dieses Liedes Heros und Cellarius spielen hier mit der Doppelbedeutung des Wortes »Pierrot«, das auch »Spatz« bedeutet. Sie beschreiben das Spatzenleben, das aber auch als Metapher für das unkonventionelle Gebaren des Pierrots interpretiert werden kann.

[990] Marie-Madeleine, *Capriccio*, in: Dies., *Auf Kypros*, 24. Aufl., Berlin [1911], S. 58.

[991] *Das große Kind, In aller Herrgottsfruh, In der Gasse, In der Nacht, König Regnar Lodbrog, Laridah, Lied, fast ohne Worte* und *Nebelnacht*.

[992] Zur folgenden Charakterisierung des Schelms vgl. Frenzel, *Motive*, S. 619.

von seinen Eltern in rechtmäßiger Ehe erzeugt und geboren ist.«[993] Gegen eine gute Gage erklärt sich die Truppe bereit, eine Vorstellung im Haus des Regidors Juan Castrado zu geben, und versetzt ihre Zuschauer in starres Entsetzen, da niemand in der Lage ist, irgendetwas auf der Bühne zu sehen. Die Anwesenden, die in ihrer Einfalt den Versicherungen des Theaterdirektors Glauben geschenkt haben und nun ihre unehrenhafte Herkunft als erwiesen ansehen, wagen es vor lauter Scham nicht, den Schwindel beim Namen zu nennen, und man übertrifft sich in bildreichen Beschreibungen dessen, was angeblich auf der Bühne zu sehen sei. Die Eitelkeit, kleingeistige Moral und Naivität der Kleinstädter werden hier von den spitzbübischen Schauspielern vorgeführt und ausgenutzt. Der Schelm hält »die Mitte zwischen Schalk und Schurke«,[994] er vertritt keine moralischen Ideale und ist in erster Linie an einem angenehmen, einfachen Leben mit seinen kulinarischen und erotischen Freuden interessiert. Figuren der *Scharfrichter*-Bühne, die sich diesen Prinzipien verschrieben haben, erscheinen etwa im Lied vom *Bruder Liederlich*, das Weinhöppel später in seiner Sammlung *Schelmenlieder* veröffentlichte, oder in dem Schelmenduett *Wir zwei*:

Wir haben oft beim Wein gesessen
Und öfter beim Grog.
Beim Pfandverleiher lag indessen
Der Sonntagsrock.

Wir haben die lustigsten Mädelgeschichten
Ausgetauscht,
An Abenteuer und an Gedichten
Uns weidlich berauscht.

Wir haben, o je, von unsern Schulden
Uns vorgeklagt,
Vertranken dabei den letzten Gulden:
Nur nicht verzagt!

Wir haben uns immer zusammengefunden,
War's Wetter schlecht;
Und waren die greulichen Wolken verschwunden,
Dann erst recht.

Wir sind zwei Schelme. Wenn sie uns fangen,
Philistergericht,
Wir müssen an einem Galgen hangen,
Sonst thun wir's nicht.[995]

Sein abenteuerlicher Lebenswandel zwingt den Schelm häufig zur Vagabundage und rückt ihn in die Nähe der Landstreicher. Zu seinen Wesensmerkmalen zählt daher auch die materielle Unabhängigkeit, wie sie in der »Schelmenweisheit«[996] *Der freigebige König* besungen wird.

Narren

Dem Schelm artverwandt ist die Figur des Narren. Auch er führt häufig als Außenseiter das Leben eines Unsteten und zieht mit Gauklertruppen umher, hält sich aber auch als Spaßmacher und Ratgeber bei Hofe auf. Hier besitzt er Narrenfreiheit und verfügt somit als Einziger über das Recht, die Autorität seines Herrschers zu verspotten, wie in der Ballade *König Regnar Lodbrog* oder dem Lied *Des Narren Versuchung*:

Regnar, der edle Räuber,
Er raubte, was sich fand.
  Es qualmten alle Städte,
  Wo nur ein Wimpel wehte;
  Kein Hahn noch Huhn mehr krähte,
Trat wo sein Fuss an Land.[997]

***

Seine Majestät sogar
  Ärgert die Barone,
Dutzt [sic] *mich nun schon sieben Jahr –*
Heute in mein krauses Haar

---

[993] Miguel de Cervantes, *Das Wundertheater*, in: Moritz Knapp, Hermann Kurz und Ludwig Braunfels (Hg.), *Spanisches Theater*, Bd. 2: *Cervantes' Zwischenspiele*, übersetzt von Hermann Kurz, Leipzig [um 1870], S. 115.

[994] Frenzel, *Motive*, S. 619.

[995] Gustav Falke, *Wir zwei*, 9. PH, S. 4, DKA, Ordner LK/C/1.

[996] [e.], [Die elf Scharfrichter], in: *MP*, Nr. 29, 5.2.1902, S. 3

[997] Detlev von Liliencron, *König Regnar Lodbrog*, 5. Strophe, 5. PH, S. 18, MSB Mon., 4° Mon 1017.

Drückt' er seine Krone:
Schmeichelnd war des Spieles Sinn,
Wie ich's dreh' und wende,
Ob ich selbst ein König bin,
Oder er am Ende –[998]

Der Narr ist geliebt, zugleich jedoch auch gefürchtet, da er nicht leicht zu durchschauen ist und seine Zuhörer ahnen, dass sich hinter seinen Scherzen eine ernste Botschaft verbirgt. Wie der Schelm, so besitzt auch er ein tiefes Verständnis für die menschlichen Eigenheiten und Verfehlungen, das er sich jedoch nicht auf Kosten der anderen zunutze macht, sondern in mehr oder weniger kritischen Beobachtungen zum Ausdruck bringt.

Die in den meisten Fällen outrierte oder – im Sinne
von Beschränktheit – gar nicht vorhandene Narrheit
dient dazu, Kritik und Witz zu dämpfen und zu ka-
schieren, die nicht verletzen, sondern ein befreiendes
Gelächter auslösen, irdische Bedrängnisse überwind-
bar erscheinen lassen und Einsicht wecken sollen. In-
dem der Narr sich selbst zur Zielscheibe des Witzes
und der Aggressivität macht und sich dem Gelächter
aussetzt, um es unversehens wieder auf den Angreifer
abzulenken, verwischt er den Ernst seines Anliegens,
und seine Absichten werden leichter akzeptiert.[999]

Weise Narren, deren Kritik an der Gesellschaft durch ihre eigene wunderliche Gestalt erträglicher wird, treten bei den *Scharfrichtern* als zynischer Diogenes sowie in Gestalt der drei Totengräber, dem »Falschen, dem Irren und dem Dummen«, aus dem gleichnamigen Terzett in Erscheinung. Aber auch der Typus des »armen Narren«, der in erster Linie das gesellschaftliche Opfer verkörpert, ist in dem Lied *Der melancholische Narr* thematisiert. Hier besingt der Narr sein trauriges Los als Außenseiter, der nie die Liebe einer Frau erwecken wird und in seiner Einsamkeit sein Liebesbedürfnis auf seinen Schellenstock projiziert:

Weg! Alle Fenster dichte zu!
Wir zwei alleine, ich und du,
Wir wissen doch das Glück gewiss;
Du, glöckle in der Finsternis
Und grinse!
Küss mich, küss mich, Klingelstock mein,
Sei mein Lieb und ich bin dein.
Ach, ich armer Narre![1000]

Pierrots

Zu den zentralen Topoi der Künste um 1900 zählt die Figur des Pierrots. Große Popularität erlangte sie in der ersten Hälfte des 19. Jahrhunderts durch die Verkörperung des französischen Pantomimen Jean-Gaspard Deburau, der sie aus dem Pedrolino, einer Figur der Commedia dell'arte, entwickelt hatte und dessen Darstellung wegweisend wurde. Pierrot, der melancholische, mondsüchtige Träumer und schmachtende Liebhaber, wurde zu einer beliebten Figur französischer Künstler und Autoren wie Adolphe Willette, Charles Baudelaire, Jules Laforgue, Paul Verlaine oder Stéphane Mallarmé und

durch die paradoxe Mischung aus Komödiant und
Melancholiker, Heiliger und Satan, Männlichkeit
und Weiblichkeit zur dandyistischen Künstler-
inkarnation des Fin de siècle, ja zur »traurig-
ausgelassene[n] Gottheit« und emblematischen
Figur der Décadence insgesamt [...].[1001]

Auch in der deutschen Literatur und »[g]erade bei den Wortführern des Ästhetizismus, die zumeist selbst den dandyistischen Habitus pflegten«, erscheint der Pierrot um 1900 in »inflationär verbreiteter, vielfältiger Form«,[1002] so etwa bei den Wiener Autoren Arthur Schnitzler, Richard Beer-Hofmann und Richard Schaukal. Aber auch die Schriftsteller aus dem Kreis der *Elf Scharfrichter* ließen sich von ihm inspirieren, sei es Wedekind mit seiner Lulu, die sich im ersten

---

[998] Hanns von Gumppenberg, *Des Narren Versuchung*, 3. Strophe, 5. PH, S. 17, MSB Mon., 4° Mon 1017.

[999] Frenzel, *Motive*, S. 551.

[1000] Hanns von Gumppenberg, *Der melancholische Narr*, 3. Strophe, 5. PH, S. 18, MSB Mon., 4° Mon 1017.

[1001] Julia Bertschik, *Mode und Moderne*, Köln [u. a.] 2005, S. 157.

[1002] Ebd., S. 158.

Die Einladung, die die Scharfrichter in ihrer letzten Saison an namhafte Autoren verschickten, um diese zur Mitarbeit zu gewinnen, ziert ein Pierrot, Graphik von Willy Oertel.

Akt des *Erdgeists* als Pierrot porträtieren lässt, oder Franz Blei und Max Brod mit der von ihnen herausgegebenen Sammlung *Pierrot, der Spaßvogel* (1909). Für das Schwabinger Kabarett schrieben Leo Greiner und Robert Kothe mehrere Pierrot-Gedichte, weitere Pierrotlieder wurden aus dem französischen Kabarett übernommen.[1003] In anderen Stücken ist der Pierrot nicht explizit im Text genannt, doch sind die hier auftretenden Figuren vom gleichen Geist be-

seelt, weshalb auch diese Nummern unter der Bezeichnung »Pierrotlieder« auftauchen.[1004] Pierrot ist ein unbeschwerter Abenteurer, der in den Tag hineinlebt und sich nicht um das Morgen schert. So heißt es in *La marche des petits Pierrots*: »Ils ont l'air de s'fich' du prochain, / N's'inquiétant guère […], Ils passent l'existence, / Avec insouciance«.[1005] Lieber widmet er sich dem Liebesspiel mit seinen weiblichen Antagonistinnen Colombine und Pierrette wie in den Liedern *Auf dem Maskenball* und *In aller Herrgottsfruh*.

So sehr er aber Liebe und Erotik auch schätzt, kann er als Antipode der bürgerlichen Gesellschaft dem Ehestand keinen Reiz abgewinnen und beklagt sich in *Pierrot hausirt* bitter über das häusliche Zusammenleben mit Colombine. Jules Laforgues *Pierrot fumiste* plant seine Ehe dagegen von Anfang an zeitlich begrenzt und beendet sie mit einer List, indem er seiner Frau den Geschlechtsakt verweigert, weshalb sie schließlich die Scheidung erzwingt und er seine Freiheit zurückerhält. Bei allem Schalk hat Pierrot aber auch eine düstere, ja morbide Seite, taumelt nachts, von Selbstmordgedanken geplagt, durch die Straßen (*Laternenlied*), erscheint im »weissen Totenkleid«[1006] (*Pierrots Morgenlied*) und diktiert Colombine sein Testament, ehe »die Seele – des armen Teufels – auf einem schneeweißen Mondstrahl – gen Himmel«[1007] steigt (*Le testament de Pierrot*). Seine unüberlegte, impulsive Art verleitet ihn zu allerlei Possen und Streichen, kann jedoch auch dazu führen, dass er jegliche Kontrolle verliert, etwa, wenn ihn die rasende Eifersucht überfällt. Dann hegt Pierrot Mordgedanken (*In der Gasse*), die er in manchen Fällen auch verwirklicht (*In der Nacht*).

Den Schwabinger Kabarettisten fiel es leicht, sich mit all diesen Figuren zu identifizieren, sahen sie doch in ihnen ihre eigene soziale Außenseiterstellung sowie viele ihrer vom bür-

---

[1003] Pierrot-Gedichte von Greiner und Kothe sind *Pierrot hausirt*, *Pierrots Morgenlied* und *Pierrots Ständchen*, aus Paris stammten *La marche des petits Pierrots* und *Le testament de Pierrot*.

[1004] *In aller Herrgottsfruh*, *In der Gasse*, *In der Nacht*, *Laridah*, *Lied, fast ohne Worte* und *Nebelnacht*.

[1005] http://www.deljehier.levillage.org/textes/chansons_anciennes/la_marche_des_petits_pierrots.htm [10.10.2014].

[1006] Robert Kothe, *Pierrots Morgenlied*, 4. PH, S. 18, DKA, Ordner LK/C/1.

[1007] Xavier Privas, *Le testament de Pierrot*, Deutsch von Hanns Heinz Ewers und Marc Henry, in: Ewers, Henry (Hg.), *Joli Tambour!*, S. 212.

Marc Henry als Pierrot, undatiertes Foto, MSB Mon. DM_Fl.

gerlichen Moralkodex abweichenden Gesinnungen repräsentiert. Mit ihren fiktiven Vorbildern teilten sie ihre Ideale vom unbeschwerten Leben, von Sinnlichkeit und freier Liebe. Wie sie standen auch die Bohemiens am Rand der Gesellschaft, der sie sich jedoch aufgrund ihrer intellektuellen Fähigkeiten zugleich überlegen fühlten. Durch ihre kabarettistischen Scherze amüsierten sich die *Scharfrichter*, ähnlich wie die Schelme und Pierrots, zum Teil recht boshaft auf Kosten ihrer erklärten Feinde, vermittelten, wie die Narren, gleichzeitig aber auch ihre ernstgemeinte Kritik. Doch auch die dunklen, verzweiflungsvollen Seiten dieser Figuren waren vielen der Schwabinger Bohemiens wohl bekannt. So sehr man auch die bürgerliche Welt verteufelte und den eigenen Zustand idealisierte und stilisierte, war es mit Sicherheit nicht immer leicht, das eigene, von vielen verachtete Außenseitertum des mittellosen Künstlers zu ertragen und die Freiheit mit dem Preis einer gewissen Ächtung und Einsamkeit zu bezahlen.

9.3.2 Motive

Unter den zahlreichen Motiven der Schwabinger Brettlbühne treten vor allem zwei durch ihre große Häufigkeit hervor. Über 100 Stücke und damit ein Viertel aller Nummern behandeln erotische Sujets, in denen also nicht die Liebe, sondern die körperliche Sinnlichkeit thematisiert wird; knapp 100 weitere Titel bringen Variationen des Todesthemas. Auch in diesen beiden Hauptmotiven offenbart sich demnach die Position der *Scharfrichter* zwischen Vitalismus und Décadence.

Eros

Die Häufigkeit, mit der erotische Themen auf der *Scharfrichter*-Bühne erscheinen, ist ganz entschieden auf den Verkaufswert derartiger Sujets zurückzuführen. Denn obgleich oder gerade weil die wilhelminische Gesellschaft hinsichtlich ihrer Prüderie und Verklemmtheit kaum zu übertreffen war, herrschte ein reges Interesse an Pikanterien und Frivolitäten, das allerdings nur im sanktionierten Ambiente etwa von Herrenabenden wie auch von Varieté- und Kabarettvorstellungen ausgelebt werden konnte. Auch bei den *Scharfrichtern* gibt es zahllose Nummern, die dieses Bedürfnis nach erotischem Kitzel stillten, meist mit harmlosen Andeutungen oder auch mit deutlicheren Schlüpfrigkeiten:

In aller Herrgottsfruh
Da lachten ich und du!
Oh, Vogelsang und Morgenlicht,
Wir aber sahn und hörtens nicht,
Die Laden blieben zu
In aller Herrgottsfruh.[1008]

***

Dürft ich nur der Höschen Rand,
Süsse Dame, süsse Dame,
Küssen und das Sammetband
Streicheln über Ihrem Knie,
Selig wäre Mund und Hand.[1009]

Und doch dienten die erotischen Themen der *Scharfrichter* keinesfalls nur dazu, ein sensationsgieriges Publikum zu befriedigen, sondern sie repräsentierten zugleich auch den Moral- und Wertekodex der Schwabinger Bohemiens. Während das bürgerliche Ideal die sexuelle Begegnung von Mann und Frau verschämt in das eheliche Schlafzimmer verbannte, erklärten sich die Bohemiens zu den Verfechtern einer frei ausgelebten Sinnlichkeit, die den natürlichen Bedürfnissen des Menschen in ihren Augen sehr viel eher entsprach. In diesem Sinne sind all jene Nummern aus ihrem Repertoire zu interpretieren, die den Zölibat als widernatürliche Unterdrückung eines urmenschlichen Triebs kritisierten. Auch Figuren wie Dirnen und Pierrots, die in vielen Stücken auftreten, verkörpern ihre Ablehnung des bürgerlichen Ehekonzepts mit seinen Verpflichtungen und seiner Gleichförmigkeit. Denn der Bohemien findet seine sexuelle Erfüllung in der freien, ungebundenen Liebe, die er an wechselnde Partnerinnen verschenkt. Dass Beständigkeit ihm nicht wichtig ist und nur die augenblickliche Neigung und das erotische Verlangen zählen, wird in vielen Texten thematisiert wie in *Berceuse*: »J'ignore comment tu t'appelles,/Tu n'as pas demandé mon nom:/Je suis jeune et t'ai trouvée belle,/Quel besoin d'en savoir plus long?«[1010] Der Bohemien, der als Décadent auch um die Vergänglichkeit aller Dinge weiß, liebt die unkomplizierte Form der Erotik: »Aimons-nous les jours sont courts/Et c'est l'heure des folies«.[1011] Und sollte eine Liebesgeschichte zu Ende gehen, so tröstet er sich mit der Gewissheit, dass er bald ein neues Glück finden wird:

Also, Herze, sei zufrieden,
  Laridah!
Viele Hasen giebt's hienieden,
  Laridah!
Ist der eine dir entlaufen,
  Laridah!
Kannst du einen andern kaufen.
  Laridah![1012]

Die Abkehr von der bürgerlichen Moral drückt sich jedoch nicht nur in der Ablehnung der Ehe, sondern auch in dem Interesse am menschlichen Körper aus, das als eines der zentralen Topoi der Lebensreform um 1900 weite Verbreitung fand. Wieder hatte Nietzsche die entscheidenden Impulse hierfür geliefert, denn der »Leib in seinem unüberschauba-

---

[1008] Hanns von Gumppenberg, *In aller Herrgottsfruh*, 4. Strophe, 11. PH, S. 18, DKA, Ordner LK/C/1.

[1009] Otto Julius Bierbaum, *Menuett*, 5. Strophe, 10. PH, S. 5, DKA, Ordner LK/C/1.

[1010] Marc Henry, *Berceuse*, Ausschnitt der 5. Strophe, 6. PH, S. 21, DKA, Ordner LK/C/1.

[1011] Maurice Boukay, *Manon*, Ende der 4. Strophe, 9. PH, S. 20, DKA, Ordner LK/C/1.

[1012] Otto Julius Bierbaum, *Laridah*, 6. Strophe, 3. PH, [o. S.], DKA, Ordner LK/C/1.

ren Reichtum an Vorgängen, in seinem Ausgleich der Kräfte und Gegenkräfte, des Wachstums und Wieder-Absterbens« repräsentierte für ihn »das Leben schlechthin« und wurde von ihm zum »obersten Weltprinzip erhoben«.[1013] Die Bedeutung, die Nietzsche dem menschlichen Körper zuerkannte, findet ihren Niederschlag in den verschiedenen Bewegungen der Lebensreform um 1900, insbesondere in der Freikörperkultur. Nacktheit wurde zum Inbegriff von Reinheit, Freiheit und Freude am sinnlichen Genuss und der nackte Mensch galt als ein »antizivilisatorisches Gegenbild zu dem von Zwängen, Bekleidungsvorschriften, Schamgefühlen, sexuellen Traumata, erotischen Phantasien und Triebunterdrückungen gequälten Menschen in der wilhelminischen Gesellschaft.«[1014] In diesem Sinne scheint auch die nackte Frau auf dem Titelbild des 7. *Scharfrichter*-Programmhefts den gesellschaftlichen Zwängen den Kampf anzusagen, wenn sie dem Betrachter den Fehdehandschuh ins Gesicht schleudert (siehe S. 219). Ein weiteres Mal erscheint das Thema Nacktheit in Lautensacks Dialog *Glühhitze*, der die beiden Verlobten Hans und Grete auf einem Heuboden zeigt. Vergeblich versucht die kesse Grete, ihren sehr schweigsamen Verlobten in ein Gespräch zu verwickeln. Erst als sie wirklich frech wird, gelingt es ihr, seine Aufmerksamkeit zu erlangen:

> *Grete:* Wir hatten heuer [...] schon mal'n paar sehr heisse Tage. [...] Und – und da sind Lotte und ich – ja! – Lotte und ich nackicht rumgelaufen.
> *Hans:* Auf der Strasse?
> *Lotte:* I wo. Zu Hause.
> *Hans:* Lotte und du?
> *Grete:* Ja. [...]
> *Hans:* Weißt du – weißt du, was 'ne Braut mit sieben Meineiden und nackicht is?
> *Grete:* Nu?
> *Hans:* Das is 'n – Schwein!
> *Grete:* Oho![1015]

Hans, der sich als spießiger, konservativer Kleinbürger entpuppt, kann der Freizügigkeit seiner Verlobten nichts abgewinnen und auch die Presse zeigte sich nicht davon angetan.[1016] Während Lautensack sich vergeblich darum bemühte, das Publikum für seine freigeistige Protagonistin, die sich auch sonst im Gegensatz zu Hans sehr fortschrittlich zeigt, zu begeistern, hatte Frank Wedekind mit *Rabbi Esra* und *Die Kaiserin von Neufundland*, die den Körperkult in einer anderen Variante thematisieren, mehr Erfolg.[1017] In beiden Stücken geht es um den Vorrang des Körpers über den Verstand und damit wiederum um einen zentralen Gedanken Friedrich Nietzsches, denn »[d]er Leib, der am Gesamtleben partizipierende Organismus, ist für Nietzsche eine solidere Grundlage des Erkennens als die begrenzende ratio des Menschen.«[1018] Und so wählt auch die Kaiserin Filissa unter ihren Brautwerbern nicht den mächtigen Staatsmann und Strategen Napoleon, nicht den Gelehrten und Forscher Adison und auch nicht den Poeten Pustekohl, sondern Holthoff, den stärksten Mann der Welt, der nicht ihren Geist, dafür aber umso mehr ihre Sinne bezaubert. Die Figur Holthoff trägt ähnliche Züge wie Wedekinds berühmte Lulu, denn wie sie lehnt er jegliche Verantwortung für andere ab und verhält sich amoralisch und skrupellos, wenn es um seine Triebe und Gefühle geht. Als reiner Instinkt- und Sinnesmensch verkörpert er, wie Lulu, den Inbegriff des Lebens und wird daher von der Kaiserin als einziges Abwehrmittel gegen den ihr prophezeiten Tod erkannt – freilich nur mit sehr temporärem Erfolg.

Einen Hymnus auf die Sinnlichkeit stimmt Wedekind in seinem *Rabbi Esra* an. Es sei ein Fehler der Menschen, ihre Entscheidungen mit dem Verstand und nicht mit den Sinnen zu treffen, so predigt der Rabbi seinem Sohn Moses. Er selbst sei als junger Mann seinem Herzen, also seiner inneren, rationalen Überzeugung, gefolgt und habe die brave Lea geheiratet. Die Ehe sei jedoch für beide eine Qual gewesen, da man sich weder sexuell noch intellektuell auf einer Ebene

---

[1013] Martens, *Vitalismus*, S. 41.

[1014] Klaus Wolbert, *»Unbekleidet« oder »ausgezogen«? Die befreite Nacktheit in der Kunst*, in: *Die Lebensreform 2*, S. 369.

[1015] Heinrich Lautensack, *Glühhitze*, in: *Freistatt* 45 (1902), S. 632.

[1016] Vgl. u. a. R.[oth], [Die Elf Scharfrichter], in: *MNN*, Nr. 526, 12.11.1902, S. 3; [J. F. W.], *Das neue Scharfrichterprogramm*, in: *MZ*, Nr. 270, 12.11.1902, S. 3; [V.], *Die elf Scharfrichter*, in: *MP*, Nr. 258, 13.11.1902, S. 3.

[1017] Zum Folgenden vgl. auch Jelavich, *Munich*, S. 174.

[1018] Martens, *Vitalismus*, S. 41.

wiedergefunden habe. Schließlich sei Lea gestorben und der Rabbi, der immer meinte, ein gottgefälliges Leben geführt zu haben, und sich nun zu Unrecht bestraft sah, habe Gott verflucht und sei aus Rache an ihm zu den Huren gegangen, wo er eine überaus interessante Entdeckung gemacht habe: »Und habe ich gefunden, Moses, mein Sohn, daß, je mehr sie hat behagt meinen Sinnen, desto weniger habe ich gespürt von Sünde, desto gerechter ist mir geworden zumut, desto näher habe ich mich gefühlt dem Allmächtigen.«[1019] Nachdem der Rabbi zu dieser Erkenntnis gekommen war, habe er mit all seinen Sinnen nach einer Frau gesucht und schließlich Moses' Mutter Sarah kennengelernt, mit der ihm ein erfülltes Leben beschert gewesen sei. Die aus diesen Erfahrungen gewonnene Erkenntnis des Rabbis lautet denn auch, dass der Mensch nur glücklich werden kann, wenn er ohne Rücksicht auf bürgerliche Konventionen und Moralvorstellungen seinen Instinkten folgt. Und so zielten auch die erotischen Themen der *Scharfrichter* auf die Befreiung aus einem Korsett, das die Menschen dazu zwang, ihre natürlichen Triebe zu verleugnen.

Thanatos

So sehr die *Elf Scharfrichter* vor allem durch erotische Themen dem Lebenskult verpflichtet waren, so sehr huldigten sie als Anhänger der Décadence-Bewegung auch dem Tod. Explizit erklärten sie dies im *Scharfrichter-Marsch*, ihrem programmatischen Auftrittslied, in dem es heißt, dass derjenige »mit Sang und Kranz gezieret« werde, der »mit dem Tod befreundet«[1020] sei. Ihre Affinität zum Tod kommt in vielfältiger Form zum Ausdruck wie in ihrem Namen, dem Schädel auf dem Schandpfahl in ihrem Theater sowie in zahlreichen Nummern aus ihrem Repertoire. Viele Stücke handeln von Tod, Mord oder Selbstmord und wenngleich auch nicht wirklich immer gestorben wird, so wird dieser Themenkreis doch gestreift wie in der Szene *Der Bauer im Fegefeuer*, in der einem Bauern sein eigener Tod vorgegaukelt wird, im Terzett der *Totengräber* oder in den Liedern *Franziskas Abendlied* (»Kommen viele Jahre noch, / Langes, kaltes Sterben«[1021]) und *Chanson des heures* (»A qui sait mourir / Les Heures sont blanches«[1022]).

Häufig sind diese Darstellungen weniger traurig als vielmehr tragikomisch und grotesk. Bereits die frühen Kabarett-Theoretiker hatten das Groteske als die dem Kabarett angemessene Stilebene bezeichnet[1023] – sicherlich vor allem aus der Erkenntnis, dass durch die dem Grotesken immanente Verbindung des Tragischen mit dem Komischen das Tragische, Ernste entschärft und zu einem gewissen Grad der Lächerlichkeit preisgegeben wird. Als grotesk sind jene Darstellungen zu bezeichnen, in denen eine normale und vertraute Situation oder Erscheinung plötzlich in etwas Unbekanntes, Unkontrollierbares umschlägt oder damit kombiniert wird und dadurch Erheiterung, aber auch Unbehagen, Verunsicherung, ja sogar Angst und Schrecken hervorruft.[1024] Indem das Groteske die bekannten Ordnungen infrage stellt, wird es, wie Thomas Mann bemerkt hat, zum »antibürgerlichen Stil«[1025] schlechthin.

Groteske Nummern, in denen eine Situation durch einen unerwarteten Todesfall oder einen überraschenden Selbstmord eine komische, aber zugleich auch verstörende Wendung erfährt, gibt es im Repertoire der *Scharfrichter* zuhauf.[1026] Im *Laternenlied* etwa macht Pierrot, der betrunken durch die Straßen taumelt und sein Schicksal beklagt, mit einem Mal eine entsetzliche Entdeckung, als er die Leiche seines erhängten Schneiders an einer Laterne baumeln sieht. So verstörend dieses Bild auch sein mag, so wird es doch sogleich ironisch abgemildert, als Pierrot zufrieden feststellt, dass er nun, da sein Gläubiger sich erhängt habe, sich ja selbst nicht mehr aufzuhängen brauche. Nach dem gleichen

---

[1019] Wedekind, *Rabbi Esra*, S. 217.

[1020] Leo Greiner, *Die 11 Scharfrichter*, 1. PH, S. 8, DKA, Ordner LK/C/1.

[1021] Frank Wedekind, *Franziskas Abendlied*, Beginn der 5. Strophe, in: Wedekind, KSA 1/III, S. 98.

[1022] Xavier Privas, *Chansons des heures*, Beginn der 4. Strophe, 4. PH, S. 15, DKA, Ordner LK/C/1.

[1023] Vgl. [ck.], *Theater und Variété*, S. 90.

[1024] Vgl. Elisheva Rosen, Deutsch v. Jörg W. Rademacher, Maria Kopp, Grotesk, in: Karlheinz Barck, Martin Fontius [u.a.] (Hg.), *Ästhetische Grundbegriffe*, Bd. 2, Stuttgart [u.a.] 2001, S. 884.

[1025] Zitiert nach ebd., S. 877.

[1026] Neben den im Folgenden genannten Stücken zählen etwa auch *Satyros*, *Die glückliche Kur*, *Das Spitzhütlin*, [Silvester 1901] und *Frühlingsstürme* zu dieser Kategorie.

Schema funktioniert auch das Chanson *Le fiacre*, in dem das Techtelmechtel zweier Liebender in einer Kutsche durch den Ehemann der Dame gestört wird. Doch ehe es zu einer Konfrontation kommt, rutscht der Gatte aus und wird von dem fahrenden Wagen zerquetscht. Als seine Frau feststellt, wer unter die Räder der Kutsche geraten ist, ist sie allerdings alles andere als schockiert und resümiert sehr zufrieden, dass sie und ihr Geliebter sich ja nun nicht mehr verstecken müssten. Komisch und zugleich verstörend wirken beide Lieder aufgrund der Kürze und Schnelligkeit, mit der die tragischen Ereignisse abgehandelt werden, aber auch, weil die Figuren sich nicht lange mit Trauer oder Mitleid aufhalten, sondern sogleich von der neu entstandenen Situation profitieren. Eine weitere Spielart des grotesken, weil unangemessenen Umgangs mit dem Tod ist die unterlassene Hilfeleistung in *Le pendu* und *Die erste Hilfe*, in denen die Zeugen eines tödlichen Zwischenfalls die Sterbenden nicht zu retten versuchen, sondern in einen völlig sinnlosen Aktionismus verfallen. In wieder anderen Stücken bietet der Tod eine grotesk wirkende Flucht aus einer ausweglos erscheinenden Situation, so in Gumppenbergs *Nachbar* und Falckenbergs *Yalyah*, deren Schlusspointe in einen lächerlich übertriebenen Massensuizid mündet. Auch in Kurt Arams Szene *Die unsittliche Ehe* stellt der Selbstmord die einzige Möglichkeit für ein Paar dar, das vergeblich danach strebt, sich gegenseitig zu betrügen und damit den vermeintlich modernen Vorstellungen der Ehe zu entsprechen. In allen diesen Fällen wirkt der Suizid grotesk, da er jeder Logik entbehrt und als unerwartete Konsequenz die Zuschauer überrascht und irritiert. Deutliche groteske Züge trägt auch Eduard von Keyserlings Szene *Die schwarze Flasche*, in der Max, ein verschuldeter Student, seine Geliebte Milli dazu überredet hat, mit ihm gemeinsam den Freitod zu wählen. Zu diesem Zweck haben die beiden ein Hotelzimmer bezogen, wo sie ein letztes Festmahl zu sich nehmen, um sich dann zu vergiften. Zu Max' großem Ärger werden seine Bemühungen um eine passende Atmosphäre für den romantischen Liebestod jedoch immer wieder von allerlei Unterbrechungen gestört, die dagegen der lebenslustigen Milli, die sich nur aus einem Gefühl der geistigen Unterlegenheit von der Notwendigkeit des Suizids hat überzeugen lassen, sehr willkommen sind:

> *Max:* Ja – so wollen wir uns in die Ewigkeit hinüberträumen.
> *Milli:* Müde bin ich und schwindelig. Alles ist mir egal. Jetzt kannst Du sprechen – so – Dein Zeug – das hübsch klingt – und wobei ich weinen muß – und schläfrig werde.
> *Max:* Müde – ja müde sind wir – goldene Müdigkeit –; Arm in Arm einschlafen – und dann kommt der Tod und deckt uns mit seinem dunkelvioletten Mantel.
> *Milli:* Sammet?
> *Max:* Ja – weich und kühl.
> *Milli:* Du – sag: wie wird's sein?
> *Max:* Was denn?
> *Milli:* Nu – das – mit der Flasche. Brennt's – und is bitter und wie – wie –? Wird's sein –?
> *Max:* Wie ein Fortgleiten auf einem dunklen Fluß wird es sein –, ein unendliches Wiegen –, ein sanftes sich Auflösen – Verklingen – wie ein Ton ... [...]
> Es wird an die Mitteltüre geklopft.
> *Milli:* Hörst Du?
> *Max* sehr zornig: *Wer ist da wieder?*
> Es klopft wieder. Max geht zur Türe, öffnet sie. [...] Der Kellner erscheint mit einer Schüssel.
> *Kellner* feierlich: *Hier sind die Cremeschnitte.*
> *Milli:* Die Cremeschnitte! [...] Schade is doch, sie so steh'n zu lassen. [...]
> *Max:* Was geh'n die uns an! Milli sei nicht so! Komm auf meine Höhe – denk' an mich. Cremeschnitten! ja – könntest Du jetzt essen?
> *Milli:* Ich – ich weiß nicht. Versuchen kann man ja. Sie geht zum Tisch – setzt sich und beginnt zu essen. Max wendet sich mit finsterem Gesichte ab und seufzt tief.[1027]

Durch das erneute Erscheinen des Kellners, der die beiden bittet, sich ihrem Freitod anschließen zu dürfen, nimmt die Handlung eine völlig unerwartete Wendung. Empört verlassen Max und Milli das Hotel und das Vorhaben ist damit gescheitert.

[1027] Keyserling, *Die schwarze Flasche*, S. 15–19.

Neben diesen grotesken, tragikomischen Stücken schildern andere Nummern die Angst vor dem Tod und den Schmerz über das Sterben in durchaus ernsthaftem Ton, wie die Klage eines Vaters über *Das tote Kind*, das Lied des *Tambursgesell*, der angstvoll seiner Exekution entgegenblickt, oder das Lied einer Sterbenden (*Chanson d'une morte*). Während eine derartige Behandlung des Todes wohl in erster Linie dazu diente, das Publikum emotional zu berühren, fungierte der Tod in anderen Stücken als eindringliches Mittel der Sozialkritik, so in der Satire auf den Räuber Kneißl *Die glückliche Kur*, in *Hochsommer im Walde*, dem Gedicht über den verzweifelten Selbstmord eines jungen Mannes ohne Lebensperspektive, oder in dem Lied von der *Schnitterin*, die auf Geheiß ihres Lehnsherrn drei Äcker innerhalb eines Tages abernten soll, um die Begnadigung ihres zum Tode verurteilten Sohns zu erwirken. Der Alten gelingt das schier Unmögliche, doch bezahlt sie ihre Mutterliebe mit dem eigenen Leben.

Viele der um den Tod kreisenden Nummern aus dem *Scharfrichter*-Repertoire sind aber auch Ausdruck ihrer Affinität zum Grauenhaften als einer der beliebtesten Sensationen der Décadents. Abermals manifestiert sich hier ein antibürgerlicher Habitus, denn

> [i]n dem, was Grauen, Erschrecken und Schauder hervorruft, ist immer eine Bedrohung erhalten, die Angst auslöst; die Hinfälligkeit der gewohnten Wirklichkeit kündigt sich an, ihre leicht vergessene und plötzlich erkennbare ständige Nähe zu Verfall und Untergang, zu Vernichtung, Auflösung und Tod. Wenn Grauen zum Reiz wird, so deshalb, weil es diese Ahnung der Todesverfallenheit bestätigt, weil es den Schleier scheinbarer Beständigkeit der Dinge zerreißt, im Erschrecken die Wahrheit preisgibt.[1028]

Dieser Deutung zufolge bildet die Darstellung grauenhafter Themen auf der Kabarettbühne einen Kontrast zur bürgerlichen Verdrängung, die sich der unangenehmen Realität verweigert, während die Bohemiens der ungeschminkten Wahrheit ins Gesicht blicken und sich somit mutig und lebensnah präsentieren. Gleichzeitig steckt in Figuren wie dem *Tantenmörder*, der seiner Tante »den Dolch in die Därme«[1029] stößt, oder den drei Dieben aus dem Morgenland, die das gleiche Mädchen begehren und es daher in drei Stücke teilen (*Incognito*), auch erneut ein gehöriges Maß an Provokation.

Zu den wichtigsten grauenerregenden Gestalten aus dem Repertoire der Décadence zählt die Femme fatale als provokantes Gegenbild zum Ideal der bürgerlichen Frau. Wie Mario Praz dargelegt hat, existiert dieser Topos der Frau, die Tod und Verderben über die Männer bringt, seit altersher in der Literatur, doch erfreute er sich besonders ab der zweiten Hälfte des 19. Jahrhunderts in allen Kunstformen großer Beliebtheit und hat seitdem zahlreiche Deutungen erfahren.[1030] Als »perverses Objekt der Begierde«[1031] und »dämonisch-übermenschliche[s] Wesen«[1032] verfügt die Kunstfigur der Femme fatale über eine derartige erotische Ausstrahlung und sexuelle Verführungskraft, dass der Mann ihr hemmungslos verfallen und auf Gedeih und Verderb ausgeliefert ist. Ihre sinnliche Urkraft, die den größtmöglichen Kontrast zum wilhelminischen Ideal einer domestizierten und unterdrückten Sexualität darstellt, wirkt faszinierend und erschreckend zugleich und stilisiert die Femme fatale zu einem »unberechenbare[n], unerreichte[n] Zwitterwesen zwischen Tier und Frau, halb Göttin, halb Dämon«.[1033] Ihre Handlungen sind nicht berechnend oder boshaft, sondern das Abbild der vollkommen amoralischen Natur dieses »ewig zerstörerische[n] Urwesen[s].«[1034] Sie ist »[d]as wahre [...], das schöne, wilde Tier«,[1035] als das Lulu im *Prolog* zu Wedekinds *Erdgeist* zunächst in Gestalt einer Schlange erscheint. In ihrer mythischen Überhöhung zum Inbegriff unbeherrschbarer

---

[1028] Rasch, *Décadence*, S. 97.

[1029] Frank Wedekind, *Der Tantenmörder*, in: Wedekind, KSA 1/III, S. 143.

[1030] Vgl. Praz, *Liebe*, S. 167–[250], und Stein, *Dirnenlied*, S. 53–60.

[1031] Sabine Haupt, *Themen und Motive*, in: Dies., Stefan Bodo Würffel (Hg.), *Handbuch Fin de Siècle*, Stuttgart 2008, S. 147.

[1032] Rasch, *Décadence*, S. 80.

[1033] Haupt, *Themen*, S. 147.

[1034] Rasch, *Décadence*, S. 83.

[1035] Wedekind, *Prolog*, S. 316.

Naturkräfte ist die Femme fatale um 1900 aber auch »als Zeichen einer allmählichen Lockerung des moralischen Korsetts«[1036] zu deuten und damit zugleich als Ausdruck der männlichen Verunsicherung angesichts der zunehmenden weiblichen Emanzipation. Bei den *Scharfrichtern* erscheint die Femme fatale außer in dem bereits erwähnten *Prolog* in weiteren zehn Nummern in sehr unterschiedlicher Gestalt, so etwa in *Yalyah*, *Babette* und *Der Zauberspiegel*, in denen sie ihre Verehrer in den Selbstmord treibt, oder als Auslöser für eine verbrecherische Tat wie in *Das Momentan-Weibliche*, *Die blinde Harfnerin* und *La glu*. Weitere Darstellungen zeigen sie als absichtsvolle Mörderin (*Das schlagende Herz*, *Die Spinne*) oder als unfreiwilligen Auslöser für Tod und Verderben (*Frühlingsstürme*, *An einen Jüngling*). Während die Existenz der Femme fatale im Repertoire der *Scharfrichter* zweifelsfrei nachzuweisen ist,[1037] erscheint es fraglich, inwieweit diese Typisierung auch auf die Sängerin Marya Delvard zutrifft. Zwar trat Delvard hin und wieder mit Liedern auf, die den Topos der Femme fatale behandeln, und inszenierte sich gerne als düstere Nachtgestalt, doch umfasste ihr Repertoire sämtliche tragischen und morbiden Nuancen, weshalb Delvard nicht ausschließlich auf die Rolle der Verderben bringenden Verführerin beschränkt werden kann.

Durch ihre vielen morbiden Themen unterschieden sich die *Scharfrichter* deutlich von dem überwiegend heiteren, gefälligen Ton, der auf den übrigen Unterhaltungsbühnen jener Zeit – abgesehen von expliziten Gruseltheatern wie dem Pariser *Grand Guignol* – gepflegt wurde. Interessanterweise stieß dieses Alleinstellungsmerkmal, soweit aus den Berichten der Tagespresse zu schließen ist, jedoch auf kein großes Gefallen. »Zu viel der Tragik, der bittern Satire und des galligen Humors – zu wenig zum Lachen«,[1038] konstatierten etwa die *Münchner Neuesten Nachrichten* im Juni 1901 und ein gutes Jahr später klagte die *Münchener Post*: »Sie können […] an dem Tod nicht vorbei, ein wenig muß er immer bei ihnen herumspuken. Wenn sie den erst ganz überwunden haben, hätten wir ein Musterbrettl. Mehr Freude und mehr leichtes Blut, mehr Einfachheit.«[1039] Auch der Rezensent des *Modernen Brettls* urteilte:

Ihre Sängerinnen und Diseusen treten am liebsten in Trauerkleidern und mit Grabgesichtern auf und singen mit schmerzlich schluchzender Stimme Variationen auf das Thema: »Und wenn ich keinem mehr gefalle, dann will ich gern begraben sein!«[1040] *Ihre Schattenspiele [Die Sphynx, J. K.] basieren auf schweren geschichtsphilosophischen Pfeilern, ihre Reigentänze [Die Verliebte, J. K.] sogar enden mit der Vernichtung der Tänzerin durch ein feuerspeiendes Flammenmaul. In ihren Stücken spielen Dolch und Strick ohne Gage mit und in den Pantomimen spukt der Maeterlinck'sche Gruselgeist. Das ist so Scharfrichter-Art, gewiss, und diese Nacht- Tod- Grauen- und Wahnsinnstimmung hat Berechtigung, denn sie ist künstlerisch durchgeführt. Trotzdem giebt es Leute, die auch auf dem modernen Brettl – die litterarische Gebärde in allen Ehren! – gern so etwas wie ursprüngliche Laune und keck, ohne Umwege dreinfahrenden Uebermuth, Halkyoniertum und den brausenden Eroberergeist des Renaissancemenschen der grauschwarzen Stimmung Hölderlin-Novalis-Maeterlink [sic] vorziehen würden.*[1041]

Dass die Evokation des Morbiden durch groteske und schauererregende Themen und Figuren nicht nur ein blo-

---

[1036] Haupt, *Themen*, S. 145.

[1037] Rita Frischkopf behauptet fälschlich, der Typus der Femme fatale sei bei den *Scharfrichtern* lediglich in einem Stück, nämlich dem Lied *Babette*, vertreten, vgl. Frischkopf, *Anfänge*, S. 321.

[1038] [ff.], [Die Elf Scharfrichter], in: *MNN*, Nr. 264, 9.6.1901, S. 4.

[1039] [V.], *Die elf Scharfrichter*, in: *MP*, Nr. 258, 13.11.1902, S. 3. Besonders der Journalist der *Münchener Post* mit dem Kürzel V. beanstandete wiederholt den düsteren Charakter der *Scharfrichter*, vgl auch [V.] *Die elf Scharfrichter*, in: *MP*, Nr. 226, 4.10.1901, S. 3, [V.], *Die elf Scharfrichter*, in: *MP*, Nr. 223, 4.10.1903, S. 3. Aber auch sein Kollege teilte diese Meinung, vgl. [e.], *Bei den 11 Scharfrichtern*, in: *MP*, Nr. 291, 23.12.1902, S. 2.

[1040] Mit diesen Versen endet Wedekinds Lied *Ilse*.

[1041] Mauke, *Münchener Brettl-Briefe II*, S. 59.

ßer Spleen war, sondern als Vehikel der Provokation und Sozialkritik fungierte und die *Scharfrichter* als Anhänger der um 1900 immer noch hochaktuellen Décadence-Bewegung auswies, wurde durchaus nicht von allen erkannt, geschweige denn honoriert. Wenn Josef Ruederer bemerkt, dass zuviel künstliche Verzweiflung und zu viel Kokettieren mit dem Tod von je her ein Fehler der *Scharfrichter* gewesen sei, so wird aus dieser Feststellung auch deutlich, dass viele das Kabarett in erster Linie als Unterhaltungsgenre verstanden und daher die traditionell hohe Stilebene des Tragischen im Kontext der Brettlbühne für unpassend hielten.

Ernst Neumanns Vignette für das Terzett »Die Totengräber«.

V *Die Elf Scharfrichter* und die Folgen

Nach dem Ende der *Elf Scharfrichter*
Nachdem das kleine Theater in der Türkenstraße 28 durch die überstürzte Abreise der letzten *Scharfrichter*-Mitglieder im Februar 1904 sang- und klanglos aufgegeben worden war, wurde der Raum in der folgenden Zeit zu einer Studentenkneipe umgewandelt. Als Marya Delvard Jahre später noch einmal an den Ort ihres ehemaligen Ruhmes zurückkehrte, fand sie das ganze Ambiente völlig verändert: »Je n'ai plus reconnu la salle, et au lieu de cette joute à l'esprit, amicale, entre deux nations, qui avait illustré nos tréteaux, maintenant, des étudiants, en choquant leurs verres, chantaient des chansons patriotiques. Mon cœur s'est serré.«[1] Durch die vollständige Zerstörung des Gebäudekomplexes im Januar 1945 verschwanden dann die letzten Spuren der *Scharfrichter* endgültig aus dem Stadtbild und heute verrät kein Hinweis, dass sich an dieser Stelle einst Münchens erstes Kabarett befand.

Die *Scharfrichter* hätten wahrlich Besseres verdient, zählten sie doch zeitweilig zu den beliebtesten Theatern der Stadt und setzten außerdem auch wichtige Impulse für die Entwicklung der Münchner Kabarettszene. Der anfängliche immense Erfolg ihrer Bühne rief schnell verschiedene Nachahmer auf den Plan, von denen sich einige offensichtlich schon durch die Wahl eines ähnlichen Namens eine gewisse Popularität erhofften. So eröffneten im Juni 1901 unter der Leitung von Josef Hunkele, genannt Vallé, das Kabarett der *12 Scharfrichterinnen* und im April 1902 das Ensemble *Die fidelen Vehmrichter*, die sich jedoch beide nicht lange halten konnten.[2] Während auch dem *Intimen Theater*, der Bühnengründung des ehemaligen *Scharfrichters* Willy Rath vom September 1901, nur eine kurzer Lebensdauer beschieden war,[3] gelang es Kathi Kobus, mit der von ihr 1903 eröffneten Künstlerkneipe *Simplicissimus* eine Kabarettbühne zu etablieren, die sich über viele Jahrzehnte großer Beliebtheit erfreute. Im Unterschied zu den *Scharfrichtern* wurde der *Simplicissimus* allerdings nicht von einem festen Ensemble, sondern von prominenten Einzelpersonen wie Joachim Ringelnatz, Ludwig Scharf und Erich Mühsam bespielt.[4] Aber auch die ehemaligen Mitglieder der *Scharfrichter* brettelten eifrig weiter, einige in Wien beim *Nachtlicht* und bei der *Fledermaus,* andere, darunter Heinrich Lautensack, Dora Stratton und Hans Dorbe, in München bei den im Januar 1904 gegründeten *Sieben Tantenmördern*. Leiter der *Sieben Tantenmörder* war wiederum Josef Vallé, laut Peter Jelavich ein »cultural parasite of the first order. He made his living from second-rate imitations of first-rate ventures. Whereas the Scharfrichter had hoped to raise variety shows to the level of high art, Vallé succeeded in pulling cabaret down below the level of vaudeville.«[5] Wenngleich Vallé auch

---

[1] Delvard, *Histoire des Onze*, S. 114.

[2] Vgl. [lt.], *Die zwölf Scharfrichterinnen*, in: *AZ*, Nr. 156, AB, 7.6.1901, S. 1; [NB], [Das Parodietheater »Die 12 Scharfrichterinnen«], in: *AZ*, Nr. 197, MiB, 18.7.1901, S. 3; *Humoristisches Ensemble*, in: *MNN*, Nr. 168, GA, 11.4.1902, S. 1.

[3] Vgl. S. 69 dieser Arbeit.

[4] Auch in den nachfolgenden Jahrzehnten traten hier viele berühmte Sängerinnen, Künstler und Autoren auf, darunter Hugo Ball, Mary Irber, Klabund, Karl Valentin oder Lale Andersen. 1968 wurde das Kabarett in ein reines Lokal umgewandelt, das heute noch unter dem Namen *Alter Simpl* besteht, vgl. *Simplicissimus (München)*, in: Budzinski, Hippen (Hg.), *Kabarett Lexikon*, S. 369f.

[5] Jelavich, *Munich*, S. 239.

Die nachgebaute Scharfrichter-Bühne in der Schwabing-Ausstellung im Kunstverein München 1958.

kaum noch besondere künstlerische Ansprüche an das Kabarett stellte, so erzielte er mit seiner dritten Brettlgründung, dem *Münchener Künstler-Kabarett – Intimes Theater*, doch einen gewissen Erfolg. Das nach dem Ende der *Tantenmörder* im Oktober 1904 eröffnete Theater, bei dem zeitweilig auch die ehemaligen *Scharfrichter* Frank Wedekind, Waldemar Hecker und Sandro Blumenthal mitwirkten, bestand bis 1908.[6] Künstlerisch bedeutsam war neben dem *Simplicissimus* aber nur die 1910 gegründete *Bonbonniere*, in der bis zu ihrem Ende 1944 renommierte Künstler wie Fritz Grünbaum, Ralph Benatzky und später Friedrich Hollaender, Peter Kreuder und andere auftraten. Ein später Reflex auf die *Scharfrichter* findet sich auch noch im Namen des studentischen Kabarettensembles *Die Nachrichter* oder auch *Die vier Nachrichter* wieder, das 1930 von Helmut Käutner, Bobby Todd, Kurd E. Heyne und Werner Kleine auf Anregung von Artur Kutscher gegründet wurde, aber bis auf den Namen keine Verbindung zu den *Scharfrichtern* aufwies.

Obwohl die *Scharfrichter*-Zeit nicht lange währte, hat sie die Biographien von einigen der Mitwirkenden doch nachhaltig geprägt, am stärksten wohl die von Marya Delvard, die nie wieder an ihren Münchner Erfolg anknüpfen konnte und noch in den 1920er Jahren vergeblich versuchte, das Schwabinger Brettl wiederzubeleben. Wenngleich die *Scharfrichter* als aktives Theaterensemble ausgedient hatten, so blieben sie doch als kulturhistorisches Phänomen lebendig und wurden alle zehn Jahre zum Jubiläum ihrer Bühnengründung in der Presse gewürdigt.[7] Zum

---

6   Vgl. *Münchener Cabaret-Nummer, Bühne und Brettl* 23 (1905), [o. S.], und Zuber, *Aufbruch*, S. 140.

7   Vgl. u. a. Maassen, *Rückblick*, in: *MNN*, Nr. 64, 6.3.1932, S. 3, der das dreißigjährige Gründungsjubiläum ein Jahr zu spät datiert; Rolf von Hoerschelmann, *Ein Münchner Jubiläum. Am 13. April 1901 traten die Elf Scharfrichter zum ersten Mal auf*, in: *MNN*,

50. Jahrestag ihrer Gründung 1951 gab es zwei Gedenkveranstaltungen, eine Feier und eine kleine Ausstellung in der *Künstlerklause bei Kroll* am Lenbachplatz sowie eine *Scharfrichtergedenkfeier* des Künstlerinnen-Vereins *Gedok*, die von Wilhelm Hüsgen initiiert worden waren und an denen auch einige Angehörige und Nachkommen der ehemaligen Ensemblemitglieder, darunter Wedekinds Witwe Tilly mit ihren Töchtern Pamela und Kadidja, Weinhöppels Witwe Änne, Falckenbergs Tochter Gina sowie zwei Töchter des Schauspielers Paul Larsen, teilnahmen und Ausschnitte aus dem *Scharfrichter*-Repertoire vortrugen.⁸ Während das Schwabinger Brettl anlässlich seines fünfzigjährigen Jubiläums zwar von prominenten Mitwirkenden, insgesamt aber doch in einem recht bescheidenen Rahmen gefeiert worden war, erfuhr es sieben Jahre später, im Rahmen der 800-Jahrfeier der Stadt München, in der großen Schwabing-Ausstellung, die im *Kunstverein München* gezeigt wurde, eine publikumswirksame Würdigung. Hier konnten die Besucher nicht nur zahlreiche Dokumente der *Scharfrichter* bewundern, sondern auf einem Nachbau der *Scharfrichter*-Bühne im Theatersaal bei allabendlichen Kabarettvorstellungen dem Versuch beiwohnen, die besondere Atmosphäre des historischen Theaters wieder lebendig werden zu lassen.⁹

Einen besonderen Höhepunkt der Ausstellungseröffnung bildete die Anwesenheit der greisen Diva Marya Delvard, die von dem Kurator Hannes König nach München eingeladen worden war und nun dem ergriffenen Festpublikum ihr berühmtes Lied *Ilse* vortrug. Trotz ihres hohen Alters von 83 Jahren war Delvard noch immer eine eindrucksvolle Erscheinung und zudem eine faszinierende Repräsentantin jener ruhmreichen Schwabinger Ära um 1900, derer die Stadt München in ihrem 800. Jubiläumsjahr besonders gern gedachte. Delvards abenteuerliche Anekdoten über die *Scharfrichter*, die die Künstlerin in zahlreichen Fernseh- und Zeitungsinterviews immer wieder kolportierte, entsprachen zwar nur zu einem geringen Teil den tatsächlichen Gegebenheiten, doch fügten sie sich so perfekt in den Mythos von Schwabing als einem »Pol für geistig gesteigertes Sein und Leben«,¹⁰ dass man ihnen bereitwillig Glauben schenkte. Dass das Scheitern des Schwabinger Brettls jedoch nicht allein auf die finanzielle Misswirtschaft des Ensembles oder den politischen Konservatismus zurückzuführen war, sondern zu einem großen Teil auch aus der Enttäuschung der Mitwirkenden über die Unerfüllbarkeit der künstlerischen Ziele resultierte, verschwieg Delvard. Statt dessen zeichnete sie das Bild einer harmonischen Gruppe gleichgesinnter Künstler, die sich voller Idealismus und Tatkraft einer zukunftsweisenden Theaterform verschrieben hatten. In der Frühzeit des deutschen Kabaretts war die Einstellung vieler Künstler gegenüber der neuen Gattung jedoch sehr ambivalent, da sich schnell zeigte, dass die hohen, im Vorfeld formulierten Erwartungen nicht oder nur in Teilen zu erfüllen waren. Die anfängliche Euphorie über die ersten Brettlgründungen wich rasch einer zunehmenden Unzufriedenheit wie auch einer wachsenden Sorge unter den Mitwirkenden, in den Augen der Öffentlichkeit nur mehr als Unterhaltungskünstler, nicht aber als ernstzunehmende Autoren oder Komponisten wahrgenommen zu werden. Um dem Schicksal Ernst von Wolzogens zu entgehen, der zu seinem großen Leidwesen nur noch als »Marke Tingeltangeldirektor«¹¹ fungierte, distanzierten sich viele Künstler vom Kabarett:

13., 14.4.1941; Ernst Penzoldt, *Vor 50 Jahren Die Elf Scharfrichter*, [ohne Quellenangabe]; Wolfgang von Weber, *Und dann holte sie der Irrenarzt ... Vergangen, aber unvergessen: Heute vor 60 Jahren Premiere der »Elf Scharfrichter«*, in: *8 Uhr-Blatt*, Nr. 100, 13.4.1961; Wolfgang von Weber, *Vor 70 Jahren: Die Elf Scharfrichter*, in: *Münchner Stadtanzeiger*, Nr. 30, 13.4.1972; Wilhelm Lukas Kristl, »*Jugendstilblüte des Münchner Kabaretts. Vor 80 Jahren traten die legendären »Elf Scharfrichter« zum erstenmal auf/ Nach Pariser Vorbild*, in: *SZ*, Nr. 85, 11., 12.4.1981, alle in: Mappe »Die Elf Scharfrichter«, StadtAM, ZA 546. Eva Maria Fischer, *Ein Schattentanz, ein Puppenspott. Drei kurze Jahre, die Kabarett-Geschichte machten: Vor 100 Jahren traten »Die Elf Scharfrichter« zum ersten Mal öffentlich auf*, in: *Münchner Merkur*, 11.4.2001, BR Zeitungsarchiv, Bestand »Die Elf Scharfrichter«.

8   Vgl. Hüsgen, *Elf Scharfrichter*, MSB Mon., L 3573.

9   Vgl. Kunstverein München (Hg.), *Schwabing. Legende und Dokumente*, S. 19.

10 Marietta di Monaco, *Schwabinger Glaubensbekenntnis*, in: Werner Rukwid (Hg.), *Geliebtes Schwabing*, München 1961, S. 18.

11 Ernst von Wolzogen, *Vorwort*, in: Ders., *Ansichten und Aussichten. Ein Erntebuch. Gesammelte Studien über Musik, Literatur und Theater*, 2. Aufl., Berlin 1908, S. XIII.

> [D]ie Literaten sahen darin nur – wie Ewers – eine Möglichkeit, »bekannt zu werden« [...] oder – wie Wedekind – einen »Druck ausüben zu können« [...], damit ihre Werke aufgeführt würden [...], oder gar, wie Mühsam – nur eine »Einkunftsquelle«, für die er ausdrücklich die »Rezitation ernsthafter Produktionen verweigerte« [...]. So schreibt Gumppenberg für das Überbrettl nur »Gelegenheitsscherze«, die er »künstlerisch nicht ernst nahm«, [...] Thoma bietet Wolzogen Texte an, die er für den »Simplicissimus« deshalb nicht befürwortet, weil sie »nicht sehr berühmt« [...] sind, und Dehmel protestiert öffentlich gegen die Ausnutzung seines geistigen Eigentums zu Geschäftsmanövern [...].[12]

Auch einige Mitglieder der *Scharfrichter* mussten bald feststellen, dass ihre künstlerischen Ziele auf dem Brettl nicht umsetzbar waren und das Theater zunehmend als reine Unterhaltungsbühne rezipiert wurde. Darüber hinaus mag auch die durchaus nicht immer positive, sondern häufig sehr gemischte Resonanz auf die Darbietungen in der Türkenstraße den ein oder anderen entmutigt haben. Falckenberg, Greiner, Wedekind, Weinhöppel und zuletzt auch Franz Blei – sie alle äußerten ihre Unzufriedenheit und verließen nach und nach das Brettl. Die Geschichte von Münchens erstem Kabarett ist darum nicht nur die Geschichte von jugendlichem Idealismus mit dem Ziel, neue, unkonventionelle Wege zu gehen, sondern auch eine Geschichte vom Erwachsenwerden und der damit verbundenen Erkenntnis über die häufige Unvereinbarkeit von Traum und Realität.

Nachwirkungen

Wenngleich die *Elf Scharfrichter* immer wieder als die Stammväter des künstlerisch-kritischen Kabaretts genannt werden, ist ein direkter Einfluss des Schwabinger Brettls auf die deutsche Kunst- und Theaterszene, abgesehen von den geschilderten unmittelbaren Nachahmern, die aber auch nur partiell an die *Scharfrichter* anknüpften, nur schwer nachzuweisen.[13] Da ihnen weder Radio noch Fernsehen zur medialen Verbreitung zur Verfügung standen und auch die finanziellen Mittel fehlten, um sich in großem Stil zu vermarkten, beschränkte sich ihre Reichweite im Grunde auf die Stadt München. Zwar gastierten sie hin und wieder auf ihren Tourneen in anderen Orten, doch erlangten sie nie wirklich nationale Berühmtheit, die zu einer direkten Imitation angeregt hätte. Guillaume Apollinaires Behauptung, dass der »Einfluss der Auftritte der Elf Scharfrichter [...] in der ganzen deutschen Literatur spürbar« wurde und »Frank Wedekind, Leo Greiner, Otto Falckenberg, Heinrich Lautensack [...] jetzt in ganz Deutschland bekannt«[14] seien, ist daher als eine nachträgliche Stilisierung zu verstehen. Denn die wenigen wirklichen Ausnahmekünstler aus den Reihen der *Scharfrichter* verdankten ihre Popularität nicht ihrer Zeit beim Schwabinger Brettl, sondern ihren späteren Aktivitäten, sei es als Dramatiker und Schauspieler wie Wedekind, als Regisseur wie Falckenberg oder als Bühnenbildner wie Ernst Stern.

Dass ihr Einfluss begrenzt blieb, ist sicherlich auch auf den bei ihnen gepflegten Mix verschiedener Gattungen und Stilrichtungen zurückzuführen, der den besonderen Reiz ihrer Bühne ausmachte, zugleich aber eben auch das Fehlen eines spezifischen stilistischen Profils bewirkte. Reaktionäre wie auch moderne und avantgardistische Strömungen sind gleichermaßen in ihrem Theater anzutreffen. So mögen sich die *Scharfrichter* bei ihren Inszenierungen zwar an den Errungenschaften der modernen Stilbühne orientiert haben, doch blieben sie mit ihren Kostümen eher einem konservativen Realismus verhaftet. Auch ihre Musiksprache ist, abgesehen von dem einmaligen Ausflug in die Welt des amerikanischen Jazz (*Rastus on Parade*), alles andere als modern und der Tradition des Volkslieds sowie des klassischen Kunstlieds verpflichtet. Während ihre neoromantische Ausrichtung ebenfalls eine Rückbesinnung darstellt, steht ihre Druckgraphik ganz im Zeichen des modernen Jugendstil-

---

12 König, *Überbrettl*, S. 132.

13 Walter Schmitz' Behauptung, dass die *Scharfrichter* sowohl das *Marionettentheater Münchner Künstler* wie auch Alexander von Bernus' *Schwabinger Schattenspiele* beeinflusst haben sollen (vgl. Schmitz, *Scharfrichter*, S. 282f.), lässt sich nicht bestätigen.

14 Guillaume Appolinaire, *Notes du mois*, zitiert nach Jelavich, *Die »Elf Scharfrichter«*, S. 23.

designs. Zeitgenössische Strömungen wie der Naturalismus oder der Ästhetizismus wurden gelegentlich vorbildhaft verarbeitet, in anderen Nummern aber auch parodiert und damit als überkommen abgetan. Immer wieder erscheinen auf ihrer Bühne jedoch auch überraschend avantgardistische Tendenzen, so etwa in einigen von Gumppenbergs Überdramen, die eine Nähe zum absurden und zum dadaistischen Theater aufweisen,[15] oder im Stil Frank Wedekinds als einem »Vorläufer des Surrealismus und des programmatischen Lehrstückes.«[16]

In Anbetracht dieser ausgesprochen divergierenden Aspekte wird man die *Scharfrichter* am ehesten als eine Art Experimentierbühne bezeichnen dürfen, auf der alle möglichen Stile ausprobiert wurden, von denen sich jedoch keiner als richtungsweisend durchsetzte. Am ehesten mag noch das Groteske als charakteristisches Merkmal der *Scharfrichter* gelten, doch bleibt zu fragen, ob tatsächlich in erster Linie das Kabarett »die Entwicklung der meist ebenso zivilisationskritischen wie antibürgerlichen Groteske beförderte«,[17] zumal die Ästhetik des Grotesken sowohl in der Literatur, sei es in Prosatexten wie Oskar Panizzas *Dämmerungsstücken* (1890) oder in Dramen wie Alfred Jarrys *Roi Ubu* (1896), wie auch in der bildenden Kunst, etwa bei Alfred Kubin oder Max Klinger, um 1900 weit verbreitet war. Auch die bei den *Scharfrichtern* gepflegten Gattungen waren keinesfalls ein Spezifikum ihrer Bühne, sondern entsprachen den aktuellen Strömungen. So erfreute sich etwa die Literaturparodie auf vielen Bühnen großer Beliebtheit und das Volkslied fand besonders durch die *Wandervogel*-Bewegung weite Verbreitung. Die Klassifizierung der *Scharfrichter* als Angehörige der künstlerischen Zwischengeneration der sogenannten »Gründeutschen«, »[z]u spät geboren, um noch wesentlich an dem bewußtseinsverändernden Naturalismus mitarbeiten zu können, aber zu früh geboren, um schon teilzunehmen an der Zertrümmerung aller konventionellen Formen durch den Expressionismus«,[18] erscheint damit zutreffend.

Während also ein unmittelbarer, prägender Einfluss der *Scharfrichter* zu verneinen ist, steht außer Frage, dass wichtige Impulse für die Entwicklung des modernen Dramas auf das Kabarett zurückgehen. So wurden viele der typischen Charakteristika des Kabaretts, darunter die Verknüpfung von ernstem Drama und Unterhaltungstheater, die Verwendung a-literarischer Formen wie der Pantomime, der mediale Wechsel zwischen unterschiedlichen Gattungen wie dramatischen Szenen, Tanz, Schattenspiel oder inszenierten Liedern und Gedichten sowie die direkte Ansprache des Publikums, von zeitgenössischen Theaterautoren und -regisseuren wie Max Reinhardt oder Georg Fuchs aufgegriffen und in ihren Produktionen umgesetzt.[19]

Versuch einer Wesensbestimmung

Anders als in Frankreich, wo sich das Cabaret aus den Literaturzirkeln der Pariser Künstler gleichsam organisch heraus entwickelte,[20] war das deutsche Kabarett das Resultat einer bewussten Entscheidung, in der sich der um 1900 weit verbreitete Wunsch nach einer Erneuerung des Theaters manifestiert.[21] Die Kritik der modernen Dramatiker und Regisseure galt zum einen dem »perfektionierten Illusionstheater des Guckkastens«,[22] das im Laufe des 19. Jahrhunderts das Sprech- und Musiktheater immer stärker geprägt hatte und durch die klare Trennung von Bühne und Zuschauerraum einen direkten Kontakt zwischen Darstellern und Publikum unmöglich machte. Gleichzeitig suchte man nach Alternativen zu den aktuellen naturalistischen, realistischen, symbolistischen und impressionistischen Strömungen, die eine größere Freiheit der schauspielerischen Darstellungen, der Inszenierungen und der visuellen Ausdrucksformen versprachen. Man fand sie im antiken Drama und im mittelalterlichen Mysterien- und Passionsspiel wie auch in volkstümlichen Theaterformen wie Vaudeville, Varieté, Zirkus und Puppenspiel und ließ sich von ihnen zu

---

[15] Vgl. Wintzingerode-Knorr, *Gumppenberg*, S. 99–118.

[16] Falckenberg, Petzet, *Leben*, S. 118.

[17] Reto Sorg, *Groteske*, in: Klaus Weimar [u. a.] (Hg.), *Reallexikon der deutschen Literaturwissenschaft*, Bd. 1, Berlin und New York 2007, S. 750.

[18] Müller, Hammer, *Narren*, S. 50. Vgl. auch Jelavich, *Die »Elf Scharfrichter«*, S. 520.

[19] Vgl. Bayerdörfer, *Überbrettl*, S. 321, und Jelavich, *Munich*, S. 184–225.

[20] Vgl. Frischkopf, *Anfänge*, S. 252.

[21] Vgl. Schuster, *Scharfrichter*, S. 139.

[22] Bayerdörfer, *Überbrettl*, S. 300.

neuen Formen, darunter auch dem Kabarett, inspirieren.[23] Wenn die *Elf Scharfrichter* es demnach als ihr Hauptziel definierten, »die Kunst in den Dienst der leichten, gefälligen Unterhaltung zu stellen«,[24] so geht aus dieser Äußerung klar hervor, dass auch ihre Bühnengründung in hohem Maße durch die theaterreformerischen Gedanken jener Zeit angeregt wurde und keineswegs allein auf ihre Unzufriedenheit mit den politischen Umständen zurückzuführen ist.[25]

Der spezifische *Scharfrichter*-Stil unterscheidet sich deutlich von dem der anderen deutschen Kabaretts jener Zeit. Ihre bodenständige, groteske, neo-romantische Ausrichtung resultierte zum großen Teil aus ihrer Zugehörigkeit zur Schwabinger Boheme als dem Gegenstück zu der eleganten und glamourösen Unterhaltungskultur Berlins, an der sich Ernst von Wolzogen mit seinem *Überbrettl* orientierte. Erich Mühsam benennt in seinen Memoiren *Menschen und Namen* als ein Hauptmerkmal Schwabings die dem »juste milieu ganz unbekannt[e]« »individuelle [...] Verschiedenheit« seiner Bewohner, die »nur verbunden waren durch ihre gleich himmelweite Entfernung von eben diesem juste milieu, vereint waren in einer unsichtbaren Loge des Widerstands gegen die Autorität der herkömmlichen Sitten und des Willens, ihr individuelles Gehaben nicht unter die Norm zu beugen.« Diese »Unbekümmertheit um das Urteil anderer Leute«[26] prägte auch das Erscheinungsbild der *Scharfrichter*, deren Mitglieder, darunter besonders der charmante Conférencier Marc Henry, die düstere Marya Delvard, der Bürgerschreck Frank Wedekind, der dämonische Leo Greiner, der scharfzüngige Hanns von Gumppenberg, der volkstümliche Robert Kothe oder das »geniale Zigeunertemperament«[27] Richard Weinhöppel, als typische Erscheinungen dieser »Massensiedlung von Sonderlingen«[28]

gelten können. Sie alle hatten es sich zur Aufgabe gemacht, dem Publikum nur »Eigenes« zu zeigen, das heißt, sich als originelle, schöpferische Künstler zu präsentieren. In der Praxis erwies sich diese Vorstellung jedoch nur sehr bedingt als durchführbar, denn der Anspruch, sämtliche Nummern in Eigenproduktion zu erstellen, scheiterte bald an dem großen Bedarf an neuen Stücken, weshalb viele fremde Texte und Lieder in das Repertoire aufgenommen wurden. Und auch der Wunsch, in ihren Vorstellungen stets den »Charakter des Zwanglosen, Improvisirten«[29] zu wahren, um so die größtmögliche Nähe zwischen Zuschauerraum und Bühne zu gewährleisten, wurde durch den häufig dilettantischen Charakter der Aufführungen konterkariert und erregte nicht selten das Missfallen des Publikums.

Was die *Elf Scharfrichter* einte, war ihr umfassendes Interesse an den aktuellen politischen, soziologischen, künstlerischen und philosophischen Themen ihrer Zeit, die sie auf ihrer Bühne teils affirmativ, teils kritisch beleuchteten. Ihr mal harmloser, mal beißender Spott richtete sich in erster Linie gegen bürgerliche Werte und Moralvorstellungen sowie gegen die in ihren Augen überkommenen Literatur- und Kunstströmungen. Seltener gerieten dagegen Kirche und Politik in das Schussfeuer der Kabarettisten, da die Zensurbehörde gegen Äußerungen dieser Art streng vorging. Dass dieser Umstand die Produktionen des Schwabinger Brettls immer wieder erschwerte, ist nicht zu leugnen, doch muss die tatsächliche Tragweite dieser inhaltlichen Beschränkung entschieden relativiert werden. Denn ebenso wichtig, wenn nicht sogar wichtiger als die Formulierung ihrer Kritik war den *Scharfrichtern* die Vermittlung ihrer Ideale und Visionen.[30] Ihr dezidiert erhobener Modernitätsanspruch[31] manifestiert sich in ihrem Theater auf vielfältige Art wie etwa in ihrer Nähe zu den Lehren Friedrich Nietzsches, ihrer Ausrichtung auf die Ästhetik der Décadence, ihrer Orientierung an den Leitgedanken der Lebensreform, ihren theaterreformerischen Absichten sowie in ihrer sezessionistischen

---

[23] Vgl. Jelavich, *Munich*, S. [186], Schmitz, *Scharfrichter*, S. 278f., und Zuber, *Aufbruch*, S. 129–136.

[24] *Wie die Elf Scharfrichter wurden*, S. 3.

[25] Peter Jelavich benennt politische Faktoren als Hauptgrund für die Entstehung der *Scharfrichter*, vgl. Jelavich, *Munich*, S. 184.

[26] Mühsam, *Namen und Menschen*, S. 110ff.

[27] Fuchs, *Sturm und Drang*, S. 117.

[28] Mühsam, *Namen und Menschen*, S. 111.

[29] *Wie die Elf Scharfrichter wurden*, S. 3.

[30] Die von Rita Frischkopf geäußerte Behauptung, dass die tendenzlose Unterhaltung den inhaltlichen Schwerpunkt der *Scharfrichter* ausmachte, ist nicht zu halten, vgl. Frischkopf, *Anfänge*, S. 330.

[31] Vgl. *Die Elf Scharfrichter-Plakate*, S. 4.

»Sehnsucht nach einem Neuwerden in Kunst und Leben«³² durch die Verbindung von hoher Kunst und Unterhaltungskultur im Gesamtkunstwerk.

Um diese Ansichten und Werte zu vermitteln, provozierten die *Scharfrichter* ihr Publikum gerne durch ihre Selbstinszenierung als antibürgerliche Bohemiens und ihre stilistische Ausrichtung auf das Groteske und das Morbide, wie sie heute auch in anderen Subkultur-Bewegungen wie den Punks oder der Gothic-Kultur gepflegt wird. Dass dieses Gebaren Wirkung zeigte, belegen die kritischen Berichte der konservativen Presse wie auch die Reaktionen der bayerischen Landesregierung und die daraus resultierende Verschärfung der Zensur. Im Grunde ängstigten sich die Behörden jedoch zu Unrecht, da wegen der geringen Größe des *Scharfrichter*-Theaters wie auch aufgrund des überwiegend bildungsbürgerlichen Publikums kaum zu befürchten war, dass die hier vorgetragenen, zersetzenden Gedanken in weite Bevölkerungskreise getragen würden. Anders als Wolzogen hatten die *Scharfrichter* auch niemals den Anspruch erhoben, Einfluss auf das breite Volk nehmen zu wollen. Damit stellt sich auch die Frage, welche Bedeutung sie überhaupt einer möglichen Außenwirkung zumaßen und ob die Gründung des Schwabinger Brettls nicht in erster Linie dem Wunsch nach einem Podium geschuldet war, das vor allem der Selbstbestätigung durch Gleichgesinnte diente. Das Gefühl der Entfremdung gegenüber einer erstarrten bürgerlichen Gesellschaft und der Überforderung angesichts einer zunehmend beschleunigten, modernen Welt fand seinen Ausdruck in einem geradezu eskapistischen Rückzug in den geschützten, nach außen klar abgeschlossenen Raum des *Scharfrichter*-Theaters, wo man sich mit anderen austauschte, die ebenso empfanden.³³

Das Schwabinger Brettl trägt demnach auch deutliche Züge eines intimen Kunstsalons und gerade in dieser Zwitterstellung der *Scharfrichter* zwischen privatem Salon und öffentlichem Theater kommt ein wesentliches Problem ihrer Bühne zum Ausdruck, da die Absichten der Kabarettisten und die Erwartungen des Publikums häufig auseinander driften. In einem wirklich geschlossenen Kreis von Gleichgesinnten hätten sie mit ihren häufig ernsten und melancholischen Tönen, in denen ihr künstlerischer Anspruch zum Ausdruck kam, sicherlich kaum Anstoß erregt. So aber stießen sie mit ihrer Ernsthaftigkeit und mit ihrem Übermaß an visionären Ideen häufig auf Unverständnis bei den Zuschauern, die das Theater zunehmend als Unterhaltungsbühne rezipierten, auf der solche Töne nichts verloren hatten.

Bleibt abschließend die Frage, ob das Theater der *Elf Scharfrichter* mit seinen avantgardistischen Elementen bereits selbst als Teil der Avantgarde-Bewegung des 20. Jahrhunderts zu betrachten ist. Ein wesentliches Merkmal der Avantgarde ist die Grenzüberschreitung oder Transgression, die die unterschiedlichsten Bereiche betreffen kann, darunter die personelle Vereinigung von Künstlern aller Fachrichtungen, die Mehrsprachigkeit avantgardistischer Dichter, die »Aufhebung der autonomen Kunst im Sinne einer Überführung der Kunst in Lebenspraxis«,³⁴ die Verschmelzung der Kunstformen zum Gesamtkunstwerk, aber auch die Überschreitung der Gattungsgrenzen von Hoch- und Unterhaltungskultur.³⁵ Zu den transgressiven Merkmalen der Avantgarde zählt außerdem auch die Neubewertung des Verhältnisses zwischen Darsteller und Zuschauer:

In den Mittelpunkt des Interesses der Avantgardisten rückte der Zuschauer – sein Perzeptions- und Rezeptionsverhalten: Er sollte vom Theater der Avantgarde »schockiert« werden (Marinetti), in einen »Rausch« (Fuchs) oder in »Trance« (Artaud) versetzt, er sollte zum »Schöpfer neuen Sinns« (Meyerhold) avancieren, wurde zum »Hauptmaterial des Theaters« erklärt (Eisenstein) oder im Gegenteil zu seinem »Betrachter«, dessen »Aktivität« geweckt, von dem »Entscheidungen« erzwungen wurden (Brecht). Als eines der offensichtlichsten Verfahren, um dem Zuschauer eine neue Wahrnehmung abzufordern, schafften die Avantgardisten die Guckkastenbühne und die Rampe ab [...].³⁶

---

³² Schmitz, *Scharfrichter*, S. 281.

³³ Vgl. Jelavich, *Munich*, S. 184, und Frischkopf, *Anfänge*, S. 331f.

³⁴ Peter Bürger, *Theorie der Avantgarde*, Frankfurt a. M. 1974, S. 72.

³⁵ Vgl. Hubert van den Berg, Walter Fähnders, *Die künstlerische Avantgarde des 20. Jahrhunderts – Einleitung*, in: Dies. (Hg.), *Metzler Lexikon Avantgarde*, Stuttgart und Weimar 2009, S. 12–18.

³⁶ Erika Fischer-Lichte, *Einleitung. Wahrnehmung – Körper – Sprache. Kultureller Wandel und Theateravantgarde*, in: Dies. (Hg.),

Die Elf Scharfrichter und die Folgen

Hannes Ruch.	W. Salzer.		Bulmanns.	Heinr. Lautensack.	Adele Baumbach.	Paul Schlesinger.
Marya Delvard.	Tilli Brauenburg.		Frig. Strang.			
	Paul Larsen.	Em. Franz.		M. Henry.		

Mitglieder des Ensembles im Scharfrichter-Theater, Foto aus der Zeitschrift Bühne und Brettl 4 (1903).

Obwohl die *Scharfrichter* ihre Vorstellungen von der Rolle des Publikums nicht konkret benannt hatten, so kultivierten sie doch auch – nach dem Vorbild der Pariser Cabarets – die Durchbrechung der »vierten Wand«. Gerade in der Anfangszeit waren sie darum bemüht, ihre Gäste aus der passiven Zuschauerrolle herauszulocken und sie zu aktiven Mitgestaltern des Bühnengeschehens zu machen, die die Lieder mitsangen, als Teil der Inszenierung mitwirkten oder nach dem Ende der offiziellen Vorstellung selbst auf das Podium traten.

Ein weiteres Charakteristikum der Avantgarde ist es, die eigenen Absichten in einem programmatischen Manifest publik zu machen. Eine wirkliche umfassende theoretische Darstellung ihrer Intentionen, wie sie Wolzogen in seinem Aufsatz *Das Ueberbrettl* vom Januar 1901 formuliert hat, gibt es von den *Scharfrichtern* nicht. Dennoch trägt die knappe Beschreibung ihrer Bühne, die zunächst in ihren Vereinsstatuten und dann auf dem Zeichnungsschein angeführt ist, in ihrer Diktion durchaus programmatische Züge:

Der Verein »Die elf Scharfrichter« […] bezweckt […] alle Kunstgattungen zugleich in den Dienst der leichten Unterhaltung zu stellen. Es gilt für diese Art theatralischer Unterhaltung einen eigenen, der Gegenwart organisch entwachsenden Stil zu schaffen, ähnlich dem der Pariser »cabarets« und dennoch unabhängig in deutschem Boden wurzelnd.

Diese Aufgabe gedenkt der Verein durch Gründung einer diesen Zwecken angepaßten <u>intimen</u> Bühne zu lösen, auf welcher u. a. das künstlerische Schattenspiel, die litterarische Parodie, die moderne Pantomime, das psychologische Couplet (chanson rosse), die Revue, die plastische Karricatur, der Farbentanz, der Volksgesang gepflegt werden soll.[37]

Die hier gewählte Formulierung von einem »der Gegenwart organisch entwachsenden Stil« liefert den entscheidenden Hinweis darauf, dass die Frage nach dem avantgardistischen Charakter der *Scharfrichter* letzten Endes doch verneint werden muss. Denn das wohl entscheidendste Kriterium der Avantgarde, die »radikale Neuerung künstlerischer Formen und der einzelnen Künste« sowie »eine gänzlich neue Auffassung von Kunst und eine neuartige Positionierung der Kunst in der Gesellschaft«,[38] erfüllen die *Scharfrichter* nicht. Anstelle eines wirklichen Bruchs mit den bisherigen Formen schlossen sie an Traditionen an, die sie auf ihrem Brettl in einen neuen Kontext stellten und behutsam an die aktuellen Umstände anpassten. Wenngleich sie somit nicht als wirkliche Umstürzler gelten können, waren sie doch zweifellos eine schillernde Erscheinung innerhalb der deutschen Moderne um 1900, die der Avantgarde den Weg bereitete.

TheaterAvantgarde. Wahrnehmung. Körper. Sprache, Tübingen und Basel 1995, S. 9.

[37] Vereinsstatuten der *Elf Scharfrichter*, StAM, Pol. Dir. 2057/1.
[38] Berg, Fähnders, *Avantgarde*, S. 1.

VI Anhang

Verzeichnis der Siglen

AB Abendblatt

AZ Allgemeine Zeitung München

BR Bayerischer Rundfunk

BSB Bayerische Staatsbibliothek

DKA Stiftung Deutsches Kabarettarchiv e. V. Mainz

DLA Deutsches Literaturarchiv Marbach

DTM Deutsches Theatermuseum München

GA Generalanzeiger

Hofm. *Handbuch der musikalischen Literatur oder Verzeichnis der im deutschen Reiche, in den Ländern des deutschen Sprachgebietes sowie der für den Vertrieb im deutschen Reiche wichtigen, im Auslande erschienenen Musikalien auch musikalischen Schriften, Abbildungen und plastischen Darstellungen mit Anzeige der Verleger und Preise*, hg. u. verlegt von Friedrich Hofmeister, Leipzig

JB AdT Jahrbuch der Königlichen Akademie der Tonkunst München

J.K. Judith Kemp, Anmerkung der Verfasserin

KSA Frank Wedekind, *Kritische Studienausgabe*, hg. v. Elke Austermühl, Hartmut Vinçon, Rolf Kieser [u. a.], Darmstadt

LBK Lokalbaukommission München

MaK Mappe mit Zeitungsberichten zur zweiten Tournee der *Elf Scharfrichter* von Robert Kothe, Privatbesitz

MB Morgenblatt

MiB Mittagblatt

MNN Münchner Neueste Nachrichten

MP Münchener Post

MSB Gasteig Münchner Stadtbibliothek am Gasteig / Musikbibliothek

MSB Mon. Münchner Stadtbibliothek / Monacensia

MZ Münchener Zeitung

NL Nachlass

PA Personalakte

PH Programmheft

PMB Polizeilicher Meldebogen

Pol. Dir. Polizeidirektion

StadtAM Stadtarchiv München

StAM Staatsarchiv München

Quellen- und Literaturverzeichnis

Archivbestände

Aargauer Kantonsbibliothek:
Plakat der *Elf Scharfrichter*, Wedekind-Archiv B, Nr. 18.

Bayerischer Rundfunk München:
Filmarchiv:
80. Geburtstag Prof. Kutscher, Filmaufnahme vom 17.7.1958, (ohne Ton), 3052.

Altersheim für geistig Schaffende, Filmaufnahme vom 25.10.1959, 4247.

Heinrich Lautensack, Filmaufnahme vom 26.11.1963, 40045.

Interview mit Maria [sic] *Delvard*, Filmaufnahme vom 21.7.1958, (ohne Ton), 3048.

Interview Marya Delvard, Filmaufnahme vom 8.8.1958, 3098.

Interview mit Marya Delvard, Filmaufnahme vom 9.9.1964, 1005693.

Schwabinger Ausstellung, Filmaufnahme vom 14.7.1958, (ohne Ton), 3029.

Schallarchiv:
Dimpfl, Monika: »*Mähneumwallter Musiker*«. *Hans Richard Weinhöppel alias Hannes Ruch (1867–1928)*, Sendung vom 13.11.2001, 01233550.

Die elf Scharfrichter und ihr Komponist. Zum 100. Geburtstag von Hannes Ruch, Produktion vom 29.9.1967, 67230640.

Interview mit der Schauspielerin und Chansonsängerin Marya Delvard (Gründungsmitglied der 11 Scharfrichter), Aufnahme vom 7.8.1958, DK 125720.

Zeitungsarchiv:
Bestand *Die Elf Scharfrichter und Marya Delvard*.

Bayerische Staatsbibliothek: Rheinbergeriana I 15/70.

Stiftung Deutsches Kabarettarchiv e. V.:
Programmhefte der *Elf Scharfrichter* und Zeitungsrezensionen, Ordner LK/C/1.

Deutsches Literaturarchiv Marbach:
Leo Greiner an Wilhelm von Scholz, A: Scholz, Zugangsnummer HS.1989.0002.

Margarete Beutler an Artur Kutscher, A: Kutscher, Zugangsnummer 57.4271.

Franz Blei an Arthur Schnitzler, A: Schnitzler, Zugangsnummer 66.180.

Deutsches Theatermuseum München:
Nachlass Otto Falckenberg: Tagebuch Otto Falckenberg, Inv.-Nr. 2006/25.

Plakat »Die Elf Scharfrichter« 1902, Inv.-Nr. XII 119 (F 4679).

Heinrich-Heine-Institut, Rheinisches Literaturarchiv:
Nachlass Hanns Heinz Ewers.

Institut für Zeitungsforschung Dortmund:
Nachlass Benedikt Fred Dolbin, II AK 75/15, Heft 23, Blatt 9.

Lokalbaukommission München:
Bestandsakt Türkenstraße 28, Akte 1.

Münchner Stadtbibliothek/Monacensia:
Materialien zu den *Elf Scharfrichtern*:
Hüsgen, Wilhelm, *Die Elf Scharfrichter. Aufzeichnungen aus den Jahren 1950–1955*, L 3573; Programmhefte der *Elf Scharfrichter*, 4° Mon 1017; Zeichnungsschein, L 2924; Zeugnis von Richard Weinhöppel für Gottlieb Gärtner, Weinhöppel, Hans R. A III/3.

Nachlässe:
Otto Julius Bierbaum, Klaus Budzinski, Michael Georg Conrad, Marya Delvard, Hanns von Gumppenberg, Max Halbe, Wilhelm Hüsgen, Josef Ruederer, Frank Wedekind, Jo Weigert.

Briefe:
Altenberg, Peter A III/3, Delvard, Marya A III/1, Henry, Marc A III/Konv., Henckell, Karl A I/29, Henry, Marc A III/Konv, Kothe, Robert A III/1–3, Liliencron, Detlev von A III/2–3, Rath, Willy III/2–7, Sling A III/1–3, Wedekind, Frank A I/2, Weinhöppel, Hans R. A III/2.

Weitere Materialien:
Geburtsurkunde Marya Delvard, Delvard, Marya A/III Kopie 1; Geburtsurkunde Marc Henry, Henry, Marc A IIII/Kopie 1; Gumppenberg, Hanns von, *Monna Nirwana*, Typoskript, L 5212; Gumppenberg, Hanns von, *Die Nachbarin*, Manuskript, L 2000; Konvolut zum Opernprojekt *Jugend*, L 3026; Mappe zum *Musenkrieg*, L 3705; Wedekind, Frank, 5. Notizbuch 1897, L 3501/67.

Münchner Stadtbibliothek am Gasteig/Musikbibliothek:
Nachlass Hans Richard Weinhöppel.

Privatbesitz:
Mappe mit Zeitungskritiken der 2. Tournee der *Elf Scharfrichter* von Robert Kothe.

Nachlass Sandro Blumenthal.

Staats- und Universitätsbibliothek Hamburg:
Nachlass Richard Dehmel, DR: Br: W: 140.

Staatsarchiv München:
Zensurakten der *Elf Scharfrichter*, Pol. Dir. 2057/1–3.

Stadtarchiv München:
Chroniken der Jahre 1901–1904.

Personalakte Johann Nepomuk Weinhöppel, PA 7007.

Polizeimeldebögen: Sandro Blumenthal, PMB B 312; August Hermann Konrad Böndel, PMB 179; Johann Baptist Durber, PMB D 176; Franz Emanuel Hecht, PMB H 122; Emil Mantels, PMB M 22; Johann Baptist Steiner, PMB S 316; Valentin Stellpflug, PMB S 321; Familie Weinhöppel, PBM W 118; Hans Richard Weinhöppel, PBM W 118.

Plakatsammlung 16502 1902 121159.

Zeitungsausschnittsammlung: Mappe *Die Elf Scharfrichter*, ZA 546.

Theaterwissenschaftliche Sammlung der Universität zu Köln, Schloß Wahn:
Sandro Blumenthal an Unbekannt, Au 1205.

Archiv der Universität für Musik und darstellende Kunst Wien:
Akt Marya Delvard, Zl. 22239/1934 V.

Wienbibliothek im Rathaus, Handschriftensammlung:
Teilnachlass Bruno Granichstaedten ZPH 1323.

Zeitungs- und Zeitschriftenartikel über *Die Elf Scharfrichter*

Angesichts der Fülle der Zeitungsmeldungen über *Die Elf Scharfrichter* sind hier lediglich die Premierenberichte der vier ausgewerteten Münchner Tageszeitungen in chronologischer Abfolge sowie weitere ausgewählte Artikel angegeben. In vielen Fällen sind die Kürzel der Rezensenten nicht aufgelöst und stehen daher in eckigen Klammern, wo der Name bekannt ist, ist er hinzugefügt. Im Falle fehlender Überschriften wird der Beginn des Textes in eckigen Klammern als Überschrift eines Artikels gewertet.

Allgemeine Zeitung

[lt.]: *Die elf Scharfrichter*, Nr. 102, AB, 13.4.1901, S. 1–2.
[lt.]: *Die elf Scharfrichter*, Nr. 154, AB, 5.6.1901, S. 1.
[lt.]: [Die elf Scharfrichter], Nr. 273, AB, 2.10.1901, S. 1.
[lt.]: *Die Elf Scharfrichter*, Nr. 288, AB, 17.10.1901, S. 1–2.
[lt.]: [Die elf Scharfrichter], Nr. 314, MiB, 12.11.1901, S. 1.
[O. M.]: [Die elf Scharfrichter], Nr. 312, Stadtanzeiger, 12.11.1902, S. 3.
[O. M.]: [Die elf Scharfrichter], Nr. 353, Stadtanzeiger, 23.12.1902, S. 3.
[O. M.]: *Die elf Scharfrichter*, Nr. 30, Stadtanzeiger, 30.1.1903, S. 3.
[lt.]: *Die elf Scharfrichter*, Nr. 273, Stadtanzeiger, 2.10.1903, S. 2.
[lt.]: *Die elf Scharfrichter*, Nr. 281, Stadtanzeiger, 10.10.1903, S. 3.

Münchner Neueste Nachrichten

Röllinghoff, Willy: *Bei den »elf Scharfrichtern«*, Nr. 174, 14.4.1901, S. 1.
[ff.]: *Die Elf Scharfrichter*, Nr. 195, 26.4.1901, S. 3.
[ff.]: [Die Elf Scharfrichter], Nr. 264, 9.6.1901, S. 4.
[p.]: [Ein Abend bei den Elf Scharfrichtern], Nr. 302, 3.7.1901, S. 4.
[p.]: [Die Elf Scharfrichter], Nr. 487, 19.10.1901, S. 3.
[p.]: [Das Programm der Elf Scharfrichter], Nr. 526, 13.11.1901, S. 4.
[p.]: [Die Ehrenexekution der Elf Scharfrichter], Nr. 582, 15.12.1901, S. 5.
R.[oth], H.[ermann]: *Sylvester bei den Elf Scharfrichtern*, Nr. 3, 3.1.1902, S. 4.
[p.]: [Die Elf Scharfrichter], Nr. 55, 3.2.1902, S. 3.
[p.]: *Die Elf Scharfrichter*, Nr. 123, 14.3.1902, S. 4.
R.[oth], H.[ermann]: [Die Elf Scharfrichter], Nr. 211, 7.5.1902, S. 4.
R.[oth], H.[ermann]: [Die Elf Scharfrichter], Nr. 286, 23.6.1902, S. 4.
R.[oth], H.[ermann]: [Die Elf Scharfrichter], Nr. 454, 1.10.1902, S. 3–4.
R.[oth], H.[ermann]: [Die Elf Scharfrichter], Nr. 526, 12.11.1902, S. 3.
R.[oth], H.[ermann]: [Die Elf Scharfrichter], Nr. 597, 24.12.1902, S. 4.
R.[oth], H.[ermann]: *Sylvester bei den Elf Scharfrichtern*, Nr. 4, 3.1.1903, S. 3.
R.[oth], H.[ermann]: *Die Elf Scharfrichter*, Nr. 49, 31.1.1903, S. 3.
R.[oth], H.[ermann]: *Durchs dunkelste Deutschland. Satirisches Karnevalsfest der Elf Scharfrichter*, Nr. 85, 21.2.1903, S. 3–4.
[fo.]: *Bei den Elf Scharfrichtern*, Nr. 461, 3.10.1903, S. 2–3.
[b. g.]: [Die elf Scharfrichter], Nr. 523, 8.11.1903, S. 5.
[Die Elf Scharfrichter], Nr. 65, 10.2.1904, S. 4.

Münchener Post

[V.]: *Die elf Scharfrichter*, Nr. 86, 16.4.1901, S. 2.
[V.]: *Die elf Scharfrichter*, Nr. 226, 4.10.1901, S. 3.
[V.]: *Die elf Scharfrichter*, Nr. 259, 13.11.1901, S. 3.
[V.]: [Die elf Scharfrichter], Nr. 288, 17.12.1901, S. 3.
[e.]: [Die elf Scharfrichter], Nr. 29, 5.2.1902, S. 3
[v.]: [Die elf Scharfrichter], Nr. 61, 14.3.1902, S. 3.
[V.]: *Bei den elf Scharfrichtern*, Nr. 104, 8., 9.5.1902, S. 2.
[e.]: [Die Scharfrichter], Nr. 223, 2.10.1902, S. 3.
[V.]: *Die elf Scharfrichter*, Nr. 258, 13.11.1902, S. 3.
[e.]: *Bei den 11 Scharfrichtern*, Nr. 291, 23.12.1902, S. 2.
Die elf Scharfrichter, Nr. 25, 31.1.1903, S. 2–3.
[V.]: *Die elf Scharfrichter*, Nr. 223, 4.10.1903, S. 2–3.
[V.]: *Die elf Scharfrichter*, Nr. 254, 10.11.1903, S. 3.
[Sa.]: [Die Elf Scharfrichter], Nr. 32, 10.2.1904, S. 2.

Münchener Zeitung

Engels, Eduard: *Die elf Scharfrichter*, Nr. 89, 14.4.1901, S. 1–2.
[Den elf Scharfrichtern], Nr. 134, 6.6.1901, S. 2.
E.[ngels], E.[duard]: [Die elf Scharfrichter], Nr. 236, 3.10.1901, S. 2.
E.[ngels], E.[duard]: [Die elf Scharfrichter], Nr. 270, 12.11.1901, S. 1.
E.[ngels], E.[duard]: *Die elf Scharfrichter*, Nr. 299, 15.12.1901, S. 2.
[K.]: *Sylvester-Feier bei den Elf Scharfrichtern*, Nr. 3, 3.1.1902, S. 2.
[K.]: [Die Elf Scharfrichter], Nr. 28, 2.2.1902, S. 2.
E.[ngels], E.[duard]: [Die elf Scharfrichter], Nr. 61, 13.3.1902, S. 2.
[P.]: *Die 11 Scharfrichter*, Nr. 108, 7.5.1902, S. 1–2.
E.[ngels], E.[duard]: [Die elf Scharfrichter], Nr. 147, 21.6.1902, S. 2.
[J. F. W.]: *Premiere bei den Elf Scharfrichtern*, Nr. 234, 1.10.1902, S. 2.
[J. F. W.]: *Das neue Scharfrichterprogramm*, Nr. 270, 12.11.1902, S. 2–3.
[M. N.]: *Die Ehrenexekution der 11 Scharfrichter*, Nr. 305, 23.12.1902, S. 1.
[J. F. W.]: [Das Karnevalsprogramm der 11 Scharfrichter], Nr. 24, 30.1.1903, S. 2.
Durch das dunkelste Deutschland – ein Fest der Scharfrichter, Nr. 42, 23.2.1903 (StAM, Pol. Dir. 2057/3).
Geller, Oscar: *Die 11 Scharfrichter*, Nr. 226, 3.10.1903, S. 3.
G–[elle]r., O.[scar]: [Die elf Scharfrichter], Nr. 257, 8.11.1903, S. 6.
G–[elle]r., O.[scar]: [Die 11 Scharfrichter], Nr. 33, 8.2.1904 (StAM, Pol. Dir. 2057/3).

Münchener Ratsch-Kathl

Sixtus, L.: *Die elf Scharfrichter und das Ueberbrettl*, Nr. 29, 10.4.1901, S. 3.
Die 11 Scharfrichter im Konkurs, Nr. 33, 23.4.1902, S. 1–2.
Die Elf Scharfrichter und »Gottes Wort vom Lande«, Nr. 12, 11.2.1903, S. 3.

Weitere ausgewählte Artikel

Altenberg, Peter: *Marya Delvard*. In: *Die Fackel* 150 (1903), S. 27–28.

Altenberg, Peter: *Monsieur Henry, der Conférencier*. In: *Die Fackel* 149 (1903), S. 24–26.

Brennert, Hans: *Zu den Elf Scharfrichtern ... Berliner Tageblatt*, Nr. 364, AB, 20.7.1901 (DKA, Ordner LK/C/1).

Danegger, Adolf: *Die »Elf Scharfrichter«*. In: *Freistatt* 42 (1903), S. 832–833.

Delvard, Marya: *Extrait des Mémoires de Marya Delvard. Die Elf Scharfrichter (Les onze francs-juges)*. In: *La Revue des Visages* 26 (1931), S. 17–22.

Falckenberg, Otto [Peter Luft]: *Die Todte. Erinnerungen an eine Ueberbrettl-Gastreise*. In: *MNN*, Nr. 482, 17.10.1901, S. 1–2.

Feld, Leo: *Die elf Scharfrichter in Wien*. In: *Freistatt* 41 (1903), S. 1014.

Frémont, Henri: *La carrière et l'apostolat de Marya Delvard*. In: *La Revue des Visages* 26 (1931), S. [8]–12.

[Herzbub]: *Münchner Brief, 31. Januar 1902*. In: *Bühne und Brettl* 3 (1902), S. 10–12.

Hoerschelmann, Rolf von: *Ein Münchner Jubiläum. Am 13. April 1901 traten die Elf Scharfrichter zum ersten Mal auf*. In: *MNN*, 13., 14.4.1941 (StadtAM ZA 546).

Kerr, Alfred: *Die elf Scharfrichter (In Berlin)*. In: Alfred Kerr: *Gesammelte Schriften in zwei Reihen*. Bd. 1,4: *Eintagsfliegen oder die Macht der Kritik*. Berlin: Fischer 1917, S. 344–346.

Kraus, Karl: *Die »Scharfrichter« sind dahin ...* In: *Die Fackel* 152 (1904), S. 21.

Maassen, Carl Georg von: *Die elf Scharfrichter. Ein Rückblick nach 30 Jahren*. In: *MNN*, Nr. 64, 6.3.1932, S. 3.

Mauke, Wilhelm: *Die elf Scharfrichter. Ein Münchener Künstlerbrettlbrief*. In: *Das Neue Jahrhundert* 39 (1901), S. [969]–973.

Mauke, Wilhelm: *Münchener Brettl-Briefe. I*. In: *Bunte Theater- und Brettlzeitung. Das moderne Brettl – Überbrettl. Organ für die gesamte Ueberbrettl- und Cabaret-Bewegung und alle Bestrebungen zur literarischen und künstlerischen Hebung des Variétés* (im Folgenden *Bunte Theater- und Brettlzeitung*) 3 (1901), S. 42.

Mauke, Wilhelm: *Münchener Brettl-Briefe. II*. In: *Bunte Theater- und Brettlzeitung* 4 (1902), S. 59–60.

Mauke, Wilhelm: *Die elf Scharfrichter*. In: *Bunte Theater- und Brettlzeitung* 5 (1902), S. 75.

Mauke, W.[ilhelm]: *Die Elf Scharfrichter*. In: *Bunte Theater- und Brettlzeitung* 7 (1902), S. 95–96.

Mauke, Wilhelm: *Aus München*. In: *Bunte Theater- und Brettlzeitung* 8 (1902), S. 119.

Rath, Willy: *Die 11 Scharfrichter*. In: *Die Woche* 24 (1926), S. 582–583.

Rath, Willy: *Vom Schreibtisch und aus dem Atelier. Münchener Künstlerbrettl. Erinnerungen an die Zeit von 1901*. In: *Velhagen & Klasings Monatshefte* 2 (1912), S. 364–372.

Roda, Roda [Sándor Friedrich Rosenfeld]: *Die Kunstpause*. In: *Simplicissimus* 14 (1928), S. 191.

Ruederer, Josef: *Die elf Scharfrichter im Frühlingsgewande*. In: *Der Tag*, Nr. 243, 1. Teil: Illustrierte Zeitung, 28.5.1902, [o. S.].

Schlesinger, Paul [Sling]: *Die 11 Scharfrichter. Zu ihrem 25. Geburts- und ihrem 22. Todes-Tage*. In: *Uhu* 8 (1926), S. 116–123.

Steiger, Edgar: *Die elf Scharfrichter*. In: *Das literarische Echo. Halbmonatsschrift für Litteraturfreunde* 15 (1901), S. 1071.

Valette, Robert: *Entretien avec Marya Delvard*. In: *La Revue des Visages* 26 (1931), S. 1–5.

Wolfskehl, Karl: *Die Elf Scharfrichter*. In: *Süddeutscher Rundfunk* 3 (1927), S. 4–5.

Wolfskehl, Karl: *Die grosse Unbekannte. Marya Delvard*. In: *Süddeutscher Rundfunk* 34 (1927), S. 3.

Veröffentlichte Quellen

Briefe, Memoiren, Quellen, Werkausgaben

Bahr, Hermann: *Tagebücher, Skizzenbücher, Notizhefte*. Bd. 3: *1901–1903*, hg. v. Moritz Csáky, bearbeitet v. Helene Zand und Lukas Mayerhofer, Wien [u. a.]: Böhlau 1997.

Bahr, Hermann: *Die Überwindung des Naturalismus*, hg. v. Claus Pias. Weimar: VDG 2004 (Kritische Schriften in Einzelausgaben, 2).

Bahr, Hermann: *Unter sich. Ein Arme-Leut'-Stück*. Wien und Leipzig: Wiener Verlag 1904.

Behrens, Peter: *Feste des Lebens und der Kunst. Eine Betrachtung des Theaters als höchsten Kultursymbols*. Leipzig: Eugen Diederichs 1900.

Bélart, Hans: *Friedrich Nietzsches Ethik*. Leipzig: Hermann Seemann Nachfolger 1901.

Bernus, Alexander von: *Damals in München*. In: Otto Heuschele (Hg.), *In memoriam Alexander von Bernus. Ausgewählte Prosa aus seinem Werk*. Heidelberg: Lambert Schneider 1966, S. 18–20.

Bierbaum, Otto Julius: *Irrgarten der Liebe*. Leipzig: Insel 1901.

Bierbaum, Otto Julius: *Die Yankeedoodle-Fahrt und andere Reisegeschichten. Neue Beiträge zur Kunst des Reisens*. 8. Aufl. München: Georg Müller 1910.

Bierbaum, Otto Julius: *Stilpe. Ein Roman aus der Froschperspektive*. 7. Aufl. Berlin: Schuster & Loeffler 1909.

Blei, Franz: *Erzählung eines Lebens*. Leipzig: Paul List 1930.

Blei, Franz: *Portraits*, hg. v. Anne Gabrisch. Wien [u. a.]: Böhlau 1987.

Brandenburg, Hans: *München leuchtete. Jugenderinnerungen*. München: Herbert Neuner 1953.

Carossa, Hans: *Der Tag des jungen Arztes*. Wiesbaden: Insel 1955.

Cervantes, Miguel de: *Das Wundertheater*. In: Moritz Knapp, Hermann Kurz und Ludwig Braunfels (Hg.), *Spanisches Theater*. Bd. 2: *Cervantes' Zwischenspiele*, übersetzt von Hermann Kurz. Leipzig: Verlag des Bibliographischen Instituts [um 1870], S. 112–128.

Chansons de Madame Yvette Guilbert pendant ses représentations à München Gartnerplatz-Theater. Berlin: Ostrowski [1898].

Courteline, Georges: *Théâtre*. Bd. 3: *Gros chagrins* [u. a.]. Paris: Flammarion 1938.

Dehmel, Richard: *Ausgewählte Briefe aus den Jahren 1883 bis 1902*. Berlin: Fischer 1922.

Delvard, Marya: *Histoire des Onze*. In: Hans K. E. L. Keller (Hg.), *Wahlverwandtschaften. Zeugnisse guten Willens*. München: Grotius-Stiftung 1962, S. 106–115.

Delvard, Marya: *Meine ersten Münchner Jahre*. In: Bayerisch-Französische Gesellschaft (Hg.), *Marya Delvard*. München: Verlag der Grotius-Stiftung 1964 (Große Münchner), S. 11–14.

Deutsche Chansons (Brettl-Lieder) von Bierbaum, Dehmel, Falke, Finckh, Heymel, Holz, Liliencron, Schröder, Wedekind, Wolzogen: Mit den Portraits der Dichter und einer Einleitung von O. J. Bierbaum, 41.–52. Tausend, Leipzig: Insel 1902.

Donnay, Maurice: *Autour du Chat Noir*. Paris: Grasset 1926.

Die Elf Scharfrichter. Münchner Künstlerbrettl. Bd. 1: *Dramatisches*. Berlin und Leipzig: Schuster & Loeffler 1901.

Die Elf Scharfrichter. Ein Musenalmanach. München: Verlag der »Elf Scharfrichter« [1902].

Ewers, Hanns Heinz: *Das Cabaret*. Berlin und Leipzig: Schuster & Loeffler 1904.

Ewers, Hanns Heinz: *Das Wundermädchen von Berlin. Drama in vier Akten*. München: Georg Müller 1913.

Ewers, Hanns Heinz / Henry, Marc (Hg.), *Joli Tambour! Das französische Volkslied*. Berlin: Neues Leben 1912.

Falckenberg, Otto (Hg.), *Das Buch von der Lex Heinze. Ein Kulturdokument aus dem Anfange des zwanzigsten Jahrhunderts*. Leipzig: L. Staackmann 1900.

Friedländer, Hugo: *Interessante Kriminalprozesse von kulturhistorischer Bedeutung*. [Bd. 1 und 2]. Berlin: Hermann Barsdorf 1910, 1911.

Frisch, Victor / Shipley, Joseph T.: *Auguste Rodin. A Biography*. New York: Frederick A. Stockes Company 1939.

Fuchs, Georg: *Sturm und Drang in München um die Jahrhundertwende*. München: Georg D. W. Callwey 1936.

Gluth, Oskar: *Sonne über München. Ein Roman um die Jahrhundertwende*. Bamberg: Staackmann 1951.

Goethe, Johann Wolfgang von: *Satyros oder Der vergötterte Waldteufel*. In: Johann Wolfgang von Goethe: *Sämtliche Werke nach Epochen seines Schaffens. Münchner Ausgabe*, hg. v. Karl Richter in Zusammenarbeit mit Herbert G. Göpfert, Norbert Miller, Gerhard Sauder. Bd. 1.1: *Der junge Goethe 1757–1775*, hg. v. Gerhard Sauder. München: Carl Hanser 1985, S. 654–668.

Guilbert, Yvette: *Mir sang die Erde. Reiseerinnerungen*. Düsseldorf: Droste 1950.

Gumppenberg, Hanns von: *Der fünfte Prophet. Psychologischer Roman*. Berlin: Verein für Deutsches Schriftthum [1895].

Gumppenberg, Hanns von: *Lebenserinnerungen*. Berlin: Eigenbrödler 1929.

Gumppenberg, Hanns von: *Überdramen von Jodok*. 3 Bde. Berlin: Th. Mayhofer Nachfolger 1902.

Halbe, Max: *Jahrhundertwende. Geschichte meines Lebens; 1893–1914*. Salzburg: Das Bergland-Buch 1945.

Heine, Heinrich: *Romanzero*. Hamburg: Hoffmann und Campe 1851.

Henckell, Karl: *Gedichte*. Zürich und Leipzig: Karl Henckell 1899.

Henry, Marc: *Au Pays des Maîtres-Chanteurs*. Paris: Librairie Payot et Cie 1916.

Henry, Marc: *Trois Villes. Viennes – Munich – Berlin*. Paris: Librairie Payot & Cie 1917.

Henry, Marc: *Villes et Pays d'Outre-Rhin*. Paris: Payot & Cie 1919.

Hofmannsthal, Hugo von: *Sämtliche Werke*, hg. v. Rudolf Hirsch [u. a.]. Frankfurt a. M.: S. Fischer.
Bd. 1: *Gedichte 1*, hg. v. Eugene Weber, 1984.
Bd. 27: *Ballette, Pantomimen, Filmszenarien*, hg. v. Gisela Bärbel Schmid und Klaus-Dieter Krabiel, 2006.

Hönle, Alois: *Der Zeppelin kommt. Humoristische, ländliche Szene für 5 Herren und eine Dame*. München: Heinrich Bauderer [ca. 1910] (Münchner Blut, B 43).

Kafka, Franz: *Tagebücher*. Bd. 1: [Textband], hg. v. Hans-Gerd Koch, Michael Müller und Malcolm Pasley. In: Franz Kafka: *Schriften, Tagebücher, Briefe. Kritische Ausgabe*, hg. v. Jürgen Born [u. a.]. Frankfurt a. M.: Fischer 1990.

Kerr, Alfred: *Die Seuche*. In: Alfred Kerr: *Gesammelte Schriften in zwei Reihen*. Bd. 1,4: *Eintagsfliegen oder die Macht der Kritik*. Berlin: Fischer 1917, S. 338–340.

Keyserling, Eduard von: *Die schwarze Flasche. Drama in einem Aufzug*, hg. v. Peter Sprengel. Berlin: Friedenauer Presse 1990.

Klabund [Alfred Henschke] (Hg.), *Das deutsche Soldatenlied wie es heute gesungen wird*. München: G. Müller 1915.

Kothe, Robert: *Gedichte*. Leizpig und Dresden: Pierson 1894.

Kothe, Robert: *Saitenspiel des Lebens. Schicksal und Werk*. München: Knorr & Hirth 1944.

Krafft-Ebing, Richard von: *Psychopathia sexualis. Mit besonderer Berücksichtigung der conträren Sexualempfindung*. Siebente vermehrte und theilweise umgearbeitete Aufl. Stuttgart: Ferdinand Enke 1894.

Kraus, Karl / Wedekind, Frank: *Briefwechsel. 1903 bis 1917*, hg. u. kommentiert v. Mirko Nottscheid mit einer Einführung. Würzburg: Königshausen & Neumann 2008 (Wedekind-Lektüren, 5).

Lautensack, Heinrich: *Sommernacht*. In: Gabriel Jaques von Rosenberg, Heinrich Lautensack: *Der Hofrat erzählt*. München: Aug. Schupp 1902.

Lautensack, Heinrich: *Das verstörte Fest. Gesammelte Werke*, hg. v. Wilhelm Lukas Kristl. München: Hanser 1966.

Levetzow, Karl von (Hg.), *Buntes Theater. Ernst von Wolzogen's offizielles Repertoire*. Bd. 1. Berlin: Bard 1902, S. 5–14.

Liliencron, Detlev von: *Adjutantenritte und andere Gedichte*. Leipzig: Wilhelm Friedrich 1883.

Mann, Heinrich: *Erinnerungen an Frank Wedekind*. In: Heinrich Mann: *Ausgewählte Werke in Einzelausgaben*, hg. v. Alfred Kantorowicz. Bd. 11: *Essays I*. Berlin: Aufbau 1954, S. 396–[413].

Mann, Heinrich: *Münchner Theater*. In: Heinrich Mann: *Essays und Publizistik. Kritische Gesamtausgabe*. Bd. 1: *Mai 1889–August 1904*, hg. v. Wolfgang Klein und Peter Stein. Bielefeld: Aisthesis 2013, S. 437–440.

Mann, R.: *Die Frauenrechtlerinnen oder Wehe den Männern. Eine lustige Szene aus der Gegenwart für 2 Herren und 3 Damen*. München: Heinrich Bauderer [ca. 1912] (Münchner Blut, B 115).

Marie-Madeleine [Marie Madeleine von Puttkamer]: *Auf Kypros*. 24. Aufl. Berlin: »Est-Est« [1911].

Marsolleau, Louis: *Mais quelqu'un troubla la fête. Un acte en vers*. Paris: P.-V. Stock 1900.

Moeller-Bruck, Arthur: *Das Variete*. Berlin: Bard 1902.

Mühsam, Erich: *Namen und Menschen. Unpolitische Erinnerungen*. Leipzig: Volk und Buch 1949.

Nietzsche, Friedrich: *Sämtliche Gedichte*, mit einem Nachwort v. Ralph-Rainer Wuthenow. Zürich: Manesse 1999.

Ostwald, Hans: *Lieder aus dem Rinnstein*. Leipzig und Berlin: Karl Henckell & Co, Bd. 1, 1903 und 2, 1904.

Petzet, Wolfgang/Falckenberg, Otto: *Otto Falckenberg. Mein Leben, mein Theater, nach Gesprächen und Dokumenten aufgezeichnet*. München [u. a.]: Zinnen 1944.

Presber, Rudolf: *Das Geheimnis*. In: Rudolf Presber: *Das Eichhorn und andere Satiren*. Leipzig: Philipp Reclam [o. J.], S. 11–15.

Prévot, René: *Kleiner Schwarm für Schwabylon*. München: Buch & Media 2008 (Edition Monacensia).

Pringsheim, Hedwig: *Tagebücher*, hg. u. kommentiert v. Cristina Herbst. Bd. 3: *1898–1904*. Göttingen: Wallstein 2014.

Reventlow, Franziska zu: *Tagebücher. 1895–1910*, hg. v. Else Reventlow. München: Langen Müller 1971.

Ruederer, Josef: *Das Grab des Herrn Schefbeck*. München: Süddeutsche Monatshefte 1912.

Ruederer, Josef: *München*. München: Georg Müller [1907] (Städte und Landschaften, 1).

Sachs, Hans: *Der pawr inn dem fegefewer*. In: Hans Sachs: *Werke*, hg. v. Adelbert v. Keller, Edmund Goetze. Bd. 14. Stuttgart 1882, Reprint Hildesheim: Olms 1964, S. 233–250.

Scharf, Ludwig: *Gesammelte Lyrik und Prosa. Mit einer Auswahl aus dem Briefwechsel*, hg. v. Walter Hettche, Bielefeld: Aisthesis 2011 (Aisthesis Archiv, 16).

Schlagintweit, Felix: *Ein verliebtes Leben. Erinnerungen eines Münchner Arztes*. München: Desch 1946.

Schmitz, Oscar A. H.: *Das wilde Leben der Bohème. Tagebücher 1896–1906*, hg. v. Wolfgang Martynkewicz. Bd. 1. Berlin: Aufbau 2006.

Schmitz, Oscar A. H.: *Die Geliebte des Teufels*. In: Oscar A. H. Schmitz: *Haschisch: Erzählungen*. 4. Aufl. München: Müller 1913, S. 11–33.

Schnitzler, Arthur: *Briefe*, hg. v. Peter Michael Braunwarth, Richard Miklin, Susanne Pertlik und Heinrich Schnitzler. Bd. 2: *1913–1931*. Frankfurt a. M.: S. Fischer 1984.

Schnitzler, Arthur: *Tagebuch*. Unter Mitw. v. Peter Michael Braunwarth, Susanne Pertlik und Reinhard Urbach hg. v. der Komm. für Literar. Gebrauchsformen der Österr. Akad. der Wiss. Obmann: Werner Welzig. Bd. 3: *1903–1908*. Wien: Verlag der Österreichischen Akademie der Wissenschaften 1991.

Seidenbusch, Christian: *Eine Gemeindesitzung oder Der Verschönerungsverein. Ländlich-komische Szene für 4 Herren*. München: Heinrich Bauderer [ca. 1912] (Münchner Blut, B 98).

Stern, Ernst: *Bühnenbildner bei Max Reinhardt*. Berlin: Henschel 1983.

Stern, Ernst: *Cafe Größenwahn. Karikaturenfolge*. Dortmund: Harenberg 1980.

Stern, Ernst: *My Life, my Stage*. London: Victor Gollancz 1951.

Überdokument. Überhaupt-Katalog. Darmstadt 1901, Reprint Darmstadt, [o. J.].

Wagner, Richard: *Das Kunstwerk der Zukunft*. Leipzig: Wigand 1850.

Wagner, Richard: *Die Meistersinger von Nürnberg, Textbuch der Fassung der Uraufführung mit Varianten der Partitur*, hg. v. Egon Voss. Stuttgart: Reclam 2002.

Wedekind, Frank: *Gesammelte Briefe*, hg. v. Fritz Strich. 2 Bde. München: Georg Müller 1924.

Wedekind, Frank: *Werke. Kritische Studienausgabe*, hg. v. Elke Austermühl, Hartmut Vinçon, Rolf Kieser [u. a.], Darmstadt: Häusser, Bd. 1/I, 1/III (2007), 3/I (1996), 4 (1994), 5/I (2013), 6 (2007).

Wedekind, Tilly: *Lulu. Die Rolle meines Lebens*. München [u. a.]: Rütten u. Loening in d. Scherz-Gruppe 1969.

Weinhöppel, Hans Richard [Hannes Ruch]: *Qui est Oscar Panizza?* In: Oscar Panizza: *Un scandale au couvent. Nouvelles*. Paris: Éditions de la différence 1979, S. 5–14.

Weinhöppel, Hans Richard [Hannes Ruch]: *Wer ist Oskar Panizza?* In: Oskar Panizza: *Visionen der Dämmerung*. München: Georg Müller 1914, S. VII–XV.

Wiesenthal, Grete: *Pantomime*. In: *Hofmannsthal-Blätter* 33 (1986), S. 43–45.

Wolzogen, Ernst von: *Ansichten und Aussichten. Ein Erntebuch. Gesammelte Studien über Musik, Literatur und Theater*. 2. Aufl. Berlin: Fontane 1908.

Wolzogen, Ernst von: *Verse zu meinem Leben*. Berlin: Fontane 1907.

Wolzogen, Ernst von: *Wie ich mich ums Leben brachte. Erinnerungen und Erfahrungen*. Braunschweig und Hamburg: Georg Westermann 1922.

Zeitungen und Zeitschriften

Bühne und Brettl

Henry, Marc [Balthasar Starr]/Greiner, Leo [Dionysius Tod]/Falckenberg, Otto [Peter Luft] (Hg.), *Elf Scharfrichter-Nummer*, 4 (1903).

Münchener Cabaret-Nummer, 23 (1905).

Bunte Theater- und Brettlzeitung. Das moderne Brettl – Überbrettl. Organ für die gesamte Ueberbrettl- und Cabaret-Bewegung und alle Bestrebungen zur literarischen und künstlerischen Hebung des Variétés

Bélart, Hans: *Die moderne Kunstgattung Ueberbrettl*, 11/12 (1902), S. 169–172.

[ck.]: *Theater und Variété*, 7 (1902), S. 90–91.

Etzel, Theodor: *Das Ueberbrettl als Stein des Anstoßes*, 2 (1901), S. 17–18.

Etzel, Theodor: *Das Ueberbrettl als Stein des Anstosses. II*, 3 (1901), S. 34–35.

Mauke, Wilhelm: *Musikalische Brettl-Lyrik*, 6 (1902), S. 80–81.

Randbemerkung zum Ueberbrettl-Kapitel, 8 (1902), S. 125–126.

Ueberbrettl und Variété, 4 (1902), S. 49–50.

Was den Ueberbrettln noch fehlt, 5 (1902), S. 65–67.

Was nicht auf die Ueberbrettl gehört, 6 (1902), S. 77–79.

Die Fackel

Kraus, Karl: *Alkoholiker*, 208 (1906), S. 29–32.

Kraus, Karl: *Armer Kunrad*, 204 (1906), S. 23–28.

Kraus, Karl: *Armer Kunrad* [II], 205 (1906), S. 23–28.

Kraus, Karl: *Nachtlicht*, 203 (1906), S. 17–24.

Kraus, Karl: *Scharfrichter*, 201 (1906), S. 26–28.

Mühsam, Erich: *Bohême*, 202 (1906), S. 4–10.

Mühsam, Erich: *Das Cabaret*, 199 (1906), S. 16–21.

Mephisto. Wochen-Rundschau über das gesammte Münchener Theaterleben

Weinhöppel, Richard [Hans Richard]:

I. Moderner Liederabend, 6 (1896), S. 6–7.

III. Symphonie-Concert im Kaim-Saal, 13 (1896), S. 5.

Concert der kgl. Vokalkapelle, 9 (1896), S. 6.

Hoftheater, 7 (1896), S. 3–4.

Hof- und Nationaltheater, 12 (1896), S. 3–4.

Kgl. Hof- und Nationaltheater, 12 (1896), S. 3–4.

Münchener Volkstheater, (1896), S. 3.

Richard Wagner – und was dann?, 1 (1896), S. 5–6.

Avenarius, Ferdinand: *Variété*. In: *Der Kunstwart. Rundschau über alle Gebiete des Schönen. Monatsheft für Kunst, Literatur und Leben* 12 (1898), S. 369–372.

Hardekopf, Ferdinand: *Das litterarische Variété*. In: *Freisinnige Zeitung*, Nr. 294, 2. Beiblatt, Nachtausgabe, 16.12.1900.

Lautensack, Heinrich: *Glühhitze*. In: *Freistatt* 45 (1902), S. 632–634.

Neisser, Arthur: *Lieder und Stimmungen*. In: *Die Schaubühne* 1 (1910), S. 186–187.

Neruda, Edwin: *Harmonium und Kabaret*. In: *Neue Zeitschrift für Musik* 99 (1903), S. 35.

Panizza, Oskar: *Der Klassizismus und das Eindringen des Variété. Eine Studie über zeitgenössischen Geschmack*. In: *Die Gesellschaft* 12 (1896), S. 1252–1274.

Pocci, Franz: *Ein Münchner Meister des Liedes*. In: *MNN, Die Einkehr*, Nr. 205, 29.7.1928, S. 224.

Stimmen zur Lex Heinze. In: *Jugend* 12 (1900), S. 216a–216d.

Wedekind, Frank: *Interview II: Iwan Michailowitsch Rogoschin*. In: *Simplicissimus* 31 (1896), S. 6.

Weinhöppel, Hans Richard: *Erinnerungen an Frank Wedekind. Aus dem Nachlaß von Hans Richard Weinhöppel*. In: *Kölnische Zeitung*, Nr. 179, 31.3.1931.

Weinhöppel, Richard [Hans Richard]: *Lieder-Abend von Gustav Thudichum*. In: *Revue franco-allemande. Deutsch-französische Rundschau*, Bd. 1 (1899), S. 169–70.

Weinhöppel, Richard [Hans Richard]: *Liszt-Abend*. In: *Fremdenblatt. Gazette des Etrangers* 17 (1898), S. 5–6.

Weinhöppel, Hans Richard: *Vaters Tod*. In: *Münchner Kunst. Illustrierte Wochen-Rundschau über das gesammte Kunstleben Münchens*, 9.7.1890, S. 217–218.

Wolzogen, Ernst von: *Das Ueberbrettl*. In: *Das litterarische Echo* 3 (1900/01), S. 542–548.

Forschungsliteratur zu den *Elf Scharfrichtern*

Bayerisch-Französische Gesellschaft (Hg.), *Marya Delvard*. München: Verlag der Grotius-Stiftung 1964 (Große Münchner).

Bushuven, Siegfried: *Ernst Neumann und die Anfänge des literarischen Kabaretts in Deutschland*. In: Reinhold Kraft, Thomas Müller und Georg Solms (Hg.), *Ernst Neumann-Neander 1871–1954*. Düren: Hahne & Schloemer 2004, S. 19–33.

Forcht, Georg W.: *Frank Wedekind und die Anfänge des deutschsprachigen Kabaretts*. Freiburg: Centaurus 2009.

Frischkopf, Rita: *Die Anfänge des Cabarets in der Kulturszene um 1900. Eine Studie über den »Chat Noir« und seine Vorformen in Paris, Wolzogens »Überbrettl« in Berlin und die »Elf Scharfrichter« in München*. Diss. McGill University Montréal 1976.

Greul, Heinz: *Die Elf Scharfrichter*. Zürich: Sanssouci 1962 (Europäisches Cabaret).

Harris, Edward P.: *Freedom and degradation. Frank Wedekind's Career as Kabarettist*. In: Gerald Chapple, Hans H. Schulte (Hg.), *The Turn of the Century. German Literature and Art, 1890–1915*. Bonn: Bouvier 1981, S. 493–506.

Jelavich, Peter: *»Die Elf Scharfrichter«. The Political and Sociocultural Dimensions of Cabaret in Wilhelmine Germany*. In: Gerald Chapple, Hans H. Schulte (Hg), *The Turn of the Century. German Literature and Art, 1890–1915*. Bonn: Bouvier 1981, S. [507]–525.

Jelavich, Peter: *Die »Elf Scharfrichter«. Ein Münchener Vorbild für das Kabarett Fledermaus*. In: Michael Buhrs, Barbara Lesák und Thomas Trabitsch (Hg.), *Kabarett Fledermaus. 1907 bis 1913. Ein Gesamtkunstwerk der Wiener Werkstätte. Literatur. Musik. Tanz*. Wien: Österreichisches Theatermuseum 2007, S. 17–29.

Kemp, Judith: *Die beiden Unzertrennlichen. Die Freundschaft zwischen Frank Wedekind und Richard Weinhöppel*. In: Waldemar Fromm, Wolfram Göbel und Kristina Kargl (Hg.), *Freunde der Monacensia e. V., Jahrbuch 2014*. München: Allitera 2014, S. 69–83.

Kemp, Judith: *»Die größte tragische Kraft des deutschen Ueberbrettls«. Zum 50. Todestag der Kabarettsängerin Marya Delvard*. In: Waldemar Fromm, Wolfram Göbel und Kristina Kargl (Hg.), *Freunde der Monacensia e. V., Jahrbuch 2015*. München: Allitera 2015, S. 119–134.

Kemp, Judith: *»Teufelskerl mit Bänderlaute«. Der Kabarettist Frank Wedekind und »Die Elf Scharfrichter«*. In: Manfred Mittermayer, Silvia Bengesser (Hg.), *Wedekinds Welt. Theater – Eros – Provokation*. Leipzig: Henschel 2014, S. 54–62.

Lau, Martin: *Hanns von Gumppenberg (1866–1928). Bohemien, Schriftsteller, Okkultist und Mitglied bei den Elf Scharfrichtern*. In: Waldemar Fromm, Wolfram Göbel und Kristina Kargl (Hg.), *Freunde der Monacensia e. V., Jahrbuch 2013*. München: Allitera 2013, S. 206–227.

Otto, Heinrich: *Die Elf Scharfrichter. Das Münchner Künstlerbrettl 1901–1904. Geschichte, Repertoire, Who's Who*. München: [Verfasser] 2004.

Paddock, Mary M.: *So ist das Leben: Frank Wedekind's Scharfrichter Diary*. In: *Monatshefte für deutschsprachige Literatur und Kultur* 91 (1999), S. 342–358.

Rösler, Walter: *Frank Wedekind als Brettlsänger*. In: *Beiträge zur Musikwissenschaft* 4 (1974), S. 297–317.

Rösler, Walter: *Der musikalische »Scharfrichter«. Hans Richard Weinhöppel zum 100. Geburtstag.* In: *Melodie und Rhythmus* 22 (1967), S. 26–28.

Schmitz, Walter: *»Die Elf Scharfrichter«. Ein Kabarett in der »Kunststadt« München.* In: Friedrich Prinz, Marita Krauss (Hg.), *München – Musenstadt mit Hinterhöfen. Die Prinzregentenzeit 1886–1912.* München: C. H. Beck 1988, S. 277–283.

Schuster, Barbara: *»Wir wollen lachen und weinen, wie wir müssen – lieben und hassen, wie es kommt!« (Heinrich Lautensack, Die Elf Scharfrichter). Das Aufkeimen einer sozialkritischen Kleinkunstszene in Schwabing um die Jahrhundertwende.* Magisterarbeit Institut für Theaterwissenschaft LMU München 2002.

Weitere Forschungsliteratur

Abels, Kurt: *Zum Scharfrichtermotiv im Werk Heinrich Heines.* In: Heine-Archiv Düsseldorf (Hg.), *Heine-Jahrbuch 1972.* Hamburg: Hoffmann und Campe 1972, S. [99]–117.

Appignanesi, Lisa: *The Cabaret.* New York: Universe Books 1976.

Aust, Hugo/Haida, Peter/Hein, Jürgen (Hg.), *Volksstück. Vom Hanswurst zum sozialen Drama der Gegenwart.* München: C. H. Beck 1989.

Bauer, Helmut/Tworek, Elisabeth (Hg.), *Schwabing – Kunst und Leben um 1900.* 2 Bde. München: Münchner Stadtmuseum 1998.

Bauer, Michael: *Oskar Panizza. Ein literarisches Porträt.* München: Carl Hanser 1984 (Literatur als Kunst).

Bauer, Reinhard/Weidlich, Knuth: *Schwabing – das Stadtteilbuch.* München: Historika Photoverlag 1993.

Bayerdörfer, Hans-Peter: *Überbrettl und Überdrama. Zum Verhältnis von literarischem Kabarett und Experimentierbühne.* In: Hans-Peter Bayerdörfer, Karl Otto Conrady und Helmut Schanze (Hg.), *Literatur und Theater im Wilhelminischen Zeitalter.* Tübingen: M. Niemeyer 1978, S. [292]–325.

Bayerische Staatsbibliothek (Hg.), *Jugendstil-Musik? Münchner Musikleben 1890–1918. Ausstellung 19. Mai–31. Juli 1987.* Wiesbaden: Reichert 1987 (Ausstellungskataloge/Bayerische Staatsbibliothek).

Becker, Friederike: *»Tannhäuser, Lohengrin und der Fliegende Holländer brachten mich schliesslich auf die richtige Spur.« Annäherungen Wedekinds an die Oper.* In: Elke Austermühl (Hg.), *Frank Wedekind. Texte, Interviews, Studien.* Darmstadt: Georg-Büchner-Buchhandlung 1989 (Pharus, 1), S. 145–185.

Bellinger, Gerhard J./Regler-Bellinger, Brigitte: *Schwabings Ainmillerstraße und ihre bedeutendsten Anwohner. Ein repräsentatives Beispiel der Münchner Stadtgeschichte von 1888 bis heute.* Norderstedt: Books on Demand 2003.

Bercy, Léon de: *Montmartre et ses chansons. Poètes et chansonniers.* Paris: H. Daragon 1902.

Bernard, Isabelle: *Le théâtre de Courteline.* Paris: Larousse 1978.

Bertschik, Julia: *Mode und Moderne.* Köln [u.a.]: Böhlau 2005.

Billetta, Rudolf: *Sternheim-Kompendium. Carl Sternheim. Werk, Weg, Wirkung (Bibliographie und Bericht).* Wiesbaden: Franz Steiner 1975.

Bleek, Stephan: *Quartierbildung in der Urbanisierung. Das Münchner Westend 1890–1933.* München: Oldenbourg 1991.

Brauneck, Manfred: *Die Welt das Bühne. Geschichte des europäischen Theaters.* Bd. 3. Stuttgart und Weimar: J. B. Metzler 1999.

Buchholz, Kai/Latocha, Rita/Peckmann, Hilke/Wolbert, Klaus (Hg.), *Die Lebensreform. Entwürfe zur Neugestaltung von Leben und Kunst um 1900.* 2 Bde. Darmstadt: Häusser 2001.

Budzinski, Klaus: *Das Kabarett: 100 Jahre literarische Zeitkritik – gesprochen – gesungen – gespielt.* Düsseldorf: ECON Taschenbuch Verl. 1985.

Budzinski, Klaus: *Die Muse mit der scharfen Zunge. Vom Cabaret zum Kabarett.* München: Paul List 1961.

Budzinski, Klaus: *Pfeffer ins Getriebe. So ist und wurde das Kabarett.* München: Universitas 1982.

Bürger, Peter: *Theorie der Avantgarde.* Frankfurt a. M.: Suhrkamp 1974.

Michael Buhrs, Michael/Lesák, Barbara/Trabitsch, Thomas (Hg.), *Kabarett Fledermaus. 1907 bis 1913. Ein Gesamtkunstwerk der Wiener Werkstätte. Literatur. Musik. Tanz.* Wien: Österreichisches Theatermuseum 2007.

Buisson, Sylvie/Parisot, Christian: *Paris Montmartre. Die Maler und ihre Welt 1860–1920.* Paris: Terrail 1996.

Edelmann, Bernd: *Königliche Musikschule und Akademie der Tonkunst in München 1874–1914.* In: Stephan Schmitt (Hg.), *Geschichte der Hochschule für Musik und Theater München von den Anfängen bis 1945.* Tutzing: Hans Schneider 2005 (Musikwissenschaftliche Schriften der Hochschule für Musik und Theater München, 1), S. 111–206.

Ellwanger, Lorenz (Hg.), *Wagners Werk und Wirkung. Festspielnachrichten; Beiträge 1957 bis 1982.* Bayreuth: Ellwanger 1983.

Engelmann, Roger: *Öffentlichkeit und Zensur. Literatur und Theater als Provokation.* In: Friedrich Prinz, Marita Krauss (Hg.), *München – Musenstadt mit Hinterhöfen. Die Prinzregentenzeit 1886–1912.* München: C. H. Beck 1988, S. 267–276.

Erdinger, Maria: *Die Machtverhältnisse an der Wiener Oper zwischen Richard Strauss, Franz Schalk und Karl Lion 1919–1924 mit besonderer Berücksichtigung des (unveröffentlichten) Briefwechsels Richard Strauss–Karl Lion.* In: Internationale Richard Strauss Gesellschaft (Hg.), *Richard-Strauss-Jahrbuch 2010,* S. 51–100.

Ernst, Petra: *Via Crucis. Heinrich Lautensacks Leben und Werk.* Passau: Stutz 1993 (Arbeiten zur Literaturgeschichte, 1).

Ewers, Hans-Heino: *Erfahrung schrieb's und reicht's der Jugend. Geschichte der deutschen Kinder- und Jugendliteratur vom 18. bis zum 20. Jahrhundert.* Frankfurt a. M. [u.a.]: Lang 2010 (Kinder- und Jugendkultur, -literatur und -medien, 68).

Finger, Anke: *Das Gesamtkunstwerk der Moderne.* Göttingen: Vandenhoeck & Ruprecht 2006.

Fisch, Stefan: *Stadtplanung im 19. Jahrhundert. Das Beispiel München bis zur Ära Theodor Fischer.* München: Oldenbourg 1988.

Fischer, Jens Malte: *Richard Wagner und seine Wirkung.* Wien: Zsolnay 2013.

Fischer-Lichte, Erika: *Einleitung. Wahrnehmung – Körper – Sprache. Kultureller Wandel und Theateravantgarde.* In: Erika Fischer-Lichte (Hg.), *Theater Avantgarde. Wahrnehmung. Körper. Sprache.* Tübingen und Basel: Francke 1995, S. [1]–14.

Fleischer, Michael: *Eine Theorie des Kabaretts. Versuch einer Gattungsbeschreibung (an deutschem und polnischem Material).* Bochum: Brockmeyer 1989 (Bochumer Beiträge zur Semiotik, 19).

Gadebusch Bondio, Mariacarla: *Die Rezeption der kriminalanthropologischen Theorien von Cesare Lombroso in Deutschland von 1880–1914*. Husum: Matthiesen 1995 (Abhandlungen zur Geschichte der Medizin und der Naturwissenschaften, 70).

Georgi, Lothar: *Der Bühnenbildner Ernst Stern*. Diss. Freie Universität Berlin 1971.

Gervink, Manuel: *Arnold Schönberg und seine Zeit*. Laaber: Laaber 2000.

Götz, Norbert/Schack-Simitzis, Clementine (Hg.), *Die Prinzregentenzeit*. Münchner Stadtmuseum, München: C. H. Beck 1988.

Goldstein, Robert Justin: *Introduction*. In: Robert Justin Goldstein (Hg.), *The Frightful Stage. Political Censorship of the Theater in Nineteenth-Century Europe*, New York [u. a.]: Berghahn Books 2009, S. 1–21.

Gorgs, Franziska: *»Links Louischen, rechts Marie, und voran die Musici.« Arnold Schönbergs Brettl-Lieder im Kontext der Kabarettgeschichte*. Magisterarbeit der Universität des Saarlandes, Saarbrücken 2000.

Grassinger, Peter: *Münchner Feste und die Allotria. Ein Jahrhundert Kulturgeschichte*. Dachau: Bayerland 1990.

Greul, Heinz: *Bretter, die die Zeit bedeuten. Die Kulturgeschichte des Kabaretts*. Köln und Berlin: Kiepenheuer & Witsch 1967.

Ham, Jennifer: *Galgenlieder und Tantenmörder: Criminal Acts as Entertainment in Early Munich Cabaret*. In: Sigrid Bauschinger (Hg.), *Die freche Muse. The imprudent Muse. Literarisches und politisches Kabarett von 1901 bis 1999*. Tübingen: Francke 2000, S. [39]–58.

Hampe, Michael: *Die Entwicklung der Bühnendekoration von der Kulissenbühne zum Rundhorizont-System*. Diss. Universität Wien 1961.

Hand, Richard J./Wilson, Michael: *Grand-Guignol. The French Theatre of Horror*. Exeter: Univ. of Exeter Press 2006 (Exeter performance studies).

Hall, Murray G.: *Der Fall Bettauer*. Wien: Löcker 1978.

Hartl, Rainer: *Aufbruch zur Moderne. Naturalistisches Theater in München*. München: J. Kitzinger 1976 (Münchner Beiträge zur Theaterwissenschaft, 6).

Heesch, Florian: *Volkstümlichkeit und Pathos. Bemerkungen zur Musik des Sang an Aegir von Wilhelm II*. In: Katja Schulz, Florian Heesch (Hg.), *Sang an Aegir. Nordische Mythen um 1900*. Heidelberg: Winter 2009, S. [31]–43.

Heindl, Robert: *Geschichte, Zweckmäßigkeit und rechtliche Grundlage der Theater-Zensur*. München: Schüler 1907.

Heißerer, Dirk: *Wo die Geister wandern. Eine Topographie der Schwabinger Bohème um 1900*. München: Diederichs 1993.

Hiebler, Heinz: *Hugo von Hofmannsthal und die Medienkultur der Moderne*. Würzburg: Königshausen & Neumann 2003 (Epistemata Würzburger Wissenschaftliche Schriften, Reihe Literaturwissenschaft, 416).

Hösch, Rudolf: *Kabarett von gestern. Nach zeitgenössischen Berichten, Kritiken und Erinnerungen*. Bd. 1: *1900–1933*. Berlin: Henschel 1967.

Huber, Gerdi: *Das klassische Schwabing. München als Zentrum der intellektuellen Zeit- und Gesellschaftskritik an der Wende des 19. zum 20. Jahrhundert*. München: R. Wölfle 1973 (Miscellanea Bavarica, 37).

Huber, Karl: *Die Wiederbelebung des künstlerischen Gitarrespiels um 1900: Untersuchungen zur Sozialgeschichte des Laienmusikwesens und zur Tradition der klassischen Gitarre*. Augsburg: Lisardo 1995.

Jelavich, Peter: *Berlin Cabaret*. Cambridge, MA, [u.a.]: Havard University Press 1993 (Studies in cultural history, 3).

Jelavich, Peter: *Munich and theatrical modernism. Politics, Playwriting, and Performance 1890–1914*. Cambridge, MA, und London: Harvard University Press 1985.

Jones, Robert Alston: *The Pantomime and the Mimic Element in Frank Wedekind's Work*. Diss. University of Texas 1966.

Kleemann, Elisabeth: *Zwischen symbolischer Rebellion und politischer Revolution. Studien zur deutschen Boheme zwischen Kaiserreich und Weimarer Republik – Else Lasker-Schüler, Franziska Gräfin Reventlow, Frank Wedekind, Ludwig Derleth, Arthur Moeller van den Bruck, Hanns Johst, Erich Mühsam*. Frankfurt a. M. [u. a.]: Lang 1985 (Würzburger Hochschulschriften zur neueren deutschen Literaturgeschichte, 6).

Klossowski, Erich: *Die Maler von Montmartre*. Berlin: Bard 1903.

König, Ernst: *Das Überbrettl Ernst von Wolzogens und die Berliner Überbrettl-Bewegung*. Diss. Christian-Albrechts-Universität Kiel 1956.

Kraft, Reinhold/Müller, Thomas/Solms, Georg (Hg.), *Ernst Neumann-Neander 1871–1954*. Düren: Hahne & Schloemer 2004.

Krause, Alexander: *Lehrkörper*. In: Stephan Schmitt (Hg.), *Geschichte der Hochschule für Musik und Theater München von den Anfängen bis 1945*. Tutzing: Hans Schneider 2005 (Musikwissenschaftliche Schriften der Hochschule für Musik und Theater München, 1), S. 391–426.

Kreuzer, Helmut: *Die Boheme. Beiträge zu ihrer Beschreibung*. Stuttgart: J. B. Metzler 1968.

Kühn, Volker: *Das Kabarett der frühen Jahre. Ein freches Musenkind macht erste Schritte*. Berlin: Quadriga-Verl. Severin 1988.

Kühn, Volker: *Die zehnte Muse. 111 Jahre Kabarett*. Köln: vgs Verlagsgesellschaft 1993.

Kühne, Lena: *Ibsen im Spiegelkabinett. Verfremdung der Gesellschaftsdramen Henrik Ibsens in Parodien und verwandten Rezeptionsformen im deutschen und skandinavischen Sprachraum*. Wien: Edition Praesens 2004 (Wiener Studien zur Skandinavistik, 10).

Kugel, Wilfried: *Der Unverantwortliche. Das Leben des Hanns Heinz Ewers*. Düsseldorf: Grupello 1992.

Kunstverein München (Hg.), *Schwabing. Legende und Dokumente*. München: Kunstverein [1958].

Kuß, Susanne/Martin, Bernd (Hg.), *Das Deutsche Reich und der Boxeraufstand*. München: Iudicium 2002 (Erfurter Reihe zur Geschichte Asiens, 2).

Kutscher, Artur: *Frank Wedekind. Sein Leben und seine Werke*. 3 Bde. München: G. Müller 1922, 1927, 1931.

Langemeyer, Peter: *Frank Wedekind, Lulu, Erdgeist, Die Büchse der Pandora*. Stuttgart: Philipp Reclam 2005.

Lenman, Robin: *Die Kunst, die Macht und das Geld. Zur Kulturgeschichte des kaiserlichen Deutschlands 1871–1918*. Frankfurt a. M. [u.a.]: Campus [u.a.] 1994 (Edition Pandora).

Martens, Gunter: *Vitalismus und Expressionismus. Ein Beitrag zur Genese und Deutung expressionistischer Stilstrukturen und Motive*. Stuttgart [u.a.]: Kohlhammer 1971.

Merlin, Olivier: *Tristan Bernard ou le temps de vivre*. Paris: Calmann-Lévy 1989.

Metzger, Rainer/Brandstätter, Christian: *München. Die große Zeit um 1900. Kunst, Leben und Kultur 1890–1920*. München: dtv 2008.

Meyer, Michael: *Theaterzensur in München: 1900–1918. Geschichte und*

Entwicklung der polizeilichen Zensur und des Theaterzensurbeirates unter besonderer Berücksichtigung Frank Wedekinds. München: Uni-Dr. 1982.

Mollenhauer, Bernd: *Jugendstil in München*. München: Hirschkäfer 2014.

Münchener Künstler-Genossenschaft (Hg.), *Offizieller Katalog der Münchener Jahres-Ausstellung 1898 im Kgl. Glaspalast*. München: Verlag der Münchener Künstler-Genossenschaft 1898.

Müller, Corinna: *Frühe deutsche Kinematografie. Formale, wirtschaftliche und kulturelle Entwicklungen*. Stuttgart und Weimar: J. B. Metzler 1994.

Müller, C. Wolfgang / Hammer, Konrad (Hg.), *Narren, Henker, Komödianten. Geschichte und Funktion des politischen Kabaretts*. Bonn: Schaffende Jugend 1956.

Müller-Stratmann, Claudia: *Josef Ruederer (1861–1915). Leben und Werk eines Münchner Dichters der Jahrhundertwende*. Frankfurt a. M. [u. a.]: P. Lang 1994 (Regensburger Beiträge zur deutschen Sprach- und Literaturwissenschaft, B 56).

Muschol, Klaus Peter: *Otto Julius Bierbaums dramatisches Werk*. Bamberg: Der Mittler 1961.

Neumann, Helga / Neumann, Manfred: *Maximilian Harden (1861–1927). Ein unerschrockener deutsch-jüdischer Kritiker und Publizist*. Würzburg: Königshausen & Neumann 2003.

Oberthür, Mariel: *Le cabaret du Chat Noir à Montmartre (1881–1897)*. Genf: Édition Slatkine 2007.

Otto, Rainer / Rösler, Walter: *Kabarettgeschichte. Abriß des deutschsprachigen Kabaretts*. Berlin: Henschel 1977.

Pargner, Birgit: *Otto Falckenberg. Regiepoet der Münchner Kammerspiele*. München: Henschel 2005.

Petersen, Karen Elizabeth: *Music of the Chat Noir*. Diss. Northwestern University Evanston 1989.

Pettinger, Rudolf: *Heinrich Scherrer – ein Leben für die Musik (1865–1937)*. Schöngeising: [Verfasser] 2008.

Pfoser, Alfred / Pfoser-Schewig, Kristina / Renner, Gerhard: *Schnitzlers »Reigen«. Zehn Dialoge und ihre Skandalgeschichte. Analysen und Dokumente*. 2 Bde. Frankfurt a. M.: Fischer 1993.

Prange, Peter / Wünsche, Raimund: *Das Feige(n)blatt …: Millenniumausstellung, Glyptothek München, 18. Juli–29. Oktober 2000*. München: Staatliche Antikensammlung und Glyptothek 2000.

Praz, Mario: *Liebe, Tod und Teufel*. 2 Bde. Ungekürzte Ausgabe. München: dtv 1970.

Preis, Claudia. *Volkssängerei in München 1870–1930. Zur Produktion von Unterhaltungskultur in der Stadt*. Diss. Ludwig-Maximilians-Universität München 2010.

Prinz, Friedrich: *Annäherung an München. Postmoderne Rückblicke auf die Geburt einer Großstadt*. In: Friedrich Prinz, Marita Krauss (Hg.), *München – Musenstadt mit Hinterhöfen. Die Prinzregentenzeit 1886–1912*. München: C. H. Beck 1988, S. 9–25.

Rasch, Wolfdietrich: *Die literarische Décadence um 1900*. München: C. H. Beck 1986.

Regnier, Anatol: *Frank Wedekind. Eine Männertragödie*. München: Knaus 2008.

Revers, Peter: *Mahlers Lieder. Ein musikalischer Werkführer*. München: C. H. Beck 2000.

Richter, Lukas: *Das Berliner Couplet der Gründerzeit*. In: Carl Dahlhaus (Hg.), *Studien zur Trivialmusik des 19. Jahrhunderts*. Regensburg 1967 (Studien zur Musikgeschichte des 19. Jahrhunderts, 8), S. 199–217.

Rösler, Walter: *Das Chanson im deutschen Kabarett 1901–1933*. Berlin: Henschel Kunst und Gesellschaft 1980.

Roßbach, Nikola (Hg.), *Ibsen-Parodien in der frühen Moderne*. München: Meidenbauer 2005 (Kontext, 1).

Roßbach, Nikola: *Theater über Theater. Parodie und Moderne 1870–1914*. Bielefeld: Aisthesis 2006.

Rühlemann, Martin W.: *Variétes und Singspielhallen – Urbane Räume des Vergnügens. Aspekte der kommerziellen populären Kultur in München Ende des 19. Jahrhunderts*. München: Meidenbauer 2012 (Forum Kulturwissenschaften, 13).

Rukwid, Werner (Hg.), *Geliebtes Schwabing*. München: Süddeutscher Verlag 1961.

Ruttkowski, Wolfgang Victor: *Das literarische Chanson in Deutschland*. München: Francke 1966 (Sammlung Dalp, 99).

Saary, Margareta: *Brettl-Lieder*. In: Gerold W. Gruber (Hg.), *Arnold Schönberg. Interpretationen seiner Werke*. Laaber: Laaber 2002, Bd. 2, S. 312–326.

Sackett, Robert Eben: *Popular Entertainment, Class, and Politics in Munich 1900–1923*. Cambridge, MA, und London: Havard University Press 1982.

Schmitt, Angela Gudrun: *Ernst von Wolzogen als Theatermacher. München – Berlin. Vom naturalistisch-orientierten Experimentiertheater zur literarischen Kleinkunstbühne*. Magisterarbeit, Institut für Theaterwissenschaft, Ludwig-Maximilians-Universität München 1984.

Schmitz, Walter: *Die Münchner Moderne. Die literarische Szene in der »Kunststadt« um die Jahrhundertwende*. Stuttgart: Philipp Reclam Jun. 1990.

Schneider, Andrea: *Die parodierten Musikdramen Richard Wagners*. Salzburg: Müller-Speiser 1996.

Schneider, Ludwig M.: *Die populäre Kritik an Staat und Gesellschaft in München. 1886–1914. Ein Beitrag zur Vorgeschichte der Münchner Revolution von 1918/19*. München: R. Wölfle 1975.

Schumann, Werner: *Unsterbliches Kabarett*. Hannover: Beeck 1948.

Segel, Harold B.: *Fin de siecle Cabaret*. In: *Performing Arts Journal* 1 (1977), S. 41–57.

Segel, Harold B.: *Turn-of-the-Century Cabaret. Paris, Barcelona, Berlin, Munich, Vienna, Cracow, Moscow, St. Petersburg, Zurich*. New York: Columbia University Press 1987.

Smith, Dawn L.: *Cervantes and His Audience: Aspects of Reception in El retablo de las maravillas*. In: Charles Ganelin, Howard Mancing (Hg.), *The Golden Age Comedia. Text, Theory and Performance*. West Lafayette, Ind.: Purdue University Press 1994, S. 249–261.

Sprecher, Thomas: *Literatur und Verbrechen. Kunst und Kriminalität in der europäischen Erzählprosa um 1900*. Frankfurt a. M.: Klostermann 2011.

Sprengel, Peter: *Fin de siècle – Selbstironisch. Zur Wiederentdeckung von Keyserlings verschollenem Einakter Die schwarze Flasche*. In: Eduard von Keyserling: *Die schwarze Flasche. Drama in einem Aufzug*, hg. v. Peter Sprengel. Berlin: Friedenauer Presse 1990, S. 29–31.

Sprengel, Peter: *Literarische Avantgarde und Cabaret in Berlin – Erotik und*

Moderne. In: Joanne McNally, Peter Sprengel (Hg.), *Hundert Jahre Kabarett. Zur Inszenierung gesellschaftlicher Identität zwischen Protest und Propaganda.* Würzburg: Königshausen & Neumann 2003, S. 29–38.

Stark, Gary D.: *Germany.* In: Robert Justin Goldstein (Hg.), *The Frightful Stage. Political Censorship of the Theater in Nineteenth-Century Europe.* New York: Berghahn Books 2009, S. 22–69.

Stein, Roger: *Das deutsche Dirnenlied. Literarisches Kabarett von Bruant bis Brecht.* Köln [u.a.]: Böhlau 2006 (Literatur und Leben, 67).

Timms, Edward: *The »Child-Woman«: Kraus, Freud, Wittels and Irma Karczewska.* In: Edward Timms, Ritchie Robertson (Hg.), *Vienna 1900. From Altenberg to Wittgenstein.* Edinburgh: Edinburgh University Press 1990, S. 89–94.

Tumat, Antje (Hg.), *Von Volkston und Romantik. Des Knaben Wunderhorn in der Musik.* Heidelberg: Winter 2008.

Veigl, Hans: *Lachen im Keller. Von den Budapestern zum Wiener Werkel. Kabarett und Kleinkunst in Wien.* Wien: Löcker 1986.

Vinçon, Hartmut: *»Am Ende war ich doch ein Poet ...« Frank Wedekind: Ein Klassiker der Literarischen Moderne. Werk und Person.* Würzburg: Königshausen & Neumann 2014.

Vogel, Benedikt: *Fiktionskulisse. Poetik und Geschichte des Kabaretts.* Paderborn: Schöningh 1993.

Vollmer, Hartmut: *Die literarische Pantomime. Studien zu einer Literaturgattung der Moderne.* Bielefeld: Aisthesis 2011.

Wagner, Hans: *200 Jahre Münchner Theaterchronik 1750–1950. Theatergründungen, Ur- und Erstaufführungen, berühmte Gastspiele und andere Ereignisse und Kuriosa aus dem Bühnenleben.* München: Wissenschaftlicher Verlag Robert Lerche 1958.

Wagner, Johannes: *Oscar Wagner – ein fast vergessener Berliner Schriftsteller.* In: *Jahrbuch für brandenburgische Landesgeschichte* 18 (1967), S. 117–120.

Wearing, J. P.: *The London Stage, 1890–1899. A calender of plays and players.* Bd. 1. Metuchen und New York: Scarecrow 1976.

Wilhelm, Hermann: *Die Münchner Bohème. Von der Jahrhundertwende bis zum Ersten Weltkrieg.* München: Buchendorfer 1993.

Wilson, Anthony T.: *Über die Galgenlieder Christian Morgensterns.* Würzburg: Königshausen & Neumann 2003 (Epistemata, Würzburger wissenschaftliche Schriften, Reihe Literaturwissenschaft, 448-2003).

Wintzingerode-Knorr, Karl-Wilhelm von: *Hanns von Gumppenbergs künstlerisches Werk. Ein Beitrag zur Geschichte der deutschen Literatur der Wende vom 19. zum 20. Jahrhundert.* Bamberg: Der Mittler 1958.

Wittels, Fritz: *Freud und das Kindweib. Die Erinnerungen von Fritz Wittels*, hg. v. Edward Timms. Wien [u.a.]: Böhlau 1996.

Zernack, Julia: *Kaiserkunst und Propaganda. Bemerkungen zum Titel »Sang an Aegir«.* In: Katja Schulz, Florian Heesch (Hg.), *Sang an Aegir: Nordische Mythen um 1900.* Heidelberg: Winter 2009, S. [13]–29.

Ziegenmeyer, Annette: *Yvette Guilbert: Pionierin einer musikalischen Mediävistik zum Hören.* Köln: Dohr 2013.

Zuber, Barbara: *Aufbruch und Antinomien der Moderne. Ein Beitrag zur Diskussion über Theater, Gesellschaft und Politik in München um 1900.* In: Hans-Michael Körner, Jürgen Schläder (Hg.), *Münchner Theatergeschichtliches Symposium 2000.* München: Herbert Utz 2000, S. 129–161.

Handbücher, Jahrbücher, Lexika

Barck, Karlheinz/Fontius, Martin [u.a.] (Hg.), *Ästhetische Grundbegriffe.* Bd. 2. Stuttgart [u.a.]: J. B. Metzler 2001.

Beaumarchais, Jean-Pierre de/Couty, Daniel/Rey, Alain (Hg.), *Dictionnaire des littératures de langue française.* Bd. 1. Paris: Bordas 1994.

Berg, Hubert van den/Fähnders, Walter (Hg.), *Metzler Lexikon Avantgarde.* Stuttgart und Weimar: J. B. Metzler 2009.

Beyer, Andreas/Savoy, Bénédicte/Tegethoff, Wolf (Hg.), *Allgemeines Künstlerlexikon: Die bildenden Künstler aller Zeiten und Völker.* Bd. 75. Berlin [u.a.]: Saur 2012.

Brauneck, Manfred/Schneilin, Gérard (Hg.), *Theaterlexikon.* Bd. 1: *Begriffe und Epochen, Bühnen und Ensembles.* 5., vollständig überarb. Neuausg. Reinbek bei Hamburg: Rowohlt 2007.

Brednich, Rolf Wilhelm [u.a.] (Hg.), *Enzyklopädie des Märchens.* Bd. 6. Berlin und New York: Walter de Gruyter 1990.

Budzinski, Klaus/Hippen, Reinhard (Hg.), *Metzler Kabarett Lexikon.* Stuttgart und Weimar: J. B. Metzler 1996.

Burdorf, Dieter/Fasbender, Christoph/Moenninghoff, Burkhard (Hg.), *Metzler Lexikon Literatur.* 3., völlig neu bearbeitete Auflage, Stuttgart und Weimar: J. B. Metzler 2007.

Dahlhaus, Carl (Hg.), *Riemann Musiklexikon, Ergänzungsband Personenteil L–Z.* Mainz: Schott 1975.

D'Amico, Sandro (Hg.), *Enciclopedia dello spettacolo.* Bd. 2. Rom: Le Maschere 1954.

Ernst Challier's grosser Lieder-Katalog. Ein alphabetisch geordnetes Verzeichnis sämmtlicher einstimmiger Lieder mit Begleitung des Pianoforte und eines oder mehrerer anderer Instrumente. Bd. 9. Berlin: [Verfasser] 1902.

Frenzel, Elisabeth: *Motive der Weltliteratur. Ein Lexikon dichtungsgeschichtlicher Längsschnitte.* 6. überarbeitete und ergänzte Aufl. Stuttgart: Kröner 2008.

Finscher, Ludwig (Hg.), *Die Musik in Geschichte und Gegenwart.* 2., neubearbeitete Ausgabe, Sachteil, Bd. 7. Kassel [u.a.]: Bärenreiter [u.a.] 1997.

Fricke, Harald [u.a.] (Hg.), *Reallexikon der deutschen Literaturwissenschaft.* Bd. 2. Berlin und New York: Walter de Gruyter 2000.

Hofmeister, Friedrich (Hg.), *Handbuch der musikalischen Literatur [...].* Leipzig: Friedrich Hofmeister, Bd. 12,1–17,1, 85, 100, 102, 107.

Genossenschaft Deutscher Bühnen-Angehöriger (Hg.), *Neuer Theater-Almanach.* Berlin: Günther Jhg. 1897, 1902–1911.

Glazier, Ira A./Filby, William P. (Hg.), *Germans to America. List of Passengers arriving at U.S. Ports.* Wilmington, Del.: Scholarly Resources 1988–2002.

Haupt, Sabine/Würffel, Stefan Bodo (Hg.), *Handbuch Fin de Siècle.* Stuttgart: Kröner 2008.

Jahrbücher der K. Akademie der Tonkunst in München 1875/76–1877/78, 1883/84–1887/88, 1889/90–1890/91, 1896/97–1900/01.

Jansa, Friedrich (Hg.), *Deutsche Tonkünstler und Musiker in Wort und Bild.* Leipzig: F. Jansa 1911.

Kutsch, Karl J./Riemens, Leo (Hg.) unter Mitwirkung von Hansjörg Rost: *Großes Sängerlexikon.* Bern und München: Franke 1999, Bd. 1, 2, 5.

Merrill, Peter C.: *German Immigrant Artists in America. A biographical Dictionary.* Lanham, Maryland, und London: Scarecrow Press 1997.

Meyers großes Konversations-Lexikon. 6., gänzlich neubearbeitete und vermehrte Aufl. Leipzig und Wien: Bibliographisches Institut, Bd. 16, 1908 und 17, 1909.

Müller, Jan-Dirk [u. a.] (Hg.), *Reallexikon der deutschen Literaturwissenschaft.* Bd. 3. Berlin und New York: Walter de Gruyter 2003.

Niemeyer, Christian (Hg.), *Nietzsche-Lexikon.* Darmstadt: WBG 2009.

Österreichisches biographisches Lexikon: 1815–1950, hg. v. der Österreichischen Akademie der Wissenschaften. Bd. 13. Wien: Verlag der Österreichischen Akademie der Wissenschaften 2010.

Paul, Frank / Altmann, Wilhelm (Hg.), *Kurzgefaßtes Tonkünstlerlexikon für Musiker und Freunde der Tonkunst.* Leipzig: Merseburger 1926.

Sadie, Stanley (Hg.), *The New Grove Dictionary of Music and Musicians.* Bd. 17. London [u. a.]: Macmillan [u. a.] 2001.

Sartori, Claudio (Hg.), *Enciclopedia della musica.* Bd. 1. Mailand: Ricordi 1963.

Statistisches Jahrbuch für das Königreich Bayern. Bd. 6. München: Landesamt für Statistik 1901.

Thieme, Ulrich / Becker, Felix (Hg.), *Allgemeines Lexikon der Bildenden Künstler von der Antike bis zur Gegenwart.* Leipzig, Reprint München: Deutscher Taschenbuchverlag 1992, Bd. 25/26, [1931] und 35/36, [1942 und 1947].

Weimar, Klaus [u. a.] (Hg.), *Reallexikon der deutschen Literaturwissenschaft.* Bd. 1. Berlin und New York: Walter de Gruyter 2007.

Zuth, Josef: *Handbuch der Laute und Gitarre.* Wien 1926, Reprint Hildesheim und New York: Olms 1978, 2. Aufl.

Musikalien

Angeführt sind hier lediglich die im Text zitierten, gedruckten Musikalien, die nicht im direkten Zusammenhang mit den *Scharfrichtern* stehen. Alle weiteren Quellen zu den Musikstücken der *Scharfrichter* finden sich der Liste des Repertoires unter www.allitera.de/files/Elf-Scharfrichter.html.

Allgemeines deutsches Commersbuch, unter musikalischer Redaktion von Friedrich Silcher und Friedrich Erk hg. v. Hermann und Moritz Schauenburg. 9. Aufl. Lahr: Schauenburg [ca. 1863].

Blumenthal, Sandro: *Gavotte.* Nizza: Decourcelle [um 1905].

Blumenthal, Sandro: *Melodia.* Bologna: A. Tedeschi 1895.

Blumenthal, Sandro: *M'incontri per la strada …, Donna vorrei morir!…* Bologna: Edizioni C. Venturi [vor 1896].

Blumenthal, Sandro: *Non pensare a me!* Venedig: Ettore Brocco [vor 1896].

Blumenthal, Sandro: *Quintett* in D-Dur, op. 2. Leipzig: Eulenburg [um 1900].

Blumenthal, Sandro: *Quintett* in G-Dur, op. 4. Leipzig: Eulenburg [um 1900].

Blumenthal, Sandro: *S'il est un rêve, Ah non languir!…* Triest: Edizioni Carlo Schmidl [vor 1896].

Böse, Hermann (Hg.), *Volkslieder für Heim und Wanderung,* Berlin: Buchhandlung Vorwärts Paul Singer 1914.

Breuer, Hans (Hg.), *Der Zupfgeigenhansl.* Mainz: B. Schott's Söhne [o. J.] (Edition Schott 3586).

Deutscher Liederhort. Auswahl der vorzüglicheren Deutschen Volkslieder, nach Wort und Weise aus der Vorzeit und Gegenwart, gesammelt und erläutert von Ludwig Erk, neubearbeitet und fortgesetzt von Franz M. Böhme. 3 Bde. Leipzig: Breitkopf & Härtel 1893, 1893, 1894.

Delvard, Marya / Henry, Marc: *Vieilles Chansons de France.* 11 Bde. Leipzig: Scharfrichter 1910–1914.

Härtel, August (Hg.), *Deutsches Liederlexikon.* Leipzig: Philipp Reclam Jun. 1869.

Heymann, R. / Dorbe, Hans: *Der Kanonier. Soldatenlied.* München: Lederer [u. a.] [o .J.] (Münchner Blut, 341).

Kothe, Robert: *Chorlieder I: 6 Lieder für Vorsänger mit Laute und Frauenstimmen.* Magdeburg: Heinrichshofen 1916.

Kothe Robert (Hg.), *Liederbuch des Bundes Deutscher Mädel.* Hg. im Auftr. d. Gauführung München d. Bundes Deutscher Mädel. Magdeburg: Heinrichshofen 1933.

Kothe Robert (Hg.), *Liederbuch der N.S. Frauenschaft. Zwei- und dreistimmige Vokalsätze, Lautensätze und Geigensätze.* Hg. im Auftrage der NSDAP Reichsleitung. Magdeburg: Heinrichshofen 1934.

Mahler, Gustav: *Sämtliche Werke, Kritische Gesamtausgabe,* hg. v. der Internationalen Gustav Mahler Gesellschaft, Wien. Bd. XIII, Teilband 2b: *Fünfzehn Lieder, Humoresken und Balladen aus Des Knaben Wunderhorn für Singstimme und Klavier,* vorgelegt von Renate Hilmar-Voit unter Mitarbeit von Thomas Hampson. [Wien]: Universal Edition 1993.

Mozart, Wolfgang Amadeus: *Die Hochzeit des Figaro, Komische Oper in vier Akten.* Deutsche Bearbeitung nach der Überlieferung und dem Urtext von Georg Schünemann. Klavierauszug von Kurt Soldan. Leipzig: C. F. Peters [1939].

Mozart, Wolfgang Amadeus: *Die Zauberflöte.* In: Wolfgang Amadeus Mozart: *Neue Ausgabe sämtlicher Werke,* hg. v. der Internationalen Stiftung Mozarteum Salzburg. Serie II: Bühnenwerke, Werkgruppe 5, Bd. 19: *Die Zauberflöte,* vorgelegt von Gernot Gruber und Alfred Orel. Kassel [u. a.]: Bärenreiter 1970.

Strauss, Johann: *Die Fledermaus, Operette in drei Akten.* Vollständiger Klavierauszug mit Text von Anton Paulik. Wiesbaden [u. a.]: Aug. Cranz KG 1948.

Reuß, August / Gumppenberg, Hanns von: *Herzog Philipps Brautfahrt. Opernlustspiel in 3 Akten.* München: [Verfasser 1911].

Wagner, Richard: *Die Meistersinger von Nürnberg.* In: Richard Wagner: *Sämtliche Werke,* in Verbindung mit der Bayerischen Akademie der Schönen Künste, München, hg. v. Carl Dahlhaus, Bd. 9, I: *Die Meistersinger von Nürnberg. Vorspiel und erster Aufzug,* hg. v. Egon Voss. Mainz: B. Schott's Söhne 1979.

Wedekind, Frank: *Lautenlieder. 53 Lieder mit eigenen und fremden Melodien,* [hg. v. Artur Kutscher und Richard Weinhöppel]. Berlin: Drei Masken 1920.

Wedekind, Frank: *53 Lautenlieder mit eigenen und fremden Melodien. Ausgabe für Gesang und Klavier,* hg. v. Richard Weinhöppel. Berlin: Drei Masken 1920.

Wedekind, Frank: *Lautenlieder,* hg. u. kommentiert v. Friederike Becker. München: Langen Müller 1989.

Schirach, Friedrich von / Weismann, Wilhelm / Bierbaum, Otto Julius: *Das Gespenst von Matschatsch. Burleske Operette in 4 Aufzügen, frei nach Oskar Wilde.* München: Langen [1905].

Werckmeister, Walther (Hg.), *Deutsches Lautenlied,* Berlin: Köster 1917.

Internetquellen

http://ancestry.com [7.1.2014].

Barnes, Clifford: *Vaudeville*, http://oxfordmusiconline.com, [5.5.2014].

Bietak, Wilhelm: *Greiner, Leo*. In: *Neue Deutsche Biographie*, Bd. 7 (1966), S. 39, http://deutsche-biographie.de [13.10.2014].

Blumenthal, Alessandro, http://www.archiviodistatovenezia.it [24.7.2015]

Butz, Herbert: *Kniefall und Geschenke: Die Sühnemission des Prinzen Chun in Deutschland*, http://dhm.de/ausstellungen/tsingtau/katalog [17.12.2014].

http://deljehier.levillage.org/textes/chansons_anciennes/la_marche_des_petits_pierrots.htm.

Edwards, Bill: *Frederick Allen »Kerry« Mills*, http://ragpiano.com [9.5.2014].

http://ellisisland.org [7.1.2014].

http://familyserach.org [25.6.2014].

http://gk-graphite.com [2.12.2014].

Hecker, Waldemar, http://filmportal.de [20.10.2014].

Hecker, Waldemar, http://wikipedia.de [20.10.2014].

http://jugend-wochenschrift.de [16.10.2014].

Lehrenden des *Stern'schen Konservatoriums*, Forschungsprojekt *Berlin als Ausbildungsort* des Instituts für Musikwissenschaft der *Universität der Künste* Berlin, http://udk-berlin.de [25.6.2014].

http://liederlexikon.de/lieder/war_wohl_je_ein_mensch_so_frech [11.1.2015].

http://matrikel.adbk.de [14.10.2014].

http://meran.eu/kultur-tradition/denkmaeler/kurmittelhaus [13.10.2014].

http://muehsam-tagebuch.de [17.2.2015].

Münchner Stadtchronik, http://muenchen.de/rathaus/Stadtverwaltung/Direktorium/Stadtarchiv/Chronik.de [30.12.2014].

New Orleanser Deutsche Zeitung, http://news.google.com/newspapers [25.6.2014].

Opschondek, Roland: *Neumann, Ernst*. In: *Neue Deutsche Biographie*, Bd. 19 (1998), S. 143–144, http://deutsche-biographie.de [14.10.2014].

http://www.phonodisc.ch [8.10.2014].

Righi, Stefano: *La città illuminata. L'intuizione di Giuseppe Colombo, la Edison e l'elettrificazione dell'Italia*, Milano 2013, http://books.google.de [2.3.2015].

Sachsenhauser, Theodor, in: *Bayerisches Musiker-Lexikon Online*, hg. v. Josef Focht, http://bmlo.lmu.de [29.10.2014].

Salzmann, Karl H.: *Blei, Franz*. In: *Neue Deutsche Biographie*, Bd. 2 (1955), S. 297, http://deutsche-biographie.de [15.10.2014].

Schlesinger, Paul, http://lilienfeld-verlag.de [20.10.2014].

Selbmann, Rolf: *Lautensack, Heinrich*. In: *Neue Deutsche Biographie*, Bd. 13 (1982), S. 730–731, http://deutsche-biographie.de [15.10.2014].

http://typonine.com [10.10.2014].

http://www.unive.it [24.7.2015]

http://volkssaengerei.de [15.8.2014].

Wedekind, Frank: *Pariser Tagebuch 30.4.1892–23.1.1894*. Online-Publikation sämtlicher Tagebücher in Transkriptionsfassungen, http://frankwedekind-gesellschaft.de [30.7.2014].

Wedekind, Frank: *Tagebücher 1904–1918*. Online-Publikation sämtlicher Tagebücher in Transkriptionsfassungen, http://frankwedekind-gesellschaft.de [30.7.2014].

http://wikipedia.org/wiki/Kölner_Rosenmontagszug [14.11.2014].

http://wilde-gungl.de [29.10.2014].

Abbildungsverzeichnis

Bühne und Brettl 4 (1903), S. 85, 101, 105, 111, 115, 126, 130, 132, 135, 143f., 159, 205, 348, 356

Croatian Academy of Sciences and Arts, Zagreb, S. 208

Deutsches Literaturarchiv Marbach, S. 340

Deutsches Theatermuseum München, S. 80, 210

Germanisches Nationalmuseum, Nürnberg. Foto: Georg Janßen, S. 209

Heinrich-Heine-Institut, Rheinisches Literaturarchiv, NL Ewers, S. 141

Jugend 4 (1902), S. 292

Lokalbaukommission München, Bestandsakt Türkenstraße 28, Akte 1, S. 113, 117

Das moderne Brettl 7 (1902), S. 114

Münchner Stadtbibliothek/Monacensia, S. 102, 140, 148–151, 153, 161, 176, 179, 183, 211, 214f., 217, 221, 257, 284, 290, 328, 341

Münchner Stadtmuseum, Sammlung Reklamekunst, S. 210

Privat, S. 79, 104–107, 125, 129, 137, 155, 169, 201–206, 207 © VG-Bild-Kunst, Bonn 2016, 212f., 214 © VG-Bild-Kunst, Bonn 2016, 216, 218 © VG-Bild-Kunst, Bonn 2016, 219, 220 © Olaf Gulbransson/VG-Bild-Kunst, Bonn 2016, 223f., 245, 247, 261f., 265, 275, 279, 282, 285, 302f., 306, 317, 320

Rainer, Otto/Walter Rösler: *Kabarettgeschichte. Abriß des deutschsprachigen Kabaretts*. Berlin: Henschel 1977, S. 308

Sammlung Karl Stehle, München, S. 120

Staatsarchiv München, Pol. Dir. Pol. Dir. 2057/1–3, S. 89, 97, 102, 210, 222

Stadtarchiv München, Chronik 276, S. 82f.

Ullstein Bild, S. 74

Valentin-Karlstadt-Musäum, München, S. 350

Wikimedia.org, S. 41, 103

Die Woche 24 (1926), S. 65, 163, 270

Geplantes und aufgeführtes Repertoire der *Elf Scharfrichter*

Das folgende Register umfasst in alphabetischer Reihenfolge sämtliche im Text genannten Stücke, die bei den *Elf Scharfrichtern* gezeigt oder geplant, aber nicht aufgeführt wurden [n. a.]. Ein umfassendes Werkeregister kann unter dem Link www.allitera.de/files/Elf-Scharfrichter.html heruntergeladen werden. Fremdsprachige Nummern sind unter ihrem Originaltitel aufgelistet oder, wenn sie bei den *Scharfrichtern* in einer Übersetzung gezeigt wurden, unter ihrem deutschen Titel geführt. Die Urheber sind hinter den Titeln in Klammern angegeben (Textdichter / Komponist), bei Opern wurde aus Platzgründen auf die Nennung der Librettisten verzichtet. Die wiederkehrende Textquelle *Des Knaben Wunderhorn* ist im Folgenden mit KW abgekürzt.

A Mergellina → Serenata Napoletana
À Saint-Ouen (A. Bruant) 39, 305
All' meine Gedanken (anonym/H. Scherrer Arr.) 167, 327, 334
Also sprach Hannes Ruch (R. Weinhöppel) 58, 61, 106, 117f., 196, 278, 283, 285, 321–323
Alten Weibleins Lied vom Schwager Tod, Des (O. J. Bierbaum/R. Weinhöppel) 193, 197f., 225, 231, 235, 237, 244
Amoureuse (M. de Féraudy) 291
An deine schneeweiße Schulter … (H. Heine/R. Weinhöppel) 294, 302
An einen Jüngling (F. Wedekind) 347
Antonius zu Padua Fischpredigt, Des (KW/R. Weinhöppel) 193, 229–232, 234, 237f., 244, 294, 297, 312, 314, 321
Arbeitsmann, Der (R. Dehmel/R. Weinhöppel) 116f., 122, 191f., 196f., 200, 229f., 235, 253, 298, 306
Arme Kunrad, Der (H. v. Reder?/R. Weinhöppel) 117, 183, 192, 200, [202], 237, 294, 298, 328
Arme Mädchen, Das (F. Wedekind) 294
Asbesthaus (H. v. Gumppenberg) 307
Asra, aus: Sechs Heine-Vertonungen op. 32 (H. Heine/A. Rubinstein) 289
Auf dem Maskenball (G. Falke/P. Schlesinger) 337, 340
Aus allen Zweigen (G. Falke/R. Weinhöppel) 122, 295, 316
Babette (H. v. Gumppenberg/R. Weinhöppel) 192f., 240f., 243, 347
Bal chez le ministre, Un (J. Jouy/A. Jouberti) 298, 314
Ballade de trois gosses, La (M. Henry) 312
Bas, Les (M. Henry) 294
Bauer im Fegefeuer, Der (H. Sachs) 28, 110, 276, 312, 327, 344
Bayerische Chevauleger, Der (L. Thoma/R. Weinhöppel) 33, 193, 235, 237f.
Bekehrte, Die (J. W. v. Goethe/R. Weinhöppel) 192, 197, 227, 234f., 328
Bella (H. v. Gumppenberg) 252, 265f., 336
Berceuse (M. Henry/R. Weinhöppel) 295, 342
Berceuse obscène (Franc-Nohain/C. Terrasse) 295
Bergwerke zu Falun, Die (H. v. Hofmannsthal) [n. a.] 88
Biniou, Le (H. Guérin/É. Durand) 291
Blinde Harfnerin, Die (L. Greiner/S. Blumenthal) 334f., 347
Blinde Knabe, Der (F. Wedekind) 298, 315
Böse Traum, Der (O. Falckenberg/P. Schlesinger Arr.) 55, 71, 106, 109, 132, 250, 256, 287f., 309–311, 323f.
   Ach Schaffner, lieber Schaffner (H. Bolten-Baeckers/P. Lincke) 310
   Ah che la morte ognora, aus: Il Trovatore (G. Verdi) 310
   Behüt' dich Gott, es wär so schön gewesen, aus: Der Trompeter von Säckingen (V. E. Nessler) 310
   Bier her, Bier her, oder ich fall um (anonym) 310
   Der Bürokrat tut seine Pflicht, aus: Der Obersteiger (C. Zeller) 309f.
   Das macht die Liebe (anonym) 311
   Es geht bei gedämpfter Trommel Klang (A. v. Chamisso/F. Silcher) 310
   Grüß euch Gott alle miteinander, aus: Der Vogelhändler (C. Zeller) 310
   Guter Mond, du gehst so stille (anonym) 310
   Heil dir im Siegerkranz (B. G. Schumacher) 310
   Hohenfriedberger (anonym) 310
   Ihr Kinderlein kommet (C. v. Schmid/J. A. P. Schulz) 311, 324
   Der Krähwinkler Landsturm (anonym) 310
   Lied der Deutschen (A. H. Hoffmann v. Fallersleben/J. Haydn) 311
   Lied des Nachtwächters, aus: Die Meistersinger von Nürnberg (R. Wagner) 310
   Die Loreley (H. Heine/F. Silcher) 311
   Margaretha, Mädchen ohne gleichen (anonym) 311
   [Motive aus Lohengrin (R. Wagner)] 311, 323f.
   Notte e giorno faticar, aus: Le nozze di Figaro (W. A. Mozart) 309
   O du lieber Augustin (anonym) 311, 323
   Preußenlied (B. Thiersch/A. Neithardt) 310
   Ringelringelreihen (anonym) 311, 324
   Robert, toi que j'aime, aus: Robert le diable (G. Meyerbeer) 310
   Sei nicht bös, aus: Der Obersteiger (C. Zeller) 310, 324
   So leb denn wohl du stilles Haus (anonym) 311
   Tabaklied (anonym) 310
   Üb' immer Treu und Redlichkeit (L. Hölty/W. A. Mozart) 311
   Überschwemmung in Leipzig, Die (anonym) 310
   Die Wacht am Rhein (M. Schneckenburger/C. Wilhelm) 310
   Wer will unter die Soldaten (anonym) 310
   Wir halten fest und treu zusammen (G. Kunoth) 311
   Wir sitzen so fröhlich beisammen (anonym) 310
   Wir hatten gebauet (anonym) 311
Bons vieux, Les (Clément-George/A. Chantrier) 294
Braut, Die (P. Schlesinger) 164, 268
Brigitte B. (F. Wedekind) [202], 292, 294, 314, 334
Bruder Liederlich (D. v. Liliencron/R. Weinhöppel) 192, 200, 233, 235, 243, 338
Büchse der Pandora, Die (F. Wedekind) [n. a.] 88
Candida (G. B. Shaw) [n. a.] 88
Capriccio (Marie-Madeleine) 276, 337
Carl I. (H. Heine) 276, 307
Caro, der Überhund (anonym) 57, 252, 256, 270, 319f.
Casa Nova, La (C. Goldoni) [n. a.] 88
Chaconne (S. Blumenthal) 278
Chanson d'une morte (M. Maeterlinck/S. Blumenthal) 42, 246, 294, 346
Chanson des heures, La (X. Privas) 344
Chapeaux, Les (M. Henry) 294
Chinesische Kriegsepisode, Eine (P. Larsen) 107, 165, 278, 307
Christel (J. W. v. Goethe/R. Weinhöppel) 160, 193, 227, 234f., 242, 296, 328
Contraste (Noir et blanc) (M. Henry, Deutsch L. Greiner) 42, 121, 136, 269f., 321, 332, 336
Couteau, Le/Das Messer (T. Botrel, Deutsch H. Lautensack) 294, 333
Dachstübchen, Das (P. J. de Béranger, Deutsch E. v. Geibel/R. Weinhöppel) 160
Dansons la gigue (P. Verlaine/R. Weinhöppel) 296

Dantons Tod (G. Büchner) [n. a.] 88
Darling Mable (A. J. Mills/B. Scott) 291
Denkmal, Das (O. Falckenberg/P. Schlesinger) 107, 267, 300, 315
Diogenes (H. v. Gumppenberg/R. Weinhöppel) 122, 193, 197, 200, 225, 227, 232–234, 244, 290, 339
Dirne, Die (L. Greiner/R. Weinhöppel) 145, 292, 336
Dirne, Die (K. Henckell/R. Weinhöppel) 116, 336
Eh du mon Dieu, mon Dieu (F. Wedekind) 292, 295, 336
Einfältige Ballade (H. Salus/R. Weinhöppel) 192, 232, 234f., 238, 244, 292, 298, 305, 321
Eingeschriebene Brief, Der/Une lettre chargée (G. Courteline) 32, 38, 273f., 313
Elegie (Walther von der Vogelweide) 160, 327
Elf Scharfrichter aus der Westentasche gezogen, Die (P. Larsen) 38, 270, 320
Elf Scharfrichter, Die, auch: Scharfrichter-Marsch (L. Greiner/R. Weinhöppel) 58, 65, 100, 103, 106f., 118f., 121f., 126, 168, 181, 190, 194–196, 227, 238, 283, 310, 321f., 331, 344
Encombrement, L' (L. Xanrof/J. Varney) 137, 297, 313
Engländer, Der (J. M. R. Lenz) [n. a.] 88
Erlebnis (H. v. Hofmannsthal) 276
Ermunterung (F. Hölderlin) 276
Ernst muss man sein (O. Wilde) [n. a.] 88
Ernte/Moissons (A. Chantrier, Deutsch H. Lautensack) 38, 120, 286, 303
Erntelied (R. Dehmel/S. Blumenthal) 246, 253, 294, 296, 298, 306
Erste Hilfe, Die (H. v. Gumppenberg) 32, 265f., 317, 345
Erste Konjugation, Die (H. v. Gumppenberg/R. Weinhöppel) 191, 232, 243, 295
Er von ihm (P. Schlesinger) 268
Evchen Humbrecht, 1. Akt aus: Die Kindermörderin (H. L. Wagner) [n. a.] 258, 334
Fallerilarulla (R. Kothe/R. Weinhöppel) 193, 227, 244
Feine Familie, Die (W. Rath) 38, 48, 54, 65, 70, 106, 128, 130f., 256, 270, 307f., 315
Fiacre, Le (Xanrof) 40, 264, 345
Fils du roi à la fontaine, Le (E. Blanguernon/M. Henry) 137, 294, 297
Fischerin, du kleine, auch: Ein literarhistorischer Vortrag (L. Greiner) 107, 278, 314
Flussübergang (KW/R. Weinhöppel) 146, 192, 197, 200, 243f., 294
Fräulein Julie (A. Strinberg) [n. a.] 88
Franziskas Abendlied (F. Wedekind) 145, 344
Freigebige König, Der (L. Greiner/R. Weinhöppel) 298, 315, 338
Freunde des Herrn, Die (L. Greiner/R. Weinhöppel) 291, 296
Fromme Beppa, Die (F. Nietzsche/R. Weinhöppel) 259, 298, 311
Frosch, Der (O. E. Hartleben) 273, 317
Frühlingslied (A. Böndel/F. Böndel) 291
Frühlingsstürme (F. Wedekind) 110, 158, 268f., 344, 347
Fuchsate Rosl, Dö/Rosa, la rouge (A. Bruant, Mundartfassung H. v. Gumppenberg) 39, 294, 300, 334f.
Future Mrs. 'Awkins, The (A. Chevalier) 291
Gänslein, Das (R. Baumbach) 259, 278, 312, 321, 327
Gants, Les (M. Henry) 294
Gantz neu Schelmweys, Eine (R. Dehmel/R. Weinhöppel) 193, 232, 233, 337
Gavotte (S. Blumenthal) 278
Geheimnis, Das (O. Falckenberg/P. Schlesinger) 263, 267, 305
Geheimnis, Ein (R. Presber) 273, 318

Geständnis, Das (O. Falckenberg) 71, 106f., 252, 259, 266, 311
Gigerlette (O. J. Bierbaum/K. Schindler) 290
Glu, La (J. Richepin/G. Fragerolle) 145, 334f., 347
Glück im schiefen Winkel, Das (H. v. Gumppenberg) 265f., 323
Glückliche Kur, Die (H. v. Gumppenberg) 32, 42, 265f., 301, 313, 334f., 344, 346
Glücksritter, Die (J. v. Eichendorff/S. Blumenthal) 160, 328
Glühhitze (H. Lautensack) 121, 131, 258, 269, 343
Goethe-Gedächtnisrede (H. v. Gumppenberg) 278, 315
Goldene Hochzeit, Die (G. Courteline, Bearb. L. Greiner/R. Weinhöppel) 122, 126, 164, 253, 280, 300, 314
Graf Udos Töchter (R. Kathan) 121, 166
Grosse dame, La (Del Marcoud) 40, 297, 313
Große Kind, Das (KW/P. Schlesinger) 337
Gut Gewissen ist das beste Ruhekissen, Ein (KW/R. Weinhöppel) 192
Halmorakel, Das (Walther von der Vogelweide, Neuhochdeutsch K. Pannier) 160, 327
Handkuss, Der (D. v. Liliencron/R. Weinhöppel) 160, 193, 238, 243
Hans und Hanne (F. Wedekind) [n. a.] 158, 258
Heil'gen drei Könige, Die (H. Heine/R. Weinhöppel) 194, 197, 200, 232, 237f., 244, 302, 312
Heilsarmee, Die (F. Wedekind) 31, 295
Heinrich und Wilhelmine (J. F. A. Kazner/anonym) 158, 294
Héloïse et Abeilard (L. Xanrof) 297, 312
Hemd des Glücklichen, Das (A. F. E. Langbein) 278, 333
Hobby-Bob, Der, auch: Der traurige Clown (O. Falckenberg/R. Weinhöppel) 294
Hochsommer im Walde (D. v. Liliencron) 42, 276, 313, 346
Hochzeitsmusikanten, Die (L. Greiner/R. Weinhöppel) 91, 107, 126, 160, 168, 190, 193f., 197, 227, 237f., 244, 252, 282, 314
Hoffart will Zwang haben (KW/R. Weinhöppel) 312
Hüt' du dich (KW/R. Weinhöppel) 193, 198, 199, 244, 334
Huhn und der Karpfen, Das (H. Seidel/R. Weinhöppel) 191, 240, 293, 302
Hunde, Die (F. Wedekind) 187, 314
Ich liebe dich (D. v. Liliencron/R. Weinhöppel) 294, 302
I pfeif drauf (Lieder aus dem Rinnstein/R. Weinhöppel) 336
Ilse (F. Wedekind) 29, 67, 143, 145, 156, 289, 311, 336, 347, 351
Im Schlosse Mirabell, auch: Der Erzbischof von Salzburg (O. J. Bierbaum/R. Weinhöppel) 67, 193, 197, 235, 243, 298, 312
Im Walde (O. J. Bierbaum/R. Weinhöppel) 292
In aller Herrgottsfruh (H. v. Gumppenberg/R. Weinhöppel) 117, 193, 225, 235, 337, 340, 342
Incognito (KW/R. Weinhöppel) 294, 346
In der Gasse (L. Greiner/S. Blumenthal) 246, 334f., 337, 340
In der Nacht (L. Greiner/R. Weinhöppel) 117, 126, 159, 291, 296, 310, 334f., 337, 340
Jeanette (O. J. Bierbaum/K. Schindler) 290
Johann von Nepomuk (L. v. Buerkel/R. Weinhöppel) 192, 233f., 237f., 295, 312
Jour de sortie, Le (L. Xanrof) 336
Judentochter, Die (KW/R. Weinhöppel) 116, 145, 193, 200, 235, 238
Kaiserin von Neufundland, Die (F. Wedekind/R. Weinhöppel Arr.) 55, 116, 158, 184, 257, 287f., 323–326, 343
    Brautchor, aus: Lohengrin (R. Wagner) 326
    Boulangermarsch (L. C. Desormes) 325f.
    Du hast mich nie geliebt (A. Conradi oder F. v. Suppé?) 325
    Einzug der Gäste, aus: Tannhäuser (R. Wagner) 325

Hameln ist ein schönes Städtchen (anonym) 326
Ich bin der Doktor Eisenbart (anonym) 324f.
Marseillaise (C. J. R. de Lisle) 325
[Motive aus: Die Meistersinger von Nürnberg, Der Ring des Nibelungen und Tristan und Isolde (R. Wagner)] 325f.
Nun sei bedankt, mein lieber Schwan, aus: Lohengrin (R. Wagner) 323f.
Vorspiel, aus: Lohengrin (R. Wagner) 324
Yankee Doodle (anonym) 325
Kauft den Amor (J. Del Encina, Deutsch L. Greiner/E. Noccelli = R. Weinhöppel?) 160, 294
Keuschheit, Die (F. Wedekind) 180, 258
Kiltgang (R. Burns/H. Noetzel = R. Weinhöppel?) 191, 235
Kleine, Die (J. v. Eichendorff/P. Ottenheimer) 146
Kleine Sünder, Der (P. u. R. Dehmel/P. Schlesinger) 302f.
Klosterscheu (KW/R. Weinhöppel) 312
Knabe im Moor, Der (A. v. Droste-Hülshoff) 276, 328
König Regnar Lodbrog (D. v. Liliencron/R. Weinhöppel) 160, 294, 337f.
Kokette, Die (H. v. Gumppenberg/R. Weinhöppel) 290, 296
Kurz ist der Frühling (D. v. Liliencron/R. Weinhöppel) 150, 160, 197, 235, 296
Kutscher Neumann (A. Jansen?/anonym) 294, 304
Lahme Singquartett, Das (L. Greiner/R. Weinhöppel) 126, 168, 281, 333
Laridah (O. J. Bierbaum/R. Weinhöppel) 159, 193, 235, 244, 337, 340, 342
Last der Freiheit, Die/Le fardeau de la liberté (T. Bernard) 38, 273–275, 314
Laternenlied (L. Greiner/R. Weinhöppel) 126, 159, 192, 197, 200, 227f., 232, 234, 243f., 340, 344
Lebensläufe (G. Falke/R. Weinhöppel) 91, 160, 190, 194, 225f., 281
Leben und Tod des Joseph Brehm (F. T. Vischer) 278, 334
Leda (O. Falckenberg/P. Schlesinger) 32, 267, 315
Lehrhaftes Gedicht (L. Thoma/R. Weinhöppel) 112, 192, 225f., 232–234, 244, 297, 314
Leiber, Der (L. Thoma/R. Weinhöppel) 33, 191, 235, 238, 301
Liebestrank, Der (F. Wedekind) [n. a.] 88
Liebe Weihnachtsmann, Der (R. Dehmel/P. Schlesinger) 164, 295, 302
Lied am Spinett (L. Greiner/R. Weinhöppel) 168, 328
Lied beim Heuen (KW/R. Weinhöppel) 146, 150, 192, 200, 238, 240f., 334
Lied der Armen (K. Henckell/S. Blumenthal) 246, 282, 306f.
Lied der irren Gertraud, Das (O. Falckenberg/R.Weinhöppel) 334f.
Lied des Meißner Figürchens, Das (L. Greiner/R. Weinhöppel) 163, 193, 242, 291, 328
Lied, fast ohne Worte (anonym/R. Weinhöppel) 337, 340
Lied in der Nacht (O. J. Bierbaum/R. Weinhöppel) 116, 145, 226–228, 231, 235, 239, 294
Lied vom Bürgermeister Tschech, Das (anonym) 158, 294, 334f.
Lucrezia (Più mosso) (H. v. Gumppenberg/R. Weinhöppel) 150, 192f., 197, 199, 225, 291
Lulu (F. Wedekind) [n. a.] 158, 258
Lumpensammler, Der (L. Greiner/S. Blumenthal) 291, 294, 305, 333
Lysistrata (Aristophanes) [n. a.] 88
Macht des Kapitals, Die (L. Greiner/R. Weinhöppel) 291, 294, 315
Maikäfer und Spinne (T. Etzel/H. Scherrer) 167
Manon (M. Boukay/P. Delmet) 342
Marche, La (M. Henry/R. Weinhöppel) 91, 192, 197, 199, 227, 236–238
Marche des petits Pierrots, La (H. Eros, Cellarius/A. Bosc) 291, 294, 337, 340
Maria Magdalena (H. Lautensack/S. Blumenthal) 312

Marsch (F. Schubert) 278
Mazurka brillante (S. Blumenthal) 278
Meisten-Dichter von Berlin, Die (P. Schlesinger) 32, 267, 315, 318f., 323
Melancholische Narr, Der (O. J. Bierbaum/R. Weinhöppel) 192, 197–200, 227, 234, 337, 339
Melodie, Die (O. Falckenberg) 266f., 320
Menuett (O. J. Bierbaum/R. Weinhöppel) 55, 122, 282f., 289, 328, 342
Menuett. Scherzo – Gavotta (S. Blumenthal) 278
Mimen (Herondas) [n. a.] 88
Mimi (G. Montoya/G. Maquis) 88
Mister Huber-Cumberland-Feldmoching (anonym) 270, 300, 319f.
Mönche von Johannisberg, Die (B. Scholz/S. Blumenthal) 290, 312
Momentan-Weibliche, Das (L. Greiner) 126, 269, 334f., 347
Monna Nirwana (H. v. Gumppenberg) 252, 265
Müde (D. v. Liliencron/R. Kothe) 167
Musikant, Der (J. v. Eichendorff/R. Weinhöppel) 333
Musik kommt, Die (D. v. Liliencron/R. Weinhöppel) 302
Mutter, Die (H. Bahr) [n. a.] 88, 272
Mutter bei der Wiege, Die (M. Claudius/C. Loewe) 291, 295, 302
Nachbar, Der (H. v. Gumppenberg) 70, 127, 265–267, 317, 345
Nachbarin, Die (H. v. Gumppenberg) 265
Nachtasyl, Das (K. Aram) 32, 90, 258, 271, 317, 336
Nachtmusikanten, Die (Abraham a Sancta Clara/R. Weinhöppel) 282
Nachtstück (A. Holz/J. Kreisler Jr.?) 332
Nachtwächter, Der (L. Greiner/R. Weinhöppel) 192, 235, 237f., 295
Naive, Die (L. Greiner/R. Weinhöppel) 146, 191, 231f., 243
Napoleon (H. v. Gumppenberg) [n. a.] 317f.
Narren Versuchung, Des (H. v. Gumppenberg/R. Weinhöppel) 192, 198, 200, 225, 227, 238, 241f., 292, 337–339
Natürliche Tochter, Die (J. W. v. Goethe) [n. a.] 88
Nebelnacht (R. Kothe/R. Weinhöppel) 337, 340
Notturno (H. v. Gumppenberg/R. Weinhöppel) 160, 191, 234, 237
Oadelwoaß, Das (H. v. Gumppenberg) 300
Oktoberlied (T. Storm/S. Blumenthal) 246, 280
Page von Hochburgund, Der (B. v. Münchhausen/R. Kothe) 160, 292, 294, 327
Paimpolaise, La (T. Botrel) 137
Pardon, Le (M. Henry) 295, 312
Pech des Armen (L. Jacobowski/R. Weinhöppel) 194, 196f., 200, 238, 244, 294, 321, 329
Pedalsymphonie, Die (L. Greiner/R. Weinhöppel) 107, 286, 303, 315
Pendu, Le (M. Mac-Nab) 137, 294, 297, 313, 345
Penso (R. E. Pagliara/P. Tosti) 291
Petit cochon, Le (E. Héros/H. Fragson) 264
Pfarrers Tochter zu Taubenheim, Des (KW/R. Weinhöppel) 15, 116, 145, 191, 235, 238, 244, 334f.
Pfau, Der (H. v. Gumppenberg/R. Weinhöppel) 302
Philoktet (A. Gide) [n. a.] 88
Pierrot der Spaßvogel/Pierrot fumiste (J. Laforgue, Deutsch F. Blei) 38, 94, 107, 252, 258, 278, 337, 340
Pierrot hausirt (L. Greiner/R. Weinhöppel) 337, 340
Pierrots Morgenlied (R. Kothe/R. Weinhöppel) 337, 340
Pierrots Ständchen (R. Kothe/R. Weinhöppel) 295, 337, 340
Pieter van der Butterseiten (H. v. Gumppenberg/R. Weinhöppel) 191, 200, 232, 234, 243, 298
Plaisirs du dimanche, Les (P. Marinier) 297, 314
Plakatlied (L. Greiner/R. Weinhöppel) 122

Premiere, Die (O. Falckenberg) 32, 266f., 318
Prinzessin Europa (G. A. Bürger) 121, 166, 278, 328
Prinzessin Pim und Laridah, ihr Sänger (O. Falckenberg) 38, 165, 270, 303
Proleta sum (L. Scharf) 277, 306
Prolog, aus: Erdgeist (F. Wedekind) 158, 268f., 346, 347
Prügelheini, Der (F. Wedekind) 108, 258, 334
Quand nous serons vieux ... (T. Botrel/P. Delmet) 302
Rabbi Esra (F. Wedekind) 91, 158, 269, 315, 343f.
Raben, Die (H. Beque) [n. a.] 88
Rastus on Parade (anonym/F. A. K. Mills, R. Weinhöppel Arr.) 105, 174, 284, 329, 352
Reservemann (L. Thoma/R. Weinhöppel) 33, 191, 301
Rieke im Manöver (O. J. Bierbaum/R. Weinhöppel) 302
Rumänisches Lied, auch: Vogellied (M. Eminescu, Deutsch L. Greiner/R. Weinhöppel) 193, 233, 238, 244
Salat, Der (H. v. Gumppenberg/R. Weinhöppel) 323
Sang an Aegir (Wilhelm II.) 84, 118, 256, 261, 284, 286, 305
Sarabanda (S. Blumenthal) 278
Satyros (J. W. v. Goethe) 121, 276, 328, 344
Scharfrichter-Marsch → Elf Scharfrichter, Die
[Scharfrichterparodie, Eine. Silvester 1901/92] (O. Falckenberg) 266f., 320
Schaukel, Die (R. Dehmel/R. Weinhöppel) 122, 193, 228f., 233, 237, 239, 244, 303
Schenkin, Die (B. v. Münchhausen/R. Kothe) 167, 294, 327
Schlagende Herz, Das (L. Greiner/R. Weinhöppel) 126, 145, 334f., 347
Schlechte Mutter, Die (Lieder aus dem Rinnstein/R. Weinhöppel) 294, 335
Schlumm're Kind (H. v. Reder/R. Weinhöppel) 295
Schlummerliedchen (R. Leander/R. Weinhöppel) 122, 295, 302, 328
Schnitterin, Die (G. Falke/S. Blumenthal) 145, 346
Schusterjunge, Der (H. v. Gumppenberg/R. Weinhöppel) 117, 163, 192, 233, 237–239, 243, 292
Schusters Abendlied (anonym/R. Weinhöppel) 183, 190, 192, 282, 334
Schwalanscher, Der, auch: Untreue (L. Thoma/R. Weinhöppel) 122, 165, 188, 192, 200, [212], 233, 235, 238f., 244, 301
Schwarze Flasche, Die (E. v. Keyserling) 32, 42, 271, 345
Schweig und sei lieb (F. Wedekind) 108
Sechste Schöpfungstag, Der (L. Scharf) 277
Sensationelle Enthüllung zur Wagner-Frage, Eine (P. Schlesinger) 268, 323
Séance zur Pflege des Familiensinns (L. Greiner) 316f.
Sérénade du pavé (J. Varney) 295, 333
Serenata Napoletana (S. Blumenthal) 107, 118, 283f.
Serenissimus (W. Rath) [n. a.] 70, 128
Sieben Rappen, auch: Die sieben Heller, Die (F. Wedekind) 333
So hast du ganz und gar vergessen ... (H. Heine/R. Weinhöppel) 302
Soldaten, Die (J. M. R. Lenz) [n. a.] 88
Sommermädchenküsseaustauschelächelbeichte (H. v. Gumppenberg/R. Weinhöppel) 15, 163, 192, 229, 238, 243, 291, 316
Sommernacht (H. Lautensack) 131, 269
Souliers, Les (M. Henry) 294
Souvenirs de Lisette, Les (F. Bérat) 294
Sphynx, Die (A. Vignola, Deutsch L. Greiner/G. Fragerolle) 38, 120, 168, [214], 286, 303, 329, 347
Spielleute, Die (J. v. Eichendorff/R. Weinhöppel) 328, 333
Spinne, Die (H. v. Gumppenberg/R. Weinhöppel) 122, 334, 347
Spinnerlied (KW/R. Weinhöppel) 146, 183, 192, 236f., 294, 334
Spitzhütlin, Das (H. v. Gumppenberg) 121, 265, 344

Stallknecht und Viehmagd (F. Wedekind) 297
Steinklopfer, Der (K. Henckell/S. Blumenthal) 246, 306
Straßburger Mädchen, Das (KW/R. Weinhöppel) 192, 231–233, 235, 238, 327
Süße Mädel, Das, aus: Reigen (A. Schnitzler) 90, 258, 272, 336
Sulamith (Aus dem Hohelied Salomos, Bearb. E. Mantels/S. Blumenthal) 123, 146, 280f., 312, 329
Sylvester (P. Schlesinger) 267f., 308
Sylvester 1902 (P. Schlesinger) 268
Täuschung, Die (S. F. Sauter) 258
Tagelied (Wolfram von Eschenbach, Bearb. L. Greiner/R. Weinhöppel) 123, 282, 327
Tageweise der Landstörzer (H. J. C. v. Grimmelshausen, Lieder aus dem Rinnstein/R. Weinhöppel) 295, 327, 333
Tambursgesell (KW/R. Weinhöppel) 183, 192, 200, 229f., 235, 237, 346
Tannenzapf, Der (R. Weinhöppel) 106, 279, 320
Tantenmörder, Der (F. Wedekind) 150, 292, 334, 346
Tänzerin, Die (E. v. Bodmann/R. Weinhöppel) 193, 227f., 237f., 292
Tanzhexe, Die (O. J. Bierbaum/L. Thuille) [n. a.] 167
Tanzlied (H. Leuthold/R. Weinhöppel) 146, 192, 200, 228f., 232, 244, 292, 321
Testament de Pierrot, Le (X. Privas) 39, 337, 340
Thaler, Der (F. Wedekind) 298, 315
Theodor (sucht Streichhölzer)/Théodore cherche des allumettes (G. Courteline) 38, 273f., 303
Thronstütze, Die (L. Thoma/R. Weinhöppel) 297, 314
Tod singt, Der (H. Lautensack/S. Blumenthal) 42, 122, 246, 290, 296
Tod von Basel, Der (anonym/H. Scherrer Arr.) 160, 167, 327, 334
Topf (O. Falckenberg) 266f., 303
Tote Kind, Das (L. Scharf) 42, 277, 346
Totengräber, Die (H. v. Gumppenberg/R. Weinhöppel) 55, 281f., 315, 339, 344, 348
Trali, trala (R. Kothe) 160
Traum, Ein (P. Uz/R. Weinhöppel) 193, 225, 238, 243f., 328
Trockenwohner, Die (O. Wagner) 52, 107, 252, 273, 317
Truppeneinzug in Berlin (H. v. Gumppenberg) [n. a.] 302
Um halb ein Uhr nachts (P. Sylvius) 49, 104, 121, 258, 260, 262
Und morgen müssen wir scheiden (R. Kothe/S. Blumenthal) 280
Ungarische Tänze (WoO 1) (J. Brahms) 289
Unsittliche Ehe, Die (K. Aram) 32, 257, 271, 314, 345
Unter sich (H. Bahr) 256, 260, 271f., 305f.
Urlachen (L. Scharf) 107, 277
Urteil des Paris, Das (C. M. Wieland) 166, 277, 328
Variationen über Scharfrichtermotive (P. Larsen/anonym) 49, 295, 321
Vereinsprobe, Die (O. Falckenberg/R. Weinhöppel) 95, 160, 279, 315, 323
Verliebte, Der (O. Falckenberg/K. Lion) 54f., 128, 167f., 289, 347
Verlobung, Die (H. v. Gumppenberg) 32, 106f., 259, 265f., 314, 336
Verschmähte singt, Der (A. W. Heymel/K. Lion) 302
Verschönerungskommission, Die (P. Schlesinger) 32, 91, 107, 110, 132, 249, 253, 267f., 313f.
Vertu punie, La (R. Bringer/M. Helliot) 297, 314, 336
Verstörtes Fest/Mais quelqu'un troubla la fête (L. Marsolleau, Deutsch L. Greiner) 38, 121, 257, 273f., 306
Verzweifelte Liebhaber, Der (J. v. Eichendorff/R. Kothe) 167
Veterinärarzt, Der (H. v. Gumppenberg) 65, 70, 106, 160, 265, 318
Vieux mendiant, Le (P. Delmet) 137, 333
Vilanelle, La (M. Henry) 294, 302

Vogelscheuchen, Die (L. Greiner/R. Weinhöppel) 122, 126, 281, 333
Volpone (B. Johnson) [n. a.] 88
Vom Wasser und vom Wein (anonym) 327
Von einer Vogelhochzeit (anonym) 160, 328, 334
Vor der Liebsten Tür (Lieder aus dem Rinnstein/R. Weinhöppel) 280
Vorspruch (W. Rath) 11f., 70, 128, 300, 329
Wanderer, Der (L. Greiner/P. Schlesinger) 333
Wasserkufe, Die (C. M. Wieland) 166, 277, 312
Wenn ich in deine Augen seh' (H. Heine/R. Weinhöppel) 302
Widerspenstige Braut, Die (KW/R. Weinhöppel) 312
Wiegenlied (H. Lautensack/S. Blumenthal) 297
Wir zwei (G. Falke/R. Weinhöppel) 280, 337f.

Wundertheater, Das/El retablo de las maravillas (M. de Cervantes) 274, 314, 327, 337f.
Yalyah (O. Falckenberg) 266f., 345, 347
Zarenlied (A. Mickiewicz/S. Blumenthal) 246, 256, 261, 298, 307
Zauberspiegel, Der (L. Greiner/K. Lion) 347
Zooploge von Berlin, Der (F. Wedekind) 298, 304
Zweite Hymne an die Nacht (Novalis) 276, 328
Zwiegespräch (G. Falke/R. Weinhöppel) 194, 197, 234–236, 238, 244, 294, 321
Zwischen Feldern und Wäldern (H. v. Gumppenberg/B. Stavenhagen) 27, 167, 316

Personen- und Werkeregister

Das folgende Register umfasst sämtliche im Text genannten Personen sowie deren Werke, sofern sie nicht Teil des *Scharfrichter*-Repertoires waren. Personen, die im Text überwiegend oder ausschließlich mit ihrem Pseudonym aufscheinen, sind hier unter ihren Künstlernamen angeführt, ihre wirklichen Namen dahinter in Klammern gesetzt. Pseudonyme von Personen, die nicht in direktem Zusammenhang mit den *Scharfrichtern* stehen, sind nicht aufgelöst. Verheiratete Frauen sind überwiegend unter dem Namen ihres Ehemannes geführt. Ist der Vorname einer Person nicht bekannt, so ist das Geschlecht in eckigen Klammern hinter den Nachnamen gesetzt. Werke von mehreren Urhebern sind nur dann unter den verschiedenen Urhebern gelistet, wenn sie für den hiesigen Kontext relevant sind, ansonsten nur bei den bekanntesten.

Ein umfassendes Register sämtlicher Mitwirkender der *Elf Scharfrichter* kann unter dem Link www.allitera.de/files/Elf-Scharfrichter.html heruntergeladen werden.

Abraham a Sancta Clara 282, 297
Albert, Eugen d' 141
 Les yeux morts 141
Alberti, Konrad 46
Altenberg, Peter 91, 138, 145, 147, 172, 250
 Masken 147
Andersen, Hans Christian 274
 Des Kaisers neue Kleider 274
Andersen, Lale 349
Annunzio, Gabriele d' 44, 265
Antoine, André 25
Apollinaire, Guillaume 250, 352
Aram, Kurt 9, 28, 90, 250, 257f., 271, 345
Arendt, ... [m] 175, 178
Aristophanes 88, 300
Aristoteles 50
 Poetik 50
Arnim, Achim von 293
 Des Knaben Wunderhorn 146, 151, 160, 182, 232, 243, 293f., 299, 328, 334
Artaud, Antonin 54, 355
Auber, Daniel-François-Esprit 253, 323
 La Muette de Portici 253
Augspurg, Anita 24, 83
Bahr, Hermann 44, 88, 256, 271f., 287, 305
 Die Überwindung des Naturalismus 44
Ball, Hugo 349
Bang, Hermann 46
Bassano, Ugo 245

Baudelaire, Charles 40, 335, 339
Bauer, Karl 126
Baumbach, Adele 122, 164, 280, 284, 327
Baumbach, Rudolf 278, 321
Beckmann, Max 44
Becque, Henry 88
Beer-Hofmann, Richard 287, 339
Beethoven, Ludwig van 127, 188f.
 Symphonie Nr. 8 189
Behrens, Peter 44
 Feste des Lebens und der Kunst 44
Bélart, Hans 57f.
Bellini, Vincenzo 189
 Norma 189
Benatzky, Ralph 350
Benz, José 34
Berger, Rodolpe 291
Berlioz, Hector 118, 321
Bernard, Tristan 38, 136, 273–275
Bernhardi, Olly [eigtl. Olga Stoe] 74f., 77, 106, 108, 122, 138, 146f., 163f., 169, 250, 320
Bernhardt, Sarah 148
Bernstein, Elsa 250
Bernstein, Max 250
Bernus, Alexander von 112, 250, 352
Bertillon, Alphonse 331
Bettauer, Hugo 248
 Die Stadt ohne Juden 248
Beutler, Margarete 138, 150, 277
Beyrer, Eduard 54, 143, 149, 250
Bie, Oskar 116

Bierbaum, Otto Julius 24f., 34, 46, 51, 53, 56, 59, 62, 67, 70, 73, 88, 134, 155, 160, 167, 171, 174f., 180, 182f., 185f., 188, 246, 250, 283, 289, 292, 302, 316, 320, 327
 Deutsche Volkslieder 171, 181–183
 Das Gespenst von Matschatsch 186
 Irrgarten der Liebe 292
 Der Musenkrieg 171, 175, 185
 Steckbriefe 319
 Stilpe 46, 56f., 73
Bizet, George 56
Bjørnson, Bjørnstjerne 26, 265
 Über unserer Kraft 26
Blanguernon, Edmond 137, 297
Blei, Franz [Armandus Nacht] 88, 94, 107, 131–133, 272, 274, 276, 278, 340, 352
 Pierrot der Spaßvogel 340
Bleichröder, Harriet von 246
Bleichröder, James von 246
Bloy, Léon 332
Blumenthal, Carlo 245
Blumenthal, Dorothea 245, 248
Blumenthal, Mario 248
Blumenthal, Minna 245
Blumenthal, Olga Jr. 248
Blumenthal, Olga Sr. 245
Blumenthal, Oskar 268, 319
Blumenthal, Sandro [Leonhard Bulmans] 14, 79, 93f., 98f., 106f., 118, 126, 130, 137, 146f., 160, 165–168, 245–248, 255, 278, 280–284, 290–292, 302, 328f., 350
 [Lieder und Kompositionen vor 1901] 245
 Sulamith 248, 280f.
Boccaccio, Giovanni 30, 146
Boccherini, Luigi 289
Bodmann, Emanuel von 172
Böcklin, Arnold 327
Böhme, Franz Magnus 161, 185
 Deutscher Liederhort 161, 185, 238
Böndel, August [Hans Strick] 94, 107, 110, 150, 178, 291
Böndel, Fay 178, 291
Bolten-Baekers, Heinrich 310
Bonsels, Waldemar 333
Bosc, Auguste 291
Boscovits, Fritz 149
Botrel, Théodore 137, 291
Boulanger, Georges 325
Brahm, Otto 25

Brahms, Johannes 188, 289
Brakl, Adolf 137
Brandenburg, Hans 34, 156, 170
Braun, Rudolf 184
Brecht, Bertolt 157, 318, 355
Brentano, Clemens 293
 Des Knaben Wunderhorn 146, 151, 160, 182, 232, 243, 293f., 299, 328, 334
Breuer, H.
 Der Zupfgeigenhansl 98, 334
Bringer, Rodolphe 297
Briollet, Paul 297
Brod, Max 340
Bruant, Aristide 37, 39, 103, 300, 335
Bruckmann, Elsa 170
Bruckner, Anton 188
Brulliot, Karl 170
Bucher, Jeanne 142
Budzinski, Klaus 16, 64, 120, 147, 153f.
Büchner, Georg 26f., 88
 Leonce und Lena 26f.
Bülow, Bernhard von 256, 276, 307f., 320
Bülow, Marie von 65, 276f.
Bürger, Gottfried August 38, 121, 166, 278, 300, 328
Bullinger, Max 64
Bunge, Rudolf 310
Burckhart, Max 28
 Die Bürgermeisterwahl 28
Busch, Wilhelm 128
Busse, Carl 46
Butry, Walter 152
Carossa, Hans 15, 108, 111, 114, 119, 145, 250
Carvalho-Schüler, Susanne 149
Ceconi, Ermanno 250
Cellarius 337
Cervantes, Miguel de 274, 300, 327, 337
 Ocho comedias y ocho entremeses nuevos 274
Chabrier, Emmanuel 39, 189
 España 39
Chamberlain, Joseph 256
Chamisso, Adelbert von 310
Chantrier, Albert 38, 286
Charell, Erik 132
Charles I. [England] 276
Chevalier, Albert 291
Chopin, Frédéric 109
Chun II. [China] 309f., 324
Claassen, Ria 27, 276f.
Claudel, Paul 132
Claudius, Matthias 300

Clément-George [eigtl. Abel Georges Clément Moulin] 38, 136, 286
Colette 103
Conrad, Michael Georg 24f., 27, 30, 130, 159, 171, 250
Conradi, August 325
Corinth, Lovis 23, 171
Courteline, George 29, 38, 136, 144, 273f., 313
Boubouroche 29, 144
Crailsheim, Friedrich von 91
Croissant-Rust, Anna 170f., 179
Czeschka, Carl Otto 148
Danegger, Adolf 67, 250
Dante Alighieri 308
Darvall, Orme 173f., 180
Dauthendey, Max 140, 250
Deburau, Jean-Gaspard 287, 339
Debussy, Claude 39, 291
Dehmel, Paula 292, 302
Dehmel, Richard 46, 53, 134, 164, 182, 189, 191, 196, 278, 292, 298, 302, 352
Fitzebutze 292, 302
Delavigne, Germain 310
Del Marcoud 40, 297
Delmet, Paul 137, 291
Delvard, Marya [eigtl. Josephine Maria Biller] 14–16, 19, 29f., 39, 42, 49, 54, 65f., 68, 70, 72, 74, 77, 84, 90, 92–95, 98, 100, 102, 104–108, 110f., 116, 119, 123, 134–140, 142–154, 156, 162–164, 168f., 175, [205], [207–209], 248, 252, 259, 279f., 283f., 286, 299, 320, 328, 347, 349–351, 354
Vieilles Chansons de France 140, 149
Dessau, Paul 157
Desormes, Louis-César 325
Diez, Julius 55, 103f., 317
Dohnányi, Ernst von 141
Ivas Turm 141
Dolbin, Benedikt Fred 149
Donizetti, Gaetano 326
Lucia di Lammermoor 326
Dorbe, Hans [eigtl. Johann Baptist Durber] 33, 48, 84, 93, 107, 110, 117, 122, 160, 164f., 168f., [204], 252, 280, 282, 284, 349
Der Kanonier 33
Drachmann, Holger 46
Forskrevet 46
Dreßler, Anton 170
Dreßler, Lotte 170

Droste-Hülshoff, Annette von 276, 300, 328
Dubois, Théodore 39
Duchamp, Marcel 54
Dülfer, Martin 124
Dürer, Albrecht 327
Duncan, Isadora 289
Durand, Émile 291
Dvořák, Antonín 123
Zigeunermelodien 123
Eckstein, Franz 128
Edison, Thomas Alva 325
Edward VII. [Großbritannien] 256, 272, 305, 320
Eichendorff, Joseph von 146, 291, 300, 328
Eisenstein, Sergei Michailowitsch 355
Eisler, Hanns 157
Endell, August 119
Engels, Eduard 250
Engl, Josef Benedikt 42, 103f., [221], 331
Erk, Ludwig 161, 185
Deutscher Liederhort 161, 185, 238
Ernst, Otto 319
Eugene, Frank 24
Ewers, Hanns Heinz 42, 139–142, 250, 340, 352
Die ideale Gattin 141
Ivas Turm 141
Joli Tambour! 140
Der unsichtbare Mensch 141
Das Wundermädchen von Berlin 141
Les yeux morts 141
Falckenberg, Gina 351
Falckenberg, Otto [Peter Luft] 15, 27f., 30, 38, 60–64, 66, 69–71, 77, 85, 87, 89, 95, 106f., 109f., 124–126, 132–134, 145, 164f., [202], [205], 252, 259, 263, 266–268, 270, 278f., 287, 289–291, 300, 311, 320, 331, 334, 345, 351f.
Die Todte 70
Falke, Gustav 53, 170, 225, 280f., 292, 295, 316
Falkner, Karl 170
Fall, Leo 150
Fauré, Gabriel 286
Fehr, Friedrich 129
Feilitzsch, Maximilian von 260
Fernbacher, ... [m] 159
Feydeau, Georges 271
La Dame de chez Maxim 271
Finckh, Ludwig 53

Fontane, Theodor 302
Fragerolle, Georges 38f., 286
Franz, Emanuel [eigtl. Franz Emanuel Hecht] 110, 122, 165, [202], [204], 328
Franz Joseph I. [Österreich-Ungarn] 256, 272, 305
Friedell, Egon 137
Friedländer, Hugo 309
Friedrich II. [Preußen] 84
Friedrich, Caspar David 327
Friedrich Wilhelm IV. [Preußen] 335
Frisch, Viktor [Gottfried Still] 63f., 69, 89, 124f., 127f., 133
Fuchs, Georg 173, 176, 181f., 250, 353, 355
Sturm und Drang in München um die Jahrhundertwende 173
Fuchsberger, Gundula Maria 162f.
Fuchsberger, Joachim »Blacky« 162
Fuller, Loïe 33, 45, 263, 289
Fursy, Henri 37, 264
Furtwängler, Wilhelm 166
Futterer, Josef 31
Gäbler, Else 164, 289
Garnier, Paul-Louis 134
La visitation 134
Gärtner, Gottlieb 117
Gasteiger, Mathias 54, 60, 115, 250
Gaulle, Charles de 143
Geis, Jakob 32, 34
George, Stefan 24, 27, 250, 276
Gide, André 88, 132
Giraudoux, Jean 103
Goethe, Johann Wolfgang von 60–62, 83, 88, 121, 182, 242, 249, 267, 271, 276–278, 296, 300, 308, 315, 328
Goldoni, Carlo 188, 300
Gorki, Maxim 271, 317
Nachtasyl 271, 317
Grabbe, Christian Dietrich 78
Scherz, Satire, Ironie und tiefere Bedeutung 78
Granichstaedten, Bruno 249
Grassmann, Robert 311
Grazzini, Reginaldo 245
Greif, Martin 308
Greiner, Leo [Dionysius Tod] 30, 58, 61–66, 68, 70, 73, 77, 84, 87, 89, 106f., 121f., 124–126, 128, 132–134, 145f., 165, 231, 249, 269f., 278–283, 286, 291f., 296,

316, 319, 328, 331, 336, 340, 352, 354
Das Jahrtausend 126, 134
Greul, Heinz 16, 153, 293
Grimmelshausen, Hans Jakob Christoffel 295, 327
Der Abentheuerliche Simplicissimus Teutsch 295, 327
Gropius, Walter 54
Grosz, George 44, 131
Grote, Otto von 170
Grünbaum, Fritz 350
Grützner, Eduard von 149
Gryphius, Andreas 300
Guilbert, Yvette 39, 42, 44, 74, 84, 140, 145f., 148, 151, 320
Gulbransson, Olaf 55, 93, 103f., [220], 248
Gumppenberg, Hanns von [Jodok] 15, 18, 25, 27–30, 32, 58, 65, 69f., 90, 93, 108f., 111, 121, 127, 129f., 134, 139, 160, 167, 171, 184, [203], 252, 259, 264–267, 276–278, 281, 291, 293, 298, 301f., 313–318, 323, 328, 335f., 345, 352–354
Das dritte Testament 130
Die Frau von der Isar 28, 171
Der fünfte Prophet 30, 130
Herzogs Philipps Brautfahrt 184f.
Das teutsche Dichterross 265, 276, 278, 316
Günzburger, Bernhard 144
Gutmann-Umlauft, Friederika 65, 106, 123, 146, 163, 233, 283
Güttner, Vittorio 54, 84, 250
Haase, Paul 149, [208]
Hagenbucher, Georgette 271
Halbe, Max 26f., 29f., 60, 62, 78, 93, 134, 145, 169, 171f., 175, 179–181, 250, 265f., 319
Jugend 26, 179f.
Hall, Murrey G. 249
Harden, Maximilian 83, 318
Hart, Heinrich 189
Hartleben, Otto Erich 24, 28, 34, 155, 266, 273, 317
Die Erziehung zur Ehe 28
Hasselbeck, Hans 170
Hauptmann, Gerhart 25, 319
Hawthorne, Nathaniel 132
Haydn, Joseph 159, 242, 322
Die Jahreszeiten 159
Die Schöpfung 159
Symphonie Nr. 60 322
Symphonie Nr. 94 242

Hecker, Waldemar 54, 68, 124, 131, 133, 270, 350
Heine, Beate 78
Heine, Carl 59
Heine, Heinrich 166, 182, 276, 278, 289, 291, 300, 307, 311f., 316, 330f.
  Der Schelm von Bergen 330f.
Heine, Thomas Theodor 42, 48, 55, 81, 84, 100, 102–104, 145, 149, [207], 248, 252
Held, Ludwig 310
Henckell, Karl 116, 170, 182, 189, 246, 250, 282
Henry, Marc [eigtl. Achille George d'Ailly Vaucheret] [Balthasar Starr] 14f., 29f., 38, 59, 62–64, 66f., 70, 72, 74, 76f., 86–95, 98–100, 105–108, 110f., 116, 119, 121, 124–126, 134–142, 144f., 147–150, 166, 175, 179, [205], 249, 255f., 260–263, 269f., 272, 280, 283f., 290f., 293f., 299, 317, 319, 321, 332, 340f., 354
  Au Pays des Maîtres-Chanteurs 142
  Die ideale Gattin 141
  Ivas Turm 141
  Joli Tambour! 140
  Trois Villes. Vienne–Munich–Berlin 142
  Der unsichtbare Mensch 141
  Vieilles Chansons de France 140, 149
  Les yeux morts 141
Herondas 88
Heros, E. [m] 337
Heuss, Theodor 153, 250
Heymel, Alfred Walter 24, 53, 64, 182, 250, 292
Heyne, Kurd E. 350
Heyse, Paul 24, 29, 61, 308
Hilden, … [m] 248
Hirschfeld, Georg 28
  Zu Hause 28
Hirth, Georg 23, 64, 250
Hitler, Adolf 125, 132
Hochstetter, Gustav 191
Hölderlin, Friedrich 249, 276f., 300, 347
Hölty, Ludwig 311
Hönle, Alois 32
  Der Zeppelin kommt 32
Hoerschelmann, Rolf von 250
Hoffmann, E. T. A. 291
Hoffmann, Josef 55, 139, 172

Hofmannsthal, Hugo von 27, 88, 172, 183f., 276, 287
  Amor und Psyche 184
  Das fremde Mädchen 172, 183f.
  Der Tor und der Tod 27
Holitscher, Arthur 250
Hollaender, Friedrich 131, 350
  Einfach klasse! 131
Hollaender, Victor 292
  Rieke im Manöver 292
  Rosen 292
Hollitzer, Carl 149, 290
Holm, Korfiz 93
Holz, Arno 26, 53, 292, 332
Hopfen, Hans von 308
Huch, Ricarda 250
Huch, Roderich 157
Hüsgen, Bothilde 71
Hüsgen, Doris 127
Hüsgen, Wilhelm [Till Blut] 16, 30, 54, 62f., 69, 71, 76f., 89, 100, 102, 109, 115f., 120, 124f., 127, 131, 133, 135, 145f., 152f., 159, 161, 165, 270, 331, 351
Humperdinck, Engelbert 166, 189
  Hänsel und Gretel 189
Hunkele, Josef [Josef Vallé] 349f.
Huppertz, Gottfried 181
Huysmans, Joris-Karl 40
Ibsen, Henrik 26, 28, 44, 171, 265f., 268, 273, 317–319
  Die Frau vom Meere 28, 273
  Gespenster 26
Irber, Mary 349
Jack the Ripper 308
Jarry, Alfred 353
  Ubu Roi 353
Jelavich, Peter 17, 73, 349, 354
Johnson, Ben 88
Jouy, Jules 39
Käutner, Helmut 350
Kafka, Franz 140, 250
Kalisch, David 192
Kálmán, Emmerich 150
Kandinsky, Wassily 24, 53f., 127
Karczewska, Irma oder Maria [Ingrid Loris] 137, 164
Kathan, Robert 121, 166
Keil, Robert und Richard 185
  Deutsche Studentenlieder des siebzehnten und achtzehnten Jahrhunderts 185
Keller, Hans K. E. L. 134, 153
Kempner, Friederike 316
Kerr, Alfred 95, 123, 136, 146, 268, 318f.
Ketteler, Clemens von 309f., 324

Key, Ellen 302
  Das Jahrhundert des Kindes 302
Keyserling, Eduard von 65, 93, 171, 250, 271, 345
Kienzl, Wilhelm 189
  Der Evangelimann 189
Kirchner, Ernst Ludwig 44
Klabund 349
Klages, Ludwig 24
Kleine, Werner 350
Klimt, Gustav 172
Klinger, Max 353
Kneißl, Mathias 32, 266, 301, 313, 335, 346
Knirr, Heinrich 250
Knorr, Thomas 250
Kobus, Kathi 30, 349
König, Hannes 151–153
Kokoschka, Oskar 172
Kossegg, Elsa 164
Kothe, Liesl 162f.
Kothe, Lilli 162
Kothe, Robert [Frigidius Strang] 14f., 19, 30, 48, 54, 62–64, 69, 72, 76–78, 84, 88, 93, 100, 105–110, 112, 122–125, 127, 159–163, 165–168, 265, 280, 282f., 290f., 299, 320, 327f., 334, 340, 354
  Liederbuch des Bundes Deutscher Mädel 163
  Liederbuch der N. S.-Frauenschaft 163
Krafft-Ebing, Richard von 335f.
  Psychopathia sexualis 335
Kraus, Karl 136–138, 146, 148, 156, 164, 172
Kreuder, Peter 350
Krizman, Tomislav 149, [208]
Krosigk, Gebhardt von 287, 309f.
Kruse, Max 57
Kruse, Werner 149
Kubin, Alfred 353
Kunold, Heinrich 29
Kunoth, Georg 311
Kutscher, Artur 150, 152, 170, 172, 186f., 250, 350
Laboureur, Jean Émile 103–105, 275
Lafite, Carl 185
  Der Musenkrieg 185
Laforgue, Jules 38, 40, 94, 252, 258, 278, 339f.
Landauer, Gustav 333
Lang, Fritz 181
  Die Nibelungen 181

Langbehn, Julius 327
  Rembrandt als Erzieher 327
Langbein, August Friedrich Ernst 278, 333
Langen, Albert 24, 30, 59
Langheinrich, Anna 124
Langheinrich, Hans 248
Langheinrich, Max [Max Knax] 29, 54f., 63, 77, 87, 89, 112, 116, 124f., 133, 172, [203], [204]
Larsen, Paul 49, 107f., 122, 165, 192, [204], 270, 278, 311, 319, 320f., 351
Laszky, Béla 292
  Rosen 292
Lauff, Joseph von 268
Lautensack, Heinrich 70, 75, 93, 99, 121, 129, 131f., 146, 175, [204], 258, 269, 280, 286, 291, 297, 343, 349, 352
  Das Gelübde 131
  Hahnenkampf 131
  Die Pfarrhauskomödie 131
Léandre, Charle Lucien 115
Ledermann, Mizzi 178
Lehár, Franz 150
Lenau, Nikolaus 126
Lenbach, Franz von 23, 29, 61, 78, 83, 148
Lenz, Jakob Michael Reinhold 88
Leoncavallo, Ruggero 189
  Pagliacci 281
Lessing, Gotthold Ephraim 50, 315
Leuthold, Heinrich 146
Levetzow, Karl von 52
Lichnowsky, Mechtilde 24
Liebermann, Max 23
Liliencron, Detlev von 24f., 53, 171, 173, 181f., 193, 276, 292, 302, 313
  Die gelbe Blume Eifersucht 171, 181
  Glückes genug 181
  Zu spät 171, 181
Lingg, Hermann 24, 308
Linke, Paul 310
Lion, Karl 166–168, 289, 291f.
Liszt, Franz 118, 167, 188, 321
Löffler, Bertold 147
Löns, Hermann 182
Loewe, Carl 278, 291, 300
Lombroso, Cesare 331f.
  Genio e follia 332
  L'uomo delinquente 331
Lorenzi-Fabris, Ausonio de 245
Lortzing, Albert 159
  Der Waffenschmied 159

Louis-Philippe I. [Frankreich] 151
Lubitsch, Ernst 132, 141
Ludwig, Otto 268
Ludwig Victor [Erzherzog von Österreich] 250
Lugné-Poës, Aurélien 274
Luitpold [Prinzregent von Bayern] 22f., 301
Maassen, Carl Georg von 116, 170, 250
Machiels, Robert de 142
Mackay, John Henry 189
Mac-Nab, Maurice 39, 137, 297
Maeterlinck, Maurice 28, 44, 252, 265, 273, 293f., 318, 347
   L'intruse 28
   La Mort de Tintagiles 28
Mahalet, Senta 164
Mahler, Gustav 240, 293
   Lob des hohen Verstands 240, 293
Maison, Rudolf 25
Malewitsch, Kasimir 54
Mallarmé, Stéphane 339
Mann, Heinrich 24, 156, 250
Mann, R. [m] 32
   Die Frauenrechtlerinnen 32
Mann, Thomas 24, 250, 344
Mannhardt, Giulia 106, 276f.
Mantels, Emil [Arcus Troll] 38, 94f., 107, 111, 121, 166, [203], [205], 252, 259, 277f., 280
Marie-Madeleine 276
Marinetti, Filippo Tommaso 355
Marinier, Paul 297
Marion, George F. 284
Marschner, Heinrich August 288
Marsolleau, Louis 38, 136, 257, 273f.
Marten, Franz 309f.
Martens, Kurt 170, 250
Martin, Stefanie 107, 122, 164, 168, 284, 328
Martini, Arturo 247
Mascagni, Pietro 189
   Cavalleria rusticana 281
Massenet, Jules 189
Mauke, Wilhelm 52, 76, 116, 130, 145f., 160, 243f., 250, 271, 328
Maupassant, Guy de 28
   Musotte 28
Mehring, Walter 131
   Einfach klasse! 131
Mendelssohn Bartholdy, Felix 188
Meßthaler, Emil 170
Methfessel, Albert 185
   Allgemeines Lieder- und Commersbuch 185

Meyerbeer, Giacomo 288, 310
   Robert le diable 310
Meyerhold, Wsewolod Emiljewitsch 355
Mickiewicz, Adam 256, 298
Mierczwiński, Władysław 173, 180
Miethke, Hugo Othmar 87, 92
Miethke, Otto 87, 92f., 98f., 105f., 137, 255, 282, 306
Mills, Frederick Allen »Kerry« 284
Montoya, Gabriel 39
Morgenstern, Christian 159, 246, 331
   Galgenlieder 331
Mozart, Wolfgang Amadeus 119, 122, 176, 189, 242, 288f., 309, 311, 328
   Don Giovanni 119
   Le Nozze di Figaro 242
   »Symphonie in D-Dur« 189
   Die Zauberflöte 242, 311
Mühsam, Erich 31, 138, 170, 250, 260, 330, 333, 349, 352, 354
   Menschen und Namen 354
Müller, Georg 179
Müller, Karl Alexander von 250
Müller, Wenzel 311
Münchhausen, Börries von 292, 327
Münter, Gabriele 24, 127
Muhry, Franz [210], 284
Munk-Weissenberger, Marianne 151
Murnau, Friedrich Wilhelm 132
Muschol, Klaus Peter 186
Mussorgsky, Modest 321
Nachmann, Rosalie Charlotte Adrienne 142
Napoleon I. [Frankreich] 288, 317, 325f., 343
Neisser, Arthur 139
Neithardt, August 310
Nelson, Rudolf 50
Nessler, Victor Ernst 288, 310
   Der Trompeter von Säckingen 310
Nestroy, Johann 192
Neubert, Carl 165
Neumann, Ernst [Kaspar Beil] 18, 55, 63f., 75, 77, 85, 89, 100–105, 115, 124f., 129, 133, 149, [201], [204], [211], [212], [214], [217], [219], [223], 257, 262, 270, 284, 302f., 319f., 348
Niemann, August 185
   Akademisches Liederbuch 185

Nietzsche, Friedrich 16, 43, 45, 52, 56–58, 291, 298, 303, 321, 328f., 332, 334, 342f., 354
   Also sprach Zarathustra 56
Nikolaus II. [Russland] 256, 320
Noichl, Anton 146, 248
Novalis 249, 276f., 300, 328, 347
Obermeyer, E. [m] 188
Obrenović, Aleksandar [Serbien] 256
Obrist, Hermann 23
Oertel, Willy [Serapion Grab] 54, 63, 77, 89, 100, 102–104, 115, 119, 120, 124f., 128, 133, [210], [217], 340
   Der Cylinderhut: sein Leben, seine Thaten und Leiden geschildert in Reim und Bild 128
Offenbach, Jacques 56, 167
   Orphée aux enfers 167
Olbrich, Joseph Maria 271
Oldenbourg, Rudolf von 64
Ostini, Fritz von 259
Ostwald, Hans 292, 328, 333
   Lieder aus dem Rinnstein 280, 292, 328, 333
Othengraven, August von 118
Ottenheimer, Paul 291
Palicot, Georges 39
Panizza, Oskar 24, 28, 56, 171, 179, 255, 353
   Dämmerungsstücke 353
   Das Liebeskonzil 255
   Visionen der Dämmerung 179
Parin, Gino 149, 250
Paul, Bruno 24, 48, 55, 100, 103, 105, [218], [220], 320, 331
   Steckbriefe 319
Pavlova, Anna 128
Pfitzner, Hans 292
   Müde 292
Philippi, Felix 268, 319
Picasso, Pablo 44
Piper, Reinhard 130
Platen, August 316
Pocci, Franz von 170, 178, 180f.
Podewils-Dürnitz, Clemens von 91, 260
Poe, Edgar Allan 40, 126, 335
   The Tell-Tale Heart 126
Porten, Rosa 128
Posselt, Ernst 54
Praz, Mario 346
Presber, Rudolf 273, 318
   Das Eichhorn 273
Prévot, René 250
Preyer, William Thierry 302
   Die Seele des Kindes 302

Pringsheim, Alfred 64, 110, 250
Pringsheim, Hedwig 110, 157, 250
Privas, Xavier 39, 291
Prod'homme, Jacques-Gabriel 134, 250
Proust, Marcel 103
Puricelli, ... [m] 180
Quidam, Fritz 107, 122, 137, 165
Raimund, Ferdinand 192
Raitenau, Wolf Dietrich von 193
Rameau, Jean-Philippe 300
Rath, ... [w] 270
Rath, Jakob 128
Rath, Willy [Willibaldus Rost] 11f., 15, 62f., 65, 68–70, 87, 109, 112, 122, 124f., 128, 131, 133, 146, 169, [203], 270, 286, 300, 307f., 315, 329, 349
   Maria Walewska 128
   Ramon der Abenteurer 128
   Die Schmetterlingsschlacht 128
Raufeisen, Herkules 185
   Akademisches Lustwäldlein 185
Reder, Heinrich von 24, 298
Redwitz, Oscar von 309
Reger, Max 24, 278, 292
   Die Verschmähte 292
Reichlin, Else 164, 271
Reinhardt, Max 119, 131f., 289, 353
Rembrandt 327
Rettig, Heinrich [Armandus Nacht] 94, 107, 165, 172
Reuß, August 184
   Herzogs Philipps Brautfahrt 184f.
Reutter, Otto 192
Reventlow, Franziska zu 24, 30, 157, 250
   Herrn Dames Aufzeichnungen 24
Rheinberger, Josef 117, 132, 144, 166, 168, 170, 245
Richepin, Jean 293
Riemerschmid, Richard 23
Rieth, Paul 292
Rilke, Rainer Maria 24, 134, 278, 316
Ringelnatz, Joachim 349
Rivières, Henri 38
Rodin, Auguste 127f., 131
Rollinat, Maurice 37, 40
Rops, Félicien 40, 115
Rosenhagen, Hans 83
Roth, Hermann 250

Rothstein, James 243, 292
Rieke im Manöver 292
Rousseau, Jean Jacques 333
Rubinstein, Anton 289
Ruederer, Josef 29, 69, 76, 87, 172, 177f., 187, 250, 304, 334, 348
Das Grab des Herrn Schefbeck 177f.
Ruttkowski, Wolfgang 290, 293f.
Sachs, Hans 28, 110, 276, 300, 312, 323, 326f.
Sachsenhauser, Theodor 168
Saharet 45, 267
Salis, Rodolphe 37f., 40, 43, 136
Salten, Felix 287
Salus, Hugo 191, 292
Salzer, Wilhelm 75, 77, 79, 85–87, 96, 98f., 133, 255
Sandrock, Adele 170
Satie, Erik 39
Gymnopédies 39
Sauter, Samuel Friedrich 258
Sax, Adolphe 118
Schädler, Franz Xaver 91, 260f.
Schäffer, Joseph 34
Scharf, Ludwig 27, 52, 94, 107, 137, 277, 349
Schaukal, Richard 134, 339
Sehnsucht 134
Schaumberg, Georg 25, 28
Schaumberger, Julius 25, 179
Scheffel, Joseph Victor von 310
Scherrer, Heinrich 161f., 167, 248, 291, 334
Schickele, René 250
Schiller, Friedrich 51, 83, 308
Schindler, Kurt 290f.
Schirach, Friedrich von 186
Das Gespenst von Matschatsch 186
Schlaf, Johannes 26
Schlagintweit, Felix 111f.
Schlesinger, Paul 15, 32, 38, 71, 87, 91, 93, 117, 125, 132, 146, 164–166, 168, [202], 248, 263, 267f., 283f., 287, 291f., 308, 313–315, 319, 323
Schlosser, ... [m] 168
Schmid, Josef 29, 290f.
Schmid, Karl Maria 84
Schmidhammer, Arpad 55, 103, 115, [224]
Schmid-Lindner, August 170
Schmitz, Oscar A. H. 173, 177, 250
Die Geliebte des Teufels 177
Haschisch 177

Schnitzler, Arthur 25, 28, 90, 121, 258, 272f., 287, 339
Reigen 28, 90, 258, 272
Schönberg, Arnold 191, 292
Brettl-Lieder 191
Gigerlette 292
Schönecker, Toni [212]
Scholz, Wilhelm von 126, 250
Schopenhauer, Arthur 283, 332
Schröder, Rudolf Alexander 24, 53, 250
Schubert, Franz 180, 278, 300
Die Verschwornen 180
Schulz, Wilhelm 48
Schumann, Robert 123, 188
Zigeunerleben 123
Scott, Benett 291
Scribe, Eugène 310
Sedlmayr, Gabriel 111
Sedlmayr, Josef 111
Seidenbusch, Christian 32
Eine Gemeindesitzung 32
Shakespeare, William 83, 124f.
A Midsummer Night's Dream 121
Hamlet 281
Shaw, George Bernard 88
Sienkiewicz, Henryk 327
Quo Vadis 327
Silcher, Friedrich 189, 310f.
Sinsheimer, Hermann 250
Sivry, Charles de 39
Skladanowsky, Emil und Max 120
Slade, Michael 154
Swastika 154
Slevogt, Max 24
Stanner, Anita 34, 49, 164
Stavenhagen, Bernhard [Hans Styx] 27, 167, 170, 291
Der Tor und der Tod 27
Steiger, Edgar 250
Steiner, Gertrud 164f., 284
Steiner, Hans 168
Steinlen, Théophile-Alexandre 40f., 103, 115
Steinrück, Albert 176
Stellpflug, Valentin 169f.
Stemplinger, Eduard 250
Stern, Ernst [Tobias Loch] 30, 38, 55, 65, 69, 82, 94, 107, 132, 149, [202], [223], 270, 289f., 352
Café Größenwahn 30, [202]
Sternberg, August 287, 309–311, 324
Sternheim, Carl 142
Die Hose 142
Der Snob 142

Stollberg, Georg 172
Storm, Theodor 280
Stratton, Dora 93, 165, 271, 328, 349
Straus, Oscar 116f., 243, 279, 292, 302
Die Haselnuss 279, 320f.
Die Musik kommt 302
Müde 292
Strauß, Johann 240f.
Die Fledermaus 240f.
Strauss, Richard 24, 58, 118, 167, 170f., 188f., 191, 280, 283, 292, 321, 323
Also sprach Zarathustra 58, 283, 321
Der Arbeitsmann 191, 292
Bruder Liederlich 292
Ich liebe dich 292
Streicher, Theodor 293
Strindberg, August 25f., 28, 88, 125, 265, 317
Gläubiger 26
Strindberg, Frieda 170
Stuck, Franz 23, 61, 83
Sudermann, Hermann 28, 31, 266, 268, 318f., 323
Die Ehre 31
Das Glück im Winkel 266, 323
Sodoms Ende 28
Die Verrohung der Theaterkritik 318
Suppé, Franz von 325
Sylvius, Prosper 258
Tirindelli, Pier Adolfo 245
Thannhauser, Julius 35, 248
Thieme, Carl von 64
Thiersch, Bernhard 310
Thiersch, Friedrich von 124
Thöny, Eduard 24, 48
Thoma, Ludwig [Peter Schlemihl] 33, 48, 73f., 165, 170, [212], 250, 255, 292, 297, 301, 352
Thomas, Ambroise 189
Thudichum, Gustav 189
Thuille, Ludwig 144, 167, 170, 278
Thuret, Clémence 134
Todd, Bobby 350
Tolstoi, Lew Nikolajewitsch 81, 317
Toscanini, Arturo 168
Tosti, Paolo 291
Toulouse-Lautrec, Henri de 103
Trübner, Wilhelm 57
Trusa, Genio 150
Tschaikowsky, Peter 39, 188
Tschech, Ludwig 335
Ullmann, Leopold 181

Uz, Peter 243, 328
Valentin, Karl 120, 165, 264, 349
Vanucini, ... [m] 180
Verdi, Giuseppe 188, 288, 310, 323, 327
Il Trovatore 310, 327
Vergani, Luigi 248
Verlaine, Paul 39f., 291, 339
Vignola, Amédée 38, [214], 286
Vischer, Friedrich Theodor 278
Vriesländer, John J. 115, 127, 250
Vriesländer, Otto 293
Waerndorfer, Fritz 139, 148
Waghalter, Ignaz 179f.
Jugend 179f.
Wagner, Cosima 81
Wagner, Heinrich Leopold 28, 258
Die Kindermörderin 28, 258
Wagner, Oskar 52, 273
Wagner, Richard 43, 53–56, 118, 159, 173, 179, 188–190, 194, 228f., 239, 266f., 288, 310, 316, 319, 323–327
Das Kunstwerk der Zukunft 54–56
Lohengrin 311, 323f., 326
Die Meistersinger von Nürnberg 159, 165, 239, 268, 310, 319, 323, 326f.
Parsifal 165, 231
Das Rheingold 326
Der Ring des Nibelungen 325f.
Tannhäuser 323, 325
Tristan und Isolde 228, 239, 326
Wagner, Yella 164f.
Waldau, Gustav 31
Waldersee, Alfred von 83, 307–309
Waldoff, Claire 192
Waldteufel, Émile 39
Wallace, Lew 327
Ben Hur 327
Walther von der Vogelweide 123, 278, 291, 300, 327
Weber, Carl Maria von 188, 288
Wedekind, Frank 11, 14, 17f., 21, 24, 28–31, 34, 37, 42, 48, 52f., 59, 61, 67, 69f., 72, 77–79, 85, 88f., 91, 93f., 98, 105–108, 110f., 115f., 123f., 129–131, 134, 138, 143, 147–149, 153–159, 164, 166, 168, 170, 180, 182, 184, 186f., [202], 246, 249f., 252, 257f., 266, 268f., 271, 273, 283, 287–291, 293–295, 297–300, 304, 311, 314f., 320, 324–326, 333, 339, 343, 346f., 350–354

Blanka Burkhart 177
Die Büchse der Pandora 147, 164, 266, 268
Erdgeist 59, 158, 268, 340, 346
Frühlings Erwachen 158, 171
Die Fürstin Russalka 157
Der Kammersänger 179
Lautenlieder. 53 Lieder mit eigenen und fremden Melodien 186f.
Lulu 158, 268
Der Mensch ist ein Chamäleon 34
Nirwana 184, 326
Schema eines Dramas 177
Das Sonnenspektrum 29
Wedekind, Kadidja 351
Wedekind, Pamela 351
Wedekind, Tilly 153, 157, 172, 176, 178f., 186, 351
Weigert, August 31
Weigert, Jo 154
Weill, Kurt 157
Weinhöppel, Anne 153, 172, 176, 178, 351
Weinhöppel, Franziska 169f.
Weinhöppel, Friedrich 169f.

Weinhöppel, Hans Richard [Hannes Ruch] 14f., 27–29, 33, 42, 48, 58, 61–63, 65–67, 72, 74, 77–79, 88f., 91, 93, 95, 98, 106, 108, 110f., 117f., 122, 124–126, 133f., 137, 139, 147, 150f., 153, 157, 159–161, 165–198, [203], [212], 225, 227–229, 231–233, 235, 237–244, 246, 255, 278–284, 286, 288–293, 300–302, 321–323, 327–329, 333f., 338, 351f., 354
Deutsche Volkslieder 171, 181–183
Drüben am Wiesenrand 188
Das fremde Mädchen 172, 183f.
Die gelbe Blume Eifersucht 171, 181
Der Gletschergeist 180
Glückes genug 181
Jugend 179f.
Küssekraut 188
Masken 147
Der Musenkrieg 171, 175, 181, 185
Richard Wagner – und was dann? 179, 189f.

Vaters Tod 179
Zu spät 171, 181
Weinhöppel, Johann Nepomuk Jr. 169f.
Weinhöppel, Johann Nepomuk Sr. 169f., 179
Weinhöppel, Stella 175, 177f.
Weismann, Julius 186
Das Gespenst von Matschatsch 186
Wellisch, Berthold 139
Wenk, Hedi 49, 165, 271
Werefkin, Marianne von 24
Werner, Fritz 73
West, Moritz 310
Whitman, Walt 132
Wieland, Christoph Martin 38, 166, 277, 300, 328
Wiesenthal, Grete 172, 183f.
Wild, Ernst 284
Wilde, Oscar 88, 132, 335
The Picture of Dorian Gray 335
Salome 335
Wilhelm II. [Deutsches Reich] 23, 73, 83f., 256, 261, 272, 284, 305, 307, 310, 324
Wilke, Rudolf 48, 55, 103f., [206]

Wille, Bruno 25
Willette, Alphonse 40, 339
Wirtz-Koort, Olly 181
Wisocki, Jan 76
Wolff, Heinrich 129
Wolf-Ferrari, Ermanno 166
Wolf, Hugo 191
Wolf, Rudolf [212]
Wolfram von Eschenbach 123, 282, 327
Wolfskehl, Karl 24, 143, 145, 156, 158, 250
Wolzogen, Ernst von 11, 25–27, 34, 37, 42, 47, 49f., 52f., 57–59, 68, 83, 89, 102, 117, 119, 136, 155, 191, 249, 252, 267, 273, 279, 302, 317, 320, 327f., 351f., 354f., 357
Das dritte Geschlecht 83
Das Ueberbrettl 52, 357
Xanrof, Léon 39f., 137, 291, 297
Zeller, Carl 288, 310
Der Obersteiger 288, 310
Der Vogelhändler 288, 310
Zenger, Max 159
Zepler, Bogumil 116, 243
Zieten, Hans Joachim von 84
Zille, Heinrich 49, 192

Außerdem in der Reihe Bavaria – Münchner Schriften zur Buch- und Literaturgeschichte:

Waldemar Fromm (Hg.)

Statt einer Literaturgeschichte

Wege der Forschung. Literatur in Bayern.
Band 1 der *Kleinen Reihe* »bavaria«

ISBN 978-3-86906-752-0, 432 S., € 29.90

Der Band gibt einen Überblick zur Literatur in Bayern von den Anfängen im Mittelalter bis in die Gegenwart und informiert über aktuelle Themen der Forschung. In den 16 Beiträgen werden literarische Kommunikationsformen, Netzwerke, Zeitschriften und Institutionen, aber auch bekannte und vergessene Autoren vorgestellt, sodass das Panorama einer vitalen literarischen Landschaft entsteht.

Kristina Kargl

Die *Weiße Rose* – Defizite einer Erinnerungskultur

Einfluss und Wirkung des Exils auf die Publizität der
Münchner Widerstandsgrupp
Band 1 der Schriftenreihe »bavaria«

ISBN 978-3-86906-600-4, 208 S., € 29.90

Wie konnte gerade die Weiße Rose als eine von vielen deutschen Widerstandsbewegungen weltweit so bekannt werden? Einen völlig neuen Blick wirft die Autorin Kristina Kargl auf die frühe und intensive Rezeption der Geschichte der *Weißen Rose* durch das deutsche Exil, aber auch auf deren Instrumentalisierung durch die Alliierten. Mit zahlreichen, vielfach bislang unbekannten Dokumenten belegt sie das Bekanntwerden der Münchner Widerstandsgruppe im Ausland sowie deren Bedeutung für die Emigranten und die literarischen Bearbeitungen des Themas im Exil. Besonders der fiktionale Roman *Es waren ihrer sechs* von Alfred Neumann gab Anlass zu heißen Debatten im Nachkriegsdeutschland.

Unterschiedliche politische Interessen führten ebenso wie das kollektive Gedächtnis der Zeitzeugen zu einer frühzeitigen Ausblendung der entscheidenden Einflüsse des Exils und ließen eine neue und bis heute prägende, aber auch defizitäre Erinnerungskultur entstehen.

Sophie Strelczyk

Friedrich Mann und Christian Buddenbrook

Eine literaturanthropologische Analyse der Fiktionalisierungsmechanismen bei Thomas Mann
Band 2 der Schriftenreihe »bavaria«

ISBN 978-3-86906-560-1, 232 S., € 29.90

Buddenbrooks (1901), der Debütroman von Thomas Mann, musste sich wie kaum ein anderes literarisches Werk mit dem Vorwurf des Schlüsselromans auseinandersetzen. Schließlich orientierte sich der Autor bei der Konzeption seiner Romanfiguren augenscheinlich an realen Vorbildern. So schrieb er etwa seiner Romanfigur Christian Buddenbrook signifikante biografische Züge seines Onkels Friedrich Mann ein, der um die Jahrhundertwende an der damaligen Modekrankheit Neurasthenie erkrankt war. Die Dissertation von Sophie Strelczyk beschäftigt sich erstmals ausgiebig mit der Krankenakte Friedrich Wilhelm Lebrecht Manns und leistet eine literaturanthropologische Analyse der Fiktionalisierungsmechanismen Thomas Manns, indem sie Zeitzeugnisse wissenschaftlich auswertet, kontextualisiert und die Relation von Wirklichkeit und Fiktion problematisiert.

Katharina Osterauer

Der *März* – Geschichte und Profil einer Rundschauzeitschrift

Ein Beitrag zur Kulturpublizistik des Deutschen Kaiserreichs
Band 3 der Schriftenreihe »bavaria«

ISBN 978-3-86906-599-1, 264 S., € 42.00

»Der *März* wird die Revue großen Stils sein, die man in Deutschland bisher vermisste« – mit dieser selbstbewussten Ankündigung tritt die Rundschauzeitschrift 1907 an die Öffentlichkeit. Die prominenten Gründungsmitglieder Hermann Hesse, Ludwig Thoma und Albert Langen möchten auf diese Weise ein internationales Forum für die großen Geister des europäischen Kulturlebens schaffen. Mit dem Programm »Nur Positives bringen, und freiheitlich sein« soll die Krise der Moderne überwunden und eine einheitliche deutsche Kultur im Kontext eines in Frieden vereinten Europas installiert werden. Katharina Osterauer setzt sich mit der Rundschauzeitschrift als eigenem Format auseinander, beschreibt die soziale Verankerung des März in der Gesellschaft und die kulturelle Bedeutung für Süddeutschland.